1 MONTH OF
FREE
READING

at

www.ForgottenBooks.com

By purchasing this book you are eligible for one month membership to ForgottenBooks.com, giving you unlimited access to our entire collection of over 1,000,000 titles via our web site and mobile apps.

To claim your free month visit: www.forgottenbooks.com/free1259362

ISBN 978-0-365-58159-8
PIBN 11259362

Mit Feuer und Schwert

Historischer Roman

von

Henryk Sienkiewicz

———

Deutsch von Clara Hillebrand

———

═══ Erster Band ═══

Leipzig

Verlag von O. Gracklauer

1901

Erstes Buch

1. Kapitel.

Das Jahr 1647 war ein seltsames Jahr, in welchem verschiedene Zeichen am Himmel und auf der Erde schwere Not und ganz außergewöhnliche Ereignisse zu verkünden schienen. Die Chroniken jener Zeit erwähnen, daß im Frühjahr unzählige Scharen Heuschrecken aus den sogenannten „Wilden Feldern" hervorbrachen und alle Saaten sowie alles Gras vernichteten, welches Ereignis stets einen Ueberfall von seiten der Tataren voraussagte. Im Sommer gab es eine große Sonnenfinsternis und gleich darauf erschien am Firmament ein Komet. In Warschau wurden sogar über der Stadt, zwischen Wolken schwebend, ein Grabdenkmal und ein feuriges Kreuz gesehen; man ordnete große Fasten und das Spenden von Almosen an, weil verschiedene Leute daraus hereinbrechende Epidemien und dadurch entstehende große Sterblichkeit prophezeiten. Endlich kam ein so milder Winter, daß die ältesten Leute sich auf einen ähnlichen nicht besinnen konnten.

In den südlichen Wojewodschaften stand das Eis gar nicht auf den Flüssen, sie traten aus ihren Ufern, weil sie durch den täglich frisch tauenden Schnee fortwährenden Zuwachs an Wasser erhielten. Dazu regnete es oft. Die Steppen waren aufgeweicht und wurden mit der Zeit mächtige Pfützen; gegen Mittag aber brannte die Sonne so heiß, daß es wie ein Wunder erschien. In der Wojewodschaft Brazlaw und in den Wilden Feldern bedeckte ein junger grüner Flaum die Steppen bereits nach der ersten Hälfte des Dezember. Die Bienen in den Bienenständen summten und brummten und das Vieh brüllte in den Gehegen. Während so in der Natur die Ordnung der Dinge umgekehrt schien, richtete sich das Augenmerk der Besorgten ausschließlich auf die Wilden Felder, von woher leichter als sonst woher eine Gefahr eindringen konnte.

Indes ereignete sich dort nichts Besonderes und es gab keine anderen Kämpfe als diejenigen, welche dort gewöhnlich vorfielen und von denen nur die Adler, die Raben und die Raubtiere wußten. Solcher Art waren nun einmal diese Felder. Die letzte Spur von angesiedeltem Leben verlor sich nach dem Süden hin, nicht weit von Tschechryn am Dniepr und nach dem Dniestr zu in der Nähe von Uman; weiter hin nach dem Meere zu gab es nur unabsehbare Steppen, von beiden Flüssen wie von zwei mächtigen Armen umfaßt. In dem großen Bogen, welchen der Dniepr bildet, in der Niederung, drauste noch das rege Kosakenleben, aber in den eigentlichen Feldern wohnte niemand, nur hier und dort an den Ufern sah man einzelne Gehöfte wie Inseln in dem großen Steppenmeer. Dieses Land war im vollsten Sinne ein Freistaat, aber ein wüster Freistaat, welcher den Tataren die Erlaubnis zum Weiden ihrer Herden gab. Da aber die Kosaken oft die Uebergriffe derselben abwehren mußten, so wurde die Steppe vielfach zum Schlachtfelde. Wie viele Kämpfe dort ausgefochten wurden, wie viele Menschen dort ihr Leben ließen? Wer zählte sie, wer behielt ihre Zahl? Niemand! Die Adler, die Habichte und Krähen allein kannten und sahen diese Schlachtfelder und wer sonst noch von ferne ihr Krächzen und das Sausen ihrer Flügel hörte, wer die schwarzen Massen über einem Orte kreisen sah, der wußte, daß dort Leichen oder benagte Knochenreste zu finden waren. Man machte in dem hohen Grase Jagd auf Menschen wie auf Wölfe und Schakale. Es jagte, wer Lust dazu hatte. Der von dem Arm der Gerechtigkeit verfolgte Mensch fand hier eine Zuflucht und sicheren Versteck, der bewaffnete Hirt hütete dort seine Herden, der Ritter suchte da Abenteuer und Gefahren, der Räuber seinen Raub, der Kosak den Tataren, der Tatar den Kosaken. Es kam auch vor, daß ganze Kompagnien sich zum Schutze ihrer Herden gegen die häufigen Ueberfälle verbanden. Diese Steppe war wüst und belebt zugleich, totenstill, fürchterlich, voll Ruhe und voll Angriffe, wilder als die Wilden Felder, wilder auch als wilde Seelen. Mitunter erfüllte sie auch ein großer Krieg. Dann wogten in ihr wie bewegte Wellen Horden tatarischer Krieger, Kosakenschwadronen und polnische oder walachische Fahnen. Des Nachts begleitete das Geheul der Wölfe das

Gewieher der Pferde; das Getön der Kessel und messingenen Trompeten schallte bis zum Owido=See nach dem Meere hin und auf den Kutschmans=Feldern schien sich eine reine Sündflut von Menschen auszubreiten.

Die Grenzen des Freistaates von Kamieniez bis znm Dniepr schützten zum Teil jene kleinen Gehöfte mit ihren Bewohnern, wo aber ihre Spur aufhörte, da begannen die unzähligen Scharen der Vögel ihr Treiben; sie flogen in eiligem Flnge, gescheucht von den Horden der Tataren, dem Süden zu. Aber ebenso schnell als sie, erreichte der berittene Tatar die südlichen Woje= wodschaften, hatte er nur erst den schwarzen Wald und den Dniestr von der Walachei aus hinter sich.

Nnn zogen aber in diesem Winter die Vogelscharen nicht nach dem Freistaat. In den Steppen war es stiller als sonst. Zur Zeit, wo unsere Erzählung beginnt, war die Sonne gerade im Untergehen; ihre rötlichen Strahlen beleuchteten die ganze öde Gegend vollständig. Am nördlichen Horizont der Wilden Felder, am Omelnitschko, bis zum Ausfluß seiner Mündung hätte das schärfste Ange nicht eine lebende Seele, ja nicht ein= mal eine Bewegung in dem dunklen dürren Riedgras entdeckt. Nur die Hälfte der Sonnenscheibe stand noch im Gesichtskreise. Das Firmament war schon dunkel und nach und nach verdunkelte sich die Steppe immer mehr. Am linken Ufer auf einer kleinen Anhöhe, einem Grabhügel ähnlicher als einer Anhöhe, leuchteten nur die Reste eines gemauerten Standortes, welchen einst Feodor Butschazki gebaut hatte und den die vielen Kämpfe und Stürme längst zerstörten. Jene Ruine warf einen langen Schatten. Daneben glänzten die Wasser des hochangeschwollenen Flüßchens, welches an dieser Stelle eine Biegung nach dem Dniepr zu macht. Aber die lichten Schimmer verblaßten immer mehr am Himmel und auf der Erde. Von oben herad tönte nur noch der langgezogene Schrei der Kraniche, welche dem Meere zuzogen, sonst unterbrach die tiefe Stille kein Lant.

Nacht lag auf der Wüste; mit ihr kam die Stunde der Geister. Die in den Standorten wachenden Ritter erzählten sich in jenen Zeiten, daß nachts in den Wilden Feldern die Geister und Schatten der dort Gefallenen, welche in ihren Sünden eines plötzlichen und gewaltsamen Todes dahingingen, aufstehen und ihr Unwesen treiben, welchem weder die Kirche noch das Kreuz Einhalt thun kann. So sprach man denn, wenn die ausgebrannte Schwefelschnur die mitternächtliche Stunde wies, für die Seelen dieser Verstorbenen ein Gebet. Man er=

1*

zählte auch, daß jene Schatten der Reiter den die Wüste durch-
ziehenden Wanderern den Weg vertreten und wehklagend und
heulend um das heilige Kreuzeszeichen bitten. Unter ihnen
befinde sich aber auch das Totengespenst, welches heulend die
Menschen verfolge. Ein geübtes Ohr erkenne schon von ferne
diese Stimme und unterscheide sie leicht vom Geheul des Wolfes.
Man sah zuweilen auch ganze Heere von Schatten, welche sich
den Standorten so näherten, daß die Wachen Alarm bliesen.
Diese Gesichte prophezeiten gewöhnlich große Kriege. Das An-
treffen einzelner Schatten bedeutete auch nichts Gutes, aber man
durfte es auch nicht immer schlimm deuten, denn auch lebende
Menschen kamen und gingen zuweilen gleich Schatten vor dem
Wanderer, so daß man sie wohl gut für Gespenster halten
konnte.

Als nun am Omelnitschko die Nacht herniedersank, da war
es nichts Wunderbares weiter, daß bei jenem verlassenen Stand-
ort plötzlich eine Gestalt auftauchte, welche ebensowohl ein Mensch
als ein Geist sein konnte.

Hinten, auf der anderen Seite des Dniepr, tauchte eben
der Mond auf und übergoß die weite Steppe mit bleichem Licht.
In diesem Augenblick erschienen in derselben noch andere nächtliche Gestalten. Vorüberziehende Wölkchen verhüllten auf
Augenblicke den Mond, so hoben sich denn jene Gestalten bald
scharf von der Dunkelheit ab, bald verschwanden sie ganz, und
es schien, daß sie in der Finsternis wie in einem See versanken.
Immer vorwärts nach dem Standorte zustrebend, zu jener
Stelle, wo der erste Reiter stand, stahlen sie sich lautlos, vorsichtig und momentan anhaltend durch die Steppe. In ihren
Bewegungen lag etwas Grausenerregendes, wie alles in dieser
scheinbar so öden Steppe grausig war. Zuweilen wehte vom
Dniepr her der Wind, das trockene Riedgras bewegend, daß es
rauschend sich neigte, wie von Furcht erschreckt. Endlich ver-
schwanden die Gestalten im Schatten der Ruine. Im blassen
Mondlicht sah man nur noch den vereinzelten Reiter auf der
Erderhöhung.

Plötzlich erweckte ein Geräusch in der Nähe, das Rauschen
des Grases seine Aufmerksamkeit und schreckte ihn aus seinem
Sinnen. Indem er sich dem äußersten Rande der Erhöhung
näherte, blickte er aufmerksam und unverwandt hinaus in die
Steppe. In diesem Augenblick hörte der Wind auf, das Geräusch
verstummte, tiefe Stille trat ein.

Plötzlich ertönte ein schriller Pfiff. Verschiedene Stimmen schrieen wild durcheinander:

„Hallo! Hallo! Jesu Christe hilf! schlage!"

Ein Knall von Gewehrfeuer schallte weithin, rote Leuchten erhellten das Dunkel. Pferdegetrappel mischte sich mit dem Klange von Eisen. Neue Reiter tauchten wie aus der Erde gewachsen in der Steppe auf. Man meinte, ein Sturm branse plötzlich über die unheilverkündende Wüste. Dann mischten sich menschliche Klagelaute mit dem schrecklichen Lärm, endlich wurde alles still, der Kampf war beendet. Augenscheinlich hatte sich hier eine jener sich oft wiederholenden Szenen in den Wilden Feldern abgespielt.

Die Reiter sammelten sich auf der Erhöhung, einige stiegen ab und schienen eifrig etwas zu betrachten. Jetzt vernahm man durch das Dunkel eine mächtige befehlende Stimme:

„Holla! Ihr dort! Macht Feuer an!"

Nach einer Weile sprühten erst Funken, dann schlug eine helle Flamme in die Höhe, bald brannte ein Kienfeuer; eine Stange mit einer Lampe, auf welcher das Feuer sich befand, wurde in die Erde gerammt. Das von oben herabfallende Licht beleuchtete deutlich eine Anzahl Menschen, welche über eine regungslos am Boden liegende Gestalt gebeugt dastanden. Es waren dies Soldaten, bekleidet in der roten Farbe des Hofes, mit Kapuzen aus Wolfsfell. Einer von ihnen, auf prächtigem Pferde, schien die anderen anzuführen. Vom Pferde absitzend, näherte er sich der daliegenden Gestalt und frug:

„Nun, Wachtmeister, lebt er, oder lebt er nicht?"

„Er lebt, Herr Statthalter*), er röchelt, ein Lasso würgte ihn."

„Was für einer ist er?"

„Kein Tatar, jemand Bedeutenderes."

„So müssen wir Gott danken."

Der Statthalter blickte aufmerksamer nach dem daliegenden Manne.

„Er scheint so etwas wie ein Hetman zu sein!" sagte er.

„Und das Pferd unter ihm ist ein edler Tatar, wie man ihn besser beim Chan selbst nicht finden kann," erwiderte der Wachtmeister. „Da, dort steht es."

Der Hauptmann blickte zur Seite; sein Gesicht erhellte sich. Zwischen zwei Gliedrossen seiner Leute hielt man ein herrliches Tier, welches mit gespitzten Ohren, weitgeöffneten Nüstern, vor-

---

* Befehlshaber eines Regiments.

geſtredtem Kopfe und erſchredtem Blid nach ſeinem Herrn
ſchaute.

„Aber das Pferd, Herr Statthalter, bleibt unſer?" ſchaltete
im Frageton der Wachtmeiſter ein.

„Ungläubiger Hund, du wollteſt einem Chriſten in der
Steppe ſein Pferd wegnehmen?"

„Es iſt ein Beutepferd . . ."

Weitere Auseinanderſetzungen unterbrach das verſtärkte
Röcheln des gewürgten Mannes.

„Gießt ihm Branntwein in den Mund," ſagte der Statthalter,
„ſchnallt den Gurt ab."

„Bleiben wir hier zur Nacht?"

„So iſt es, die Pferde abſatteln, das Wachtfeuer anzünden."

Die Soldaten folgten lebhaft dieſen Befehlen. Die einen
begannen Feuer zu ſchlagen, andere eilten Brennmaterial zu
ſammeln und noch andere breiteten auf dem Erdboden Kamel=
und Bärenfelle zu Lagerſtätten. Nicht weiter um den Gewürgten
ſich kümmernd, knöpfte der Statthalter ſeinen Gurt ab und
warf ſich auf ſeine Burka*) neben das Feuer. Es war dies ein
noch junger Mann, dürr, gebräunt, ſehr wohlgeſtaltet, mit
ſchmalem Geſicht und vorſpringender Adlernaſe. In ſeinen
Augen blitzte ein leidenſchaftliches Feuer, aber im Antlitz trug
er den Ausdruck der Ehrlichkeit. Ein voller, ſtarker Schnurr=
bart und das jedenfalls ſeit langem unraſierte Kinn gaben ſeinem
ganzen Ausſehen einen ſein Alter weit überragenden Ernſt.

Unterdeſſen beſchäftigten ſich zwei Burſchen mit dem Her=
richten des Abendeſſens. Man brachte fertig zugerichtete
Hammelkeulen auf das Feuer, nahm auch einige den Tag über
erlegte Trappen und etliche Schneehühner, welche der eine
Burſche ſogleich abzurupfen begann. Das Wachtfeuer brannte
hoch, einen großen roten Lichtkreis auf die Steppe werfend.
Der gewürgte Mann begann allmählich zu ſich zu kommen.
Eine Zeitlang irrten ſeine blutunterlaufenen Augen über die
Fremdlinge, in ihren Geſichtszügen forſchend, dann bemühte
er ſich aufzuſtehen. Der Soldat, welcher vorher mit dem
Statthalter geſprochen hatte, faßte ihn ſtützend unter den
Armen; ein anderer gab ihm eine Stütze in die Hand, auf
welcher er ſich mit großem Kraftaufwand aufrichtete. Sein
Geſicht war noch rot, die Adern noch angeſchwollen. Endlich
lallte er mit halberſtickter Stimme das erſte Wort: „Waſſer!"

_____

*) Burka = Regenmantel.

Man gab ihm Branntwein, den er in langen Zügen trank, was ihm sichtlich wohl that, denn als er endlich die Flasche vom Munde absetzte, klang seine Stimme schon reiner bei der Frage: „In wessen Hand bin ich?"

Der Statthalter stand auf und trat näher zu ihm.

„In der Hand derjenigen, welche Euch errettet haben."

„So hat keiner von Euch mich mit dem Lasso gefangen?"

„Unsere Sache ist, mit dem Säbel zu hantieren, nicht mit dem Lasso. Ihr beleidigt mit Eurem Verdacht brave Soldaten. Dich fingen uns unbekannte Missethäter, welche Du, wenn Du neugierig sein solltest, ansehen kannst; sie liegen dort, gleich geschlachteten Hammeln."

Indem er dies sagte, wies er mit dem Finger auf einige am Fuße des Abhanges liegende dunkle Körper.

Und der Unbekannte erwiderte:

„So laßt mich ausruhen."

Man breitete eine Satteldecke aus Fries auf dem Boden aus und setzte ihn darauf. Er verfiel in tiefes Schweigen.

Er war ein Mann im kräftigsten Alter, mittleren Wuchses, mit breiten Schultern, von fast riesenhaftem Körperbau und frappierenden Gesichtszügen. Der Kopf war von mächtiger Größe, die Gesichtshaut welk und stark gebräunt, die Augen schwarz und etwas schief geschlitzt wie bei den Tataren, und über den schmalen Lippen hing ihm ein dünner Schnurrbart, welcher erst an den Enden sich in zwei dichte Büschel teilte. Sein großes Gesicht trug den Stempel des Stolzes und des Mutes. Es lag in seinem Ausdruck etwas gleichzeitig Anziehendes und Abstoßendes, zugleich die ganze Würde eines Hetmans, verbunden mit der Tücke des Tataren, Gutmütigkeit und Wildheit.

Nachdem er etwas geruht hatte, stand er auf und schritt zur Verwunderung aller, statt zu danken, den hingestreckten Leichen zu.

„Ein ungehobelter Bursche!" murmelte der Statthalter.

Inzwischen hatte der Unbekannte aufmerksam jedes Gesicht da unten betrachtet und nickte mit dem Kopfe wie ein Mensch, welcher alles erraten hatte; darauf wandte er sich langsam dem Statthalter zu, sich an den Seiten klopfend und unwillkürlich nach dem Gurte tastend, hinter welchen er die Hände stecken wollte.

Dieses würdevolle Betragen gefiel dem Statthalter nicht bei einem Menschen, welcher eben erst vom Strange losgeschnitten war; er sagte ironisch:

.

„Man sollte sagen, daß ihr Bekannte sucht unter jenen Raubmördern, oder ein Gebet für ihr Seelenheil sprecht.“

Und der Fremde entgegnete mit gleicher Würde:

„Ihr täuscht Euch nicht und täuscht Euch doch: Ihr täuscht Euch nicht, denn ich suchte Bekannte, und täuscht Euch doch, denn diese da sind keine Raubmörder, nur die Diener eines gewissen Edelmannes meines Nachbarn.“

„So trinkt Ihr und Euer Nachbar augenscheinlich nicht aus einem Brunnen Wasser?“

Ein eigentümliches Lächeln überflog die schmalen Lippen des Unbekannten.

„Auch darin irrt Ihr,“ brummte er zwischen den Zähnen. Nach einer Weile setzte er lauter hinzu:

„Aber — verzeihe der ehrenwerte Herr nur, daß ich ihm nicht zuerst den schuldigen Dank für die Hilfe und so folgen= reiche Rettung zu Füßen gelegt habe, welche mich von einem so sicheren Tode befreite. Eure Tapferkeit stand ein für meine Unvorsichtigkeit, denn ich hatte mich von meinen Lenten getrennt, aber meine Dankbarkeit kommt Eurer Bereitwilligkeit nach.“

Dies sprechend, streckte er dem Statthalter die Hand entgegen.

Aber der jugendliche Anführer rührte sich nicht vom Fleck und beeilte sich durchaus nicht mit dem Darreichen der seinen, dafür sagte er:

„Zuerst möchte ich wissen, ob ich es mit einem Edelmanne zu thun habe, denn, obgleich ich daran nicht zweifle, so schickt es sich doch nicht, namenlose Danksagungen entgegen zu nehmen.“

„Ich sehe, Euer Liebden haben einen echt kavaliermäßigen Sinn, und Ihr habt recht. Ich hätte meinen Diskurs mit meinem Namen und der Danksagung beginnen sollen. Ich bin Zenobius Abbank, mit dem Kreuz im Wappen, ein Edelmann, seßhaft in der Kiewer Wojewodschaft und Kosakenhauptmann der Fahne des Fürsten Dominikus Saslawski.“

„Und ich, Johann Skrzetuski, Statthalter der Panzerfahne des Allerdurchlauchtigsten Fürsten Jeremias Wischniowiezki.“

„Ihr dient unter einem berühmten Kriegsherrn. Empfanget jetzt meinen Dank und meine Hand.“

. Der Statthalter zögerte nicht länger. Seine Waffengefährten sahen zwar von oben herab auf Soldaten anderer Fahnen, aber Herr Skrzetuski befand sich in der Steppe, auf den Wilden Feldern, wo solche Dinge weniger ins Gewicht fielen. Uebrigens hatte er es mit einem Hauptmanne zu thun, wovon er sich so=

gleich durch den Augenschein überzeugte, denn als seine Soldaten ihm Säbel und Gurt reichten, welchen sie ihm abgegürtet hatten, da übergaben sie ihm gleichzeitig den in Elfenbein gefaßten Feld= herrnstab mit dem Kopfe aus Perlmutter, welchen in der Regel die Kosakenhauptleute trugen. Dazu war sein Anzug gewählt und die gebildete Sprache verriet einen scharfen Verstand und Weltkenntnis. Deshalb lud Herr Strzetuski ihn zur Gesell= schaft. Der Geruch des gebratenen Fleisches verbreitete sich eben vom Wachtfeuer aus, Gaumen und Nase kitzelnd. Der eine Bursche nahm dasselbe eben vom Feuer und reichte es seinem Herrn auf zinnerner Schüssel. Man fing an zu essen und als man einen mächtigen Beutel aus Ziegenleder, gefüllt mit Moldauer Wein, herbeibrachte, da entwickelte sich bald ein lebhaftes Gespräch.

„Auf daß wir glücklich nach Hause kehren möchten!" sagte Herr Strzetuski.

„So kehrt Ew. Liebden heim? Woher, bitte?" frug Abdank.

„Von weit her, weit aus der Krim."

„Und was habt Ihr dort gethan? Seid Ihr mit Lösegeld gefahren?"

„Nein, Hauptmann; ich fuhr zum Chan selbst."

Abdank spitzte neugierig das Ohr.

„Seht einmal an, bitte — da seid Ihr ja in eine schöne Verbindung getreten. Und mit was reistet Ihr zum Chan?"

„Mit einem Briefe von Seiner Durchlaucht dem Fürsten Jeremias."

„So seid Ihr ein Botschafter? Und was schrieb der Fürst an den Chan?"

Der Statthalter blickte den Kameraden scharf an.

„Gnädiger Hauptmann," sagte er, „Du sahst den Raub= mördern in die Augen, welche Dich mit dem Lasso gefangen haben — das ist Deine Sache; aber was der Fürst dem Chan geschrieben, das ist weder die Deine, noch die meine, nur ihre beiderseitige Angelegenheit."

„Ich wunderte mich vor einer Weile," entgegnete Abdank listig, „daß der Fürst einen so jungen Menschen als Gesandten zum Chan wählte. Nach Deiner Antwort nimmt mich das nicht mehr Wunder, denn ich sehe, Du bist jung an Jahren, aber alt an Erfahrung und Verstand."

Der Statthalter ließ das glatte Schmeichelwort an sich abprallen; er drehte nur den jungen Schnurrbart und frug:

„Antwortet mir, was thut Ihr hier am Omelnitschko und wie kommt Ihr hierher so allein?"

„Ich bin nicht allein! Ich ließ nur meine Leute unter= wegs zurück und wollte nach Kudak reiten, zu Herrn Grodschizki, welcher dort das Oberhaupt des Staatspräsidiums ist und zu welchem der Großhetman mich mit Briefen schickte."

„Und warum reiset Ihr nicht zu Wasser?"

„Mein Auftrag, von welchem ich nicht abweichen darf, lautete anders."

„Wunderbar, daß der gnädige Hetman einen solchen Befehl erließ, da Ihr doch gerade in der Steppe Gefahren zu über= winden hattet, die zu Wasser vermieden worden wären."

„Herr, die Steppen sind jetzt ruhig; ich kenne sie nicht erst von heute und gestern, und das, was mich traf, war nur eine Insulte menschlicher Bosheit."

„Und wer verfolgt denn den gnädigen Herrn so arg?"

„Das gäbe eine lange Erzählung. Es ist ein böser Nachbar, erlauchter Statthalter, welcher meine Existenz zerstörte, von meinen Besitzungen mich vertrieb, den Sohn erschlagen hat und — wie Ihr gesehen, auch meinen Hals bedrohte."

„Tragt Ihr denn nicht einen Säbel an der Seite?"

In dem mächtigen Antlitz Abbanks blitzte ein Ausdruck tiefsten Hasses auf, die Augen glänzten in düsterem Licht und langsam und deutlich entgegnete er:

„Wohl trage ich ihn! — und so Gott mir helfe, werde ich gegen meine Widersacher nur bei ihm Zuflucht suchen."

Der Hauptmann wollte noch etwas weiter sagen, als plötz= lich der Schall von Pferdegetrappel, vielmehr ein beschleunigtes Rascheln von Pferdefüßen, auf dem aufgeweichten Rasen der Steppe sich hören ließ. Bald darauf erschien auch der Diener des Statthalters mit der Nachricht, daß sich Reiter näherten.

„Das sind gewiß meine Leute," sagte Abbank, „welche gleich hinter dem Taschmin zurückblieben. Ich hatte, keinen Verrat fürchtend, versprochen, sie hier zu erwarten."

Nach einer kleinen Weile umringte die Reiterschar im Halb= kreis die Erhöhung. Beim lichten Feuerschein zeigten sich Pferde= köpfe mit geöffneten Nüstern, schnaubend vor Müdigkeit, und über sie gebeugt die Häupter der Reiter, welche, die Augen mit den Händen beschattet, scharf nach dem Feuer hinsahen.

„Heda, Leute! wer seid ihr?" fragte Abbank.

„Streiter Gottes!" entgegneten die Stimmen aus dem Dunkel.

„Ja, es sind meine Krieger," wiederholte Abbank, sich dem Statthalter zuwendend. „Heran! heran!"

Einige verließen die Pferde und näherten sich dem Feuer. „O, wir haben uns beeilt, Väterchen. Was ist mit Dir?"

„Es war ein Ueberfall. Chwedko, der Verräter, wußte um den Ort und wartete mit anderen hier. Er mußte kurz vor mir gekommen sein. Mit dem Lasso fingen sie mich."

„Behüt' Gott! Behüt' Gott! Und was ist das für ein Leche*) neben Dir?"

Dies sprechend blickten sie drohend auf Herrn Skrzetuski und seine Gefährten.

„Das sind gute Busenfreunde," sagte Abbank. „Ehre sei Gott, ich bin ganz und lebendig. Wir reisen gleich weiter."

„Ehre sei Gott! Wir sind bereit!"

Die Neuangekommenen begannen ihre Hände am Feuer zu wärmen, denn die Nacht war klar, aber kalt. Es waren vierzig Mann, alle gut gewachsen und bewaffnet. Sie sahen gar nicht aus wie Linienkosaken, worüber Herr Skrzetuski sich nicht wenig wunderte, besonders, da ihrer so viele waren. Das alles kam dem Statthalter sehr verdächtig vor. Hätte der Groß-hetman den Herrn Abbank nach Kudak geschickt, so hätte er ihm gewiß Eskorte von den Linienkosaken gegeben und dann, wie kam er dazu, durch die Steppe zu ziehen, statt den Weg zu Wasser zu nehmen. Die Notwendigkeit, alle Flüsse zu über-schreiten, welche durch die Wilden Felder in den Dniepr strömten, mußte ihre Ankunft dort sehr verspäten. Es sah vielmehr gerade so aus, als wollte Herr Abbank Kudak umgehen.

Aber auch die Persönlichkeit des Herrn Abbank gab dem jungen Statthalter zu denken. Er hatte bemerkt, daß die Kosaken, welche sich in der Regel mit ihren Hauptleuten auf einen sehr vertraulichen Fuß stellten, diesen hier mit einer so außergewöhn-lichen Ehrfurcht umgaben, wie einen rechtmäßigen Hetman. Er mußte also ein Ritter von vornehmer Herkunft sein, was dem Herrn Skrzetuski um so verwunderlicher erschien, da er, bekannt in der Ukraine auf dieser und jener Seite des Dniepr, von einem derartig berühmten Abbank nie etwas gehört hatte. Außerdem lag in dem Antlitz dieses Mannes etwas so Außer-gewöhnliches — der frappierende Ausdruck einer geheimen Macht, welcher dasselbe wie flammendes Feuer durchleuchtete, eines un-beugsamen Willens, welcher vor nichts und niemandem zurück-schreckt. Denselben Ausdruck festen Willens trug das Antlitz des Fürsten Jeremias Wischniowiezki; was aber bei ihm die

---

*) Lechen werden die Polen von den Russen genannt.

natürliche Folge einer hohen Geburt und unumschränkten Macht war, das mußte bei diesem Manne, unbekannten Namens durch die Steppe schweifend, doppelt ins Auge fallen. Herr Strzetuski dachte lange darüber nach. Es kam ihm der Gedanke, daß dies vielleicht ein mächtiger Bandit sei, der vor seinen Verfolgern sich in die Wilden Felder flüchtete, dann wiederum, es möchte der Führer einer Räuberbande sein, aber das Letztere war unwahrscheinlich. Die Kleidung und Sprache dieses Mannes kennzeichneten etwas anderes. Der Statthalter konnte gar keinen bestimmten Anhalt finden, er konnte nur vorsichtig sein.

Währenddes ließ Abdank sein Pferd vorführen.

„Gnädiger Statthalter," rief er, „wer auf der Reise ist, muß weiter. Erlaubt, daß ich Euch nochmals für die Rettung danke. So Gott will, vergelte ich diesen Dienst mit einem gleichen."

„Ich wußte nicht, wen ich rettete — habe also keinen Dank verdient."

„Deine Bescheidenheit gleicht Deiner Tapferkeit. Nimm von mir diesen Ring an."

Des Statthalters Antlitz verfinsterte sich; er trat einen Schritt zurück und maß mit den Augen den Herrn Abdank. Dieser aber sprach weiter mit fast väterlicher Würde in Ton und Haltung:

„Sieh nur, es ist nicht die Kostbarkeit des Ringes, welche ihn wertvoll macht, sondern seine anderen Eigenschaften. Als ich, noch jung an Jahren, mich in der Gefangenschaft bei den Bissurmanen befand, erhielt ich ihn von einem Pilger, der aus dem heiligen Lande kam. Dieses Steinchen verschließt etwas Staub vom Grabe Christi. Eine solche Gabe weist man nicht zurück und wenn sie aus der Hand eines Verfehmten käme. Ihr seid ein junger Mann und Krieger, und da selbst das Alter, dem Grabe nahe, nicht weiß, was den Menschen vor seiner letzten Stunde treffen kann, wieviel mehr muß die Jugend, welche noch eine lange, lange Zeit vor sich hat, auf Gefahren zählen. Dieser Ring behütet und bewahrt vor Gefahren, wenn der Tag des letzten Gerichts kommt, und ich sage Dir, dieser Tag beginnt schon die Wilden Felder zu durchziehen."

Es folgte eine Weile tiefer Stille; man hörte nur das Prasseln der Flammen und das Schnaufen der Pferde. Aus dem fernen Schilf tönte das Geheul der Wölfe herüber, langgezogen, trauervoll. Plötzlich wiederholte Abdank seine letzten Worte, als wenn er sie zu sich selbst spräche:

„Der Tag des Gerichts schreitet schon durch die Wilden Felder und wenn er erschienen ist — wird die Welt Wunder sehen."

Der Statthalter nahm den Ring mechanisch in Empfang, so tief war er von den Worten dieses seltsamen Mannes ergriffen. Und dieser sah unverwandt ins tiefe Dunkel der Steppe, dann wandte er sich langsam um und bestieg sein Pferd.

„Vorwärts! Vorwärts! Bleib gesund, treuer Krieger," sagte er zum Statthalter. „Die Zeiten sind jetzt derartig, daß der Bruder dem Bruder nicht traut, deshalb weißt Du auch nicht, wen Du beschütztest, denn ich habe Dir meinen Namen nicht genannt."

„So seid Ihr nicht Abbank?"

„Das ist nur mein Wappen. . . ."

„Und Euer Name?"

„Bogdan Zenobius Chmielnizki."

Indem er dies sagte, sprengte er vom Hügel hinab und seine Leute folgten ihm. Bald hüllte sie die Nacht und der Nebel ein, erst als sie ein gut Stück fortgeritten waren, trug den Zurückbleibenden der Wind die Worte eines Kosaken= liedes zu:

> „O Gott! erlös' uns alle armen Sklaven
> Von dem Waffenwirbel der Bissurmanen,
> Aus jeglicher Gefangenschaft.
> Gieb helle Morgenröte
> An diesen Wassern,
> Ein fröhlich Reich,
> Ein Christenreich —
> Erhöre, Gott, mild unsre Bitten,
> Beschütz uns arme Sklaven
> Hier bei den unglücksel'gen Sümpfen."

Allmählich wurden die Worte undeutlicher, zuletzt ver= schwommen sie ganz im Geräusch der Riedgräser.

2. Kapitel.

Als Herr Skrzetuski den nächsten Tag früh in Tschechryn eintraf, nahm er Quartier im Hause des Fürsten Jeremias, wo er sich eine Zeitlang aufhalten wollte, um die Leute und Pferde nach der langen Reise aus der Krim, welche infolge des hohen Wasserstandes und der starken Strömung des Dniepr, die eine Fahrt mit Flußkähnen stromaufwärts durchaus un= möglich machten, also zu Lande gemacht werden mußte, ver= schnaufen zu lassen. Skrzetuski selbst pflegte sich eine Weile, dann erst ging er zu Herrn Sazwilichowski, dem früheren Kommissarius des Freistaates, welcher ein guter Soldat, wenn auch nicht in Diensten des Fürsten Jeremias, doch ein vertrauter Freund Skrzetuskis war. Der Statthalter war begierig zu hören, ob für ihn keine Dispositionen aus Lubnie gekommen waren. Der Fürst hatte nichts Besonderes hinterlassen. Er h dem Statthalter sagen lassen, daß für den Fall, daß die Antwort des Chans eine günstige wäre, er langsam heimkehren solle, damit Pferde und Menschen möglichst geschont würden. Die Angelegenheit mit dem Chan war aber folgende. Es handelte sich um die Bestrafung einiger schwarzer Tataren, welche sich widerrechtlich in seine Hinter=Dnieprschen Besitzungen eingedrängt, und welche er selbst schon tüchtig zusammengehauen hatte. Der Chan hatte auf seine diesbezüglichen Klagen wirklich eine günstige Antwort gegeben. Er hatte versprochen, die Ungehorsamen zu strafen, im April einen besonderen Gesandten zu schicken, und da ihm daran lag, sich die Geneigtheit eines so berühmten Kriegers, wie der Fürst war, zu erwerben, so sandte er dem=

selben durch Herrn Skrzetuski ein Pferd edelster Rasse.
Skrzetuski war froh, längere Zeit in Tschechryn verweilen zu
können, nachdem er seine Botschaft so ehrenvoll durchgeführt
hatte, eine Botschaft, deren Zweck allein schon eine ehrenvolle
Auszeichnung für ihn war. Dafür war Herr Sazwilichowski
sehr bekümmert um das, was seit einiger Zeit in Tschechryn vor=
ging. Sie gingen also zusammen zu dem Walachen Dopula,
welcher in der Stadt eine Ausspannung und Weinstube hielt,
und dort trafen sie trotz der frühen Stunde eine Menge Adlige,
denn es war Markttag. Außerdem hielten an diesem Tage in
Tschechryn zahlreiche Viehherden Rast, welche in das Lager des
Kronenmilitärs getrieben wurden, was wieder eine Ansammlung
von vielen Fremdlingen mit sich brachte. Die Adligen nun
versammelten sich am Markte in dem sogenannten Glockenwinkel
bei Dopula. Es waren dort Pächter der Koniezpolski, Tschech=
ryner Beamte, und Besitzer privilegierter polnischer Ländereien,
unabhängiger seßhafter Adel, ferner landwirtschaftliche Beamte,
einige Kosakenhauptleute und polnischer Kleinadel, teils in
Stellungen, teils auf eigenen Höfen lebend.

Die einen wie die anderen nahmen die Bänke längs der
langen eichenen Tische ein, sich laut unterhaltend von der Flucht
Chmielnizkis, welche in der Stadt große Bewegung hervorgerufen
hatte. Skrzetuski und Sazwilichowski setzten sich abseits in
einen Winkel und der Statthalter fing an zu fragen, wer denn
dieser Chmielnizki sei, daß alle von ihm sprächen.

„So wißt Ihr das nicht?" antwortete der alte Soldat.
„Es ist der Schreiber der Saporogen=Regimenter, der Besitzer
von Subotowo und — setzte er leiser hinzu — mein Gevatter.
Wir kennen uns schon lange. Manche Not haben wir gemein=
schaftlich durchgemacht, immer erreichte er sein Ziel, was er
besonders bei Cecora bewies. Einen in Militärsachen erfahreneren
Menschen giebt es kaum noch in der Republik. Man darf nicht
laut davon sprechen, aber das ist ein echter Führer, ein kluger,
willensstarker Mensch; ihm gehorcht das gesamte Kosakenvolk
mehr als allen Hauptleuten und Feldherren. Er ist ein Mensch,
welchem auch Tugenden nicht fehlen, aber stolz, unruhig, und
wenn Haß ihn befällt, so kann er erschreckend grausam sein."

„Was ist ihm denn geschehen, daß er aus Tschechryn floh?"

„Er hatte fortwährend Streit mit dem Starosten Tschaplinski,
aber das ist Nebensache. Wie das so ist, aus Feindschaft flickte
ein Edelmann dem anderen was am Zeuge; bald er diesem,
bald dieser ihm. Man sagt noch, daß er der Frau des Starosten

den Kopf verdreht hat; der hatte ihm in früheren Jahren die Liebste weggeheiratet, dafür machte er sie jetzt in sich verliebt, und das ist kein unmöglich Ding, denn — das Weib ist leichtfertig. Seht, Herr Statthalter, die Sache ist die: In Tscherkessien wohnt der alte Barabasch, ein Kosakenhauptmann, unser Freund. Er besaß einige Privilegien und königliche Urkunden, von denen man sagt, daß sie dazu dienten, die Kosaken zum Widerstand gegen den Adel zu reizen. Aber da er ein Menschenfreund ist, behielt er sie bei sich und veröffentlichte sie nicht. Nun schickte Chmielnizki, während er den Barabasch hierher nach Tschechryn in sein Haus zu einem Festessen geladen hatte, Leute auf seinen Hof, welche der Frau desselben diese Urkunden gewaltsam abnehmen mußten — und mit ihnen entfloh er. Wir sind in Angst, daß er sie benutzt, einen Kosakenaufstand anzuzetteln, denn wie gesagt: er ist ein schrecklicher Mensch und niemandem ist bekannt, wohin er ging."

„So hat dieser Fuchs mich ins Feld geführt," sagte Herr Strzetuski. „Er stellte sich mir als Kosakenhauptmann des Fürsten Saslawski vor. Ich habe ihn ja in der letzten Nacht in der Steppe getroffen und vom Lasso befreit."

„Um Gotteswillen, was sprecht Ihr? Das ist unmöglich!"

„Was ist unmöglich! Es ist wahr. Er sagte mir, der Fürst Saslawski sende ihn nach Kubak mit Briefen an den Herrn Grodschizki, aber ich glaubte ihm das nicht, da er nicht zu Wasser reiste, sondern sich durch die Steppe schlich."

„Der Mann ist listig wie Ulysses! Und wo traft Ihr ihn?"

„Am Omelnitschko, an der rechten Seite des Dniepr. Augenscheinlich zog er nach der Sitsch*)."

„Und wollte Kubak vermeiden. Jetzt verstehe ich. Waren viele Leute bei ihm?"

„Etwa vierzig Mann. Aber sie kamen zu spät. Wären nicht die Meinigen zur Stelle gewesen, so hätten die Diener des Starosten ihn erwürgt."

„Wartet, gnädiger Herr, das ist ein wichtig Ding. Die Diener des Starosten sagt Ihr?"

„Er selbst nannte sie."

„Woher sollte der Starost wissen, wo er ihn zu suchen hatte, da hier in der Stadt sich alle die Köpfe zerbrechen, wohin er sein könnte."

„Das kann ich auch nicht wissen. Vielleicht log Chmielnizki

*) Sitsch = verschanztes Lager der Kosaken.

und machte gewöhnliche Raubmörder zu Dienern des Starosten, um das ihm gethane Unrecht zu betonen."

„Das kann nicht sein! Aber es ist doch eine wunderliche Sache. Wißt Ihr, daß der Großhetman Briefe erlassen hat mit dem Befehl, den Chmielnizki zu fangen, tot oder lebendig?"

Der Statthalter vermochte nicht mehr zu antworten, denn in diesem Augenblick betrat die Stube ein Edelmann in lärmender Weise. Er schlug ein und das andere Mal heftig die Thür zu, sah sich herausfordernd in dem Raume um und rief: „Ich grüße die Herren!"

Er schien ein Mann von nahezu vierzig Jahren, niedrigen Wuchses mit dem Ausdruck des Jähzorns im Gesicht, der noch erhöht wurde durch zwei pflaumenartig vorstehende, bewegliche Augen — ein lebhafter, stürmischer und leicht zu Zorn geneigter Mensch.

„Ich grüße die Herren!" wiederholte er lauter und schärfer, als ihm nicht sofort gedankt wurde.

„Wir grüßen! Wir grüßen!" ließen sich einzelne Stimmen vernehmen.

Der Angekommene war Herr Tschaplinski, Unterstarost in Tschechryn, der vertraute Diener des jungen Fähnrichs Koniezpolski. In Tschechryn war er nicht beliebt, denn er war ein Streithahn und Prahler. Aber er hatte sozusagen einen breiten Buckel, deshalb politisierten manche mit ihm, sie gingen ihm um den Bart. Herr Sazwilichowski war der einzige, welchen er respektierte, seiner Würde, Tugend und Tapferkeit wegen. Sobald er ihn erblickte, schritt er auf ihn zu, und nachdem er sich stolz vor Skrzetuski verneigt hatte, setzte er sich mit seiner Kanne Met zu ihnen.

„Ehrwürdiger Starost," frug Herr Sazwilichowski, „wißt Ihr, was mit Chmielnizki vorgeht?"

„Er hängt, gnädigster Herr, so wahr ich Tschaplinski bin, er hängt, und wenn er bis jetzt dem Strick nicht entlaufen ist, so wird er hängen. Jetzt, wo die Fehdebriefe des Fürsten im Umlauf sind, soll er nur in meine Hände fallen."

Indem er dies sagte, schlug er mit der Faust auf den Tisch, daß die Kannen schwankten und einen Teil ihres Inhalts vergossen.

„Vergießt den edlen Met nicht, Herr!" sagte Skrzetuski.

Sazwilichowski unterbrach ihn:

„Und glaubt Ihr ihn denn zu fangen? Er ist ja entflohen und niemand weiß wohin."

„Niemand weiß? Ich weiß — so wahr ich Tschaplinski bin.

Ew. Gnaden kennen den Chwedko. Dieser Chwedko dient ihm, aber auch mir. Er wird an dem Chmielnizki zum Judas werden. Man könnte viel darüber sprechen. Er ist ein gescheiter Kerl, hat er sich doch mit den Kriegern Chmielnizkis vergevattert und weiß um jeden ihrer Schritte. Er hat es unternommen, ihn mir zu stellen, tot oder lebendig — ritt deshalb hinaus in die Steppe gleich vor Chmielnizki, da er wußte, wo er ihn erwarten konnte. Ein verfluchter Teufelssohn!"

Er schlug wieder heftig auf den Tisch.

„Vergießt den Wein nicht!" wiederholte Skrzetuski mit Nachdruck. Ein sonderbarer unbezwinglicher Widerwillen hatte sich seiner vom ersten Augenblick an gegen den Unterstarosten bemächtigt.

Der Edelmann wurde rot, blitzte ingrimmig mit seinen vorstehenden Augen Skrzetuski an in der Meinung, dieser wolle ihn reizen. Aber sobald er die Farben der Wischniowiezki erkannte, bezwang er sich, denn obgleich zu dieser Zeit der Fähnrich Koniezpolski mit dem Fürsten auf Streitfuß stand, so war Tschechryn doch zu nahe an Lubnie, dem Wohnsitz des Fürsten, als daß es nicht gewagt gewesen wäre, die Farben desselben nicht nach Gebühr zu respektieren. Uebrigens wählte der Fürst stets solche Leute für sich, daß ein jeder sich erst zweimal besann, ehe er es mit einem von ihnen verdarb.

„Also hat Chwedko unternommen, Euch den Chmielnizki zu stellen?" frug Sazwilichowski wieder.

„Chwedko! Und er stellt ihn, so wahr ich Tschaplinski bin!"

„Und ich sage Euch, er stellt ihn nicht — Chmielnizki ist dem Hinterhalt entgangen und nach der Sitsch entkommen, wovon Herr Krakowski heut noch benachrichtigt werden muß. Mit Chmielnizki ist nicht zu spaßen, kurz gesagt — er hat mehr Verstand, eine mächtigere Hand und ein größeres Glück wie Ihr, Herr, der Ihr zu heißspornig seid. Ich wiederhole es, Chmielnizki reitet sicher seinem Ziele zu, und wenn Ihr es nicht glauben wollt, so kann dieser Kavalier, der ihn gestern in der Steppe traf und ihn gesund verabschiedete, es Euch wiederholen."

„Es kann nicht sein! Es kann nicht sein!" schrie Tschaplinski, sich das Haar raufend.

„Und noch mehr," setzte der Starost hinzu, „dieser Kavalier hier war sein Retter; er hat Eure Diener totgeschlagen, wofür er nichts kann, da er auf der Rückkehr aus der Krim begriffen, nichts von den Fehdebriefen wußte und den Menschen für einen harmlosen Wanderer hielt, den eine Räuberbande überfallen.

Ich sehe mich veranlaßt, Euch rechtzeitig von dieser Errettung zu benachrichtigen, denn Chmielnizki ist imstande, Euch mit seinen Saporogern auf Eurem Hofe aufzusuchen, und mir scheint, Ihr würdet euch darüber nicht besonders freuen. Ihr habt zuviel mit ihm herumgehändelt. Pfui, zum Henker!"

Sazwilichowski mochte den Tschaplinski auch nicht leiden.

Tschaplinski sprang auf. Der Zorn hatte ihm die Sprache benommen. Das Gesicht wurde blutrot und die Augen traten immer mehr aus ihren Höhlen. So stand er vor Skrzetuski. Allmählich stieß er abgerissene Worte hervor:

„Also! Ihr habt trotz der Briefe des Großhetmans! . . . Ich werde Euch . . . ich werde Euch . . ."

Herr Skrzetuski erhob sich nicht einmal von der Bank. Er stemmte den Kopf auf beide Ellenbogen und heftete den Blick auf den umherspringenden Tschaplinski, wie der Falke auf einen am Faden zappelnden Sperling.

„Wozu klammert Ihr Euch an mich, wie die Distel an den Hundeschwanz?" frug er.

„Ich werde Euch aufs Schloß mitführen . . . Ihr . . . trotz der Fehdebriefe . . . Mit den Kosaken werde ich Euch . . . !"

Er schrie so, daß in der Stube alles still ward. Die Anwesenden wandten alle den Kopf nach Tschaplinski. Er suchte ja immer Streit, es lag so in seiner Natur, jedem, der ihm in den Weg kam, hing er etwas an, aber es wunderte alle, daß er in Gegenwart Sazwilichowskis, den allein er respektierte, mit einem Streit anfing, der die Farben des Wischniowiezki trug.

„Schweigt Ihr nur still," sagte der alte Starost. „Dieser Kavalier ist bei mir."

„Ich werde Euch . . . ins Schloß . . . in den Stock . . ." schrie Tschaplinski auf nichts mehr achtend weiter.

Jetzt erhob sich Herr Skrzetuski zu seiner ganzen Höhe, aber er zog den Säbel nicht, sondern faßte ihn, welcher niedrig im Gehänge hing, in der Mitte, hob ihn gerade hoch genug, daß sein Griff mit dem darauf befindlichen Kreuz dicht unter die Nase Tschaplinskis kam.

„Riecht einmal hieran," sagte er kalt.

„Schlage, wer an Gott glaubt . . . Diener!" schrie Tschaplinski, indem er den Griff faßte. Allein er kam nicht dazu, den Säbel herauszuziehen. Der junge Statthalter drehte ihn in den Fingern um, faßte ihn mit einer Hand im Genick, mit der anderen an den Pluderhosen unterhalb des Rückens, hob den wie einen Bock Strampelnden in die Höhe, und der Thür zuschreitend rief er:

2*

„Platz, macht Platz für den Bock, meine Herren Brüder, sonst stößt er Euch."

Er stieß, an der Thür angekommen, dieselbe mit dem vorwärtsgehaltenen Tschaplinski auf und warf den Unterstarosten hinaus auf die Straße. Nachher setzte er sich ruhig auf seinen früheren Platz neben Sazwilichowski.

In der Stube herrschte für eine Weile tiefe Stille. Der Beweis von Stärke, welchen Herr Skrzetuski eben gegeben, imponierte dem versammelten Adel. Bald aber erdröhnte dieselbe von lautem Gelächter.

„Vivat! Es leben die Wischniowiezkis!" riefen die einen.

„Er ist ohnmächtig und blutet!" schrieen andere, die neugierig durch die Thür blickten, was wohl Tschaplinski thun würde. „Die Diener heben ihn auf!"

Nur eine kleine Gruppe Anhänger des Starosten schwieg; sie hatten nicht den Mut, für ihn einzutreten und blickten nur finster auf den Statthalter.

„Wahrhaftig, dieser Jagdhund giebt Fersengeld," sagte Sazwilichowski.

„Der Köter, nicht der Jagdhund," erwiderte nähertretend ein dicker Edelmann, welcher in dem einen Auge den grauen Staar und auf der Stirn ein Loch von der Größe eines Thalers hatte, durch das der blanke Stirnknochen glänzte. „Ein Köter und kein Jagdhund! Erlaubt," wendete er sich an Herrn Skrzetuski, „daß ich Euch meine Dienste weihe. Johann Sagloba mit dem Wappen in der Stirn, was ein jeder leicht erkennen kann, wenn auch nur an jenem Loch, welches eines Raubmörders Kugel mir in dieselbe gemacht, als ich nach dem heiligen Grabe zu pilgern beabsichtigte, um für meine Jugendsünden zu beten."

„Laßt das," sagte Sazwilichowski, „Ihr sagtet ein anderes Mal, daß es Euch in Radom einer mit der Metkanne ausgeschlagen hat."

„Die Kugel eines Raubmörders! so wahr ich lebe. In Radom war es etwas anderes."

„Ihr hattet die Absicht, nach dem heiligen Lande zu pilgern — vielleicht — aber Ihr kamt nicht bis dahin — das steht fest."

„Ich kam nicht bis hin, denn schon in Galati bekam ich die Märtyrerpalme. Wenn ich lüge, so bin ich ein Erzhund und kein Edelmann."

„Ah so, ah so!"

„Ein Schelm bin ich ohne Ohren. In Eure Hand, Herr Statthalter!" trank er diesem zu.

Es kamen noch andere hinzu, um mit Herrn Skrzetuski Bekanntschaft zu schließen und ihm ihre Sympathien kund zu thun; niemand hatte den Tschaplinski gern und jeder gönnte ihm die erhaltene Schlappe. Eigentümlich und merkwürdig war es, daß alle, wie sich eben die verschiedenen Menschen hier zusammengefunden hatten, auf Seiten Chmielnizkis standen, obgleich sie genau die Streitursachen zwischen diesem und Tschaplinski kannten. Chmielnizki war ein berühmter Krieger, welcher sich keinen kleinen Ruhm in verschiedenen Schlachten erworben hatte. Man wußte, daß selbst der König sich mit ihm vertrug und seine Meinung hochschätzte. Auf diese Streitigkeiten sah man herab wie auf eine gewöhnliche Zänkerei, wie sie zwischen Edelleuten zu Tausenden vorkamen, besonders in den ruthenischen Bezirken. Man stellte sich also hier, wie überall, auf die Seite dessen, der sich die größeren Sympathien der Menge zu erwerben verstand, und bedachte nicht, welche Folgen das haben konnte. Erst später flammte in den Herzen der furchtbarste Haß gegen Chmielnizki auf, ebenso beim Adel wie bei der Geistlichkeit beider Konfessionen.

Jetzt also kamen sie mit ihren Kannen in den Händen zu Herrn Skrzetuski und sprachen: „Trinkt, Herr Bruder! Trinkt auch mit mir! Es leben die Wischniowiezkis! So jung und schon Statthalter beim Fürsten. Vivat, Fürst Jeremias, der Hetman der Hetmane! — Mit Fürst Jeremias gehen wir an der Welt Ende! Gegen Türken und Tataren! — Nach Stambul! — Es lebe unser geliebter Monarch, Ladislaus IV.!" Am lautesten aber schrie Herr Sagloba, welcher imstande war, ganz allein ein Regiment zu überschreien und totzutrinken.

„Gnädige Herren!" schrie er, daß die Scheiben klirrten — „ich habe schon den Sultan herausgefordert für die Gewalt, welche er mir in Galati angethan."

„Redet doch nicht Unsinn, damit Euch das Maul nicht ausfasett."

„Was, gnädige Herren? quator articuli judicii castrensis: stuprum, incendium, latrocinium, et vis armata alienis aedibus illata, und war das nicht ausdrücklich vis armata?"

„Ihr seid ein unausstehlicher Schreier."

„Und sollte ich bis zum Obertribunal gehen".

„So hört doch auf."

„Und Recht muß ich finden und ihn infam erklären, und

dann der Krieg aber schon mit dem Infamus. Eure Gesundheit, gnädige Herren!"

Etliche mußten doch lachen, unter ihnen Skrzetuski; ihm
rauchte der Schopf schon etwas. Der dicke Edelmann aber schrie
weiter wie einer, der sich an der eigenen Stimme berauschen
will. Zum Glück wurde sein Diskurs von einem anderen Edelmanne unterbrochen, der sich ihm nähernd, ihn am Aermel
zupfte und in singender litauischer Mundart sprach:

„Macht mich bekannt, Herr Sagloba, macht mich bekannt
mit dem Herrn Statthalter Skrzetuski, wollt Ihr?"

„Natürlich, natürlich! Herr Statthalter, hier ist Herr
Powschinoga (Gleitfuß)."

„Podbipienta (Hackenschlag)" — verbesserte der Edelmann.

„Ist ganz egal! vom Wappen der zerrissenen Pluderhosen,
also Pluderreiß."

„Hutabschläger" — verbesserte der Edelmann.

„Ist ganz egal! — Aus Pschikischki (Hundedarm)."

„Aus Myschikischki (Mäusedarm)" — verbesserte der
Edelmann.

„Ist ja ganz egal. Ich weiß nicht, was ich lieber wollte,
den Hundedarm oder den Mäusedarm. Das steht fest, daß ich
weder in dem einen, noch in dem anderen wohnen möchte, denn
erstens würde es mir sehr schwer fallen, mich dort anzusiedeln,
noch viel schwerer aber wieder hinauszukommen. Gnädiger
Herr," sprach er weiter zu Skrzetuski, auf den Litauer weisend,
„seht, schon eine ganze Woche trinke ich Wein für das Geld
dieses Edelmannes, dessen Schwert an der Seite ebenso schwer
ist als seine Geldkatze, und diese ist wiederum so schwer als
sein Witz. Aber wenn ich jemals für das Geld eines wunder-
bareren Menschen, als dieser hier, Wein trank, so erlaube ich,
mich den größten Narren zu schimpfen; einen ebenso großen,
wie der ist, der mir den Wein kauft."

„Der versteht es, jemandem um den Bart zu gehen!" riefen
lachend die Edelleute.

Aber der Litauer war nicht beleidigt, winkte nur mit der
Hand, lächelte sanft und wiederholte:

„Laßt Ihr das lieber sein — es hört sich schlecht an!"

Herr Skrzetuski sah diese neue Figur neugierig an. Jedenfalls verdiente er das Prädikat: wunderbarer Mensch. Vor
allem war er ein so großer Mann, daß sein Kopf die Deck-
balken erreichte; seine außergewöhnliche Magerkeit trug dazu bei,

ihn noch viel größer erscheinen zu lassen, als er wirklich war. Seine breiten Schultern und der muskulöse Hals verrieten eine ungewöhnliche Kraft, sie waren aber nur Haut und Knochen. Der Bauch war unter den Rippen so eingefallen, daß man ihn für einen Hungerleider halten konnte, obwohl er sehr gut bekleidet war mit einem enganliegenden Wams aus Schwiebuser Tuch mit engen Aermeln und hohen schwedischen Stiefeln, welche in Litauen eben anfingen in Brauch zu kommen. Der breite, wohlgefütterte Gurt fiel ihm bis auf die Hüften, da er keinen Halt fand, und das an ihm befestigte Schwert aus der Zeit der Kreuzfahrer war so lang, daß es diesem Riesen bis fast unter den Arm reichte.

Aber wer vor diesem Schwert erschrak, der faßte bald neuen Mut, wenn er in das Antlitz seines Eigentümers blickte. Dieses Antlitz, ebenso mager wie die ganze Figur, war geschmückt mit einem Paar lang herunterhängenden Augenwimpern, einem ebenso lang herabhängenden, flachsblonden Schnurrbart und trug einen grundehrlichen, fast kindlichen Ausdruck. Die außergewöhnliche Länge und Farbe der Wimpern und des Bartes gaben dem Gesicht etwas zugleich schwermütiges und lächerliches. Der Mann sah aus wie einer, der von allen herumgestoßen wird, aber Herrn Skrzetuski gefiel er eben des ehrlichen Gesichtsausdrucks und seiner gut militärischen Haltung wegen.

„Herr Statthalter," sagte er, „seid Ihr beim Fürsten Wischniowiezki?"

„So ist es!"

Der Litauer faltete die Hände wie zum Gebet und blickte nach oben.

„Ach, was ist das für ein großer Krieger, für ein Ritter und Führer."

„Gäbe Gott, daß die Republik viele solcher aufzuweisen hätte."

„Das ist gewiß. Das ist gewiß. Und könnte man vielleicht bei ihm unterkommen?"

„Er wird Euch gern nehmen."

Hier mischte sich Sagloba in das Gespräch:

„Der Fürst wird zwei Bratspieße für seine Küche gewinnen, indem er Euch in Dienst nimmt. Der eine ist Euer Schwert, der andere seid Ihr selbst, oder er wird Euch als Meister mieten und an Euch Schelme aufhängen, oder nach Eurer Länge Tuch zu seinen Livreen messen! Pfui! daß Ihr Euch doch nicht schämt, als Mensch und Katholik so lang zu sein wie eine heidnische Lanze."

„Das hört sich schlecht an," erwiderte Pobbipienta gedulbig.

„Wie ist Euer Name?" frug Herr Strzetuski, „denn als Ihr sprachet, unterbrach Herr Sagloba Euch so oft, daß ich — entschuldigt — nichts verstand."

„Pobbipienta."

„Powschinoga," unterbrach Sagloba.

„Vom Wappen der Hutabschläger," sagte Pobbipienta weiter.

„Da liegt der Hund begraben. — Trinke ich nun immerfort seinen Wein und jetzt entpuppt sich der Mensch als ein Heide; ich bin ein Schelm, wenn das nicht lauter heidnische Namen sind," fiel Sagloba wieder dazwischen.

„Seid Ihr lange fort aus Litauen?" frug der Statthalter.

„Seit zwei Wochen bin ich in Tschechryn! Ich erfuhr von Herrn Sazwilichowski, daß Ihr hier durchziehen würdet, gnädiger Herr, und wartete auf Euch, damit ich unter Eurer Protektion dem Fürsten meine Bitte vortragen kann."

„Aber sagt mir, gnädiger Herr, ich bitte, zu was tragt Ihr dieses Henkerschwert dort unter dem Arm?"

„Das ist kein Henkerschwert, gnädiger Statthalter, sondern ein Kreuzfahrerschwert. Ich trage es, weil es erbeutet wurde und sich schon lange in unserer Familie befindet. Schon bei Choyniza diente es litauischen Händen — so trage auch ich es."

„Aber das ist ja eine gräuliche Maschine, die fürchterlich schwer sein muß. Es läßt sich höchstens mit beiden Händen regieren."

„Vielleicht mit beiden, vielleicht mit einer, wie man will."

„Zeigt her."

Der Litauer zog es aus der Scheide und reichte es hin, aber Herr Strzetuski ließ sofort den Arm sinken. „Man kann damit nicht auslegen, noch bequem einen Hieb ausführen," sagte er. Mit beiden Händen ging es schon besser, aber es war auch noch zu schwer. Etwas beschämt wendete sich Herr Strzetuski an die Anwesenden:

„Nun, meine Herren — wer versucht es?"

„Wir haben es schon versucht," antworteten einige Stimmen. „Der einzige, welcher es in die Höhe hebt, ist Herr Sazwilichowski, aber bewegen kann er es auch nicht."

„Und Ihr, gnädiger Herr? — Wie steht es mit Euch?" frug, sich ihm zuwendend, Herr Strzetuski den Litauer.

Der Edelmann hob das Schwert in die Höhe wie einen Rohrstengel, focht mit größter Leichtigkeit etliche Male damit umher, daß die Luft in der Stube sauste und die Gesichter kühl anwehte.

„Daß Euch Gott helfe!" rief Skrzetuski. „Euer Dienst beim Fürsten ist so gut wie ausgemacht."

„Gott ist mein Zeuge, wie ich darnach verlange. In des Fürsten Dienst wird mir das Schwert nicht rosten."

Sazwilichowski stand auf, um mit dem Statthalter das Gasthaus zu verlassen, als eben ein Mann, weiß wie eine Taube, in die Stube trat und gerade auf den Starosten zuging.

„Ich komme expreß zu Euch, gnädigster Herr Kommissarius," rief er ihm entgegen.

Der Mann war Barabasch, Hauptmann von Tscherkassy.

„So kommt mit in mein Quartier," sagte Sazwilichowski. „Hier rauchen die Schöpfe schon derartig, daß fast nichts von der Welt zu sehen ist."

Sie gingen zusammen hinaus, Skrzetuski mit ihnen. Gleich hinter der Thür frug Barabasch:

„Giebt es Nachrichten von Chmielnizki?"

„Ja! Er ist nach der Sitsch entflohen. Hier dieser Offizier traf ihn gestern in der Steppe."

„So hat er also nicht den Weg zu Wasser genommen? Ich schickte einen Eilboten nach Kudak, daß man ihn dort fest= halten sollte, aber wenn es so ist, da geschah es umsonst."

Indem er dies sagte, bedeckte Barabasch die Augen mit beiden Händen und stöhnte:

„O Herr Christe, o Herr Christe!"

„Weshalb seid Ihr so bekümmert?"

„Wißt Ihr denn nicht, was er mir verräterisch entrissen hat? Wißt Ihr, was es heißt, solche Dokumente dort unter den Kosaken zu publizieren? Herr Gott! Wenn der König nicht sofort den Bissurmanen eine Kriegserklärung schickt, so sind die Papiere ein Funke in ein Pulverfaß."

„Was, Ihr prophezeit eine Rebellion?"

„Ich prophezeie nicht, ich sehe sie bereits, und Chmielnizki ist ein besserer Rebellenführer als Nalewajko und Loboda es waren."

„Wer sollte wohl mit ihm gehen?"

„Ihr fragt noch? Die ganzen Völker am Dniepr und Dniestr, die Linienkosaken, die Städte, die Tataren vom Schwarzen Meer, die Hofbesitzer und seht dort — diese."

Hier zeigte Herr Barabasch nach dem Markte auf die dort kreisenden Menschen. Der ganze Markt war besetzt mit großen

grauweißen Ochsen, welche für die Soldaten nach Korsun getrieben wurden, neben ihnen lagerten eine Menge Treiber,
Menschen, die das ganze Leben in der wüsten Steppe verbrachten
ohne jegliches Religionsbekenntnis, von grauenerregender Wildheit. Hier sah man Gestalten, ähnlicher den schlimmsten Räubern
als Viehtreibern, fürchterlich anzusehen, roh, häßlich und bedeckt mit Lumpen. Der größte Teil von ihnen war bekleidet
mit einem Oberrock aus Schaffellen oder ungegerbten Ochsen-
fellen, mit der haarigen und wolligen Seite nach außen, vorn
auseinandergerissen, so daß trotz des Winters die blanke, von
dem scharfen Steppenwind gebräunte Brust zu sehen war. Alle
waren bewaffnet, jedoch mit den verschiedensten Waffen. Die
einen hatten Bogen und Köcher mit Pfeilen auf dem Rücken,
andere die sogenannte Armspille der Kosaken, noch andere Tataren-
säbel, Sensen oder auch nur Stöcke mit einer am oberen Ende
befestigten Pferdekinnlade. Zwischen ihnen bewegten sich weniger
wild aussehende, aber besser bewaffnete Leute aus den Niederungen, welche getrocknete Fische, Wildpret und Hammelfett zum
Verkauf nach dem Lager schafften, weiter Salzhändler mit Salz,
Imker aus der Steppe und den Wäldern, mit Wachs und Honig,
Ansiedler aus den Wäldern mit Teer und Pech, ferner Bauern
mit Vorspann, Linienkosaken, Tataren aus Bialogrod und Gott
weiß, wer noch! Herumtreiber von der Welt Ende. Die ganze
Stadt war angefüllt mit Betrunkenen. In Tschechryn mußten
sie übernachten, also mußte vor der Nacht geschwelgt werden.
Mitten auf dem Markte brannten große Feuer, man hatte hier
und dort Pechtonnen angezündet. Von allen Seiten tönte
Lärmen und Geschrei. Der durchdringende Ton tatarischer
Pfeifen und Trommelwirbel mischte sich mit dem Gebrüll des
Viehes und den milderen Tönen der Zithern, zu welchen Blinde
das zu damaliger Zeit so beliebte Lied sangen:

> Du glänzender Falke,
> Mein lieber Bruder,
> Du fliegst so hoch,
> Du siehst so weit

und daneben ertönten wilde Schreie tanzender, mit Teer be-
schmierter und völlig betrunkener Kosaken „Hu, ha! — Hu,
ha! —" Das alles war wild bis zum Wahnsinn.

Es genügte ein Blick, um Herrn Sazwilichowski zu überzeugen, daß Barabasch Recht hatte, wenn er sagte: „Ein leiser
Hauch genügt, um diese wilden Elemente zu entfesseln, die ohnehin so zu Mord und Raub aufgelegt, und die die ganze Ukraine

überschwemmten. Und hinter diesen standen die Leute aus den Wojewodschaften Sitsch und Saporogien, welche erst unlängst in Fesseln geschlagen worden und bei Maslow ganz überwältigt waren, die aber ungeduldig an dem angelegten Zaum bissen, stets eingedenk der früheren Privilegien. Diese verachteten das Regiment der Kommissarien und bildeten eine wohlorganisierte Kraft. Und diese Kraft besaß vollständig die Sympathien der ungeheuren Massen Bauern, welche gerade hier weit unduld= samer waren als in anderen Teilen der Republik. Es war kein Wunder, daß der Starost, obgleich er ein geborener Ruthene und eifriger Anhänger der Gebräuche des Ostens war, sehr be= kümmert drein schaute. Dem alten Manne standen noch lebendig die Zeiten des Nalewajko, Loboda und Kremski vor Augen, er kannte die Ukrainischen Räubereien besser als irgend jemand in Ruthenen, und da er gleichzeitig auch den Chmielnizki kannte, so wußte er genau, daß erst zwanzig Nalewajkos und Lobodas auf einen Chmielnizki kamen. Ihm leuchtete die ganze Größe der Gefahr ein, welche mit der Flucht Chmielnizkis nach der Sitsch verbunden war, besonders mit den Briefen des Königs, von denen Herr Barabasch erzählte, daß sie voller Versprechungen und Aufstachelungen zum Widerstande der Kosaken waren.

„Ehrenwerter Hauptmann von Tscherkassy," sagte er zu Barabasch, „es wäre Eure Pflicht, ebenfalls nach der Sitsch zu reisen, dort den Einfluß Chmielnizkis zu paralisieren und wirkungs= los zu machen."

„Gnädiger Staroste," entgegnete Barabasch, „ich sage Euch nur dies. Auf die Nachricht von der Flucht Chmielnizkis hat die Hälfte meiner Mannschaften mich verlassen und ist ihm nach. Meine Zeit ist vorüber — mein Teil bleibt nur das Grab, nicht der Feldherrnstab!"

Es war in der That so; Barabasch war ein guter Soldat, aber ein alter Mensch ohne Einfluß. Unterdessen waren sie bei der Wohnung Sazwilichowskis angekommen. Die Gedanken des alten Herrn hatten sich etwas gelichtet und als sie sich zusammen zu ihren Metkannen setzten, sagte er etwas gefaßter:

„Das ist alles Unsinn, wenn, wie man sagt, ein Krieg mit den Bissurmanen sich vorbereitet, was sehr wahrscheinlich ist. Denn obwohl die Republik den Krieg nicht will und die Land= tage dem Könige schon genug zu schaffen gemacht haben, so kann doch der König thun, was er will. Wir werden dieses ganze Feuer gegen die Türken richten können; jedenfalls haben wir noch Zeit bis dahin. Ich werde selbst zu Herrn Krakowski fahren, ihm alles sagen und ihn bitten, mit seinen Mannschaften uns so nahe als möglich zu rücken. Ob ich etwas ausrichten werde, weiß ich nicht, denn obwohl dieser Herr sehr tapfer und erfahren ist, so ist er doch zu sehr von seiner eigenen Meinung eingenommen. Ihr, Hauptmann von Tscherkassy, haltet Eure Kosaken gut im Zaume, und Ihr, Herr Statthalter, macht bei Eurer Rückkehr nach Lubnie den Fürsten sofort aufmerksam, daß er sein ganzes Augenmerk auf die Wojewodschaft Sitsch richten soll. Dort giebt es augenblicklich nicht viele Menschen, sie gehen der Jagd und dem Fischfang nach und sind in der ganzen Ukraine zerstreut auf den Dörfern. Ehe sie sich sammeln können, fließt viel Wasser durch den Dniepr — kurzum, wir haben Zeit. Dazu ist der Name des Fürsten ein so gefürchteter, wenn sie wissen, daß er das Augenmerk auf sie gerichtet hält, sie ruhig werden sitzen bleiben."

„Ich bin bereit, Tschechryn in zwei Tagen zu verlassen," sagte Strzetuski.

„Auch das ist gut. Zwei oder drei Tage haben keine Bedeutung. Ihr, Herr Hauptmann von Tscherkassy, schickt auch sogleich Eilboten an den Herrn Kronenfahnenträger und den Fürsten Dominik. Aber Ihr schlaft schon, wie ich sehe?"

In der That hatte Barabasch die Hände über dem Bauch gefaltet und war eingeschlafen, nach einer Weile schnarchte er schon. Wenn der alte Hauptmann nicht aß und trank, was er beides über alles liebte, so schlief er.

„Seht, Statthalter," sagte Sazwilichowski leise, „mit solch' einem Greise wollen die Warschauer Statisten die Kosaken im Zaume halten. Gott mit ihnen! Sie trauten auch dem Chmielnizki zu viel, der Kanzler schloß sogar Verträge mit ihm, die er wohl jedenfalls nicht halten wird."

Der Statthalter seufzte. Barabasch aber schnarchte stärker, dann brummte er im Schlafe:

„Hilf Christe! Hilf Christe!"

„Wann gedenkt Ihr also Tschechryn zu verlassen?" frug der Starost.

„Es schickt sich für mich, zwei Tage auf die Herausforderung Tschaplinskis zu warten. Dieser wird mir wohl für die heutige Lehre auf den Hals rücken wollen."

„Er wird das bleiben lassen. Eher schickte er Euch seine Leute heimtückisch auf den Hals, wenn Ihr nicht den Leibrock des Fürsten trüget. Aber mit dem Fürsten anzubändeln ist eine gefährliche Sache, selbst für einen Diener der Koniezpolski."

„Ich werde ihn wissen lassen, daß ich warte; in zwei bis drei Tagen rücke ich aus. Einen Ueberfall fürchte ich nicht; ich habe eine Handvoll Leute und mein gutes Schwert mit mir."

Indem er das sprach, verabschiedete der Statthalter den alten Starosten.

Ueber der Stadt leuchtete ein so heller Feuerschein von den auf dem Markte aufgeschichteten Wachtfeuern, daß man glauben konnte, ganz Tschechryn brenne, und der Lärm und das Geschrei vergrößerten sich noch in der Nacht. In einem Winkel heulten die Mengen der Viehtreiber melancholische Steppenlieder. Die wilden Saporoger tanzten um die Feuer, warfen die Mützen in die Höhe, mit der Armspille schießend und quartweise Schnaps trinkend. Hier und da begann eine Prügelei, welche die älteren Leute beilegten. Der Statthalter mußte sich durch dieses Gedränge seinen Weg mit dem Griff seines Säbels bahnen, und indem er alle diese Töne vernahm, tauchte minutenweise in ihm der Gedanke auf, daß die Rebellion schon durch sie zu ihm spräche. Es schien ihm auch, daß drohende Blicke sich auf ihn richteten und drohende Worte an sein Ohr schlugen. In den Ohren tönten ihm noch die Worte Barabasch' — Hilf Christe! Hilf Christe! — das Herz schlug ihm schneller, aber fröhlich und froh. Die Seele eines so alten Ritters, wie Barabasch, konnte wohl bei dem Gedanken an einen Bürgerkrieg zittern, aber sein junges Herz flog ihm mutig entgegen, nicht achtend des Feuers und der Gefahr.

Und unterdes wurde die Menge in der Stadt immer lauter, die Saporogen schossen und badeten sich im Branntwein. Das wilde Geschrei tönte noch in die Ohren des Statthalters, als er sich längst hingelegt hatte, um zu schlafen.

3. Kapitel.

Einige Tage später zog unser Statthalter frisch und mutig nach Lubnie. Nachdem der Dniepr überschritten war, ging er mit seinen Leuten den breiten Steppenweg, welcher Tschechryn mit Lubnie verband, über Żuki, Semi-Mogila und Chorol. Ein zweiter, ebensolcher Weg führte von dem Stammsitz des Fürsten nach Kiew. In früheren Zeiten existierten diese Wege gar nicht. Nach Kiew mußte man aus Lubnie durch die große Steppenwüste, nach Tschechryn zu Wasser und von dort zurück über Chorol. Im großen ganzen waren diese Dnieprschen Länder eine Wüste, fast unbewohnt, von den Tataren durch-schwärmt, den Saporoger Banden preisgegeben.

An den Ufern des Sula rauschten mächtige, vom Fuß der Menschen noch nicht entweihte Wälder; stellenweise hatten sich an den Ufern der vielen Nebenflüßchen des Dniepr große sumpfige Stellen gebildet, welche teils entblößt balagen, teils mit dichtem Gesträuch bewachsen waren. Diese Plätze waren ein guter und sicherer Aufenthaltsort für allerlei Raubgetier. In den tiefsten Tiefen der Wälder aber lebte eine große Menge Wölfe, Bären und Wildschweine, daneben ungezählte Scharen Luchse, Marder, große Rudel Rehe und Rotwild. In den Sümpfen und Lachen hatten Biber ihre Kessel angelegt, Biber, von denen man erzählte, daß unter ihnen sich ganz weißhaarige Greise befänden. In den hohen trockenen Steppengräsern tummelten sich Herden wilder Steppenpferde mit zottigen Köpfen und roten Augen. Es war ein wunderbares Stück Erde, halb wie im Schlaf liegend, halb die Spuren menschlichen Daseins tragend. Die Flüsse wimmelten von Fischen. Ueberall fand

man alte eingeäscherte Wohnstätten; selbst Lubnie und Chorol
waren auf solchen Aschenhaufen neu erbaut; überall Grabmäler
älterer und neuerer Zeiten, schon mit Waldgesträuch überwuchert.
Auch hier sollten, wie in den Wilden Feldern, Geister hausen
und nächtlichen Spuk treiben, und die alten Bewohner von
Saporogien erzählten sich beim lichten Feuerschein Wunder, die
oft in den Waldestiefen dort geschehen sollten. Man hörte
von dorther Stimmen tönen, von denen niemand sagen konnte,
ob sie Menschen oder Tieren angehörten, Lärmen und Getöse,
als ob Kämpfe oder Jagden dort stattfänden. Aus den Tiefen
der Wasser töne das Geläut versunkener Städte. Diese Erde
war so wenig gastfreundlich, so wenig zugänglich, stellenweise
aufgeweicht, stellenweise dürstend nach Feuchtigkeit, als Wohnsitz
gefährlich, da Ansiedler sehr bald von den Tataren vertrieben,
ihr Hab und Gut geraubt wurden. Nur von den Saporoger
Leuten wurde sie oft besucht, der schönen Biberschwänze und
Fische wegen. Trotzdem versuchten immer wieder neue Ansiedler
sich festzusetzen. Es entstanden in der Wüste Einzäunungen,
Ansiedelungen, Kolonieen, Waldparzellen. Der Boden war
ertragsfähig und der Wohlstand lockte. Aber zur Blüte gelangten
diese Ländereien erst, als sie in die Hände der Wischniowiezkis
übergingen.

Schon der Fürst Michael hatte nach seiner Verheiratung
mit einer Prinzessin Mohilan die Verwaltung derselben
energischer betrieben. Er zog Leute herbei, besetzte die verlassenen Ansiedelungen und gab ihnen Schutz auf dreißig Jahre
hinaus. Ferner baute er Klöster und führte eigene fürstliche
Rechte ein. Selbst solche Ansiedler, die aus früheren Zeiten
noch dort auf ihren eigenen Besitzungen lebten, gaben ihr
Eigentumsrecht gern auf, um sich unter den Schutz des Fürsten
zu stellen, welcher ihnen weit größere Sicherheit bot. Aber
voll zur Blüte gelangte das Leben dort doch erst unter der
eisernen Hand des Fürsten Jeremias. Gleich hinter Tschechryn
fi   sein Reich an und dehnte sich aus bis hinter Konotop und
Romny. Aber das waren nicht alle seine Besitzungen, denn
er hatte noch Güter in den Wojewodschaften Sandomir, Wolhynien, Kiew und Ruthenen, aber diese Besitzungen hier am
Dniepr waren doch sein Augapfel, der Augapfel des Siegers
von Putywlo.

Seitdem lauerten die Tataren lange wie ein Wolf im
Hinterhalt, ehe sie einmal wagten, um Mitternacht ihre Pferde
in die Steppe zu treiben; die Niederländer wagten keine Ein-

fälle, die einheimischen Unruhestifter gingen in Dienst, das wilde, räuberische Volk, welches früher nur von Gewaltthaten und Ueberfällen lebte, war jetzt in harter Zucht gehalten und behütete wie eine grimmige, an der Kette liegende Dogge die Grenzen des fürstlichen Reiches. So entwickelte sich der Wohlstand schnell. Nach den Spuren der früheren Landstraßen wurden neue Wege gebaut, die Flüsse eingedämmt. Dort, wo einst im Schilf der Wind nachts grausig pfiff und die Wölfe geheult, dort klapperten jetzt Mühlen. Ueber vierhundert Räder, ohne die große Zahl hier und da verstreuter Windmühlen, drehte das Wasser, um Korn zu mahlen. Vierzigtausend zinspflichtige Angesiedelte trugen ihren Zins in die fürstlichen Kassen, in den Wäldern mehrten sich die Bienenstände, immer mehr Dörfer und Höfe entstanden. In der Steppe weideten neben den eingezäunten wilden, große Herden zahmen, einheimischen Viehes und Pferde. Die unabsehbare Einförmigkeit der Wälder und Steppen wurde wohlthätig unterbrochen durch die rauchenden Schornsteine, die goldigen Kuppeln der polnischen und russischen Kirchen, kurz — die Wüste hatte sich in ein stark bevölkertes Land umgewandelt.

Der Statthalter ritt ohne Eile und mit aller vorbereiteten Bequemlichkeit durchs Land. Es war zu Anfang des Jahres 1648, aber vom Winter spürte man nichts. In der Luft duftete der Frühling; große glänzende Wasserlachen standen in den tiefer gelegenen Teilen, die Saaten grünten in den Feldern und die Sonne brannte so heiß um Mittag, daß die Pelze auf dem Rücken brannten wie im Hochsommer.

Unterwegs hatte die Begleitung des Statthalters einen wesentlichen Zuwachs erhalten; es hatte sich ihr die walachische Botschaft zugesellt, welche der Hospodar in der Person des Herrn Roswan Ursu nach Lubnie sandte. Bei dieser Botschaft befanden sich einige hundert Mann Eskorte und mehrere Wagen mit Bedienung. Außerdem begleitete den Statthalter unser guter Bekannter, der Herr Podbipienta mit dem im Wappen befindlichen Hutabschläger, mit seinem langen Schwert unterm Arm und einiger Dienerschaft.

Die warme Sonne, der Duft des nahen Frühlings erfüllten die Herzen aller mit Frohsinn, und der Statthalter war um so heiterer, als er nach langer beschwerlicher Reise unter das Dach des Fürsten, welches auch sein Dach war, heimkehrte, um so heiterer, als er seine Botschaft so gut durchgeführt und einen freundlichen Empfang zu erwarten hatte.

Aber sein Frohsinn hatte noch andere Ursachen.

Außer der Gnade des Fürsten, welchen er von ganzer Seele liebte, erwarteten ihn in Lubnie noch ein Paar schwarze Augen, so süß wie Honig.

Diese Augen gehörten dem Fräulein Anna Krasienska, der Respektsdame der Fürstin Griseldis, dem schönsten Mädchen des gesamten Frauenzimmers, einer großen Koketten, in welche ganz Lubnie verliebt war, während sie niemanden bevorzugte. Am Hofe der Fürstin herrschten feine Sitten und eine große moralische Zucht, welche jedoch nicht hindern konnte, daß die jungen Leute miteinander liebäugelten und nach einander seufzten. Herr Strzetuski sandte also seine Seufzer an die Adresse jener schwarzen Augen gleichzeitig mit vielen anderen, und wenn er sich allein in seinem Quartier befand, griff er nach der Laute und sang:

Du bist die Schönste der Schönen —

oder auch:

Wie eine Tatarenhorde
Nimmst du die Herzen gefangen.

Aber, da er ein fröhlicher Mensch war und dabei ein Krieger von Passion, so nahm er es sich nicht besonders zu Herzen, wenn Anna ihm ebenso zulächelte wie dem Herrn Bychowiez aus der walachischen Fahne, wie dem Herrn Wurzel von der Artillerie, dem Herrn Wolodyjowski von den Dragonern, und sogar dem Herrn Baranowski von den Husaren, obgleich der letztere pockennarbig war und stotterte, weil eine Kugel ihm den Gaumen lädiert hatte. Herr Strzetuski hatte sich sogar schon einmal auf Säbel mit Herrn Wolodyjowski geschlagen, der schönen Anna wegen, aber als es nichts anderes zu thun gab, als in Lubnie zu sitzen, wurde ihm die Zeit gar lang, sogar die Anwesenheit Annas langweilte ihn, und als es hieß fortziehen zum Chan, da zog er gern, ohne Wehmut, ohne trübe Gedanken.

Dafür kehrte er frohen Mutes zurück. Jetzt, nachdem er nach glücklicher Ausführung seiner Botschaft aus der Krim zurückkam, sang er ein frohes Lied und spornte sein Pferd zu schnellem Gange. Er ritt neben Herrn Podbipienta, welchem seiner Länge wegen der Beiname Longinus gegeben worden war. Dieser saß auf einer ungeheuren livländischen Stute und sah bekümmert und traurig aus wie immer. Die Wagen, die Dienerschaft und die übrigen Genossen blieben weit hinter ihnen zurück.

„Seine Gnaben, der Herr Gesandte, liegt auf dem Wagen wie ein Holzklotz und schläft fortwährend," sagte der Statthalter. „Er hat mir so lange Wunderdinge von seiner Walachei vorgeschwatzt, bis er eingeschlafen ist. Ich hörte ihm neugierig zu. Man kann nichts dagegen einwenden; es ist ein reiches Land. Das Klima ist vorzüglich, Gold, Wein, Lebensmittel und Vieh in Fülle. Ich dachte mir dabei, daß unseres Fürsten Mutter eine geborene Mohilan ist und er ein ebensolches Recht auf den Thron des Hospodaren hat, als irgend jemand. Dieses Recht erwarb sich doch Fürst Michael. Die Walachei ist für unsere Herrlein keine terra incognita mehr. Sie schlugen dort schon die Türken und Tataren."

„Aber die Menschen sind dort auch gemütvoller; Herr Sagloba erzählte mir davon in Tschechryn," antwortete Herr Longinus, „und wenn ich ihm auch nicht glauben wollte, so findet man die Bestätigung dessen doch in den Gebetbüchern."

„Wie! — in den Gebetbüchern?"

„Ich selbst habe so eines und kann es dem gnädigen Herrn zeigen, denn ich habe es stets bei mir."

Indem er dies sagte, knöpfte er den Rock auf und zog aus der Seitentasche ein kleines Buch, in Kalbleder sorgfältig gebunden, hervor. Zuerst küßte er es andächtig, dann, nachdem er einige Karten umgewendet hatte, sagte er:

„Lest, gnädiger Herr!"

Herr Strzetuski begann:

„‚Unter deinen Schutz und Schirm fliehen wir, heilige Gottesgebärerin‘ . . . Wo steht denn hier etwas von den Walachen? Was Ihr redet! — Das ist eine Litanei!"

„Lest weiter!"

„‚. . . Damit wir würdig werden der Verheißungen unseres Herrn Jesu Christi. Amen.‘"

„Nun, jetzt lest die Frage!"

Strzetuski las:

„‚Frage: Weshalb wird die walachische Reiterei die leichte genannt? Antwort: Weil sie leicht vor dem Feinde flieht.‘" —
„Hm! Das ist wahr! In diesem Buch ist ein seltsamer Mischmasch des Stoffes."

„Denn es ist ein Soldatenbuch, in welchem außer den Gebeten noch verschiedene militärische Instruktionen enthalten sind, aus denen man lernen kann, von allen Nationen, welche von ihnen die edelste, welche gemein ist. Von den Walachen sagen sie, daß sie feige Burschen und große Verräter find."

„Daß sie Verräter sind, ist sicher, man sieht das aus den Abenteuern, welche Fürst Michael bestand. Und die Wahrheit zu gestehen, so hörte auch ich nichts Besonderes von der Tapferkeit dieser Soldaten. Zwar hat unser Fürst eine ausgezeichnete walachische Fahne, welche Herr Bychowiez kommandiert, aber streng genommen befinden sich in ihren Reihen kaum zwanzig echte Walachen."

„Wie viel glaubt Ihr, gnädiger Herr, daß der Fürst Leute unter den Waffen hat?"

„Ohne die Kosaken, welche zerstreut in den Feldern hausen, werden es etwa achttausend Mann sein. Aber Herr Sazwilichowski erzählte mir, daß jetzt neue Aushebungen stattfinden sollen."

„Vielleicht giebt mir Gott irgend einen Kriegszug unter dem Fürsten?"

„Man spricht davon, daß ein großer Krieg gegen die Türken sich vorbereitet und daß der König selbst mit der großen Macht der Republik sich verbinden will. Ich weiß auch, daß den Tataren Ermahnungen zugegangen sind, in der Ackerbestellung einzuhalten. Davon hörte ich auch in der Krim, wo man mich nur deshalb so leutselig empfing, weil dort das Gerücht verbreitet ist, daß, sobald der König mit den Hetmanen sich verbindet, die Krim überfallen und sämtliche Tataren ausgehauen werden sollen."

Herr Longinus erhob Augen und Hände gen Himmel.

„Gebe Gott der Barmherzige einen so heiligen Krieg, zum Ruhme des Christentums und unserer Nation. Und mir armen Sünder verleihe er während seiner Daner mein Gelübde zu erfüllen oder den Tod davonzutragen."

„So habt Ihr ein den Krieg betreffendes Gelübde gethan?"

„Einem so edlen Ritter, wie Ihr es seid, öffne ich freudig alle Kammern meines Herzens. Es giebt zwar viel zu erzählen, aber da Ihr mir ein so geneigtes Ohr schenkt, so beginne ich: Ihr wißt, gnädiger Herr, daß ich im Wappen den Hutabschläger trage. Das kommt daher: Als ein Vorfahr von mir, Stowejko Podbipienta, bei Grunwald mitfocht, sah er drei Ritter in Mönchskapuzen in einer Reihe daherreiten. Als sie ihn erreicht hatten, da hieb er mit einem Hieb allen dreien zugleich die Köpfe ab. Von dieser Heldenthat schreiben die Chroniken in einer für meinen Vorfahren sehr rühmlichen Weise . . ."

„Da hatte er ja eine ebenso starke Hand wie Ihr und man nannte ihn mit Recht Hutabschläger."

3*

„Deshalb gab ihm der König auch dies Wappen: in silbernem Felde drei Ziegenköpfe, zum Andenken an jene drei Ritter, welche auf ihren Schildern ebensolche Köpfe trugen. Dieses Wappen nebst diesem Schwert hier hat unser Vorfahr uns hinterlassen mit dem Befehl, daß wir uns bemühen sollten, den Ruhm der Familie und des Schwertes zu erhalten."

„Alle Ehre! Ihr stammt aus einem artigen Geschlecht."

Hier begann Herr Longinus zu seufzen, und als er sich dadurch etwas erleichtert fühlte, fuhr er fort:

„Da ich der Letzte unseres Stammes bin, gelobte ich der heiligen Jungfrau im Kloster zu Troki, daß ich nicht eher vor dem Traualtar stehen und bis dahin ein reines, unbeflecktes Leben führen wolle, ehe ich nicht nach dem Beispiel meines Vorfahren mit ebendemselben Schwerte drei Feindesköpfe auf einen Hieb abgeschlagen haben würde. Barmherziger Gott, du siehst, daß ich alles Mögliche gethan habe. Meine Reinheit habe ich bis zum heutigen Tage bewahrt, dem liebebedürftigen Herzen habe ich Stillschweigen geboten, ich suchte Kriege, kämpfte tapfer, aber bis jetzt hatte ich das Glück nicht."

Der Statthalter lächelte unmerklich.

„Und Ihr schlugt noch keine drei Köpfe ab?"

„Es schickte sich noch immer nicht so! Ich habe kein Glück! Zu zweien auf einmal, das geschah schon oft, aber niemals zu dreien. Ihnen so beizukommen gelang nicht, und man kann dem Feinde doch nicht befehlen, sich derartig aufzustellen. Gott allein kennt meinen Kummer! Die Körperstärke ist da, der Reichtum ist da — aber die Zeit vergeht, ich bin bald fünfundvierzig Jahre alt, das Herz begehrt nach Liebe, das Geschlecht stirbt aus und ich kann die drei Köpfe nicht bekommen. Solch ein Hutabschläger bin ich nun. Den Leuten diene ich zum Gelächter, wie Herr Sagloba richtig sagt; ich ertrage alles geduldig und bringe alles dem Herrn Jesu zum Opfer."

Der Litauer begann wieder so zu seufzen, daß seine livländische Stute wohl aus Mitgefühl mit ihrem Herrn auch zu stöhnen anfing.

„Da kann ich Euch nur sagen," sprach Strzetuski, „daß wenn Euch die Sache unter dem Fürsten Jeremias nicht gelingt, dann wohl überhaupt niemals."

„Gott gebe es!" entgegnete Longinus, „deshalb reite ich auch zum Fürsten, um seine Gnade zu erbitten."

Die weitere Unterhaltung unterbrach ein ungewöhnliches

Flügelrauschen. Wie schon gesagt, zogen die Vogelscharen in diesem Winter nicht ans Meer, die Flüsse waren nicht zugefroren, über den Sümpfen schwärmten Unmassen von Vögeln. Gerade in diesem Augenblick näherten sich Strzetuski und Longinus dem Ufer des Flüßchens Kahamlik. Ueber ihren Köpfen schwebte mit sausendem Flügelschlag eine große Schar Kraniche, so niedrig, daß man mit einem Stocke nach ihnen hätte schlagen können. Sie machten ein fürchterliches Geschrei und statt in das Schilf einzufallen, erhoben sie sich plötzlich hoch in die Luft.

„Sie fliehen wie gehetzt," sagte Herr Strzetuski.

„Ach, seht nur," rief Herr Longinus, auf einen weißen Vogel weisend, welcher in schräger Richtung fliegend von unten herauf sich den Kranichen zu nähern suchte.

„Ein Edelfalke! Er verhindert sie am Einfallen!" rief der Statthalter. „Der Botschafter hat Falken; er muß einen losgelassen haben."

Jetzt kam Herr Roswan Ursn herzugeritten, hinter ihm einige von der Dienerschaft.

„Herr Statthalter, ich bitte zum vergnügten Schauspiel."

„Ist dies Euer Falke, Herr?"

„So ist es, ein sehr edles Tier, wie Ihr Euch bald überzeugen könnt."

Sie ritten alle drei vorwärts, hinter ihnen der Falkenwärter mit dem Ringe, welcher, den Blick fest auf die Vögel gerichtet, fortwährend den Falken durch Zurufe zum Kampf ermunterte.

Der Vogel hatte inzwischen die Kraniche zum Aufstieg gezwungen, dann schwang er sich plötzlich hoch über sie und schien in der Luft stehen zu bleiben. Die Kraniche sammelten sich in einen dichten Haufen und bewegten die Luft stürmisch mit ihren Flügelschlägen. Fürchterliches Geschrei erfüllte die Luft. Die Vögel reckten die langen Hälse, streckten die Schnäbel wie Spieße in die Höhe und erwarteten den Angriff. Der Falke aber, anstatt auf die Kraniche herabzuschießen, flog plötzlich blitzschnell in die Ferne und verschwand bald im Schilf.

Strzetuski ritt ihm eilig nach, die anderen folgten seinem Beispiel. Wo der Weg eine Biegung macht, hielt er plötzlich an, denn ein ganz neuer, seltsamer Anblick fesselte ihn. Mitten im Wege lag ganz auf die Seite geneigt mit zerbrochener Achse eine herrschaftliche Kutsche. Die ausgespannten Pferde wurden von zwei Kosaken gehalten. Der Kutscher fehlte ganz, wahrscheinlich war er ausgeschickt, Hilfe zu suchen. Neben der Kutsche standen zwei Frauen; die eine angethan mit einem Fuchspelz, ebensolcher Mütze mit rundem Deckel, mit strengen, männlichen Gesichtszügen, die andere ein junges Mädchen, majestätischen Wuchses, mit seinen Gesichtszügen. Auf der Schulter dieser jungen Dame saß ruhig der entflogene Falke mit aufgebauschtem Gefieder, welches er mit dem Schnabel glattstrich.

Der Statthalter parierte das Pferd, daß seine Huse sich tief in den Sand wühlten, und an die Mütze greifend, blickte er verlegen vor sich, uneins mit sich, ob er grüßen oder den Falken verlangen sollte. Seine Verlegenheit vermehrte sich, als unter einer kleinen Mardermütze hervor ihn zwei Augen anblickten, Augen, wie er sie nie im Leben gesehen, schwarz wie Sammet, thränenverschleiert und doch feurig glänzend, so feurig, daß die hübschen Augen Annas neben ihnen verblichen wie kleine Lichtchen neben Fackeln. Diese Augen bedeckten lange seidene Wimpern, die Wangen blühten wie die schönsten Blumen, zwischen den himbeerroten Lippen, die etwas geöffnet waren, schimmerten Zähne wie Perlen; unter dem Mützchen hervor quollen üppige schwarze Zöpfe. „Ist das Juno in höchsteigener Person, oder eine andere Göttin?" dachte sich der Statthalter, als er diese herrliche Gestalt mit dem Falken auf der Schulter erblickte. Die Mütze in der Hand starrte der Statthalter sie an wie ein Heiligenbild; die Augen glänzten ihm und das Herz schlug ihm mächtig. Eben wollte er anfangen zu sprechen: „Wenn du ein lebendes Wesen und keine Gottheit bist" . . . . Da sprengten der Botschafter, Longinus und der Falkenwärter mit dem Reifen in der Hand heran. Als die Göttin dies sah, hielt sie ihm ihre Hand hin und der Falke glitt langsam am Arm herunter auf dieselbe. Skrzetuski, welcher dem Wärter zuvorkommen wollte, hielt nun die seine dem Vogel hin, um ihn der Dame abzunehmen, als etwas sehr Seltsames geschah. Der Falke, anstatt auf die Hand Skrzetuskis hinüberzusteigen, setzte nur einen Fuß darauf, begann zu pfeisen und beider Hände derartig gegeneinanderzuziehen, daß sie sich berühren mußten. Den Statthalter überrieselte es, der Falke ließ die Hände erst dann los, als der Wärter ihm die Kappe übergeworfen hatte.

Inzwischen hatte die ältere Dame zu klagen begonnen:

„Ritter!" sprach sie, „wer Ihr auch seid, versagt Eure Hilfe nicht denjenigen, welche hilflos hier stehen und nicht wissen, was sie beginnen sollen. Wir haben nur noch drei Meilen nach Hause, aber die Achsen sind am Wagen gesprungen und wir werden gezwungen sein, hier zu übernachten. Den Kutscher habe ich zu meinen Söhnen nach einem Wagen geschickt, aber ehe derselbe hin- und zurückkommt, wird es Nacht und mir graut vor ihr, denn hier in der Nähe giebt es Totengräber.

Die alte Edelfrau hatte sehr rasch und mit einer so tiefen Stimme gesprochen, daß Skrzetuski erstaunt aufgeblickt hatte. Doch antwortete er artig:

„Gnädige Frau, verwerft doch den Gedanken, daß wir Euch hier mit Eurer lieblichen Tochter ohne Hilfe lassen würden. Wir reisen nach Lubnie, da wir Soldaten vom Dienst des Fürsten Jeremias sind, und wie es scheint, haben wir denselben Weg zu nehmen. Wäre dies aber auch nicht der Fall, so biegen wir gern vom Wege ab, wenn unsere Begleitung Euch nicht un-angenehm ist. Einen Wagen besitze ich leider nicht, aber der Herr Botschafter hier verfügt über einen solchen und ich denke, er wird so gefällig sein, Euch damit zu dienen.“

Der Botschafter, welcher die polnische Sprache etwas ver-stand, neigte sein zobelbedecktes Haupt zustimmend und entsandte sogleich seinen Falkenwärter mit dem Auftrage, die Wagen schleunigst herbeizuholen. Unterdes blickte der Statthalter un-aufhörlich das Fräulein an, welches vor seinen flammenden Blicken ihre Augen zu Boden gesenkt hielt, und die Dame mit dem Kosakengesicht sprach weiter:

„Gott vergelte Euren Beistand. Da es nach Lubnie aber noch weit ist, so weist mein Anerbieten nicht zurück, die Nacht unter meinem und meiner Söhne Dach zuzubringen. Wir sind aus Roslogi; ich bin die Witwe des Fürsten Kurzewitsch-Bulysch, und dies hier ist nicht meine Tochter, sondern das Kind des älteren Kurzewitsch, des Bruders meines Mannes, welcher die Waise unserem Schutz unterstellt hat. Meine Söhne sind jetzt zu Hause, ich kehre aus Tscherkassy zurück, wo ich der Heiligen Jungfrau geopfert habe. Hier begegnete uns nun dieser Unfall.“

Sie hätte wohl noch länger so forterzählt, wären nicht die Wagen in Begleitung der Leute des Botschafters und der Sol-daten Skrzetuskis angelangt.

„So seid ihr, gnädige Frau, die Witwe des Fürsten Wassili Kurzewitsch?“ frug der Statthalter.

„Nein,“ bestritt energisch, fast zornig die Fürstin. „Ich bin die Witwe Konstantins und diese hier ist Helene, die Tochter Wassilis.“

„In Lubnie wird viel vom Fürsten Wassili erzählt. Er war ein tapferer Soldat und der Vertraute des Fürsten Michael.“

„Ich war nie in Lubnie," entgegnete sie mit einer gewissen Hoheit; „ich weiß von seinen Soldaten nichts, und von den späteren Thaten Wassilis spricht man lieber nicht."

Helene hatte bei diesen Worten das Köpfchen gesenkt, wie eine Blume, welcher man mit der Sense den Kopf abschlägt. Der Statthalter aber erwiderte lebhaft:

„Sagt das nicht, Eure Gnaden. Der Fürst Wassili mußte, vom Volksmund verurteilt, fliehen, später aber kam seine Unschuld vollständig ans Licht. Dies wurde überall publiziert, sein Name öffentlich zu großen Ehren gebracht, welche um so größer wurde, je größer das ihm angethane Unrecht war."

Die Fürstin blickte den Statthalter scharf an; in ihren unangenehm stechenden Augen blitzte der Zorn auf. Aber Herr Skrzetuski, obwohl noch so jung an Jahren, hatte in seiner Erscheinung so viel ritterliche Würde, daß sie ihm nicht zu opponieren wagte. Dafür wandte sie sich an Helene.

„Dir geziemt, das nicht zu hören. Gehe lieber und schaue nach, daß unser Gepäck auf den anderen Wagen geschafft wird, den wir mit Erlaubnis dieser Herren benutzen sollen."

„Das gnädige Fräulein erlaubt, daß ich Hilfe leiste," sagte der Statthalter.

Sie gingen beide nach dem Kutschwagen, aber kaum standen sie einander an beiden Seiten des Wagens gegenüber, so hoben sich die seidenen Wimpern und die dunklen Augen Helenens blickten den Statthalter an, daß es ihm wie ein lichter Sonnenstrahl über das Antlitz flog.

„Wie soll ich Euch danken, gnädiger Herr," sagte sie mit einer Stimme, die dem Statthalter wie die süßeste Musik klang, „wie soll ich Euch danken dafür, daß Ihr die Ehre meines Vaters verteidigt habt gegen das Unrecht, welches die eigenen Verwandten ihm thun?"

„Fräulein," antwortete der Statthalter, welchem das Herz wie Schnee schmolz. „So mir Gott helfe, für solch einen Dank wäre ich bereit, ins Feuer zu springen, oder mein Blut vollständig zu vergießen, aber wo der Wille so gut ist, da ist das Verdienst klein, und deshalb geziemt es mir nicht, Euren Dank anzunehmen."

„Wenn Ihr ihn verschmäht, so habe ich arme Waise nichts anderes, womit ich meine Dankbarkeit zeigen kann."

„O, ich verschmähe ihn nicht," sagte mutiger der Statthalter, „aber ich möchte eine so große Gnade erst durch lange und treue

Dienste verdienen, und bitte das gnädige Fräulein nur, diese Dienste anzunehmen."

Die junge Prinzessin wurde sehr rot und verlegen, dann erbleichte sie plötzlich. Die Hände über das Gesicht breitend, sagte sie mit wehmutsvoller Stimme:

„Ein solcher Dienst würde Euch nur Unglück bringen, Ritter."

Und der Statthalter flüsterte, sich durch das Wagenfenster ihr zuneigend, leise und vor Erregung bebend:

„Was er mir bringen soll, ist Gottes Fügung, ich bin bereit, fußfällig darum zu bitten."

„Es kann nicht möglich sein, daß Ihr, der Ihr mich eben erst erblicktet, eine solche Dienstbereitschaft für mich fühlt."

„Und dennoch ist es so! Kaum hatte ich Euch erblickt, da hatte ich mich völlig selbst vergessen und sehe ein, daß aus dem bis zu dieser Stunde freien Soldaten ein willenloser Sklave geworden ist; es ist sichtbar Gottes Wille. Die Liebe ist ein Pfeil, welcher unversehens das Herz durchbohrt; ich fühle ihre Gewalt, obgleich ich das gestern noch für unmöglich gehalten hätte."

„Wenn Ihr das gestern noch für unmöglich hieltet, wie soll es mir heute möglich scheinen?"

„Die Zeit wird Euch, Prinzessin, am besten davon über=zeugen. Die Aufrichtigkeit meiner Gesinnung könnt Ihr aber schon jetzt in meinen Worten und meinem Antlitz finden."

Und wieder hoben sich die seidenen Wimpern und der Blick der Prinzessin fiel auf das männliche Gesicht und die voll Be=geisterung sie anblickenden Augen des jungen Soldaten. Wieder überzog tiefe Röte ihr Angesicht, aber sie senkte ihr Auge nicht und er trank Seligkeit aus ihrem süßen Blick. So blickten sie sich an wie zweie, die da fühlten, daß das Geschick sie für einander bestimmt habe und deren Seelen einander zujauchzten, bis die rauhe Stimme der Fürstin sie zum Bewußtsein der gegenwärtigen Lage zurückrief.

Die Wagen waren da. Die Dienerschaft begann das Ge=päck umzuladen, der Botschafter Roswan Ursu, ein galanter Bojar, trat den Damen den eigenen Wagen ab, der Statthalter stieg zu Pferde, man brach auf.

Der Tag neigte sich seinem Ende zu. Die aus den Ufern getretenen Wasser des Kahamlik glänzten golden und rosig im Lichte der untergehenden Sonne. Hoch am Himmel schwebten leichte Wölkchen, welche stufenweise sich rosenrot färbend, lang=

sam dem Horizont sich zusenkten, als ob sie ermüdet vom langen Fluge in den Lüften, schlafen gehen wollten. Herr Skrzetuski ritt an der Seite der Prinzessin, aber er sprach kein Wort. Die Unterhaltung mit ihr so weiterzuführen, wie er sie begonnen, das vermochte er in Gegenwart so vieler Begleiter nicht und gleichgültige Worte wollten ihm nicht über die Lippen. Nur im Herzen fühlte er sich so wohl, und der Kopf brannte ihm wie vom Genuß des edelsten Weines. Die ganze Karawane bewegte sich schnell fort, die Stille wurde nur durch das Schnaufen der Pferde oder das Klirren der Steigbügel unterbrochen. Später begann die Dienerschaft auf den hinteren Wagen eines jener schwermütigen walachischen Lieder zu singen, hörte aber bald wieder auf. Dafür ertönte die näselnde Stimme des Herrn Longinus, welcher fromme Weisen sang.

Inzwischen wurde es finster. Die Sterne begannen zu funkeln und aus den Sümpfen stiegen dichte weiße Nebel auf. Sie fuhren eben in einen Wald hinein, als Pferdegetrappel ertönte und fünf Reiter vor der Karawane erschienen. Es waren die Söhne der Fürstin, welche, benachrichtigt von dem Unfall, der die Mutter betroffen, mit einem vierspännigen Wagen herbeieilten.

„Seid Ihr das, Kinderchen?" frug die Fürstin.

Die Reiter näherten sich den Wagen.

„Wir, Mutter!"

„Kommt herbei. Dank der Hilfe dieser Herren bedarf ich der Eurigen nicht mehr. Das sind meine lieben Söhnchen, welche ich dem Wohlwollen der gnädigen Herren empfehle," sagte sie zu denselben gewendet: „Simeon, Jur, Andreas und Mikolaj — und wer ist der fünfte dort?" sprach sie, scharf hinblickend — „heda! wenn die alten Augen nicht trügen, so ist es Bohun, wie?" —

Die Prinzessin lehnte sich schnell in den Wagen zurück.

„Ich grüße Euch, Fürstin, und Euch, Prinzessin Helene!" rief der fünfte Reiter.

„Bohun!" — sprach die Alte, „bist Du vom Bataillon herübergekommen, mein Falke? Und mit der Zither? Willkommen! Willkommen! Meine Söhne! Ich habe diese Herren schon ins Nachtquartier nach Roslogi gebeten, und jetzt neigt Euch vor ihnen. Einen Gast ins Haus, heißt Gott ins Haus bringen. Seid unserem Hause wohlgeneigt, Ihr Herren."

Die Prinzen zogen die Mützen.

„Wir bitten demütig, unsere Gastfreundschaft anzunehmen."

„Sie haben es mir schon versprochen. Seine Hoheit der Herr Botschafter und seine Gnaden der Herr Statthalter. Es sind edle Gäste, die wir aufnehmen werden, aber ich fürchte, daß dieselben zu sehr an die Delikatessen der Höfe gewöhnt sind, um Geschmack an unserer armseligen Kost zu finden.“

„Wir essen Soldatenbrot, nicht Hofkost,“ sagte Herr Skrzetuski.

Und Herr Roswan Ursu setzte hinzu:

„Ich habe schon oft genug die Gastfreundschaft der Adeligen genossen, um zu wissen, daß dieselbe jene der Höfe weit übertrifft.“

Die Wagen rollten vorwärts, und die alte Fürstin sprach weiter:

„Es gab für uns früher bessere Zeiten; das ist lange, lange her.“

„In Wolhynien und Litauen giebt es noch eine Linie Kurzewitsch’, welche auf sehr großem Fuße lebt. Diese aber will nichts von den ärmeren Verwandten wissen, wofür Gott sie strafen möge. Die gnädigen Herren müssen uns vergeben, wenn sie bei uns nur das einfache Leben wie in den Häusern der Kosaken vorfinden. Aber wir bieten aufrichtigen Herzens, was wir besitzen. Unsere kleine Besitzung muß mich, meine fünf Söhne und noch diese Prinzessin hier ernähren.“

Der Statthalter war sehr erstaunt über diese Auseinandersetzungen. Er hatte in Lubnie immer davon gehört, daß Roslogi eine große adlige Besitzung sei, und daß diese einst dem Vater Helenens, dem Fürsten Wassili, gehört hätte. Es schien ihm jedoch nicht schicklich, zu fragen, auf welche Weise sie in die Hände Konstantins und seiner Witwe gekommen war.

„So habt Ihr fünf Söhne, Fürstin?“ unterbrach sie Herr Roswan Ursu.

„Ich hatte fünf, stark wie Löwen,“ entgegnete sie. „Meinem Aeltesten aber, dem Wassili, haben die Heiden in Bialogrod die Augen ausgebrannt; dabei hat auch sein Verstand gelitten. Wenn die Jungen einen Ausfall machen, so bleibe ich allein mit ihm im Hause, mit ihm und der Prinzessin, die mir mehr Kummer als Freude macht.“

Der wegwerfende Ton, in welchem die Tante von ihrer Nichte sprach, entging der Aufmerksamkeit des Statthalters nicht. Seine Brust hob sich zornig, fast hätte er einen Fluch ausgestoßen, aber als er nach Helene blickte und im Lichte des

Mondes ihr thränenüberflutetes Antlitz sah, da blieb ihm derselbe in der Kehle stecken.

„Was ist Euch, Prinzessin? Warum weint Ihr?" frug er leise.

Die Prinzessin schwieg.

„Ich kann den Anblick Eurer Thränen nicht ertragen," fuhr er fort, sich tief zu ihr hinabneigend, und da er sah, daß die Fürstin sich in ein Gespräch mit dem Botschafter vertieft hatte, bat er weiter:

„Um Gotteswillen, sprecht nur ein Wort, denn Gott weiß, ich gäbe gern Blut und Gesundheit hin, um Euch zu trösten."

Da fühlte er plötzlich, daß einer der Reiter ihm so nahe kam, daß die Pferde sich eng berührten. Das Gespräch mit der Prinzessin wurde unterbrochen. Herr Skrzetuski wandte sich erstaunt und wütend dem dreisten Störer zu.

Beim hellen Mondschein erblickte er zwei Augen, welche ihn herausfordernd und höhnisch ansahen. Diese häßlichen Augen glänzten wie die eines Wolfes im dunklen Walde.

„Zum Kuckuck?" dachte der Statthalter, „was soll das bedeuten," und indem er die blitzenden Sterne fest ins Auge faßte, frug er:

„Weshalb kommt Ihr mir so nahe, als wolltet Ihr mich mit Euren Augen durchbohren?"

Der Reiter erwiderte nichts, aber behielt seine Stellung bei, und verwandte keinen Blick von Skrzetuski.

„Wenn es Euch zu finster ist, so kann ich Feuer schlagen, und wenn Euch die Landstraße zu schmal ist, so reitet in die Steppe," sagte Skrzetuski sehr nachdrücklich.

„Und Du, Leche, mache, daß Du vom Wagen fortkommst," entgegnete der Reiter.

Der Statthalter, welcher niemals lange sich besann, gab dem Pferde des Reiters neben ihm mit dem Fuße einen Stoß in die Seite, daß es mit einem Satz bis dicht an den Rand der Landstraße sprang. Der Reiter parierte es jedoch sogleich. Es hatte den Anschein, als wollte er sich auf den Statthalter werfen, ihn zum Kampfe herausfordern, aber in diesem Augenblick rief die scharfe Stimme der Fürstin befehlend ihm zu:

„Bohun! Was thust Du?"

Diese Worte hatten eine sofortige Wirkung. Der Reiter wendete das Pferd und ritt an die andere Seite des Wagens, neben die Fürstin, welche noch einmal frug:

„Was thust Du? Du bist nicht in Perejeslaw und in

der Krim, sondern in Roslogi, merke Dir das. Und jetzt reite mir voraus und führe die Wagen, wir kommen in das Gehege, und Du weißt, dort ist es finster."

Herr Skrzetuski war ebenso zornig als erstaunt.

Dieser Bohun suchte augenscheinlich Streit, und hätte ihn gefunden, aber weshalb suchte er ihn? weshalb diese unvermutete Attacke?

Dem Herrn Skrzetuski kam der Gedanke, daß hier die Prinzessin mit ins Spiel komme und dieser Gedanke gewann an Wahrscheinlichkeit, als er sah, daß ihr Gesicht weiß wie gebleichtes Leinen war und den Ausdruck größten Schreckens trug.

Unterdes befolgte Bohun den Befehl der Fürstin, welche vor sich hinblickend halb zu sich, halb zum Statthalter sagte:

„Das ist ein Tollkopf und ein Kosakenteufel."

„Wie es scheint, ist er nicht recht bei Verstand," sagte Skrzetuski verächtlich. „Ist das ein Kosak in Diensten der Söhne Euer Gnaden?"

Die Fürstin lehnte sich in den Wagen zurück.

„Was Ihr da redet. Das ist Bohun, Hauptmann der Kosaken, ein ausgezeichneter Held, der Busenfreund meiner Söhne und mir der sechste Sohn. Es ist unmöglich, daß Ihr seinen Namen nicht kennen solltet, da ein jeder ihn kennt."

In der That war dieser Name Herrn Skrzetuski wohlbekannt. Er war von den Namen aller Kosakenhetmane und Hauptleute der hervorragendste und bekannteste auf beiden Ufern des Dniepr. Die Blinden sangen Lieder über Bohun auf allen Jahrmärkten, beim Kienfeuer erzählten die Mägde seine Thaten. Wer er war, woher er kam, das wußte niemand. Gewiß war, daß die Steppe seine Wiege war, und die Wälder, Flüsse und Niederungen der Schauplatz seiner Jugend. Er war von Kindesbeinen auf mit der wilden Natur verwachsen. In Friedenszeiten ging er mit den anderen auf Fischfang und Jagd, monatelang hielt er sich in den Sümpfen auf. Seine Schule waren die Ausflüge in die Wilden Felder, in die Pferdekoppeln der Tataren, Ueberfälle, Kämpfe und Züge gegen die Freibeuter an den Flüssen, nach Bialogrod, in die Walachei oder auf Flußkähnen nach dem Schwarzen Meer. Ein anderes Leben als zu Pferde, die Nächte am Feuer in der Steppe, kannte er nicht. Frühzeitig wurde er der Liebling der Bewohner in den Niederungen, frühzeitig lernte er andere leiten und bald übertraf er alle an Mut. Jederzeit war er bereit, mit hundert Pferden nach Bakschiserail zu ziehen und dem Chan selbst den

Bart anzuzünden; er verbrannte Höfe und Städte, tötete alle
Bewohner derselben, ließ gefangene Mohren von Pferden in
Stücke reißen, überfiel alles wie das böse Wetter, zog einher
wie der Sensenmann, reiche Ernte haltend. Auf dem Meere
warf er sich tollkühn auf die türkischen Galeeren und stieg
sozusagen dem Löwen in den Rachen. Viele seiner Thaten
grenzten an Wahnsinn. Andere weniger tapfere Krieger endeten
langsam ihr Dasein auf Pfählen in Stambul oder faulten an
den Rudern türkischer Galeeren; er ging gesund und beute-
beladen aus jeder Gefahr hervor. Man sagte, daß er ungeheure
Schätze gesammelt habe, die er in dem Dickicht am Dniepr verborgen hielt. Oft aber auch sah man, daß er goldburchwirkte
Stoffe mit Füßen trat, kostbare Teppiche den Pferden unter
die Füße breitete, oder in Kleidern von Seidendamast sich im
Teer wälzte, um recht mit Absicht zu zeigen, wie sehr er solche
Dinge verachte. Nirgends blieb er lange. Bei allem ließ er
sich von seiner Phantasie leiten. Zeitweise schwelgte er in
Tschechryn und Tscherkassy um die Wette mit anderen, zeitweise
lebte er wie ein Mönch, sprach zu niemandem, floh in die
Steppe. Bald wieder umgab er sich mit Blinden, deren Spiel
und Gesang er ganze Nächte lauschte und die er mit Gold
überschüttete. Unter dem Adel war er der gastfreieste Höfling,
unter den Kosaken der wildeste Kosak, unter den Rittern der
tapferste Ritter und unter den Räubern ein Räuber. Viele
hielten ihn für verrückt und es war in der That eine
ungezügelte leidenschaftliche Natur. Wozu er in der Welt
lebte, was er wollte, welchen Zielen er zustrebte, wem er
diente — er wußte es selbst nicht. Er diente der Steppe,
dem Sturme, dem Kriege und der eigenen zügellosen Phantasie.
Diese Phantasie zeichnete ihn vor anderen seinesgleichen aus,
denen es gleichgültig war, wen sie beraubten, Tataren oder das
eigene Volk. Bohun nahm Raub, aber er zog den Krieg vor;
er liebte die Gefahren wegen des damit verbundenen Reizes;
mit Gold zahlte er den Liedersängern, jagte nach Ruhm —
das übrige kümmerte ihn nicht. Von allen Führern personifizierte
er am besten den ritterlichen Kosaken; deshalb wurde er so im
Liede verherrlicht und sein Name kam zu Ehren in der ganzen
Ukraine. Vor kurzer Zeit war er Unterhauptmann der Perejeslawer Kosakenabteilung geworden, aber er vertrat in allen
Stücken die Hauptmannswürde, denn der alte Loboda war
schon altersschwach und führte den Feldherrnstab mit zittern-
der Hand.

Herr Skrzetuski wußte also sehr gut, wer Bohun war, und als er die Fürstin frug, ob er ein Kosak in ihren Diensten sei, so that er dies mit dem Ausdruck der Verachtung, weil er instinktiv den Gegner in ihm fand, und trotz dem Ruhme dieses Führers wallte das Blut des Statthalters zornig auf, als der Kosak ihn so frech insultierte. Er vermutete sogleich, daß ein Streit zwischen ihnen so leicht ohne weitere Folgen nicht verlaufen würde. Herr Skrzetuski, fast zu sehr selbstbewußt, stach wie eine Wespe und scheute ebenfalls vor nichts zurück, ja er suchte die Gefahr mit Vergnügen auf. Wäre er nicht an der Seite der Prinzessin geritten, so würde er gewiß dem Kosakenführer gefolgt sein. Uebrigens hatte die Karawane eben das Gehölz verlassen und von weitem glänzten ihr die Lichter von Roslogi entgegen.

4. Kapitel.

Die Kurzewitsch waren ein sehr altes Fürstengeschlecht, welche in Siegel und Wappen einen Holzpflock hatten, und dessen Urahne thatsächlich von Ruryk abstammte. Von den beiden Linien desselben war die eine in Litauen, die andere in Wolhynien ansässig. Einer der vielen Nachkömmlinge der Wolhynischen Linie war Fürst Wassili und dieser hatte sich hier am Dniepr angesiedelt, da er ärmer als die anderen seines Geschlechts nicht von ihnen abhängig sein wollte und lieber in die Dienste des Fürsten Michael, des Vaters unseres berühmten Jeremias trat. Nachdem er sich dort in dessen Diensten großen Ruhm erworben und dem Fürsten persönlich wichtige Ritterdienste geleistet hatte, schenkte dieser ihm Krasne Roslogi, welche Besitzung jedoch später der vielen Wölfe wegen Wiltsche Roslogi benannt wurde. Im Jahre 1629 ging er zur römischen Kirche über, verheiratete sich mit einem Fräulein Rachozian, aus sehr edlem Hause, welches aus der Walachei hierher übergesiedelt war. Dieser Ehe entsproß nach einem Jahre Helene, deren Mutter bei der Geburt starb. Der Fürst Wassili dachte gar nicht daran, sich wieder zu verheiraten, sondern widmete sich ganz der Wirtschaft und der Erziehung seiner kleinen Tochter. Er war ein Mensch von ungewöhnlichen Tugenden und großer Charakterstärke. Nachdem er sich ein ansehnliches Vermögen erworben hatte, dachte er sogleich an seinen älteren Bruder Konstantin, welcher arm in Wolhynien zurückgeblieben, von der

reichen Familie nicht anerkannt wurde und dort von einer
Pacht zur anderen zog. Diesen ließ er mit Frau und fünf
Söhnen zu sich kommen und teilte alles mit ihnen. Auf diese
Weise lebten beide Brüder Kurzewitsch friedlich zusammen
bis zum Jahre 1634, in welchem Jahre Wassili mit König
Ladislaus nach Smolensk zog. Dort ereignete sich jener
unglückselige Vorfall, der Wassilis Fall zur Folge hatte. Man
fing im Lager einen Brief an Szehin auf, welcher die Unter-
schrift und das Siegel des Fürsten trug. Ein solch offenbarer
Beweis des Verrates von seiten eines Ritters, dessen Ehre
bisher von unbefleckter Reinheit war, versetzte alle in Schrecken.
Umsonst schwor Wassili bei Gott, daß weder die Handschrift
noch das Siegel von ihm herrührten, der Holzpflock im Wappen
hob jeden Zweifel auf. Daran aber, daß das Petschaft dem
Fürsten verloren gegangen sei, wie er behauptete, daran glaubte
niemand, und endlich wurde der Unglückliche pro crimine per-
duellionis zum Verlust der Ehre und zum Strange verurteilt.
Er mußte sich durch die Flucht zu retten. In Roslogi kam er
plötzlich nachts an und beschwor seinen Bruder Konstantin, über
seine Tochter zu wachen, dann verschwand er für immer. Man sprach
davon, daß er von Bar aus noch einmal an den Bruder
brieflich die Bitte gerichtet habe, Helene niemals zu verlassen,
er lasse sie beruhigt in Roslogi unter seinem Schutz zurück. ——
Dann hörte man nichts mehr von ihm. Bald hieß es, er sei
gestorben, dann wieder, er sei in russischen Diensten mit in
den Krieg nach Deutschland gezogen und dort geblieben, aber
bestimmt wußte niemand etwas. Jedenfalls mußte er tot sein,
da er nie nach seiner Tochter frug. In kurzem hörte man auf
über ihn zu sprechen; man erinnerte sich seiner erst dann wieder,
als seine Unschuld klar erwiesen wurde. Ein gewisser Kupzewitsch
aus Witebsk hatte auf dem Sterbebette bekannt, daß er den
Brief an Szehin geschrieben und mit dem im Lager gefundenen
Petschaft Wassilis gesiegelt habe. Aller Herzen waren diesem
Bekenntnis gegenüber tief ergriffen und konsterniert. Das Urteil
wurde widerrufen, die Ehre des Fürsten rehabilitiert, aber für
ihn selbst kam diese Anerkennung zu spät. Was sein Besitztum
Roslogi betraf, so hatte Fürst Jeremias niemals daran gedacht,
dasselbe einzuziehen, denn das Haus Wischniowiezki kannte Wassili
besser und war niemals von seiner Schuld überzeugt. Er hätte
dreist unter ihrem mächtigen Schutze der öffentlichen Meinung
spotten dürfen, und wenn er floh, so geschah dies nur, weil er
die Schande nicht zu ertragen vermochte.

Helene wurde still unter der stets wachsamen Obhut des Oheims erzogen. Erst nach seinem Tode begann für sie eine schwere Zeit. Die Frau Konstantins, aus einer zweifelhaften Familie stammend, war ein rohes, heftiges und energisches Weib, welche allein ihr Mann im Zaume zu halten verstand. Nach seinem Tode erfaßte sie mit eiserner Hand die Zügel des Regiments in Roslogi. Die Dienerschaft zitterte vor ihr — die Beamten fürchteten sie wie das Feuer und die Nachbarn sollten bald von ihr hören. Im dritten Jahre ihrer Herrschaft überfiel sie zweimal mit bewaffneter Macht die Siwinskis in Browarki, selbst als Mann verkleidet ihre Diener und die Mietkosaken führend. Als einst Fürst Jeremias eine Abteilung Tataren, welche sich in seinen Ländereien umhertrieb, zerstreute, da rottete sie die bis nach Roslogi versprengten Mannschaften bis auf den letzten vollständig aus. Sie richtete sich auch ganz bequem in Roslogi ein und begann Helenens Erbe bald als ihr und ihrer Söhne Eigentum zu betrachten. Diese Söhne liebte sie wie eine Wölfin ihre Jungen, aber da sie selbst ganz ungebildet war, so dachte sie gar nicht daran, ihnen eine anständige Erziehung zu geben. Ein griechischer Mönch, den sie aus Kiew kommen ließ, lehrte dieselben lesen und schreiben, und — dabei blieb es, trotzdem Lubnie und der fürstliche Hof Jeremias so nahe war, wo doch die jungen Prinzen Politur, sowie Geschicklichkeit in verschiedenen Kenntnissen sich hätten erwerben können. Aber die Fürstin hatte ihre Gründe, weshalb sie die Söhne nicht nach Lubnie brachte.

Es hätte bei ihrem Anblick dem Fürsten Jeremias einfallen können, wem Roslogi eigentlich gehöre, er hätte Einblicke thun können in die Vormundschaft über Helene, ja, wer weiß, ob er im Andenken an Wassili nicht gar sich verpflichtet gehalten hätte, selbst die Vormundschaft über dessen Tochter zu übernehmen. Dann wäre der alten Fürstin nichts übrig geblieben, als Roslogi zu verlassen. So war es besser, wenn man in Lubnie ganz vergaß, daß noch welche von den Kurzewitsch' in der Welt existierten. Dafür aber wuchsen auch die jungen Prinzen halb wild auf, mehr wie Kosaken denn wie Edelleute. Sie nahmen schon als kleine Knaben Teil an allen Streitigkeiten der Mutter mit den Nachbarn, hatten einen angeborenen Widerwillen gegen alles, was gedruckt oder geschrieben war, übten sich dafür tagelang im Bogenschießen, im Werfen mit der Schleuder und des Lasso, und lernten frühzeitig das Schwert handhaben. Selbst um die Wirtschaft kümmerte sich keiner, denn hier gab die Mutter die Zügel nicht aus der Hand. Der Anblick dieser Abkömmlinge eines edlen Stammes, in deren Adern Fürstenblut rollte, deren Sitten aber roh und gemein waren, und deren unausgebildeter Verstand und verhärtete Herzen der unbebauten Steppe ähnlich waren, war mitleiderregend. Sie waren emporgeschossen wie junge Eichen. Sich ihrer Einfalt und Unbildung bewußt, schämten sie sich, mit dem Adel zu verkehren, und zogen die Gesellschaft der wilden Kosakenführer vor. Sie waren auch früh in Verbindung mit den Bewohnern der Niederungen getreten, welche sie als ihresgleichen betrachteten. Ihr Aufenthalt in der Sitsch dauerte oft monatelang; sie gingen auf die Jagd mit den Kosaken, nahmen Teil an ihren Ueberfällen auf die Türken und Tataren, was ihnen zuletzt die liebste Unterhaltung und Beschäftigung war. Die Mutter ließ sie gewähren, denn sie kehrten oft mit reicher Beute heim. Auf einem dieser Ueberfälle jedoch war der älteste von ihnen, Wassili, in die Hände der Heiden gefallen; die Brüder hatten ihn mit Hilfe Bohuns zwar herausgehauen, leider aber waren ihm schon die Augen ausgebrannt. Von da ab blieb Wassili zu Hause, und wie er früher der wildeste unter ihnen gewesen, so wurde er jetzt sanft und fromm und gab sich vollständig religiösen Betrachtungen hin. Die anderen führten das Kriegshandwerk weiter und erwarben sich bald den Beinamen „Fürstenkosaken". Man durfte auch nur einen Blick auf Roslogi werfen, so wußte man gleich, von was für Menschen es bewohnt sei.

Als der Botschafter und Herr Skrzetuski mit ihren Wagen vor dem Thore anlangten, erblickten sie keinen Herrenhof, sondern einen großen Schuppen aus mächtigen, rohen Eichenpfählen zusammengeschlagen, mit schmalen, Schießscharten ähnlichen Fenstern. Die Wohnungen für das Gesinde und die Kosaken, die Viehställe, Speicher und sonstigen Räume stießen unmittelbar daran, einen Bau von formlosen niederen und höheren Teilen bildend, nach außen hin so ärmlich und roh, daß, wären nicht die Lichter hinter den Fenstern gewesen, man hier niemals eine menschliche Wohnstätte vermutet hätte. Auf dem Platze vor dem Hause sah man zwei Brunnenkrahne, näher dem Thore eine Säule mit einem darauf befestigten Rade, welches einem jungen zahmen Bären als Sitz diente. Das mächtige Thor führte auf den Platz, welcher ringsum von einem Graben und Palissaden umgeben war. Allem Anschein nach war das ein befestigter Platz und gegen Ueberfälle und unliebsame Gäste geschützt. Alles in allem erinnerte das Ganze an eine Grenzkosakenfestung und sah aus wie ein Raubnest. Die Dienerschaft, welche den Gästen mit Fackeln entgegenkam, war Räubern ähnlicher als Dienstleuten ehrlicher Menschen; auf dem Platze vor dem Hanse rissen große Hunde an ihren Ketten, als ob sie sich befreien und auf die Ankömmlinge stürzen wollten, aus den Ställen tönte Pferdegewieher, die jungen Prinzen samt ihrer Mutter begannen laut zu rufen und fluchend den Dienern Befehle zu erteilen. Mitten in diesem lärmenden Wirrwarr betraten die Gäste das Haus. Hier aber that Herr Roswan Ursn, welcher beim Anblick des elenden Aeußeren des Hauses schon bedauert hatte, hier ein Nachtlager angenommen zu haben, erstaunt die Angen auf. Das Innere des Hauses entsprach dem Aeußeren gar nicht. Zuerst betraten sie einen geräumigen Flur, dessen Wände ganz und gar mit allerhand Waffen und den Fellen wilder Tiere bedeckt waren.

In zwei mächtigen Oefen brannten Klafterscheite, und beim hellen Schein des Feuers sah man reiche Pferdegeschirre, blitzende Panzer, türkische Schuppenpanzer, auf denen hier und da Edelsteine glänzten, Drahthemden mit goldenen Verschlußknöpfen, Halbpanzer, Leibbinden, Ringkragen, polnische und türkische Helme mit silbernen Visieren. An der gegenüberliegenden Wand hingen Schilde, welche in jenem Jahrhundert nicht mehr gebräuchlich waren; neben ihnen polnische Lanzen, türkische Krummsäbel, kurz, alle Hiebwaffen, vom gewöhnlichen Säbel bis zum Totschläger und Yatagan, deren Klingen im Feuerschein in allen Farben schillerten. In den Winkeln baumelten Bündel von Fuchs-, Wolf-, Bären-, Marder- und Hermelinfellen — die Jagdfrüchte der Prinzen.

Weiter unten an den Wänden lang nickten auf ihren Reisen Habichte und Falken, die zur Jagd benutzt wurden.

Aus diesem Flur gingen die Gäste in das große Gastgemach. Auch hier brannte im Kamin unter dem Rauchfang ein lebhaftes Feuer. Der Luxus entfaltete sich hier noch größer als im Flur. Die blanken Balken waren mit kostbaren Behängen bedeckt; auf dem Fußboden breiteten sich wunderschöne türkische Teppiche aus. In der Mitte des Gemachs stand auf Kreuzfüßen ein langer Tisch, aus ungehobelten Brettern gezimmert, auf ihm aber massiv goldene und geschliffene venetianische Glaspokale. An den Wänden kleinere Tische, Kommoden, Pulte, auf denselben bronzierte Futterale, messingene Leuchter, Uhren, welche vor Zeiten die Türken den Venetianern, dann die Kosaken den Türken geraubt hatten. Das ganze Gemach

war angefüllt mit Luxusgegenständen aller Art, deren Nutzzweck
oft gar nicht zu erraten war. Ueberall mischte sich Luxus mit
der größten Einfachheit. Teure türkische Kommoden mit bronzenen
Behängen, ausgelegt mit Elfenbein und Ebenholz, standen neben
ungehobelten Pulten, rohe hölzerne Stühle neben weichen, teppich-
belegten Sofas. Die Kissen, welche nach morgenländischer Sitte
überall auf den Sofas lagen, hatten atlassene und seidene Be-
züge, waren aber zum kleinsten Teil mit Daunen gefüllt, mehrfach
mit Heu und Erbsenstroh. Kostbare gewebte Stoffe und Luxus-
gegenstände waren das sogenannte türkische und tatarische „Gut“.
Es war teils für ein Spottgeld gekauft, teils in den zahlreichen
Kri gen noch von dem alten Fürsten Wassili, oder später von
bene Prinzen, die es vorzogen, auf Flußkähnen ans Schwarze
Meer zu ziehen, statt der Wirtschaft nachzugehen, erbeutet.

Alles das setzte Herrn Skrzetuski gar nicht in Erstaunen.
Er kannte die Einrichtung der Grenzhäuser lange genug, aber
der walachische Bojar staunte, als er diese in kalblederne Stiefeln
und Pelze, gleich denen ihrer Dienerschaft, gekleideten Prinzen,
umgeben von dieser Pracht, sah. Gleich erstaunt war auch
Herr Longinus, welcher in Litauen eine andere Ordnung gewöhnt war.

Unterdes hatten die jungen Prinzen ihre Gäste in herzlicher Weise willkommen geheißen, benahmen sich dabei aber so
plump und ungeschickt, daß der Statthalter kaum ein Lachen
unterdrücken konnte.

Der Aelteste, Simeon, sagte:

„Wir frenen uns und sind den gnädigen Herren dankbar,
daß sie unsere Gastfreundschaft angenommen haben. Unser Haus,
Euer Haus, so seid hier wie bei Euch zu Hanse.“

Und obgleich in dem Tone seiner Stimme nichts von der
demütigen Dankbarkeit des Wortlautes lag, so neigte er sich
nach Kosakenart, indem er beide Hände in die Hüften stemmte,
fast bis zur Erde, während seine Brüder sofort seine Bewegungen
und Worte wiederholten:

„Wir grüßen Euch! wir grüßen Euch.“

Die alte Fürstin hatte unterdes Bohun hinausgezogen in
ein anderes Gemach.

„Höre, Bohun,“ sagte sie schnell, „ich habe nicht lange Zeit
zum Sprechen. Ich sah, daß Du diesen jungen Edelmann auf
den Zahn genommen hast und Streit mit ihm suchst.“

„Mütterchen,“ entgegnete der Kosak, indem er ihr die Hand
küßte. „Die Welt ist weit; sein Weg ist ein anderer, mein Weg

ein anderer. Ich kannte ihn nicht, ehe ich ihn sah; aber er soll mir bei der Prinzessin nicht ins Gehege kommen, sonst — so wahr ich lebe, leuchte ich ihm mit dem Schwerte heim."

„Hah! er ist verrückt, verrückt! Wo bleibt Dein Verstand? Was geht mit Dir vor? Willst Du uns und Dich verderben? Er ist ein Soldat des Wischniowiezki und sein Statthalter, ein hochangesehener Mann, denn der Fürst sandte ihn als Botschafter zum Chan. Weißt Du, was geschähe, wenn ihm hier unter unserem Dache ein Haar gekrümmt würde? Der Fürst-Wojewode würde sein Augenmerk hierher richten; er würde ihn rächen, uns in alle vier Winde jagen und Helene nach Lubnie nehmen, und was dann?"

„Willst Du auch mit ihm Streit anfangen? Willst Du in Lubnie einbrechen? Versuche es, wenn Du Dich pfählen lassen willst, Du verdammter Kosak . . . . Ob der Edelmann sich mit der Prinzessin befaßt oder nicht, das ist egal, wie er gekommen, wird er gehen, und dann ist Ruhe. Zügele Dich, und willst Du das nicht, so ziehe dahin, woher Du gekommen, denn Du bringst uns Unglück auf den Hals!"

Der Kosak kaute seinen Bart und schnaufte, aber er verstand und begriff, daß die Fürstin recht hatte.

„Sie reisen morgen ab, Mütterchen," sagte er — „ich werde mich bezähmen, nur das eine bitte ich, laßt die Schwarz-äugige nicht zu ihnen."

„Was schert Dich das? Damit sie denken, ich halte sie gefangen? Sie wird mit ihnen bleiben, ich will es. Du, disponiere mir hier nichts, denn Du bist der Wirt nicht."

„Seid nicht böse, Fürstin! Wenn es nicht anders sein kann, so will ich sie umschmeicheln; ich werde die Zähne zusammenbeißen, die Klinge nicht ziehen, wenn mich auch die Wut aufzehren, wenn auch die Seele vor Schmerz schreien sollte. Euer Wille geschehe."

„So ist es recht, mein Falke. Nimm die Zither, spiele, singe, so wird Dir die Seele leichter werden. Und jetzt hinein zu den Gästen."

Sie kehrten in das Gastgemach zurück, wo die Prinzen in ihrer gänzlichen Unwissenheit, wie sie die Gäste unterhalten sollten, dieselben fortwährend unter tiefen Verbeugungen baten, es sich bequem zu machen. Herr Skrzetuski empfing Bohun mit einem stolzen und finsteren Blick, welchen dieser aber nicht beachtete. Das Gesicht des jungen Kosaken strahlte nur freudige Artigkeit wieder; so gut verstand er diesen Ausdruck zu simulieren, daß selbst ein geübteres Auge getäuscht werden konnte. Der Statthalter betrachtete ihn jetzt bei Licht aufmerksam. Jetzt erst sah er, daß Bohun ein schöner Mann war. Schlank wie eine Pappel, das Gesicht dunkelgebräunt, geschmückt mit einem üppigen, lang herabhängenden Schnurrbart. Eine fröhliche Heiterkeit durchleuchtete die angeborene Schwermut dieses Gesichtes, wie wenn die Sonne durch den Nebel bricht. Der Kosakenführer hatte eine hohe Stirn, auf welche mähnenartig zugeschnitten in einzelnen Strähnen dichtes schwarzes Haar bis fast auf die starken Augenbrauen herabfiel. Die Adlernase, die weiten Nüstern — und die bei jedem Lächeln sichtbaren weißen Zähne gaben diesem Antlitz zwar einen etwas raubtierartigen Charakter, aber im ganzen war es der Typus üppiger, blühender, streitsüchtiger ukrainischer Schönheit. Eine überaus schöne Kleidung zeichnete den jungen Kosaken zudem von dem in Pelze gehüllten Prinzen aus. Er trug einen Rock aus feinstem Silberbrokat und darüber den polnischen Oberrock mit geschlitzten Aermeln in roter Farbe, welche alle Perejeslawer Kosaken trugen. Die Hüften umgab ein breiter Gurt aus Seidenstoff, an welchem in seidenem Gehänge ein kostbarer Säbel befestigt war. Aber dieser, sowie die Kleidung verblaßten neben dem Reichtum des türkischen Krummsäbels, welcher im Gurt selbst steckte und dessen Klinge so reich mit Edelsteinen besetzt war, daß sie förmlich Funken sprühte. Seinem Aeußeren nach mußte Bohun eher für einen Fürstensohn denn für einen Kosaken gehalten werden, besonders, da sein Frohmut und seine herrschaftlichen Manieren seine niedere Abkunft nicht verrieten. Er näherte sich dem Herrn Longinus und hörte geduldig dessen Erzählung vom Vorfahren Stowejko und dem Kopfabschlagen der drei Kreuzritter, dann wandte er sich an den Statthalter und, als wäre nichts zwischen ihnen vorgefallen, frug er fröhlich:

„Euer Gnaden kehren, wie ich höre, aus der Krim zurück?"

„Aus der Krim," entgegnete trocken der Statthalter.

„Ich war auch dort; obgleich ich aber nicht bis Backschiserail vordrang, so hoffe ich doch, noch dorthin zu gelangen, wenn jene Gerüchte, welche hier umgehen, wahr werden."

„Von welchen Gerüchten sprecht Ihr?"

„Man sagt, daß, wenn der allergnädigste König Krieg mit den Türken beginnt, so wird der Fürst-Wojewode die Krim mit Feuer und Schwert heimsuchen, worauf die ganze Ukraine sich freut. Denn, wenn wir unter solch einem Führer nicht nach Backschiserail kommen, so wird es uns unter keinem mehr gelingen."

„Wir kommen dahin, so wahr Gott im Himmel ist,“ be=
teuerten die Kurzewitsch'.

Den Statthalter nahm der Respekt, mit welchem der junge
Kosak von dem Fürsten sprach, für denselben ein, und in ge=
mildertem Tone sprach er:

„Ihr scheint mit denen aus den Niederungen noch nicht
viele Kriegsexpeditionen gemacht zu haben und seid dennoch
ruhmbedeckt.“

„Kleiner Krieg, kleiner Ruhm, großer Krieg, großer Ruhm.
Konarschewitsch erwarb seinen Ruhm nicht auf den Flußkähnen,
sondern bei Chozim.“

In diesem Augenblick wurde die Thür aufgethan. An der
Hand Helenens schritt langsam Wassili, der älteste der Brüder
Kurzewitsch', in das Gemach, ein Mann, abgemagert und bleich,
im besten Alter; das Gesicht düster und asketisch, erinnerte an
die byzantinischen Heiligenbilder. Langes, vor der Zeit gebleichtes
Haar bedeckte seinen Kopf, an Stelle der Augen hatte er zwei
rote Höhlen, und in den Händen hielt er ein Kreuz aus Messing,
mit welchem er sogleich das Gemach und die Anwesenden zu
segnen begann.

„Im Namen des Vaters, im Namen des Erlösers und der
heiligen Jungfrau,“ sagte er, „wenn Ihr Apostel seid und gute
Nachrichten bringt, so seid willkommen an dieser Schwelle des
Christentums. Amen!“

„Verzeiht, Ihr Herren,“ brummte die Fürstin, „er ist nicht
bei Sinnen.“

Wassili aber segnete fortwährend mit dem Kreuz und sprach
weiter:

„Es steht in den Ueberlieferungen der Apostel: „Diejenigen,
welche ihr Blut vergießen für den Glauben, werden selig werden;
die, welche fallen um des Gewinnes weltlicher Güter, um Nutzen
oder Beute zu erwerben, werden verdammt sein.“ Beten wir!
Wehe Euch, Brüder, wehe mir, denn wir haben der Beute wegen
Krieg geführt! Gott sei uns Sündern gnädig, Gott sei uns
gnädig . . . Und Ihr, Männer, die Ihr von weit her gekommen
seid, welche Nachrichten bringt Ihr? Seid Ihr Apostel?“

Er schwieg still und schien auf Antwort zu warten. Der
Statthalter antwortete nach einer Weile:

„Wir sind weit entfernt von solch einer hohen Würde.
Soldaten sind wir nur, bereit, unser Blut für den Glauben
hinzugeben.“

„So werdet Ihr selig werden,“ sagte der Blinde, „aber

für uns ist die Stunde der Befreiung noch nicht gekommen. Wehe Euch, Brüder, wehe mir."

Die letzten Worte hatte er fast stöhnend hervorgestoßen, eine fürchterliche Verzweiflung malte sich in seinem Antlitz. Die Gäste waren tief erschrocken.

Helene führte ihn zu einem Stuhl, und nachdem sie ihn niedergesetzt, eilte sie in den Flur, von wo sie bald mit einer Laute zurückkehrte. Leise Töne verbreiteten sich bald im Gemach, und zu ihrer Begleitung fing die Prinzessin an zu singen:

> „Und Tag und Nacht ruf' ich zu dir, o Herr!
> Nimm von mir meine Qual, die heißen Thränen,
> Und sei mir armen Sünder
> Ein liebevoller Vater,
>
> Erhör' mein Rufen."

Der Blinde bog den Kopf zurück und horchte auf den Gesang, welcher wie ein heilsamer Balsam auf ihn wirkte. Der Ausdruck des Schmerzes und der Verzweiflung schwand allmählich aus seinem Gesicht, der Kopf senkte sich auf die Brust, und so blieb er sitzen wie im Halbschlaf, betäubt.

„Wenn nur der Gesang nicht unterbrochen wird," sagte Helene leise, „so beruhigt er sich bald ganz. Ihr Herren, seht! Sein Wehe beruht darauf, daß er fortwährend die Apostel erwartet, und so wie Fremde ins Haus kommen, tritt er ihnen entgegen und fragt, ob sie Apostel seien."

Dann sang Helene weiter:

> „Zeig' mir den Weg, o Herr der Herren!
> Denn ein Verirrter auf den wüsten Pfaden,
> Ein Schiff auf hohen Meereswogen
> Bin ich, ein Sünder."

Ihre süße Stimme klang immer lauter, und mit der Laute in der Hand, die Augen nach oben gerichtet, war sie so wunderschön, daß der Statthalter den Blick von ihr nicht abwenden konnte. Er vergaß die Welt um sich und starrte nur sie an. Aus seinem Entzücken riß ihn die Stimme der Fürstin.

„Es ist genug! Er wird jetzt sobald nicht erwachen. Unterdessen bitte ich die Herren zum Abendmahl."

„Wir bitten zu Brot und Salz!" baten auch die Söhne.

Herr ROZWAN bot als Kavalier von ausgezeichneten Sitten der Fürstin seinen Arm, und als Herr Skrzetuski das sah, folgte er schleunigst seinem Beispiel, indem er auf die Prinzessin zuschritt. Das Herz wurde ihm weich wie Wachs.

„Die Engel im Himmel können nicht schöner singen als Ihr, Prinzessin," sagte er.

„Ihr sündigt, Ritter, indem Ihr meinen Gesang mit demjenigen der Engel vergleicht," erwiderte Helene.

„Ich weiß nicht, ob ich sündige, nur das weiß ich, daß ich mir freudig die Augen ausbrennen ließe, um Deinem Gesange bis zum Tode zu lauschen, Mädchen."

„Aber, was spreche ich? Wäre ich blind, könnte ich Dich nicht sehen, und das wäre Höllenpein."

„Sprecht nicht so! Morgen reist Ihr von hier und morgen habt Ihr mich vergessen."

„O, das kann nicht geschehen, denn ich liebe Euch so sehr, daß ich mein Leben lang von keiner anderen Liebe wissen will."

Purpurröte übergoß das Antlitz der Prinzessin, die Brust hob sich stärker. Sie wollte sprechen, aber die Lippen zitterten ihr — so sprach Herr Strzetuski weiter:

„Ihr, Fräulein, werdet mich aber vergessen, neben jenem schönen Kosakenführer, welcher Euren Gesang mit der Flöte begleiten wird."

„Niemals! Niemals!" flüsterte das Mädchen. „Aber Ihr müßt Euch vor ihm in acht nehmen, er ist ein schrecklicher Mensch."

„Was schert mich der eine Kosak! Und wenn die ganze Niederung aufstände, um Dich würde ich mich mit allen schlagen. Du bist mir das teuerste Kleinod, meine Welt, nur sage mir, daß Du meine Neigung erwiderst."

Ein leises „Ja" tönte wie Sphärenmusik in das Ohr Strzetuskis; ihm war zu Mute, als schlügen zehn Herzen in seiner Brust. In den Augen wurde es ihm helle wie lichter Sonnenschein, er fühlte sich wie von Flügeln gehoben, wie von einer starken Kraft getragen. Beim Abendessen sah er einige Male das Gesicht Bohuns vor sich, welches sehr verändert und blaß war; aber seit der Zustimmung Helenens kümmerte er sich noch weniger um den Führer.

„Daß ihn der Kuckuck hole!" dachte er bei sich. „Mag er mir nicht in den Weg kommen, ich zertrete ihn wie einen Wurm."

Herr Strzetuski fühlte sich so glücklich, daß er nicht wußte, was er that. Er trank sehr viel, aber der Met übte keine Wirkung auf ihn, denn er war schon liebetrunken. Er sah niemanden bei Tische als sein Mädchen. Er sah nicht, wie Bohun immer bleicher wurde und alle Augenblicke nach dem Griffe seines Krummsäbels langte; er hörte nicht, daß Longinus zum

dritten Male die Geschichte von Stowejko erzählte und Kurze=
witsch von seiner Expedition in die Türkei. Sie tranken alle,
außer Bohun, und die alte Fürstin that es ihnen allen zuvor,
indem sie bald auf das Wohl der Gäste, bald auf das Wohl
des geliebten Fürsten und des Hospodar Lupula trank. Es
war auch die Rede von Wassili, seinen früheren Heldenthaten,
jener unglücklichen Expedition, und seinem jetzigen Wahnsinn,
welchen Simeon auf folgende Weise erklärte:

„Bedenket, Ihr Herren, wenn schon das kleinste Körnchen
im Auge uns zu sehen hindert, wie soll da nicht ein Stück
brennendes Pech, welches bis zum Verstande bringt, denselben
verwirren?"

„Ja, ja," sagte Herr Longinus, „der Verstand ist ein sehr
delikates Instrument."

Jetzt sah die Fürstin das veränderte Antlitz Bohuns vor sich.
„Was ist Dir, Falke?" frug sie.
„Die Seele schmerzt," sagte er düster, „aber mein Kosaken=
wort ist kein Rauch; ich zwinge den Schmerz."
„Gut, mein Söhnchen, ich freue mich darüber."

Das Abendessen war beendet, aber die Pokale wurden stets
von neuem mit Met gefüllt. So erweckten denn die zum Tanz
aufspielenden Kosaken um so mehr die Tanzlust. Es ertönten
die russische Guitarre und die kleine Trommel, zu deren Tönen
die verschlafenen Bürschchen springen mußten. Später auch
schlossen sich diesen die Prinzen an. Die alte Fürstin stemmte
die Hände in die Hüften und begann auf einem und demselben
Fleck zu treten, zu zappeln und zu singen. Als Herr Skrze=
tuski das sah, schlüpfte auch er mit Helene zum Tanz. Als er
sie umschlungen hielt, schien ihm, als ob er ein Stück Himmel
in den Armen hielt. Während der Umdrehungen im Tanze
schlangen sich die langen Zöpfe der Prinzessin um seinen Hals,
als wollte das Mädchen ihn an sich fesseln für immer. Er
hielt es auch nicht aus; als er glaubte, es sehe es niemand,
bückte er sich hinab und küßte ihren süßen Mund.

Als er sich spät in der Nacht allein in der Stube mit
Herrn Longinus fand, wo ihnen das Nachtlager bereitet war,
da setzte sich, anstatt zu schlafen, der Statthalter auf den Rand
des Lagers und sprach:

„Ihr werdet morgen mit einem anderen Menschen nach
Lubnie reisen!"

Podbipienta, welcher eben sein Gebet beendet hatte, öffnete
weit die Augen und frug:

„Was soll das heißen? Bleibt Ihr hier?"

„Ich bleibe nicht hier," antwortete Strzetuski, „aber mein Herz bleibt hier, und eines nur wird mit mir gehen dulcis recordatio. Ihr seht mich sehr aufgeregt; ich kann vor zärtlichen Gefühlen kaum zu Atem kommen."

„So habt Ihr Euch in die Prinzessin verliebt?"

„Nichts anderes, so wahr ich lebend hier vor Euch sitze. Der Schlaf flieht meine Lider; ich habe nur Lust, zu seufzen, und werde wohl nächstens mich zu Dampf auflösen — was ich Euch hiermit kund thue, da ich bei Eurem gefühlvollen Herzen vermute, daß Ihr meine Qualen versteht."

Herr Longinus fing sogleich an zu seufzen, zum Zeichen, daß er die Liebesqualen kenne, nach einer Weile frug er wehmütig:

„Ach, habt Ihr vielleicht auch Keuschheit gelobt?"

„Eure Frage ist thöricht; denn, wenn alle dies Gelübde ablegen wollten, so müßte das Menschengeschlecht aussterben."

Der Eintritt eines Dieners unterbrach die Unterredung. Es war ein alter Tatar mit blitzenden schwarzen Augen in einem runzelvollen Gesicht, das wie ein gedörrter Apfel aussah. Im Eintreten warf er dem Statthalter einen bedeutungsvollen Blick zu, dann frug er:

„Ist den gnädigen Herren noch etwas nötig? Vielleicht ein Becher Met als Schlaftrunk?"

„Es bedarf nichts mehr."

Der Tatar näherte sich Strzetuski und brummte:

„Ich habe an den gnädigen Herrn ein Wörtchen vom Fräulein."

„Sei mir willkommen!" rief freudig der Statthalter. „Du kannst vor diesem Kavalier hier sprechen; er kennt mein Geheimnis."

Der Tatar zog aus dem Aermel ein Stück Band.

„Das Fräulein schickt dem gnädigen Herrn diese Schärpe und läßt sagen, daß sie Euch von ganzer Seele liebt."

Der Statthalter ergriff die Schärpe und küßte sie voll Entzücken, drückte sie an die Brust, dann frug er:

„Was hat sie Dir aufgetragen zu sagen?"

„Daß sie Euch von ganzer Seele liebt."

„Hier, hast Du einen Thaler für die Botschaft. Sie sagte also, daß sie mich liebt?"

„So ist es!"

„Hier, noch ein Thaler. Gott segne sie, denn auch sie ist

mir die Allerliebste. Sage ihr — doch warte — ich werde ihr schreiben; bringe mir Feder und Tinte."

„Was?" frug der Tatar.

„Feder, Tinte und Papier."

„Das giebt es hier im Hause nicht. Zur Zeit des Fürsten Wassili wohl und später, als die Prinzen von dem Mönche schreiben lernten, aber das ist schon lange her."

Herr Skrzetuski schlug die Hände zusammen.

„Herr Podbipienta, habt Ihr Feder und Tinte?"

Der Litauer breitete die Hände auseinander und erhob die Augen zum Himmel.

„Zum Henker! Da bin ich im Kummer!"

Unterdessen hatte sich der Tatar vor das Feuer gekauert.

„Zu was schreiben," sagte er, in den Kohlen wühlend. „Das Fräulein schläft, und was der gnädige Herr ihr schreiben will, kann er morgen selbst sagen."

„Wenn es so ist, so ist das etwas anderes. Ich sehe, Du bist ein treuer Diener der Prinzessin. Hier! noch ein Thaler. Dienst Du schon lange?"

„Ho! Ho! das sind an die vierzig Jahre her, als mich Fürst Wassili in die Sklaverei schleppte — von da ab diente ich ihm treu, und als er in jen Nacht fortritt, um seinen Namen vergessen zu machen, da eließ er dem Konstantin das Kind, und zu mir sagte er: Tschechly! Du verlässest mir das Mädchen nicht, und bewachst es, wie das Auge im Kopfe. Allah il Allah."

„Und das thust Du?"

„Das thue ich; ich sehe zu."

„Sage mir, was siehst Du? Wie geht es der Prinzessin hier?"

„Sie haben es böse mit ihr im Sinn, denn sie wollen sie dem Bohun, dem verfluchten Hund, geben."

„O, daraus wird nichts! Es wird sich jemand finden, der für sie eintritt."

„Ja!" sagte der Alte, indem er die Holzscheite zusammenstieß. „Sie wollen sie dem Bohun geben, damit er sie forttrage, wie der Wolf das Lamm, und ihnen Roslogi überließe, denn Roslogi gehört ihr als Erbe ihres Vaters und nicht ihnen. Bohun ist auch bereit, das zu thun; er hat in seinen Verstecken mehr Gold und Silber, als Sand in Roslogi ist. Aber sie haßt ihn seit der Zeit, wo er vor ihren Augen mit dem Streitkolben einen Menschen niederschlug. Das Blut fließt zwischen ihnen und gebar den Haß. Es lebt ein Gott!"

Der Statthalter konnte in dieser Nacht nicht schlafen. Er ging im Gemach umher, sah den Mond an und machte in Gedanken allerhand Pläne. Er verstand jetzt das Spiel der Kurzewitsch'. Wenn ein Edelmann aus der Gegend die Prinzeß heiratete, so hätte er Ansprüche auf Roslogi gemacht, das ihr gehörte, vielleicht sogar Rechenschaft über die Verwaltung der Güter verlangt. Aus diesem Grunde wollten sie Helene dem Bohun geben. Bei diesem Gedanken ballte Strzetuski die Faust und griff mechanisch nach dem Schwert; er beschloß, diese Machination zu zerstören und fühlte die Kraft dazu in sich. Die Vormundschaft über Helene kam dem Fürsten Jeremias zu, einmal, weil Roslogi aus früheren Zeiten von den Wischniowiezkis stammte und dem Fürsten Wassili geschenkt war, das andere Mal, weil Wassili von Bar aus an den Fürsten Jeremias geschrieben und um seine Vormundschaft gebeten hatte. Nur die bringenden öffentlichen Angelegenheiten, Kriege und große Unternehmungen konnten den Fürsten bisher verhindert haben, sich dieser Vormundschaft zu entziehen. Ein Wort würde genügen, ihn an seine Pflicht zu mahnen. Der Morgen dämmerte schon, als Herr Strzetuski endlich sich auf das Lager warf. Er schlief fest und erwachte am Morgen mit einem festen Entschluß. Beide, er und Herr Longinus, kleideten sich schnell an; die Wagen standen schon bereit, die Soldaten des Statthalters saßen bereits zu Pferde, fertig zur Reise. Im Gastgemach stärkte sich der Botschafter in Gesellschaft der Fürstin und ihrer Söhne an der Morgensuppe. Nur Bohun war abwesend; niemand wußte, ob er noch schlief oder abgereist war. Nachdem auch Strzetuski sich gestärkt hatte, sagte er:

„Gnädige Frau! Die Zeit eilt, in einer Weile müssen wir zu Pferde. Ehe ich denn für die Gastfreundschaft von Herzen danke, habe ich noch eine wichtige Angelegenheit mit Euch, sowie mit Euren Söhnen abzumachen, weshalb ich einige Worte mit Euch sprechen möchte."

Auf dem Gesicht der Fürstin malte sich Staunen. Sie blickte abwechselnd auf ihre Söhne, auf den Gesandten und Herrn Longinus, als wollte sie in deren Gesichtern lesen, um was es sich handle, und mit unruhiger Stimme sagte sie:

„Euch zu Diensten."

Der Botschafter wollte aufstehen, aber sie duldete es nicht, sondern führte Strzetuski in den großen Flur. Die Prinzen stellten sich in einer Reihe hinter der Mutter auf, welche dem Statthalter gegenüber Posto gefaßt hatte und frug:

„Von welcher Angelegenheit wollt Ihr sprechen?"

Der Statthalter sah sie scharf, fast streng an und begann:

„Verzeiht, gnädige Fürstin, und Ihr, junge Herren, daß ich gegen den Brauch in dieser Sache mein eigener Anwalt bin, statt durch ehrenwerte Botschafter sie Euch kund zu thun. Aber es geht nicht anders, und da gegen das ,Muß' niemand kämpfen kann, so lege ich ohne weiteres Euch, Fürstin, und den Prinzen die Bitte zu Füßen, daß Ihr mir die Prinzeß Helene gütigst zur Frau gebt."

Wenn in diesem Augenblick, mitten im Winter, auf dem Schloßplatz in Roslogi der Blitz eingeschlagen hätte, so wäre der Eindruck kein so starker gewesen, als der, welchen die Worte des Statthalters verursachten. Eine Weile blickten sie alle verwundert denselben an, welcher kerzengerade, ruhig und stolz vor ihnen dastand und nicht wie ein Bittender, sondern wie ein Befehlender aussah; sie fanden keine Worte — endlich fragte die Fürstin:

„Wie? Um Helene werdt Ihr?"

„Ja, gnädige Frau, das ist meine unumstößliche Absicht."

Wieder folgte Stillschweigen.

„Verzeiht, Herr!" brachte die Fürstin endlich hervor — ihre Stimme wurde trocken und scharf — „die Ehre ist groß für uns, aber daraus kann nichts werden, denn Helene ist schon einem andern versprochen."

„Bedenket doch, edle Frau," sagte Skrzetuski, „bedenket als besorgte Vormünderin, ob diese Versprechung nicht gegen den Willen der Prinzessin geschah und ob ich nicht besser bin als der, welchem Ihr sie versprecht."

„Gnädiger Herr! Welcher von Euch besser, das muß ich beurteilen. Ihr könnt sogar der Allerbeste sein — das ist uns ganz gleich — denn wir kennen Euch nicht."

Der Statthalter richtete sich noch höher auf; seine Blicke wurden scharf und kalt wie die Schneide eines Messers.

„Aber ich kenne Euch — Verräter!" schrie er. „Ihr wollt die Verwandte einem Bauern geben, damit Ihr nur in dem unrechtmäßig angeeigneten Besitztum bleiben könnt."

„Selbst ein Verräter!" schrie auch die Fürstin. „So bezahlt Ihr die Gastfreundschaft? Solche Dankbarkeit kennt Euer Herz? O Schlange! Wer bist Du? Woher kommst Du?"

Die Prinzen fingen an, sich nach den Waffen umzusehen. Der Statthalter aber rief:

„Heidenbrut! — Ihr habt der Waise das Erbe geraubt, aber Ihr behaltet es nicht. Noch ein Tag und der Fürst Jeremias soll es wissen."

Als die Fürstin das hörte, sprang sie zurück, ergriff einen Wurfspieß und trat damit vor den Statthalter. Auch die Prinzen hatten zu den Waffen gegriffen; sie umgaben ihn im Halbkreis und keuchten wie tollgewordene Wölfe.

„Zum Fürsten gehst Du?" rief die Fürstin. „Weißt Du denn, ob Du dies Haus lebend verlässest, ob dies nicht Deine letzte Stunde ist?"

Strzetuski kreuzte die Arme über der Brust und zuckte nicht mit den Wimpern.

„Ich kehre als fürstlicher Gesandter aus der Krim heim. — Fließt hier ein Tropfen Blut, so ist in drei Tagen dieser Hof in einen Aschenhaufen verwandelt, Ihr aber geht in den Verließen Lubnies zu Grunde. Es giebt nichts in der Welt, das Euch schützen könnte. Drohet nicht, denn ich fürchte Euch nicht!"

„Wir werden zu Grunde gehen, aber erst sterbt Ihr!"

„So schlaget zu, hier — meine Brust."

Die Prinzen hielten noch immer die Waffen auf die Brust des Statthalters gerichtet, aber es war, als ob eine unsichtbare Hand sie zurückhielt, den Todesstoß zu führen. Zähneknirschend und wutschnaubend, fast toll standen sie da, aber keiner wagte es, den Statthalter zu berühren. Der Name Wischniowiezki jagte ihnen furchtbaren Schrecken ein.

Der Statthalter blieb Herr der Situation. Die machtlose Wut der Fürstin machte sich nur in einer Flut von Schimpfworten Luft.

Herr Strzetuski unterbrach ihren Redestrom:

„Ich habe jetzt nicht Zeit, Euch meinen Adel nachzuweisen, aber ich denke, daß Euer fürstlich Geschlecht ohne Schande mir den Schild und den Speer nachtragen darf. Uebrigens — wenn ein Bauer Euch recht war, so kann ich es erst recht sein. Mein Vermögen mißt sich mit dem Euren, und da Ihr mir Helene nicht g n wollt, so höret, was ich Euch sage: — auch ich überlasse Euch Roslogi, ohne Rechnung über die Verwaltung zu verlangen."

„Verschenket nicht, was nicht Euer ist."

„Ich schenke nichts, sondern verspreche es nur und bekräftige dies Versprechen mit meinem Ritterwort. Jetzt wählt: entweder legt Ihr dem Fürsten Rechnung und übergebt das Gut, oder Ihr behaltet es und gebt mir das Mädchen..."

Der Wurfspieß entglitt allmählich der Hand der Fürstin, klirrend fiel er zu Boden.

„Wählet!" wiederholte Herr Skrzetuski. „Aut pacem, aut bellum! Krieg oder Frieden!"

„Es ist ein Glück," sagte die Fürstin, „daß Bohun auf die Reiherbeize fort ist. Er konnte Euch nicht mehr sehen, denn gestern schon beargwöhnte er Euch. Wäre er hier, so liefe es ohne Blutvergießen nicht ab."

„Gnädige Frau, auch ich trage den Säbel nicht zur Zier."

„Denkt nur nach, Ritter, ob das politisch gehandelt ist von einem Kavalier, erst gut gelaunt ein gastliches Haus zu betreten, um dann so seine Bewohner anzufallen und gewaltsam das Mädchen zu nehmen, als ob es gelte, sie aus türkischer Sklaverei zu befreien."

„Es ziemt sich so, da Ihr sie wider Willen einem Bauern geben wolltet."

„Sprecht nicht in dieser Weise von Bohun, denn wenn auch von unbekannter Herkunft, so ist er doch ein tapferer Krieger und berühmter Ritter und uns von Kind auf bekannt, lieb wie ein Verwandter. Ihm ist der Verlust des Mädchens gleichbedeutend mit dem Tod."

„Gnädige Frau, es ist Zeit, daß ich aufbreche, verzeiht, daß ich wiederhole: Wählt! ..."

Die Fürstin sah ihre Söhne an:

„Und Ihr, meine Söhnchen, was sagt Ihr zu der demütigen Bitte dieses Kavaliers?"

Die Prinzen blickten einer auf den anderen, stießen sich mit den Ellenbogen an und schwiegen. Endlich brummte Simeon:

„Gebietest Du zuzuhauen, Mütterchen, so hauen wir, heißest Du das Mädchen ausliefern, so geben wir sie."

„Zuhauen ist schlimm, Geben auch schlimm."

Dann sich an Skrzetuski wendend, sagte sie:

„Ihr habt uns in die Enge getrieben, Herr, daß wir kaum atmen können. Bohun ist ein Tollkopf, ein radiater Mensch, der jeden Augenblick bereit ist, sich zu rächen. Wer wird uns vor ihm schützen? Er selbst wird durch den Fürsten fallen, aber zuerst vernichtet er uns. Was sollen wir anfangen?"

„Das müßt Ihr wissen."

Die Fürstin schwieg eine Weile:

„Hört, Kavalier. Das alles muß Geheimnis bleiben. Bohun schicken wir nach Perejeslaw, wir kommen mit Helene nach Lubnie und Ihr bittet den Fürsten, daß er hierher Besatzung schickt. Bohun hat in der Nähe anderthalb Hundert seiner Leute, von denen ein Teil bei uns ist. Ihr könnt also Helene nicht gleich mitnehmen, denn er würde sie Euch abjagen. Anders geht es nicht. Reitet also, verratet niemand das Geheimnis und erwartet uns.“

„Damit Ihr mich verratet?“

„Wenn wir das nur dürften, — aber wir dürfen nicht, Ihr wißt es selbst. Gebt Euer Ritterwort, daß Ihr zur Zeit das Geheimnis wahrt!“

„Ihr habt es! Und Ihr? Gebt Ihr das Mädchen?“

„Wir geben sie, weil wir müssen — obgleich es uns Bohuns wegen sehr leid ist . . . .“

„Pfui! Pfui! meine Herren,“ sagte plötzlich der Statthalter, sich an die Prinzen wendend. „Vier Mann, wie die Eichen seid Ihr, und fürchtet einen einzigen Kosaken so sehr, daß Ihr ihm nur mit Verrat beikommen wollt. Obgleich ich verpflichtet bin, Euch zu danken, muß ich doch sagen: Das schickt sich nicht für Edelleute!“

„Darein mischt Euch nicht,“ schrie die alte Fürstin. „Das ist nicht Eure Sache! Was sollen wir anderes thun? Wieviel Soldaten habt Ihr seinen Leuten entgegenzustellen? Seid Ihr in der Lage, uns zu schützen, oder auch nur Helene allein, welche er Euch gutwillig niemals überläßt? Das ist nicht Eure Sache! Reitet nach Lubnie, und was uns zu thun obliegt, das müssen wir wissen, wenn wir Euch nur Helene bringen.“

„Thut, was Ihr wollt. Nur das eine sage ich noch. — Wehe Euch, wenn der Prinzessin ein Leid zustößt!“

„Verfahrt nicht so hart mit uns, Ritter, damit Ihr uns nicht zu verzweifelten Schritten zwingt.“

„Ich mißtraue Euch! Ihr wolltet sie zwingen, Bohun zu nehmen, und jetzt, da Ihr sie für das Gut an mich verkauft habt, fragt Ihr sie nicht einmal, ob meine Person ihr recht ist?“

Die Fürstin fühlte sehr gut das Verächtliche im Tone des Statthalters. Sie unterdrückte jedoch den aufwallenden Zorn und sagte: „Wir wollen Helene in Eurem Beisein fragen.“ Simeon ging nach Helene und erschien nach einer Weile mit ihr im Flur.

Ihr Eintreten schien Frieden und Sonnenschein über die mißgestimmte und zornige Versammlung zu breiten.

„Helene," sagte finster die Fürstin, auf Strzetuski weisend, „so es Dein Wille ist, so ist das dort Dein künftiger Gemahl."

Helene erbleichte. Sie schrie auf, bedeckte die Augen mit den Händen; plötzlich streckte sie Strzetuski beide Arme entgegen und wie berauscht flüsterte sie:

„Ist das auch wahr?"

Eine Stunde später bewegte sich der ganze Reitertroß des Statthalters und Botschafters glangsam auf der waldbegrenzten Landstraße nach Lubnie zu. Strzetuski und Herr Longinus ritten an der Spitze, ihnen folgten die Wagen in langer Reihe. Der Statthalter war in tiefes Sinnen versunken, eine große Bangigkeit überfiel ihn. Plötzlich weckten ihn die abgerissenen Töne eines Liedes aus diesem Sinnen . . . .

„Weh, o weh, mein Herz mich schmerzt" . . .

In der Tiefe des Waldes, auf einem schmalen ausgetretenen Fußpfade wurde die Gestalt Bohuns auf schaumbedecktem Pferde sichtbar. Der Kosakenführer hatte seiner Gewohnheit gemäß sich müde geritten in Wald und Steppe, um im tollen Ritt sich zu betäuben, und das, was ihn drückte, zu verschweigen. Eben jetzt kehrte er nach Roslogi zurück. Als Herr Strzetuski die prächtige ritterliche Gestalt, welche wie der Blitz an ihnen vorbeisauste, sah, murmelte er unwillkürlich:

„Es ist ein Glück, daß ich nicht auch vor ihren Augen einen Menschen totschlug."

Ein plötzlicher Schmerz preßte ihm das Herz. Es überkam ihn wie Mitleid mit Bohun, dann wieder ärgerte ihn das der Fürstin gegebene Wort, welches ihn hinderte, Bohun zu folgen und ihm zuzurufen:

„Wir beide lieben ein Mädchen; nur einer von uns darf leben, ziehe Dein Schwert, Kosak!"

5. Kapitel.

In Lubnie angekommen, traf Herr Strzetuski den Fürsten
nicht an. Derselbe war zum Taufen nach Sientschh zu Herrn
Sufftschhnski, einem seiner früheren Hofleute, gefahren. Die
Fürstin nebst den beiden Fräulein Sbaraski und viele andere
Personen hatten ihn begleitet. Man benachrichtigte ihn jedoch
sogleich von der Rückkehr des Gesandten aus der Krim, während
der Statthalter inzwischen von den Bekannten und Waffen-
genossen begrüßt wurde. Besonders herzlich that dies Herr
Wolodhjowski, welcher nach dem Duell um Fräulein Anusia
des Statthalters intimster Freund geworden war. Dieser Kavalier zeichnete sich dadurch aus, daß er fortwährend verliebt war.
Nachdem er sich von der Unaufrichtigkeit Anusias überzeugt
hatte, lenkte sein gefühlvolles Herz sich dem Fräulein Aniela
Lenßka zu, einer Dame, welche ebenfalls zum Frauenzimmer
der Fürstin gehörte, und da diese vor einem Monat den Herrn
Stanischewski geheiratet hatte, so begann Wolodhjowski, um sich
zu trösten, die älteste Prinzeß Sbaraski — Anna, eine Base
des Fürsten Jeremias, anzuseufzen. Er sah jedoch die vollständige Hoffnungslosigkeit seiner Liebe zu dem hochgeborenen
Fürstenkinde ein, umsomehr, als schon zwei hochangesehene Herren,
die Herren Bodschhnski und Lassota, als Freiwerber für den
Herrn Prschhjemski, Wojewoden von Lentschhß, aufgetreten waren.
Wolodhjowski erzählte diese neuen Leiden unserem Statthalter,
ihn gleichzeitig in alle kleinen Hofgeheimnisse einweihend. Dieser
hörte nur mit halbem Ohr, da sein Herz und seine Gedanken

mit ganz anderen Dingen beschäftigt waren. Herr Strzetuski
hätte hier, wo ihn nach langer Abwesenheit so viel aufrichtige
Freunde und jenes soldatische Lärmen, mit dem er seit langem
eng verwachsen war, umgaben, sich sehr glücklich gefühlt, wenn
nicht jene drückende Unruhe, die allen, selbst den glücklich Liebenden,
zu eigen ist, ihn befallen hätte. Lubnie, als befestigte herrschaftliche Residenz, konnte sich hinsichtlich der Pracht vollständig
mit jeder Königsstadt messen und unterschied sich von einer
solchen nur dadurch, daß in ihr ein strenges Lager- und Sol-
datenleben herrschte. Wer die dortigen Gebräuche und die herrschende Disziplin nicht kannte, der mußte auch in Friedenszeiten
glauben, daß ein Kriegszug vorbereitet werde. Der Soldat war
hier mehr wert als der Höfling, das Eisen mehr als das Gold
und der Ton der Trompeten häufiger zu hören, als Becher-
klang und der Lärm der Vergnügungen. Ueberall herrschte
musterhafte Ordnung, überall wimmelte es von Rittern aller
Waffengattungen. Wer sich in den Ritterkünsten ausbilden
wollte, der zog nach Lubnie; man fand dort neben Ruthenen
und Masuren Litauer, Kleinpolen, ja sogar Preußen. Die
Regimenter zu Fuß, die Artillerie oder die sogenannten „Feuer-
mannschaften" bestanden größtenteils aus ausgewählten Deutschen,
für hohen Sold gemietet — bei den Dragonern dienten die
Eingesessenen, Litauer unter den sogenannten tatarischen Fahnen
— die Kleinpolen aber drängten sich zumeist zu den Panzer-
fahnen. Der Fürst litt das Herumstehen und -Sitzen der Ritterschaft nicht, deshalb war ein fortwährendes reges Leben in der
Stadt. Einzelne Truppenteile zogen zur Ablösung auf Wache
außerhalb in die Standorte, andere kehrten zurück, tagelang
wurden Uebungen gemacht. Zuweilen auch unternahm der Fürst
Expeditionen in die weite Steppenwüste, trotz der Friedenszeit,
drang bis in die entlegensten und unwegsamsten Wildnisse vor,
wohin bis dahin niemand gekommen, nur, um die Truppen an
Märsche und Beschwerden zu gewöhnen und seinen Namen mit
neuem Ruhm zu bedecken. So war er im vorigen Herbst am
linken Ufer des Dniepr entlang bis nach Kudak gezogen, wo
Herr Grodschizki residierte und ihn wie einen regierenden König
empfing. Von da ging es weiter über Torokow nach Chortyza
und bei dem Grenzstein Kutschkassiens ließ er eine große Stein-
pyramide aufbauen zum Zeichen und Andenken, daß vor ihm
noch niemand bis hierher gedrungen war.

Herr Boguslaw Maskiewitsch, ein guter Soldat und trotz
seiner Jugend großer Gelehrter, welcher diesen wie noch andere

Ausflüge des Fürsten beschrieben hat, erzählte dem Herrn Skrzetuski Wunderdinge darüber, die Herr Wolodyjowski bestätigte,
da auch er dabei gewesen war. Sie erzählten von ihrer Wande-
rung durch die östlichen versengten Steppen, wo der Boden so
heiß brannte, daß sie den Pferden die Füße mit Lederlappen
umwickeln mußten. Sie fanden dort auch verschiedenes Ungeziefer, Aas, Vipern und riesenhafte Schlangen. Unterwegs
kratzten sie zum unsterblichen Andenken in alte, einsam stehende
Eichen das fürstliche Wappen, zuletzt kamen sie in solche Ein-
öden, wo jede Spur menschlichen Daseins aufhörte.

„Ich glaubte schon, wir müßten noch wie Ulysses in den
Hades hinabsteigen," sagte der gelehrte Herr Maskiewitsch.

„Mir schwuren Leute aus der Fahne des Generalwacht-
meisters Samojski, welche uns voranritten, daß sie faktisch den
Punkt gesehen hätten, wo die Welt ihr Ende nimmt."

Der Statthalter erzählte ihnen dafür von der Krim, wo
er beinahe ein halbes Jahr zugebracht hatte, fortwährend der
Antwort des Chans harrend; von den dortigen Städten uralter
Bauart, von den Tataren, ihrer kriegerischen Stärke und zuletzt
von dem Schrecken, welche ihnen die Nachricht von einer kriegerischen Expedition in die Krim, an welcher alle Streitkräfte der
Republik teilnehmen sollten, eingejagt hatte.

So plauderten sie alle Abende, die Rückkehr des Fürsten
erwartend. — Inzwischen hatte der Statthalter den vertrauteren
Waffengefährten, den Herrn Longinus, Podbipienta vorgestellt.
Dieser gutherzige Mensch erwarb sich sofort die Zuneigung aller,
und als sie seine Gewandtheit und Stärke im Handhaben seines
mächtigen Schwertes sahen, auch ihre ungeschmälerte Achtung.
Er hatte schon diesem und jenem die Geschichte von Stowejko
und den drei Türkenköpfen erzählt, nur das von ihm geleistete
Gelübde verschwieg er, da er sich nicht lächerlich machen wollte.
Besonders neigte sich ihm das gleich gefühlvolle Herz Wolodyjowskis zu. Nach kurzer Bekanntschaft schon gingen sie gemeinsam auf den Wällen spazieren, der eine nach dem zu hoch für
ihn leuchtenden Stern der Prinzessin Anna, der andere nach
jener ihm noch Unbekannten, von welcher ihn die drei gelobten
Türkenköpfe trennten, seufzend. Herr Wolodyjowski hätte ihn
gern für seine Dragoner gewonnen, aber der Litauer hatte beschlossen, unter das Zeichen Skrzetuskis zu treten, weil er mit
vieler Freude gehört hatte, daß er in Lubnie allgemein als der
beste Offizier und der tapferste Ritter galt. Zudem wurde
gerade in Skrzetuskis Fahne eine Stelle vakant, welche bisher

ein Herr Sakrschewski eingenommen hatte. Dieser lag jetzt hoff-
nungslos krank darnieder, da ihm alle in früheren Zeiten erhaltenen Wunden aufbrachen. Zu dem Liebeskummer des Statthalters gesellte sich nun auch noch die Sorge um den alten
Gefährten und erprobten Freund. Er blieb täglich mehrere
Stunden bei ihm sitzen und tröstete ihn so gut er konnte.

Aber der Alte bedurfte des Trostes nicht. Er sah auf
seinem harten, mit Pferdehaut bezogenem Lager lächelnd dem
Tode entgegen. Zu Skrzetuski sagte er:

„Miserere mei, lieber Hauptmann! Ich gehe gern dem
Himmel entgegen. Nur das eine fürchte ich, daß Sankt Peter,
welcher die Aufsicht über die Reinlichkeit im Himmel hat, mich
meines durchlöcherten Körpers wegen von der Himmelspforte
weist. Aber ich werde ihm sagen: Heiliges Peterchen! beim
Ohre des heiligen Malchus beschwöre ich dich, mache mir die
Schande nicht, denn die Heiden haben meine leibliche Hülle so
zugerichtet .... miserere mei! und wenn der heilige Michael
eine Expedition gegen die Hölle unternimmt, so kann Euch der
alte Sakrschewski auch noch zu etwas nützen.“

Der Statthalter konnte bei diesen Worten den Thränen
nicht wehren; obwohl er als Soldat so oft den Tod in verschiedenen Gestalten erblickt, so war er tief ergriffen hier, wo
das Ende eines Menschen mit dem stillen, schönen Untergang
der Sonne zu vergleichen war.

Endlich eines Morgens erklangen die Glocken aller
Kirchen Lubnies, den Tod Sakrschewskis kündend. An diesem
Tage auch kehrte der Fürst mit den Herren Bodschynski
und Lassota aus Sientschy zurück, sämtliches Gefolge in vielen
Wagen folgte. Der Fürst, welcher die Verdienste des Verstorbenen gebührend ehren wollte, richtete ihm ein großartiges
Begräbnis aus. Er wollte damit zugleich einen Beweis geben,
wie sehr er seine Krieger liebte. Den Leichenzug führten sämtliche Regimenter, die in Lubnie standen; auf den Wällen wurde
aus Mörsern und Gewehren geschossen. Die Kavallerie zog
sich vom Schloß bis zur Pfarrkirche in militärischer Ordnung
mit gesenkten Bannern; hinter ihnen schritten die Fußregimenter
mit nach oben gerichteten Kolben. Der Fürst selbst, in tiefe
Trauer gekleidet, fuhr dicht hinter dem Sarge in reich vergoldeter
Kutsche, welche mit acht milchweißen Pferden bespannt war,
deren Mähnen und Schweife man dunkelrot gefärbt hatte. Ihre
Köpfe schmückten große Büsche von schwarzen Straußenfedern.
Vor der Kutsche ging eine Abteilung Janitscharen von der

Leibwache des Fürsten, hinter derselben Pagen in spanischer
Tracht, auf herrlichen Pferden, ferner hohe Beamte, Hofpersonal
und Schloßdiener, zuletzt Heiducken. Der Konduft hielt zuerst
vor der Kirchenthür, wo der Geistliche Jaskolski den Sarg mit
einer Rede empfing, welche mit den Worten anfing: „Wohin
eilst du so, Herr Sakrschewski?" Dann sprachen noch einige
Personen aus dem Grabgefolge, unter ihnen Herr Strzetuski
als vertrauter Freund des Verstorbenen. Hierauf wurde der
Sarg in die Kirche getragen, wo erst Probst Muchowiezki, der
beste Redner, das Wort ergriff und so schön sprach, daß selbst
der Fürst weinen mußte. Er war seinen Soldaten ein wirk=
licher Vater und hatte ein sehr weiches Herz. Obwohl er eine
sehr strenge Disziplin führte, so konnte ihm niemand gleich=
kommen an Freigebigkeit, Güte und Wohlwollen, womit er nicht
nur seine Soldaten selbst, sondern auch ihre Frauen und Kinder
umgab. Gegen Aufwiegler schrecklich und unbarmherzig, war er
nicht nur dem Adel, sondern seinem ganzen Volke ein Wohl=
thäter. Die Pächter und Verwalter in den Oekonomien zitterten,
daß nicht etwaige Uebergriffe oder den Leuten gethanes Unrecht
zu Ohren des Fürsten bringen möchte. Den Waisen war eine
so große Fürsorge gesichert, daß man dieselben in den ganzen
Niederungen „die Kinder des Fürstentums" nannte. Die
Fürstin selbst, unter dem Beistande des Probstes Muchowiezki,
wachte über ihr Wohl. Ueberall, in allen Teilen des Fürsten=
tums herrschte Ordnung, Gerechtigkeit, Friede, aber auch Furcht,
denn im Falle der Widersetzlichkeit strafte der Fürst ohne Maß
und Ziel. So vereinte sich in dieser Natur Großherzigkeit mit
Strenge. In jenen Zeiten aber war diese Strenge allein im=
stande, in jenen Ländern die Ausbreitung von Kultur und
Leben zu fördern. Nur mit ihrer Hilfe entstanden Dörfer und
Städte, konnte der Ackersmann vor den Raubbanden geschützt
werden und der Kaufmann ruhig seine Waren verkaufen, die
Glocken die friedlichen Beter in die Kirchen rufen. Der Feind
durfte die Grenzen nicht überschreiten; ganze Haufen von Misse=
thätern wurden gepfählt oder mußten Soldaten werden, kurz,
das öde Land begann zu blühen.

Aber einer solchen starken Hand bedurften diese wilden
Länder mit ihren rohen Bewohnern. Hierhin zogen aus den
Niederungen die unruhigsten Elemente der Ukraine, Ansiedler,
gelockt durch die Fruchtbarkeit des Bodens, entlaufenes Bauern=
volk, Verbrecher, die den Gefängnissen entflohen waren, kurz,
um mit Livius zu sprechen: „pastorum convenarumque plebs

transfuga ex suis populis." Diefe alle im Zaume zu halten und in ruhige Anfiedler zu verwandeln, fie an die Gefetze eines geregelten Lebens zu gewöhnen, das konnte nur folch ein Löwe, deffen Gebrüll alle in Schrecken jagte.

Herr Longinus, welcher den Fürften bei diefem Begräbnis das erfte Mal fah, wollte feinen Augen nicht trauen. Er hatte fich nach allem, was er von ihm gehört, in feiner Perfon einen Riefen vorgeftellt, der um Kopfeslänge das ganze Menfchengefchlecht überragen müffe; ftatt deffen war der Fürft faft kleinen Wuchfes und fehr fchmächtig. Er war noch jung, zählte erft fechsunddreißig Jahre, aber fein Geficht trug fchon die Spuren der Anftrengungen aus den Kriegen. Denn, ob er gleich in Lubnie wie ein König lebte, fo teilte er während der Feldzüge alle Unbequemlichkeiten des gemeinen Mannes, aß fchwarzes Brot, fchlief auf der Filzdecke an der Erde, und da der größte Teil feines Lebens unter kriegerifchen Expeditionen verfloffen war, fo hatten fich die Spuren diefer Mühfale auf feinem Geficht eingeprägt. Auf den erften Blick jedoch verriet dies Antlitz den ungewöhnlichen Menfchen. Er trug den Stempel eines eifernen und unbeugfamen Willens und einer Majeftät, vor der unwillkürlich jedes Haupt fich neigte. Man fah, daß diefer Menfch im Bewußtfein feiner Kraft und Größe fei, und daß ihn felbft die Laft der Krone, wenn fie ihm heute auferlegt würde, weder niederbeugen noch verwunden würde. Die großen Augen voll füßen Friedens fchienen Blitze zu bergen, und unwillkürlich kam bei ihrem Anblick der Gedanke: wehe dem, der fie zum Zorn entflammt! Es konnte auch felten jemand den ruhigen Blick diefes Auges ertragen und man hatte Gefandte gefehen, die, durch und durch Höflinge, vor dem Fürften Jeremias ftehend, fo verlegen wurden, daß fie den Diskurs nicht beginnen konnten. In den Niederungen war er mächtig wie ein König. Aus feiner Kanzlei gingen Erlaffe hervor, welche mit den Worten anfingen: „Wir, von Gottes Gnaden Fürft und Hospodar u. f. w." Er achtete auch fehr wenige fich gleich; Fürften aus altem Geblüt waren Marfchälle bei ihm. Ein folcher war feinerzeit auch der Vater Helenens gewefen, deffen Gefchlecht, wie fchon angeführt, fich von Korhat und in der That durch diefen von Rurhk herleitete. Es lag in dem Wefen des Fürften etwas, das trotz feiner angeborenen Liebenswürdigkeit die Leute in geziemender Entfernung hielt. Da er die Soldaten liebte, fo ftellte er fich auf vertraulichen Fuß mit ihnen, doch keiner wagte es, ihm vertraulich entgegen=

zutreten. Trotzdem würde jeder seiner Ritter, wenn er ihm befohlen hätte, sich zu Pferde in die Untiefen des Dniepr zu stürzen, keinen Augenblick gezögert haben. Von seiner Mutter, einer Walachin, hatte er die weiße Hautfarbe geerbt, ein Weiß, wie das des weißglühenden Eisens, das Hitze ausströmt, dazu rabenschwarzes Haar, welches am Hinterkopf geschoren, nur vorn voll und kurzgeschnitten ihm die Stirn zur Hälfte beschattete. Er trug die polnische Nationalkleidung, gab im allgemeinen nicht viel auf Kleider und nur zu großen Festlichkeiten kleidete er sich reich, dann aber glänzte er von Gold und Edelsteinen. Herr Longinus wohnte in den nächsten Tagen einer solchen Feierlichkeit bei, als der Fürst dem Herrn Roswan Ursu Audienz erteilte. Die Gesandten wurden im sogenannten Blauen Saale empfangen, welcher an der Decke das ganze Firmament mit den Sternen, von der Hand des Danziger Malers Helm gemalt, trug. Der Fürst setzte sich unter einen Baldachin aus Sammet und Hermelin auf einen erhöhten Sessel, einem Throne ähnlich, dessen Fußlehne mit Goldblech beschlagen war. Hinter dem Fürsten stand der Probst Muchowiezki, der Sekretär-Marschall Fürst Woronitsch, Herr Boguslaw Maskiewitsch, ferner Pagen und zwölf Trabanten, spanisch gekleidet. Die Tiefe des Saales war angefüllt mit der Ritterschaft in prächtigen Kleidern und vollem Staat. Herr Roswan bat im Namen des Hospodaren, daß der Fürst vermöge seines großen Einflusses und der Gewalt seines Namens, beim Chan den Befehl auswirken möge, daß die Tataren ihre Einfälle in die Walachei unterlassen und nicht alljährlich dadurch so große Verwüstungen und Schaden anrichten möchten. Darauf entgegnete der Fürst in schönem Latein, daß die Tataren wohl dem Chan nicht sehr gehorsam wären, er jedoch, wenn der angekündigte Gesandte des Chans im April bei ihm erscheinen würde, dann wegen des der Walachei widerfahrenen Unrechts durch diesen den Chan interpellieren wolle. Herr Skrzetuski hatte dem Fürsten schon über den Erfolg seiner Reise zum Chan Bericht erstattet und ihm auch erzählt, was er von Chmielnizki und über dessen Flucht gehört hatte. Der Fürst legte der letzteren Angelegenheit kein großes Gewicht bei, beschloß jedoch, einige Schwadronen bis nach Kudak vorzuschieben. Alles schien tiefsten Frieden zu atmen und in Lubnie begannen Feste und Unterhaltungen, teils zu Ehren des Herrn Roswan, teils deshalb, weil die Herren Bodschynski und Laffota endlich offiziell um die Hand der ältesten Prinzessin, Nichte Anna, im Namen des Wojewoden Prschyjemski angehalten und eine be=

jahende Antwort erhalten hatten. Nur der kleine Herr Woloby=
jowski litt sehr unter diesen Verhältnissen, und als Herr Skrze=
tuski versuchte, ihn zu trösten, entgegnete er ihm:

„Du hast gut reden, denn wenn Du wolltest, würde die
kleine Anusia mit Freuden die Deine werden. Sie hat die
ganze Zeit her sehr freundlich Deiner gedacht; ich dachte an=
fangs, sie wollte nur Eifersucht erregen, später aber glaubte ich
doch ein tieferes Gefühl für Dich zu entdecken."

„Was lehrt mich Anusia! Kehre schleunigst zu ihr zurück.
Aber schlage Dir die Gedanken an die Prinzessin Anna aus dem
Sinn; es geht Dir hier so, als ob Du einen Phönix mit der
Mütze im Nest fangen wolltest."

„Ich weiß, daß sie für mich ein Vogel Phönix ist, und
eben deshalb werde ich wohl aus Gram um sie sterben."

„Gesund wirst Du werden und Dich sogleich wieder ver=
lieben — nur thue mir den Gefallen und verliebe Dich nicht
in die Prinzessin Barbara, denn die holt Dir ein zweiter Woje=
wode vor der Nase weg."

„Ist das Herz ein dienender Knabe, daß man ihm gebieten
kann? Kannst Du den Augen wehren, eine so liebliche Erschei=
nung anzublicken, deren Anblick allein schon imstande ist, wilde
Bestien zu zähmen?"

„Da habt Ihr den Braten!" schrie Herr Skrzetuski. „Ich
sehe, Du tröstest Dich ohne mein Zuthun; aber ich wiederhole
Dir: Kehre zu Anusia zurück, von meiner Seite hast Du nichts
zu fürchten."

Anusia aber dachte in der That gar nicht an Herrn Wolo=
dyjowski. Sie quälte der Gedanke, daß Herr Skrzetuski sich
seit seiner Rückkehr gar noch nicht um sie gekümmert hatte.
Sie war neugierig, zu erfahren, was der Grund seiner Gleich=
gültigkeit sei. Wenn also abends der Fürst mit den ihm liebsten
Offizieren in das Gemach der Fürstin kam, um durch Unter=
haltung die Zeit angenehm zu vertreiben, da blickte Anusia
hinter dem Rücken der Fürstin, welche viel größer war als sie,
hervor, unverwandt mit den schwarzen Aeuglein in das Antlitz
des Statthalters, wie um dort die Lösung des Geheimnisses zu
finden. Aber die Augen Skrzetuskis wanderten wie seine Ge=
danken in die Ferne, und wenn sein Blick gedankenvoll und
gläsern auf das Mädchen fiel, so schien es, als sähe er gar nicht
diejenige an, welche er einst besungen hatte:

Wie eine Tatarenhorde
Nimmst du die Herzen gefangen.

„Was ist ihm geschehen?" frug sie sich selbst, und mit den kleinen Füßchen stampfend, beschloß sie, der Sache auf den Grund zu gehen. Sie liebte zwar den Statthalter nicht, aber so sehr an die Huldigungen aller gewöhnt, konnte sie die Gleichgültigkeit des Einen nicht ertragen und war imstande, aus Zorn sich in den Verwegenen zu verlieben. Einmal, als sie für die Fürstin aus einem nebenanliegenden Gemach ein paar Strähne Garn geholt hatte, rannte sie in schnellem Lauf den Statthalter so an, daß sie aufeinander stießen. Indem sie plötzlich zurücktrat, sagte sie:

„Ach, wie bin ich erschrocken! Guten Morgen, gnädiger Herr!"

„Guten Morgen, Fräulein Anna! Bin ich denn ein solches Monstrum, imstande, eine Dame zu erschrecken?"

Das Mädchen stand gesenkten Blickes vor ihm, wickelte die Enden ihrer langen Zöpfe um die Finger, trippelte hin und her, und indem sie die Verlegene spielte, antwortete sie lächelnd:

„Ei, nein! das nicht, gar nicht, so wahr ich meine Mutter liebe!"

Plötzlich blickte sie den Statthalter voll an, senkte aber gleich wieder den Blick.

„Seid Ihr böse auf mich?" frug sie.

„Ich? Als ob Ihr Euch um meinen Zorn kümmern könntet!"

„Eigentlich habt Ihr recht. Es lohnte auch der Mühe, sich darob zu kümmern. Ich glaube gar, Ihr denkt, ich werde gleich weinen. Herr Bychowiez ist artiger ..."

„Wenn es so ist, so bleibt mir nichts übrig als dem Herrn das Feld zu räumen, und dem Fräulein Anna aus den Augen zu gehen."

„Halte ich Euch denn?"

Indem sie das sagte, vertrat sie ihm den Weg.

„Ihr kehrtet also aus der Krim zurück?" frug sie.

„Aus der Krim."

„Und was habt Ihr aus der Krim mitgebracht?"

„Den Herrn Podbipienta. Ihr habt ihn gewiß schon gesehen, Fräulein; er ist ein liebenswürdiger, ehrbarer Kavalier."

„Gewiß, liebenswürdiger als Ihr. Wozu kam er hierher?"

„Damit das Fräulein Anna an ihm ihre Macht versuchen könne. Aber ich rate Euch, flott vorzugehen, denn ich kenne ein Geheimnis dieses Kavaliers, welches ihn unüberwindlich macht, so unüberwindlich, daß auch Fräulein Anna keinen Eindruck auf ihn machen kann."

„Warum ist er so unüberwindlich?"

„Weil er nicht heiraten darf."

„Was schert mich das? Warum darf er nicht heiraten?"

Skrzetuski neigte sich tief hinab zum Ohr der Dame und sprach dabei deutlich und sehr laut:

„Weil er Keuschheit gelobt hat!"

„Ihr seid nicht gescheit!" rief Anusia schnell und eilte fort, wie ein gescheuchter Vogel.

An diesem Abend aber sah sie zum erstenmal den Herrn Longinus aufmerksamer an. Es waren viel Gäste versammelt, denn der Fürst gab heute dem Herrn Bobschynski ein Abschiedsessen. Unser Litauer trug unter einem dunkelblauen SammetOberrock einen Rock von weißem Atlas, sah prächtig aus, umsomehr, als er an Stelle seines riesenhaften Hutabschlägers einen leichten Krummsäbel in goldener Scheide trug. Die Aeuglein Anusias blitzten absichtlich den Herrn Longinus oft feurig an, um Herrn Skrzetuski zu ärgern, dieser hätte das jedoch gar nicht wahrgenommen, hätte ihn nicht Herr Wolodyjowski mit dem Ellenbogen gestoßen und gesagt:

„Möge ich ein Sklave sein, wenn Anusia nicht mit dieser litauischen Hopfenstange liebäugelt."

„Sage ihm das selber," entgegnete Herr Skrzetuski.

„Gewißlich thue ich das. Das wird ein auserlesenes Paar."

„Er wird sie als Busennadel bequem tragen können, das ist die richtige Proportion."

„Oder als Rosette an der Mütze."

Wolodyjowski schlich sich an den Litauer heran:

„Mein Herr," sagte er, „Ihr seid noch nicht lange hier, aber dahinter bin ich doch schon gekommen, daß Ihr ein Schalk seid."

„Und weshalb das? weshalb? Herr Bruder."

„Weil Ihr schon dem hübschesten Mädchen des ganzen Frauenzimmers den Kopf verdreht habt."

„Aber, mein Lieber!" sagte Podbipienta, die Hände faltend, „was sprecht Ihr doch da?"

„Bitte, seht Euch einmal Fräulein Anna an, in die wir alle verliebt sind, wie sie Euch mit den Augen mißt. Seid auf der Hut, daß sie Euch nicht zum Narren macht, wie sie uns dazu gemacht hat."

Nachdem Wolodyjowski das gesagt, drehte er sich auf dem Absatz um, Herrn Longinus in größtem Staunen zurücklassend. Er wagte jetzt gar nicht einmal nach jener Seite hinzublicken, wo Anusia saß, und als er nach längerer Zeit dies doch vorsichtig that, erbebte er. Ueber die Schulter der Fürstin Griseldis hinweg blickten ihn ein Paar glühender Aeuglein neugierig und unverwandt an. „Apage satanas!" dachte der Litauer, und wie mit Purpurröte übergossen floh er in den äußersten Winkel des Saales. Die Versuchung war aber zu groß. Dieser Satanas, welcher hinter dem Rücken der Fürstin hervorschaute, diese blitzenden Aeuglein waren so lockend, daß es ihn zog, einmal noch wenigstens dorthin zu blicken. Aber da fiel ihm sein Gelübde ein, vor seinen Augen erschien sein Vorfahr Stowejko, das Schwert Hutabschläger, die drei Türkenköpfe, und Angst überkam ihn. Er bekreuzte sich und sah an diesem Abend nicht wieder hin.

Dafür kam er am nächsten Morgen zu Skrzetuski in dessen Quartier:

„Herr Statthalter, rücken wir bald aus? Was habt Ihr vom Kriege gehört?"

„Euch brennt es wohl? Wartet nur geduldig, bis man Euch Eurer Fahne einreiht."

Herr Podbipienta war nämlich noch gar nicht an Stelle des verstorbenen Herrn Sakrschewski eingetragen. Er · mußte ein Vierteljahr warten, und dieses lief erst im April ab.

Da es· aber ernst bei ihm gemeint war, so frug er weiter:

„Hat der allerdurchlauchtigste Fürst nichts darüber gesagt?"

„Nein! Nichts! Der König hört wohl bis zum Tode nicht auf, an den Krieg zu denken, aber die Republik will ihn nicht."

„In Tschechryn sprach man doch von einer drohenden Kosakenrebellion."

„Man merkt es Euch sehr an, daß Euer Gelübde Euch drückt. Was die Rebellion betrifft, so wisset, daß sie vor dem Frühjahr nicht losbricht, denn, wenngleich der Winter milde ist, so bleibt Winter doch Winter. Wir haben jetzt den 15. Februar, man kann noch jeden Tag Fröste erwarten, und der Kosak zieht nicht eher ins Feld, bevor er sich nicht verschanzen kann. Er schlägt sich hinter Wällen vortrefflich, im offenen Felde vermag er nicht Stand zu halten."

„So muß man sogar auf die Kosaken warten?"

„Bedenket auch das, wenn Ihr auch während der Rebellion Eure drei Köpfe fändet, so weiß man immer noch nicht, ob Euch das von dem Gelübde entbindet, denn es ist etwas anderes, Kreuzritter oder Türken und etwas anderes die Unsrigen, — sozusagen Kinder ejusdem matris (Kinder einer Mutter).

„O, großer Gott! Nun habt Ihr mich ins Bockshorn gejagt. O, verzweifelt! Der Probst Muchowiezki muß mir diese Zweifel lösen, sonst finde ich keine Ruhe mehr."

„Jedenfalls wird er sie lösen, da er ein gelehrter und frommer Mann ist. Aber gewiß sagt er nichts anderes. Bellum civile, ein Bürgerkrieg ist das."

„Und wenn den Rebellen fremde Völker sich anschließen möchten?"

„Dann blühte Euer Weizen. Für jetzt kann ich nur das eine raten, wartet geduldig."

Aber Herr Strzetuski vermochte selbst nicht diesem Rate zu folgen. Eine immer größere Sehnsucht umfing ihn, die Feste und alle die bekannten Gesichter, welche ihn früher so traut angemutet hatten, langweilten ihn jetzt. Die Herren Bodschynski, Lassota und Roswan Ursu waren endlich abgereist. Nach ihrer Abreise trat tiefe Stille ein, das Leben wurde einförmig. Der Fürst war augenblicklich mit der Revision seiner vielen Güter beschäftigt; er saß alle Morgen eingeschlossen mit den Kommissarien, die aus ganz Ruthenen und dem Sandomirschen herzugefahren kamen. Nur selten fanden militärische Uebungen statt. Die lauten Gastmähler der Offiziere, bei welchen über künftige Kriege verhandelt wurde, langweilten Strzetuski unaussprechlich. Mit dem Schießrohr über der Schulter flüchtete er an die Soloniza, an deren Ufern Solkiewski so fürchterlich den Nalewajko, Loboda und Krempski, diese drei Rebellen, in den Grund gehauen hatte. Die Spuren jener Schlacht waren im Gedächtnis der Menschen und auf dem Schlachtfelde schon verwischt. Mitunter noch warf der Schoß der Erde gebleichte Knochen aus und hinter dem Wasser ragte eine Kosakenschanze, hinter welcher Loboda und die Nalewajkosche Freischar sich so verzweifelt verteidigt hatten. Aber auch sie war schon grasüberwuchert. Dorthin floh Strzetuski vor dem Lärm des Hofes, und statt nach Vögeln zu schießen, saß er sinnend; dort trat vor seine Augen und seine Seele, vom Gedächtnis festgehalten, im Herzen bewahrt, die Gestalt des geliebten Mädchens; dort im Nebel, bei dem Rauschen des Schilfes, in der melancholischen Umgebung lullte er seine Sehnsucht ein.

Später aber fiel in großer Menge der den Frühling verkündende Regen. Die Soloniza trat aus und verwandelte die Ufer in Sümpfe, man konnte kaum den Kopf unter dem Dache hervorstecken; der Statthalter mußte jetzt auch den Trost, welchen die Einsamkeit ihm bot, entbehren. Unterdes wuchs seine Unruhe — und mit Recht. Er hatte gehofft, daß die Kurzewitsch, sobald sie Bohun expediert habe, mit Helene nach Lubnie kommen würde. Jetzt hatte der Regen die Wege aufgeweicht, die Steppe war an beiden Ufern des Sula ein ungeheurer Sumpf, der nicht eher zu passieren war, bis die Frühjahrssonne ihn genügend ausgetrocknet hatte. Diese ganze Zeit über mußte Helene also in dieser Wolfshöhle bleiben, unter einem Schutze, dem Skrzetuski keinen Augenblick traute, bei Menschen, die wild wie die Bestien des Waldes und ihm feind waren. Zwar verlangte ihre eigene Sicherheit, daß sie Wort hielten, aber wer konnte wissen, was sie unter dem Einfluß Bohuns aus= heckten, was sie wagen würden. Ihm konnte es nicht schwer halten, sie zur Herausgabe des Mädchens zu zwingen, das geschah oft in jenen Zeiten. So hatte seinerzeit der Waffen= gefährte des Rebellen Nalewajko, Loboda, die Frau Poplinska gezwungen, ihm ihre Pflegetochter, ein Edelfräulein von hoher Geburt, zur Frau zu geben, trotz des fürchterlichen Hasses, den das Mädchen gegen ihn hegte. Und wenn es Wahrheit war, was man von den Reichtümern Bohuns erzählte, so konnte er ihnen das Mädchen und den Verlust der Güter genügend bezahlen. Was dann? — Dann werden sie mich höhnend wissen lassen, daß alles aus ist. Sie selbst werden nach Litauen oder Masowien fliehen, wohin die Hand des Fürsten nicht reicht. Herr Skrzetuski war wie im Fieber; er wütete wie ein Wolf, bereute fortwährend das der Fürstin gegebene Ritterwort und wußte sich vor Unruhe nicht zu helfen. Aber er überließ sich nicht gern dem Spiele des Zufalls und beschloß, nicht mit gefalteten Händen in Lubnie zu sitzen. Er besaß unter seinen Dienern einen jungen Edelknaben aus Podlachien, erst sechzehn Jahre alt, aber so gewitzt, daß mancher Alte ihm nicht gleich= kam. Er hieß Rzendzian. Diesen beschloß Skrzetuski zu Helene auf Kundschaft zu schicken. Der Februar ging seinem Ende zu; die Regenzeit war vorüber, der März ließ sich schön an, die Wege mußten sich schon gebessert haben. Rzendzian machte sich also auf den Weg. Herr Skrzetuski gab ihm einen Brief, Feder, Papier und eine Flasche mit Tinte, welche er ihm wie das Auge im Kopfe zu hüten befahl, da er sich erinnerte, daß diese drei Sachen in Roslogi nicht zu finden waren. Er schärfte dem Knaben ein, daß er niemandem sagen solle, von wem er sei, nur, daß er nach Tschechryn reite; er solle auf alles ein scharfes Auge haben, über alles sich unterrichten, besonders darüber, wo Bohun sich befinde und was er treibe. Rzendzian ließ sich das nicht zweimal sagen, setzte die Mütze schief aufs Ohr, schwang die Reitgerte und ritt davon.

Nun begann für Herrn Skrzetuski eine Zeit schwerer Erwartung. Um diese zu verkürzen, machte er Fechtübungen mit Herrn Wolodyjowski oder übte das Werfen einer Lanze durch Ringe. Es ereignete sich zu der Zeit auch in Lubnie etwas, das ihn bald um seine Gesundheit gebracht hätte. Eines Tages ging er vom Zeughause aus über den Schloßhof zum Fürsten. Dort hatte sich ein an der Kette liegender Bär losgerissen, hatte schon zwei Stallmeister verwundet, die Pferde des Herrn Chlebowski scheu gemacht, und da er jetzt den Statthalter sah, stürzte er auf diesen los. Skrzetuski war ohne Waffen, in der Hand hielt er zufällig einen leichten Streitkolben. Der Statthalter wäre unrettbar verloren gewesen, wenn Herr Longinus vom Zeughause aus nicht gesehen hätte, was vorging, und mit seinem Hutabschläger zu Hilfe geeilt wäre. Herr Longinus zeigte sich seines Vorfahren Stowejko vollkommen würdig, da er unter den Augen des gesamten Hofpersonals mit einem Schlage dem Bären Kopf und Pfote abhieb. Der Fürst, welcher dieses Kraftstück vom Fenster aus mit angesehen hatte, führte ihn in die Gemächer der Fürstin ein, wo die kleine Anuscha*) ihn so mit ihren Aeugelein lockte, daß der Arme zur Beichte gehen mußte und drei Tage lang sich nicht im Schlosse sehen lassen durfte, bis er die Versuchung durch Buße und eifriges Gebet überwunden hatte.

Inzwischen waren zehn Tage verflossen und Rzendzian war noch immer nicht zu sehen. Der Statthalter magerte ab und sah so schlecht aus, daß sogar Anuscha durch Boten sich erkundigen ließ, was ihm sei, und der fürstliche Leibarzt ihm eine Arznei gegen Melancholie verschreiben wollte. Er fühlte mit jedem Tage mehr, daß seine Liebe keine schnell wieder erlöschende Leidenschaft, sondern ein alles überdauerndes Gefühl sei. Man kann sich die Freude Skrzetuskis wohl vorstellen, als eines Tages gegen Abend sein Edelknabe bei ihm eintrat, schmutzbedeckt, müde und ausgehungert, aber fröhlich und guter Dinge. Als ihn der Statthalter sah, sprang er vom Lager auf, faßte ihn bei den Schultern und rief:

„Hast Du Briefe?" — „Jawohl, Herr. Hier sind sie."

Skrzetuski riß sie ihm aus der Hand und begann zu lesen. Lange Zeit hatte er gezweifelt, ob ihm im günstigsten Falle Rzendzian einen Brief bringen würde, da er gar nicht einmal wußte, ob Helene schreiben konnte. Die meisten Frauen waren

---

*) Anuscha = polnischer Kosename für „Anna".

ungebilbet und Helene hatte bisher nur unter solchen Menschen
gelebt. Jedenfalls hatte sie ihr Vater noch diese Kunst gelehrt,
da sie einen großen, vier Seiten langen Brief geschrieben hatte.
Die Aermste verstand zwar nicht, sich rhetorisch und schön aus=
zudrücken, schrieb jedoch gerade vom Herzen weg, wie folgt:

„Seid gewiß, daß ich Euch nicht vergesse, eher Ihr mich,
denn ich höre, daß es unter Euch auch leichtfertige giebt.
Aber da Ihr Euren Knaben expreß so viele Meilen herge=
schickt habt, so sehe ich, daß ich Euch so lieb bin, als Ihr
mir, wofür ich von Herzen danke. Denkt ja nicht, daß es
gegen die gute Sitte und meine Bescheidenheit ist, daß ich
so offen über meine Liebe schreibe, aber ich denke, es ist besser,
die Wahrheit zu sagen, als zu lügen, oder heimlich damit
zu thun. Ich habe den Rzendzian gefragt, was Ihr in Lubnie
treibt und was für Sitten am Hofe herrschen, und da er
mir von der Schönheit und Liebenswürdigkeit der dortigen
Damen erzählte, habe ich vor Kummer mich fast totgeweint.“

Hier unterbrach der Statthalter sein Lesen und frug
den Edelknaben:

„Was hast Du Narr dort erzählt?“

„Alles Gute, Herr!“ antwortete dieser.

Skrzetuski las weiter:

„. . . . Denn wie kann ich einfaches Mädchen mich mit
Ihnen vergleichen. Aber der Knabe sagte mir auch, daß Ihr
keine von ihnen auch nur eines Blickes würdigt.“

„Das hast Du gut gemacht,“ sagte der Statthalter.

Rzendzian wußte zwar nicht, worum es sich handelte, da
der Statthalter den Brief leise las, aber er machte eine pfiffige
Miene und hüstelte bedeutungsvoll.

Skrzetuski las weiter:

„. . . . Sogleich war ich getröstet und bat Gott, er
möchte mir Eure Zuneigung immer erhalten und uns beide
segnen, Amen. Ich bange auch schon so sehr nach Euch wie
nach einer Mutter, denn mir armen Waise bringt die Welt
nur Trauer, nur bei Euch bin ich froh. Gott sieht mein
Herz, es ist rein; und meine Einfachheit müßt Ihr entschuldigen.“

Im weiteren teilte die schöne Prinzeß mit, daß die Muhme
mit ihr, sobald die Wege besser würden, nach Lubnie komme,
daß die Fürstin selbst die Abreise beschleunige, da aus Tschechryn
die Nachricht gekommen sei, daß ein Kosakenaufstand sich vor=
bereite. Sie erwarte nur die Rückkehr der Prinzen, welche zum
Pferdemarkt nach Boguslaw seien.

„. . . . Ihr seid ein wahrer Hexenmeister," schrieb sie weiter, „daß Ihr Euch sogar die Fürstin wohlgeneigt machtet."

Bei dieser Stelle lächelte der Statthalter, da ihm in den Sinn kam, mit welchen Mitteln er sich dies Wohlwollen er=werben mußte. Der Brief endete mit Versicherungen standhafter und ehrbarer Liebe, wie sie das Weib ihrem künftigen Manne schuldig sei. Der ganze Brief trug den Stempel eines reinen, frommen Herzens. Der Statthalter las ihn einigemale von An=fang bis zu Ende, indem er oft die Worte wiederholte: „Mein geliebtes Mädchen! Möge Gott mich strafen, wenn ich Dich je verlasse."

Hernach fing er an, den Edelknaben auszufragen. Der gescheite Knabe gab ihm ausführlich Rechenschaft über die ganze Reise. Man hatte ihn gut aufgenommen. Die alte Fürstin frug ihn über den Statthalter aus und freute sich zu hören, daß er ein tapferer Ritter und des Fürsten Vertrauter sei.

„Sie frug mich auch, ob Euer Gnaden ein gegebenes Ver=sprechen haltet," sprach Rzendzian. „Ich antwortete ihr: Meine gnädige Frau! Wenn der Wallach, auf dem ich hergeritten bin, mir versprochen wäre, so wüßte ich sicher, daß er mir gehört."

„Du bist ein Schalk," sagte der Statthalter. „Aber da Du so meine Ehre garantiert hast, so magst Du ihn behalten. Du hast also nichts simuliert, sondern gesagt, daß ich Dich schicke?"

„Ich sagte es, als ich merkte, daß ich es durfte, und wurde gleich freundlicher angesehen, besonders von dem Fräulein, welches so schön ist wie kein zweites auf Erden. Als sie erfuhr, daß ich von Euch komme, wußte sie vor Freude nicht, wohin mit mir, und wäre nicht die große Faste, so hätte ich es wie im Himmel gehabt. Euren Brief begoß sie mit vielen Freudenthränen."

Dieß Freude machte auch den Statthalter stumm, erst nach einer Weile frug er:

„Und von jenem Bohun hast Du nichts gehört?"

„Es schien mir nicht ratsam, die Fürstin oder das Fräu=lein darum zu fragen, aber ich setzte mich mit dem alten Tataren Tschechly in Verbindung, der ist des Fräuleins treuer Diener. Dieser sagte mir auch, daß zu Anfang alle furchtbar auf Euer Gnaden geschimpft haben, später beruhigten sie sich jedoch, be=sonders, als ihnen bekannt wurde, daß das, was von den Reich=tümern Bohuns gesagt worden, nicht wahr sei."

„Auf welche Weise erfuhren sie das?"

„Das kam so, gnädiger Herr! Sie hatten eine Differenz mit den Siwinskis, welche sich verpflichtet hatten, mit Geld auszugleichen. Als der Zahlungstermin kam, da gingen sie Bohun an, ihnen dasselbe zu borgen. Er erklärte ihnen hierauf, daß er wohl einige türkische Kleinodien besitze, aber keine Schätze, weil er sie stets verschwendete. Nachdem sie das gehört hatten, wog er ihnen gleich leichter und sie wendeten ihre Gunst Ew. Gnaden zu."

„Ich muß sagen, Du hast alles vortrefflich ausgekundschaftet."

„Gnädiger Herr! Wenn ich nur nach einem gefragt hätte und das andere nicht erkundet hätte, so hättet Ihr zu mir sagen können: Das Pferd hast Du mir gebracht, aber das Sattelzeug fehlt. Was nützte Euch das Pferd ohne Sattel."

„Nun, nun! So nimm auch den Sattel."

„Ich danke ergebenst, gnädiger Herr! Sie haben nachher auch gleich den Bohun nach Perejeslaw expediert; als ich das hörte, dachte ich mir: Warum sollte ich nicht auch noch nach Perejeslaw gehen. Wird der Herr mit mir zufrieden sein, so bekomme ich die Livree eher . . . ."

„Du bekommst sie im nächsten Vierteljahr. Also Du warst in Perejeslaw?"

„Ich war dort, fand aber den Bohun nicht. Der alte Hauptmann Loboda ist krank. Man sagt, daß Bohun gleich Hauptmann werden soll. Aber dort geht es wunderbar zu. Kosaken giebt es dort nur eine Handvoll bei der Fahne, der Rest, sagen sie, ist mit Bohun gezogen; es ist die Frage, ob sie nicht auch zu Chmielnizki gegangen sind. Das, gnädiger Herr, ist eine wichtige Sache, denn dort bereitet sich ein Aufstand vor. Ich wollte durchaus etwas über Bohun hören, aber man sagte mir nur, daß er hinüber auf das Ruthenische sei. Da dachte ich mir — nun, wenn es so ist, da ist das Fräulein sicher vor ihm — und kehrte zurück."

„Du hast Dich gut aufgeführt. Und hattest Du kein Abenteuer?"

„Nein, Herr! Aber Hunger habe ich."

Rzendzian ging hinaus. Der Statthalter fing wieder an, den Brief Helenens zu lesen und küßte die Buchstaben, welche nicht so schön geformt waren als die Hand, welche sie geschrieben. Vertrauen auf die Zukunft überkam ihn — er dachte: Bald sind die Wege trocken, so Gott schönes Wetter giebt. Die Kurzewitsch werden auch nicht Verrat an mir üben, da sie jetzt wissen, daß Bohun ein Habenichts ist. Ich lasse ihnen Roslogi und gebe ihnen noch etwas zu, wenn ich nur jenen schönen Stern erreiche.

Mit verklärtem Gesicht, die Brust voll Glück, ging er in die Kapelle, um Gott zuerst für die gute Nachricht zu danken.

6. Kapitel.

In der ganzen Ukraine regte es sich summend und brausend, wie Vorboten eines nahen Sturmes. Seltsame Gerüchte flogen von Hof zu Hof, von Ansiedlung zu Ansiedlung, ähnlich jenen Pflanzen, welche der Herbstwind durch die Steppe trägt. In den Städten flüsterte man von einem großen Kriege, obwohl niemand wußte, wer und gegen wen es gehen solle. Irgend etwas lag in der Luft. Die Gesichter sahen unruhig aus, der Landmann zog seinen Pflug nur ungern auf das Feld, obgleich der Frühling zeitig, still und warm kam, und die Lerchen schon in der Steppe sangen. Abends versammelten sich die Männer in großen Haufen und besprachen, am Wege stehend, grausige Geschichten. Einige wollten behaupten, am Himmel wunderbaren Schein gesehen zu haben, und meinten, der Mond steige röter als sonst hinter dem Walde auf. Man prophezeite Not oder den Tod des Königs; — das alles war um so sonderbarer, als diese Ländereien seit langem an Unruhen, Kämpfe und Ueber=fälle gewöhnt, so leicht nicht in Furcht zu setzen waren. Es mußten also ausnahmsweise sehr böse Winde die Luft durch=wehen, da der Schrecken so allgemein war. Um so schwerer und drückender lag es auf allen, da niemand die nahende Gefahr näher bezeichnen konnte. Unter anderen auf Schlimmes deutenden Zeichen waren es besonders zwei, welche bestimmt eine Gefahr verkündeten. Zuerst erschienen überall in den Städten und Dörfern unzählige Scharen bettelnde Lautenspieler, unter denen sich ganz fremde unbekannte Gestalten befanden, von denen man sich in das Ohr flüsterte, daß es verkleidete Bettler seien. Diese prophezeiten, überall sich eindrängend, geheimnisvoll, daß der Tag des letzten Gerichts nahe sei. Daraufhin fingen die Bewohner der Niederungen an, auf Tod und Leben zu trinken.

Das zweite Zeichen war noch untrüglicher. Derjenige Teil des Landes, welcher dort die Sitsch genannt wurde, war sehr eng begrenzt und konnte seine zahlreichen Bewohner nicht ernähren. Expeditionen nach auswärts geschahen selten, ein großer Teil derselben zerstreute sich alljährlich in Friedenszeiten über die benachbarten bewohnten Länder. In der Ukraine, ja in ganz Ruthenen, wimmelte es von solchen Ueberläufern. Die einen verdingten sich als Posten bei den Starosten, andere hielten Schnapsschenken an den Wegen, noch andere beschäftigten sich in den Städten und Dörfern mit Handel und Gewerbe. Fast in jedem Dorfe stand, etwas entfernt von den anderen, eine Hütte, in welcher ein Saporoge wohnte. Manche dieser Männer hatten eine Frau nebst ganzem Hauswesen. Und diese Leute, viel intelligenter als die anderen Einwohner, waren oft ein Segen für das Dorf, in welchem sie wohnten. Es gab keine besseren Schmiede, Wagenbauer, Gerber, Bienenzüchter, Fischer und Jäger als sie. Der Saporoger Kosak konnte alles; er baute Hütten und nähte Sättel. Natürlich waren sie keine festen Ansiedler, nur zeitweise Bewohner. Wer einen Streit anzetteln wollte, oder sich gegen einen geplanten Angriff zu schützen dachte, der durfte nur rufen und die Kosaken liefen zusammen wie Raben, die sich auf das Aas freuen. Der Adel und die Herren, die fortwährend in Streitigkeiten lebten, benutzten sie auch; wenn es jedoch an solchen Anlässen fehlte, saßen sie still in den Dörfern, arbeiteten bis zur höchsten Erschöpfung und erwarben im Schweiße ihres Angesichts ihr Brot.

Es dauerte mitunter ein Jahr, auch zwei, bis plötzlich einmal die Nachricht von irgend einer kriegerischen Expedition entweder eines Hetmans gegen die Tataren, oder gegen die „Lechen" (Polen) oder endlich der polnischen Herren gegen die Walachei sie erreichte; dann hingen diese Wagenbauer, Schmiede, Gerber und Bienenzüchter ihr ruhiges Handwerk an den Nagel und fingen vor allem an schrecklich zu saufen und in allen ukrainischen Schenken umherzuziehen. Nachdem alles, was sie besaßen, vertrunken war, tranken sie weiter auf Borg, „nicht auf das, was wir haben, sondern auf das, was wir haben werden." Die zu erwartende Beute sollte die Schwelgereien bezahlen.

Diese Erscheinungen wiederholten sich so konsequent, daß später erfahrene Leute zu sagen pflegten: „Oho! Die Schenken brechen fast zusammen von Leuten aus den Niederungen — in der Ukraine gährt es."

Und die Starosten verstärkten dann sogleich die Besatzungen in den Schlössern, gaben sorgfältig auf alles acht; die Herren zogen die Posten von den Standorten ein — der Adel schickte Frauen und Kinder in die Städte.

In diesem Frühjahr nun tranken die Kosaken wie noch nie; sie verpraßten blindlings alles sauer erworbene Gut, und das nicht stellenweise, sondern in ganz Ruthenen, so lang und breit es war. Etwas bereitete sich also vor, obgleich die Kosaken selbst nicht wußten, was. Man fing an, von Chmielnizki und seiner Flucht nach der Sitsch zu sprechen und von allen denen, die ihm dahin gefolgt waren. Aber man erzählte sich noch etwas anderes. Seit Jahren kreisten die Gerüchte von einem großen Kriege gegen die Heiden, welchen der König wollte, um den Kosaken Beute zu schaffen, den aber die Lechen immer wieder verhinderten. Alles das vereinte sich zu einem schrecklichen Ganzen und erregte eine ungewöhnliche Angst und Unruhe. Diese Unruhe war auch in die Mauern Lubnies gedrungen. Man konnte dort die Augen gegen solche Anzeichen nicht verschließen, und Fürst Jeremias war auch nicht der Mann darnach. Die Unruhe in seiner Herrschaft nahm zwar keine großen Dimensionen an, die Furcht hielt sie im Zaume; nach einiger Zeit aber kamen aus der Ukraine Nachrichten, daß hier und da die Bauern sich gegen den Adel erhoben, daß sie mit Gewalt den Krieg gegen die Heiden forderten, und daß sie haufenweise zu Chmielnizki flohen.

Der Fürst sandte überallhin Boten aus, zu Herrn Krakowski und Kalinowski, zu Loboda nach Perejeslaw, er selbst zog die Herden aus den Steppen und die Wachen aus den Standorten ein. Zwischendurch kamen wieder beruhigende Nachrichten. Der Großhetman ließ alles melden, was er von Chmielnizki wußte, glaubte jedoch nicht, daß irgend Schlimmes daraus folgere; der Feldhauptmann schrieb, daß im Frühjahr das „Lumpengesindel" immer wie die Bienen ausschwärme. Nur Herr Saswilichowski schrieb einen Brief an den Fürsten, worin er ihn beschwor, nichts leicht zu nehmen, denn ein furchtbarer Sturm nahe aus den Wilden Feldern. Ueber Chmielnizki teilte er mit, daß derselbe aus der Sitsch nach der Krim geeilt sei, um den Chan zu Hilfe zu bitten. „Wie mir meine Freunde von dorther berichten, so zieht der Kosakenhetman aus allen Winkeln Fußsoldaten und Reiterei zusammen, ohne zu sagen warum; ich mutmaße deshalb, daß dieser Sturm gegen uns gerichtet ist, und wenn das der Fall ist, so schütze uns Gott, daß nicht alle ruthenischen Lande zu Grunde gehen."

Der Fürst traute dem Herrn Sazwilichowski mehr als den Hauptleuten, da er wußte, daß niemand in ganz Ruthenen so genau die Kosaken und ihre Schliche kannte wie dieser; er beschloß daher, der Sache auf den Grund zu gehen und soviel Militär zusammenzuziehen, als irgend aufzutreiben war.

Eines Morgens also ließ er den Herrn Bychowiez zu sich rufen, welcher walachischer Fahnenhauptmann war, und sprach zu ihm:

„Ihr werdet von mir als Botschafter nach der Sitsch zu dem Kosakenhauptmann geschickt und gebt ihm diesen Brief mit meinem Hospodarensiegel ab. Aber damit Ihr wißt, worum es sich handelt, so hört: Der Brief ist nur zum Schein, das ganze Schwergewicht Eurer Botschaft beruht auf Eurem Verstande. Ihr sollt auf alles dort acht haben, was geschieht, wie viel Soldaten sie haben und ob sie noch welche zusammenziehen. Ich lege Euch besonders ans Herz, daß Ihr mir genaue Erkundigungen einzieht, wo Chmielnizki sich befindet, und ob es wahr ist, daß er nach der Krim ist, um die Tataren zu Hilfe zu holen. Verstanden?"

„Als wenn es mir in die Hand geschrieben wäre."

„Ihr reitet über Tschechryn; unterwegs ruht Ihr stets nur eine Nacht. Dort angekommen, begebt Ihr Euch zu Herrn Sazwilichowski und bittet ihn um Briefe an seine Freunde in der Sitsch, welche Ihr denselben heimlich abgebt. Sie werden Euch alle Antwort geben. Aus Tschechryn geht Ihr zu Wasser nach Kudak, grüßt den Herrn Grodschizki von mir und gebt ihm diesen Brief. Er wird Euch weiterbefördern. In der Sitsch verweilt nicht lange, zieht Kundschaft ein mit Augen und Ohren, und kehrt schnell zurück, so Ihr am Leben bleibt, denn die Expedition ist keine leichte."

„Eure Fürstliche Gnaden haben über mein Leben zu gebieten. Wie viel Leute soll ich mitnehmen?"

„Vierzig von den auswärtigen Posten. Heute vor Abend reitet Ihr fort, vorher holt Ihr noch Instruktionen von mir. Es ist eine wichtige Mission, die ich Euch anvertraue."

Herr Bychowiez entfernte sich erfreut. Im Vorzimmer traf er Herrn Skrzetuski mit einigen Offizieren von der Artillerie.

„Was giebt es?" frugen sie ihn.

„Ich trete heute eine Reise an."

„Wohin, wohin?"

„Nach Tschechryn und von dort weiter."

„So komme mit mir," bat Skrzetuski.

Als er ihn in seinem Quartier hatte, da begann er ihn zu quälen, daß er ihm diese Funktion abtreten solle:

„Wenn Du mein Freund bist, so verlange, was Du willst, ein türkisches Roß, einen Krummsäbel, nichts ist mir zu wertvoll, wenn ich nur dorthin reisen darf, meine Seele zieht mich un= widerstehlich in jene Gegend. Willst Du Geld, alles gebe ich, wenn Du zurücktrittst. Ruhm ist dabei nicht zu holen, denn wenn es Krieg geben soll, so beginnt er hier eher als dort, und Du kannst hier auch sterben. Ich weiß auch, daß Dir Anuscha lieb ist, wenn Du fortgehst, machen sie sie Dir abspenstig."

Dies letzte Argument war dem Herrn Bychowiez mehr zu Sinne als die anderen, dennoch schwankte er. Was würde der Fürst sagen, wenn er zurückträte? Würde er ihm das nicht schlimm deuten? So ein Auftrag wie dieser ist eine Gnaden= bezeugung des Fürsten.

Als Skrzetuski das hörte, lief er sogleich zum Fürsten und ließ sich durch den Pagen melden.

Nach einer Weile kehrte der Page zurück mit der Erlaubnis, daß er eintreten dürfe. Dem Statthalter schlug das Herz wie ein Hammer, aus Angst, er würde ein kurzes „Nein" zu hören bekommen, nach welchem nichts mehr zu sagen blieb.

„Was bringst Du mir?" frug der Fürst.

Skrzetuski umfaßte seine Kniee.

„Durchlauchtigster Fürst, ich komme zu bitten, daß die Expedition nach der Sitsch mir übertragen und anvertraut wird. Vielleicht würde Bychowiez sich willig finden lassen, mir das ehrenvolle Amt abzutreten; er ist mein Freund, und mir liegt gerade soviel daran, als am eigenen Leben. — Bychowiez fürchtet nur, daß Eure Durchlaucht ihn dieserhalb schief anblicken würden."

„Um Gott!" sagte der Fürst. „Ich würde niemanden anderen schicken als Dich, fürchtete ich nicht Deine Unlust zu dieser Reise, da Du eben erst von einer so langen und beschwer= lichen zurückgekehrt bist."

„Durchlauchtiger Fürst, wenn ich auch alle Tage auf Reisen geschickt würde, nach jener Seite hin ginge ich immer freudig."

Der Fürst sah ihn durchdringend mit seinen schwarzen Augen an.

„Was haſt Du dort?" frug er.

Der Statthalter ſtand verlegen da, wie ein Miſſethäter, und ſenkte das Auge vor dem Blick des Fürſten.

„Ich ſehe, daß ich die Wahrheit geſtehen muß," ſagte er, „da vor dem Verſtande Eurer Durchlaucht nichts verborgen bleiben kann; ich weiß nur nicht, ob ich Gnade vor Eurem Ohr finden werde."

Er fing an zu erzählen, wie er die Tochter des Fürſten Waſſili kennen gelernt und wie er ſich in ſie verliebt hatte. Lebhaft ſchilderte er, wie er jetzt ſich ſehne, ſie wieder zu ſehen und bei ſeiner Rückkehr aus der Sitſch ſie mit nach Lubnie zu bringen, um ſie vor dem Koſakenaufſtand zu ſchützen. Die Machinationen der alten Fürſtin aber verſchwieg er ſeinem gegebenen Worte gemäß und fing noch einmal an zu bitten, ihm die Expedition zu übergeben, als der Fürſt ſprach:

„Ich hätte Dich auch ohnedies reiten laſſen und Dir Leute dazu gegeben, aber da Du alles ſo klug zurechtgelegt haſt und das eigene Gefühl mit einer Pflicht verbindeſt, ſo muß ich Dir wohl zu Willen ſein."

Indem er dies ſagte, rief er durch Händeklatſchen den Pagen herbei und befahl ihm, Herrn Bychowiez zu holen.

Der Statthalter küßte freudig die Hand des Fürſten, dieſer aber nahm den Kopf Skrzetuskis zwiſchen ſeine Hände und befahl ihm, ſich ruhig zu verhalten. Er liebte Skrzetuski unausſprechlich als tapferen Soldaten und Offizier, auf den man ſich in allen Stücken verlaſſen durfte. Außerdem beſtand zwiſchen ihnen das ſchöne Verhältnis eines Untergebenen, der ſeinen Herrn von ganzer Seele verehrt und einem Oberherrn, welcher das ſehr gut fühlt. Den Fürſten umgaben viele Höflinge, welche ihm aus Eigennutz dienten und ſchmeichelten; ſein Adlerblick erriet ſofort, was er von jemandem zu halten habe. Er wußte, Skrzetuski war echt wie eine Thränenperle — er ſchätzte ihn hoch und dankte ihm im Herzen ſeine Treue. Mit Freude vernahm er auch, daß ſein Liebling ſich in die Tochter Waſſilis verliebt habe, dieſes alten Dieners der Wiſchniowiezkis, deſſen Andenken dem Fürſten um ſo teurer war, da ihn die traurige Erinnerung ſtets ſchmerzlich berührte.

„Glaube nicht," ſagte er zu Skrzetuski, „daß ich aus Undank gegen den Fürſten mich nicht um das Mädchen kümmerte. Aber da keiner ihrer Vormünder in Lubnie ſich ſehen ließ und keine Klagen laut wurden, glaubte ich, ſie ſeien brave Leute.

Da Du mich jetzt an sie erinnert haft, werde ich ihrer gedenken, als wäre sie mein leibliches Kind."

Skrzetuski konnte sich nicht genug über die Güte seines Herrn wundern, welcher sich selbst vorzuwerfen schien, daß er im Drange der verschiedensten Geschäfte sich des Kindes seines früheren Dieners und Höflings nicht angenommen hatte. Unterdes war Herr Bychowiez eingetreten.

„Das Wort ist gesprochen," rief ihm der Fürst zu: „Wollt Ihr, so reist, aber ich bitte·Euch, thut mir den Gefallen und tretet die Botschaft an Skrzetuski ab. Er hat begründete Ursache, sie zu verlangen, und ich werde Euch Ersatz dafür geben."

„Durchlauchtiger Fürst," entgegnete Bychowiez; „es ist eine hohe Gnade für mich, daß Ew. Durchlaucht meinen Willen anheimstellen, wo Ihr zu befehlen habt. Ich würde mich dieser Gnade unwert machen, wollte ich sie nicht von ganzem Herzen annehmen."

„Danke dem Freunde," sagte der Fürst, sich zu Skrzetuski wendend, „und bereite Dich zur Reise."

In der That dankte Skrzetuski dem Herrn Bychowiez heiß, und einige Stunden später war er reisefertig. In Lubnie auszuhalten, war ihm schon lange schwer geworden, diese Expedition erfüllte alle seine Wünsche. Er sollte Helene wieder sehen, denn — freilich mußte er sich auf lange von ihr trennen — aber gerade diese Zeit war nötig, um ihm die Wege zu ihrem Besitz zu ebnen. Eher konnte doch die alte Fürstin Helene nicht nach Lubnie bringen; er hätte also geduldig in Lubnie warten, oder in Roslogi sitzen müssen, was gegen sein Abkommen mit der Fürstin gewesen wäre und auch den Argwohn Bohuns erregt hätte. Helene konnte vor Bohun erst in Lubnie sich vollständig sicher fühlen; da sie nun gezwungen war, noch lange Zeit in Roslogi zuzubringen, so war es das Beste, wenn er fortging und bei seiner Rückkehr sie unter seinem militärischen Schutz mitnahm. Unter solchen Berechnungen beeilte der Statthalter seine Abreise und als alles bereit war und er die Briefe und das nötige Reisegeld vom Schatzmeister in Händen hatte, reiste er vor Nacht ab, begleitet von Rzendzian und einer Eskorte von vierzig Mann von der Leibwache des Fürsten.

7. Kapitel.

Die Hälfte des März war vorüber, das Gras grünte üppig, die Steppenblumen blühten, die Steppe fing an sich zu beleben. In der Morgendämmerung ritt der Statthalter mit seinen Leuten wie in einem Meere, dessen bewegliche Wellen die Steppengräser bewegten. Ueberall herrschte Frohsinn. Die Frühlingslaute erfüllten die Luft in Gestalt von Geschrei, Pfeifen, Gezwitscher und Flügelschlag der Vögel und dem Gesumme der Insekten. Ueber den Häuptern der Reiter schwebten, wie hängende kleine Kreuze, bewegungslos Habichte, zogen im langgezogenen Dreieck wilde Gänse, lange Schnuren Kraniche. In der Steppe jagte eine Herde wilder Steppenpferde einher, das hohe Gras mit ihrer Brust teilend; sie kamen wie ein Sturmwind den Reitern entgegen und standen plötzlich wie angewurzelt, im Halbkreis sie umringend, mit zerzausten Mähnen, weitgeöffneten Nüstern, verwunderten Augen. Man konnte meinen, sie hätten Lust, die ungebetenen Gäste unter ihren Hufen zu zermalmen. Aber nur einen Augenblick — da rasten sie schon wieder davon; nur die Gräser rauschten, die Blumen nickten. Das Getrappel war nicht mehr zu hören, nur das Zwitschern der Vögel erfüllte die Lüfte. Es lag etwas wie Fröhlichkeit und doch wie düstere Trauer über der Steppe, wie Leben und doch wie Todesöde, — o, so weit, so breit, so unendlich, nicht zu Roß zu durchmessen, nicht mit dem Gedanken zu durchfliegen, nur liebevoll umfassen ließ sich diese melancholische Einsamkeit, diese weite Steppe, die sehnende Seele schwebte über ihr, ruhte auf ihren Totensteinen und lauschte ihren wunderbaren Stimmen.

Es war Morgen. Große Tropfen blitzten an allen Gräser=enden, ein kräftiger Wind bewegte die Luft und trocknete die breiten Pfützen, die sonnenbeglänzt die Erde bedeckten. Das Gefolge des Statthalters bewegte sich langsam vorwärts, denn die Pferde sanken oft bis an die Kniee in den aufgeweichten Boden. Aber der Statthalter gönnte ihnen wenig Rast, denn er eilte dem Willkommen und gleichzeitig dem Abschied entgegen. Endlich, am zweiten Tage gegen Mittag, als sie ein Stück Wald hinter sich hatten, sah er von ferne die Windmühlen von Roslogi. Das Herz pochte ihm laut. Es erwartet ihn dort niemand; was wird Helene sagen, wenn sie ihn erblickt? Jetzt hat er schon die Hütten der Eingesessenen, das Dorf erreicht, dort sieht man zwischen den Bäumen hervor schon den Brunnen=krahn auf dem Schloßplatz. Der Statthalter gab dem Pferde die Sporen, sie flogen klirrend und lärmend durch das Dorf. Hier und da stürzte ein Bauer aus der Hütte, sah die fliegende Reiterschar, bekreuzte sich murmelnd und frug sich leise: sind das Teufel oder Tataren? Der Schmutz flog so um die Reiter, daß nichts zu erkennen war. Jetzt stehen sie vor dem ver=schlossenen Schloßthor.

„Holla! Thut auf da drinnen!" ruft Skrzetuski.

Der Lärmen, das Klopfen und das Hundegebell rief Leute herbei. Erschreckt eilten sie an das Thor; sie fürchteten einen Ueberfall.

„Wer ist da?"

„Mach auf!"

„Die Prinzen sind nicht zu Hause!"

„Mach auf, Du Heidensohn! Wir kommen vom Fürsten aus Lubnie."

Endlich erkannte das Gesinde Skrzetuski.

„Ach, das sind Eure Gnaden! Gleich! Gleich!"

Das Thor wurde geöffnet. Währenddessen erschien die Fürstin selbst vor dem Hause, und die Augen mit der Hand bedeckend, sah sie auf die Ankömmlinge.

Skrzetuski sprang vom Pferde, und sich ihr nähernd, sagte er: „Ihr erkennt mich nicht, gnädige Frau?"

„Ach, Ihr seid es, Herr Statthalter? Ich wähnte, es sei ein Tatarenüberfall. Seid gegrüßt und kommt in die Gemächer."

„Ihr wundert Euch, Fürstin, mich hier zu sehen," sagte Skrzetuski im Hause, „und doch habe ich mein Wort nicht gebrochen, da der Fürst selbst mich nach Tschechryn und weiter schickt. Er trug mir auf, hier einzukehren und mich nach Eurem Befinden zu erkundigen."

„Ich bin seiner fürstlichen Durchlaucht dankbar, wie einem liebevollen Wohlthäter. Wie bald denkt er uns aus Roslogi zu vertreiben?"

„Er denkt gar nicht daran, da er nicht weiß, daß er es thun müßte. Was ich versprochen, das halte ich. Ihr bleibt in Roslogi, ich habe genug Eigentum."

Da die Fürstin das hörte, hellte sich ihr Gesicht auf.

„Setzt Euch, Herr," sagte sie; „betrachtet Euch als zu Hause, wie ich Euch als den Unsrigen betrachte."

„Und die Prinzessin! wo ist sie? Ist sie gesund?"

„Ich weiß, Kavalier, daß Ihr nicht zu mir gekommen seid. Sie ist gesund; die Liebe hat sie noch schöner und voller gemacht. Ich werde sie Euch rufen und mich selbst etwas umkleiden, denn ich schäme mich, so Gäste zu empfangen."

Die Fürstin trug nämlich ein Kleid von verschossenem Kattun, darüber einen Schafpelz und an den Füßen kalblederne Stiefeln.

In diesem Augenblick kam Helene jedoch ungerufen. Tschehly hatte ihr gesagt, wer gekommen war. Atemlos und blühend wie eine Kirsche stand sie da, Glück, lachendes Glück im Auge. Skrzetuski sprang zu ihr, küßte ihr die Hände und als die Fürstin diskret hinausgeschlichen war, auch den Mund. Sie wehrte ihm auch nicht sehr, da sie fühlte, daß das Glück sie schwach mache.

„Ich habe Euch nicht erwartet," flüsterte sie mit geschlossenen Augen, „aber um des Himmels Willen, küßt doch nicht so, das schickt sich nicht."

„Wie soll ich Deine honigsüßen Lippen nicht küssen. Ich dachte schon, ich zehre mich auf ohne Dich; da schickte der Fürst selbst mich hierher."

„So, weiß der Fürst?"

„Ich habe ihm alles gesagt. Er freute sich, an den Fürsten Wassili erinnert zu werden. O, Mädchen, Du hast mir wohl einen Liebestrank gegeben, daß ich die Welt vergesse über Dich."

„Deine Blindheit ist eine Gnade Gottes."

„Und denkst Du an das Omen, welches der Falke uns gab, als er unsere Hände zu einander zog?"

„Ich denke daran . . . ."

„Wenn ich in Lubnie aus Sehnsucht nach Dir in die

Einsamkeit floh, da sehe ich Dich so lebhaft vor mir, und wenn ich die Hände nach Dir ausstreckte, da warst Du nicht da. Aber jetzt, wo mir, wie ich denke, nichts mehr im Wege ist, darfst Du nicht fort."

„Wenn etwas im Wege wäre, so ist das nicht meine Schuld."

„Sage mir noch einmal, daß Du mich liebst."

Helene schlug die Augen nieder, aber sie sagte ernst und deutlich: „Ich liebe Dich, wie niemanden in der Welt."

„Wenn mich jemand mit Gold und Ehren überschüttete, so machte mich das nicht so glücklich, als Deine Worte, Mädchen. Ich weiß gar nicht, wie ich eine solche Wohlthat verdient habe."

„Durch Dein Mitleiden mit mir, weil Du mich zu Dir emporgehoben, mich geschätzt und Worte zu mir gesprochen hast, wie ich sie nie von einem Menschen hörte."

Helene schwieg bewegt und der Statthalter küßte ihr aufs Neue die Hände.

„Meine Gebieterin wirst Du sein, mein Weib!" sagte er.

Eine Weile schwiegen beide; er konnte den Blick nicht von ihr wenden. Sie schien ihm noch schöner als früher. Wie ein Heiligenbild kam sie ihm vor in diesem dunklen Gemach, durch dessen bunt schillernde Fensterscheibchen der Sonne Strahlen auf dieses Mädchens Haupt fielen. Und doch strahlte dies Bild Licht und Wärme aus.

„Deine strahlende Schönheit macht mich fast blind," sagte der Statthalter.

Sie lächelte schelmisch und antwortete:

„Fräulein Anna Borschobohata-Krasienska ist wohl viel schöner als ich."

„Sie ist, mit Dir verglichen, ein zinnernes Gefäß, neben dem Silberglanz des Mondes."

„Rzendzian hat es mir anders erzählt."

„Rzendzian ist ein Narr, welcher eine Ohrfeige verdient. Was geht mich jenes Mädchen an; mögen andere Bienen ihren Honig nippen, sie wird von vielen umschwärmt."

Die weitere Unterhaltung wurde durch den Eintritt des alten Tschechly unterbrochen, welcher den Statthalter begrüßen wollte. Er grüßte ihn mit dem Salame der Türken und Tataren, da er ihn schon als seinen künftigen Herrn betrachtete.

„Nun, Alter," sagte Skrzetuski, „ich nehme Dich mit dem Fräulein. Diene ihr nur treu bis zum Tode."

„Der wird bald kommen, Herr! Aber, solange das Leben dauert, solange dauert der Dienst. Es lebt ein Gott!"

„Wenn ich in etwa einem Monat aus der Sitsch zurückkehre,

gehen wir alle nach Lubnie," sagte der Statthalter zu Helene; „dort wartet Probst Muchowiezki mit der Stola unser."

Helene erschrak. „Du gehst nach der Sitsch?" frug sie.

„Der Fürst schickt mich mit Briefen. Fürchte nichts! Die Person eines Gesandten ist den Heiden geheiligt. Dich und die Fürstin schickte ich am liebsten bald nach Lubnie, doch sind die Wege schrecklich. Man kommt kaum zu Pferde vorwärts."

„Bleibst Du lange hier?"

Heute vor Abend breche ich nach Tschechryn auf. Gehe ich eher, komme ich eher zurück. Der Dienst geht allem vor, und die Zeit gehört nicht mir."

„Ich bitte, eine Stärkung einzunehmen," sagte jetzt die zurückkehrende Fürstin, „wenn es denn endlich genug des Kosens ist. Ho! was für rote Backen das Mädchen hat. Ihr waret nicht müßig, Ritter. Aber ich kann es Euch nicht verdenken."

Indem sie dies sagte, klopfte sie Helene auf die Schulter und führte sie hinaus. Sie war sehr gut gelaunt. Es ging ihr alles nach Wunsch. Roslogi „cum boris, lasis, graniciebus et coloniis" konnte sie bald als ihr vollständiges Eigentum betrachten und Bohun — den bedauerte sie nicht mehr. Es waren herrliche Güter, dieses Roslogi.

Der Statthalter frug, ob die Prinzen bald zurückkommen würden.

„Ich erwarte sie jeden Tag. Sie waren zuerst erzürnt auf Euch," sagte die Fürstin, „aber, nachdem sie Eure Thaten gesehen, gewannen sie Euch lieb, wie einen Verwandten."

Nach beendetem Mahl ging der Statthalter mit Helene in den Kirschengarten, welcher gleich an den Schloßhof stieß. Die Bäume waren mit Blütenschnee bedeckt, hinter dem Garten dunkelte ein Eichengehölz, in welchem eben ein Kuckuck rief.

„Ein glückliches Omen für uns," sagte Strzetuski, „aber wir müssen ihn befragen," und sich nach dem Wäldchen zu wendend, frug er:

„Vogel im grünen Wald, wie lange werden wir beide in unserem Nest leben?"

Der Kuckuck fing an zu rufen; sie zählten wohl über fünfzig Rufe.

„Gott gebe das!" meinte Strzetuski.

„Die Kuckucks sagen immer die Wahrheit," sagte Helene ernst.

„Wenn es so ist, dann frage ich weiter," entgegnete heiter der Statthalter, und wieder frug er:

„Vogel im grünen Wald, wie viel Jungens werden wir haben?"

Als ob der Vogel gedungen wäre, fing er gleich an zu rufen, und rief nicht mehr und nicht weniger als zwölfmal.

Der Statthalter jauchzte vor Freude.

„Also ein Starost werde ich, so wahr Gott lebt! Hast Du es gehört, Liebste?"

„Ich habe nichts gehört," sagte errötend Helene, ich weiß nicht einmal, was Du gefragt hast."

„Soll ich es wiederholen?"

„Durchaus nicht."

Unter solchen Spielereien und Gesprächen war ihnen der Tag wie ein Traum vergangen. Gegen Abend kam die Stunde schweren, langen Abschiedes — der Statthalter brach auf nach Tschechryn.

8. Kapitel.

In Tschechryn traf Herr Skrzetuski den alten Herrn Saz=
wilichowski in großer Aufregung. Er blickte ungeduldig dem
fürstlichen Boten entgegen, denn von der Sitsch her waren neue
beunruhigende Nachrichten gekommen. Es blieb kein Zweifel,
Chmielnizki zog mit bewaffneter Hand heran, das erlittene Un=
recht zu rächen und seine früheren Privilegien wieder zu er=
ringen. Er war wirklich zum Chan geeilt, hatte von diesem
Hilfe zugesagt erhalten und wurde nun täglich von dort zurück
erwartet. Wenn sich die Tataren mit denen aus den Niede=
rungen verbanden, so war hier alles verloren. Die Gerüchte
lauteten jetzt nicht mehr unbestimmt, es war zur Gewißheit ge=
worden, ein großer Krieg stand bevor. Der Großhetman, welcher
sich bisher nicht viel aus dem Gerede gemacht hatte, zog seine
Truppen mehr nach Tscherkessien hin. Die königlichen Soldaten
gingen bis nach Tschechryn vor, um ein weiteres Fliehen der
Leute zu Chmielnizki zu hindern. Man sagte, daß eine all=
gemeine Mobilmachung in den südlichen Wojewodschaften bereits
angesagt sei. Viele von den Vorsichtigeren schickten Frauen und
Kinder in die befestigten Schlösser und gingen nach Tscherkessien.
Die arme Ukraine teilte sich in zwei Teile; der eine Teil eilte
zu Chmielnizki, der andere zu den königlichen Truppen, die
einen gefielen sich in geordneten Verhältnissen, die anderen im
wilden Getümmel des Aufstandes, die einen bestrebten sich, die
Früchte ihrer Arbeit zu erhalten und zu schützen, die anderen
dieselben den Erwerbern abzujagen. Beide Teile sollten binnen

kurzem die Hände in Bruderblut tauchen, ihr eigenes Fleisch und Blut vernichten.

Doch wie sehr sich auch die Wolken am Horizont der Ukraine türmten, wie viele Schrecken auch über Nacht hereinbrechen konnten, und wie sehr der Sturm im Innern des Landes tobte und brauste, der Donner der Revolution grollte, noch immer konnten sich die Menschen nicht vorstellen, welche Verheerungen das entfesselte Wetter anrichten würde. Vielleicht konnte Chmielnizki selbst noch nicht die Tragweite seiner Handlungen ermessen. Er sandte inzwischen Briefe an Herrn Krakowski, den Kommissarius der Kosaken und Kronenfähnrich, voller Klagen und gleichzeitig voller Versicherungen der Treue und Anhänglichkeit an den König Wladislaus IV. und die Republik. Er wollte jedenfalls Zeit gewinnen, oder hoffte, noch durch Verträge allen diesen Zwisten ein Ende zu machen. Die Urteile waren verschieden. Nur zwei Menschen ließen sich durch nichts irre leiten. Diese beiden waren Sazwilichowski und der alte Barabasch.

Der alte Hauptmann hatte ebenfalls einen Brief von Chmielnizki bekommen. Der Ton desselben war höhnisch, drohend, voller Beleidigungen. „Wir wollen mit ganz Saporogien," so schrieb Chmielnizki, „heiß und dringend bitten, daß endlich alle die Privilegien zu ihrem Rechte gelangen, welche Ew. Gnaden so lange zu eigenem Nutzen unterschlagen haben. Und da dies eben zu eigenem Nutzen geschah, so erklären sämtliche Kosaken feierlich, daß Ihr eher würdig seid, der Hauptmann von Schafen und Schweinen, nicht aber von Menschen zu sein. Ich für meine Person bitte zu vergeben, wenn Euch in meinem ärmlichen Hause zu Tschechryn etwas nicht behagt haben sollte. Vergebt auch, daß ich, ohne Eure Erlaubnis einzuholen, entflohen bin."

„Seht, meine Herren," sagte Barabasch zu Sazwilichowski und Skrzetuski, „wie dieser Mensch mich höhnt. Und ich lehrte ihn fechten, Krieg führen — ich war ihm ein Vater."

„Er kündigt also an, daß er mit sämtlichen Kosaken seine Privilegien fordern wird," meinte Sazwilichowski. „Um Gott! das ist der schrecklichste Krieg, den es giebt — der Bürgerkrieg."

„So habe ich die größte Eile fortzukommen," sagte Skrzetuski; „ich bitte Euch um die Briefe an diejenigen, mit welchen ich werde verkehren müssen."

„Zum Feldhauptmann habt Ihr schon einen?"

„Der Fürst selbst schreibt an ihn."

„Ich werbe Euch also ein Schreiben an einen Herrn Korscheniow geben und hier Herr Barabasch hat dort auch einen Verwandten, von ihnen werdet Ihr alles erfahren. Wer kann wissen, ob die Expedition nicht schon eine verspätete ist. Der Fürst will wissen, wie es in Wahrheit steht? — die Antwort ist kurz — schlecht steht es! Er will wissen, was zu thun ist? — der beste Rat ist, — so viel Soldaten als möglich sammeln und mit allen Hauptleuten sich vereinen."

„Schickt doch einen Boten zum Fürsten mit Eurem Rat und Eurer Antwort. Ich muß fort, so lautet der Befehl, daran läßt sich nichts ändern."

„Und wißt Ihr auch, Ew. Gnaden, daß das eine furchtbar gefährliche Expedition ist?" sprach Herr Sazwilichowski. Schon bei uns ist das Volk in einer Aufregung, die uns keine Ruhe gönnt; wären nicht die königlichen Regimenter in der Nähe, so würde es uns angreifen. Wie mag es erst dort sein! Ihr kriecht dem Drachen in den Rachen."

„Gnädiger Kronenfähnrich! Jonas war schon im Leibe des Walfisches, nicht nur in dessen Rachen, und kam doch mit Gottes Hilfe gesund heraus."

„So reitet mit Gott! Ich kann Euren Entschluß nur loben. Bis Kudak kommt Ihr ungefährdet, dort müßt Ihr sehen, was weiter zu thun ist. Grodschizki ist ein alter Soldat; er wird Euch am besten instruieren. Wahrscheinlich reite ich selbst zum Fürsten. Soll ich noch einmal in meinen alten Tagen in den Krieg, so diene ich lieber unter ihm, als unter einem anderen. Der Flußkahn, welcher Euch nach Kudak bringen soll, ist bereit zur Abfahrt.

Herr Strzetuski ging sofort in sein Quartier im Hause des Fürsten am Markt, um die letzten Reisevorbereitungen zu treffen. Er konnte trotz der ihm drohenden Gefahren nicht ohne eine gewisse Genugthuung an diese denken. Er sollte den Dniepr in seiner ganzen Länge sehen bis hinab in die Niederungen, und diese Strecke war für die damalige Ritterschaft ein Zauberland, es trieb einen jeden, welcher Gefahren nicht mied, dessen Geheimnisse und Gefahren zu ergründen. Es gab viele, welche in der Ukraine geboren und gestorben waren, ohne daß sie sich rühmen konnten, in den Niederungen gewesen zu sein. Der Bruch zwischen den Niederungen und der Republik hatte nie aufgehört. Seit den Zeiten Nalewajkos und Pawluks war er sogar größer geworden und der Zuzug der Wappenbrüder polnischen und ruthenischen Stammes dorthin, war immer geringer

geworden. Die Bulysch-Kurzewitschs fanden nicht viele Nach-
ahmer; überhaupt wurde in jetziger Zeit der Adel nur vom
Unglück, dem Urteil der Verbannung und unsühnbarer Schuld
dahin getrieben. So kam es, daß ein geheimnißvoller Schleier
diesen Dniepr und die Niederungen umwob. Man erzählte sich
Wunderdinge von dort, und Herr Skrzetuski war begierig,
diese Wunder zu schauen. Als Gesandter des Fürsten Jeremias
kam es ihm gar nicht in den Sinn, daß er überhaupt nicht
zurückkehren könne. Indem er so über seine Reise nachdachte,
sah er durch das Fenster auf den Markt. Es verrann eine
Stunde und noch eine. Plötzlich schien es Herrn Skrzetuski,
als ob zwei ihm bekannte Gestalten über den Markt nach dem
Dswonizki-Winkel schritten, wo der Walache Dopula seine Weinstube hatte. Er sah genauer hin und erkannte Herrn Sagloba
und Bohun. Sie schritten Arm in Arm und verschwanden
bald hinter der dunklen Thür, über welcher das Abzeichen der
Schankgerechtigkeit zu sehen war. Der Statthalter wunderte
sich über die Anwesenheit Bohuns und noch mehr über seine
Freundschaft mit Sagloba.

„Rzendzian! komm einmal her!“ rief er.

Der Edelknabe erschien sofort in der Thür des Nebenzimmers.

„Höre, Rzendzian! Du gehst dorthin in die Weinstube,
sieh dahin unter den Schankkranz. Dort findest Du einen
dicken Edelmann mit einem Loch im Kopfe; dem sagst Du, daß
jemand etwas Wichtiges mit ihm zu sprechen hat und ihn sehen
will. Wenn er frägt „wer“, so sage es ihm nicht.“

Der Knabe eilte davon, und nach einer Weile sah er ihn
in Begleitung des Herrn Sagloba zurückkommen.

„Willkommen, Ew. Gnaden,“ rief Herr Skrzetuski, sobald
er in der Thür erschien, „erinnert Ihr Euch meiner noch?“

„Ob ich mich erinnere? Mögen die Tataren mich zu Talg
brennen und Lichter aus mir ziehen, wenn ich Euch vergessen
habe. Ihr habt vor wenigen Monaten dort bei Dopula die
Thüre mit dem Tschaplinski eingerannt, was ganz nach meinem
Gusto war, da ich auf dieselbe Weise mich in Stambul aus
dem Gefängnisse befreit habe. Was macht denn der Herr
Powschinoga Pluderreiß samt seinem Vorhaben und dem Hutabschläger? Halten ihn die Sperlinge noch immer für einen
vertrockneten Baum?“

„Herr Podbipienta ist wohlauf und läßt Euch grüßen.“

„Der Mann ist ein sehr reicher Edelmann, aber grauen-
haft dumm. Wenn es ihm gelingt, drei solche Köpfe abzuschlagen

wie der seine, so hat er immer erst eineinhalb Köpfe, weil drei halbe. Puh! wie ist das heiß, obgleich erst März; die Zunge vertrocknet im Halse."

„Ich habe einen vorzüglichen Met, vielleicht nehmt Ihr einen Becher?"

„Nur ein Narr schlägt so etwas aus. Der Feldherr hat mir eben empfohlen, Met zu trinken, um mir die Melancholie aus dem Kopfe zu treiben. Es kommen schwere Zeiten für den Edelmann: dies irae et calamitatis. Tschaplinski krepiert vor Angst; zu Dopula geht er nicht mehr, weil dort die Kosaken= hauptleute trinken. Ich allein trete mit tapferer Stirn ihnen entgegen und halte ihnen Kompagnie, obgleich ihre Hauptmann= schaft derb mit Teer durchtränkt ist. Vorzüglicher Met! wahr= haftig vorzüglich! Woher habt Ihr ihn?"

„Aus Lubnie. Sind viele Hauptleute und Offiziere hier?"

„Wer wäre nicht hier! Jakubowitsch, der alte Filon Dsiedschalla, Daniel Netschaj und mit ihnen ihr Auge im Kopfe, ihr Bohun, sind hier. Der wurde seit der Zeit mein Freund, als ich ihn eines Tages unter den Tisch trank und versprach, ihn zu adoptieren. Alle lungern jetzt in Tschechrhn herum und sehen, woher der Wind weht, denn sie wagen es noch nicht, sich öffentlich für Chmielnizki zu erklären. Und wenn sie nicht zu ihm gehen, so ist das mein Verdienst."

„Wieso das?"

„Indem ich mit ihnen trinke, suche ich sie für die Republik zu gewinnen und zur Treue zu bereden. Es gäbe keine Ge= rechtigkeit mehr, glaubt mir, wenn der König dafür mich nicht zum Starosten machte; dann thäte man besser, Hühner zum Brüten aufzusetzen, als pro publico bono den Kopf zu wagen."

„Mir scheint, Ihr werft Euer Geld umsonst fort, denn auf diese Art gewinnt Ihr sie nicht. Besser, Ihr setztet Euren Kopf mit Eurem Schwert ein."

„Ich werfe Geld fort? Wofür haltet Ihr mich? Ist es nicht genug, daß ich Gemeinschaft halte mit dem Gesindel? Und ich sollte noch für sie zahlen? Ich halte es für eine Ehre für sie, daß ich Ihnen erlaube, für mich zu zahlen."

„Und was treibt jener Bohun hier?"

„Der? Er horcht, was von den Niederungen für Nach= richten kommen. Wozu er hierher kam? Er ist der Liebling aller Kosaken; sie hängen an ihm mit Affenliebe. Das steht fest, daß die Perejeslawer Schwadron mit ihm geht und nicht mit Loboda. Und wer weiß, wem sich die Linienkosaken Krschet=

schowskis anschließen, wenn es gilt, gegen Türken und Tataren zu ziehen, so ist Bohun ein Sohn der Niederungen, aber ich denke eben darüber nach — in trunkenem Zustande hat er mir soeben erzählt, daß er ein Edelfräulein liebt und sie heiraten will; so dürfte es sich wohl nicht schicken, daß er am Vorabend der Hochzeit Gemeinschaft mit Bauern hält. Er will, ich soll ihn adoptieren und ihm mein Wappen vererben. Euer Met ist wahrhaftig vorzüglich."

„So trinkt doch!"

„Ich trinke! ich trinke! Dort unter dem Schankkranz verkaufen sie keinen solchen Met."

„Habt Ihr vielleicht gefragt, wie das Edelfräulein heißt, die er heiraten will?"

„Was kümmert mich ihr Name. Ich weiß nur, daß, wenn ich ihm Hörner andrehe, sie Frau Rehin oder Hirschin heißen wird."

Der Statthalter fühlte große Lust, dem Spötter eine Ohrfeige zu applizieren, dieser merkte die unwillkürliche Bewegung jedoch nicht und sprach weiter:

„In jungen Jahren war ich ein hübscher Bursche. Wenn ich Ew. Gnaden nur erzählen wollte, wofür ich in Galati die Palme bekam! Seht Ihr das Loch in der Stirn? Genug, wenn ich Euch sage, daß es mir die Eunuchen im Serail des dortigen Pascha schlugen."

„Ihr sagtet doch, es war' die Kugel eines Raubmörders?"

„Sagte ich das? Ich hatte recht. Jeder Türke ist ein Raubmörder, so wahr mir Gott helfe!"

Hier unterbrach der Eintritt des Herrn Sazwilichowski die Unterhaltung.

„Nun, Herr Statthalter," sagte der alte Kronenfähnrich, „die Kähne sind bereit — die Ruderer sind sichere Leute; zieht mit Gott, wenn Ihr wollt, sogleich. Und hier die Briefe."

„Ich lasse die Leute sogleich ans Ufer gehen."

„Wohin gehen Ew. Gnaden denn?" frug Herr Sagloba.

„Nach Kudak."

„Es wird Euch heiß dort werden."

Der Statthalter hatte den letzten Satz nicht mehr gehört. Er war aus dem Gemach in den Hof getreten. Seine Leute standen reisefertig bei den Pferden.

„Zu Pferde und an das Ufer!" kommandierte Herr Skrzetuski. „Die Pferde sind auf die Prahme zu führen, Ihr erwartet mich!"

Unterdes sagte im Gemach Herr Sazwilichowski zu Sagloba:

„Ich habe gehört, daß Ihr jetzt den Kosakenhauptleuten den Hof macht und mit ihnen trinkt."

„Pro publico bono! Ew. Gnaden."

„Euer Witz ist größer als Euer Schamgefühl. Ihr wollt Euch die Kosaken in poculis verbrüdern, damit sie in Zeiten der Gefahr Euch freundlich gesinnt seien."

„Es wäre kein Wunder, wenn ich, der ich schon ein Märtyrer unter den Türken war, nicht auch noch einer der Kosaken werden möchte. Zweierlei Pilze verderben den Barschtsch*). Und was mein Schamgefühl betrifft, so trage ich kein Verlangen, dasselbe mit jemandem zu teilen, so Gott will, mache ich mir selbst keine Schande. Das Verdienst kommt, wie das Oel, immer nach oben."

Skrzetuski trat ein.

„Die Leute rücken schon aus," sagte er.

Herr Sazwilichowski goß ein Maß ein:

„Auf glückliche Reise!"

„Und glückliche Wiederkehr!" setzte Sagloba hinzu.

„Ihr werdet gute Fahrt haben. Das Wasser steht hoch."

„Setzt Euch, Ihr Herren. Wir wollen den Rest austrinken."

Sie saßen und tranken.

„Ihr bekommt ein wunderschönes Land zu sehen," sagte Herr Sazwilichowski. Grüßt mir den Herrn Grodschizki in Kudak. Das ist ein Soldat. Fast am Ende der Welt, fern von allen Hauptleuten, ohne Aufsicht, sitzt er ganz allein und hält eine Ordnung, welche der ganzen Republik als Muster dienen könnte. Ich kenne Kudak und die Porogen genau. In fernen Zeiten ritt man oft dorthin, und Trauer bemächtigt sich des Herzens bei dem Gedanken, daß das alles vorüber, und jetzt . . . ."

Hier stützte der Fähnrich den greisen Kopf in die Hand und versank in Sinnen. Eine Weile war alles still; man hörte nur das Pferdegetrappel der aus dem Schloßthor reitenden Leute Skrzetuskis.

„Mein Gott!" seufzte, sich aufraffend, Sazwilichowski. Es waren früher, trotz der zeitweisen Unruhen, doch bessere Zeiten. Ich erinnere mich wie heute! Es war bei Chozim, vor siebenundzwanzig Jahren! Als dort die Husaren unter Lubomirski auf die Janitscharen eine Attacke machten, da warfen in der Schanze die Jungens die Mützen in die Höhe und schrieen, daß die Erde bebte: „wir leben und sterben mit den Lechen (Polen)!" Und heute? Heute sind die Niederungen, welche

---

*) Barschtsch = Nationalsuppe der Polen.

ein Vorplatz des Christentums sein mußten, den Tataren ein
wüster Tummelplatz, man läßt sie ungehindert in ihre Grenzen,
damit sie die Republik überfallen können, wenn ihnen die Zeit
am geeignetsten zum Beutemachen dünkt. Heute! heute vereint
sich Chmielnizki, ein Sohn unserer Erde, mit dieser Heidenbrut,
um gemeinschaftlich mit ihr die Christen zu morden."

„Trinken wir den Kummer hinunter," unterbrach Sagloba.
„Ist das ein Met!"

Der alte Fähnrich sprach weiter:

„Gott gebe ein baldiges Ende, damit ich diesen Bruderkrieg
nicht zu sehen brauche. Gemeinschaftliche Sünden sollen mit
Blut abgewaschen werden, aber es wird kein Sühneblut sein,
denn der Bruder wird den Bruder morden. Wer wohnt in
den Niederungen? Söhne der Ukraine; wer ist Soldat im Heere
des Fürsten Jeremias, in den Posten der Herren, bei den
Truppen des Königs? Söhne der Ukraine! Und ich selbst,
wer bin ich? O! unglückselige Ukraine! Die Heiden aus der
Krim werden Dir die Kette um den Hals legen, und Dir das
Ruder der türkischen Galeeren in die Hand drücken!"

„Hört auf, so zu klagen, Ew. Gnaden," sagte Strzetuski,
„oder Ihr öffnet die Thränenschleusen unserer Augen. Vielleicht leuchtet uns doch wieder die schöne Sonne!"

Aber eben ging die Sonne unter; ihre letzten Strahlen
fielen mit rotem Schimmer auf das weiße Haupt Sazwilichowskis.
In der Stadt wurde zum Ave Maria geläutet. Sie gingen
hinaus. Herr Strzetuski ging in die römische, Herr Sazwilichowski in die griechische Kirche und Herr Sagloba zu Dopula in
die Weinstube. Es war schon finster, als sie an der Anlegestelle
der Prahme wieder zusammentrafen. Die Leute des Herrn Strzetuski waren schon untergebracht, die Ruderer besorgten das
Gepäck. Ein kalter Wind zog vom Wasser her, die Nacht schien
dunkel und trübe werden zu wollen. Im Lichte des am Ufer
brennenden Feuers leuchtete das Wasser blutrot und schien hurtig
davonzueilen, in weite, unbekannte Fernen.

„Glückliche Reise!" sagte der Kronenfähnrich, Strzetuskis
Hand drückend. „Und hütet Euch!"

„Ich werde keine Vorsicht versäumen. So Gott will, sehen
wir uns bald wieder!"

„Es wäre denn in Lubnie oder im Lager des Fürsten.
In Tschechryn nicht."

„So, wollt Ihr durchaus zum Fürsten?"

„Was bleibt mir zu thun übrig. Wenn Krieg, dann Krieg!"

„Bleibt mir recht gesund, Herr Fähnrich!"

„Gott geleite Euch!"

„Vive valeque!" rief Sagloba, „und wenn das Wasser
Euch bis Stambul trägt, so macht dem Sultan Eure Reverenz.
Donner und Knoten! war das ein Met. Brr — wie kalt
ist es hier!"

„Zum Wiedersehen!"

„Auf Wiedersehen!"

„Gott geleite Euch!"

Die Ruder knarrten und fielen in das Wasser, die Kähne
schwammen ab. Das Feuer am Ufer erlosch schnell in dem
Dunkel der einbrechenden Nacht. Ein Weilchen noch sah Strze=
tuski, hell vom Feuer beschienen, die ehrwürdige Gestalt des
Kronenfähnrichs, dann tauchte auch sie ins Dunkel. Ein plötz=
licher Schmerz preßte ihm das Herz. Dieses Wasser trug ihn
fort von wohlmeinenden Herzen, von der Geliebten und von
bekannten Gegenden, unerbittlich fort, wie ein Verhängnis in
die Finsternis, der Wildnis entgegen. Sie schwammen aus der
Mündung der Tasmina in den Dniepr. Der Wind heulte, die
Ruder klatschten eintönig in das Wasser, die Ruderer begannen
einen düsteren, melancholischen Gesang. Strzetuski hüllte sich
in seinen Mantel und warf sich auf das Lager, welches die
Soldaten ihm bereitet hatten. Er dachte an Helene. Ihm fiel
der Gedanke schwer aufs Herz, daß sie noch nicht in Lubnie,
daß Bohun hier weile und er fern von ihr sei. Sorge, böse
Ahnungen kamen ihm wie Raben. Er quälte sich mit ihnen
herum, bis er so müde war, daß die Gedanken immer unklarer
wurden, sich mit dem Heulen des Windes, dem Geräusch der
Ruder, dem Gesang der Fischer mischten und — er schlief ein.

9. Kapitel.

Am Morgen erwachte er frisch, gesund und froher. Es war herrliches Wetter. Ein leichter, lauer Wind kräuselte das Wasser, die Ufer verschwammen im Nebel und bildeten mit dem Fluß eine monotone, unabsehbare Fläche. Auch Rzendzian erwachte, rieb sich die Augen und erschrak fast. Verwundert blickte er um sich, und da er die Ufer nicht sah, rief er:

„O, Gott! Ew. Gnaden! wo sind wir? wohl auf dem Meere?"

„Es ist der breite Fluß, nicht das Meer," antwortete Strzetuski; „die Ufer wirst Du sehen, sobald der Nebel fällt."

„Ich denke, nächstens werden wir wohl in die Türkei wandern müssen."

„Wir wandern, wenn man uns befiehlt. Du siehst übrigens, daß wir nicht allein fahren."

So weit als der Nebel zu sehen gestattete, gewahrte man eine größere Anzahl Flußkähne, Prahme und schmale, kleine Kosakenboote, mit Schilf durchflochten, die man gemeinhin Weberspinnen oder Tschaiken nannte. Ein Teil dieser Fahrzeuge schwamm mit dem Strom, fortgerissen von der lebhaften Strömung, andere arbeiteten sich mühsam stromaufwärts, unterstützt von Segeln und Rudern. Sie hatten als Ladung Fische, Wachs, Salz und getrocknete Kirschen, welche für die Städte an den Ufern bestimmt waren, oder sie kehrten aus bewohnten Gegenden zurück, mit Nahrungsmitteln für Kudak und Waren, welche gern auf dem Krambazar in der Sitsch gekauft wurden.

Die Ufer des Dniepr waren vom Ausfluß der Prschola an schon ganz wüst. Hier und da nur schimmerten die Feuer aus einigen Winterlagern der Kosaken herüber. Der Fluß bildete die verbindende Landstraße zwischen der Sitsch und der übrigen Welt, besonders jetzt, wo der höhere Wasserstand die Fahrt erleichterte.

Der Statthalter betrachtete neugierig das Leben auf dem Flusse, während die Fahrzeuge sich schnell Kudak näherten. Der Nebel fiel, die Ufer wurden deutlich erkennbar. Ueber den Häuptern der Reisenden kreisten Millionen Vögel, Pelikane, wilde Gänse, Kraniche, Enten, Kibitze, Dickvögel und Fischreiher. In dem Uferrohr hörte man ein Lärmen, Flügelrauschen und Gurgeln des Wassers, als hielten die Vogelscharen dort große Versammlungen und Schlachten. Hinter Krementschuk wurden die Ufer flacher und freier.

„Seht doch, gnädiger Herr," rief plötzlich Rzendzian; „die Sonne brennt so heiß und doch liegt Schnee auf den Feldern."

Strzetuski blickte auf und in der That, eine unübersehbare, weiße Decke breitete sich aus und glänzte in den Strahlen der Sonne zu beiden Seiten des Flusses.

„Hej! Alter," frug er den Steuermann, „was ist das Weiße dort."

„Sauerkirsche, Herr!" entgegnete der Mann.

Es waren wirklich Wälder der Sauerkirsche, welche vom Ausfluß der Prschola aus beide Ufer bedeckten. Ihre schönen, großen Früchte gaben im Herbst den Vögeln, Tieren und verirrten Menschen Nahrung und bildeten zugleich einen Gegenstand lebhaften Handels bis nach Kiew und weiter. Jetzt waren diese Wälder mit Blütenschnee bedeckt. Als die Fahrzeuge am Ufer anlangten, um den Ruderern Ruhe zu gönnen, stieg der Statthalter mit Rzendzian aus, um die Blüten näher zu betrachten. Es umfing sie ein solch berauschender Duft, daß sie kaum zu atmen vermochten. Eine Menge Blüten bedeckten den Boden; stellenweise bildeten die Bäumchen ein undurchbringliches Dickicht. Zwischen den Kirschen wuchsen auch wilde Zwerg-Mandelbäume mit rosenroten Blüten, noch schärferen Duft ausströmend. Millionen Libellen, Bienen und bunte Schmetterlinge flatterten über diesem bunten Blumenmeer, dessen Ende nicht abzusehen war.

„Ein Wunder, Herr! Ein Wunder!" sagte Rzendzian. „Warum wohnen hier keine Menschen? Tiere giebt es auch genug hier."

Zwischen dem Gesträuch schlüpften graue Hasen, unzählige

Scharen weißer Wachteln mit glänzenden Füßen, von denen Rzendzian einige mit der Vogelbüchse erlegte. Zu seinem Aerger sagte ihm aber der Bootsmann, daß ihr Fleisch giftig sei. In den weichen Boden eingedrückt, fand man auch Spuren von Rotwild und von ferne tönten Laute, wie das Grunzen wilder Schweine.

Die Reisenden zogen weiter. Die Ufer hoben sich bald, bald senkten sie sich, Durchblicke auf prächtige Eichenhaine, Wälder, Grenzsteine, Grabhügel und ausgebreitete Steppen gewährend. Die Gegend war so wunderbar schön, daß Skrzetuski unbewußt mehrmals den Ausruf Rzendzians wiederholte: „Warum wohnen hier keine Menschen!“ Hier hätte es nur eines zweiten Wischniowiezki bedurft, um diese Einöde in eine belebte und geschützte Welt umzuwandeln. Stellenweise bildete der Fluß Strudel, breite Lachen, er überschwemmte das Gehege oder schlug die brandenden Wellen an die Uferfelsen, mit den Wassern schwarze Höhlen füllend. In diesen Höhlen versteckten sich oft Kosaken. Die Mündungen der Nebenflüsse wimmelten von einer Unzahl Vögel, so daß der Wasserspiegel schwarz bedeckt war. Die Schifffahrt wurde immer schwieriger und unangenehmer. Infolge der Wärme erschienen Schwärme von Mücken und in der Steppe unbekannte Insekten, deren Stich eine blutende Wunde zurückließ.

Gegen Abend kamen die Reisenden zur Insel Romanowka, deren Feuer schon von ferne zu sehen waren. Hier blieben sie zur Nacht. Die Fischer, welche herbeieilten, das Gefolge des Statthalters zu betrachten, hatten zum Schutze gegen den Stich der Insekten Gesicht, Hände und Hemd mit Teer eingeschmiert. Sie waren roh und wild von Sitten; im Frühjahr bewohnten sie in großen Massen diese Gegend, um Fische zu fangen und zu räuchern, welche sie dann nach Tschechryn, Tscherkassy, Perejeslaw und Kiew ausfuhren. Ihr Gewerbe war schwer, aber einträglich, der reichen Fischernte wegen, welche im heißen Sommer eine wahre Not in dieser Gegend verursachte, da bei niedrigem Wasserstande unzählige Mengen Fische abstarben und in den sogenannten stillen Winkeln die Luft verpesteten.

Der Statthalter erfuhr von den Fischern, daß alle Leute aus den Niederungen, die ebenfalls zum Fischfang hierher gekommen waren, die Gegend verlassen und — einberufen vom Feldhauptmann — sich in die Heimat begeben hatten. Die Fischer wußten, daß eine Expedition auf die Lechen sich vorbereite und verhehlten das dem Statthalter gar nicht. Herr Skrzetuski fing an selbst einzusehen, daß seine Expedition verspätet sei; vielleicht zogen die Rebellenhorden schon herbei, noch ehe er die Sitsch erreicht hatte, aber er hatte den Befehl, dorthin zu gehen, und als rechter Soldat deutelte er nicht an demselben herum. Er beschloß, vorzubringen und sei es auch mitten in das feindliche Lager.

Am nächsten Morgen ging es weiter. Die immer zunehmende Wildheit der Gegend, das immer lauter brausende Wasser kündeten die Nähe der Porogen*) an, bis endlich der Turm von Kudak im Gesichtskreis erschien und der erste Teil der beschwerlichen Reise zurückgelegt war. Der Statthalter kam aber heute nicht mehr in die Festung, denn Herr Grobschizki hatte die Sitte eingeführt, daß, sobald bei Sonnenuntergang das Losungswort gegeben war, niemand mehr in die Festung hinein= und niemand hinausgelassen wurde und wäre es der König selbst. Der Fremde mußte dann in den Hütten vor den Thoren der Festung übernachten.

So ging es auch dem Statthalter. Das Nachtlager war nicht sehr bequem, denn die aus Lehm geklebte Hütte war so eng, daß man nur gebückt hineingehen konnte. Es lohnte nicht, dort andere hinzubauen, denn bei jedem Ueberfall der Türken und Tataren mußten sie dem Boden gleich gemacht werden, um den Angreifern keinen Hinterhalt zu geben. Die Hütten wurden von herumirrenden Polen, Ruthenen und Walachen bewohnt. Fast jeder von ihnen hatte ein anderes Glaubensbekenntnis, aber darnach frug hier niemand. Der Acker wurde der fortwährend drohenden Gefahren wegen nicht bestellt, sie lebten vom Fischfang und der Getreidezufuhr aus der Ukraine, tranken aus Hirse gebranntes Wasser und betrieben verschiedene Handwerke, weswegen sie in der Festung sehr geschätzt waren. Der Statthalter konnte kein Auge schließen. Der penetrante Geruch von Pferdefellen, aus welchen Riemen geschnitten wurden, ließ ihn nicht schlafen. Sobald in der Morgendämmerung die Trompete oben die Soldaten wach rief, ließ er sich bei dem Kommandanten melden. Herr Grobschizki, welchem der letzte Besuch des Fürsten noch lebhaft im Gedächtnis war, holte ihn selbst. Ein Mann von etwa fünfzig Jahren, einäugig wie ein Cyklop, düster von Natur, war er hier in dieser Einöde, fern von Menschen gleicher Bildung, fast ganz wild geworden. Die stete Gewohnheit, unumschränkt zu gebieten, hatte seinem Aeußeren Strenge und Härte aufgeprägt. Das Gesicht war von Pockennarben entstellt, dagegen geschmückt mit Narben von Säbelhieben und tatarischen

---

*) Porogen = Stromschnellen.

Pfeilspitzen, welche sich von der dunklen Haut abhoben wie weiße Siegel. Herr Grodschizki war ein echter Soldat, wachsam wie ein Kranich, das Auge fortwährend nach der Seite gerichtet, woher die meiste Gefahr drohte. Er trank nur Wasser, schlief täglich nur sieben Stunden und stand nachts oft auf, um die Wachen zu kontrollieren; jede Nachlässigkeit bestrafte er mit dem Tode. Er besaß in vollstem Maße die Achtung der Kosaken, gegen welche er trotz der Strenge im Dienst, doch menschenfreundlich war. Er unterstützte sie in Zeiten der Not mit Nahrungsmitteln. Ein Ruthene von Geburt, war er nach jenem Zuschnitt, wie ihrer Zeit Pschezlaw Landeskron und Lamek Zborowski.

„Ihr geht also nach der Sitsch, gnädiger Herr?" frug er Herrn Strzetuski, nachdem er ihn in das Schloß geführt und gestärkt hatte.

„Nach der Sitsch," entgegnete dieser. „Welche Nachrichten habt Ihr von dort, Herr Kommandant?"

„Kriegerische. Der Feldhauptmann hat von allen Flüßchen, Inseln und sonstigen Aufenthaltsorten die Kosaken einberufen. Den Ueberläufern aus der Ukraine versperre ich den Weg, so gut ich kann. Es sind dort schon über dreißigtausend Mann beisammen; wenn auf ihrem Zuge nach der Ukraine sich ihnen die ansässigen Kosaken nebst dem gemeinen Volke anschließen, so werden über hunderttausend zusammen kommen."

„Und Chmielnizki?"

„Kann jeden Tag mit den Tataren eintreffen; vielleicht ist er schon da. Um die Wahrheit zu sagen, so fahrt Ihr umsonst nach der Sitsch, in kurzem habt Ihr sie hier. Daß sie Kudak nicht umgehen und die Festung hinter sich lassen werden, das steht fest."

„Und werdet Ihr sie halten können?"

Grodschizki sah den Statthalter finster an. Dann antwortete er deutlich und klar:

„Ich werde sie nicht halten können."

„Warum nicht?"

„Weil ich kein Pulver habe. Ich habe schon mindestens zwanzig Kähne abgeschickt, ließ bitten, sie möchten mir wenigstens etwas schicken. Ich weiß nicht — sind die Boten bestochen — oder haben sie selbst keines — ich weiß nur, daß ich bis jetzt nichts bekommen habe. Es ist noch Vorrat auf etwa zwei Wochen da — nicht länger. Hätte ich Pulver genug, so würde ich Kudak und mich eher in die Luft sprengen, ehe ein Kosakenfuß diese Stätte betritt. Man hieß mich hier liegen — so liege ich, man befahl mir, hier Wache zu halten — ich wache, man befahl, die Zähne zu fletschen — ich thue es, und wenn es dazu kommt, daß ich sterben muß, nun — die Mutter hat mich nur einmal geboren — ich werde zu sterben wissen."

„Könnt Ihr denn selbst kein Pulver bereiten, Herr Kommandant?"

„Seit zwei Monaten lassen die Saporogen mir meine Salpeterkähne nicht mehr durch, die vom Schwarzen Meer kommen müssen. Es ist alles eins! Ich bin verloren!"

„Man kann von Euch altem Soldaten viel lernen. Wie wäre es, wenn Ihr selber nach Pulver fahren möchtet?"

„Mein Herr! Ich verlasse Kudak nicht. Hier lebte ich, hier will ich auch sterben. Denkt Ihr nur nicht, daß Eurer Banketts und Willkommfeste warten, wie sie sonst überall den Botschaftern zu teil werden. Dort schützt Euch die Gesandtenwürde nicht. Sie morden ihre eigenen Attamans, und seit ich hier bin, ist mir nicht erinnerlich, daß einer von ihnen eines natürlichen Todes gestorben wäre. Auch Ihr werdet sterben."

Skrzetuski schwieg.

„Ich sehe, daß Euch der Mut sinkt. Fahret lieber nicht."

„Herr Kommandant," sagte Skrzetuski erzürnt, „denkt Euch etwas Besseres aus, mich zu schrecken. Was Ihr mir sagtet, hörte ich schon zehnmal, und da Ihr mir ratet, nicht zu fahren, so sehe ich, daß Ihr an meiner Stelle nicht fahren würdet. Bedenkt Euch, ob Euch nur Pulver oder nicht auch der Mut zur Verteidigung Kudaks fehlt."

Grodschizki, anstatt erzürnt zu sein, blickte freundlicher.

„Verdammter Kerl!" brummte er ruthenisch. „Verzeiht, gnädiger Herr," sagte er laut zu Skrzetuski. „Aus Eurer Antwort ersehe ich, daß Ihr imstande seid, die fürstliche Würde zu vertreten und den Adel in Ehren zu halten. Ich werde Euch ein paar Tschaiken geben, denn mit den großen Flußkähnen kommt Ihr nicht durch die Porogen."

„Darum wollte ich Ew. Gnaden auch bitten."

„Bei Nienasyt bringt Ihr sie auf das Land, denn, obgleich der Wasserstand hoch ist, kommt dort niemand durch. Ein ganz kleines Boot würde kaum hindurch zu lenken sein. Wenn Ihr dann wieder Fahrwasser habt, so seid wachsam, daß man Euch nicht überfällt, und seid stets eingedenk, daß das Blei nachdrücklicher wirkt als das Wort. Dort schätzt man nur mutige Leute. Die Boote werden morgen bereit sein."

Jetzt führte Grodschizki den Statthalter hinaus, um ihm das Schloß und seine Einrichtung zu zeigen. Ueberall herrschte Ordnung und Strenge. Tag und Nacht standen dichte Wachen auf den Wällen, die fortwährend von gefangenen Tataren verbessert und befestigt wurden.

„Ich erhöhe den Wall alle Jahre um eine Elle," sagte Herr Grodschizki. Er ist jetzt schon so hoch, daß ich bei genügendem Pulvervorrat die Festung gegen Hunderttausend verteidigen wollte. Aber ohne Schießwaffen müssen wir einer Uebermacht erliegen."

Die Festung war in der That uneinnehmbar, denn abgesehen von den Kanonen, wurde sie durch den Fluß und zackige Felsen geschützt, welche steil nach dem Wasser hin abfielen. Sie bedurfte nicht einmal einer großen Besatzung, nur guter Waffen. Der Dniepr war an dieser Stelle so schmal und zusammengedrängt, daß ein abgeschossener Pfeil bis weit hinüber auf das andere Ufer flog. Die Festungskanonen beherrschten beide Ufer und das ganze Land ringsum. Außerdem war etwa eine halbe Meile davon ein mit hundert Mann besetzter Wachturm, von welchem man meilenweit in das Land sehen konnte. Dieser Turm wurde täglich von Herrn Grodschizki inspiziert. Von dort aus wurde die Feste sogleich benachrichtigt, wenn sich etwas Verdächtiges zeigte. Dann wurde geläutet, die ganze Besatzung stand sofort unter den Waffen.

„Es vergeht fast keine Woche," sagte Herr Grodschizki, „daß wir nicht alarmiert werden; die Tataren streichen wie die Wölfe zu Tausenden hier herum. Wir beschießen sie, so gut wir können. Oft auch werden große Herden wilder Pferde für Tataren angesehen."

„Ist es Euch nicht lästig, so fern von den Menschen in der Einöde hier zu sitzen?" frug Herr Skrzetuski.

„Wenn man mir die Wahl ließe zwischen königlichen Gemächern und meiner Festung, so wählte ich die letztere. Ich sehe hier mehr von der Welt, als der König in Warschau vom Fenster seines Schlosses aus."

Wirklich hatte man einen weiten Blick von hier in die Steppe, welche jetzt ein großes grünes Meer zu sein schien. Nach Mitternacht zu floß die Samara in den Dniepr, dessen ganzen Lauf nach dem Süden hin mit den felsigen und bald bewaldeten, bald lichten Ufern man verfolgen konnte, bis zu den schäumenden Wellen an den Surskifelsen.

Gegen Abend besuchten sie noch den Turm, da Skrzetuski

neugierig war, alles, was zu dieser Steppenfeste gehörte, kennen
zu lernen. Unterdes wurden die Boote für ihn zurecht gemacht.
Morgen in der Frühe sollte er weiter. Während der Nacht
schlief er nicht; er grübelte nach, was ihm angesichts seines
sicheren Todes zu thun obliege. Das Leben lächelte ihm ent=
gegen; er war jung und liebte, sollte an der Seite der Geliebten
leben; aber mehr als sein Leben liebte er seine Ehre und seinen
Ruhm. Aber der Gedanke, daß Helene bei der herannahenden
Kriegsnot noch in Roslogi sich befinde, und da er voraussicht=
lich nicht mehr zurückkehre, nicht nur der Macht Bohuns, sondern
noch mehr der ganzen maßlosen Rohheit des gemeinen Volkes
preisgegeben sein würde, peinigte ihn entsetzlich. Die Steppe
mußte schon ziemlich trocken sein; man konnte gewiß nach Lubnie
fahren und er selbst hatte die Frauen gebeten, seine Rückkehr ab=
zuwarten, da er nicht geahnt hatte, daß der Sturm schon so nahe
sei. Er lief in seinem Gemache hin und her und rang die Hände.
Was sollte er thun? Seine Phantasie zeigte ihm Roslogi nieder=
gebrannt, umgeben von den heulenden, wilden Horden, die
Teufeln ähnlicher waren als Menschen. Der Schall der eigenen
Schritte weckte das Echo im gewölbten Schloßgemach; ihm war,
als ob böse Geister Helene bereits ergriffen hätten. Auf den
Wällen blies man das Signal zum Löschen der Lichter; ihm
schien, es sei dies der Ton von Bohuns Horn. Er griff nach
dem Säbel und knirschte mit den Zähnen. Ach! weshalb hatte
er sich zu dieser Expedition gedrängt, weshalb hatte er sie dem
Bychowiez nicht gelassen?

Die Verzweiflung seines Herrn entging dem Edelknaben
Skrzetuskis nicht, welcher an der Schwelle schlief. Er rieb sich
die Augen, frischte die Fackeln auf, die in eisernen Ringen
brennend hingen, und machte sich im Gemach zu schaffen, um
die Aufmerksamkeit seines Herrn auf sich zu lenken.

Aber der Statthalter war ganz in seine verzweifelten Ge=
danken versunken, er schwieg, und nur das Echo seiner Schritte
hallte wider.

„Ew. Gnaden! Ew. Gnaden!" sprach Rzendzian.

Der Statthalter richtete seine gläsernen Augen auf ihn.
Plötzlich erwachte er aus seinem Sinnen.

„Rzendzian, fürchtest Du den Tod?" frug er.

„Wen? den Tod? Was sprechen Ew. Gnaden?"

„Denn wer nach der Sitsch geht, der kommt nicht mehr
zurück."

„Warum geht Ihr denn dorthin?"

„Das geht Dich nichts an, das ist mein Wille. Aber Dich bedaure ich, denn Du bist noch ein Kind, und obgleich Du ein Schalk bist, wirst Du Dich mit Deinen Narrheiten doch nicht vom Untergange retten. Gehe zurück nach Tscheckryn, von dort nach Lubnie."

Rzendzian kratzte sich am Kopfe.

„Gnädiger Herr! freilich fürchte ich den Tod, denn wer ihn nicht fürchtet, der fürchtet Gott nicht, weil es sein Wille ist, ob jemand leben oder sterben soll. Aber wenn Ew. Gnaden schon freiwillig dem Tode entgegengehen, so fällt die Sünde auf den Herrn und nicht auf den Diener. Ich verlasse Ew. Gnaden nicht, denn ich bin kein Bauer, sondern ein Edelmann, und bin ich auch arm, so habe ich doch Ehre im Leibe."

„Ich wußte, daß Du ein guter Bursche bist, aber wenn Du nicht freiwillig gehst, so gehst Du auf meinen Befehl."

Rzendzian bedeckte die Augen mit den Händen und fing laut zu weinen an. Herr Strzetuski sah, daß er auf diese Weise mit dem Knaben nichts schaffte, und mit Gewalt wollte er ihn nicht forttreiben.

„Höre!" sagte er zu ihm. „Hilfe kannst Du mir nicht leisten; ich selbst werde den Kopf nicht freiwillig unter das Beil legen. Du aber wirst Briefe nach Rozlogi bringen, Briefe, an deren glücklicher Ueberbringung mir mehr liegt, als an meinem Leben. Du wirst dort der Fürstin und den Prinzen sagen, daß sie augenblicklich ohne Verzug das Fräulein nach Lubnie bringen sollen, sonst kommen ihnen die Rebellen auf den Hals. Du wirst darauf achten, daß das geschieht. Ich gebe Dir einen wichtigen Auftrag, einen Auftrag, würdig eines Freundes, nicht eines Dieners."

„So schickt jemand anderen mit den Briefen, gnädiger Herr, es wird ein jeder gern gehen."

„Bist Du toll? Wem dürfte ich hier trauen. Ich wiederhole — rette mir zweimal das Leben und Du thust mir keinen so großen Dienst als diesen, denn ich vergehe vor Angst bei dem Gedanken, was dort geschehen kann. Mir stehen die Haare zu Berge."

„Mein Gott! ich sehe ein, daß ich fort muß. Aber Ew. Gnaden thuen mir so leid, daß ich mich selbst nicht trösten könnte, wenn Ihr mir Euren Leibgurt schenktet."

„Du bekommst ihn, wenn Du Deine Sache gut verrichtest."

„Ich will den Gurt nicht, nur laßt mich mit Euch gehen."

„Morgen kehrst Du mit dem Boot zurück, welches Herr

8*

Grobschizki nach Tschechryn sendet. Von dort gehst Du, ohne auszuruhen, nach Roslogi. Dort sagst Du weder der Fürstin noch dem Fräulein, welche Gefahr mir droht, bitte nur, daß sie sofort nach Lubnie fahren, und wenn es ohne Gepäck sein müßte. Hier hast Du Reisegeld, jetzt schreibe ich Dir die Briefe."

Rzendzian warf sich dem Statthalter zu Füßen:

„Mein geliebter Herr! So soll ich Euch nicht wiedersehen?"

„Wie Gott will! wie Gott will!" sagte Skrzetuski, ihn aufhebend. In Roslogi zeige ein heiteres Gesicht, und nun gehe schlafen."

Den Rest der Nacht verbrachte der Statthalter mit Schreiben von Briefen und unter heißen Gebeten, nach welchen er sanft einschlief. Bald jedoch verblich die Nacht, ein weißer Schimmer fiel auf das schmale Fenster von Osten her. Es tagte. Rosenrote Strahlen drangen bis in das Innere des Gemachs. Auf dem Turme und auf den Wällen wurde zum Aufstehen geblasen. Kurze Zeit darauf erschien Grobschizki:

„Herr Statthalter — die Boote sind bereit!"

„Und ich bin reisefertig," antwortete Skrzetuski ruhig.

10. Kapitel.

Die flinken Tschaiken flogen eilig wie Schwalben auf dem Wasser dahin, den Ritter und sein Geschick in die Ferne tragend. Das Wasser ging hoch und machte den überall felsigen Untergrund weniger gefährlich. Sie hatten die Riffe von Surski und Lohanna bereits hinter sich, eine große Welle hatte sie glücklich über die Riffe bei Woronow und Strschelze hinweggeworfen, das Boot hatte nur ein wenig geknirscht; da erblickten sie endlich von ferne die schäumenden Strudel von Nienaßyt. Hier mußten sie aussteigen und die Boote zu Lande weiterziehen. Das war eine schwere, langwierige Arbeit, welche gewöhnlich einen ganzen Tag in Anspruch nahm. Glücklicherweise lagen von früheren solchen Fahrten her eine Menge Hölzer am Ufer, welche zum leichteren Transport der Boote benutzt wurden. Weit und breit war keine lebende Seele zu sehen, kein Boot auf dem Flusse, denn nach der Sitsch zu konnten andere Fahrzeuge nicht fahren, außer denen, welche Herr Grodschizki bei Kudak passieren ließ, und dieser schnitt jetzt absichtlich den Verkehr von Saporogien mit der übrigen Welt ab. Die Stille wurde also nur von dem Tosen der an den Felsen brandenden Wellen unterbrochen. Während die Leute bemüht waren, die Boote u transportieren, sah Herr Strzetuski sich dies Wunder der Natur an. Ein schrecklicher Anblick bot sich seinen Augen. Quer über die ganze Breite des Flußbettes zogen sich nach einander sieben mächtige Felsenwälle, hoch über das Wasser hinausragend, schwarz und zerrissen durch die Sturzwellen, welche Durchgängen und Thoren ähnliche Lücken dort ausgewühlt

hatten. Der Fluß prallte mit der ganzen Wucht seiner Wasser-
massen gegen die Felsen und, auf Widerstand stoßend, hoben
sich die tobenden Wellen zu einem mächtigen weißen Schaum-
berge, sich bemühend, das Hindernis zu übersteigen, sich bäumend
wie ein tolles Roß. Aber noch einmal zurückgedrängt, ehe sie
den Weg durch die Oeffnungen finden konnten, drehten sie sich
in schwindelnden Kreisen ohnmächtig zu gräßlichen Strudeln,
schienen knirschend den Fels zerreißen zu wollen, stiegen zu
riesigen Säulen empor, kochten wie siedend auf und stöhnten
erschöpft, wie ein gehetztes Tier. Jetzt plötzlich wieder ein
Donnerschall wie aus hundert Geschützen, ein Heulen, wie von
ganzen Rudeln Wölfen, ein Röcheln und Aechzen, und bei jedem
der sieben Wälle derselbe Kampf, dasselbe Wirbeln. Ueber dem
Abgrund das Geschrei der schreckerfüllten Vogelscharen, zwischen
den Riffen die dunklen Schatten derselben, zitternd, hin- und
hergaukelnd wie böse Geister. Die Leute, obwohl an diesen
Anblick gewöhnt, bekreuzten sich fromm und warnten den Statthalter, sich nicht zu nahe an den Rand zu wagen. Es existierten
Ueberlieferungen, daß, wer lange in diese Wirbel blicke, zuletzt
etwas sehe, wovon sich sein Verstand verwirre. Man sagte
auch, daß zuweilen aus den Strudeln lange schwarze Arme
herauslangten, den Unvorsichtigen fassend und hinabziehend, der
sich zu nahe an das Ufer gewagt; dann erscholl aus den Ab-
gründen ein fürchterliches Lachen. Zur Nachtzeit war es den
Saporoger Leuten nicht gestattet, Kähne zu transportieren. Zur
Bruderschaft wurde in den Niederungen keiner zugelassen, der
nicht einmal allein die Porogen passiert hatte, aber bei Nienaßyt
geschah eine Ausnahme, da die Riffe hier niemals vom Wasser
bedeckt waren. Nur von Bohun, dem Einzigen, sangen die
Blinden, daß er zu Kahn allein sich hier hindurchgestohlen,
aber es glaubte dies niemand.

Das Schleifen der Boote brauchte wirklich eine ganze
Tageszeit, die Sonne begann zu sinken, als der Statthalter
wieder den Kahn bestieg. Noch hatten sie einige kleine Strudel
zu passieren, dann schwammen sie auf den stillen Wassern der
Niederungen. Unterwegs sah Herr Skrzetuski auf der Grenze
Kutschkassiens das Riesendenkmal aus weißen Steinen, welches
der Fürst zum Andenken an seinen Aufenthalt hier hatte auf-
stellen lassen und von dem Boguslaw Maskiewitsch in Lubnie
ihm schon erzählt hatte. Von hier aus war es nicht mehr weit
nach der Sitsch, aber da der Statthalter nicht zur Nachtzeit in
das Labyrinth von Tschertomelik einfahren wollte, so beschloß

er, auf Chortyza zu übernachten. Gern hätte er auch eine lebende Seele aufgefunden, welche er mit der Nachricht vorauf= schicken wollte, daß er als Abgesandter und nicht als ein anderer komme. Chortyza schien jedoch ganz verödet zu sein, was den Statthalter nicht wenig wunderte. Herr Grodschizki hatte ihm doch gesagt, daß dort immer eine Abteilung Kosaken stand zum Schutz gegen die Uebergriffe der Tataren. Er untersuchte sogar mit einigen seiner Leute die Umgegend, aber die ganze Insel konnte er nicht durchsuchen, sie hatte fast eine Meile Länge, und die Nacht sank trübe und finster herab. So kehrte er denn zu den Booten zurück und ließ dieselben neben die schon an= gezündeten Feuer auf den Sand ziehen.

Der größere Teil der Nacht verlief ruhig. Die Führer und Mannschaften waren ruhig bei den Feuern eingeschlafen, nur die Posten wachten und mit ihnen der Statthalter, welchen seit seiner Abreise aus Kudak eine fürchterliche Schlaflosigkeit quälte. Er fühlte auch Fieberschauer. Mitunter schien es ihm, als näherten sich von der Insel her Schritte, dann wieder hörte er seltsame Töne, ähnlich dem leisen Meckern der Ziegen. Aber er glaubte, sein Ohr täusche ihn.

Plötzlich, schon in der Dämmerung, stand eine schwarze Gestalt vor ihm. Es war der wachthabende Soldat.

„Herr, sie kommen!" sagte er hastig.

„Wer kommt?"

„Gewiß die aus den Niederungen; es sind an vierzig."

„Gut, das sind nicht viele. Wecke die Leute! Zündet Feuer an!"

Die Mannschaften sprangen schnell auf die Füße. Die angezündete Flamme schlug in die Höhe und beleuchtete die Boote und die Handvoll Leute des Statthalters. Die übrigen Wachen kamen auch herbei.

Unterdes konnte man schon deutlich unregelmäßige Tritte unterscheiden. Diese Tritte hielten in gewisser Entfernung an, eine fremde Stimme frug in drohendem Ton:

„Wer ist am Ufer?"

„Wer seid Ihr?" entgegnete der Wachtmeister.

„Antworte, verfluchter Hund, wenn nicht, dann soll mein Gewehr Dich fragen!"

„Seine Hoheit, der Herr Gesandte des allerdurchlauchtigsten Fürsten Jeremias Wischniowiezki an den Feldhauptmann," rief der Wachtmeister laut und vernehmlich.

Die Stimme dort verstummte. Augenscheinlich fand eine Beratung statt.

„Kommt doch einmal her," rief der Wachtmeister hinüber, „fürchtet Euch nicht. Man tötet keinen Gesandten, aber auch die Gesandten töten niemanden."

Wieder wurden Schritte laut, nach einer kleinen Weile traten aus dem Schatten mehrere Gestalten hervor. An der dunklen Gesichtsfarbe, dem niedrigen Wuchs und den mit der Wolle nach außen gekehrten Pelzen erkannte der Statthalter sofort, daß es Tataren seien. Nur ein paar Kosaken fanden sich unter ihnen. Wie ein Blitz durchzuckte der Gedanke den Statthalter, daß, wenn Tataren sich auf Chortyza befanden, auch Chmielnizki aus der Krim zurück sein müsse.

An der Spitze der Versammlung stand ein Saporoge von riesenhaftem Wuchse, mit wildem, fanatischem Gesichtsausdruck. Dieser trat näher an das Feuer und frug:

„Wo ist der Gesandte?"

Ein starker Branntweingeruch verbreitete sich ringsum; der Mann war betrunken, das sah man.

„Wer ist der Gesandte?" wiederholte er.

„Ich bin es," sagte Herr Skrzetuski stolz.

„Du?"

„Was habe ich mit Dir gemein, daß Du mich mit „Du" anredest?"

„Verstehst Du Grobian keine Höflichkeit?" unterbrach der Wachtmeister. „Man sagt: Erlauchter Herr Gesandter."

„Zum Teufel mit Euch, Satansöhne. Euer wartet der Sensentod! erlauchte Höllenbrut. Nach was geht Ihr zum Attaman?"

„Das schert Dich nichts. Doch wisse, daß Du mit Deinem Hals dafür aufkommst, mich sobald als möglich zum Attaman zu schaffen."

In diesem Augenblick schob sich ein zweiter Saporoge vor.

„Wir wachen hier auf Befehl des Attaman, damit niemand von den Lechen (Polen) uns zu nahe kommt, und wer sich nähert, den sollen wir binden und abliefern. Das werden wir jetzt auch thun."

„Wer freiwillig geht, den brauchst Du nicht zu binden!"

„Ich werde aber, der Befehl lautet so!"

„Weißt Du Bauer denn, was die Person eines Gesandten bedeutet? Weißt Du, wen ich hier vorstelle?"

Der alte Riese unterbrach ihn:

„Ich führe den Gesandten, aber am Bart — seht so!"

Indem er das sagte, langte er mit der Hand nach dem Barte des Statthalters. Aber in demselben Augenblick stöhnte er, und wie vom Blitz getroffen sank er nieder. Der Statthalter hatte ihm den Kopf mit dem Streitkolben gespalten.

„Stecht ihn! Stecht ihn!" heulten wilde Stimmen aus der Versammlung. Die Mannschaften des Statthalters sammelten sich um ihren Herrn; die Musketen knallten, der Ruf: „Stecht ihn! stecht ihn!" mischte sich mit dem Klirren des Eisens. Ein regelloser Kampf begann. Im Getümmel wurde das Feuer ausgetreten, Finsternis umgab die Kämpfenden. In kurzem waren sie so dicht aneinander geraten, daß der Raum zum Hieb mangelte und Messer, Fäuste und Zähne an Stelle der Säbel traten.

Plötzlich kamen aus der Tiefe der Insel neue, zahlreiche Zurufe; die Angreifer bekamen Zuzug.

Noch eine Weile und sie wären zu spät gekommen, da die fürstlichen Mannschaften schon die Oberhand über die Angreifer gewannen.

„Zu den Booten!" rief der Statthalter mit donnernder Stimme.

Im Augenblick wurde der Befehl erfüllt. Unglücklicherweise waren die Boote zu weit auf den Sand gezogen, sie ließen sich nicht schnell ins Wasser ziehen. Unterdessen sprang der Feind wütend dem Ufer zu.

„Feuer!" kommandierte Strzetuski.

Eine Musketensalve hielt die Angreifer bald zurück, sie wurden verwirrt und zogen sich ordnungslos zurück, indem sie mehrere Verwundete zurückließen. Einige dieser Leiber zuckten konvulsivisch. Gleichzeitig bemühten sich die Schiffer mit Hilfe einiger Soldaten, die Boote flott zu machen. Trotz aller Anstrengung gelang das nicht.

Der Feind erneuerte seine Attacke von weitem. Kugeln klatschten in das Wasser, Schüsse fielen wieder und Verwundete ächzten.

Die Tataren ermutigten sich gegenseitig durch fortwährende „Allah!"-Rufe, die Kosaken antworteten „Stecht zu!" und die ruhige Stimme des Herrn Strzetuski kommandierte öfter: „Feuer!"

Das erste Morgengrauen beschien mit bleichem Licht den Kampf. Von der Landseite her gewahrte man eine Menge Kosaken und Tataren, teils die Gesichter an den Kolben der

Musketen, teils den Oberkörper hintenüber gebeugt, die Sehnen der Bogen spannend — auf dem Wasser zwei in Rauch gehüllte Boote, fortwährend beleuchtet von den Salven der Musketen, mitten drinnen lagen auf den Sand ausgestreckt die Leiber der Toten. In einem der Boote stand Herr Skrzetuski, stolz die anderen überragend, ruhig mit dem hauptmännischen Streit= kolben in der Hand, entblößten Hauptes. Ein Tatarenpfeil hatte ihm die Mütze herabgerissen.

Der Wachtmeister näherte sich ihm und flüsterte:

„Herr! Wir halten es nicht aus, es sind ihrer zu viele."

Aber dem Statthalter war es nur noch darum zu thun, seine Gesandtschaft mit dem eigenen Blute zu besiegeln, die Ent= ehrung seiner Würde nicht zu dulden, und ruhmvoll zu sterben. Deshalb verschmähte er auch, gleich seinen Soldaten, aus den Mundvorratssäcken sich einen fraglichen Schutz herzustellen; er stand frank und frei den Angriffen ausgesetzt.

„Gut!" sagte er. „Wir sterben bis auf den letzten Mann."

„Wir sterben, Brüderchen!" riefen die Mannschaften.

„Feuer!"

Wieder hüllte dichter Rauch die Boote ein. Aus der Tiefe der Insel erschienen immer mehr Bewaffnete mit Spießen und Sensen. Die Angreifer teilten sich in zwei Hälften. Die eine unterhielt das Feuer, die andere, bestehend aus etwa zweihundert jungen Tataren, war bereit zur Attacke mit den Fäusten. Gleich= zeitig schwammen aus dem die Insel umgebenden Dickicht vier Boote hervor, welche den Statthalter von hinten und von beiden Seiten angreifen sollten.

Es war inzwischen ganz hell geworden. Nur der Rauch, welcher in langen Streifen durch die stille Luft zog, verhüllte noch den Kampfplatz.

Der Statthalter befahl, daß zwanzig seiner Leute sich den angreifenden Fahrzeugen zuwenden sollten, welche von Rudern getrieben mit der Eile und Schnelle von Raubvögeln auf dem stillen Wasser daher kamen. Das Feuer gegen den Feind auf der Insel wurde dadurch bedeutend abgeschwächt.

Darauf schien dieser nur zu warten.

Der Wachtmeister näherte sich wieder dem Statthalter.

„Herr! Die Tataren nehmen die Krummsäbel in den Mund — sie werden uns gleich attackieren."

Fast dreihundert Mann, das Messer zwischen den Zähnen, den langen Säbel in der Hand, schickten sich zur Attacke an. Mehrere Saporoger, mit Sensen bewaffnet, hatten sich ihnen angeschlossen. Die Attacke sollte von allen Seiten zugleich beginnen. Die angreifenden Boote hatten sich ihnen schon auf Schußweite genähert. Die Kugeln flogen wie Hagel auf die Leute des Statthalters. Beide Boote waren mit Aechzenden und Stöhnenden gefüllt. Nach Ablauf einiger Minuten war die Hälfte von ihnen gefallen, der Rest verteidigte sich verzweifelt. Ihre Gesichter waren vom Rauch geschwärzt, die Hände sanken ermüdet herab, der Blick wurde trübe, die Augen blutunterlaufen, die Röhren der Musketen fingen an die Handteller zu versengen. Die Meisten waren verwundet.

In diesem Augenblick zerriß ein gräßliches Geheul die Luft. Die Tataren stürmten heran. Der Rauch wurde durch die herbeistürzenden Menschen zerteilt und dem Blick enthüllten sich die beiden Boote des Statthalters, bedeckt mit der schwärzlichen Masse der Tataren, gleich zwei Pferdekadavern, welche Wölfe zerreißen. Die Menge stockte, stemmte sich, heulte, schien mit sich selbst zu kämpfen und unterzugehen. Noch einige der Soldaten boten Widerstand, an den Mast gelehnt stand Herr Skrzetuski mit blutüberströmtem Gesicht, in der linken Schulter steckte ihm ein Pfeil bis zum Heft, aber er kämpfte wütend. Seine Gestalt schien riesengroß in der ihn umgebenden Menge, der Säbel flog wie der Blitz in seiner Hand hin und her. Seinen Hieben folgte Geheul und Stöhnen. Der Wachtmeister und noch ein Soldat schützten ihm die Seiten, die Meute schien mit wahrem Entsetzen vor diesem Dreiblatt zurückzuweichen, aber von hinten gestoßen, fielen immer neue Opfer den Säbeln dieser Mutigen.

„Nehmt sie lebendig! Zum Feldhauptmann!" schrieen Stimmen aus der Menge. „Ergebt Euch!"

Aber Herr Skrzetuski wollte sich nur Gott ergeben — er ergab sich — denn plötzlich wurde er totenbleich, schwankte und fiel auf den Boden des Bootes.

„Lebe wohl, Brüderchen!" brüllte verzweifelt der Wachtmeister. Nach einer Weile fiel auch er. Die bewegliche Masse der Angreifer bedeckte die Boote vollständig.

11. Kapitel.

In der Hütte des Militärkanzlisten in der Vorstadt Hassan Bascha in der Sitsch saßen am Tische zwei Männer bei einer Labung von Branntwein, welchen sie unaufhörlich aus einem auf dem Tische stehenden hölzernen Gefäß schöpften. Der eine, alt und zusammengeschrumpft, war Fylyp Sachar, der Kanzlist selbst, der andere Anton Tatartschuk, der Hauptmann des Tschechryner Kosakenlagers, ein Mann von etwa vierzig Jahren, groß, stark, mit wilden Gesichtszügen und schiefgeschlitzten Tataren-Augen. Beide sprachen leise miteinander, als fürchteten sie, belauscht zu werden.

„Also heute?" frug der Kanzlist.

„Vielleicht sogleich," antwortete Tatartschuk. „Sie warten nur auf den Feldhauptmann und Tuhaj-Bey, welcher mit Chmielnizki nach Basawluck gefahren ist, wo eine Horde Tataren steht. Die Versammlung ist schon auf dem Schloßhof zusammen und die Lagerhauptleute kommen noch vor Abend zu einer Beratung hierher. Ehe die Nacht einbricht, wissen wir alles."

„Hm! es kann schlimm werden!" brummte der alte Sachar.

„Höre, Kanzlist, wußtest Du, daß ein Schreiben auch an mich war?"

„Freilich wußte ich es, denn ich habe die Briefe selbst zum Feldhauptmann getragen und ich bin ein Schriftgelehrter. Sie fanden bei dem Lechen drei Schreiben: eins an den Feldhauptmann selbst, das zweite an Dich und das dritte an den jungen Barabasch. In der ganzen Sitsch weiß man davon."

„Weißt Du, wer die Briefe schrieb?"

„Dem Feldhauptmann schrieb der Fürst, denn sein Siegel war auf dem Schreiben; wer Dir schrieb, ist mir unbekannt.“

„Das Wetter schlage drein!“

„Wenn Du in dem Schreiben nicht genau als Freund der Lechen genannt bist, geschieht Dir nichts.“

„Das Wetter schlage drein!“ wiederholte Tatartschuck.

„Du mußt Dich schuldig fühlen.“

„Ich fühle mich an nichts schuldig.“

„Vielleicht unterschlägt der Feldhauptmann alle drei Briefe, weil es sich auch um seinen Kopf handelt. Er hatte ebenso einen Brief wie Ihr beide.“

„Vielleicht.“

„Und wenn Du kein reines Gewissen hast, so . . .“

Hier dämpfte der alte Kanzlist noch mehr seine Stimme.

„ . . . So fliehe!“

„Aber wie und wohin?“ frug Tatartschuck voll Unruhe. „An allen Enden stehen Wachen, damit keiner der Lechen heimlich ausrücken kann, um zu melden, wie es hier steht. Auf Basawluck wachen die Tataren. Kein Fisch schwimmt durch, kein Vogel fliegt ungesehen davon.“

„So verstecke Dich in der Sitsch selbst, wo Du kannst.“

„Sie fänden mich. Es wäre denn, Du verstecktest mich in Deinem Bazar zwischen den Tonnen, Du, mein Verwandter.“

„Ich würde auch den eigenen Bruder nicht verstecken. Wenn Du den Tod fürchtest, so betrinke Dich; ein Betrunkener fühlt nichts.“

„Vielleicht enthalten die Briefe auch nichts.“

„Vielleicht!“

„Schlimm! schlimm!“ sagte Tatartschuck. „Ich bin mir nichts bewußt, ich bin ein guter Junge, der Lechen Feind! Aber wenn auch nichts in dem Briefe steht, — der Teufel kann wissen, was der Leche vor dem Rat aussagt, er kann mich verderben.“

„Der ist ein herzensguter Leche! — Der sagt nichts!“

„Warst Du heute bei ihm?“

„Ich war dort. Ich bestrich seine Wunden mit Birkenteer und goß ihm Branntwein mit Asche in den Hals. Er wird gesund! Das ist ein guter Leche! Sie erzählen, daß er auf Chortyza, ehe sie ihn bekamen, die Tataren wie Schweine schlachtete. Du kannst seinetwegen ruhig sein.“

Vom Schloßplatz her ertönte jetzt der dumpfe Ton der

Keſſel. Als Tatartſchuck dieſen Ton hörte, fuhr er erſchrocken auf. Eine außergewöhnliche Unruhe war ihm anzumerken.

„Sie trommeln zur Ratsverſammlung,“ ſagte er, nach Atem ringend. „Das Wetter ſchlage drein! Du, Fylyp, erzähle nie= mandem, was ich Dir hier ſagte.“

Er ergriff mit beiden Händen das ganze Branntweinſchaff, ſetzte es an die Lippen und trank, und trank, als ob er ſich zu Tode trinken wollte.

„Gehen wir,“ ſprach der Kanzliſt.

Der Lärm der Keſſel wurde immer lauter. Sie traten hinaus. Die Vorſtadt Haſſan Baſcha war vom Schloßplatz nur durch einen denſelben begrenzenden Wall getrennt, durch welchen ein Thor mit hohem Bollwerk, das mit Kanonen beſetzt war, auf den Schloßplatz führte. Mitten in der Vorſtadt ſtand die Hütte des Kanzliſten, dann einige Krambuden; rings um den geräumigen Platz waren Schuppen aufgebaut, welche alle Vorräte bargen. Es waren elende Bauten, aus unbehauenen Hölzern, mit Aeſten und Rohr eingedeckt. Die Hütten, die= jenige des Kanzliſten nicht ausgenommen, guckten nur mit den Dächern aus dem Boden hervor. Dieſe Dächer waren ſchwarz und verräuchert, da der Rauch nicht nur oben zum Dache herauskam, ſondern ſich über den ganzen Dachraum verbreitete, ſo daß man glauben konnte, ſie ſeien ein Haufen Rohr, in welchem Teer gebrannt wurde. Das Feuer in den Hütten erloſch nie, da ſonſt ewige Finſternis darin herrſchte. Die Schuppen, etwa fünfzig bis ſechzig an der Zahl, unterſchied man in ſolche, welche den Koſakenhauptleuten gehörten, und in ſolche, in welchen die Tataren und Wallachen in friedlichen Augenblicken mit Fellen, morgenländiſchen Webſtoffen, Waffen, Beute und haupt= ſächlich mit Wein handelten. Doch waren die Weinſchenken ſelten beſucht, da in dieſem wilden Neſt alles auf Raub aus= ging. Zwiſchen den Schuppen ſtanden auch noch dreißig Lager= ſchenken, vor denen immer mitten zwiſchen Eichenklötzen, Kehricht, Spänen und Pferdedung halb zu Tode betrunkene Saporogen lagen, Schaum vor dem Munde, in konvulſiviſchen Zuckungen, im Delirium. Andere, nur Betrunkene, trieben ſich vor ihnen herum, ſingend, ſpeiend, ſich ſchlagend oder küſſend, fluchend und ſchimpfend. Erſt mit dem Augenblick, in welchem eine Expedition ins Werk geſetzt wurde, kam Ordnung in dieſe beſtialiſchen Maſſen, dann wurde jeder Betrunkene mit dem Tode beſtraft. Der ſaure Geruch des ungeſchäumten Brannt= weins in Verbindung mit dem Geſtank, welchen Pech, ver=

kommene Fiſche, Rauch und Pferdeleder verbreiteten, erfüllte
fortwährend die Luft der ganzen Vorſtadt, welche überhaupt in
ihrem bunten Allerlei einem türkiſchen oder Tatarenbazar
glich. Hier wurde allerlei untereinander verhandelt: bunte
morgenländiſche Stoffe, Sammete, Goldbrokate, Tuche, Zitz,
Drillich und Leinwand, zertrümmerte Geſchütze, Felle, Pelze,
gedörrte Fiſche, Kirſchen und türkiſche Delikateſſen, Kirchen=
geräte, kupferne Halbmonde (von Minarets geraubt) und ver=
goldete Kreuze, die von Zerkwien heruntergeriſſen waren, nebſt
Pulver, Hiebwaffen und Sätteln. Und mitten in dieſem Wirr=
ſal bewegten ſich Geſtalten mit den allerverſchiedenſten Kleider=
fetzen behangen, oft halbnackt, wild, verräuchert, triefend von
Schmutz, mit blutenden, von Inſektenſtichen herrührenden
Wunden, ewig betrunken.

In dieſem Augenblick war die ganze Vorſtadt noch mehr
von Menſchen belagert als gewöhnlich; man ſchloß eben die
Schuppen und Schenken, alle eilten zum Schloßplatz, wo der
Rat der Hauptleute ſtattfinden ſollte. Fylyp Sachar und Anton
Tatartſchuck gingen mit den anderen; der letztere aber zögerte,
ging langſam und blieb zurück. Eine immer größere Unruhe
hatte ſich ſeiner bemächtigt. Endlich gingen ſie über die Brücke
des Wallgrabens, dann durch das Thor auf den Schloßplatz,
der von achtundbreißig großen Holzgebäuden umgeben war.
Das waren die Koſakenlagerhäuſer, in denen die Koſaken wohn=
ten. Sie unterſchieden ſich von einander nur durch die Namen
der verſchiedenen ukrainiſchen Städte, nach welchen die Schwad=
ronen benannt waren. In einem Winkel des Platzes erhob
ſich das Ratsgebäude, wo die Hauptleute unter dem Vorſitz
des Feldhauptmanns ſich zu Beratungen verſammelten. Die
große Menge hielt ihren Rat unter freiem Himmel, ſandte alle
Augenblicke Deputationen zu den Aelteſten und drang oft mit
Gewalt in das Ratsgebäude, um Entſchlüſſe zu erzwingen.

Der Andrang hier war ſchon gewaltig, da der Feldhaupt=
mann alles Volk aus den Sümpfen und von den Inſeln ein=
berufen hatte. Die Verſammlung der ſogenannten „Geſellſchaft“
war alſo heute bedeutend zahlreicher. Die Sonne war im
Untergehen, man hatte bereits einige Tonnen Pech angezündet,
hier und da ſtanden auch Tonnen mit Branntwein, welche den
Beratungen erſt die notwendige Energie geben ſollten. Die
Ordnung wurde durch Aufſeher aufrecht erhalten, welche mit
großen Stöcken bewaffnet waren, um die Ratſchlagenden im
Zaum zu halten und zu ihrer eigenen Sicherheit Piſtolen trugen.

Fylyp Sachar und Tatartschuck hatten das Recht, mit unter den Hauptleuten zu sitzen, der eine als Kanzlist, der andere in seiner Eigenschaft als Hauptmann der Lagerkosaken; sie schritten also sogleich in das Ratsgebäude. In der Ratsstube stand nur ein kleiner Tisch, an welchem der Militärschreiber saß. Die Hauptleute hatten ihre Plätze auf Fellen an den Wänden lang. Jetzt waren die Plätze noch unbesetzt. Die Hauptleute standen in kleinen Gruppen beisammen, während der Feldhauptmann mit langen Schritten auf und ab ging. Tatartschuck bemerkte, daß niemand, selbst seine Freunde ihn nicht zu sehen schienen; er näherte sich also gleich dem jungen Barabasch, welcher sich in ähnlicher Lage befand. Dieser aber machte sich wenig daraus, da er nicht wußte, worum es sich handelte. Er war ein sehr schöner Mann, von außergewöhnlicher Körperkraft, welcher allein er seine Hauptmannswürde zu danken hatte; sonst galt er allgemein für sehr dumm.

„Wenn wir noch etwas warten, so gehen wir vielleicht mit einem Stein am Halse ins Wasser!" flüsterte ihm Tatartschuck zu.

„Was soll das heißen?" frug Barabasch.

„Weißt Du denn nichts von den Briefen?"

„Daß Dich die Mutter erwürgt! Habe ich denn Briefe geschrieben?"

„Sieh nur, wie sie uns von oben herunter ansehen."

„Wenn ich ihnen eins auf den Schädel gebe, so werden sie uns anders ansehen oder gar nicht."

Unterdes verkündete lautes Geschrei da draußen, daß etwas Besonderes vorging. Eben wurde die Thür der Ratsstube geöffnet und Chmielnizki trat mit Tuhaj=Bey herein. Das Geschrei hatte ihnen gegolten; man bewillkommnete sie freudig. Noch vor wenigen Monaten war Tuhaj=Bey, als der tapferste der Tataren, ein Schrecken für die Niederungen, ein Gegenstand des Abscheues und Entsetzens. Heute warf die „Gesellschaft" die Mützen in die Luft, bei seinem Anblick stimmten sie Jubelrufe an und grüßten ihn als guten Freund Chmielnizkis und der Saporogen.

Voran schritt Tuhaj=Bey, hinter ihm Chmielnizki, den Feldherrnstab in der Hand, das Abzeichen der Saporogenhäuptlinge. Er waltete dieses Amtes seit seiner Rückkehr aus der Krim. Damals hatten ihn die Kosaken auf ihre Schultern gehoben, den Militärschatz erbrochen und ihm den Feldherrnstab, die Fahne und das Siegel dargereicht, zum Zeichen, daß sie ihn zu ihrem

Großhetman erhoben. Er hatte sich auch sehr verändert. Man sah ihm an, daß er in seiner Person die ganze schreckliche Macht der Niederungen vereinte. Es war nicht mehr der Chmielnizki auf der Flucht, von Verfolgern gehetzt; der heutige Chmielnizki war der blutdürstige Hetman, der riesenhafte Rächer des ihm zugefügten Unrechtes.

Dennoch hatte er die Ketten nicht abgeschüttelt; er hatte sich sogar noch schwerere auferlegt. Man sah das aus seinem Verhältnis zu Tuhaj-Bey. Der Hetman der Saporogen nahm mitten im Herzen dieses Saporogien erst die zweite Stelle nach Tuhaj-Bey ein und ertrug demütig dessen Stolz und verächtliches Benehmen. Es war das Verhältnis eines Lehnbieners zu seinem Lehnsherrn. Das mußte so kommen. Chmielnizki verdankte seinen ganzen Einfluß auf die Kosaken den Tataren und der Gnade des Chan — dessen Vertreter hier der bestialische Tuhaj-Bey war. Aber Chmielnizki verstand beides zu vereinen, den die Brust schwellenden Stolz mit der Demut, wie den Mut mit der List. Er war ein Löwe und ein Fuchs; ein Adler und eine Schlange. Heute, zum erstenmale seit den Uranfängen der Kosakenansiedlungen kehrte der Tatar seine Herrschermiene heraus. Er trat als der Herr der Niederungen auf, so hatten die Zeiten sich geändert. Die Kosaken warfen die Mützen in die Luft beim Anblick dieses Menschenschinders. So war es auch heute.

Die Ratssitzung begann. Tuhaj-Bey setzte sich mitten hin auf ein größeres Bund Felle, zog die Beine ein und fing an, Kerne der Sonnenrose zu kauen, deren Schalen er vor sich hinspuckte. Rechts von ihm nahm Chmielnizki seinen Platz, links der Feldhauptmann, die Attamane und die Deputation der erregten Menge weiter an den Wänden entlang. Die Unterhaltungen verstummten, nur von außen drang ein dumpfer Lärm, das Gemurmel der unter freiem Himmel Rathaltenden durch die Mauern. Chmielnizki ergriff das Wort:

„Gnädige Herren! Aus Gnade, Zuneigung und Freundschaft des allerdurchlauchtigsten Zaren der Krim, des Herren vieler Völker, verwandt mit den Himmelsmächten, mit Zustimmung des huldvollen Königs Wladislaus und dem guten Willen unserer tapferen Saporogen, gehen wir, das uns angethane Unrecht zu rächen, welches wir mit christlicher Geduld trugen, so lange es ging, das Unrecht, welches uns die falschen Lechen, die Kommissarien, Starosten und Ökonomen samt dem ganzen Adel zugefügt haben. Ich ging, den allerdurchlauchtigsten Zaren um Hilfe zu bitten, die er uns auch gnädigst gewährte. Das gesamte Saporogien gab mir den Feldherrnstab, damit wir uns um so leichter und nachdrücklicher für das unschuldig erlittene Unrecht rächen können. Aber wie betrübt es mich jetzt, wo wir bereit dazu sind, die Erfahrung zu machen, daß unter uns Verräter sind, die mit den Lechen in Verbindung stehen und ihnen Nachricht von unseren Vorbereitungen geben. Wenn das wahr ist, so sollen sie bestraft werden nach Eurem Willen. Wir bitten, daß Ihr die Briefe anhört, welche der Gesandte von unserem Erzfeinde, dem Fürsten Wischniowiezki gebracht hat, der aber zugleich als Spion unsere Vorbereitungen und den guten Willen unseres Freundes Tuhaj-Bey auskundschaften und den Lechen verraten sollte. Auch dieser soll, wenn Ihr es für recht haltet, bestraft werden, wie diejenigen, zu denen er die Schreiben brachte, die der Feldhauptmann, als treuer Freund und Genosse Tuhaj-Beys und der ganzen Kosakenschaft, mir sogleich ausgehändigt hat.

Chmielnizki schwieg; der Lärm draußen wurde lauter. Der Schreiber stand auf und begann den Brief des Fürsten an den Feldhauptmann zu lesen, welcher so anfing: „Wir von Gottes Gnaden, Fürst und Hospodar auf Lubnie, Chorol, Prschyluk, Habsiatsch u. s. w., Wojewode von Ruthenien u. s. w., Starost u. s. w." Das Schreiben war streng amtlich. Der Fürst hatte gehört, daß die Leute aus den „Sümpfen" einberufen worden seien. Er frug den Attaman, ob das wahr sei, und bat ihn, um der Ruhe der christlichen Länder willen, es zu unterlassen, den Chmielnizki aber, sobald er versuche, die Niederungen aufzuwiegeln, den Kommissarien auszuliefern, die ihn selbst von ihm fordern würden.

Der zweite Brief war von Herrn Grodschizki ebenfalls an den Attaman, der dritte und vierte, diejenigen Sazwilichowskis und des alten Tscherkessierhauptmanns an Tatartschuck und Barabasch. In keinem der Schreiben fand sich etwas vor, was eine der empfangenden Personen verdächtigen konnte. Sazwilichowski richtete an Tatartschuck nur die Bitte, sich des Ueberbringers anzunehmen und dem Gesandten zu allem zu verhelfen, was dieser wünsche.

Tatartschuck atmete auf.

„Was sagt Ihr zu den Schreiben, Ihr Herren?" frug Chmielnizki.

Die Kosaken schwiegen. Alle Beratungen fingen stets damit an, daß keiner der Teilnehmer zuerst sprechen wollte, ehe nicht der Branntwein die Köpfe erhitzte. Sie thaten das listiger

Weiſe nur aus Furcht, nicht mit einer Dummheit zu Tage zu
treten, die ihnen das Gelächter aller, möglicherweiſe ſogar einen
Spitznamen für die Zeit ihres Lebens eintragen konnte. Bei
dieſen ungebildeten Menſchen war der Spottſinn und die Freude
daran ebenſo entwickelt, als die Furcht, der Gegenſtand eines
Spottes zu ·werden.

Die Koſaken ſchwiegen alſo. Chmielnizki ergriff wieder
das Wort.

„Der Feldhauptmann iſt unſer lieber Bruder und Freund.
Ich glaube an ihn, wie an die eigene Seele, und wer es anders
thäte, der müßte ſelbſt ein Verräter ſein.“

Indem er das ſagte, ſtand er auf und küßte den Feld=
hauptmann.

„Gnädige Herren!“ entgegnete darauf derſelbe. „Ich berufe
die Soldaten ein und der Hetman mag ſie führen. Was den
Geſandten betrifft, ſo iſt er zu mir geſchickt; deshalb gehört er
mir, und da er mir gehört, ſo ſchenke ich ihn Euch.“

„Ihr Herren von der Deputation, verneigt Euch dem
Attaman,“ ſprach Chmielnizki, „denn er iſt ein gerechter Mann,
geht zur Volksmenge und ſagt ihr, daß er kein Verräter iſt.
Er hat zuerſt Wachen ausgeſtellt, ließ die Verräter fangen, die
zu den Lechen wollten oder von ihnen kamen. Sagt, er iſt kein
Verräter, er iſt der Beſte von uns.“

Die Herren Deputierten verneigten ſich, beide Hände in die
Hüften ſtemmend, erſt dem Tuhaj=Bey, welcher die ganze Zeit
über ruhig an ſeinen Sonnenroſenkörnern kaute, darauf dem
Chmielnizki, dem Attaman, und entfernten ſich dann.

Nach einer Weile wurden draußen Freudenſchreie laut, ſie
verkündeten, daß die Deputation ihren Auftrag ausgerichtet hatte.

„Es lebe unſer Feldhauptmann! Er lebe!“ ſchrieen heiſere
Stimmen ſo laut, daß die Wände der Stube zitterten.

Gleichzeitig knallten Musketenſchüſſe.

Die Deputation kehrte zurück und ſetzte ſich im Winkel
der Stube nieder. Als die Ruhe wieder hergeſtellt war, begann
Chmielnizki aufs neue:

„Meine Herren! Ihr habt ſehr klug geurteilt, daß der
Attaman ein gerechter Mann iſt. Aber — wenn der Attaman
kein Verräter iſt, wer iſt da ein Verräter? Wer hat Freunde
unter den Lechen, mit wem haben ſie Kundſchaft, wem ſchreiben
ſie Briefe, wem empfehlen ſie den Geſandten? Wer iſt der
Verräter?“

Chmielnizki hatte, während er ſprach, die Stimme immer

mehr erhoben und den Blick unheilverkündend auf den Tatart=
tschuck gerichtet und den jungen Barabasch ebenfalls bedeutungs=
voll angeblickt, als ob er sie beide direkt unter Anklage stellen
wollte. In der Stube entstand ein Gemurmel, mehrere Stimmen
riefen: „Barabasch und Tatartschuck!" Einige der Hauptleute
standen auf, unter der Deputation wurden Rufe. laut: „In
den Tod mit ihnen!"

Tatartschuck erbleichte; der junge Barabasch blickte ver=
wundert von einem zum andern. Seine trägen Gedanken be=
mühten sich eine Zeitlang, zu erraten, wessen man ihn anklagte,
endlich sagte er: „Ich werde kein Hundefleisch fressen!"

Indem er das sagte, brach er in ein schallendes Gelächter
aus, das klang wie dasjenige eines Idioten, ihm folgten andere,
und plötzlich lachte die ganze Versammlung wild, ohne selbst
zu wissen, warum. Draußen wurde das Geschrei immer größer,
der Branntwein begann zu wirken. Anton Tatartschuck stand
auf, trat vor Chmielnizki und sagte:

„Was habe ich Euch gethan, Großhetman von Saporogien,
daß Ihr meinem Leben nachstellt? Was habe ich verbrochen?
Der Kommissarius Sazwilichowski schrieb mir — was ist dabei?
Der Fürst schrieb ja auch an den Attaman. Habe ich denn
einen Brief bekommen? Nein! Und hätte ich ihn bekommen,
was war ich schuld daran? Ich wäre damit zum Schreiber
gegangen, hätte mir ihn vorlesen lassen, weil ich nicht schreiben,
nicht lesen kann. Und dann hättet Ihr immer gewußt, was
in dem Briefe steht. Ich habe den Lechen mit keinem Auge
gesehen. Bin ich ein Verräter? Hej! Brüder Saporogen,
Tatartschuck ging mit Euch in die Krim, und als Ihr gegen
die Walachen zoget, zog ich mit, als es nach Smolensk ging,
war ich dabei, schlug mich mit Euch — tapfere Jungens —
schlug mich mit Euch, vergoß mein Blut mit Euch, hungerte
mit Euch. Ich bin kein Verräter, kein Leche, sondern ein Kosak,
Euer Bruder, und wenn der Hetman mein Leben verlangt, so
frage ich — was habe ich gethan? womit ihn beleidigt? Er
soll es sagen, und Ihr, meine Brüder, sollt mich gerecht richten."

„Tatartschuck ist ein guter Soldat! ein gerechter Mensch!"
riefen mehrere Stimmen.

„Du, Tatartschuck, bist ein guter Soldat," sagte Chmielnizki,
„und ich verfolge Dich nicht, denn Du bist mein Busenfreund,
kein Leche, ein Kosak, unser Bruder. Denn wenn der Leche
ein Verräter wäre, möchte ich mich nicht betrüben, aber wenn
ein guter Soldat, mein Bruder, ein Verräter ist, so fällt mir

das schwer auf das Herz. Und wenn Du in der Krim warst und bei Smolensk, so ist Deine Sünde noch größer, wenn Du jetzt falscher Weise die Saporogen den Lechen verraten wolltest. Sie schrieben Dir, Du sollst ihm alles erleichtern, was er verlangt, nun sagt mir, Attamane, was kann ein Leche verlangen? Doch nur mein und meines Freundes Tuhaj-Bey Leben, doch nur den Untergang der Saporogen. Du bist schuldig, Tatartschuck, und kannst nichts ausrichten dagegen. Und an den Barabasch schrieb sein Oheim, der Tscherkessenhauptmann, der Freund des Tschaplinski und der Lechen. Ihr seid beide schuldig; bittet die Attamane um Barmherzigkeit, und ich werde mit Euch bitten, obgleich Eure Schuld schwer und erwiesen ist."

Unterdes war der Lärm draußen zum tosenden Gebrüll eines Sturmes angewachsen. Die erregte Menge wollte wissen, was drinnen in der Ratsstube geschah, und schickte eine neue Deputation.

Tatartschuck fühlte, daß er verloren sei. Jetzt erinnerte er sich, daß er vor einer Woche gegen die Uebergabe des Feldherrnstabes an Chmielnizki und das Bündnis mit den Tataren gesprochen hatte. Kalter Schweiß trat ihm auf die Stirn; er wußte, er war verloren. Was den jungen Barabasch betraf, so war es klar, daß der Hetman durch dessen Tod sich an dem alten Tscherkessier rächen wollte, welcher seinen Brudersohn sehr liebte. Aber Tatartschuck wollte nicht so sterben. Er wäre vor dem Säbel, vor der Kugel nicht erbleicht, selbst vor dem Pfahl nicht, — aber der Tod, der ihn hier treffen sollte, jagte ihm das fürchterlichste Entsetzen ein. Er benutzte einen Augenblick eingetretener Stille und schrie verzweifelt:

„Im Namen Christi! Brüder, Attamane! tötet mich nicht. Ich habe nichts gethan, habe den Lechen nicht gesehen. Erbarmt Euch! Ich weiß nicht, was er von mir wollte, fragt ihn selbst. Ich schwöre bei Christo, dem Erlöser, der heiligen Reinsten, dem heiligen Nikolaus und Michael, Ihr verderbt eine unschuldige Seele."

„Bringt den Lechen herein!" rief der alte Kanzlist.

„Den Lechen her! den Lechen!" riefen die Hauptleute.

Ein Wirrwar entstand. Die einen drängten in die nächste Stube, wo der Gefangene lag, um ihn herbeizuschleppen, andere näherten sich drohend dem Tatartschuck und Barabasch. Der erste, welcher „Tod und Verderben" schrie, war der Lagerhauptmann des Mirgorodzlagers. Die Deputation wiederholte den Ruf, Tscharnota stürzte zur Thür und, sie weit öffnend, rief er der Menge draußen zu:

„Meine Herren! Tatartschuck und Barabasch sind Verräter! Tod und Verderben ihnen!"

Ein entsetzliches Geheul antwortete. Die Unordnung wurde immer größer. Alle Attamane standen auf. Die einen riefen: „Den Lechen! den Lechen!", andere bemühten sich Ruhe herzustellen. Jetzt wurde die Thür eingedrückt, sie sprang weit auf, und die draußen befindliche Menge stürzte herein. Schreckliche Gestalten, toll vor Trunkenheit und Wut, füllten die Stube an. „Tod dem Tatartschuck, dem Barabasch! Tod und Verderben! Her, die Verräter! Auf den Schloßplatz mit ihnen!" schrieen die trunkenen Stimmen. „Schlagt zu!" und hundert Arme langten nach den unglücklichen Opfern. Tatartschuck leistete keinen Widerstand; er stöhnte nur verzweifelt, aber Barabasch fing an sich fürchterlich zu wehren. Endlich verstand er, daß sie ihn morden wollten. Angst, Verzweiflung malten sich in seinem Gesicht, Schaum trat ihm auf die Lippen, ein tierisches Gebrüll entrang sich seiner Brust. Zweimal entriß er sich ihnen, zweimal faßten ihre Hände ihn bei den Armen, der Brust, dem Bart. Er rang, biß um sich, fiel zur Erde, brüllte und erhob sich wieder. Man zerriß ihm die Kleider, schlug ihm ein Auge aus und preßte ihn an die Wand, zerbrach ihm die Arme. Jetzt fiel er hin. Die Henker faßten ihn samt dem Tatartschuck an den Beinen und schleppten beide auf den Schloßplatz. Hier, beim Lichte der Pechtonnen, erfolgte erst die eigentliche Exekution. Einige tausend Menschen warfen sich auf die Verurteilten und rissen sie in Stücke, heulend und einander schlagend, um den Zutritt zu den Opfern zu erlangen. Man trat sie mit Füßen, riß ihnen Stücke Fleisches aus. Von Zeit zu Zeit hoben blutige Hände zwei formlose Klumpen in die Höhe, dann warf man sie wieder an die Erde. Die Weiterstehenden schrieen wie toll, die einen, man solle die leblosen Körper ins Wasser werfen, die anderen rieten, sie in die brennenden Pechtonnen einzutauchen. Die Betrunkenen fingen eine Schlägerei unter sich an. Im wahnsinnigen Uebermut zündeten sie zwei Tonnen Branntwein an, welche diese teuflischen Szenen flackernd beleuchteten. Vom Himmel blickte der Mond still, ruhig und freundlich hernieder.

So bestrafte das Volk seine Verräter.

In der Ratsstube trat in dem Augenblick, wo die brüllende Menge ihre Opfer hinausgeschleppt hatte, wieder Ordnung und Ruhe ein. Die Attamane nahmen ihre vorigen Plätze ein, man brachte den Gefangenen. Ein Schatten fiel auf sein Gesicht, da die Feuer im Erlöschen waren; im Halbdunkel sah man nur eine hohe, stolze Gestalt, hochaufgerichtet, troß der gebundenen Hände. Hladko warf frischen Kien auf, die Flamme flackerte hell in die Höhe und beleuchtete mit grellem Licht das Antliß des Gefesselten, welcher sich an Chmielnizki wendete.

Als Chmielnizki ihn erblickte, zuckte er zusammen. Der Gefangene war Herr Strzetuski.

Tuhaj-Bey spuckte eine Anzahl Schalen aus und sagte:

„Dieser Leche ist mir bekannt — er war in der Krim."

„Tod ihm!" rief Hladko.

„Verderben ihm!" wiederholte Tscharnota.

Chmielnizki beherrschte schon die Situation. Er streifte mit einem einzigen Blick die Beiden, und diese schwiegen sofort unter dem Einfluß dieses Blickes. Darauf wandte er sich an den Feldhauptmann:

„Auch mir ist er bekannt."

„Du, woher?" frug der Feldhauptmann Herrn Strzetuski.

„Als Gesandter kam ich zu Euch, Feldhauptmann. Da überfielen mich Mörder auf Chortyza ganz gegen alles Gesetz, welches selbst den wildesten Völkern gebietet, die Person eines Gesandten heilig zu halten. Sie erschlugen mir die Leute und mich schleppten sie gefangen hierher, meiner Würde als Gesandter nicht achtend, verwundet und krank. Der allerdurchlauchtigste Fürst Wischniowiezki wird dafür Rechenschaft von Euch fordern."

„Weshalb hast Du Dich so falsch gezeigt? warum hast Du den Kosaken mit dem Kolben erschlagen? warum hast Du so viel Menschen erschlagen, viermal so viel, als Ihr alle waret? Und hierher kamst Du, den Brief zum Vorwande, um uns auszuspionieren. Wir wissen auch, daß Du an Verräter hier Briefe hattest, um mit ihnen unseren Leuten Verderben zu sinnen. Also, Du kamst nicht als Gesandter, sondern als Spion, und als solcher wirst Du bestraft werden."

„Ihr irrt, Feldhauptmann! und auch Ihr, Hetman, von eigenen Gnaden," sprach der Statthalter zu Chmielnizki gewendet. Wenn ich Briefe bei mir hatte, so hat die jeder Gesandte, welcher in fremde Länder reist, von Bekannten zu Bekannten. Ich kam hierher mit einem Schreiben des Fürsten, nicht, um Euch Verderben zu sinnen, sondern Euch von schlimmen Handlungen abzuhalten, die auf Euch und den ganzen Freistaat die fürchterlichsten Folgen bringen müssen. Denn gegen wen erhebt Ihr die gottlose Hand? Gegen wen? Ihr, die Ihr Euch Schüßer des Christentums nennt? Mit den Heiden schließt Ihr

Bündniſſe gegen den König, den Adel, den Freiſtaat. Ihr ſeid Verräter, nicht ich! Und das ſage ich Euch! Wehe Euch, wenn Ihr nicht demütig und gehorſam Eure Sünden bekennt und gut macht. Wie lange liegen die Zeiten Nalewajkos und Pawluks hinter uns? Iſt Eurem Gedächtnis ihr Schickſal ſchon entſchwunden? Merkt Euch, die Langmut des Freiſtaates iſt erſchöpft, das Schwert hängt über Euren Häuptern."

„Du lügſt, verfluchter Hund, um Dich herauszubrehen und dem Tode zu entgehen," rief der Feldhauptmann. „Aber Dir hilft kein Drohen!"

Die anderen Hauptleute knirſchten mit den Zähnen, klirrten mit den Säbeln. Herr Skrzetuski hob das Haupt und ſagte:

„Glaube nicht, Feldhauptmann, daß ich den Tod fürchte, mein Leben verteidigen oder meine Unſchuld beweiſen will. Ich bin ein Edelmann und kann nur von Edelleuten gerichtet werden. Ich ſtehe hier nicht vor Richtern, ſondern vor Mördern, nicht vor Abligen, ſondern vor Bauern, nicht vor Rittern, ſondern vor Barbaren, und weiß wohl, daß der Tod mein Teil iſt, mein Tod, mit welchem Ihr das Maß Eurer Ungerechtigkeiten voll macht. Vor mir iſt Tod und Qual, aber hinter mir die Macht und Rache des ganzen Freiſtaates, vor der ihr zittert."

Die Erhabenheit der Geſtalt und Rede des Statthalters, ſowie die Namhaftmachung des Freiſtaates machten auf die Hörer einen gewaltigen Eindruck. Die Hauptleute blickten einander an. Einen Augenblick lang ſchien es ihnen, als ſtünde vor ihnen nicht ein Gefangener, ſondern der Geſandte eines mächtigen Volkes.

„Ein beherzter Leche!" murmelte Tuhaj-Bey.

„Ein beherzter Leche!" wiederholte Chmielnizki.

Gewaltiges Klopfen an der Thür ſtörte die weitere Rede. Die Exekution der beiden Verurteilten draußen war eben beendet, man ſandte eine neue Deputation.

Mehrere blutbeſchmutzte, keuchende Koſaken, trunken, ſchweißbedeckt, drängten in die Stube. Sie blieben an der Thür ſtehen, die rauchenden Hände hoch erhoben, ſagten ſie:

Das verſammelte Volk neigt ſich vor den Herren Aelteſten" (hier verneigten ſie ſich nach Koſakenart) — „und bittet, ihr dieſen Lechen dort auszuliefern, damit ſie mit ihm nach Herzensluſt ſpielen kann, wie mit Barabaſch und Tatartſchuck."

„Gebt ihnen den Lechen!" ſchrie Tſcharnota.

„Gebt ihn nicht!" rief ein anderer. „Mögen ſie warten! Er iſt ein Geſandter!"

„Tod und Verderben ihm!“ ertönten mehrere Stimmen.

Darauf schwiegen alle und warteten, was Chmielnizki und der Feldhauptmann sagen würden.

„Die Menge bittet! Gebt Ihr ihn ihr nicht, so nimmt sie ihn selbst,“ wiederholte die Deputation.

Wie es schien, war Skrzetuski verloren. Doch plötzlich bückte sich Chmielnizki zum Ohre Tuhaj-Beys.

„Der Gefangene gehört Dir.“ flüsterte er. „Die Tataren haben ihn gefangen genommen. Lässest Du Dir ihn nehmen? Er ist ein reicher Edelmann, und auch ohnedies wird Fürst Jeremi*) ihn mit Gold aufwiegen.“

„Gebt den Lechen!“ scholl es immer drohender.

Tuhaj-Bey dehnte sich auf seinem Sitz und stand auf. Sein Gesicht war im Augenblick wie verwandelt, die Augen öffneten sich weit, die Zähne blitzten. Plötzlich sprang er wie ein Panther vor die Kosaken hin.

„Fort, Ihr Zapfen, ungläubige Hunde, Sklaven, Schweine= fresser,“ brüllte er, indem er zweie von ihnen am Bart faßte und sie wütend schüttelte. „Fort, Saufbolde, unreines Vieh, gräßliches Ungeziefer! Ihr seid gekommen, mir den Sklaven zu nehmen? Ich werde Euch bringen!“ Immer einen nach dem anderen zauste er den Bart, endlich warf er einen der Zunächst= stehenden zu Boden und trat ihn mit den Füßen. — „Auf das Gesicht, Sklaven,“ schrie er! „In die Sklaverei führe ich Euch, die ganze Sitsch trete ich unter meine Füße wie Euch, in Rauch soll sie aufgehen, mit Euren Kadavern will ich sie bedecken.“

Die Deputierten wichen erschreckt zurück. — Der furcht= bare Freund hatte gezeigt, was er konnte.

Und wunderbar! Auf Basawluck standen nur sechstausend Tataren. Zwar stand im Rückhalt noch der Chan mit der ganzen Krim, aber in der Sitsch selbst waren zehntausend Kosaken ohne die, welche Chmielnizki schon nach Tamakow ge= schickt hatte — und dennoch erhob sich nicht eine protestierende Stimme gegen Tuhaj-Bey. Der schwarze Bey hatte ganz genau die Art getroffen, diesen Saporogen zu imponieren, denen die Hilfe der Tataren jetzt unerläßlich war. Die Deputierten stürzten hinaus, der Menge zuschreiend, daß sie mit dem Lechen nicht spielen sollten, da er der Gefangene des Tuhaj-Bey sei und er ihn selbst strafen werde. „Die Bärte hat er uns ausgerissen,“ riefen sie. Auf dem Schloßplatz wiederholten mehrere Stimmen

*) Jeremi = Jeremias Wischniowiezki.

gleich: „Er ſtraft ihn!" „Tuhaj-Bey ſtraft ihn!" rieſen wehmütig die Maſſen, und kurze Zeit darauf fing eine durch Mark
und Bein bringende Stimme an zu ſingen:

Hej! Hej!
Tuhaj-Bey,
Er iſt großherzlich.
Hej! Hej!
Tuhaj-Bey
Wühlt im Herzen ſchmerzlich.

Tauſend Stimmen fielen ein und ſiehe! — es entſtand
hier eines jener Lieder, welche ſpäter der Wind über die ganze
Ukraine forttrug und damit die Saiten der Lauten klingen machte.
Aber plötzlich verſtummte man, auch das Lied verſtummte halb' denn
von der Seite der Vorſtadt her kamen eilig mehrere Leute durch
das Thor, ſich haſtig durch die Menge Bahn brechend, mit dem
Rufe: „Aus dem Wege, aus dem Wege!" Die Hauptleute
wollten eben aufbrechen, als die neuen Gäſte in die Stube
drangen.

„Ein Schreiben an den Hetman!" rief ein alter Koſak.

„Woher kommt Ihr?"

„Aus Tſchechryn. Wir ritten Tag und Nacht mit dem
Schreiben. Hier iſt es."

Chmielnizki nahm das Schreiben und las. Plötzlich veränderte ſich der Ausdruck ſeines Geſichts; er unterbrach das
Leſen und rief mit vernehmlicher Stimme:

„Ihr Herren Hauptleute! Der Großhetman ſchickt ſeinen
Sohn Stephan gegen uns. Krieg! — Der Krieg geht los!"

Ein eigentümliches Gemurmel durchlief die Verſammlung;
war es Freude, war es Schrecken? Chmielnizki trat mit unter-
geſtemmten Armen mitten unter ſie, ſeine Augen ſprühten
Blitze, die Stimme klang drohend und befehlend:

„Die Lagerhauptleute gehen zu ihren Lagern. Löſt die
Kanonen auf dem Turm! Schlagt die Branntweintonnen ent-
zwei! Morgen mit Tagesanbruch ziehen wir aus."

Die Beratungen in der Sitſch hatten ein plötzliches Ende
erreicht. Die Hauptleute hatten nichts mehr zu ſagen, Chmielnizki riß mit ſtarker Hand die unumſchränkte Macht an ſich.
Eben noch hatte er mit Liſt den Gefangenen vor der Mordluſt
der Barbaren retten müſſen, jetzt war er Herr über Leben und
Tod. Bis jetzt hatten noch immer die Hauptleute ihre Stimme
gehabt, die Menge forderte das, ſobald aber die Kriegserklärung
erfolgt war, hörte ihr Einfluß auf. Die Volksmaſſe wurde

zum Kriegsheer, der Kriegsdisziplin unterstellt, die Hauptleute Offiziere, der Hetman — Diktator.

Sobald der Befehl erteilt war, eilte jeder Hauptmann in sein Lager. Nach wenigen Augenblicken donnerten die Geschütze, das Echo kündigte weithin, die Ufer des Tschertomelik entlang, die — Kriegserklärung.

Der Donner der Geschütze verkündete den Anfang einer neuen Epoche im Leben zweier Völker. Davon ahnten jedoch weder die betrunkenen Kosaken, noch der Hetman selbst jetzt etwas.

12. Kapitel.

———

Chmielnizki und Tuhaj-Bey gingen mit Skrzetuski zum Feldhauptmann ins Nachtlager. Der wilde Bey behandelte seinen Gefangenen, der ihm ein reiches Lösegeld einbringen sollte, respektvoll, umsomehr, da er ihm schon am Hofe des Chan als fürstlichem Botschafter begegnet war. Infolgedessen änderte auch der Feldhauptmann sein Betragen gegen ihn. Er hatte während der Beratungen bemerkt, daß Chmielnizki sehr viel an der Erhaltung des Gesandten gelegen war, und da er dem Hetman mit Leib und Seele anhing, so wollte er durch Freundlichkeit an dem Gefangenen dies dem Hetman zeigen. Noch höher stieg seine Verwunderung jedoch, als Chmielnizki, kaum in der Hütte angelangt, sich an Tuhaj-Bey wandte:

„Sage mir, Bey, wie viel Lösegeld denkst Du für den Gefangenen zu bekommen?"

„Tuhaj-Bey sah sich Skrzetuski an und sagte:

„Du meinst, daß dieser Mann ein bedeutender Mensch sei — ich weiß das —; er ist Gesandter des grausamen Fürsten, und der grausame Fürst liebt die Seinen. Bismillach! — der eine wird zahlen, der andere auch, — zusammen . . ."

Tuhaj-Bey sann nach:

„Zweitausend Thaler."

Darauf Chmielnizki:

„Ich gebe Dir zweitausend Thaler."

Eine Weile schwieg Bey. Seine schiefgeschlitzten Augen schienen Chmielnizki durchbohren zu wollen.

„Du giebst drei," sagte er.

„Wozu soll ich drei geben, da Du selbst zwei fordertest?"

„Da Du ihn haben willst, so muß Dir an ihm gelegen sein, und ist es das, so giebst Du dreitausend."

„Er hat mir das Leben gerettet."

„Allah! das ist noch ein Tausend mehr wert."

Hier mischte Skrzetuski sich in den Handel.

„Tuhaj-Bey," sagte er zornig. „Aus der Schatzkammer des Fürsten kann ich Dir gar nichts versprechen, aber wenn ich auch mein ganzes Vermögen ruinieren müßte, so gebe ich selbst Dir dreitausend. Ich habe fast so viel beim Fürsten an Provision und ein kleines Gut, das wird ausreichen. Ich will dem Hetman mein Leben nicht danken."

„Weißt Du denn, was ich mit Dir vorhabe?" frug Chmielnizki. Darauf zu dem Bey gewendet, sagte er:

„Der Krieg beginnt. Ehe der Bote vom Fürsten zurückkommt, fließt viel Wasser durch den Dniepr; ich bringe Dir morgen selbst das Geld nach Basawluck."

„Gieb viertausend und ich handle mit dem Lechen nicht erst," entgegnete Tuhaj-Bey ungeduldig.

„Auf Dein Wort! ich gebe vier."

„Gnädiger Hetman," sagte der Feldhauptmann, „wollt Ihr, so zahle ich sie gleich aus."

„Du kannst sie morgen nach Basawluck bringen?"

Tuhaj-Bey dehnte sich und gähnte.

„Ich bin schläfrig," sagte er. „Morgen muß ich früh nach Basawluck. Wo soll ich schlafen?"

Der Feldhauptmann wies auf einen Stoß Schaffelle an der Wand. Sogleich warf sich der Tatar darauf und schnarchte bald entsetzlich.

Chmielnizki ging einigemale in der engen Stube auf und nieder, dann sagte er:

„Der Schlaf flieht meine Lider, gieb mir etwas zu trinken, Hauptmann."

„Branntwein oder Wein?"

„Branntwein! Ich kann nicht schlafen."

„Draußen dämmert schon der Morgen," sagte der Hauptmann.

„Ja, es ist schon spät! Gehe schlafen, alter Freund! Trinke noch eins und gehe."

„Auf Ehre und Glück!"

„Auf Glück."

Der Feldhauptmann wischte mit dem Aermel den Mund ab, reichte dem Hetman die Hand und ging.

Chmielnizki saß in tiefem Schweigen am Tische. Plötzlich erwachte er aus seinem Sinnen und sagte zu Strzetuski, ihn fest anblickend:

„Statthalter, Ihr seid frei!"

„Ich bin Euch sehr dankbar, Hetman von Saporogien, obgleich ich offen bekenne, daß ich lieber jemand anderem meine Freiheit dankte."

„So dankt mir nicht. Ihr habt mir das Leben gerettet, ich Euch, wird sind quitt. Doch eines muß ich Euch sagen, daß ich Euch noch nicht auf freien Fuß setze, außer, Ihr verpfändet Euer Ritterwort, daß Ihr, zurückgekehrt, niemandem verratet, was Ihr hier gehört und gesehen habt."

„Ich sehe, Ihr haltet mich nur zum Narren, denn ein solches Wort gebe ich Euch nicht, da ich mich damit als zum Feinde übergegangen erklären müßte."

„Es geht mir um Kopf und Kragen, wenn mir der Großhetman mit ganzer Macht entgegenzieht. Und das wird er thun, sobald er durch Euch erführe, wie es hier steht, deshalb kann ich Euch nicht freilassen, bis ich in Sicherheit bin. Ich weiß, was ich unternehme. Gegen mich ziehen beide Hetmane, Euer Fürst, der selbst mit seiner Person ein ganzes Heer repräsentiert, die Saslawskis und Konieepolskis und alle die kleinen Fürsten und Prinzen, welche den Kosaken den Fuß auf dem Nacken hielten. Es hat mich nicht wenig Mühe gekostet, den Aufstand zu Wege zu bringen, und wenn noch das ganze Volk sich uns anschließt, so denke ich, die Feinde der Kosaken zu bewältigen, aber das meiste Vertrauen setze ich in Gottes Hilfe, der mein erlittenes Unrecht und meine Unschuld kennt."

Hier leerte Chmielnizki sein Glas mit Branntwein und begann unruhig um den Tisch herumzugehen. Herr Strzetuski maß ihn mit den Augen und sagte streng:

„Lästert nicht, Hetman, indem Ihr Gottes Hilfe anruft, denn nur der Zorn Gottes kann Euch treffen. Ziemt es Euch, seine Hilfe zu erwarten? Euch, der Ihr persönlicher Streitigkeiten halber den fürchterlichen Sturm eines Bruderkrieges heraufbeschwört und zum Verderben der Christen Euch mit den Heiden verbindet? Was wird denn geschehen? Ob Ihr siegt oder fallet — immer werden Ströme Blutes fließen, Thränen werden ein Meer füllen können; gleich den Heuschrecken werdet Ihr die Länder verwüsten und das eigene Blut den Heiden in die Sklaverei liefern. Ihr werdet die Republik verwüsten, gegen die Majestät die Hand erheben, die Altäre schänden, und alles das darum, weil Tschaplinski Euch den Hof genommen und in der Betrunkenheit Euer Leben bedroht hat. Und dazu ruft Ihr Gott an? — Wahrlich — ich sage Euch, trotzdem ich in Eurer Macht bin und Ihr mir Leben und Freiheit rauben könnt, — ich sage Euch, nicht Gott, sondern den Teufel ruft ihr an, denn nur die Hölle kann Euer Werk loben."

Chmielnizki wurde kirschrot; — er griff nach der Klinge, sah den Statthalter an wie ein Löwe, der sich zum Sprunge bereitet — aber er bezähmte sich. Glücklicherweise war er noch nicht betrunken. Vielleicht war es auch eine innere Unruhe, die ihn warnte, die Stimme des Gewissens, die ihm zurief: „Kehre um!" Plötzlich — als ob er den eigenen Gedanken wehren wollte, sagte er:

„Von einem anderen litte ich solche Sprache nicht. Du aber sieh' Dich vor, daß Du meine Geduld nicht erschöpfst. Deine Frechheit hält mir die Schrecken der Hölle entgegen, Du sagst, daß ich nur meine Privathändel rächen will? Kannst Du denn wissen, ob es nicht auch anderes Unrecht zu rächen giebt? Liefen mir die Leute zu Tausenden zu, wenn es sich nur um meine Person handelte? ... Sieh', was in der Ukraine vorgeht! Wie fruchtbar ist dort die Mutter Erde. Wer aber kann dort sicher das „Morgen" erwarten? wer ist dort glück= lich? wer frei im Vollgenuß seines Glaubens? Und wie viele Thränen fließen dort! Die Wischniowiezki, die Saslawski, Kalinowski und Koniezpolski nebst einer handvoll Abliger allein sind die Glücklichen. Ihnen gehören die Starosteien, die Ehren, die hohen Aemter, der Boden, die Menschen; ihnen das Glück, das Gold, die Freiheit, und der Rest des Volkes streckt unter Thränen die Hände in die Höhe, Gottes Barmherzigkeit an= rufend, denn auch der König ist nicht barmherzig. Wie viele vom kleinen Adel sind nach der Sitsch geflohen, um dem un= erträglichen Drucke zu entrinnen? Ich will keinen Krieg mit dem Freistaat, dem Könige, nur mit den Fürsten und ihrer Tyrannei, die um Rache zum Himmel schreit. Welchen Dank ernteten denn die Kosaken für die großen Dienste, welche sie in den vielen Kriegen leisteten? Wo blieben ihre Privilegien? Der König gab sie, aber die Fürsten nahmen sie ihnen wieder. Nale= wajko wurde geviertelt, Pawluk in einem kupfernen Ochsen verbrannt. Das Blut ist noch nicht in den Wunden geronnen, welche der Säbel Solkiewskis und Koniezpolskis uns schlug, die

Thränen noch nicht getrocknet, die tausenden von Augen ent-
strömten. Und jetzt, — sieh', sieh', was dort am Himmel
leuchtet!" Hier zeigte Chmielnizki durch das Fensterchen auf
einen strahlenden Kometen. „Der Zorn Gottes! Die Rute Gottes!
— Wenn ich sie denn sein soll hier auf Erden, nun — so
geschehe sein Wille! Ich nehme diese Last auf mich."

Er erhob die Hände nach oben und erschien ganz durch-
geistigt, leuchtend wie die Fackel der Rache. Dann fing er an
zu zittern und sank, wie von der Last seiner Bestimmung nieder-
gedrückt, auf die Bank. Eine Zeitlang herrschte tiefe Stille.
Der Statthalter saß nachdenklich, gesenkten Kopfes, als suche
er eine Antwort auf die inhaltsschweren Worte Chmielnizkis.
Endlich sagte er leise und traurig:

„Und wenn das alles wahr wäre, wer seid Ihr, Hetman,
daß Ihr Euch zum Richter und Henker aufwerft? Welcher
Uebermut und welche Gewalt beherrscht Euch? Warum überlaßt Ihr das Strafgericht nicht Gott? Ich verteidige die Bösen
nicht, liebe nicht das Unrecht, erkenne der Tyrannei kein Recht
zu, aber, Hetman, blickt in Euer Inneres. Ihr klagt über
den Despotismus der Fürsten, über ihren Stolz, der selbst
dem Könige sich nicht beugt. Seid Ihr denn frei davon?
Langt Ihr nicht selbst mit rascher Hand nach der Herrschaft,
dem Recht, der Majestät? Ihr seht nur den Despotismus der
Fürsten, wollt aber nicht ihre panzerbedeckte Brust, ihre Macht,
ihre festen Schlösser, Waffen und den Mut sehen, mit welchem
sie diese in Milch und Honig schwimmende Erde vor dem
tausendfach schwereren türkischen oder tatarischen Joche schützen.
Wer würde sie sonst schützen? Wer bewahrt Eure Kinder vor
dem Los, unter den Janitscharen dienen zu müssen, und Eure
Weiber vor dem Schicksal, ihr Leben im Harem zuzubringen?
Wer bebaut die Wüsten, legt Städte und Dörfer an und er-
richtet Kirchen?"

Die Stimme Skrzetuskis gewann wieder an Kraft. Chmielnizki versenkte die Blicke in die Branntweinflasche und schwieg,
als kämpfe er mit sich.

„Und wer sind sie?" fuhr Skrzetuski fort, „sind sie aus
Deutschland herüber gekommen oder aus der Türkei? Sind sie
nicht Blut von Eurem Blute, Mark von Eurem Mark? Ist es
nicht Euer Adel, sind es nicht Eure Fürsten? Und da es so ist, so
wehe Euch, Hetman, denn Ihr bewaffnet die jüngeren Brüder gegen
die älteren, macht Brudermörder aus ihnen. O Gott! und
wenn alle schlecht wären, wenn alle, was doch nicht so ist, das

Recht mit Füßen träten — möge Gott im Himmel sie richten, die Königsrute auf Erden, aber nicht Ihr, Hetman. Könnt Ihr denn sagen, daß unter Euch nur Gerechte sind? Habt Ihr denn nie gesündigt, daß Ihr das Recht zu haben glaubt, auf Andere Steine zu werfen? Und da Ihr mich fragt, wo die Privilegien der Kosaken geblieben sind, so antworte ich Euch: „nicht die Prinzen und Fürsten haben sie vernichtet, sondern die Saporoger — Loboda, Sasko, Nalewajko und Pawluk, von welchem Ihr fabelt, daß er in einem kupfernen Ochsen verbrannt wurde, obwohl Ihr gut wißt, daß es nicht so war. Eure Un-ruhen, Revolutionen und Ueberfälle haben sie vernichtet. Wer hat den Tataren die Grenzen der Republik zu Raub und Mord geöffnet? — Ihr! Wer — o Gott! — gab das eigene Christen-volk in die Sklaverei? — Ihr! Wer trieb die größten Schwin-beleien? — Ihr! Vor wem ist der Adel, der Kaufmann, der Landmann am wenigsten sicher? — Vor Euch! Wer entflammt immer neue Bürgerkriege, verbrennt Dörfer und Städte, beraubt die Gotteshäuser und schändet die Weiber? — Ihr! Ihr! Was wollt Ihr eigentlich? Soll man Euch Privilegien bewilligen, damit Ihr Bürgerkriege, Raub und Verwüstung anzetteln könnt? Wahrlich, man hat Euch mehr gegeben als genommen. Man wollte die membra putrida heilen, nicht ausschneiden,*) und ich weiß nicht, ob noch ein Staat irgendwo existiert, der wie der Freistaat ein solches Geschwür am eigenen Leibe dulden würde. Und was für Dank erntet er dafür? Da, siehe, dort liegt Euer Bundesgenosse — der Eure — aber der giftigste Feind des Frei-staates; Euer Freund — aber der Verfolger des Kreuzes und des Christentums, kein Prinz der Ukraine, sondern ein Mohr aus der Krim, und mit diesem werdet Ihr gemeinschaftlich das eigene Nest verbrennen — die eigenen Brüder richten! Aber — er wird Euch beherrschen! Ihr werdet ihm den Steigbügel halten müssen.“

Chmielnizki goß ein neues Glas Branntwein hinunter.

„Als wir einst mit Barabasch bei dem Könige waren,“ entgegnete er finster, „und als wir über unsere Plagen Klage führten, sagte unser Herr: „Habt Ihr denn keine Musketen und Säbel zur Hand?“

„Wenn Ihr vor dem König der Könige stehen würdet, so möchte dieser sagen: „Habt Ihr Euren Feinden vergeben, wie ich Euch vergebe?“

---

*) Historisch nachgewiesene Worte Soltiewskis.

„Ich will keinen Krieg mit der Republik."

„Ihr legt ihm aber das Schwert an den Hals."

„Ich gehe, die Kosaken aus ihren Fesseln zu befreien."

„Um sie in tatarische Ketten zu legen!"

„Den Glauben will ich schützen."

„Im Verein mit den Heiden!"

„Fort mit Dir! Du bist nicht die Stimme meines Gewissens. Fort! sage ich Dir."

„Das vergossene Blut wird auf Euch lasten, die Thränen der Menschen Euch anklagen, der Tod wartet Euer! das Gericht!"

„Eule!" schrie Chmielnizki, rasend vor Wut. Das Messer blitzte unter den Augen des Statthalters.

„Töte mich!" sagte Skrzetuski kalt.

Und wieder trat Stillschweigen ein, wieder hörte man nur das Schnarchen der Schlafenden und das Nagen des Holzwurmes. Chmielnizki stand eine Weile vor Skrzetuski, das Messer in der Hand; plötzlich schauerte er zusammen, er kam zur Besinnung, ließ das Messer fallen, griff nach der Branntweinflasche und leerte sie bis auf den letzten Tropfen.

„Ich kann ihn nicht töten!" brummte er, „ich kann nicht! Es ist schon spät .... ist das schon die Dämmerung? Aber auch zur Bekehrung ist es zu spät .... Was redest Du mir von Blut und Gericht?"

Er verlor immer mehr die Besinnung. Der Branntwein wirkte allmählich immer mehr.

„Was für ein Gericht? Wie? Der Chan versprach mir Verstärkung. Tuhaj-Bey schläft hier! Morgen rücken wir aus ... mit uns der heilige Michael, der Sieger! Und wenn ... und wenn ... so ... Ich habe Dich von Tuhaj-Bey gekauft ... denke daran und sage es ... O! es schmerzt ... es schmerzt! Umkehren ... zu spät! Das Gericht ... Nalewajko ... Pawluk ..."

Auf einmal richtete er sich auf, sah entsetzt vor sich hin und schrie: „Wer ist da?"

„Wer ist da?" wiederholte noch schlaftrunken der Feldhauptmann.

Chmielnizki ließ das Haupt auf die Brust sinken, nickte einigemale hin und her, murmelt: „Welches Gericht?" und schlief ein.

Herr Skrzetuski, noch schwach von den erhaltenen Wunden und furchtbar aufgeregt von den letzten Szenen, erbleichte plötzlich und fühlte sich sehr übel. Er dachte, ob wohl der Tod jetzt komme? und fing an zu beten.

13. Kapitel.

Früh am Morgen rückte die Kavallerie und das Fußvolk
aus der Sitsch aus. Der Krieg hatte begonnen, wenn auch bis
jetzt noch kein Blut geflossen war. Schwadron folgte auf
Schwadron, man konnte glauben, daß, von der warmen Früh=
lingssonne gelockt, große Scharen Heuschrecken aus dem Uferrohr
des Tschertomelik ausschwärmten und die ukrainischen Fluren
überzogen. Im Walde hinter Basawluck warteten schon, zum
Abmarsch bereit, die türkischen Mietlinge. Sechstausend Mann aus=
gewähltes Militär, besser bewaffnet als die gewöhnlichen Soldaten,
bildeten die Hilfstruppen, welche der Chan geschickt hatte. Die
Kosaken warfen bei ihrem Anblick die Mützen in die Luft; die
Musketen knallten. Die Rufe der Kosaken mischten sich mit
dem Allah der Tataren. Chmielnizki und Tuhaj=Bey, beide
mit dem Feldherrnstab und dem Roßschweif, begrüßten sich
zeremoniell. Man stellte mit der den Kosaken und Tataren
eigenen Schnelle die Marschordnung her, und es ging vorwärts.
Die Mietlinge nahmen mit den Kosaken beide Flügel, die Mitte
Chmielnizki mit der Reiterei, hinter welcher die tapferen Fuß=
kosaken schritten, dann kamen die „Feuerwerker" mit den Kanonen,
ferner die Wagen, das Feldlager, die Dienerschaft, die Vorräte,
Lebensmittel, endlich die Treiber mit den Viehherden. Nachdem
Basawluck und der Wald passiert waren, breitete sich der Heer=
zug in den Steppen aus. Das Wetter war schön; kein Wölk=
chen trübte den Himmel, ein leichter Wind zog von Mitternacht
dem Meere zu, die Sonne spiegelte sich im Stahl der Speere

und ihre Strahlen spielten mit den Steppenblumen. Die „Wilden Felder" breiteten sich vor den Kosaken unabsehbar aus wie das Meer, und dieser Anblick erfüllte die wilden Krieger mit großer Freude. Die große himbeerrote Fahne neigte sich mehrfach zum Gruß der heimatlichen Steppe, ihr folgten alle Roßschweife und sonstigen Abzeichen. Ein Freudenschrei entrang sich aller Brust. Die Schwadronen schwärmten bequem aus. Die Sänger und Lautenspieler ritten an die Spitze; die Kessel wurden geschlagen, die Zithern und Lauten erklangen, ein tausendstimmiges Lied ertönte aus ebensoviel Kehlen über die Steppe hin.

> „Hej! ihr Steppen, ihr weiten,
> Mit dem Morgentau benetzt,
> Leuchtend wie das große Meer."

Die Lautenschläger hatten die Zügel losgelassen, und in den Sätteln sich zurückbiegend, schlugen sie mit zum Himmel gerichteten Blicken die Saiten. Die Beckenschläger schlugen mit erhobenen Händen ihre kupfernen Becken, die Trommler donnerten auf ihre Pauken, und dies alles im Verein mit den monotonen Worten des Liedes bildete eine so großartige, wilde und sentimentale Musik, wie die Wüste selbst wild und sentimental war. Eine gewisse Trunkenheit überkam die Krieger, sie wiegten sich im Takt des Liedes, und zuletzt schien es, als sänge die ganze Steppe. Aufgescheuchte Vogelscharen flogen vor dem Heere her. Wenn von Zeit zu Zeit die Musik schwieg, vernahm man das Pferdegetrappel, das Schnauben der Pferde, das Quietschen der Lastwagen.

Allen voran, unter der großen Fahne und dem Roßschweif ritt Chmielnizki in roten Kleidern auf weißem Pferde, mit dem goldenen Feldherrnstab in der Hand. Der ganze Heerzug bewegte sich langsam gegen Norden, wie eine gefahrdrohende Wetterwolke, die Eichenhaine und Grabstätten, die Steppenwüste mit brausendem Lärm erfüllend. Und von Tschechryn her zog dieser Wetterwolke entgegen eine zweite Wetterwolke, das Heer der Kronensoldaten, unter der Führung des jungen Potozki. Hier ritten die Saporogen und Tataren, das frohe Lied auf den Lippen, als ginge es einer Hochzeit entgegen, dort zogen die Husaren ernst und schweigend einem Kampfe ohne Ruhm zu. Hier an der Spitze ein alter erfahrener Krieger unter der roten Fahne, drohend den Feldherrnstab schwingend, als wäre er des Sieges schon gewiß, dort ritt allen voran ein Jüngling, nachdenklich und sich seines traurigen Schicksals bewußt. Noch trennte sie die weite Steppe. Chmielnizki beeilte sich nicht. Er kalkulierte — je mehr der junge Potozki in die Steppe vordrang, je weiter er sich von beiden Hetmanen entfernte, um so leichter war er zu besiegen. Dazu strömten immer neue Ueberläufer aus Tschechryn und allen Städten an den Ufern des Dniepr ihm zu, seine Stärke vermehrend und ihm gleichzeitig täglich Neuigkeiten zutragend. Durch sie erfuhr Chmielnizki, daß der Großhetman seinen Sohn zu Lande nur mit zweitausend Mann ausgesandt hatte; dagegen zogen ihm auf Flußkähnen zu Wasser sechstausend Krieger und tausend deutsche Söldner entgegen. Beide Heere hatten den Befehl, enge Fühlung mit einander zu behalten, aber dieser Befehl wurde schon am ersten Tage zu nichte gemacht, da die am Ufer reitenden Husaren die Kähne, von der gewaltigen Strömung fortgerissen, weit zurücklassen mußten. Dazu kam, daß letztere fortwährend durch das Ueberschreiten der Nebenflüsse des Dniepr aufgehalten wurden. So beeilte sich denn Chmielnizki um so weniger, da er wünschte, die Trennung zwischen beiden Heeren zu vergrößern. Am dritten Tage ließ er das Lager bei Kamytscha aufschlagen und legte sich dort zur Ruhe.

Unterdes hatten die Vorposten Tuhaj-Bejs zwei Kundschafter eingebracht. Es waren dies zwei Dragoner, die gleich bei Tschechryn aus dem Lager Potozkis entflohen waren. Da sie Tag und Nacht ritten, so waren sie ihm weit vorausgeeilt. Man brachte sie sofort zu Chmielnizki. Sie bestätigten nur, was Chmielnizki schon wußte, brachten aber auch eine neue Nachricht und zwar die, daß die Führer des zu Wasser heranziehenden Heeres der alte Barabasch und Krschetschowski waren. Als Chmielnizki diesen Namen hörte, sprang er hastig auf:

„Krschetschowski? der Hauptmann der Perejeslawer Linienkosaken?"

„Er selbst, gnädigster Hetman!" antworteten die Dragoner. Chmielnizki wandte sich an die ihn umgebenden Hauptleute: „Ihm entgegen!" kommandierte er donnernd.

Noch keine Stunde später war das Lager abgebrochen, das Heer zog weiter, obgleich die Sonne schon unterging und die Nacht dunkel zu werden versprach. Häßliches, rötliches Gewölk türmte sich am westlichen Horizont auf und näherte sich eilig, wie zum Kampfe. Der Heerzug bewegte sich links nach dem Ufer des Dniepr hin. Er ging still, ohne Sang und Klang, so schnell es gehen wollte, in dem hohen, üppigen Steppengrase, welches stellenweise so hoch war, daß Reiter und Pferde darin verschwanden und nur die Fahnen darüber hinausflatterten. Die Reiterei bahnte den Fußsoldaten und den Wagen erst den Weg; mühsam schleppten sie sich hinterdrein. Die Nacht war hereingebrochen. Die kolossale rote Mondscheibe kam langsam herauf, bald hinter Wolken verschwindend, bald die Steppe mit ihrem Licht übergießend. Es konnte schon Mitternacht sein, als die scharfen Augen der Kosaken riesige schwarze Massen entdeckten, welche sich deutlich vom Himmel abhoben.

Das waren die Mauern von Kudak.

Die Vorposten näherten sich in der Dunkelheit vorsichtig und still wie die Wölfe, der Veste. Vielleicht konnte man die schlafende Festung umgehen!

Da plötzlich zerriß ein Blitz auf den Wällen die Finsternis, ein gewaltiger Knall erschütterte die Felsen des Dniepr und eine große Feuerkugel fiel, einen langen, feurigen Schweif hinter sich ziehend, in das Steppengras.

„Der finstre Cyklop Grodschizki meldet uns, daß er wacht,“ sagte der Hetman.

„Der einäugige Hund!“ brummte Tuhaj-Bey, „er sieht in der Nacht.“

Die Kosaken ließen die Festung liegen, da sie jetzt, wo ihnen das Kronenheer entgegen kam, nicht an ein Erstürmen derselben denken konnten; sie zogen weiter. Aber Grodschizki schoß hinterdrein, daß die Festungsmauern bebten, nicht, um ihnen zu schaden, da sie zu weit entfernt vorüberzogen, sondern um das den Dniepr abwärts ziehende Heer, welches nicht mehr weit sein konnte, zu warnen.

Der Kanonendonner von Kudak erweckte jedoch vor allem ein freudiges Echo im Herzen und in den Ohren Skrzetuskis. Der junge Ritter, welchen Chmielnizki mitführte, war am zweiten Tage schwer erkrankt. Er hatte auf Chortyza zwar keine tötlichen Wunden erhalten, hatte aber soviel Blut verloren, daß ihm nicht mehr viel geblieben war. Seine nach Kosakenart verbundenen Wunden hatten sich geöffnet und das Wundfieber war hinzugekommen. In jener Nacht nun lag er halb bewußtlos auf einem Kosakenwagen; erst der Donner der Geschütze von Kudak weckte ihn. Er öffnete die Augen und sah sich um. Das ganze Feldlager zog daher wie geisterhafte Schemen, und vom Schloß da oben donnerten die Kanonen und zuckten im Pulverdampf flammende Blitze. Die Feuerkugeln hüpften auf der Steppe ſummend und heulend umher, wie eine entfeſſelte Meute, und dieſer Anblick erfüllte Herrn Skrzetuski mit ſolcher Trauer, ſolcher Sehnſucht, daß er auf die Gefahr hin, gleich zu ſterben, heiß begehrte, ſei es auch nur als Geiſt, zu den Seinen eilen zu können. Krieg gab es, Krieg! und er lag im Feindeslager, entwaffnet, krank, außer ſtande, ſich zu wehren. Die Republik in Gefahr und er nicht da zu ihrer Hilfe. Und dort in Lub= nie war ſicher alles in Bewegung; der Fürſt eilt mit blitzenden Augen die Reihen auf und nieder und da, wo er mit dem Feldherrnſtab winkt, da fallen gleich aus dreihundert Musketen dreihundert Schüſſe. Allerlei bekannte Geſichter erſchienen vor Skrzetuskis Geiſt: Hier eilt der kleine Wolodyjowski an die Spitze ſeiner Dragoner mit dem ſchlanken Säbel in der Hand. Mit wem dieſer Fechtmeiſter aller Fechtmeiſter ihn kreuzt, der iſt ſo gut wie begraben; dort wieder Podbipienta mit ſeinem Henkerſchwert — Hutabſchläger. Wird er drei Köpfe treffen oder nicht? Probſt Jaskolski betet mit erhobenen Händen neben den Fahnen, aber — da er ein alter Soldat iſt, ſo hält er es nicht aus und ſchießt wiederholt ſeine Muskete ab. Ueberall Kampf, Sturm.

Plötzlich ändert ſich das Geſicht. Vor dem Statthalter ſteht Helene mit aufgelöſtem Haar und ruft: „Rette mich, Bohun verfolgt mich!“ Herr Skrzetuski ſpringt auf, will vom Wagen — da ſpricht eine Stimme, aber eine wirklich menſchliche Stimme zu ihm:

„Bleib' liegen, Kindchen, ſonſt binde ich Dich.“

Das war der Lageraufſeher Sachar, welchem Chmielnizki aufgetragen hatte, den Statthalter wie ſeinen Augapfel zu hüten. Er legt den Kranken auf den Wagen zurück, bedeckt ihn mit Pferdehäuten und fragt noch:

„Was iſt Dir?“

Dem Statthalter kehrt die Beſinnung wieder. Die Phan= taſiegeſtalten fliehen. Die Wagen fahren dicht am Dniepr entlang. Ein kühler Hauch weht vom Fluſſe her, die Dämme= rung beginnt, die Vögel fangen ſchon an laut zu werden.

„Höre, Sachar! Haben wir Kudak ſchon hinter uns?“ fragt Herr Skrzetuski.

„Schon hinter uns!“ antwortete der Saporoge.

„Wohin zieht Ihr?

„Das weiß ich nicht. Es ſoll eine Schlacht geſchlagen werden, aber ich weiß nicht wo.“

Das Herz schlug Herrn Strzetuski höher. Er glaubte, Chmielnizki würde mit der Belagerung Kudaks den Krieg anfangen. Die Eile aber, mit welcher die Kosaken vorwärtseilten, ließ ihn mutmaßen, daß die Kronenregimenter in der Nähe sein müssen. Chmielnizki hatte deshalb die Festung umgangen, um die Schlacht nicht unter ihren Mauern liefern zu müssen. Vielleicht werde ich heute noch frei, dachte der Statthalter, und blickte dankbar zum Himmel.

14. Kapitel.

Das unter Barabasch und Krschetschowski den Dniepr herab=
schwimmende Heer hatte ebenfalls den Kanonendonner von Kudak
vernommen. Es bestand aus sechstausend Linienkosaken und
einem Regiment auserlesenen deutschen Fußvolkes unter dem
Hauptmann Hans Flick.

Herr Nikolaus Potozki hatte lange geschwankt, ob er die
Kosaken dem Chmielnizki entgegen schicken solle oder nicht. Aber
da Krschetschowski einen großen Einfluß auf diese hatte und
der Hetman dem Krschetschowski ein grenzenloses Vertrauen
schenkte, so nahm er nur den Mannschaften den Fahneneid ab
— und ließ sie in Gottes Namen ziehen. Krschetschowski war
ein sehr erfahrener Soldat. Die Potozkis hatten ihn immer
protegiert; er verdankte ihnen alles, die Erhebung in den Adels=
stand, die Hauptmannswürde und sogar seine ausgebreiteten
Besitzungen am Dniestr und der Ladawa. Ihn verknüpften so
viele Bande mit den Potozkis und der Republik, daß auch
nicht ein Schein von Mißtrauen gegen ihn in der Brust des
Hetmans aufsteigen konnte. Er war im besten Mannesalter,
kaum fünfzig Jahre alt, und im Dienste des Vaterlandes er=
öffnete sich ihm eine große Zukunft. Einige wollten in ihm
einen Nachfolger Stephan Chmielnizkis sehen, welcher vom ein=
fachen Steppenritter bis zum Wojewoden von Kiew und Senator
der Republik emporgestiegen war. Nur von Krschetschowski
selbst hing es ab, den Weg weiter zu schreiten, auf welchen Mut,
Energie und ein unbändiger Stolz ihn geführt. Infolge dieses

Stolzes hatte er sich unlängst um die Starostei von Litynia bemüht, und als Herr Korbut ihm dort vorgezogen wurde, vergrub er tief im Herzen die Enttäuschung, war aber vor Aerger und Neid fast krank geworden. Jetzt schien ihm das Schicksal zu lächeln, da er vom Großhetman einen so wichtigen Auftrag bekommen hatte und sein Name deswegen bis zum Ohre des Königs dringen mußte. Und das war von Wichtigkeit, denn es bedurfte dann nur einer Erinnerung dort, um seiner Seele die edlen Worte schmeicheln zu hören: „Er neigte seine Stirn vor Uns und bat um ein Ehrengeschenk und Wir, eingedenk seiner Dienste, verleihen ihm u. s. w." Auf diesem Wege kam man zu Ehren und Reichtümern, auf diesem Wege gingen ungeheure Flächen der unbebauten Steppe, die ehedem Gott und der Republik gehörten, in die Hände des Kleinadels über, auf diesem Wege konnte dieser emporwachsen und die Hoffnung nähren, daß seine Nachkommen unter den Senatoren ihren Platz haben würden. Das eine nur wurmte Herrn Krschetschowski, daß er seine hiesigen Funktionen mit Barabasch teilen sollte. Aber diese Teilung war nur nominell. In Wirklichkeit war der alte Tscherkessierhauptmann in der letzten Zeit so gealtert, daß nur sein Leib noch dieser Welt hier angehörte, während der Geist schon in jenen Zustand der Stumpfheit und Teilnahmlosigkeit übergegangen war, welcher dem wirklichen Tode voranzugehen pflegt. Im Anfange der Expedition war er lebendiger geworden, das alte Soldatenblut floß noch einmal reger in ihm, denn er war seiner Zeit ein berühmter Ritter gewesen, aber bald nach dem Ausmarsch schläferte ihn der Ruderschlag ein, er vergaß die Welt. Krschetschowski dirigierte alles. Barabasch wachte nur zum Essen auf, und wenn er satt war, dann frug er der Ordnung wegen nach diesem und jenem, man gab ihm eine beliebige Antwort, zuletzt seufzte er und sprach: „Ich hätte gern meinen alten Körper in einem anderen Kriege zur Ruhe gelegt, aber es war nicht Gottes Wille."

Die Verbindung mit dem Heere zu Lande war, wie gesagt, von Anfang an zerrissen. Krschetschowski klagte, daß die Reiterei zu langsam vorgehe, daß sie beim Uebersetzen der Flüsse zu lange verweile, daß der junge Führer keine Erfahrung habe, aber bei alledem trieb er vorwärts. So entfernten sie sich immer mehr von einander. Endlich hörten sie eines Nachts Kanonendonner. Barabasch schlief und wachte nicht auf. Dafür setzte sich Flick, der etwas voraus war, in ein Boot und begab sich zu Krschetschowski.

„Herr Hauptmann!" sagte er, „das sind die Kanonen von Kudak! Was soll ich thun?"

„Haltet die Fahrzeuge an. Wir bleiben die Nacht über im Rohr."

„Chmielnizki belagert jedenfalls das Schloß. Meine An-sicht wäre, so schnell als möglich Entsatz zu bringen."

„Ich habe nicht nach Eurer Meinung gefragt; ich befehle nur, denn ich kommandiere."

„Herr Hauptmann!"

„Wartet!" sagte Krschetschowski.

Da er sah, daß der energische Deutsche seinen blonden Bart ärger-lich zauste und ihm nicht recht geben wollte, setzte er milder hinzu:

„Der Burgvogt kann mit der Reiterei bis morgen früh hier sein und über Nacht nehmen sie die Festung nicht."

„Und wenn er nicht da ist?"

„So werden wir warten, bis er da ist und dauerte es zwei Tage. Ihr kennt Kudak nicht. Sie beißen sich die Zähne an seinen Mauern aus. Ich habe gar kein Recht, ohne den Burgvogt Entsatz zu bringen. Das ist seine Sache!"

Alles Recht schien auf seiten Krschetschowskis, und so drängte auch Flick nicht mehr und ging zu seinen Deutschen. Bald bogen die Fahrzeuge dem rechten Ufer zu und schlüpften zwischen das hohe Rohr, welches fast ein Gewende breit in den aus-getretenen Fluß hineinreichte. Das Klatschen der Ruder ver-stummte, die Fahrzeuge lagen alle im Versteck, der Fluß war ganz leer. Doch schlief niemand dort, mit Ausnahme des alten Barabasch. Flick, ein tapferer Soldat, wäre am liebsten, wie ein Vogel, nach Kudak geflogen. Die Mannschaften flüsterten leise mit einander, was wohl dort vorgehen möge. Wird die Veste sich halten oder nicht? Der Kanonendonner wurde immer stärker. Alle waren überzeugt, das Schloß halte einen gewaltigen Sturm aus. „Chmiel*) spaßt nicht, aber auch Grodschizki spaßt nicht, flüsterten die Kosaken. Was wird morgen sein?"

Diese Frage legte sich auch Krschetschowski vor, welcher gedankenvoll im Vorderteil seines Fahrzeuges saß. Er kannte Chmielnizki seit lange genau; er hatte ihn bisher immer für einen Menschen von außerordentlichen Fähigkeiten gehalten, welchem nur der rechte Anlaß fehlte, seine Adlerschwingen zu erheben. Jetzt zweifelte er daran. Die Kanonen donnerten fortwährend, hielt denn Chmielnizki wirklich Kudak belagert?

---

*) Chmiel = Chmielnizki.

„Wenn es so ist," dachte Krschetschowski, „so ist er verloren. Wie konnte er, der alte erfahrene Soldat, diese jungfräuliche Veste stürmen wollen, anstatt nach der Ukraine zu eilen, nachdem er alle Kräfte Saporogiens um sich versammelt hatte, und über Mittel verfügte, wie noch nie zuvor ein Hetman? Er läßt es zu, daß seine besten Kräfte an den Mauern Kudaks zerschellen, wie eine Welle des Dniepr an den Felsen der Porogen. Wird er dort warten, bis die Republik Kräfte sammelt und ihn umzingelt, wie den Nalewajko bei Soloniza?"

„Er ist verloren!" wiederholte er sich. „Die eigenen Kosaken werden ihn ausliefern. Der verfehlte Sturm wird sie unlustig machen, das Feuer der Revolution wird im Keime erlöschen und Chmielnizki wird nichts mehr sein, als der Schaft eines abgebrochenen Schwertes. Er ist ein Dummkopf!"

„Ergo?" dachte Herr Krschetschowski, „ergo, morgen setze ich meine Mannschaften an das Land, in der nächsten Nacht überfalle ich die vom Ansturm Geschwächten, haue die Saporogen bis auf den letzten Mann nieder und werfe den gebundenen Chmielnizki dem Hetman zu Füßen. Es ist seine eigene Schuld, es konnte anders kommen."

Sein schrankenloser Ehrgeiz spiegelte dem Hauptmann allerhand Bilder vor. Er mußte recht gut, daß der junge Potozki bis zur nächsten Nacht nicht zur Stelle sein konnte. Wer also würde der Hydra den Kopf zertreten? wer die Fackel der Revolution auslöschen? Er, Krschetschowski! Der alte Hetman würde zwar etwas sauer dreinblicken, daß sein Sohn nicht dabei war, aber der Zorn würde bald verrauchen und unterdes fallen alle Strahlen der königlichen Gnade auf sein Haupt. Ganz? doch nein! er wird den Ruhm mit Barabasch und Grodschizki teilen müssen, zwar — das alte Holz, den Barabasch, konnte man jeden Tag begraben und Grodschizki, — wenn der nur auf Kudak sitzen und ab und zu die Tataren verscheuchen durfte, so war der zufrieden. Wenn er selbst doch Hetman der Ukraine werden könnte!

Die Kanonen von Kudak donnerten noch immer.

„Chmielnizki steckt den Kopf in die Schlinge," dachte Krschetschowski. „Das ist seine Schuld. Es konnte anders kommen. Wenn er in die Ukraine gegangen wäre ... es konnte ganz anders kommen. Dort ist der Sprengstoff aufgespeichert, dort liegt das Pulver, nur der Funke fehlt, es anzuzünden. Die Republik ist mächtig, hat aber in der Ukraine keine Kräfte zum Widerstand mehr, der König ist kränklich. Ein einziger Sieg der Saporogen hätte unermeßliche Folgen."

Krschetschowski verbarg das Gesicht in den Händen und saß unbeweglich. Die Sterne senkten sich mehr und mehr herab, die Wachteln in den Gräsern fingen an zu schlagen, bald sollte es tagen. Zuletzt führten die Gedanken den Hauptmann zu dem Entschluß: „Morgen überfalle ich den Chmielnizki und zertrete ihn unter meinen Füßen. Ueber seinen Leichnam hinweg schreite ich zu Ehren und Reichtum. Nach dem Siege über die Saporogen werden sie mir nichts versagen. Und dennoch — die Starostei von Litynia haben sie mir doch nicht gegeben.“

Bei diesem Gedanken ballte Krschetschowski die Fäuste. Trotz des Einflusses der Potozkis, trotz seiner Verdienste hatten sie ihm die Starostei nicht gegeben, nur deshalb, weil er ein homo novus war und sein Gegner seinen Adel von Fürsten herleitete. Im Freistaat war es nicht genug, ein Edelmann zu sein, man mußte noch warten, bis der Adel mit Schimmel überzogen war, wie die Flaschen alter Weine, und verrostet wie altes Eisen. Chmielnizki allein hätte eine andere Ordnung einführen können; was selbst der König nicht wagte, hätte dieser Mann fertig gebracht, aber der Unglückselige zog es vor, sich den Kopf an den Felsen von Kudak einzurennen. Allmählich beruhigte sich der Hauptmann. Hatten sie ihm einmal die Starostei versagt, was thut's? Umsomehr werden sie sich bestreben, den Sieg, welcher die Ukraine vor so vielem Unglück rettete, zu belohnen. Sie würden ihm dann nichts versagen, dann braucht er nicht einmal mehr die Potozkis . . .

Der müde Kopf sank ihm auf die Brust — er schlief ein, um von Starosteien, von Burgvogteien und königlichen Würden zu träumen. Als er erwachte, dämmerte es. Auf den Fahrzeugen schlief noch alles. Im matten, unsicheren Dämmerlicht glänzten drüben die Wasser des Dniepr. Rings umher herrschte absolute Stille. Diese Stille eben erweckte ihn.

Die Geschütze von Kudak hatten aufgehört zu donnern.

„Was bedeutet das?“ dachte Krschetschowski. „Der erste Sturm ist zurückgeschlagen, oder hat Kudak kapituliert? Aber das war unmöglich! Nein! gewiß lagen die geschlagenen Kosaken irgendwo entfernt vom Schloß und lecken ihre Wunden, und der einäugige Grodschizki blickt durch die Schießscharte auf sie herab und richtet die Geschütze aufs neue. Morgen wiederholen sie den Sturm, sie werden wieder geschlagen.“

Unterdes war es hell geworden. Krschetschowski weckte die Mannschaften auf seinem Kahn und schickte ein Boot nach Flick.

Dieser erschien ungesäumt.

„Herr Hauptmann!" sagte Krschetschowski zu ihm, „wenn bis Abend der Burgvogt nicht herankommt und der Sturm während der Nacht sich wiederholt, so gehen wir der Festung zu Hilfe."

„Meine Leute sind bereit," entgegnete Flick.

„Laßt Pulver und Kugeln unter sie verteilen."

„Sie sind schon verteilt."

„Während der Nacht gehen wir ans Ufer und so still als möglich durch die Steppe. Wir wollen sie überfallen."

„Gut! sehr gut! Aber wäre es nicht besser, noch etwas mit den Kähnen vorzugehen? Es sind fast noch vier Meilen bis zur Festung, und das ist etwas weit zu Fuß."

„Die Fußsoldaten werden die Pferde der Reiterei nehmen."

„Sehr gut!"

„Die Leute mögen still im Schilf liegen, kein Geräusch machen und sich am Ufer nicht sehen lassen. Feuer dürfen nicht angezündet werden, weil der Rauch uns verraten würde; die drüben dürfen aber nichts ahnen, daß wir so nahe sind."

„Der Nebel ist so groß, daß kein Rauch zu sehen wäre."

In der That war der Fluß, das Rohr, in welchem die Kähne versteckt lagen, und die Steppe, so weit das Auge reichte, in dichten Nebel gehüllt. Da aber immer noch Dämmerung herrschte, so konnte der Nebel später fallen und den Blick auf die Steppe freigeben.

Flick ruderte fort. Allmählich wurden alle Leute auf den Kähnen wach; bald waren die Befehle Krschetschowskis bekannt gemacht, und um sie zu befolgen, nahmen die Mannschaften ihr Frühstück schweigsam ein. Niemand hätte vermuten können, daß im nahen Rohr mehrere Tausend Menschen versteckt seien, selbst wenn er dicht am Ufer vorübergegangen oder im Fluß entlang gefahren wäre. Den Pferden gab man das Futter aus der Hand, um ihr Schnaufen zu verhüten. Die Kähne waren sämtlich im Rohr versteckt, nur hier und da schlüpfte ein zweiruderiges Boot durch, Befehle oder Nahrung von einem Kahn zum anderen zu bringen. Ueberall herrschte tiefste Stille.

Auf einmal wurde diese Stille durch eigentümliche, aber sehr zahlreiche, aus dem Steppengrase, dem Rohr, dem Kalmusdickicht und dem Buschwerk in Nähe sich ausbreitende Rufe unterbrochen.

„Pugu! pugu! . . ." rief es.

Jetzt wieder Stille.

„Pugu! pugu! . . ."

Und wieder wurde es still, als warteten die an den Ufern rufenden Stimmen auf Antwort.

Aber es kam keine Antwort. Der Ruf ertönte zum drittenmale, aber schneller und ungeduldiger:

„Pugu! pugu!"

Jetzt hörte man von der Seite der Kähne her, aus dem Nebel heraus, die Stimme Krschetschowskis:

„Wer ist dort?"

„Ein Kosak aus den Sümpfen!"

Den versteckten Mannschaften klopften die Herzen laut und unruhig. Sie kannten jene geheimnisvollen Rufe nur zu gut. In dieser Weise verständigten sich die Saporogen untereinander in ihren Winterquartieren; in eben dieser Weise forderten sie in Kriegszeiten ihre Brüder, die Linien- und angesiedelten Kosaken, unter denen viele im geheimen zu ihrer Brüderschaft gehörten, zu den Waffen.

Die Stimme Krschetschowskis ertönte wieder:

„Was wollt Ihr?"

„Bogdan Chmielnizki, der Hetman der Saporogen, thut Euch kund, daß seine Geschütze auf die Bucht gerichtet sind."

„Sagt dem Hetman, daß die Unsrigen dem Ufer zugewendet sind."

„Pugu! pugu!"

„Was wollt Ihr sonst noch?"

„Bogdan Chmielnizki, der Hetman der Saporogen, bittet seinen Freund, den Herrn Hauptmann Krschetschowski zu einer Unterredung."

„Er soll zuvor Geiseln herüberschicken."

„Zehn Lagerhauptleute sind bereit zu kommen."

„Einverstanden!"

Im Augenblick waren die Ufer der Bucht wie besäet mit Saporogen, welche in den Gräsern versteckt gelegen hatten. Von ferne aus der Steppe kam ihre Reiterei herbeigezogen, hunderte von Fahnen, Roßschweifen und anderen Abzeichen tauchten auf. Sie kamen mit Gesang und Paukenschlag daher. Alles das sah eher einem frohen Willkommen ähnlich, als einem Zusammenstoß feindlicher Mächte.

Die Kosaken in den Kähnen antworteten mit Geschrei und Zurufen. Unterdes näherten sich die Boote, welche die Lagerhauptleute brachten. Krschetschowski stieg in eines derselben und fuhr an das Ufer. Dort führte man ihm ein Pferd vor und geleitete ihn sofort zu Chmielnizki.

Chmielnizki entblößte sein Haupt als er ihn sah, dann begrüßte er ihn herzlich.

„Herr Hauptmann," sagte er, „alter Freund und Kamerad. Als der Herr Kronenhetman Euch befahl, mich zu fangen und in das Lager abzuliefern, so wolltet Ihr das nicht thun, sondern warntet mich, durch Flucht mich zu retten. Dafür schulde ich Euch Dankbarkeit und Bruderliebe."

Indem er dies sagte, streckte er ihm artig die Hand entgegen, aber das dunkle Gesicht Krschetschowskis blieb eiskalt.

„Jetzt aber, nachdem Ihr Euch gerettet, Herr Hauptmann, habt Ihr den Aufstand erregt," sagte er.

„Mit den Privilegien des Königs in der Hand und mit der Hoffnung, daß unser allergnädigster Herr es mir nicht übel nimmt, gehe ich für mein, Euer und der ganzen Ukraine erlittenes Unrecht Rechenschaft zu fordern."

Krschetschowski blickte dem Hetman fest ins Auge und sagte mit Nachdruck:

„Habt Ihr Kudak belagert?"

„Ich? Da müßte ich ja den Verstand verloren haben. Ich habe Kudak umgangen, ohne auch nur einen Schuß abzufeuern, obgleich der blinde Alte mit seinen Kanonen mich Euch anmeldete. Mich trieb es nach der Ukraine und zu Euch, alter Kamerad."

„Was wollt Ihr endlich von mir?"

„Reitet mit mir ein Wenig in die Steppe, dort können wir uns verständigen."

Sie gaben den Pferden die Sporen und ritten fort. Etwa eine Stunde blieben sie dort. Nach der Rückkehr war das Gesicht Krschetschowskis bleich und verzerrt; er verabschiedete sich auch bald von Chmielnizki, welcher ihm die Worte mit auf den Weg gab:

„Nur wir Zweie werden Herren sein in der Ukraine, über uns nur der König, niemand weiter."

Krschetschowski kehrte zu den Kähnen zurück. Der alte Barabasch, Flick und die Offiziere erwarteten ihn ungeduldig.

„Was giebt es? Was giebt es?" frug man von allen Seiten.

„Steigt aus, ans Ufer!" antwortete Krschetschowski mit befehlender Stimme.

Barabasch erhob die schläfrigen Lider; ein eigentümliches Feuer blitzte ihm in den Augen.

„Was soll das heißen?" frug er.

„Steigt ans Land! Wir ergeben uns."

Eine Blutwelle stieg in das wachsbleiche Gesicht des Barabasch. Er erhob sich von der Pauke, auf welcher er gesessen hatte, richtete sich hoch auf, und plötzlich verwandelte sich dieser gebeugte, zusammengeschrumpfte Greis in einen Riesen voll Kraft und Leben.

„Verrat!" brüllte er.

„Verrat!" wiederholte Flick, indem er nach dem Griff seines Rapieres langte. Aber ehe er dasselbe noch ziehen konnte, schwang Herr Krschetschowski den Säbel und streckte ihn mit einem Hieb auf die Landungsbrücke hin. Hierauf sprang er aus dem Kahne in ein Boot, welches dicht dabeilag und von vier Saporogen mit Rudern besetzt war — und rief:

„Zwischen die Kähne!"

Das Boot flog pfeilschnell dahin. Krschetschowski stand mitten darin. Die Mütze auf den blutigen Säbel gestützt, schrie er blitzenden Auges mit mächtiger Stimme:

„Kinder! wir wollen nicht die Mörder der Unsrigen werden! Es lebe Bogdan Chmielnizki, der Hetman der Saporogen!"

„Er lebe!" wiederholten hundert und tausend Stimmen.

„Tod den Lechen!"

„Tod und Verderben!!"

Das Geschrei auf den Kähnen wurde durch Rufe vom Ufer her erwidert. Doch viele der in den entfernter liegenden Kähnen stehenden Leute wußten noch nicht, um was es sich handelte; erst als die Nachricht vom Uebergange Krschetschowskis zu den Saporogen überallhin gedrungen war, entstand ein wahrer Freudentaumel unter den Mannschaften. Sechstausend Mützen flogen in die Höhe, aus sechstausend Gewehren knallten Schüsse, die Kähne schwankten unter den Tritten der Krieger, ein ungeheurer Tumult und eine riesige Verwirrung entstand.

Diese Freude jedoch mußte mit Blut begossen werden, denn der alte Barabasch wollte lieber sterben, als Verrat an der Fahne begehen, unter welcher er ein ganzes Menschenalter gedient hatte. Eine Anzahl Tscherkessier stand zu ihm, es entspann sich ein kurzer, aber schrecklicher Kampf — wie überall dort, wo ein kleines Häuflein Menschen, die nicht Gnade, sondern den Tod fordern, sich gegen die Menge verteidigt. Weder Krschetschowski noch sonst jemand unter den Kosaken hatte einen solchen Widerstand vermutet. In dem alten Hauptmann war der frühere Löwenmut erwacht. Die Aufforderung, die Waffen zu strecken, beantwortete er mit Schüssen. Man sah ihn, den Feldherrnstab in der Hand, mit wehenden weißen Haaren, mit fast jugendlicher

Energie und Donnerstimme Befehle erteilen. Sein Fahrzeug war von allen Seiten umringt. Leute aus den entfernteren Kähnen, die nicht dazu konnten, sprangen ins Wasser und schwammen oder wateten zwischen Rohr und Schilf hindurch, um sich wütend über den Rand des Fahrzeuges hinauf in dasselbe zu schwingen. Der Widerstand währte nicht lange. Die dem Barabasch treuen Mannschaften, schnell niedergehauen oder unter den Händen zerrissen, bedeckten als Leichen die Landungsbrücke — der Alte wehrte sich noch, den Säbel in der Hand.

Krschetschowski drängte sich zu ihm durch.

„Ergieb Dich!" rief er ihm zu.

„Verräter! Tod und Verderben!" entgegnete Barabasch und holte mit dem Säbel zum Hieb aus.

Krschetschowski verschwand schnell im Getümmel.

„Schlagt zu!" befahl er den Kosaken.

Es schien aber, als hätte niemand den Mut, zuerst die Hand gegen den Greis zu erheben. Unglücklicherweise glitt der Fuß des Hauptmanns in einer Blutlache aus, er fiel hin. Einmal daliegend, erweckte seine Person nicht mehr die frühere Ehrfurcht und den ehemaligen Schrecken; im Augenblick hatten mehrere Säbel seinen Körper durchbohrt. Der Greis konnte nur einmal noch „Jesus, Maria!" rufen. Man hieb auf den toten Körper ein und zerstückelte ihn. Den Kopf warf man von Kahn zu Kahn und spielte so lange Ballfangen mit ihm, bis ein ungeschickter Wurf ihn in das Wasser beförderte.

Es blieben nun noch die Deutschen übrig, mit welchen schwer fertig zu werden war, da das Regiment aus tausend alten, in verschiedenen Kriegen ausgebildeten Soldaten bestand. Zwar war der wackere Flick von der Hand Krschetschowskis gefallen, aber an der Spitze des Regiments blieb der Unterhauptmann Johann Werner, ein Veteran aus dem dreißigjährigen Kriege.

Krschetschowski war des Sieges gewiß, denn die deutschen Kähne waren ringsum von Kosaken umgeben; er wollte jedoch diese bedeutende und unvergleichlich gut bewaffnete Heeresabteilung für Chmielnizki gewinnen; deshalb fing er an mit ihnen zu unterhandeln. Eine Zeitlang schien es auch, als ob Werner darauf eingänge; er unterhielt sich ruhig mit Krschetschowski und hörte aufmerksam auf alle Versprechungen, die der ungetreue Hauptmann ihm machte. Der Sold, mit welchem die Republik ihnen noch im Rückstande war, sowie derjenige für das ganze Jahr voraus, sollte sofort ausgezahlt werden. Nach einem Jahre durften die Landsknechte gehen, wohin sie wollten, sei es selbst in das Lager der Krone. Werner überlegte anscheinend, aber heimlich gab er Befehl, daß alle Kähne seiner Leute sich um ihn sammeln und einen dichten Kreis schließen sollten. Den Außenrand dieses Kreises bildete eine dichte Mauer Fußsoldaten von stattlicher Größe und Stärke, bekleidet mit gelben Kollets und Hüten von derselben Farbe, vollständig in Schlachtordnung, den linken Fuß vorgestellt, schußbereit, die Musketen an der rechten Seite.

Lange stand Werner mit der blanken Klinge in der Hand in der vordersten Reihe, in Gedanken versunken. Endlich erhob er den Kopf:

„Herr Hauptmann!" sagte er, „wir werden einig!"

„Ihr verliert nichts im neuen Dienst," rief Krschetschowski erfreut.

„Aber unter einer Bedingung . . ."

„Ich gehe im Voraus darauf ein."

„Wenn es so ist, dann ist es gut. Unser Dienst in der Republik endet im Juni. Vom Juni ab kommen wir zu Euch."

Ein Fluch entriß sich dem Munde Krschetschowskis. Er bezähmte jedoch seinen Zorn.

„Ihr scherzt, Herr Hauptmann?" sagte er.

„Nein!" entgegnete Werner phlegmatisch. „Unsere Soldatenehre gebietet uns, den Vertrag zu halten. Der Dienst geht im Juni zu Ende. Wir dienen für Geld, aber wir sind keine Verräter. Wären wir solche, so würde uns niemand mieten und Ihr selbst würdet uns nicht trauen, denn wer bürgte Euch dafür, daß wir nicht in der ersten Schlacht schon zu den Hetmanen zurückgingen."

„Was wollt Ihr also?"

„Daß Ihr uns ziehen lasset."

„Daraus wird nichts, wahnsinniger Mensch!" schrie Krschetschowski. „Ich lasse Euch bis auf den letzten Mann niederhauen."

„Wie viele der Eurigen werden dabei zu Grunde gehen?"

„Kein einziger von Euch kommt davon!"

„Und von Euch wird nicht die Hälfte übrig bleiben."

Beide sprachen die Wahrheit. Obgleich die Ruhe des Deutschen den Hauptmann aufs höchste erregte und die Wut ihn fast erstickte, wollte Krschetschowski doch die Schlacht noch nicht beginnen.

„Bedenkt Euch, ehe die Sonne über der Bucht zu scheinen aufhört; nachher lasse ich die Hähne spannen!"

11*

Und er eilte haftig mit seinem Boot von dannen, um mit Chmielnizki Rat zu halten. Es folgte eine Pause, eine Zeit der Erwartung. Die Kähne der Kosaken schlossen einen engeren Kreis um die Deutschen, welche eine so kühle Haltung bewahrten, wie sie nur alte und erfahrene Soldaten angesichts der Gefahr an den Tag zu legen vermögen. Sie beantworteten die immer lauter werdenden Drohungen und Schimpfreden der Kosaken mit verächtlichem Schweigen. Der Anblick dieser Ruhe mitten unter den sich steigernden Wutausbrüchen der Kosaken, welche zähneknirschend und fluchend, mit den Spießen drohend, den Befehl zum Angriff erwarteten, war wahrhaft imponierend.

Unterdessen hatte die Sonne von ihrer Mittagshöhe sich der Abendseite zugeneigt, die goldenen Strahlen schwanden allmählich und die Bucht hüllte sich stückweise in Abendschatten. Zuletzt lag sie ganz dunkel da.

Zu dieser Zeit erklang der Ton einer Trompete und gleich darauf wurde die Stimme Krschetschowskis hörbar.

„Die Sonne geht unter! Habt Ihr Euch bedacht?"

„Ich habe es gethan!" entgegnete Werner. Und — indem er sich seinen Soldaten zuwandte, gab er mit der blanken Klinge das Zeichen zum Angriff.

„Feuer!" kommandierte er ruhig und phlegmatisch.

Es knallte! Das Geräusch von in das Wasser fallenden Körpern, hitziges Gewehrfeuer und Wutgeschrei antwortete den deutschen Musketen. Die an das Ufer geschleppten Kanonen ließen ihren Baß hören und schickten einen Kugelregen auf die deutschen Kähne. Der Rauch hüllte die Bucht ganz ein. Man konnte nur an den regelmäßigen Musketensalven, welche dieses Getöse und Geschrei, das Zischen der tatarischen Pfeile und Geknatter der Gewehre übertönten, erkennen, daß die Deutschen sich noch verteidigten. Mit Sonnenuntergang dauerte die Schlacht noch fort, aber der Kampf schien schwächer zu werden. Chmielnizki kam mit Krschetschowski, Tuhaj-Bey und mehreren Hauptleuten dicht an das Ufer, um den Kampf zu beobachten. Seine weit geöffneten Nasenflügel sogen den Pulverdampf ein und sein Ohr ergötzte sich am Geschrei der ertrinkenden und sterbenden Deutschen. Alle drei Führer blickten auf diese Schlächterei, wie auf ein Schauspiel, welches ihnen gleichzeitig eine günstige Prophezeiung schien.

Der Widerstand schien immer schwächer zu werden. Die Schüsse wurden seltener; dafür schallten laute Triumphschreie der Kosaken wieder.

„Tuhaj-Bey!" sagte Chmielnizki, „das ist der erste sieg-
reiche Tag."

„Es giebt keine Gefangenen!" erwiderte der Mohr barsch,
„ich mag solche Siege nicht!"

„Du bekommst sie in der Ukraine. Ganz Stambul und
Galati sollst Du mit Deinen Sklaven bevölkern."

„Wenn es keine anderen Gefangenen geben sollte, so nehme
ich Dich!"

Bei diesen Worten lachte der wilde Tuhaj unheimlich.
Nach einer Weile setzte er hinzu: „Ich hätte doch gern diese
„Franken" in die Sklaverei geführt."

Jetzt war die Schlacht zu Ende. Tuhaj-Bey wandte sein
Pferd dem Lager zu, die anderen folgten ihm.

„Nun auf nach den „Gelben Wassern"!" rief Chmielnizki.

15. Kapitel.

Als der Statthalter den Schlachtenlärm hörte, glaubte er anfänglich, Chmielnizki sei mit dem ganzen Heere der Hetmane zusammengetroffen und erwartete angstvoll den Ausgang des Kampfes. Erst gegen Abend klärte ihm Sachar seinen Irrtum auf. Die Nachricht von dem Verrat Krschetschowskis und dem Tode der Deutschen empörte den jungen Ritter in tiefster Seele. Diese Thatsache war der Vorbote fernerer Verrätereien, und der Statthalter wußte genau, daß kein geringer Teil des Hetmanenheeres aus Kosaken bestand. Die Sorgen Strzetuskis wuchsen; dazu erfüllte ihn der Triumph im Lager der Saporogen mit Bitterkeit. Die Sache der Ukrainer stand sehr schlimm. Vom Fürsten war nichts zu hören. Es war ein großer Fehler, daß die Hetmane nicht mit ihrer ganzen Macht gegen Kudak vorrückten oder den Feind in befestigten Lagern in der Ukraine erwarteten, sondern ihre Kräfte zersplitterten, sich dadurch schwächten und dem Verrat und Eidbruch ein weites Feld eröffneten. Man hatte schon vorher im Saporogenlager davon gesprochen, daß Krschetschowski allein zu Wasser und ein besonderes Landheer unter Stephan Potozki dem Feinde entgegengeschickt sei, aber der Statthalter hatte diesen Gerüchten keinen Glauben beigemessen. Er dachte, es seien nur starke Vorschübe, welche rechtzeitig wieder zurückgezogen werden würden. Unterdessen war es anders gekommen. Chmielnizki hatte sich durch den Verrat Krschetschowskis um mehrere tausend Mann verstärkt und Herr Potozki schwebte in einer schrecklichen Gefahr.

Verirrt in der Einöde und jeder Hilfe entblößt, konnte er jetzt von Chmielnizki leicht umzingelt und ganz aufgerieben werden. In schlaflosen Nächten, gequält von der schrecklichsten Unruhe und den schmerzenden Wunden, tröstete Herrn Strzetuski nur der Gedanke an den Fürsten. Sobald der Fürst in Lubnie sich zu regen begann, mußte der Stern Chmielnizkis erbleichen. Wer konnte übrigens wissen, ob er sich nicht schon mit den anderen vereinigt hatte? Mochten die Streitkräfte Chmielnizkis noch so bedeutend sein, mochte der Anfang des Feldzuges noch so viel versprechen, wenn Tuhaj-Bey und schlimmstenfalls der Chan selbst Hilfe brächte, dem Statthalter mochte es nicht in den Sinn, daß der Aufstand lange währen und ein einziger Kosak imstande sein könne, an den Pfosten der Republik zu rütteln und ihre furcht- bare Kraft zu brechen. An der Schwelle der Ukraine mußte diese Revolutionswoge zerschellen. So dachte Strzetuski. Wie endeten denn sonst alle Kosakenaufstände? Sie schlugen in lichten Flammen empor und erloschen schon nach dem ersten Zusammenstoß mit den Feldherren. So war es bisher gewesen. Wenn einerseits ein Nest räuberisches Gesindel aus den Niederungen, anderer- seits eine reguläre Macht, deren Grenzen von zwei Meeren bespült wurden, sich zum Kampfe stellten, so war das Resultat leicht vorauszusehen. Der Sturm konnte nicht lange dauern, er mußte vorübergehen und es mußte wieder heiteres Wetter folgen. Dieser Gedanke richtete Herrn Strzetuski auf unter der Last, deren schweres Gewicht ihn so niederdrückte, wie nichts bisher im Leben. Denn wenn auch der Sturm vorüber ging, so mußte er doch die Felder und Höfe zerstören und un- ersetzliche Schäden anrichten. War doch das Heraufziehen dieses Sturmes allein schon die Ursache, daß er fast ums Leben ge- kommen und in Gefangenschaft geraten wäre zu einer Zeit, wo ihm am Besitz der Freiheit fast noch mehr gelegen war, als am Leben. Wie viel mehr Wesen mußten von diesen Un- ruhen zu leiden haben, die außer stande waren, sich zu schützen? Was mochte in Roslogi mit Helene vorgehen?

Aber Helene mußte schon in Lubnie sein. Der Statthalter sah sie in seinen Träumen, umgeben von wohlwollenden Ge- sichtern, umschmeichelt vom Fürsten und der Fürstin Griselbis selbst, bewundert von den Rittern, doch voll Bangigkeit nach ihrem Husaren, der irgendwo in der Sitsch verloren gegangen war. Aber die Zeit mußte kommen, wo der Husar zurück- kehrte. Chmielnizki selbst hatte ihm die Freiheit versprochen, und übrigens — die Kosakenflut strömte fort und fort der

Grenze der Republik zu. Wenn sie dort zerschellte, war allem Kummer, allen Sorgen und Unruhen ein Ziel gesetzt.

Die Flut strömte in der That vorwärts. Chmielnizki zögerte nicht; er hob das Lager auf und zog dem Sohne des Hetman entgegen. Seine Macht hatte eine drohende Größe erreicht, denn mit den Leuten Krschetschowskis und den Tataren Tuhaj-Behs zusammen führte er fünfundzwanzigtausend geübte und kampflustige Krieger der Ukraine zu. Von der Heeresmacht Potozkis hatte man keine sicheren Nachrichten. Die Ueberläufer erzählten, daß er zweitausend Mann schwere Reiterei und mehrere kleine Kanonen mit sich führe. Eine Entscheidung unter solchen Verhältnissen konnte immerhin noch zweifelhaft sein, denn eine Attacke der gefürchteten Husaren reichte oft hin, die zehnfache Zahl der Gegner zu erdrücken. So hatte Herr Chodkiewitsch seinerzeit bei Kircholm mit breitausend Husaren achtzehntausend auserlesene schwedische Reiter und Fußsoldaten besiegt und bei Kluschyn eine Panzerfahne in wahnsinniger Wut einige Tausend englische und schottische Söldlinge auseinander gesprengt.

Chmielnizki hatte das nicht vergessen; er ging also nach den Worten des ruthenischen Chronikenschreibers langsam und vorsichtig vorwärts: „vielfach blickend, wie der listige Jäger nach allen Seiten Umschau haltend und eine Meile und weiter vom Lager Wachen ausschickend."

So näherte er sich den „Gelben Wassern". Man fing wieder zwei Kundschafter. Diese bestätigten die Nachricht von der geringen Anzahl der Kronentruppen und berichteten, daß der Burgvogt die „Gelben Wasser" schon hinter sich hätte. Als Chmielnizki das hörte, blieb er auf der Stelle stehen und verschanzte sich.

Das Herz schlug ihm freudig. Wenn Potozki einen Sturm wagte, so mußte er geschlagen werden. Die Kosaken konnten den Panzertruppen im offenen Felde nicht beikommen, schlugen sich aber hinter Wällen ausgezeichnet und bei so großem Uebergewicht der Truppen mußten sie unbedingt den Sturm abschlagen. Chmielnizki zählte auf die Jugend und Unerfahrenheit Potozkis. Aber dem jungen Burgvogt zur Seite befand sich ein erfahrener Soldat, der Starostensohn Herr Stephan Tscharniezki, Husarenhauptmann. Dieser erkannte die Gefahr und wußte den Burgvogt zu bewegen, sich wieder bis hinter die „Gelben Wasser" zurückzuziehen.

Es blieb Chmielnizki nichts übrig, als hinterdrein zu ziehen. Den folgenden Tag, nachdem er die Gründe der „Gelben Wasser"

überschritten hatte, standen sich beide Heere Aug' in Auge gegen=
über. Aber keiner der Führer wollte zuerst angreifen. Die
feindlichen Lager fingen an, sich mit Schanzen zu umgeben.
Es war ein Sonnabend, der 5. Mai. Den ganzen Tag hatte
es stark geregnet; der Himmel hatte sich derartig mit Wolken
überzogen, daß von Mittag ab Dämmerung herrschte wie an
einem Wintertage. Gegen Abend wurde der Regen noch stärker.
Chmielnizki rieb sich vergnügt die Hände.

„Laßt nur die Steppe aufweichen," sagte er zu Krschet=
schowski, „so werde ich nicht zögern, sie anzugreifen, sie müssen
mit ihren schweren Waffen im Sumpfe versinken."

Der Regen hörte nicht auf; es war, als wollte der Himmel
selbst den Saporogen zu Hilfe kommen. Die Soldaten ver=
schanzten sich langsam und düster unter den strömenden Wasser=
massen. Es war nicht möglich, ein Feuer anzuzünden. Einige
Tausend Tataren zogen hinaus, um zu wachen, daß das pol=
nische Heer die Nacht, den Nebel und das Wetter nicht etwa
zur Flucht benütze. Dann trat tiefe Stille ein. Man hörte
nur das Plätschern des Regens und das Sausen des Windes.
Jedenfalls schlief in den beiden Lagern wohl niemand.

Gegen Morgen bliesen im polnischen Lager die Trompeten
in melancholischen, langgezogenen Tönen, fast zaghaft, dann
hörte man hier und dort Trommelschlag. Der Tag erhob sich
trübe, dunkel und feucht, das Unwetter hatte aufgehört, aber
es rieselte noch ein ganz feiner Regen. Chmielnizki befahl, die
Geschütze abzufeuern. Es folgte eine zweite, dritte — zehnte
Salve, und als von Lager zu Lager diese erste gewöhnliche
Korrespondenz aus den Kanonen im Gange war, sagte Herr
Skrzetuski zu seinem in Kosakengestalt ihn bewachenden Schutzgeist:

„Sachar, führe mich auf die Schanze, damit ich sehe, was
vorgeht."

Der Kosak war selbst neugierig, deshalb widerstand er nicht.
Sie gingen auf eine hochgelegene Ecke, von wo aus man, wie
auf dem Handteller, das ein wenig eingesunkene Steppenthal,
die „Gelben Wasser" und beide Heerlager liegen sah. Doch
kaum hatte Herr Skrzetuski einen Blick dorthin geworfen, als
er, mit beiden Händen den Kopf fassend, ausrief:

„Beim lebendigen Gott! Das ist ja nur eine Vorhut, nichts
weiter!"

Thatsächlich dehnten sich die Wälle des Kosakenlagers wohl
eine Viertelmeile hinaus, wo hingegen das polnische im Ver=
gleich zu diesem wie eine kleine Schanze aussah. Die Ungleich=

heit der Kräfte war so groß, daß der Sieg den Kosaken gewiß sein mußte.

Ein heftiger Schmerz erfaßte den Statthalter. Also war die Stunde noch nicht gekommen, welche den Uebermut und den Aufruhr zu Falle bringen sollte, und das, was hier kommen mußte, sollte nur ein neuer Triumph für die Aufständischen sein. So schien es wenigstens. Unter dem Feuer der Kanonen hatte ein Geplänkel begonnen. Von der Ecke aus sah man einzelne Reiter oder kleinere Abteilungen, welche aneinander gerieten. Hier trafen Tataren mit dunkelblau und gelb gekleideten Soldaten Potozkis zusammen; Reiter griffen einander an und zogen sich wieder zurück, sie fielen einander in die Flanken, trafen sich aus Pistolen und Bogen, oder bemühten sich, einander mit den Lanzen beizukommen. Von weitem nahmen sich diese Zusammenstöße eher wie eine Spielerei aus, nur die ohne Reiter einzeln umherlaufenden Pferde zeigten an, daß es sich dort wirklich um Tod und Leben handele. Immer mehr Tataren kamen zum Vorschein. Bald war der Boden mit einer Menge ihrer Toten bedeckt; jetzt begannen auch aus dem polnischen Lager neue Fahnen auszurücken und sich vor der Schanze in Schlachtordnung aufzustellen. Es geschah dies so nahe, daß Herr Strzetuski mit seinem scharfen Auge deutlich die Abzeichen und Roßschweife unterscheiden, ja sogar die Rittmeister und Hauptleute, welche zu Pferde etwas seitwärts bei ihren Fahnen standen, erkennen konnte.

Das Herz pochte ihm, sein bleiches Gesicht überzog Purpurröte, und als fände er in Sachar und den umstehenden Kosaken dankbare Zuhörer, benannte er mit Entzücken jede hinter der Schanze hervorziehende Fahne:

„Das sind die Dragoner des Herrn Balaban; ich sah sie in Tscherkessien."

„Das ist die walachische Fahne; ihr Abzeichen ist ein Kreuz."

„O! und dort steigt Fußvolk vom Walle."

Hierauf rief er mit noch größerem Enthusiasmus:

„Die Husaren! die Husaren des Herrn Tscharniezki!"

Wirklich ließen sich jetzt die Husaren sehen. Ueber ihnen ein Wald in die Höhe ragender Spieße, geschmückt mit vergoldeten Knäufen und langen schwarz-grünen Fähnchen. Sie ritten zu Sechsen hinter der Schanze hervor und stellten sich vor dem Walle auf. Beim Anblick ihres Ernstes, ihrer Ruhe und Geschicklichkeit flossen aus den Augen Herrn Skrzetuskis Freudenthränen und verschleierten seinen Blick auf eine Weile.

Obgleich die Kräfte so ungleiche waren, obwohl diesen wenigen Fahnen eine ungezählte Menge Saporogen und Tataren gegenüberstand, welche wie gewöhnlich die Flügel bildeten, obwohl ihre Reihen sich lang in die Steppe hineinzogen, so daß ihr Ende kaum abzusehen war, so glaubte Herr Skrzetuski doch schon an den Sieg. Das Antlitz glänzte ihm freudig, seine Kräfte kehrten zurück, die unverwandt in die Steppe blickenden Augen sprühten Feuer, er konnte es kaum auf seinem Platze aushalten.

„Hej, Kindchen!" brummte der alte Sachar, „die Seele möchte wohl ins Paradies."

Unterdes waren einige offene Abteilungen Tataren mit „Allah!"-Geschrei vorgedrungen. Vom Lager donnerten die Kanonen, um sie zu schrecken. Die Tataren machten Kehrt; noch ehe sie die polnischen Fahnen erreicht hatten, zerstreuten sie sich und verschwanden in der Menge. Jetzt ertönte die große Pauke von der Sitsch und gleichzeitig bewegte sich der riesige Halbmond der Kosaken und Tataren spornstreichs vorwärts. Chmielnizki versuchte augenscheinlich, ob er imstande sei, mit einem einzigen Angriff die Fahnen zu zerstreuen und das Lager zu nehmen. Für den Fall, daß er sie in Schrecken jagte, wäre das möglich gewesen. Aber im polnischen Lager war nichts derartiges zu bemerken. Die Fahnen standen ruhig in ziemlich langgezogener Schlachtlinie, deren Rücken von der Schanze geschützt wurde, während beide Flanken von den Lagergeschützen gedeckt waren, so daß man sie nur von der Front angreifen konnte. Einen Augenblick lang schien es, als ob sie den Angriff in ihrer geschützten Position abwarten wollten, aber als der Halbmond bereits die Hälfte der Fläche überschritten hatte, ertönte im Innern der Schanze das Signal zur Attacke, und blitzschnell senkten sich die bisher in die Höhe gerichteten Lanzen bis auf die Köpfe der Pferde.

„Die Husaren gehen zur Attacke vor!" schrie Herr Skrzetuski.

Sie legten sich in den Sätteln aus und gingen vorwärts, gleich hinter ihnen die Dragoner und die ganze Schlachtlinie.

Der Anprall der Husaren war entsetzlich. Im ersten Anlauf nahmen sie drei Lager; zwei von Steblew und das von Mirgorobz und rieben sie vollständig auf. Das Geheul drang bis zu den Ohren Skrzetuskis. Pferde und Menschen brachen unter der Riesenlast der eisernen Reiter zusammen, wie eine

Berglehne unter der Wucht des Sturmes. Der Widerstand dauerte so kurz, daß es Herrn Strzetuski schien, als hätte ein riesengroßer Drache mit einem Biß diese drei Abteilungen verschlungen. Die erschreckten Pferde fingen an Unordnung in die saporogischen Reihen zu bringen. Die Schwadronen von Irklejewsk, Kalnibolot, Minsk, Slurynsk und Titorow gerieten vollständig in Verwirrung und, gedrängt von den hin- und herlaufenden Pferden, mußten sie selbst in aufgelöster Ordnung zurückweichen. Unterdessen hatten die Dragoner die Husaren eingeholt und hielten mit ihnen zusammen blutige Ernte. Das Waschiutyner Lager zerstob nach tapferem aber kurzem Widerstand und jagte in wilder Flucht zurück bis zu den Wällen der Kosaken. Das Zentrum der Macht Chmielnizkis schwankte immer mehr, geschlagen und auseinandergehetzt, von den Schwertern bedroht, und gedrängt von dem eisernen Anprall, konnte es nicht mehr festen Fuß fassen.

„Das sind Teufel, keine Lechen!" schrie der alte Sachar.

Strzetuski gebärdete sich wie wahnsinnig. Noch schwach und krank, besaß er nicht die Kraft, sich zu beherrschen. Er lachte und weinte gleichzeitig. Mitunter rief er Kommandoworte, als ob er selbst eine Fahne führte. Sachar vermochte nicht mehr allein ihn an den Rockflügeln festzuhalten, er mußte noch andere zu Hilfe rufen. Das Schlachtgetümmel näherte sich so sehr den Kosakenschanzen, daß man fast die Personen erkannte. Die aus dem Saporogenlager abgeschossenen Kugeln trafen sowohl die Feinde, als auch die eigenen Leute und richteten noch größere Verwirrung an. Die Husaren waren auf das Paschkowskilager gestoßen, welches die Feldherrngarde bildete und in dessen Mitte Chmielnizki selbst sich befand. Ein fürchterliches Geschrei verbreitete sich plötzlich in allen Reihen der Saporogen: Die große himbeerfarbene Fahne schwankte und fiel. In diesem Augenblick rückte Krschetschowski mit fünftausend seiner Leute heran. Auf einem mächtigen Falben stürmte er der vordersten Reihe voran, entblößten Hauptes, den Säbel schwingend, die vor ihm zerstreuten Saporogen eiligst sammelnd. Diese, die herannahende Hilfe erblickend, wendeten sich auch ohne Kommando sofort zur Attacke. Die Schlacht begann im Mittelpunkt der Linie von neuem. Doch verließ das Glück den Chmielnizki gleichfalls auf beiden Flügeln. Die Tataren, zweimal zurückgedrängt durch die walachischen Fahnen und die Mannschaften Potozkis, verloren vollständig die Kampflust. Tuhaj-Beh verlor zwei Pferde, der Sieg neigte sich endgültig dem jungen Potozki zu. Die Schlacht dauerte nicht lange mehr. Die Regengüsse, welche wieder begonnen hatten, wurden immer heftiger und wuchsen derartig an, daß vor den herabströmenden Wassern nichts mehr zu sehen war. Förmliche Fluten stürzten auf die Erde aus den geöffneten Himmels= schleusen. Die Steppe verwandelte sich in einen See. Es wurde so finster, daß auf ein paar Schritte Entfernung der Mensch den Menschen nicht mehr unterschied. Das Plätschern des Regens übertönte die Kommandoworte. Die durchnäßten Gewehre und Musketen schwiegen; der Himmel selbst machte der Schlacht ein Ende.

Chmielnizki, bis auf die Haut durchnäßt, stürmte wütend in sein Lager. Er sprach zu keinem Menschen ein Wort. Man schlug ihm sein kleines Zelt aus Kamelfellen auf, er setzte sich in dasselbe einsam, von bitteren Gedanken gepeinigt. Verzweif= lung packte ihn. Jetzt erst begriff er, welches Werk er unter= nommen. Hier saß er, geschlagen, gebrochen in einer Schlacht von einem viel schwächeren Feinde, den er mit Recht nur einen Vortrab nennen konnte. Er hatte sich verrechnet, obgleich er schon von Anfang an die Kräfte der Republik hoch angeschlagen hatte. So schien es ihm wenigstens jetzt; er griff sich an seinen rasierten Kopf, den er am liebsten an dem ersten besten Geschütz eingestoßen hätte. Was sollte das erst werden, wenn die Rech= nung mit den Hetmanen und dem ganzen Freistaat losging? Diese Gedanken unterbrach der Eintritt Tuhaj=Beys.

Sein Gesicht war bleich, die Augen sprühten Wut, und zwischen den bartlosen Lippen glänzten die Zähne.

„Wo ist die Beute, wo die Gefangenen, wo die Köpfe der Führer, wo der Sieg?" frug er mit heiserer Stimme.

Chmielnizki sprang auf.

„Dort!" entgegnete er donnernd, nach der Seite des feind= lichen Lagers hinweisend.

„So gehe dorthin!" brüllte Tuhaj=Bey, „und wenn Du nicht gehst, so werde ich Dich an der Leine nach der Krim führen."

„Ich werde gehen!" sagte Chmielnizki, „noch heute werde ich gehen. Ich werde Beute und Gefangene holen, aber Du wirst Rechenschaft vor dem Chan geben, denn Du willst Beute, aber Du vermeidest den Kampf."

„Hund!" heulte Tuhaj, „Du stürzest die Soldaten des Chan in das Verderben."

Sie standen sich eine Zeitlang gegenüber, schnaufend wie wilde Tiere. Zuerst kam Chmielnizki zu sich.

„Beruhige Dich, Tuhaj-Bey," sagte er. „Die Regenflut hat den Kampf unterbrochen, als Krschetschowski eben die Reihen der Dragoner durchbrach. Ich kenne sie! Morgen schlagen sie sich nicht mehr so wütend. Die Steppe weicht ganz auf, die Husaren unterliegen; morgen gehören sie alle uns."

„Du sagst es!" knirschte Tuhaj-Bey.

„Und ich werde es halten. Tuhaj-Bey, mein Freund, der Chan schickte Dich mir zur Hilfe und nicht, damit Du Not leidest."

„Du versprachst mir Siege, nicht Elend und Niederlagen."

„Man hat einige Dragoner gefangen; ich will sie Dir geben."

„Gieb sie. Ich werde sie pfählen lassen."

„Thue das nicht. Gieb ihnen lieber die Freiheit. Es sind Leute aus der Ukraine von der Fahne Balaban; wir wollen sie ausschicken, die Dragoner zum Uebertritt zu uns zu bereden. Es wird mit ihnen kommen, wie mit Krschetschowski."

Tuhaj-Bey wurde milder gestimmt. Er sah den Chmielnizki scharf an und brummte:

„Schlange!"

„Die List ist ebensoviel wert als Mut. Wenn wir die Dragoner zum Verrat überreden können, entkommt niemand aus dem Lager drüben — verstehst Du?"

„Den Potozki nehme ich auf mich," sagte Tuhaj.

„Ich gebe ihn Dir und den Tscharniezki dazu."

„Gieb mir Branntwein; es ist kalt."

„Einverstanden."

Krschetschowski trat jetzt ein. Der Hauptmann blickte düster wie die Nacht. Die begehrten künftigen Starosteien, Burg=vogteien, die Schlösser und Schätze waren nach der heutigen Schlacht in dichten Nebel versunken. Morgen konnten sie voll=ständig untergehen und vielleicht stieg an ihrer Stelle aus dem Nebel ein Strick und ein Galgen hervor. Hätte der Haupt=mann nicht die Deutschen niedergehauen, und mit dieser That jede Brücke hinter sich abgebrochen, so hätte er gewiß jetzt dar=über nachgedacht, wie er am leichtesten Chmielnizki verraten und zu Potozki übergehen könne.

Aber das war zur Unmöglichkeit geworden.

Sie setzten sich also alle drei um die Branntweinflasche und tranken stumm.

Der Regen hörte allmählich auf. Es dunkelte.

Von der freudigen Aufregung bis zum Aeußersten erschöpft, lag Herr Skrzetuski bleich und schwach auf seinem Karren. Sachar, welcher ihn sehr liebgewonnen hatte, befahl den Kosaken, eine Filzdecke über ihm auszuspannen. Der Statthalter lauschte dem melancholischen Regengeplätscher, aber im Gegensatz dazu war es in seiner Seele licht und hell. Hatten seine Husaren doch gezeigt, was sie konnten, hatte doch seine geliebte Republik einen Sr. Majestät würdigen Widerstand geboten, war doch der erste Sturm des Kosakenaufstandes an den Lanzen der königlichen Truppen abgeprallt. Und hinter diesen standen nun noch Fürst Jeremi mit so vielen Abligen, so vielen Herren, solch großer Macht, und über diesen allen zuletzt der König — primus inter pares.

Die Brust Skrzetuskis dehnte sich stolz, als ob diese ganze Macht in ihm allein ruhe. Im Gefühle dieser Stärke überkam ihn zum erstenmal seit seiner Gefangennahme in der Sitsch ein gewisses Mitleid mit den Kosaken. Sie waren ja schuldig, aber doch verblendet, als sie diesen Kampf unternahmen, dem sie nicht gewachsen waren — dachte er. Sie sind schuldig aber unglücklich, daß sie sich von diesem einen Menschen fortreißen ließen, der sie dem Verderben zuführte. Seine Gedanken verloren sich in die Ferne. — Wenn dann Friede herrscht, so wird ein jeder das Recht haben, an seine Privatangelegenheiten zu denken. Seine Gedanken blieben dann auf Roslogi haften. Dort, in der Nähe von des Löwen Rachen, muß es noch ganz still sein. Bis dahin wird sich der Aufstand niemals erstrecken, und wenn — dann war Helene schon in Lubnie.

Plötzlich unterbrach Kanonendonner diese goldenen Gedankenfäden. Chmielnizki, betrunken wie er war, führte seine Schwadronen wieder zum Angriff. Es blieb jedoch nur bei dem Spiele mit den Kanonen; Krschetschowski hielt den Hetman zurück.

Der folgende Tag war ein Sonntag. Alles blieb still, nicht ein Flintenschuß unterbrach die sonntägliche Stille, die beiden Lager lagen sich gegenüber wie zwei verbündete Heere. Skrzetuski schrieb diese Stille der Unlust der Kosaken zu. Leider wußte er nicht, daß Chmielnizki, anscheinend den Späherblick vor sich gerichtet, an dem Uebertritt der Dragoner Balabans zu ihm arbeitete.

Am Montag begann die Schlacht mit Tagesanbruch. Skrzetuski sah wie vorher mit heiterem Gesicht den Vorgängen zu. Wieder zogen die königlichen Soldaten aus der Schanze vor den Wall, diesmal jedoch schritten sie nicht zur Attacke, sondern erwarteten den Angriff des Feindes in ihrer Stellung. Die Steppe war heute ganz durchweicht; die schwere Reiterei konnte sich fast nicht rühren, was von vornherein den leichten Kosaken= fahnen und den Tataren ein Uebergewicht über dieselben gab. Das Lächeln verschwand allmählich aus Skrzetuskis Gesicht. Unter der polnischen Schanze bedeckte die Menge der Attackieren= den fast ganz die schmale Linie der Königlichen. Es war, als müßte jeden Augenblick ihre dünne Kette zerrissen und der Sturm direkt auf die Schanze gerichtet werden. Herr Skrze= tuski nahm wahr, daß die Truppen nicht halb so kampflustig mehr waren und nicht mehr so mutig kämpften, wie am ersten Tage. Sie verteidigten sich zwar tapfer, aber sie ergriffen nicht mehr die Offensive, sie zerstreuten nicht mehr die Feinde in alle Winde und säuberten die Steppe vor sich von ihren Abteilungen nicht wie in der Schlacht vorher. Der aufgeweichte Steppen= boden machte ihnen jede Bewegung unmöglich und fesselte die schwere Reiterei an den Platz vor der Schanze. Die Zer= sprengung des Feindes bildete ihre Stärke und gab immer den Ausschlag; jetzt mußte sie still stehen. Chmielnizki aber führte immer neue Schwadronen ins Gefecht. Er selbst war überall. Jede Lagerabteilung führte er selbst zur Attacke und verschwand immer erst dicht vor den Säbeln der Feinde unter den Seinen. Seine Begeisterung teilte sich allmählich den Saporogen mit; heulend und schreiend rannten sie im Wettlauf immer wieder zum Sturm unter die Schanze, ob ihrer auch noch so viele er= lagen. Unter diesen wiederholten Anprällen begannen die Fahnen dort zu schwanken, sich stellenweise zurückzuziehen, wie der Ring= kämpfer, eingepreßt zwischen den Armen seines Gegners, sich dreht und windet.

Vor Mittag waren fast alle Saporogen im Feuer und an der Schlacht beteiligt. Der Kampf war hartnäckig; zwischen den Linien der Kämpfenden hatte sich ein Wall von Toten und Pferdekadavern gebildet. Fortwährend kehrten in die Ver= schanzungen der Kosaken Haufen blutender und schmutzbedeckter Kämpfer zurück, die vor Mattigkeit und Ermüdung hinfielen. Trotzdem kamen sie singend zurück, ihre Gesichter spiegelten Siegesgewißheit und Siegesfreude wieder. „Tod und Verderben den Lechen" riefen sie noch im Hinsinken. Aus dem Lager zogen immer neue Ersatzmannschaften.

Herrn Skrzetuskis Antlitz verdüsterte sich. Die polnischen Fahnen flohen hinter die Schanze — sie konnten sich nicht mehr halten — in ihrem Rückzuge lag eine fieberhafte Hast. Bei diesem Anblick ertönte ein tausendstimmiges Freudengeschrei. Die Attacke der Saporogen wiederholte sich mit doppelter Kraft gegen die Leute Potozkis, welche den Rückzug deckten. Aber die Kanonen und ein Kugelregen der Musketen warfen sie zurück. Im Lager wurde das Signal zum Parlamentieren gegeben. Chmielnizki aber wollte von Unterhandlungen nichts wissen. Zwanzig Lagerhauptleute stiegen von den Pferden, um an der Spitze der Fußsoldaten und der Tataren den Sturm auf die Wälle anzuführen. Krschetschowski sollte ihnen mit breitausend Mann im entscheidenden Augenblick zu Hilfe kommen. Alle Pauken, Trommeln und Trompeten ertönten und rasselten gleichzeitig, alles — die Gewehrsalven, das Geschrei mit ihrem Lärm übertönend.

Herr Skrzetuski sah bebend auf diese dichten Reihen Fuß= kosaken, welche in schnellem Laufe die Wälle in immer enger werdendem Ringe umgaben. Langgezogene Rauchwolken kamen ihnen von dort entgegen; es war anzusehen, als wollte eine Riesenbrust alle diese Heuschrecken mit dem Hauch ihres Atems hinwegblasen. Die Kanonenkugeln zogen tiefe Furchen in die Reihen der Stürmenden, das Gewehrfeuer wurde immer heftiger, es wurde nicht einen Augenblick unterbrochen, auf Sekunden verhüllte der Dampf diese Ameisenhaufen dem Auge, aber sie schritten unentwegt vorwärts. Jetzt kommen sie nahe an die Wälle, jetzt sind sie dort! — Die Kanonen können ihnen nicht mehr schaden! Herr Skrzetuski schloß die Augen. Wenn er sie wieder öffnet, werden dann noch die polnischen Fähnchen auf den Wällen flattern? Blitzschnell fliegt ihm dieser Gedanke durch den Sinn. Ein immer größer werdender un ewöhnlicher Lärm kam von dorther. Es mußte etwas geschehen sein. Geschrei drang aus dem Innern der Schanze. Was war geschehen?

„Allmächtiger Gott!"

Dieser Schmerzensschrei entrang sich der Brust Skrzetuskis, als er, die Augen öffnend, an Stelle der großen, goldenen Königs= fahne, die himbeerrote Kosakenfahne mit dem Erzengel auf den Wällen aufgepflanzt sah. Das Lager war genommen.

Erst am Abend erfuhr der Statthalter von Sachar den ganzen Verlauf des Sturmes. Tuhaj-Bey hatte Chmielnizki nicht umsonst eine „Schlange" genannt, denn im Augenblick der hartnäckigsten Verteidigung waren die bestochenen Dragoner Barabaschs zu den Kosaken übergegangen, hatten die Ihrigen im Rücken überfallen und auf diese Weise ihre vollständige Niederlage herbeigeführt.

Dann sah der Statthalter Gefangene einbringen und war bei dem Tode des jungen Potozki zugegen, welcher von einem Pfeil in den Hals getroffen, nur noch wenige Stunden lebte und in den Armen des Herrn Stephan Tscharniezki starb.

„Sagt dem Vater," flüsterte im letzten Augenblick der junge Burgvogt, „sagt dem Vater — daß ich ... wie ein Ritter ..." weiter konnte er nichts sagen.

Seine Seele hatte den Körper verlassen. Noch lange nachher blieben das blasse Antlitz und die himmelblauen, aufwärts gerichteten Augen im Gedächtnis Skrzetuskis treu bewahrt. Herr Tscharniezki gelobte bei dem erkaltenden Körper des jungen Helden, mit Strömen Blutes den Tod des Freundes und die heutige Schmach zu rächen, so Gott ihm zur Freiheit verhelfen wolle. Keine Thräne netzte seine Wange, denn Tscharniezki war ein Mann von Eisen, durch manche tapfere That berühmt und durch kein Unglück zu beugen. Er hat später seinen Schwur gehalten. Jetzt tröstete er Skrzetuski, welcher unter dem Elend und der Schmach des heutigen Tages unsäglich litt, statt sich der Verzweiflung hinzugeben. „Die Republik," sagte er, „hat schon manche Niederlage erlitten, aber sie gebietet über unverwüstliche Kräfte. Bis jetzt hat noch keine Macht sie gebrochen und die Aufstände der Bauern werden es auch nicht; Gott wird sie strafen, denn sie lehnen sich gegen die Obrigkeit auf und übertreten damit seine Gebote. Unsere Niederlage ist betrübend — aber wer hat sie eigentlich erlitten? Nicht die Republik, nicht die Krone — denn nach der Verräterei Krschetschowskis war die Abteilung, welche Potozki führte, nur als ein Vortrab zu betrachten. Der Aufstand wird sich unstreitig über die ganze Ukraine ausbreiten, da das Bauernvolk dort widersetzlich und kampfgeübt ist. Ist denn aber ein Aufstand in der Ukraine eine Seltenheit? Fürst Jeremi wird ihn mit Hilfe der Hetmane, deren Streitkräfte noch ungeschwächt sind, bald unterdrücken. Je heftiger er aber ausbricht, desto längere Ruhe wird dann folgen, sobald er erst erloschen — vielleicht auf immer erloschen ist. Es mußte ein kleingläubiger Mensch sein, welcher behaupten wollte, daß irgend ein Kosakenhauptmann mit Hilfe eines Tataren einer mächtigen Nation wirklich gefährlich werden könnte. Die Macht der Republik wäre nicht weit her, wenn ein Bauernaufstand imstande wäre, das Los und die Existenz derselben in Frage zu stellen. Mit Verachtung im Herzen sind wir gegen diesen Aufstand ins Feld gezogen," endete Herr Tscharniezki, „und ist auch unser Vortrab aufgerieben, so ist doch meine Ansicht, daß der Großhetman weniger mit dem Schwert als mit der Peitsche nötig haben wird, die Aufrührer auseinander zu treiben." Er sprach dies nicht wie ein Gefangener, wie ein Soldat, der auf die verlorene Schlacht blickt, sondern wie ein Hetman, welcher stolz und siegesgewiß einem bevorstehenden Kampf entgegensieht. Diese Seelengröße Tscharniezkis und sein Glaube an die Macht der Republik fielen wie ein lindernder Balsam auf die Wunden Skrzetuskis. Er hatte die Streitkräfte Chmielnizkis in der Nähe gesehen; sie mochten ihn etwas geblendet haben, besonders, da bisher das Glück auf seiner Seite war. Herr Tscharniezki mußte recht haben. Die Macht der Hetmane war noch ungebrochen, hinter ihnen stand die ganze Stärke der Republik, somit das Recht der Obrigkeit, der Wille Gottes. Der Statthalter ging froher und mit gestärkter Seele fort. Im Fortgehen frug er noch Herrn Tscharniezki, ob er nicht lieber gleich die Verhandlung wegen seiner Freilassung mit Chmielnizki beginnen wolle.

„Ich bin ein Gefangener Tuhaj-Beys," sagte Herr Stephan; „ihm werde ich auch das Lösegeld zahlen. Mit diesem Kosaken will ich nichts zu thun haben. — Der Henker hole ihn."

Sachar, welcher dem Herrn Skrzetuski den Zutritt zu dem Gefangenen verschafft hatte, tröstete ihn auf dem Rückwege zu dem Karren ebenfalls: „Es war nicht schwer, mit dem jungen Potozki fertig zu werden, aber mit den Hetmanen richtet er nichts aus. Das Werk ist erst angefangen; welches Ende es nehmen wird — Gott weiß es! Wohl haben die Kosaken und Tataren polnisches Gut geraubt, dasselbe aber zu erhalten ist eine andere Sache. Und Du — Kindchen — gräme Dich nicht, sei nicht traurig, denn Du kommst so wie so frei, Du gehst zu den Deinen und der Alte hier wird sich recht nach Dir bangen. Es ist schlimm, im Alter so allein in der Welt dazustehen. Mit den Hetmanen wird es ihnen schwer werden, sehr schwer!"

Thatsächlich hatte dieser dem Anschein nach so glänzende Sieg noch nichts zum Vorteil Chmielnizkis entschieden. Er konnte ihm im Gegenteil Schaden bringen, da vorauszusehen war, daß der Großhetman mit besonderer Erbitterung den Krieg mit den Saporoger aufnehmen und alles aufbieten würde, sie zu vernichten, um den Sohn zu rächen. Der Großhetman nährte einen gewissen Groll gegen den Fürsten Jeremi, der

zwar gut unter Artigkeiten versteckt, doch oft genug bei aller=
hand Gelegenheiten sich offenbarte.

Chmielnizki war gut davon unterrichtet. Er mutmaßte
jedoch, daß dieser Groll jetzt aufhören und der Gebieter von
Krakau zuerst die Hand zum Frieden reichen werde, welcher
ihm die Hilfe dieses berühmten Kriegers und seiner Vertreter
zusichern mußte. Mit einem solchen vereinigten Heere, unter
einem solchen Führer, wie der Fürst es war, wagte Chmielnizki
sich doch nicht zu messen. Er eilte deshalb, zu gleicher Zeit
mit der Nachricht von der Niederlage bei den „Gelben Wassern"
in der Ukraine anzulangen, die gesammelten Heere dort zu
überfallen, noch ehe der Fürst ihnen zu Hilfe kommen konnte.

Er gönnte seinem Heere keine Ruhe und schon am zweiten
Tage nach der Schlacht brach er mit dem Morgengrauen auf.
Wie ein aus seinen Ufern getretener Fluß, der alle in seinem
Gebiet sich befindenden Wässer aufnimmt und dadurch zur
reißenden Flut wird, so stürmte Chmielnizki mit seinen Kosaken
über die Steppe, alles mit sich fortreißend, was auf seinem
Wege lag. Sie hatten bereits die Wälder, die Haine, die ver=
schiedenen Grabmäler hinter sich, die Flüsse waren überschritten
— sie eilten ohne Rast vorwärts. Immer neue Haufen flüch=
tiger Bauern aus der Ukraine strömten ihnen zu; sie brachten
stets Nachrichten von dem Stande der Dinge dort. Die einen
sagten, der Fürst sitze noch jenseits des Dniepr, andere er=
zählten, er habe sich schon mit den Hetmanen vereinigt. Alle
aber erklärten einstimmig, die Ukraine stehe bereits in den
Flammen des Aufruhrs. Die Bauern eilten nicht bloß dem
Chmielnizki entgegen, sie verbrannten unterwegs Städte und
Dörfer und fielen über ihre Herren her, indem sie überall ver=
suchten sich Waffen zu verschaffen. Die königlichen Truppen
schlugen sich schon seit zwei Wochen mit dem Gesindel herum.
Steblew war vernichtet, bei Derenhowiez war es zur blutigen
Schlacht gekommen. Hier und dort waren sogar schon Linien=
kosaken zu dem Gesindel übergegangen, überall wartete man
nur auf den allgemeinen Ausbruch. Chmielnizki rechnete auf
alles das und eilte um so mehr hinzukommen.

Endlich stand er an der Schwelle der Ukraine. Tschechrhn
öffnete ihm weit seine Thore. Die Besatzung ging sofort zu
seiner Fahne über. Das Haus Tschaplinskis wurde zerstört,
die wenigen Edelleute, welche in der Stadt Schutz gesucht hatten,
wurden ermordet. Das Freudengeschrei und Glockenläuten und
die Prozessionen dauerten fortwährend. Feuersbrünste erhellten

die ganze Gegend; was irgend lebte, griff nach den Sensen und Piken und vereinte sich mit den Saporogen. Unzählige Haufen Gesindel kamen von allen Seiten in das Lager — auch die für die Aufwiegler so freudige Nachricht lief ein, daß der Fürst Jeremi zwar dem Großhetman seine Hilfe angeboten, sich aber mit ihm noch nicht vereint hatte.

Chmielnizki atmete auf.

Ungesäumt eilte er vorwärts mitten durch den Aufruhr, das Gemetzel und die Brände. Seinen Weg bezeichneten Trümmerhaufen und Leichen. Wie eine Lawine wälzte er sich vorwärts, alles vernichtend, was ihm in den Weg kam. Das Land vor ihm stand auf, ehe er die Verwüstung begann. Er zog einher wie der Rächer, wie der Drache in der Legende. Seine Schritte hinterließen blutige Spuren, sein Atem entzündete Brände. In Tscherkessien blieb er mit dem größten Teil seiner Streitmacht zurück, indem er die Tataren unter Tuhaj-Bey und dem wilden Krschywonos vorausschickte, welche bei Korsun die Hetmane einholten und ohne Zögern angriffen. Sie mußten diese Dreistigkeit teuer bezahlen. Zersprengt und geschlagen mußten sie rückwärts flüchten. Chmielnizki eilte ihnen zu Hilfe. Unterwegs erfuhr er, daß Herr Sieniawski mit einigen Fahnen zu den Hetmanen gestoßen sei und daß sie nach Bohuslaw zögen. Das bestätigte sich. Chmielnizki nahm Korsnn ohne Widerstand. Er ließ hier die Wagen, die Vorräte und Lebensmittel, kurz, das ganze Heerlager zurück und eilte ihnen mit den Genossen nach. Er brauchte nicht weit zu gehen. Bei Kruta-Balka stießen seine Vorposten auf das polnische Heer. Herrn Skrzetuski war es nicht vergönnt, die Schlacht zu sehen, da er in Korsun hatte zurückbleiben müssen. Sachar hatte ihn am Markte im Hause des Herrn Sabokrschyzki, welchen das Raubgesindel kurz zuvor erhängt hatte, untergebracht. Er stellte eine Wache aus den übriggebliebenen Leuten des Mirgorodzlagers davor, denn die entfesselte Menge raubte die Häuser aus und mordete jeden, der ihnen ein Leche zu sein schien. Durch die zertrümmerten Fenster sah Herr Skrzetuski Haufen betrunkener Bauern mit aufgestreiften Hemdsärmeln von Haus zu Haus ziehen und alle Winkel bis unter das Dach durchsuchen. Von Zeit zu Zeit meldete ein gräßlicher Lärm, daß man einen Edelmann, einen Juden, einen Mann, ein Weib oder ein Kind gefunden hatte. Das Opfer wurde auf den Markt gezogen, wo die Banden ihre Wut auf die scheußlichste Weise an demselben ausließen. Die Menge schlug sich um die Reste der

Leichen, beschmierte mit Wolluſt Geſicht, Hände und Bruſt mit
dem Blute der Gemordeten und umwickelte ſich die Hälſe mit
den noch rauchenden Eingeweiden derſelben. Die Bauern ergriffen kleine Judenkinder an den Beinen und zerriſſen ſie unter
dem wahnſinnigen Gelächter der Menge. Man wollte auch in
die Häuſer bringen, in welchen angeſehene Gefangene ein-
geſchloſſen waren, die man am Leben zu erhalten wünſchte, um
ein gutes Löſegeld für ſie zu bekommen. Dann mußten die
ſaporogiſchen und tatariſchen Wachen die ſtürmenden Haufen
abwehren, indem ſie mit Kolben, Spießen und Peitſchen aus
Büffelleder auf ſie einhieben. So war es auch vor dem Hauſe,
in welchem Herr Skrzetuski ſich befand. Sachar befahl, ohne
Erbarmen dreinzuſchlagen und die Migorodzkoſaken befolgten
dieſen Befehl mit Luſt, denn — wenn auch die Leute aus den
Niederungen in Zeiten der Aufſtände gern die Hilfe dieſes gemeinen Geſindels in Anſpruch nahmen, ſo mißachteten ſie das-
ſelbe doch unendlich mehr, als die Adligen. Nicht umſonſt
nannten ſie ſich: „adelig geborene Koſaken!“ Chmielnizki ſelbſt
ſchenkte ſpäter manche bedeutende Anzahl dieſer Menſchen den
Tataren, welche ſie nach der Krim trieben und von dort aus
nach der Türkei und Kleinaſien verkauften. Der Wahnſinn der
Menge auf dem Markt erreichte endlich eine ſolche Höhe, daß
ſie ſich zuletzt untereinander zu morden anfingen. Der Tag
neigte ſich zu Ende. Man hatte eine ganze Marktſeite, die
Zerkwie und das Haus des Popen in Brand geſteckt. Glück-
licherweiſe trieb der Wind das Feuer nach dem Felde zu und
verhütete ſo ein weiteres Umſichgreifen. Die Feuerröte beleuchtete
den Marktplatz tageshell. Es wurde unleidlich heiß. Von ferne
hörte man Kanonenſchüſſe; augenſcheinlich wurde die Schlacht
bei Kruta-Balka immer hitziger.

„Es muß den Unſrigen dort heiß ſein!“ brummte der alte
Sachar. „Die Hetmane verſtehen keinen Spaß. O! der Herr
Potozki iſt ein echter Soldat.“

Dann zeigte er durch das Fenſter auf das Geſindel
draußen.

„Nun!“ ſagte er, „die dort ſchwelgen jetzt, wenn aber Chmielnizki geſchlagen wird, ſo wird ihnen böſe mitgeſpielt werden.“

In dieſem Augenblick erſcholl Hufſchlag. Auf den Markt
ſprengten auf ſchaumbedeckten Pferden eine Anzahl Reiter, deren
vom Pulverdampf geſchwärzte Geſichter, deren unordentliche
Kleidung und mit Lappen umbundene Köpfe bewieſen, daß
ſie direkt vom Schlachtfelde kamen.

„Menschen! Wer an Gott glaubt, der rette sich! Die Lechen haben die Unsrigen geschlagen!" schrieen sie angstvoll.

Es entstand Lärm und Verwirrung. Die Menge wogte hin und her wie eine vom Sturm bewegte Welle. Ein plötzlicher Schrecken überfiel alle. Man wollte fliehen, aber da die Straßen überall mit Wagen vollgepfropft waren, blieb kein Ausweg zur Flucht. Das Gesindel fing an zu drängen, zu schreien, zu schlagen, zu quetschen und um Barmherzigkeit zu winseln, obgleich der Feind noch entfernt war.

Als der Statthalter hörte, was geschah, wäre er vor Freude fast wahnsinnig geworden. Er lief in der Stube hin und her, schlug mit den Händen die Brust und rief mit lauter Stimme:

„Ich wußte, daß es so kommen mußte! ich wußte es! so wahr ich lebe! So rechnen die Hetmane ab, so die ganze Republik. Die Stunde der Strafe ist gekommen! Was ist das?"

Wieder erscholl Hufschlag, und diesmal erschienen mehrere hundert Tataren auf dem Markte. Sie flohen blindlings. Die Menge verstellte ihnen den Weg, doch sie stürmten mitten hinein; mit den Pferden alles auseinandertreibend, zermalmend, schlagend, jagten sie hindurch nach der nach Tscherkassien führenden Straße zu.

„Sie fliehen wie ein Sturmwind," rief Sachar.

Kaum hatte er ausgesprochen, da folgte ein zweiter und dicht hinterdrein ein dritter Trupp. Es schien, als würde die Flucht allgemein. Die Wachen vor den Häusern fingen an hin und her zu rennen, gleichfalls Lust zur Flucht bezeigend. Sachar stürzte hinaus.

„Stillgestanden!" schrie er seine Mirgorodzer an.

Rauch, Hitze, Verwirrung, Pferdegetrappel, Angstrufe, das Heulen des vom Brande beleuchteten Gesindels, alles das vereinte sich zu einem wahren Höllengräuel, auf welches der Statthalter vom Fenster aus blickte.

„Was für eine Niederlage muß dort stattfinden!" rief er dem alten Sachar zu, völlig vergessend, daß dieser seine Freude nicht teilen durfte.

Unterdes war wieder eine Abteilung Flüchtiger wie der Blitz vorübergeflogen. Der Kanonendonner erschütterte die Häuser Korsuns in ihren Fundamenten.

Plötzlich schrie eine durchdringende Stimme dicht vor dem Hause:

„Rettet Euch! Chmiel ist erschlagen! Krschetschowski ist erschlagen! Tuhaj-Bey ist erschlagen!"

Der Welt Ende schien gekommen zu sein. Auf dem Markte stürzten sich in der Todesangst die Menschen in die Flammen. Der Statthalter fiel auf die Kniee und betete mit erhobenen Händen:

„Allmächtiger Gott! Großer und gerechter Gott! Ehre sei Dir in der Höhe!"

Sachar unterbrach das Gebet. Er stürzte angstvoll aus dem Flur in die Stube und rief atemlos:

„Komm doch einmal her, Kindchen! komm und versprich den Wachen Gnade; sie wollen fliehen, und wenn sie fliehen, überfällt uns das Gesindel!"

Skrzetuski ging hinaus. Die Wachen liefen unruhig vor dem Hause hin und her; unleugbar zeigten sie Lust, ihren Stand zu verlassen und den Fliehenden zu folgen. Die ganze Stadt war von Angst befallen. Immer neue Fluchtkolonnen kamen von Kruta-Balka her. Bauern, Tataren, Kosaken flohen in wildem Durcheinander. Doch mußte die Hauptstreitmacht Chmielnizkis noch Widerstand leisten, die Schlacht noch nicht vollständig entschieden sein, da die Geschütze mit verdoppelter Kraft spielten.

Skrzetuski wendete sich zu den Wachen:

„Ihr habt nicht nötig zu fliehen," sagte er vernehmlich. „Dafür, daß Ihr meine Person treu bewacht habt, verspreche ich Euch meine Fürsprache beim Hetman und seine Gnade."

Die Mirgorodzer entblößten alle die Häupter. Er stemmte die Arme unter und blickte stolz auf sie und auf den Markt, welcher immer öder wurde. Welch seltsamer Wandel des Geschickes! Herr Skrzetuski, unlängst noch ein von den Kosaken umhergeschleppter Gefangener, stand jetzt mitten unter diesen Frechen wie ein Herr unter seinen Unterthanen, wie der Edelmann unter den Gemeinen, wie der Husar von der Panzerfahne unter den Troßknechten. Er — der Gefangene — verhieß jetzt Gnade, die Häupter wurden bei seinem Anblick entblößt und demütige Stimmen riefen in ergebenen, langgezogenen und ängstlichen Tönen: „Erbarmt Euch, Herr!"

„Es bleibt bei dem, was ich sagte," entgegnete der Statthalter.

Er war seiner erfolgreichen Fürsprache beim Großhetman sicher. Dieser kannte ihn, denn er hatte oftmals Briefe vom Fürsten Jeremi zu ihm gebracht und verstanden, sich dessen Wohlwollen zu erwerben. Freudestrahlenden Antlitzes, mit untergestemmten Armen stand er nun da.

„Der Krieg ist zu Ende! die Aufstandswoge an der Schwelle der Ukraine zerschellt!" dachte er. „Herr Tscharniezki hatte recht;

die Republik ist eine untilgbare Kraft, ihre Macht nicht zu er=
schüttern."

Und als er das dachte, weitete der Stolz ihm die Brust.
Es war kein niederer Stolz, welcher der Hoffnung zu erfüllender
Rache an dem gedemütigten Gegner entspringt, auch kein Gefühl
der Freude über die bald zu erwartende Freiheit und die demütigen
Huldigungen der Wachen. Er fühlte sich nur stolz als der
Sohn dieses siegreichen und mächtigen Freistaates, an dessen
Pfosten alle Bosheit, alle Angriffe, alle Schicksalsschläge zu
Grunde gingen, wie die Mächte der Hölle an den Pforten des
Himmels. Er fühlte sich stolz als patriotischer Edelmann,
welcher in der Verzweiflung gestärkt, im Glauben aufgerichtet
worden war. Rache begehrte er nicht.

„Er donnert nieder wie ein König, er wird verzeihen wie
ein liebreicher Vater," so dachte Skrzetuski.

Inzwischen hatte sich das Schießen der Geschütze in einen
unaufhörlichen Donner verwandelt. Wieder kam Pferdegetrappel
die öde Straße herauf. Wie ein Blitz flog ein Kosak auf un=
gesatteltem Pferde auf den Markt, ohne Mütze, in Hemdsärmeln,
das von einem Säbelhieb getroffene Gesicht blutüberströmt. Er
flog herbei, hielt das Pferd an, und mit ausgebreiteten Armen
nach Atem ringend, schrie er:

„Chmiel schlägt die Lechen! Die erlauchten Herren Het=
mane, die Herren, die Hauptleute, die Lechensöhne und Kava=
liere. Alle sind geschlagen!"

Er schwankte bei diesen Worten und fiel vom Pferde. Die
Wachen sprangen ihm zu Hilfe. Der Statthalter wurde erst
rot, dann blaß.

„Was spricht er?" frug er fieberhaft den Sachar. „Was
ist geschehen? Es ist unmöglich. Beim lebendigen Gotte! es
ist unmöglich!"

Dann folgte Stille! Nur die Flammen prasselten auf der
gegenüberliegenden Marktseite, Funkengarben knisterten, und von
Zeit zu Zeit fiel ein ausgebranntes Haus zusammen.

Wieder kommen neue Boten.

„Die Lechen sind geschlagen! geschlagen!"

Hinterher eine Abteilung Tataren; sie kommen langsam,
denn sie führen Fußgänger mit sich, jedenfalls Gefangene.

Herr Skrzetuski traut seinen Augen nicht. Er erkennt in
den Gefangenen genau die Farben der Husaren des Hetmans.
Die Hände faltend, ruft er mit seltsam verändertem Ton un=
aufhörlich:

„Es kann nicht sein! es kann nicht sein!"

Der Kanonendonner dauert fort. Der Kampf ist noch nicht zu Ende. Zu allen Straßen herein ziehen jedoch ganze Massen Tataren und Saporogen, schweratmend, mit geschwärzten Gesichtern, aber wie siegestrunken Lieder singend. So kehren Soldaten nur nach dem Siege heim.

Skrzetuski wurde leichenblaß.

„Es kann nicht sein!" wiederholte er mit immer heiserer werdender Stimme, „es kann nicht sein . . . die Republik . . ."

Ein neuer Gegenstand lenkt seine Aufmerksamkeit auf sich.

Die Krieger Krschetschowskis erscheinen, ganze Fahnenbündel mit sich tragend. Sie bringen sie bis in die Mitte des Marktes und werfen sie dort zu Boden. Es sind leider polnische Fahnen!

Der Kanonendonner wird schwächer; aus der Ferne hört man Wagengerassel. Zuerst kommt ein einzelner hoher Kosaken=karren, hinterdrein eine ganze Reihe anderer, alle von Kosaken mit gelben Mützen aus dem Paschkowski=Lager umgeben. Sie kommen dicht bei dem Hause vorbei, vor welchem die Mirgorodz=Kosaken stehen. Herr Skrzetuski bedeckt die Stirn mit den Händen, der Widerschein des Brandes blendet ihn; er sieht un=verwandt auf die Gestalten der Gefangenen, welche auf dem ersten Wagen sitzen. Plötzlich fährt er zurück, schlägt mit den Händen in die Luft, wie einer, der von einer Kugel in die Brust getroffen ist, dem Munde entreißt sich ein fürchterlicher Schrei:

„Jesus, Maria! Das sind die Hetmane!"

Er fiel dem alten Sachar in die Arme, seine Augen wurden gläsern, das Gesicht wächsern und steif, wie bei Sterbenden.

Einige Augenblicke später ritten drei Reiter an der Spitze unzähliger Schwadronen auf den Markt. Der mittlere von ihnen war rot gekleidet, saß auf einem Schimmel, stützte sich mit dem vergoldeten Feldherrnstab die Seite und blickte stolz drein wie ein König.

. . . Es war Chmielnizki. Ihm zur Seite ritten Tuhaj=Bey und Krschetschowski. Die Republik lag in Staub und Asche zu Füßen des Kosaken.

16. Kapitel.

Einige Tage waren seitdem verflossen. Den Menschen war zu Mute, als ob das Himmelsgewölbe über der Republik eingestürzt wäre. Ereignisse, wie die Schlachten bei den „Gelben Wassern", bei Korsun, die Siege über die königlichen Truppen, welche bisher in allen Kämpfen mit den Kosaken gesiegt hatten, wie die Gefangennahme der Hetmane, die furchtbaren Brände, die Morde und das Gemetzel in der ganzen Ukraine, waren seit Anfang der Welt nicht dagewesen. Alles das brach so plötzlich über dieses Land herein, daß es den Menschen unglaub= lich schien, wie so viel Elend und Unglück auf einmal sie treffen konnte. Viele wollten es auch gar nicht glauben, andere stumpfte der Schrecken ab. Manche wurden irrsinnig und noch andere prophezeiten die Ankunft des Antichristen und das nahe Weltende. Alle gemeinschaftlichen Bande, alle gesellschaftlichen und Familienverhältnisse wurden zerrissen. Jede selbständige Macht, jeder Standesunterschied zwischen den Menschen hörte auf. Die Hölle schien alle ihre Laster und Verbrechen ent= fesselt und in die Welt geschickt zu haben. An Stelle der Arbeit, Ehrlichkeit, des Glaubens und des Gewissens traten Mord, Raub, Wortbrüchigkeit, tierische Gewaltthätigkeiten, Schlächtereien und Raserei. Man kam zu dem Glauben, daß die Menschheit nicht mehr im Guten, sondern nur im Bösen fortleben wolle, daß die Herzen vollständig umgekehrt seien und der Verstand das= jenige jetzt für heilig hielt, was früher für ehrlos gegolten, und für ehrlos dasjenige erklärte, was ihm früher heilig war. Die

Erde wurde nicht von der Sonne beschienen, denn der Rauch der Brände verhüllte sie, und nachts leuchteten an Stelle des Mondes und der Sterne Brandfackeln. Alles stand in Flammen: Städte, Dörfer, Kirchen, herrschaftliche Höfe und Wälder. Die Menschen waren sprachlos vor Jammer, man hörte nur Stöhnen und Wehklagen; das Leben verlor seinen Wert, Tausende starben hin, ohne eine Spur im Gedächtnis der Menschen zu hinterlassen. Und über all dieses Elend und Wehklagen, diese Morde und Brände erhob sich nur ein Mensch hoch und höher, wuchs an, zu riesenhafter, furchtbarer Größe, die ihren Schatten fast von Meer zu Meer warf. Und dieser eine Mensch hieß — Bogdan Chmielnizki. Zweihunderttausend siegestrunkene, bewaffnete Männer harrten seines Winkes. Das Raubgesindel zog überall umher; die angesiedelten Kosaken schlossen sich ihm überall in den Städten an. Der Aufstand verbreitete sich schon über die Wojewodschaften Ruthenien, Podolien, Wolhynien, Brazlaw, Kiew und Tschernigow. Die Macht des Hetman wuchs täglich. Die Republik hatte niemals auch nur die Hälfte der Streitkräfte einem Feinde gegenüberzustellen gehabt, wie sie jetzt Chmielnizki zu Gebote standen. Der deutsche Kaiser selbst hatte nicht so viel Menschen zur Verfügung. Die Gewalt des Sturmes übertraf alle seine Erwartungen; denn der Hetman selbst hatte im Anfang keinen Begriff der eigenen Stärke und wußte selbst nicht, wie hoch er schon emporgewachsen war. Er deckte sich vor der Republik noch immer mit dem Mantel der Gerechtigkeit und Treue, weil er noch nicht wußte, daß er schon stark genug war, diese schalen Phrasen mit Füßen zu treten. Gleichzeitig aber mit dem Bewußtsein seiner Macht wuchs in ihm auch jener grenzenlose Egoismus zu einer Größe, wie er in der Weltgeschichte ganz vereinzelt dasteht. Die Begriffe von Gut und Böse, vom Verbrechen und der Tugend verwuchsen bei ihm mit dem Begriff von dem ihm selbst widerfahrenen Unrecht oder den empfangenen Wohlthaten. Der war ihm recht, welcher mit ihm ging, derjenige ein Verbrecher, welcher seine Ansichten nicht teilte. Er war imstande, die Sonne zu beschimpfen und es als eine ihm widerfahrene Beleidigung zu betrachten, wenn sie nicht zu der Zeit schien, wo er es wünschte. Er maß alles an dem eigenen „Ich", die Menschen, die Ereignisse, die ganze Welt. Und im Gegensatz zu dieser listigen, hypokritischen Denkungsart des Hetman lebte in ihm doch ein seltsamer, seiner Anschauungsweise angepaßter Glaube an das Gute. Ihm entsprangen alle Ausschreitungen, aber auch alle guten Thaten Chmielnizkis;

denn wenn er auch in der Grausamkeit und Quälerei dem Feinde gegenüber maßlos war, so verstand er doch dankbar zu sein für jeden, wenn auch vielleicht unfreiwillig ihm geleisteten Dienst. Nur wenn er betrunken war, vergaß er auch die Wohlthaten. Dann gab er, brüllend vor Raserei, mit schaumbedeckten Lippen Blutbefehle, die er später bereute. Und in dem Maße wie seine Macht wuchs auch seine Trunksucht, denn eine peinigende Unruhe bemächtigte sich seiner mehr und mehr. Man kam zu der Ueberzeugung, daß seine Triumphe ihn auf eine Höhe führten, die zu erklimmen gar nicht in seiner Absicht gelegen hatte. Wenn seine Macht andere erschreckte, so erschreckte sie ihn selbst nicht weniger. Der Riesenstrom des Aufruhrs riß ihn blitz= schnell und unerbittlich vorwärts, aber wohin? Wie sollte das alles enden? Als er den Aufruhr ins Werk setzte, um sein Recht zu fordern, hatte er geglaubt, nach den ersten Erfolgen Unterhandlungen einleiten zu können. Man würde ihm verzeihen, Gerechtigkeit widerfahren lassen und ihm Schadenersatz geben. Er kannte die Republik, ihre unerschöpfliche Geduld, ihre grenzen= lose Barmherzigkeit genau; hatte diese doch selbst dem schon verloren gegebenen Nalewajko noch Verzeihung geboten. Jetzt aber, nach den Siegen bei den „Gelben Wassern", nach der Gefangennahme der Hetmane, nachdem der Bürgerkrieg in allen südlichen Wojewodschaften lichterloh brannte, waren die Dinge zu weit vorgeschritten, die Ereignisse waren über die Erwartungen hinausgewachsen, jetzt galt es einen Kampf auf Tod und Leben.

Wer aber würde zuletzt Sieger bleiben? Chmielnizki befrug Wahrsager, hielt mit den Sternen Rat, suchte mit dem eigenen Verstande die Zukunft zu durchdringen — aber er konnte nichts entdecken als Finsternis. Die entsetzlichste Unruhe peinigte ihn, die Haare standen ihm zu Berge und Verzweiflung erfüllte seine Brust. Was soll das werden? Was soll das werden? frug er sich oft. Chmielnizki war sehr scharfsinnig; er erkannte besser als viele andere, daß die Republik eine riesenhafte Macht sei, daß sie aber ihre Stärke weder selbst kenne, noch sie anzu= wenden wisse. Niemand wäre imstande, ihr zu widerstehen, wenn ein Mann sich fände, der mit kundiger Hand sie zu leiten vermöchte. Wer konnte wissen, ob die schreckliche Gefahr, welche der Republik drohte, nicht allen diesen inneren Streitigkeiten, den Privatinteressen, dem Neid der Herren, den Schwindeleien, den Zänkereien auf dem Landtage, dem Uebermut des Adels und der Willenlosigkeit des Königs ein Ziel setzte? War es so, dann konnte eine halbe Million Waffenbrüder allein ihm ent=

gegenziehen und ihn vernichten, selbst wenn der Chan oder der türkische Sultan in eigener Person ihm zu Hilfe kamen.

Die schlummernde Macht der Republik war außer Chmielnizki auch dem verstorbenen Könige Wladislaus bekannt gewesen. Dieser Monarch arbeitete sein Leben lang daran, mit dem mächtigsten Monarchen der Welt einen Krieg auf Tod und Leben zu stande zu bringen, denn nur auf diese Weise konnte die schlafende Macht des Riesen geweckt und ins Leben gerufen werden. Infolge dieser Ueberzeugung hatte der König eben in Form der von Barabasch gesandten Privilegien an die Kosaken den zündenden Funken in das dort aufgespeicherte Pulver werfen wollen. Waren nun die Bemühungen durch die Kosaken, eine alles aufrüttelnde Sintflut heraufzubeschwören, umsonst gewesen? Sollte alles darin endlich ertrinken?

Chmielnizki wußte auch, daß, als selbst zu ihren schwächsten Zeiten die Republik an den inneren Unordnungen fast in sich selbst zu zerfallen drohte, sie dennoch die heftigsten Angriffe der Türken zurückgeschlagen hatte. So war es bei Chozim gewesen, so hatten ihre Fahnen schon die Wälle fremder Hauptstädte geschmückt. Welchen Widerstand würde sie jetzt leisten? Zu welchen Schritten würde die Verzweiflung jetzt dieses Land treiben, wo es vor der Entscheidung stand, entweder zu siegen oder unterzugehen?

Angesichts alles dieses erschien Chmielnizki jeder neue Sieg als eine neue Gefahr, weil er ihn dem Erwachen des schlafenden Löwen näher brachte und etwaige Verhandlungen immer mehr zur Unmöglichkeit machte. In jedem Siege lag kommendes Elend und der Boden seines Freudenkelches war voll von Bitterkeit. Jetzt mußte auf den Kosakenaufstand der Aufstand der Republik folgen. Es schien dem Hetman, als höre er schon sein dumpfes Brausen. Aus Großpolen, Preußen, dem volkreichen Masowien, Kleinpolen und Litauen würden Zuzüge von Kriegern eintreffen — ihnen fehlte nur ein Führer. Er hatte zwar die obersten Feldherren gefangen genommen, aber auch dieses Glück erschien ihm eher als eine Schicksalstücke, denn die Hetmane waren wohlerfahrene Krieger, doch keiner von ihnen war der Mann, dessen diese Zeit des Schreckens, der Gefahr und der Not bedurfte.

Dieser Mann konnte jetzt einzig und allein der Fürst Jeremias Wischniowiezki sein. Gerade deshalb, weil die anderen alle gefangen waren, konnte die Wahl zum Oberfeldherrn nur den Fürsten treffen. Niemand zweifelte daran, auch Chmielnizki nicht.

Unterdes kamen von jenseits des Dniepr Nachrichten nach Korsun, wo jetzt der Hetman der Saporogen nach der Schlacht ausruhte, daß der schreckliche Fürst Lubnie bereits verlassen habe, daß er die Aufwiegler ohne Erbarmen niederhauen ließ und daß er auf den Brandstätten der Dörfer, Städte und Höfe Blutpfähle und Galgen aufpflanze. Man erzählte, daß er an der Spitze von fünfzehntausend der tapfersten Leute des Freistaates heranziehe. Im Kosakenlager wurde er jeden Tag erwartet. Gleich nach der Schlacht bei Kruta-Balka verbreitete sich wie ein Lauffeuer das Geschrei: „Jarema kommt!" und dieser Name brachte solches Entsetzen unter das Gesindel, daß es blindlings die Flucht ergriff. Den Hetman machte solche Furcht nachdenklich. Er hatte jetzt die Wahl. Entweder zog er mit seinem ganzen Heere dem Fürsten entgegen, oder er ließ einen Teil desselben zurück, um die Schlösser der Ukraine zu zerstören, während er selbst sich in die Tiefe der Republik begab.

Der Angriff auf den Fürsten war gefährlich. Chmielnizki konnte trotz seiner großen Uebermacht einem solchen erfahrenen Heerführer gegenüber dennoch eine Niederlage erleiden und dann war alles verloren. Das gemeine Volk, das Gesindel, welches die große Mehrheit seines Heeres bildete, hatte den Beweis geliefert, daß der Name des Fürsten allein genügte, es in die Flucht zu jagen. Es hätte längerer Zeit bedurft, um dasselbe zu Soldaten heranzubilden, welche den Regimentern des Fürsten Stand zu halten vermochten. Andererseits hätte der Fürst wohl kaum einen offenen Kampf angenommen, sich vielmehr mit der Verteidigung der Schlösser und dem sogenannten „kleinen Kriege" begnügt. Das konnte aber den Krieg monate-, ja jahrelang ausdehnen und unterdes hätte die Republik immer neue Hilfstruppen dem Fürsten zugeführt.

So beschloß denn Chmielnizki, den Fürsten Wischniowiezki am Dniepr zu lassen, sich selbst erst in der Ukraine sicher zu befestigen, seine Truppen zu organisieren, dann erst die Republik anzugreifen und sie zu Unterhandlungen zu zwingen. Er rechnete darauf, daß die Unterdrückung des Aufstandes am Dniepr allein den Fürsten schon eine geraume Zeit in Anspruch nehmen würde, ihm selbst somit freies Feld bliebe. Durch Zurücklassung einzelner Schwadronen hoffte er den Aufstand hier fortwährend zu schüren. Zuletzt dachte er noch den Fürsten durch ein in die Längeziehen der Unterhandlungen hinzuhalten, bis seine Kräfte gänzlich aufgerieben sein würden.

Ein paar Tage also nach der Schlacht bei Kruta Balka,

an demselben Tage, an welchem so vieles Gesindel flüchtete, ließ er Herrn Strzetuski zu sich rufen. Er empfing ihn im Hause des Starosten unter dem alleinigen Beisitz Krschetschowskis, welcher Herrn Strzetuski längst bekannt war, sehr gnädig, obwohl nicht ohne eine gewisse Hoheit, welche seiner jetzigen Würde angemessen war.

„Herr Hauptmann Strzetuski!" sagte er. „Für den Dienst, welchen Ihr mir einst erwiesen, habe ich Euch von Tuhaj-Bey ausgelöst und versprach Euch die Freiheit. Jetzt ist die Stunde gekommen, wo Ihr gehen könnt. Damit Ihr sicher reiset, falls Euch welche meiner Leute begegnen, werde ich Euch den Feldherrnstab als Geleitsschein mitgeben. Er wird Euch auch vor dem Gesindel schützen. Ihr könnt zu Eurem Fürsten zurückkehren."

Strzetuski schwieg. Sein finsteres Gesicht wurde von keinem Lächeln erhellt.

„Könnt Ihr i Reise antreten? Ihr seht so krank aus."

In der Tha̧te glich Herr Strzetuski nur mehr einem Schatten. Die erhaltenen Wunden und die letzten Ereignisse hatten die Riesennatur dieses Jünglings so darniedergeworfen, daß es schien, als würde er das „Morgen" nicht mehr erleben. Der seit langer Zeit nicht verschnittene schwarze Bart erhöhte noch das krankhafte Aussehen. Sein Gesicht war infolge des schweren inneren Kummers gelb geworden. War er doch Zeuge alles dessen gewesen, was seit dem Ausrücken aus der Sitsch geschehen war. Er hatte die Schande und das Elend, die Gefangennahme der Hetmane, die Triumphe der Kosaken erlebt. Er hatte gesehen, wie man aus den abgeschnittenen Köpfen der gefallenen Soldaten Pyramiden aufrichtete, wie man die erschlagenen Edelleute an den Rippen auf Haken hing; er hatte die abgeschnittenen Brüste der entehrten Jungfrauen, den Mut der Verzweiflung, aber auch die feige Furcht, — alles hatte er gesehen. Er litt furchtbar, umsomehr, da er den Gedanken nicht los werden konnte, daß er selbst die mittelbare Ursache all dieser Greuelthaten sei, denn er — er selbst, kein anderer hatte den Chmielniski in den „Wilden Feldern" vom Tode errettet. Konnte wohl ein christlicher Ritter damals ahnen, daß die Erfüllung einer Nächstenpflicht solche Früchte tragen würde? Der Schmerz zehrte ihn auf.

Und wenn er sich frug, was mit Helene geschah, wenn er an das Schicksal dachte, welches sie getroffen haben mußte, falls das Unglück sie in Roslogi zurückgehalten hatte, dann streckte

er die Arme zum Himmel empor und rief in grenzenloser
Verzweiflung: „Gott! nimm meine Seele, denn ich leide hier
schon mehr, als ich verdiente!" Dann erkannte er wieder, daß
er Gott lästere, warf sich auf das Antlitz und flehte um
Rettung, Vergebung und Barmherzigkeit für das Vaterland und
für jene unschuldige Taube, welche vielleicht in Gefahr, umsonst
nach Gottes und seiner Hilfe rief. Mit einem Wort — er
hatte so viel gelitten, daß ihm selbst die geschenkte Freiheit jetzt
keine Freude mehr machte, und dieser saporogische Hetman, dieser
Triumphator, welcher ihm durch dieses Geschenk seine Großmut
und Gnade beweisen wollte, imponierte ihm durchaus nicht.
Als Chmielnizki das merkte, runzelte er die Stirn und sagte:

„Beeilet Euch, Nutzen aus meiner Gnade zu ziehen, damit
ich mich nicht anders besinne. Meine Tugend und das Ver=
trauen auf meine gute Sache machen mich sorglos genug, mir
noch einen Feind zuzugesellen, denn ich weiß wohl, daß Ihr
gegen mich kämpfen werdet."

Darauf erwiderte Herr Skrzetuski:

„Wenn Gott mir die Kraft dazu giebt!"

Er blickte dabei den Hetman so an, als ob er ihm bis
auf den Grund der Seele sehen wollte. Chmielnizki, welcher
diesen Blick nicht ertragen konnte, schlug seine Augen nieder
und ließ sich erst nach einer Weile wieder hören.

„Das schadet mir nicht. Ich bin zu mächtig, als daß ein
elender Wicht mir etwas bedeuten könnte. Ihr dürft auch Eurem
Fürsten erzählen, was Ihr hier gesehen habt, und ihn warnen,
damit er minder verwegen vorgeht, denn wenn ich die Geduld
verliere, so werde ich ihn hinter dem Dniepr aufsuchen, und ich
zweifle, daß ihm ein solcher Besuch angenehm wäre."

Skrzetuski schwieg.

„Ich wiederhole," sagte Chmielnizki weiter, „nicht mit der
Republik, sondern mit den Herren führe ich Krieg und unter
ihnen steht der Fürst in erster Linie. Er ist mein und des
ruthenischen Volkes Gegner, ein Abtrünniger der Kirche, ein
Tyrann."

Er hatte sich immer mehr in den Zorn hineingeredet, das
Blut stieg ihm ins Gesicht, seine Augen schleuderten Blitze. Ein
wahrer Paroxysmus befiel ihn; er verlor fast die Besinnung.

„Ich werde ihn durch den Krschywonos an der Leine hier=
her führen lassen!" schrie er. „Unter meine Füße werde ich ihn
treten und seinen Rücken als Schemel benutzen!"

Skrzetuski blickte den wutschnaubenden Chmielnizki hoch-
mütig an, dann sagte er vollkommen ruhig:

„Erst zwingt ihn!"

„Erlauchter Hetman," fiel hier Krschetschowski ein, „laßt
biesen frechen Edelmann jetzt gehen. Es ziemt Eurer Würde
nicht, daß Ihr seinetwegen in Zorn geratet, und da Ihr ihm
die Freiheit versprochen habt, so rechnet er darauf, daß Ihr entweder wortbrüchig werdet oder seine Bemerkungen anhören müßt."

Chmielnizki bemeisterte sich, schnaufte noch eine Weile,
dann rief er:

„So mag er gehen, damit er wisse, daß Chmielnizki Gutes
mit Gutem zahlt. Gebt ihm den Geleitsschein, wie ich versprochen, und eine Abteilung Tataren, die ihn bis zum Lager
geleiten mögen."

Und dann wandte er sich zu Skrzetuski:

„Ihr aber wisset, daß wir jetzt quitt sind. Ich habe Euch
liebgewonnen, trotz Eurer Verwegenheit, aber — geratet Ihr
nochmals in meine Hände, so entkommt Ihr nicht wieder."

Skrzetuski entfernte sich mit Krschetschowski.

„Da der Hetman Euch mit ganzem Halse entläßt," sagte
Krschetschowski, „und Euch die Erlaubnis giebt zu gehen, wohin
Ihr wollt, so rate ich Euch aus alter Bekanntschaft — rettet
Euch so weit als möglich, und sei es nach Warschau. Geht
nicht zum Fürsten an den Dniepr, denn dort kommt keiner
lebend fort. Eure Zeit ist vorüber. Hättet Ihr Verstand, so
würde ich sagen —, bleibt bei uns, aber ich weiß, daß das in
den Wind gesprochen wäre. Ihr würdet hoch steigen, wie wir."

„Bis auf den Galgen," brummte Skrzetuski.

„Sie wollten mir damals nicht die litauische Starostei geben;
jetzt werde ich mir nicht eine, sondern zehn Starosteien nehmen.
Wir werden die Herren Koniezpolski, Kalinowski und Potozki,
die Lubomirski, Wischniowiezki und Saslawski samt dem
anderen Adel vertreiben, und ihre Besitzungen unter uns teilen.
Gottes Wille ist mit uns, sonst hätte er uns nicht schon so
große Siege gegeben."

Skrzetuski hatte auf dieses Gerede des Hauptmanns gar
nicht geachtet; er dachte an etwas ganz anderes. Dieser aber
fuhr fort:

„Als ich nach der Schlacht in Tuhaj-Bejs Quartier meinen
Herrn und Wohlthäter, den erlauchten Kronenhetman, in Fesseln
sah, da fing er sogleich an, mich einen Undankbaren und
Verräter zu schimpfen. Ich erwiderte ihm barauf: „Erlauchter

Wojewode! Ich bin kein Undankbarer; denn wenn ich mich in
Euren Schlössern und Besitzungen breit machen werde, so will
ich Euch gern zu meinem Unterstarosten machen, vorausgesetzt,
Ihr versprecht mir, daß Ihr Euch nicht betrinken werdet. Hoh!
Hoh!" Tuhaj=Bey wird sich gut an diesen gefangenen Vögeln
bereichern, deshalb schont er sie. Wenn das nicht wäre, so
würde Chmielnizki anders mit ihnen sprechen. Aber — ich
vergesse — der Wagen ist für Euch bereit, die Tataren marsch-
fertig. Wohin wünscht Ihr jetzt zu fahren?"

„Nach Tschechryn."

„Wie Ihr Euch bettet, so werdet Ihr schlafen. Die Tataren
führen Euch, sei es auch bis nach Lubnie, so lautet der Befehl.
Sorgt nur dafür, daß Euer Fürst sie nicht auf den Pfahl setzen
läßt, was er mit den Kosaken jedenfalls thun würde. Deshalb
haben sie Euch auch Tataren als Begleiter gegeben. Der Hetman hat auch befohlen, Euch Euer Pferd wiederzugeben. Bleibt
gesund und gedenkt bei dem Fürsten unserer im Guten, grüßt
ihn von unserem Hetman und wenn Ihr könnt, so beredet ihn,
daß er hierher kommt, dem Chmielnizki zu huldigen. Vielleicht
findet er Gnade bei ihm. Lebt wohl!"

Strzetuski setzte sich auf den Wagen, welchen die Tataren
gleich umringten. Der Zug setzte sich in Bewegung. Auf dem
Markte war ein so großes Gedränge, so daß schwer durchzukommen
war. Manche kochten Grütze, viele sangen Lieder von den
Siegen bei den „Gelben Wassern" und Korsun, welche die blinden
Sänger, die in großer Anzahl umherzogen, schon gedichtet hatten.
Zwischen den Feuern, über welchen die Kessel mit Grütze hingen,
lagen hier und dort die Leiber ermordeter Frauen, welche zu
nächtlichen Orgien dienten, oder standen Pyramiden aus abgeschnittenen Köpfen gefallener Soldaten. Diese Leiber und
Köpfe waren bereits in Verwesung übergegangen und verbreiteten
einen übeln Geruch, welcher jedoch die versammelte Menge
durchaus nicht zu belästigen schien. Die Stadt trug die Spuren
der Verwüstungen und des Uebermutes der Saporogen. Fenster
und Thüren waren ausgerissen, zertrümmertes Hausgerät,
tausenderlei Gegenstände, vermengt mit Stroh und Federn, lagen
auf dem Markte umher. Die Regentraufen an den Häusern
waren mit den Körpern Erhängter geschmückt, und die Menge
machte sich stellenweise ein Vergnügen daraus, die Leichen an
den Füßen zu fassen und sich daran zu schaukeln. An einer
Marktseite starrten die schwarzen Reste der niedergebrannten
Häuser, unter denen sich die Kirche befand. Brandgeruch er-

füllte die Luft. Hinter den verbrannten Häusern stand ein Tatarenlager mit einer großen Anzahl Gefangener, an denen Strzetuski vorüber mußte. Alle diejenigen aus der Umgegend von Tschechryn, Tscherkassy und Korsun, welche nicht eilig genug flüchten konnten oder nicht erschlagen waren, kamen in die Sklaverei. Unter ihnen befanden sich auch gefangene Soldaten aus beiden Schlachten und Bewohner der Gegend, die bis jetzt sich dem Aufstand anzuschließen, nicht gekonnt oder gewollt hatten, Leute vom Adel oder aus abligen Gemeinden, Unter= starosten, Offizialisten und Kleinadel beiderlei Geschlechts und Kinder. Greise fanden sich nicht darunter, man hatte sie, als untauglich zum Verkauf, ermordet. Die Tataren beraubten auch ganze Dörfer und ruthenische Ansiedlungen, was Chmielnizki ihnen nicht wehren durfte. An vielen Orten traf es sich, daß die Männer in das Lager der Kosaken gegangen waren; als Lohn dafür verbrannten die Tataren ihre Hütten und führten Frauen und Kinder fort. Aber in der allgemeinen Zügellosig= keit, in der Verwilderung der Seelen achtete niemand darauf. Der gemeine Mann, welcher zu den Waffen griff, mußte gleich= zeitig dem Dörfchen, seinem Weibe und den Kindern entsagen. Die Tataren nahmen ihnen alles, die Frauen, sie nahmen ihnen noch besseres — die „Lechenmädchen“, die sie, nachdem sie sich an ihren Reizen gesättigt hatten, den gemeinen Soldaten ver= kauften oder mordeten. Unter den Gefangenen fehlte es auch nicht an Jungfrauen aus der Ukraine, zu dreien und vieren an einen Strick gebunden, zugleich mit Damen aus abligen Häusern. Die Gefangenschaft und das Elend glich den Standesunterschied aus. Der Anblick dieser Wesen erschütterte Strzetuski bis in die tiefste Seele und weckte das Verlangen nach Rache in ihm. Abgerissen, halb nackt, den schändlichen Späßen der Heiden aus= gesetzt, die scharenweise von Neugier getrieben auf dem Platze herumzogen, gestoßen, geschlagen oder von ekelhaften Lippen geküßt, hatten sie das Bewußtsein, den Willen verloren. Manche schluchzten oder schimpften laut, andere standen starren Auges, Irrsinn in den Zügen, mit offenem Munde da und ließen willen= los alles über sich ergehen. Hier und da schrie ein mitleidslos gemordeter Gefangener zum letztenmal auf. Das Sausen der Geißeln aus Büffelleder zwischen den Reihen der Männer mischte sich mit Schmerzensschreien, dem Weinen der Kinder, dem Brüllen des Viehes und dem Wiehern der Pferde. Die Sklaven waren noch nicht verteilt und noch nicht ordnungs= mäßig aufgestellt, deshalb herrschte noch die größte Unordnung.

Wägen, Pferde, Rindvieh, Kamele, Schafe, Frauen, Männer, ganze Stöße erbeuteter Anzüge, Gefäße, Brokate, Waffen, alles das war aufgehäuft wie ein großes Lager und wartete der Verteilung und der Ordnung. Von Zeit zu Zeit brachten Vorposten neue Haufen Menschen und Tiere, Prahme kamen den Fluß herüber, beladen mit Allerhand, und aus dem Hauptlager der Tataren kamen immer neue Gäste, um die Augen an dem Anblick all der geraubten Schätze zu weiden. Viele von ihnen, trunken vom Kumis oder Branntwein, hatten die verschiedensten Kleidungsstücke angelegt, Ornate, Chorhemden, ruthenische Priesterröcke oder sogar Frauenkleider, und fingen schon an zu streiten und zu schreien, wem dieses oder jenes gehören sollte. Die tatarischen Viehtreiber unterhielten sich, gruppenweise auf der Erde hockend, die einen mit schrecklichem Pfeifen, die anderen mit Würfelspiel und gegenseitigen Schlägen. Große Haufen Hunde, die ihren Herren hierher gefolgt waren, bellten und winselten unaufhörlich.

Endlich hatte Herr Skrzetuski dieses Menschen-Gehenna voll Stöhnen, Weinen und Höllenlärm hinter sich. Schon glaubte er freier aufatmen zu können, als gleich hinter dem Lager ein neuer schrecklicher Anblick ihm zu teil wurde. Von ferne sah man das Hauptlager, von welchem fortwährend Pferdegewieher herüberscholl und in welchem es von Tataren wie in einem Ameisenhaufen wimmelte. Etwas näher aber, auf dem Felde an der Landstraße, die nach Tscherkassy führte, übten sich die jungen Krieger im Bogenschießen nach den schwächeren oder kranken Gefangenen, welche den weiten Transport nach der Krim nicht ausgehalten hätten. Einige siebartig durchlöcherte Körper lagen bereits fortgeworfen auf dem Wege, unter konvulsivischen Zuckungen ihr Leben aushauchend. Diejenigen, nach welchen noch geschossen wurde, waren mit den Händen an die Bäume am Wege angebunden. Unter ihnen befanden sich auch alte Frauen. Gelächter und Zurufe begleiteten die besten Schüsse.

„Wie der fliegt! — Gut, Jungens!"

„Uh, wie der sitzt! — Der Bogen ist in guten Händen!"

Nicht weit vom Hauptlager wurden Tausende von Ochsen und Pferden zur Nahrung für die Krieger geschlachtet. Die Erde war mit Blut getränkt, ekelhafte Ausdünstungen des rohen Fleisches erschwerten das Atmen, und zwischen den Fleischhaufen gingen bluttriefende Schlächter mit langen Messern in den Händen umher. Der Tag war schwül, die Sonne brannte heiß. Nach einer Stunde etwa kam Herr Skrzetuski erst mit seiner

Eskorte ins freie Feld; noch lange aber tönte ihnen der Lärm und das Gebrüll der Tiere aus dem Lager nach. Unterwegs fanden sie überall Spuren der Verwüstung. Hier und da verbrannte Wohnsitze, ragende Schornsteine, zertretene Getreidefelder, zerbrochene Bäume, ausgerodete Obstgärten. Auf der Landstraße lagen Pferdekadaver und Leichen, auf schreckliche Weise verstümmelt, blau angelaufen, aufgeschwollen, und auf ihnen, über ihnen große Schwärme Krähen und Raben, schreiend und krächzend. Das blutige Werk Chmielnizkis fiel überall in die Augen. Es war schwer zu begreifen, gegen wen dieser Mensch die Hand erhoben hatte, denn sein Vaterland war es vor allem, das unter der Last des Elends jammerte.

In Mlejow stießen sie auf tatarische Plänkler, welche neue Haufen Gefangener vor sich hertrieben. Horodysch war total niedergebrannt; nur der gemauerte Glockenturm und eine alte Eiche ragten aus den Trümmerhaufen hervor. Diese Eiche, mitten auf dem Markt, trug häßliche Früchte, denn an ihren Aesten hingen eine Anzahl Judenkinder schon seit drei Tagen. Man hatte hier auch vielen Adel aus Konoplank, Starosiel, Wiensow, Balaklej und Wodatschew gemordet. Die Stadt selbst war völlig wüst. Die Männer waren zu Chmielnizki gegangen und die Weiber, Kinder und Greise hatten sich vor dem erwarteten Heere des Fürsten Jarema in die Wälder geflüchtet. Von Horodysch fuhr Herr Skrzetuski über Smila, Zabotyn und Nowosielez nach Tschechryn, nur so lange unterwegs rastend, als zur Erholung der Pferde nötig war. Am zweiten Tage gegen Mittag fuhren sie in die Stadt ein. Hier hatte der Krieg die Stadt verschont; nur einige Häuser waren zerstört, unter anderen das Haus Tschaplinskis der Erde gleich gemacht. Als Besatzung stand hier ein Hauptmann mit tausend Leuten. Diese samt ihrem Führer und der ganzen Bevölkerung schwebten fortwährend in fürchterlicher Angst, da sie, wie auch die ganze Gegend, sicher waren, daß jeden Augenblick der Fürst kommen und Rache nehmen würde, wie sie die Welt noch nicht erlebt hatte. Woher diese Nachricht kam, wer sie verbreitete, wußte niemand. Vielleicht erfand sie der Schrecken. Genug! Fortwährend wiederholte sich das Gerücht, daß der Fürst bald die Sula herabkäme, bald, daß er schon am Dniepr sei, daß er Waschiutyn niedergebrannt, dann, daß er alle Menschen in Borys hätte ermorden lassen. Sobald eine Anzahl Reiter oder Fußvolk sich näherte, geriet alles in die größte Angst. Herrn Skrzetuski freuten diese Nachrichten; er dachte, wenn sie auch nicht wahr seien, so hinderten sie doch ein weiteres Ausbreiten des Aufstandes am Dniepr, auf welchem die Hand des Fürsten unmittelbar ruhte.

Gern hätte Herr Skrzetuski noch etwas Genaueres von dem Kosakenführer erfahren, aber es stellte sich heraus, daß derselbe ebensowenig etwas wußte als die anderen und selbst gern Nachrichten von Herrn Skrzetuski eingezogen hätte, und da man alle Kähne und Boote vom jenseitigen Ufer hierher- über gezogen hatte, so konnten auch keine Ueberläufer von dort nach Tschechryn kommen.

Skrzetuski hielt sich deshalb nicht lange in Tschechryn auf. Er ließ sich über den Fluß setzen und eilte nach Roslogi. Die Gewißheit, daß er sich bald selbst überzeugen könne, was mit Helene geschehen, die Hoffnung, daß sie vielleicht gerettet sei oder sich mit der Muhme und den Vettern nach Lubnie ge- flüchtet habe, gaben ihm Gesundheit und Kraft zurück. Er ver- ließ den Wagen, bestieg sein Pferd und trieb ohne Erbarmen seine Tataren zur Eile. Diese glaubten, daß sie als Begleiter eines Gesandten seinem Kommando unterstellt seien und wider- strebten deshalb nicht. Sie flogen dahin, als würden sie ver- folgt, große gelbe Staubwolken zurücklassend. Sie kamen an Dörfern und Gehöften vorüber. Das Land war wüst, die Wohn- sitze verlassen, so daß sie lange niemanden trafen. Jedenfalls versteckten sich die Menschen auch vor ihnen. Hier und da ließ Herr Skrzetuski die Gärten, die Weideplätze, die Felder und Dachräume durchsuchen, aber niemand, keine Seele war zu sehen.

Erst hinter Pohreb erblickte einer der Tataren eine mensch- liche Gestalt, welche bemüht war, sich im Kalmusdickicht zu ver- stecken, das die Ufer des Kahamlik bewuchs.

Die Tataren sprangen nach dem Fluß zu und wenige Minuten später führten sie vor Herrn Skrzetuski zwei vollständig unbekleidete Menschen. Der eine von ihnen war ein Greis, der andere ein schlanker, etwa fünfzehn- bis sechszehnjähriger Jüng- ling. Beiden klapperten die Zähne vor Angst. Lange Zeit konnten sie gar nichts sprechen.

„Woher seid Ihr?" fragte Herr Skrzetuski.

„Wir sind nirgendsher, Herr!" antwortete der Alte. „Wir gehen betteln — mit der Zither, hier, dieser Stumme führt mich."

„Woher kommt Ihr jetzt, aus welchem Dorfe? Sprich dreist, es geschieht Dir nichts."

„Wir sind in allen Dörfern gewesen, bis hier auf dieser Stelle irgend ein Teufel uns vollständig beraubt hat. Wir hatten gute Stiefeln — er nahm sie — gute Mützen — er nahm sie — gute Kleider, von der Barmherzigkeit der Menschen — die nahm er, auch die Zither ließ er uns nicht."

„Ich frage Dich, Narr, aus welchem Dorfe Du kommst?"

„Ich kenne es nicht, Herr — ich bin ein Bettler. Seht, wir sind nackt, in der Nacht frieren wir, am Tage suchen wir milde Herzen, die uns bedecken sollen und nähren, wir sind hungrig."

„Höre, Bauer! erzähle nun, was ich Dich frage, sonst lasse ich Dich hängen."

„Ich weiß nichts, Herr!"

Es war nicht anzunehmen, daß der Bettler wußte, wer oder was derjenige sein könne, der ihn frug, und sich deshalb vorgenommen hatte, nichts zu antworten.

„Warst Du in Roslogi, dort, wo die Fürsten Kurzewitsch wohnen?"

„Ich weiß nicht, Herr!"

„Hängt ihn!" befahl Herr Strzetuski.

„Ich war dort, Herr!" rief der Bettler, als er sah, daß nicht gespaßt wurde.

„Was sahst Du dort?"

„Wir waren dort, fünf Tage mag es her sein, und dann hörten wir in Browarki, daß Lechen dahin gekommen sind."

„Was für welche? Waren es Ritter?"

„Ich weiß nicht, Herr! Einer sagte Lechen, der andere sagte Kosaken!"

„Vorwärts!" befahl Herr Strzetuski den Tataren.

Weiter ging es. Die Sonne ging unter, gerade wie damals, als der Statthalter nach der Begegnung mit Helene und der Fürstin auf dem Wege neben ihnen nach Hause zu ritt. Wieder glänzte der Kahamlik purpurrot, der Tag ging noch stiller, heiterer und wärmer zur Ruhe. Damals freilich ritt Herr Strzetuski hier, die Brust voll Glück und seliger Gefühle; jetzt jagte er dahin wie ein Verdammter, getrieben vom Sturm der Unruhe und böser Ahnungen. Die Stimme der Verzweiflung schrie ihm in die Seele: „Bohun hat sie geraubt, du siehst sie nie wieder!" und die Stimme der Hoffnung schmeichelte: „es war der Fürst, sie ist gerettet!" Und diese Stimmen beunruhigten ihn derartig, daß ihm das Herz zu springen drohte. Unaufhörlich jagten sie weiter. Eine Stunde verfloß, noch eine. Der Mond war aufgegangen, hatte sich zu seiner vollen Höhe erhoben, wurde immer blasser. Die Pferde waren schaumbedeckt und schnauften schwer. Sie erreichten den Wald; jetzt lag er hinter ihnen. Nun ritten sie in die Schlucht. Gleich dahinter lag Roslogi. Noch ein Augenblick und das Los ist gefallen. Der Wind pfeift dem Ritter um die Ohren von der Eile, die Mütze ist ihm vom Kopse gefallen, das Pferd stöhnt unter ihm, als sollte es stürzen. Noch ein Augenblick, ein Sprung, die Schlucht öffnet sich. Endlich!

Ein fürchterlicher, unnatürlicher Schrei entreißt sich der Brust des Statthalters. Das Wohnhaus, die Ställe, die Scheunen, ringsum der Kirschengarten — alles ist verschwunden. Der blasse Mond beschien die Anhöhe und auf ihr einen Haufen verkohlter Reste, die schon zu rauchen aufgehört hatten.

Kein Laut unterbrach das Schweigen.

Herr Skrzetuski stand vor dem Graben. Mit erhobenen Händen starrte er vor sich hin und schüttelte traurig das Haupt. Die Tataren hielten die Pferde an. Er stieg ab, suchte die Reste der abgebrannten Brücke zu finden und überschritt auf einem übrig gebliebenen Querbalken den Graben. Drüben setzte er sich auf einen mitten im Hofe liegenden großen Stein. Er sah um sich, wie ein Mensch, welcher das erste Mal an einen Ort gekommen, sich bemüht, die Umgebung kennen zu lernen. Das Bewußtsein hatte ihn verlassen; er gab keinen Ton von sich. Den Kopf mit den Händen auf die Kniee gestützt, saß er so unbeweglich dort, als ob er eingeschlafen wäre. Und wenn er nicht schlief, so war es Erstarrung, die ihn überkommen hatte, und das, was ihm durch den Kopf ging, waren keine Gedanken, sondern unklare Bilder. Er sah zuerst Helene, so, wie er sie beim Abschied vor der letzten Reise gesehen, nur ihr Gesicht war wie von einem dichten Nebel überzogen. Seine Bemühungen, sie von diesem Nebel zu befreien, mißlangen, er mußte mit schwerem Herzen abreisen. Dann zog schnell der Marktplatz in Tschechrhn vor seinem Geiste vorüber, der alte Sazwilichowski, das freche Gesicht Saglobas — dieses letztere wollte hartnäckig gar nicht weichen, bis das düstere Antlitz Grodschizkis es verdrängte. Dann sah er Kudak, die Porogen, den Kampf auf Chortyza, die Sitsch, die ganze Reise mit ihren schrecklichen Erlebnissen bis zu dieser Stunde. Weiterhin gab es nur Finsternis. Was jetzt mit ihm geschah, vermochte er nicht mehr zu unterscheiden; er hatte nur das undeutliche Gefühl, daß er zu Helene nach Roslogi gehe und ermüdet von der Reise hier auf diesen Trümmern Rast hielt. Er wollte gern aufstehen, um den Weg fortzusetzen, aber eine ungeheure

Schwäche hielt ihn an die Stelle gefesselt, als ob er Zentner-
gewichte an den Füßen hätte.

So saß er und saß. Die Nacht verfloß. Die Tataren
machten sich ein Nachtlager zurecht, sie zündeten ein Feuer an,
brieten ein Stück Pferdefleisch und legten sich gesättigt dann
auf die Erde, um zu schlafen. Sie hatten wohl kaum eine
Stunde geruht, als sie erschrocken auf die Füße sprangen. Von
ferne hörte man Geräusch, als ob eine große Anzahl Reiter
sich im Eilmarsch nähere.

Die Tataren steckten schnell ein weißes Tuch auf eine hohe
Stange und pflanzten diese bei dem eiligst neu angefachten Feuer
auf, so, daß schon von weitem zu erkennen sein mußte, daß hier
Friedensboten lagerten.

Immer näher kam das Pferdegetrappel, das Säbelklirren,
bald zeigte sich auf dem Wege eine Fahne Reiter, welche sogleich
die Tataren umzingelten.

Eine kurze Unterredung begann. Die Tataren wiesen auf
die auf der Anhöhe sitzende Gestalt, welche deutlich im Lichte
des Mondes zu erkennen war, und erklärten, daß sie die Begleitung eines Gesandten seien. Wohin und zu wem er wolle,
würde er ihnen selbst am besten sagen können.

Hierauf begab sich der Anführer der Abteilung mit einigen
Genossen auf die Anhöhe. Kaum jedoch hatte er sich der dort
sitzenden Gestalt genähert und einen Blick auf sie geworfen, so
breitete er die Arme aus und rief:

„Skrzetuski! Beim lebendigen Gott, das ist Skrzetuski!"
Der Statthalter regte sich nicht.

„Herr Statthalter! Kennt Ihr mich nicht? Ich bin Bychowiez. Was fehlt Euch?"

Skrzetuski schwieg.

„Wacht doch auf, um Gotteswillen! Hallo, Gefährten,
kommt doch herbei!"

Es war wirklich Herr Bychowiez, welcher die Avantgarde
der ganzen Heeresmacht des Fürsten Jarema führte. Unterdes
waren noch andere Schwadronen hinzugekommen. Die Nachricht von der Auffindung Skrzetuskis durchlief blitzschnell alle
Fahnen. Alle eilten herbei, den lieben Waffenbruder zu begrüßen. Der kleine Wolodyjowski, zwei Brüder Sleschyn, Dschick,
Orpischewski, Migurski, Jakubowitsch, Lenz, Herr Longinus Podbipienta und eine Menge anderer Offiziere wetteiferten, zuerst
auf die Anhöhe zu kommen. Aber umsonst war ihr Reden,
ihr Rufen, umsonst zogen sie ihn an den Armen und bemühten

sie sich, ihn aufzurichten. Herr Skrzetuski blickte mit weitgeöffneten Augen vor sich hin — er erkannte niemanden. Oder
doch, vielleicht kannte er sie alle, aber sie waren ihm alle entsetzlich gleichgültig geworden. Jetzt erst erinnerten sich diejenigen,
welche um seine Liebe zu Helene wußten, an welchem Orte sie
sich befanden, und blickten auf die schwarzen Trümmer und die
grauen Aschenhaufen um sie herum. Jetzt erst verstanden sie alles.

„Der Schmerz hat ihm die Besinnung geraubt!" flüsterte einer.

„Die Verzweiflung seinen Verstand verwirrt."

„Führt ihn zum Fürsten. Vielleicht bringt ihn dessen Anblick zur Vernunft."

Herr Longinus rang die Hände. Alle bildeten einen Kreis
um den Statthalter und betrachteten ihn mitleidig. Einige
wischten sich mit den Aermeln Thränen aus den Augen, andere
seufzten schwer. Auf einmal durchbrach ihren Kreis eine hoheits-
volle Gestalt; sie schritt langsam auf den Statthalter zu und legte
ihm beide Hände auf den Kopf.

Es war der Probst Muchowiezki.

Alle verstummten und knieten nieder wie in Erwartung
eines Wunders, aber der Geistliche that kein Wunder. Er hielt
nur mit den Händen das Haupt Skrzetuskis, richtete die Augen
empor zum mondbeglänzten Himmel und fing an laut zu beten:

„Vater unser, der du bist im Himmel! Geheiliget werde
dein Name, zu uns komme dein Reich, dein Wille geschehe . . ."

Hier hielt er inne und wiederholte dann lauter und feier-
licher: „. . . Dein Wille geschehe! . . ."

Tiefes Schweigen herrschte ringsum.

„. . . Dein Wille geschehe! . . ." wiederholte der Geistliche zum drittenmale noch eindringlicher.

Und nun entwanden sich den Lippen Skrzetuskis unendlich
schmerzvoll, doch resigniert, die Worte:

„Wie im Himmel, also auch auf Erden!"

Und der Ritter fiel laut schluchzend zu Boden.

Ende des ersten Buches.

Zweites Buch.

1. Kapitel.

Um deutlicher zu schildern, was in Roslogi vorging, müssen wir ein wenig zurückgehen bis zu jener Nacht, in welcher Skrzetuski Rzendzian aus Kudak mit Briefen an die alte Prinzessin schickte. Dieses Schreiben enthielt die dringende Bitte, die Prinzessin möchte mit Helene so schnell als möglich nach Lubnie reisen, um sich in den Schutz des Fürsten Jeremias zu stellen, da der Krieg jeden Augenblick beginnen könne. Rzendzian bestieg das Boot, welches Grodschizki von Kudak aus sandte, um Pulver zu holen, und machte sich auf den Weg; die Reise ging langsam, denn man fuhr gegen den Strom. Bei Krementschut stießen sie auf die Heere, welche unter der Führung Krschetschowskis und Barabasch' standen und von dem Hetman dem Chmielnizki entgegengeschickt worden waren. Rzendzian sprach mit Barabasch und erzählte ihm gleich, welche Gefahren seinem Herrn Skrzetuski von der Reise nach der Sitsch drohten. Er bat daher den alten Hauptmann, er möchte, wenn er mit Chmielnizki zusammenträfe, nicht versäumen, dringend die Herausgabe des Gesandten zu fordern. Dann reiste er weiter.

Nach Tschechryn kamen sie beim Morgengrauen. Hier wurden sie bald von den Wachtposten umringt, welche fragten, wer sie wären; sie antworteten, sie kämen aus Kudak und hätten Briefe von Herrn Grodschizki an die Hetmane. Trotzdem rief man den Aeltesten und Rzendzian aus dem Boote heran, damit sie sich vor dem Hauptmann verantworteten.

„Vor welchem Hauptmann?" fragte der Aelteste.

„Vor Herrn Loboda," antworteten die Esauls von den Posten, „welchem der Großhetman befohlen hat, alle von der Sitsch nach Tschechryn Kommenden anzuhalten und auszuforschen."

Sie gingen. Rzendzian schritt kühn einher, denn er erwartete nichts Böses, da er sah, daß die Macht des Hetmans schon bis hierher reiche. Man führte sie unweit des Glockengäßchens in das Haus des Herrn Selenski, wo das Quartier des Hauptmanns Loboda war. Aber hier wurde ihnen gesagt, daß der Hauptmann in aller Frühe nach Tscherkessien geritten sei und daß der Oberstleutnant ihn vertrete. Sie warteten also ziemlich lange, bis sich die Thür öffnete und der erwartete Oberstleutnant im Zimmer erschien.

Bei seinem Anblick fuhr Rzendzian zusammen.

Es war Bohun.

Die Macht des Hetmans erstreckte sich zwar noch über Tschechryn, aber weil Loboda und Bohun bisher noch nicht zu Chmielnizki übergegangen waren, vielmehr offenkundig der Republik anhingen, hatte der Großhetman gerade sie in Tschechryn stationiert und ihnen die Wache anbefohlen.

Bohun nahm an dem Tische Platz und begann die Ankömmlinge auszuforschen.

Der Aelteste, welcher die Briefe Grodschizkis mit sich führte, sprach für sich und Rzendzian. Nachdem der junge Oberstleutnant die Briefe betrachtet hatte, begann er sorgfältig auszufragen, was in Kudak vorgehe. Er hatte offenbar große Lust, zu erfahren, wozu Grodschizki an den Großhetman Menschen und Boote sende. Aber der Aelteste konnte ihm darauf keine Antwort geben, und die Briefe waren mit dem Siegel des Herrn Grodschizki geschlossen. Bohun hatte sie ausgeforscht und wollte sie eben fortschicken und in die Tasche greifen, um ihnen ein Trinkgeld zu geben, als sich die Thür öffnete und Herr Sagloba stürmisch ins Zimmer stürzte.

„Höre, Bohun," rief er, „der Verräter Dopula hat den besten Doppelten verheimlicht; ich gehe mit ihm in den Keller — und sehe: Heu über Heu in dem Winkel. Was ist das? frage ich trocken. Heu, sagte er! Ich schaue näher zu; ei, sieh, da blickt ein Flaschenhals heraus, wie der Tatar aus dem Steppengrase. O, so bist Du, mein Söhnchen, sage ich, teilen wir uns die Arbeit, Du frißt das Heu, denn Du bist ein Ochs, und ich werde den Met trinken, denn ich bin ein Mensch. Da habe ich ein Fläschchen mitgebracht zur Probe, gieb nur die Becher her."

Bei diesen Worten stemmte Sagloba die eine Hand in die Seite, mit der anderen hob er die Flasche über den Kopf und begann zu singen:

> „Ei, Hedchen, ei, Gretchen, ei, gebt nur die Becher,
> Und gebt auch ein Mäulchen dem lustigen Zecher."

Plötzlich hielt Sagloba inne — er hatte Rzendzian erblickt —, stellte die Flasche auf den Tisch und sagte:

„Ei, bei Gott, das ist ja der Bursche des Herrn Skrzetuski."

„Wessen?" fragte Bohun hastig.

„Des Herrn Skrzetuski, des Statthalters, der nach Kudak gereist ist und mich hier vor seiner Abreise mit so vortrefflichem Met aus Lubnie bewirtet hat, daß sich die anderen alle verstecken können. Was geht denn mit Deinem Herrn vor, was macht er, ist er wohl?"

„Er ist wohl und läßt Euch grüßen," sagte Rzendzian verwirrt.

„O, das ist ein prächtiger Kavalier. Und Du, wie bist Du nach Tschechryn gekommen? Warum hat Dich der Herr aus Kudak fortgeschickt?"

„Der Herr hat seine Geschäfte in Lubnie, derentwegen er mir zurückzukehren befahl. Ich hatte in Kudak nichts zu thun."

Die ganze Zeit hindurch beobachtete Bohun Rzendzian scharf, plötzlich sagte er:

„Auch ich kenne Deinen Herrn, ich habe ihn in Roslogi gesehen."

Rzendzian wendete den Kopf und spitzte die Ohren, als ob er nicht deutlich gehört hätte, und fragte:

„Wo?"

„In Roslogi."

„Das den Kurzewitsch' gehört," sagte Sagloba.

„Wem?" fragte Rzendzian wiederum.

„Ich sehe, Du bist ein wenig schwerhörig," bemerkte Bohun trocken.

„Weil ich nicht ausgeschlafen habe."

„So wirst Du Dich ausschlafen. Du sagst also, Dein Herr hat Dich nach Lubnie geschickt?"

„Nun ja."

„Gewiß hat er dort etwas Liebes," warf Sagloba ein, „dem er durch Dich seine Liebkosungen schickt."

„Was weiß ich, werter Herr, vielleicht, vielleicht auch nicht," sagte Rzendzian.

Dann verneigte er sich vor Bohun und Sagloba.

„Gelobt sei Jesus Christus," sagte er, indem er sich zum Gehen wandte.

„In Ewigkeit!" antwortete Bohun. „Warte nur, mein Jungchen, eile nicht, warum hast Du vor mir verheimlicht, daß Du das Bürschchen des Herrn Strzetuski bist?"

„Weil Sie mich, werter Herr, nichts gefragt haben, und ich nicht unnütz rede? Gelobt sei . . ."

„Warte, sage ich, Du hast Briefe von Deinem Herrn?"

„Des Herrn Sache ist, sie zu schreiben, und meine, als des Dieners, sie abzugeben, aber nur dem, an den sie gerichtet sind; darum sei mir gestattet, den Herren Lebewohl zu sagen."

Bohun zog seine dichten Augenbrauen zusammen und klatschte in die Hände. Sofort stürzten zwei Leute ins Zimmer.

„Durchsucht ihn," schrie er, auf Rzendzian hinweisend.

„Beim lebendigen Gott, Gewalt!" schrie Rzendzian. — Auch ich bin ein Edelmann, wenn ich auch diene, und Ihr werdet diese That vor Gericht verantworten."

„Bohun, laß ihn," warf Herr Sagloba ein.

Aber inzwischen hatte schon einer der Leute in Rzendzians Brustlatz zwei Briefe gefunden und reichte sie dem Oberstleutnant. Bohun befahl den Leuten sogleich, sich zu entfernen, denn er konnte nicht lesen und wollte ihnen das nicht verraten, dann wandte er sich an Sagloba und sagte:

„Lies, ich werde auf den Burschen aufpassen."

Sagloba kniff das linke Auge, auf dem er ein Fleckchen hatte, zu, und las die Adresse:

„Meiner wertesten Frau und Gebieterin, Ihrer Durchlaucht der Fürstin Kurzewitsch in Roslogi."

„So reisest Du, Blaufüßchen, nach Lubnie und weißt nicht, wo Roslogi ist?" sagte Bohun und sah Rzendzian mit einem drohenden Blicke an.

„Ich reise, wohin mir befohlen ward," erwiderte der Bursche.

„Soll ich öffnen? Ein adeliges Siegel ist heilig," be- merkte Sagloba.

„Der Großhetman hat mir das Recht gegeben, alle Briefe hier zu revidieren. Oeffne und lies."

Sagloba öffnete und las:

„Meine gnädigste Frau u. s. w. Ich teile Euch mit, daß ich schon in Kudak bin, von wo ich mit Gottes Hilfe glück- lich heute morgen nach der Sitsch reisen werde, und jetzt in der Nacht schreibe ich, schlaflos vor Sorgen, daß Euch nicht irgend ein Unheil treffe von dem Schurken Bohun und seinen Kumpanen. Da mir hier auch Herr Christoph Grodschizki gesagt hat, daß wohl bald ein großer Krieg ausbrechen werde, bei dem sich auch das ganze Landvolk erheben wird, so beschwöre ich Euch und flehe Euch an, sofort, wenn auch die Steppe noch nicht trocken ist und wenn es auch zu Pferde geschehen müßte, mit der jungen Prinzessin nach Lubnie zu reisen und dies ja nicht zu verzögern, da ich zu rechter Zeit nicht zurückkehren kann. Diese Bitte wollen Durchlaucht erfüllen, damit ich sicher auf die mir zugesagte Glückseligkeit rechnen, und nach meiner Rückkehr glücklich sein kann. Und wozu sollten Euer Gnaden mit Bohun zögern und ihm, da Ihr mir das Mädchen versprochen habt, aus Angst Sand in die Augen streuen; besser, sie sub tutelam des Fürsten, meines Herrn, bringen, welcher nicht zögern wird, das Präsidium nach Roslogi zu senden, und so werdet Ihr auch Euren Besitz retten. Womit ich die Ehre habe u. s. w."

"Hm, Herr Bohun," sagte Sagloba, "der Ritter will Euch Hörner aufsetzen. So habt Ihr bei demselben Mädchen Süßholz geraspelt? Warum hast Du mir davon gar nichts gesagt? Aber tröste Dich, auch mir ist es vorgekommen . . ."

Sagloba brachte seine Anekdote nicht zu Ende; das Wort erstarb plötzlich auf seinen Lippen. Bohun saß unbeweglich am Tische, aber sein Gesicht war wie von einem Krampf zusammengezogen, blaß, die Augen geschlossen, die Brauen gerunzelt: es ging etwas Entsetzliches in ihm vor.

"Was ist Dir?" fragte Sagloba.

Der Kosak fuchtelte fieberhaft mit der Hand umher, und aus seinem Munde kam ein leiser, heiserer Ton:

"Lies! Lies den anderen Brief."

"Der andere ist an das Fräulein Helene."

"Lies! Lies!"

Sagloba begann:

"Süßeste, geliebteste Helenka,*) meines Herzens Gebieterin und Königin! Da ich im Dienste des Fürsten noch eine geraume Zeit hier bleiben muß, schreibe ich an Deine Muhme, daß Ihr bald nach Lubnie fahren möget, wo Deiner Unschuld von Bohun keine Gefahr drohen und unserer Liebe nichts widerfahren kann . . ."

"Genug," schrie Bohun. Plötzlich sprang er wie ein Wahnsinniger vom Tische auf und stürzte sich auf Rzendzian: die Axt in seiner Hand schwirrte durch die Luft, der unglückselige Bursche stöhnte, von ihrem Schlage in die Brust getroffen, und stürzte

*) Helenka = Kosename von Helene.

14*

zu Boden. Bohun war von Raſerei ergriffen. Er ſtürzte ſich auf Sagloba und entriß ihm die Briefe.

Sagloba ergriff die Metflaſche, zog ſich an den Ofen zurück und rief:

„Im Namen des Vaters, des Sohnes und des heiligen Geiſtes! Menſch, biſt Du wahnſinnig, biſt Du raſend? Beruhige Dich, mäßige Dich doch, ſtecke doch den Kopf in einen Eimer, zu tauſend Teufeln — hörſt Du mich nicht?!“

„Blut, Blut,“ heulte Bohun.

„Haſt Du den Verſtand verloren? Stecke doch den Kopf in den Eimer, ſage ich Dir, Du haſt ja ſchon Blut, Du haſt es vergoſſen, unſchuldig vergoſſen, dieſer unglückſelige Knabe atmet ja nicht mehr. Der Teufel hat Dich beſeſſen — oder Du biſt vollends ſelbſt der Teufel, komme doch zu Dir, wo nicht, ſo hol’ Dich der Henker, Heidenſohn!“

So ſchrie Sagloba und ſchlich von dem anderen Ende des Tiſches auf Rzendzian zu, neigte ſich über ihn, betaſtete ihn an der Bruſt und legte ihm die Hand an den Mund, aus dem das Blut reichlich ſtrömte.

Bohun hatte ſich inzwiſchen an ſeinen Kopf gefaßt und winſelte wie ein verwundeter Wolf, dann fiel er auf die Bank hin und hörte nicht auf zu winſeln, denn ihm war das Herz vor Wut und Schmerz zerriſſen. Plötzlich ſprang er auf, eilte zur Thür, ſtieß ſie mit dem Fuße auf und ſtürzte in den Flur.

„So gehe ins Verderben,“ murmelte Sagloba vor ſich hin. „Gehe hin und zerſchelle Deinen Kopf an einem Stall oder an einer Scheune, wenn Du auch wie ein Rindvieh mit den Hörnern ſtoßen kannſt. Das nenne ich raſende Wut! So etwas habe ich im Leben noch nicht geſehen. Er klapperte mit den Zähnen wie ein verliebter Hund. Aber der arme Burſche lebt noch. Wahrhaftig, wenn ihm dieſer Met nicht hilft, ſo muß er wohl gelogen haben, daß er von Adel ſei.“

Sagloba lehnte Rzendzians Kopf an ſeine Kniee und träufelte ihm langſam den Doppelten in die blau angelaufenen Lippen.

„Wir wollen ſehen, ob Du edles Blut in Dir haſt.“ ſprach er weiter zu dem Ohnmächtigen: „Denn jüdiſches Blut kocht, wenn man Met oder Wein darauf gießt; Bauernblut, das träge, ſchwere, ſinkt auf den Boden; nur abliges wird vom Weine angeregt und giebt dann eine vortreffliche Flüſſigkeit, die dem Körper Mut und Schwung verleiht. Jeſus Chriſtus hat den verſchiedenen Raſſen verſchiedene Getränke gegeben, damit eine jede ihren Troſt habe . . .“

Rzendzian stöhnte schwach.

„Aha, Du willst mehr! Nein, Brüderchen, gestatte auch mir einen Schluck ... ah, so. Und jetzt, da Du schon Lebens= zeichen von Dir gegeben hast, werde ich Dich in den Stall bringen und in einen Winkel legen, damit Dich dieser Kosakendrache nicht ganz zerreiße, wenn er zurückkommt. Das ist ein gefähr= licher Freund — hol' ihn der Teufel. Ich sehe, seine Hand ist schneller als sein Verstand."

Sagloba hob Rzendzian vom Boden mit einer Leichtigkeit auf, die seine ungeheuere Kraft kennzeichnete, und ging in den Flur hinaus, dann auf den Hof, wo zahlreiche Soldaten auf einem auf den Boden gebreiteten Tuche Würfel spielten. Da sie ihn sahen, begrüßten sie ihn, er aber sagte:

„Jungen, nehmt mir diesen Burschen und legt ihn aufs Heu. Einer renne mir nach dem Feldscher."

Der Befehl wurde sofort vollzogen, denn Sagloba genoß als Bohuns Freund große Achtung bei den Kosaken.

„Und wo ist der Hauptmann?" fragte er.

„Er hat sich ein Pferd geben lassen und ist ins Regiments= quartier geritten, er hat uns auch befohlen, uns bereit zu halten und die Pferde zu satteln."

„Ist meines auch bereit?"

„Ja."

„Giebs her. Ich finde also den Hauptmann bei dem Regiment?"

„Da kommt er schon."

In dem gewölbten, dunklen Thor des Hauses sah man auch schon Bohun. Er kam vom Markte heraufgeritten, hinter ihm erblickte man in der Ferne die Speere von hundert und mehr Kosaken, die offenbar marschbereit waren.

„Aufs Pferd!" schrie Bohun über den Hof den zurück= gebliebenen Mannschaften zu.

Alles setzte sich schleunig in Bewegung. Sagloba trat aus dem Thore heraus und folgte dem jungen Bandenführer auf= merksam mit den Blicken.

„Du reitest fort?" fragte er ihn.

„So ists."

„Und wohin führt Dich der Teufel?"

„Zur Hochzeit."

Sagloba trat näher an ihn heran.

„Um Gotteswillen, mein Sohn! Der Hetman hat Dir be= fohlen, die Stadt zu bewachen, und Du reitest fort, Du selbst,

und nimmst noch die Mannschaften mit. Du brichst seinen Be=
fehl. Hier wartet die Menge nur auf den geeigneten Augen=
blick, um den Adel zu überfallen — Du richtest die Stadt zu
Grunde, und setzest Dich dem Zorne des Hetmans aus."

„Mögen sie zu Grunde gehen, Stadt und Hetman."

„Es handelt sich um Deinen Kopf."

„Mag er zu Grunde gehen, mein Kopf."

Sagloba sah ein, daß alles Reden vergeblich war; er hatte
sich in den Kopf gesetzt, und ob er sich und andere zu Grunde
richtete, er blieb bei seinem Entschlusse. Sagloba vermutete
wohl auch, wohin er gehen wollte, aber er wußte selbst nicht,
was er beginnen sollte: mit Bohun reiten oder hier bleiben.
Mitreiten war gefährlich; es bedeutete Abenteuer und Lebens=
gefahr in kriegerischen, rauhen Zeiten. Aber hier bleiben? Das
Volk wartete in der That nur auf eine Nachricht aus der Sitsch,
auf den Augenblick, wo die Losung zur Metzelei gegeben werden
sollte, ja vielleicht hätte es gar nicht mehr gewartet, wären nicht
die tausend Mann Bohuns und sein großer Einfluß in der Ukraine
gewesen. Zwar konnte Sagloba auch in dem Lager des Hetmans
Schutz suchen, aber er hatte seine Gründe, dies nicht zu thun.
Ob es eine Verurteilung für irgend einen Mord oder auch ein
Fehlerchen in seinen Büchern war, das wußte nur er, genug,
er wollte ihnen nicht vor die Augen kommen. Es that ihm leid,
Tschechryn zu verlassen, hier fühlte er sich wohl, hier fragte man
ihn um nichts, hier hatte er sich schon so mit allen eingelebt,
mit dem Adel, mit den Oekonomen, den Starosten, mit den Kosaken=
ältesten; die Aeltesten waren zwar jetzt nach allen Seiten fort=
gezogen, der Adel saß ruhig in seinem Winkel, aus Furcht vor
dem Sturm, aber Bohun war ein ausbündiger Kumpan, ein
Trinker aller Trinker. Sagloba und Bohun hatten sich beim
Glase kennen gelernt und gleich Brüderschaft geschlossen. Von
da ab sah man nie einen ohne den andern. Der Kosak warf
für Zwei mit Goldstücken um sich, der Edelmann log, und beide
befanden sich als unruhige Geister wohl mit einander.

Als er sich nun jetzt zu entscheiden hatte, ob er in Tschechryn
bleiben und sich der Menge ans Messer liefern oder ob er mit
Bohun ausrücken sollte, entschloß sich Sagloba zu letzterem.

„Wenn Du so verzweifelt bist," sagte er, „so will ich mit
Dir reiten, vielleicht kann ich Dir nützen, oder Dir in die
Hände fallen, wenns nötig sein wird. Wir passen schon so zu
einander, wie der Strick zur Schlinge, aber das hätte ich nicht
erwartet."

Bohun antwortete nichts. Eine halbe Stunde später standen zwölfhundert Mann in Marschordnung. Bohun ritt an ihrer Spitze und mit ihm Sagloba. Sie rückten aus. Die Bauern, welche hie und da zu Haufen auf dem Markte standen, blickten ihnen furchtsam nach und flüsterten mit einander. Sie rieten hin und her, wohin sie wohl reiten sollten, ob sie bald wieder= kämen oder nicht.

Bohun ritt schweigsam, verschlossen, geheimnisvoll, düster, wie die Nacht. Die Mannschaften fragten nicht, wohin er sie führe; mit ihm waren sie bereit, bis ans Ende der Welt zu gehen.

Nachdem sie den Dniepr überschritten hatten, kamen sie auf die Heerstraße von Lubnie. Die Pferde gingen im Trabe und warfen Staubwolken auf, aber da der Tag schwül und trocken war, so standen sie bald in Schweiß. Sie verlangsamten ihren Lauf und zogen sich wie ein langes, ununterbrochenes Band über die Heerstraße hin. Bohun ritt an der Spitze, Sagloba neben ihm, um ein Gespräch zu beginnen.

Das Gesicht des jungen Ritters war ruhiger, aber ein töt= licher Schmerz lag offenbar in seinen Zügen. Man konnte meinen, die Ferne, in welcher der Blick sich nach Norden hin hinter den Kahamlik verlor, der Trab des Pferdes und die Steppen= luft hätten in ihm den inneren Sturm zur Ruhe gebracht, der durch Rzendzians Briefe in ihm geweckt worden war.

„Es fällt Feuer vom Himmel," sagte Herr Sagloba. „Das Stroh in den Stiefeln glüht, auch in dem Leinenkittel ist es zu heiß, denn es geht kein Lüftchen. Bohun, höre doch, Bohun."

Der Kosakenführer sah ihn mit seinen tiefen, schwarzen Augen an, als wäre er aus dem Schlafe geweckt worden.

„Hüte Dich nur, Söhnchen," sagte Sagloba, „daß Dich die Melancholie nicht verzehrt, denn sie kann, wenn sie von der Leber, wo ihr eigentlicher Sitz ist, nach dem Kopfe steigt, wohl den Verstand verwirren. Ich wußte gar nicht, daß Du ein so verliebtes Herrchen bist. Du bist gewiß im Mai geboren, und das ist der Monat der Venus, in welcher die Luft so von Sehn= sucht geschwängert ist, daß selbst ein Span zum anderen Liebe empfindet; die Menschen, die in diesem Monat geboren sind, haben mehr als andere die Sehnsucht nach den Weibsbildern in den Knochen. Aber der gewinnt, der sich zähmen kann, darum rate ich Dir: gieb lieber nach; Du kannst ja recht haben in Deiner Wut gegen die Kurzewitsch', aber, giebts denn nur ein Mädchen in der Welt?"

Bohun antwortete — nicht, als ob er zu Sagloba spräche,

sondern zu seinem eigenen Schmerze, mit einer Stimme, die mehr einem Jammern als der Rede ähnlich war:

„Nur dieses Täubchen allein, nur diese eine ist für mich auf der Welt!"

„Wenn es aber so wäre, wenn sie nun einen andern angirrt, was hast Du davon? Mit Recht sagen die Leute, das Herz ist ein Volontär, der unter der Fahne dient, unter der es ihm beliebt. Bedenke doch auch, das Mädchen stammt aus edlem Geschlecht, denn die Kurzewitsch' stammen, wie ich höre, von Fürsten ab. Zu hoch für Dich!"

„Zum Teufel Eure Abstammung, Euer Pergament," — hier schlug Bohun mit aller Kraft an den Griff seines Schwertes: „Das ist mein Freiwerber und Brautführer! O, Ihr Verräter! Verfluchtes Feindesblut! Taugte Euch der Kosak? War er Euer Freund und Bruder, wenn es in die Krim ging, wenn es hieß, türkisches Gut nehmen, Beute teilen? Ei, da thaten sie schön, nannten mich Söhnchen, versprachen mir das Mädchen — und jetzt? Kommt so ein Edelmann, so ein verzärtelter Lechenbube, und gleich läßt man den Kosaken, den Freund und Bruder, gehen, — das Herz haben sie mir aus dem Leibe gerissen, die Seele gemartert; einem andern das Mädchen, und Du, Kosak, knirsche mit den Zähnen, dulde! . . . ."

Seine Stimme bebte; er biß die Zähne zusammen und schlug mit der Faust gegen die breite Brust, „daß sie dröhnte."

Dann trat Schweigen ein. Bohun atmete schwer; Schmerz und Wut tobten abwechselnd in der verwilderten Seele des Kosaken, die kein Maß kannte. Sagloba wartete, bis er müde sein und sich beruhigen würde.

„Was also denkst Du zu thun, unglückseliger Held, wie willst Du handeln?"

„Wie ein Kosak, auf Kosakenart!"

„Hm, ich sehe schon, was kommen wird, aber mag es denn kommen, eins nur will ich Dir sagen, daß wir in Wischnio= wiezkis Reiche sind und Lubnie nicht weit ist. Skrzetuski hat der Fürstin geschrieben, mit dem Mädchen dort Schutz zu suchen, das heißt, sie sind unter der Obhut des Fürsten, und der Fürst ist ein furchtbarer Leu . . ."

„Auch der Chan ist ein Leu, und ich bin ihm in den Rachen gerannt und habe ihm mit Fackeln in die Augen geleuchtet."

„Was, Wahnsinniger, willst Du dem Fürsten den Krieg erklären?"

„Chmiel*) hat sich auch an die Hetmane gewagt. Was ist mir Euer Fürst?"

Sagloba wurde immer unruhiger.

„Pfui, zum Teufel! Das ist ja die reine Rebellion vis armata raptus puellae i rebelia — das bedeutet soviel wie Henker, Galgen und Strick. Schönes Kleeblatt! Kommst Du nicht weit damit, so kommst Du hoch. Die Kurzewitsch' werden sich auch verteidigen."

„Nun? Mein Tod oder ihrer. Sieh, meine Seele hätte ich für sie hingegeben, für diese Kurzewitsch'. Sie waren mir Brüder, und die alte Fürstin war mir wie eine Mutter, der ich in die Augen sah wie ein Hündchen! Und als der Tatar den Wassili fing, wer ging in die Krim, ihn zu befreien? — Ich. Geliebt habe ich sie, gedient habe ich ihnen wie ein Knecht, weil ich glaubte, mir dieses Mädchen zu erdienen. Und sie haben mich dafür verraten, wie einen Knecht verraten in Jammer und Elend ... fortgejagt haben sie mich — nun, ich will gehen, aber vorher will ich Abschied nehmen; für das Salz und Brot, das ich bei ihnen aß, will ich auf Kosakenart heimzahlen — und dann gehen, denn ich kenne meinen Weg."

„Wohin wirst Du gehen, wenn Du mit dem Fürsten an- fängst? In Chmiels Lager?"

„Wenn Sie mir dieses Mädchen gäben, wäre ich Euer lechischer Bruder, Euer Freund, Euer Degen, Eure geschworene Seele, Euer Hund. Und ich nähme meine Mannschaft, riefe die andern aus der Ukraine zusammen, und dann zöge ich gegen Chmiel und gegen die leiblichen Brüder aus Saporogien. Und wollte ich eine Belohnung dafür? — Nein! Das Mädchen nähme ich und zöge jenseits des Dniepr in Gottes freie Steppe hinaus, in die wilden Lugen und die stillen Gewässer — und ich hätte genug — und jetzt ..."

„Und jetzt bist Du rasend."

Bohun erwiderte nichts, schlug das Pferd mit der Peitsche und ritt voraus; Sagloba begann darüber nachzudenken, in welche Nöte er gekommen sei. Kein Zweifel, Bohun hatte die Absicht, die Kurzewitsch' zu überfallen, das ihm angethane Unrecht zu rächen, das Mädchen mit Gewalt fortzuführen, und bei diesem Unternehmen hätte ihm Sagloba noch Gesellschaft geleistet. In der Ukraine waren solche Dinge nicht selten und gingen häufig straflos vorüber; zwar, wenn der Gewaltthäter kein Edelmann

---

*) Chmiel = Chmielnizki.

war, war die Sache verwickelter und wurde gefährlicher, aber andererseits war die Vollstreckung der Gerechtigkeit an einem Kosaken schwer, denn wo sollte man ihn suchen und einfangen? Nach der That floh er in die wilden Steppen, wo keines Menschen Hand hinreichte — und er war verschwunden — nur wenn ein Krieg ausbrach, wenn die Tataren das Land durchzogen, dann kam der Verbrecher wieder ans Licht, dann, dann feierten die Gerichte. So konnte sich auch Bohun der Verantwortung entziehen, und Sagloba brauchte ihm ja nicht mit der That zu helfen und die Hälfte der Schuld auf sich zu nehmen. Er hätte das ja auch in keinem Falle gethan, denn war auch Bohun sein Freund, so ziemte es doch Sagloba als einem Edelmanne nicht, mit einem Kosaken gemeinsame Sache zu machen gegen einen Edelmann, besonders, da er Strzetuski kannte und mit ihm getrunken hatte. Sagloba war wohl ein händelsüchtiger Mensch, aber seine Händelsucht hatte gewisse Grenzen. In den Schenken von Tschechryn mit Bohun und den anderen Kosakenältesten herumzulungern, besonders, wenn es ihr Geld kostete — ei, das that er schon; angesichts der Kosakendrohungen war es sogar gut, solche Menschen zu Freunden zu haben. Sagloba hütete sein eigenes Fell wohl, wenn es auch hier und da ein wenig schadhaft war, — aber plötzlich bemerkte er, daß ihn diese Freundschaft aufs Glatteis geführt hatte. Es war klar, wenn Bohun das Mädchen, die Verlobte eines Leutnants und des Lieblings des Fürsten, entführte, so würde er es mit dem Fürsten zu thun haben, und dann würde ihm nichts übrig bleiben, als zu Chmielnizki zu entfliehen und sich der Empörung anzuschließen. Dagegen legte Sagloba in seinen Gedanken, was seine Person betraf, ein entschiedenes Veto ein, denn sich für die schönen Augen Bohuns der Empörung anzuschließen, fiel ihm gar nicht ein, und überdies fürchtete er den Fürsten wie das Feuer.

„Pfui, pfui,“ brummte er jetzt vor sich hin, „ich habe den Teufel am Schwanze erfaßt, und er wird mich jetzt beim Schopfe kriegen und mir den Hals umdrehen. Hol' ein Donnerwetter diesen Kosaken mit dem Weibsgesicht und der Tatarenhand! Da bin ich schön in den Dreck gerannt, wahrhaftig! Hol' ein Donnerwetter alle Kurzewitsch' und alles Weibsvolk! Was kümmern sie mich, ich brauche sie nicht mehr. Er hat es eingebrockt, und ich soll es ausessen? Warum? Will ich etwa heiraten? Der Teufel mag heiraten, mir ist's gleich, was habe ich mit diesem Unternehmen zu schaffen! Gehe ich mit Bohun, zieht mir Wischniowiezki das Fell über die Ohren; lasse ich den Bohun, schlagen mich die

Bauern tot, oder er selbst thuts ohne Zögern. Das Schlimmste ist, mit einem Grobian Freundschaft schließen. Geschieht mir schon recht; ich wollte lieber das Pferd sein, auf dem ich sitze, als Sagloba. Zum Kosakennarr bin ich geworden, an den Tollkopf habe ich mich gehängt; geschieht mir schon recht, daß sie mir auf beiden Seiten das Fell gerben."

Diese Erwägungen brachten Sagloba in Schweiß und stimmten seine Laune noch trüber. Die Hitze war groß, das Pferd hatte schwer zu tragen, denn es war lange nicht gegangen, und Sagloba war ein wohlbeleibter Mann. Lieber Gott, was hätte er dafür gegeben, jetzt im kühlen Schatten im Gasthause beim Glase kühlen Bieres zu sitzen, anstatt sich in der Hitze zu quälen und durch die glühende Steppe zu jagen.

Obgleich Bohun drängte, wurde der Tritt doch langsamer, denn die Hitze war fürchterlich. Die Pferde wurden ein wenig gefüttert, und in der Zeit sprach Bohun mit den Esauls; er gab ihnen offenbar Befehle, was sie thun sollten, denn bisher wußten sie gar nicht einmal, wohin sie reiten. An Saglobas Ohr schlugen die letzten Worte des Befehls:

„Den Schuß abwarten!"

„Gut, Herr!"

Bohun wandte sich plötzlich zu ihm um:

„Du reitest mir voraus!"

„Ich?" sagte Sagloba in sichtlich schlechter Laune. „Ich liebe Dich so, daß ich mir schon die halbe Seele aus dem Leibe geschwitzt habe, warum sollte ich nicht auch die zweite Hälfte drein geben? Wir sind wie Rock und Unterfutter; ich habe die Hoffnung, daß uns der Teufel gemeinsam holt, und das ist mir jetzt ganz gleich, denn ich denke, es kann auch in der Hölle nicht heißer sein."

„Vorwärts!"

„Die Pest!"

Sie ritten voraus, und ihnen folgten die Kosaken, aber sie ritten langsamer, so daß sie bald ein bedeutendes Stück zurück- blieben — und schließlich aus dem Gesicht schwanden.

Bohun und Sagloba ritten schweigend nebeneinander, beide in tiefe Gedanken versunken. Sagloba zerrte an seinem Schnurr- bart und arbeitete sichtbar schwer mit dem Kopfe; vielleicht legte er sich gar zurecht, auf welche Weise er sich aus der ganzen Sache ziehen könnte. Von Zeit zu Zeit murmelte er etwas leise vor sich hin, bald sah er wieder Bohun an, in dessen Zügen sich abwechselnd ungezügelter Zorn und Trübsal ausprägten.

„Merkwürdig," dachte Sagloba bei sich, „ein so schöner Bursche und hat nicht einmal das Mädchen gewinnen können. Er ist ein Kosak — das ist wahr —, aber ein ausgezeichneter Ritter und Oberstleutnant, der früher oder später, wenn er sich nicht der Rebellion anschließt, geadelt werden wird, was ganz von ihm abhängt. Skrzetuski ist ein braver und wohlgestalter Reitersmann, aber mit diesem zierlichen Kosaken kann er sich an Schönheit nicht vergleichen. Ei, die werden sich schön in den Haaren liegen, wenn sie sich treffen, denn sie sind beide keine üblen Raufer."

„Bohun, kennst Du Skrzetuski gut?" fragte plötzlich Sagloba.

„Nein," erwiderte der Kosakenführer kurz.

„Du wirst einen schweren Stand mit ihm haben, ich habe ihn auch gesehen, wie er mit Tschaplinski die Thür geöffnet, das ist ein Goliath mit dem Glase und dem Säbel."

Bohun antwortete nicht, und wieder versanken beide in ihre eigenen Gedanken und Sorgen. Sagloba wiederholte von Zeit zu Zeit:

„Ja, ja, hier ist nichts zu helfen."

Die Stunden vergingen. Die Sonne war weit nach Westen gewandert gen Tschechrhyn; vom Osten wehte ein kühler Wind. Sagloba nahm seine Luchsmütze ab, fuhr mit der Hand über den schweißigen Kopf und wiederholte noch einmal:

„Ja, ja, hier ist nichts zu helfen."

Bohun fuhr auf, wie aus dem Schlafe geweckt.

„Was hast Du gesagt?" fragte er.

„Ich sage, es wird bald finster sein. Ist's noch weit?"

„Nein."

In einer Stunde wurde es wirklich finster, aber sie ritten auch schon in die Waldschlucht ein, und endlich, an der Grenze der Waldschlucht, schimmerte ein Lichtchen.

„Das ist Roslogi," sagte Bohun plötzlich.

„So? Brr, es ist kühl in dieser Schlucht."

Bohun hielt sein Pferd an.

„Warte," sagte er.

Sagloba sah ihn an. Bohuns Augen, welche die Eigentümlichkeit hatten, in der Dunkelheit zu leuchten, glühten jetzt wie zwei Fackeln.

Beide standen lange unbeweglich am Ende der Schlucht, endlich hörte man das Schnauben der Pferde.

Die Kosaken kamen aus der Tiefe des Waldes langsam heran.

Der Esaul näherte sich, um die Befehle in Empfang zu

nehmen, die ihm Bohun ins Ohr flüsterte, dann machten die Kosaken wieder Halt.

„Vorwärts!" sagte Bohun zu Sagloba.

Nach kurzer Zeit standen die dunklen Massen der Hof=gebäude, die Magazine, die Brunnen vor ihren Augen. Im Hofe war es still, die Hunde bellten nicht, der große, goldige Mond stand leuchtend über dem Gehöft. Vom Garten her dufteten die Kirschen= und Aepfelblüten, überall war es so ruhig, die Nacht so wunderbar, es fehlte nur, daß irgend ein Sänger unter den Fenstern der schönen Prinzessin ein Lied hätte hören lassen.

In einigen Fenstern war noch Licht.

Die beiden Reiter näherten sich dem Thore.

„Wer da?" ließ sich die Stimme des Nachtwächters ver=nehmen.

„Erkennst Du mich nicht, Maxim?"

„Euer Liebden sind es, gelobt sei Gott."

„In alle Ewigkeit! Oeffne! Wie steht es bei Euch?"

„Alles wohl! Euer Liebden sind lange nicht in Roslogi gewesen."

Die Thorangeln knarrten entsetzlich, die Brücke wurde nieder=gelassen und die beiden Reiter ritten auf den Maiban ein.

„Höre, Maxim, schließe das Thor nicht, und ziehe die Brücke nicht auf, denn ich reise bald wieder ab."

„Euer Liebden kommen in aller Eile?"

„So ist's. Die Pferde binde an den Pfahl."

2. Kapitel.

Die Kurzewitsch' schliefen noch nicht: sie saßen beim Abend=
brot in dem mit Waffen gefüllten Flur, der sich über die ganze
Breite des Hauses hinzog von dem Maidan bis auf die andere
Seite zum Garten. Als sie Bohun und Sagloba erblickten,
sprangen sie erschrocken von ihren Plätzen auf. In den Zügen
der Fürstin drückte sich nicht nur Erstaunen, sondern Mißmut
und Schrecken zugleich aus. Von den jungen Prinzen waren
nur zwei zugegen, Simeon und Mikolaj.

„Bohun,“ rief die Fürstin, „was machst Du hier?“

„Ich bin her ekommen, um Euch meinen Gruß zu bringen,
Mutter. Wie, heißt Ihr mich nicht willkommen?“

„Willkommen, sehr willkommen, ich wundere mich nur, daß
Du in Tschechryn die Wache hältst. Und wen hat der liebe
Herrgott da mit Dir gebracht?“

„Das ist Herr Sagloba, ein Edelmann, mein Freund.“

„Seid uns willkommen,“ sagte die Fürstin.

„Willkommen,“ wiederholten Simeon und Mikolaj.

„Meine gnädige Frau,“ sagte der Edelmann, „ein Gast zur
Unzeit ist schlimmer, als ein Tatar, sagt das Sprichwort; aber
man sagt ja auch: Wer in den Himmel kommen will, muß den
Wanderer in sein Haus aufnehmen, den Hungrigen speisen, den
Dürstenden tränken . . .“

„So setzt Euch nieder, eßt und trinkt,“ sagte die Fürstin.
„Wir danken Euch, daß Ihr gekommen seid. Je nun, Bohun,
ich hätte Dich nicht erwartet, Du hättest denn mit uns Wichtiges
zu besprechen!“

„Kann wohl sein," sagte der Kosakenführer langsam.

„Und was wäre das?" fragte die Fürstin beunruhigt.

„Wir sprechen zu gelegener Zeit davon. Laß mich ruhen. Ich komme schnurstracks von Tschechryn her."

„Du hast es offenbar sehr eilig gehabt zu uns."

„Und wohin sollte ich's eilig haben, wenn nicht zu Euch? Ist die Prinzessin wohl?"

„Sie ist wohl," sagte die Fürstin trocken.

„Ich möchte meinen Augentrost auch sehen."

„Helene schläft."

„Das ist schade, denn ich werde nicht lange hier bleiben."

„Und wohin reitest Du?"

„Es ist Krieg, Mutter! Da giebt's wenig Zeit. Jeden Augenblick können die Hetmane ins Feld rücken, und es wird wehe thun, gegen die Saporogen zu kämpfen. Wie oft sind wir mit ihnen nach türkischem Gute ausgeritten — nicht wahr, Fürstin? — in die hohe See gegangen, wie oft haben wir Salz und Brot zusammen gegessen, getrunken und gescherzt, und jetzt sind wir ihnen feind."

Die Fürstin sah Bohun scharf an, ihren Kopf durchfuhr der Gedanke, daß Bohun vielleicht die Absicht habe, sich der Rebellion anzuschließen, und hergekommen sei, um ihre Söhne auszuforschen.

„Und was gedenkst Du zu thun?" fragte sie.

„Ich, Mutter? Nun, es ist gar schwer, gegen die Eigenen zu kämpfen, aber es muß sein."

„Das werden auch wir thun," sagte Simeon.

„Chmielnizki ist ein Verräter," fügte der junge Mikolaj hinzu.

„Tod den Verrätern," sagte Bohun.

„Hol' sie der Henker," schloß Sagloba.

Bohun begann wieder zu sprechen:

„So ist's in der Welt, wer heute Dein Freund ist, wird morgen an Dir zum Judas. Man kann niemandem trauen in der Welt."

„Nur den guten Menschen," sagte die Fürstin.

„Gewiß, nur den guten Menschen kann man trauen, darum traue ich auch Euch und liebe Euch, denn Ihr seid gute Menschen und keine Verräter . . ."

Es lag etwas so Seltsames in der Stimme des Kosaken= führers, daß eine Zeitlang tiefes Schweigen herrschte. Sagloba sah die Fürstin an und blinzelte mit seinem gesunden Auge, die Fürstin aber heftete ihren Blick auf Bohun.

Dieser fuhr fort:

„Der Krieg giebt nicht Leben, sondern Tod, darum wollte ich Euch noch einmal sehen, bevor ich ins Feld rücke. Wer weiß, ob ich heimkehre, und Ihr werdet mich beweinen, denn Ihr seid meine herzlichen Freunde, nicht wahr?"

„So wahr mir Gott helfe. Wir kennen Dich von klein auf."

„Du bist unser Bruder," fügte Simeon hinzu.

„Ihr seid Prinzen, Ihr seid Edelleute, und Ihr habt den Kosaken nicht verachtet, Ihr habt ihn in Euer Haus aufgenommen, habt ihm Eure Verwandte versprochen, weil Ihr wußtet, daß es für den Kosaken ohne sie kein Leben, kein Sein giebt. So habt Ihr Euch des Kosaken freundlich angenommen."

„Wozu davon reden?" sagte die Fürstin hastig.

„Nein, Mutter, wir müssen davon reden, denn Ihr seid meine Wohlthäter, und ich habe diesen Edelmann, meinen Freund, gebeten, mich als Sohn zu adoptieren und in sein Wappen auf= zunehmen, damit es Euch keine Schmach sei, die Verwandte einem Kosaken zu geben. Herr Sagloba hat es mir versprochen, und wir beide werden um die Erlaubnis bei dem Reichsrat nach= suchen, und nach dem Kriege werde ich den Großhetman bitten, meine Sache zu fördern; er ist mir geneigt und hat doch auch die Nobilitation Krschetschowskis bewirkt."

„Gott stehe Dir bei," sagte die Fürstin.

„Ihr seid redliche Menschen, — und ich danke Euch, aber vor dem Kriege möchte ich noch einmal aus Eurem Munde hören, daß Ihr Euer Wort halten werdet. Das Wort eines Edelmannes ist kein leerer Schall — und Ihr seid Edelleute, Ihr seid Prinzen."

Der Kosakenführer sprach in langsamen, feierlichem Tone, aber durch seine Rede zitterte es wie eine Drohung, welche mahnte, allem zuzustimmen, was er verlangte.

Die alte Fürstin blickte ihre Söhne an, und diese schauten nach der Mutter. Es trat ein kurzes Schweigen ein. Plötzlich schrie der Blaufuß, welcher unter dem Wappen an der Wand saß, obwohl es zur Dämmerung noch weit war; bald ließen sich auch die anderen hören, der große Geier erwachte, schüttelte die Flügel und begann zu krächzen.

Die Holzscheite, die in den Kaminen brannten, erloschen. Im Zimmer wurde es dunkel und trübe.

„Mikolaj, schüre das Feuer," sagte die Fürstin.

Der junge Prinz warf neues Holz in den Kamin.

„Wie, versprecht Ihr mir's?" fragte Bohun.

„Wir müssen Helene fragen."

„Sie spreche für sich, Ihr für Euch: versprecht Ihr mir's?"

„Wir versprechen es," sagte die Fürstin.

„Wir versprechen es," wiederholten die Prinzen.

Bohun stand rasch auf, wandte sich zu Sagloba um und sagte mit deutlicher Stimme:

„Herr Sagloba, bitte doch auch Du um das Mädchen, vielleicht versprechen sie es Dir auch."

„Was ist Dir, Kosak, bist Du betrunken?" rief die Fürstin.

Statt zu antworten, zog Bohun Skrzetuskis Briefe hervor, wandte sich an Sagloba und sagte:

„Lies!"

Sagloba nahm den Brief und begann zu lesen. Es herrschte dumpfes Schweigen.

Als er zu Ende war, kreuzte Bohun die Hände über die Brust.

„Wem also gebt Ihr das Mädchen?" fragte er.

„Dem Bohun!"

Die Stimme des Kosakenführers klang jetzt wie das Zischen einer Schlange, als er schrie:

„Verräter, Schurken, Seelenfänger, Judasse! . . ."

„He, meine Söhnchen, zieht die Schwerter," schrie die Fürstin.

Die Kurzewitsch' sprangen blitzschnell auf die Wand zu und griffen nach den Waffen.

„Meine Herren, Ruhe!" rief Sagloba.

Aber er hatte noch nicht ausgesprochen, als Bohun eine Pistole aus dem Gurt zog und abdrückte.

„Jesus," stöhnte Prinz Simeon auf, trat einen Schritt vor, fuhr mit der Hand durch die Luft und sank schwer getroffen zu Boden.

„Zu Hilfe! Knechte!" rief die Fürstin verzweifelt.

Aber in diesem Augenblicke ertönten im Hofe von der Seite des Gartens her andere Schüsse, Thüren und Fenster flogen mit Gepolter auf und die Mannschaft stürzte in den Flur.

„Tod ihnen!" donnerten wilde Stimmen.

Auf dem Maidan erklang die Sturmglocke, die Vögel im Flur begannen zu kreischen; das Getöse der Schüsse und die wilden Rufe erfüllten das stille Haus.

Die Fürstin stürzte sich wie eine Wölfin heulend auf Simeons Körper, der in den letzten Zuckungen zitterte, aber bald wurde sie von zwei Leuten gefaßt, die sie an den Haaren auf die Seite zerrten, während sich der junge Mikolaj, in den Winkel des Flurs gedrängt, rasend und mit Löwenmut verteidigte.

„Zurück!“ schrie Bohun plötzlich den ihn umgebenden Ko=
saken zu. „Zurück!“ wiederholte er mit Donnerstimme.

Die Kosaken zogen sich zurück; sie glaubten, der Führer
wolle dem Jüngling das Leben retten, aber Bohun stürzte sich,
das Schwert in der Hand, selbst auf den Prinzen.

Es begann ein fürchterlicher Einzelkampf, welchem die
Fürstin, von vier eisernen Händen an den Haaren gehalten,
mit glühenden Augen und offenem Munde zusah. Der junge
Prinz stürzte sich wie ein Orkan auf den Kosaken, der sich lang=
sam zurückzog und ihn in die Mitte des Flurs lockte. Plötzlich
kauerte er nieder, schlug den Streich mächtig zurück und ging
von der Verteidigung zum Angriff über.

Die Kosaken hielten den Atem an, ließen die Schwerter
sinken und standen wie angewurzelt da, mit den Augen den
Fortgang des Kampfes verfolgend.

In dieser Stille hörte man nur das Atmen und Schnaufen
der Kämpfenden, ihr Zähneknirschen und das Schwirren oder
den scharfen Anprall der Schwerter.

Einen Augenblick schien es, als würde der Kosakenführer
der Riesenkraft und der Hartnäckigkeit des Jünglings erliegen,
denn er begann sich wieder zurückzuziehen und wehrte sich nur.
Sein Gesicht schien vor Anstrengung lang zu werden. Mikolaj
verdoppelte die Streiche, Staub erhob sich vom Fußboden und
umgab die Kämpfenden mit einer dichten Wolke. Aber durch
ihren Nebel sah die Mannschaft, wie das Blut vom Antlitz
ihres Führers herabströmte.

Plötzlich sprang Bohun auf die Seite, der Streich des
Prinzen schlug ins Leere, Mikolaj wankte von der Gewalt des
Schlages und neigte sich nach vorn, und in diesem Augenblicke
hieb der Kosak ihn so entsetzlich in den Nacken, daß der Prinz
wie vom Blitze getroffen hinstürzte.

Die Freudenrufe der Kosaken vermischten sich mit dem un=
menschlichen Schrei der Fürstin. Es war, als sollte die Zimmer=
decke von dem Lärme bersten. Der Kampf war beendet, die
Kosaken stürzten auf die Waffen los, die an den Wänden hingen,
und begannen sie herunterzureißen, indem einer dem anderen
die kostbaren Stücke aus der Hand riß, über die Leichen der
Prinzen und der eigenen Genossen fortschreitend, die von Miko=
lajs Hand gefallen waren. Bohun ließ alles geschehen. Er
stand, vor Mattigkeit schwer atmend, in der Thür, welche zu
Helenes Zimmer führte, und versperrte den Weg zu ihr. Sein
Gesicht war blaß und blutig, denn der Prinz hatte zweimal

sein Haupt getroffen. Sein irrender Blick ging von Mikolajs Leiche zu Simeons, bisweilen fiel er auf das entfärbte Gesicht der Fürstin, welche die Kosaken an den Haaren hielten und mit den Knieen zu Boden drückten, da sie sich ihren Händen entwinden wollte, um sich auf die Leichname ihrer Kinder zu stürzen.

Der Lärm und die Verwirrung im Flure wuchsen mit jedem Augenblick. Die Kosaken zerrten das Gesinde der Kurzewitsch' an Stricken herbei und mordeten sie mitleidslos hin. Der Fußboden war mit Blut befleckt und mit Leichen bedeckt, die Zimmer waren von Rauch angefüllt, die Wände geplündert, die Vögel selbst getötet.

Plötzlich öffnete sich die Thür, in welcher Bohun stand, angelweit. Der Kosakenführer wandte sich um und trat plötzlich einen Schritt zurück.

In der Thür erschien der blinde Wassili, mit ihm Helene in einem weißen Nachtgewande, selbst so weiß wie ihr Gewand, mit erschrockenen Blicken und offenem Munde.

Wassili hielt ein Kreuz in beiden Händen. In der Verwirrung, die im Flur herrschte, angesichts der Leichen, des vergossenen Blutes, das in Pfützen am Boden stand, bei dem Leuchten der gezückten Schwerter und der glühenden Blicke sah diese hohe, abgemagerte Gestalt mit dem ergrauten Haar und den dunklen Augenhöhlen wundersam feierlich aus, als wäre ein Geist, ein Abgeschiedener aufgestanden, als hätte er sein Leichentuch abgelegt und wäre gekommen, ein Verbrechen zu sühnen.

Die Rufe verstummten, die Kosaken zogen sich erschrocken zurück, durch die Stille tönte die ruhige, aber schmerzliche und klagende Stimme des Prinzen:

„Im Namen des Vaters und des Erlösers und des heiligen Geistes und der heiligen Jungfrau! Ihr Männer, die Ihr herkommt aus fernen Landen, kommt Ihr im Namen Gottes? Denn gesegnet ist, der da kommt im Namen des Herrn. Und bringt Ihr eine gute Nachricht? Seid Ihr Apostel?"

Totenstille herrschte nach Wassilis Worten, er aber wandte sich langsam mit dem Kreuz nach der einen, dann nach der anderen Seite und fuhr fort:

„Wehe Euch, denn die da Krieg führen um des Gewinnstes oder der Rache willen, sollen verdammt sein in Ewigkeit . . . laßt uns beten, damit wir Gnade erlangen. Wehe Euch, Brüder, wehe mir! O, o, o!"

Der Brust des Prinzen entrang sich ein schwerer Seufzer.

„Gott sei uns gnädig," sagten die Kosaken mit dumpfer Stimme. Sie standen unter der Einwirkung eines unbeschreiblichen Schreckens und begannen entsetzt sich zu bekreuzigen.

Plötzlich ertönte ein wilder Schrei aus dem Munde der Fürstin:

„Wassili! Wassili!"

In ihrer Stimme lag etwas so Herzzerreißendes, als wäre es der letzte Ton entfliehenden Lebens. Die Kosaken, die sie mit ihren Knien niederhielten, fühlten jetzt, daß sie nicht mehr die Kraft haben würde, sich ihren Händen zu entreißen.

Der Prinz erbebte, bald aber schützte er sich mit dem Kreuze von der Seite, von welcher die Stimme kam, und antwortete:

„Verfluchte Seele, die aus der Tiefe ruft, wehe Dir!"

„Gott sei uns gnädig," wiederholten die Kosaken.

„Zu mir her, Leute!" rief Bohun in diesem Augenblick und schwankte.

Die Kosaken sprangen hinzu und stützten ihn.

„Seid Ihr verwundet, Herr?"

„Ja, aber es ist nichts; ich habe nur etwas Blut verloren. He, Leute, dieses Mädchen schützt mir wie den Augapfel, das Haus umstellen, niemand herauslassen . . . Fräulein . . ."

Er konnte nicht weiter sprechen, seine Lippen entfärbten sich, um seine Augen legte sich ein Nebel.

„Den Attaman in ein Zimmer tragen!" rief Sagloba, der jetzt aus irgend einem Winkel hervorgekrochen kam und unerwartet in Bohuns Nähe auftauchte.

„Es ist nichts, es ist nichts," sagte er, nachdem er die Wunden Bohuns mit dem Finger betastet hatte, „morgen wird er gesund sein, ich will mich ihm widmen. Knetet mir Brot mit Spinnengewebe. Ihr Burschen geht zum Teufel, macht Euch lustig mit den Mägden, denn hier seid Ihr nicht nötig; zwei mögen den Attaman tragen, nehmt ihn auf. So, so. So geht doch schon, zum Teufel, was steht Ihr? Das Haus bewachen — ich werde selbst nachsehen."

Zwei Leute nahmen Bohun auf und trugen ihn in das benachbarte Zimmer, die übrigen verließen den Flur.

Sagloba trat zu Helene heran, blinzelte stark mit dem Auge und sagte schnell und leise:

„Ich bin ein Freund Strzetuskis, fürchte nichts, bringe nur Deinen Propheten zur Ruhe und erwarte mich."

Bei diesen Worten ging er in das Zimmer, in welchem die beiden Esauls Bohun auf einem türkischen Sofa niedergelegt hatten. Er schickte sie bald nach Brot und Spinnengewebe, und als man das aus dem Gesindezimmer brachte, beschäftigte er sich um den jungen Attaman mit der ganzen Geschicklichkeit, welche damals jeder Edelmann besaß und die er sich aneignete, wenn er die in Duellen oder in den Landtagen zerschlagenen Köpfe zusammenflickte.

„Und sagt auch den Leuten,“ sprach er weiter zu den Esauls, „daß der Attaman morgen gesund sein wird wie ein Fisch und daß sie sich um ihn nicht kümmern sollen. Er hat was ab= bekommen, ja, er hat was abbekommen; aber er hat gezeigt, was er kann, und morgen wird seine Hochzeit sein, wenn auch ohne Popen. Wenn es im Hause einen Keller giebt, könnt Ihr Euch gütlich thun. So, nun sind auch die Wunden schon verbunden. Geht jetzt, damit der Attaman Ruhe habe.“

Die Esauls gingen zur Thür.

„Und trinkt mir nicht den ganzen Keller leer,“ sagte Sag= loba noch.

Dann setzte er sich zu den Häupten des Führers nieder und sah ihm aufmerksam ins Gesicht.

„Nun, der Teufel wird Dich nicht holen von diesen Wun= den, obgleich Du's tüchtig abbekommen hast. Zwei Tage wirst Du weder Hand noch Fuß rühren können,“ brummte er vor sich hin, indem er das blasse Gesicht und die geschlossenen Augen des Kosaken ansah. — „Der Säbel wollte dem Henker kein Unrecht thun, denn Du bist ihm verfallen und wirst ihm nicht entgehen. Wenn man Dich aufhängt, wird der Teufel aus Dir eine Puppe für seine Kinder machen, denn Du bist hübsch. Nein, Brüder= chen, Du trinkst gut, aber mit mir wirst Du nicht länger trinken. Such' Dir Deine Gesellschaft unter den Krebsfischern, denn ich sehe, Du würgst gern; aber ich denke nicht daran, mit Dir zu nachtschlafender Zeit die Höfe des Adels zu überfallen. Leuchte Dir der Henker heim, leucht' er Dir heim.“

Bohun seufzte.

„O, seufze, stöhne nur, morgen wirst Du besser stöhnen. Warte nur, Tatarenseele, das Fräulein möchtest Du gern? Bah, ich wundere mich nicht, das Mädchen ist süß wie Zucker, aber wenn Du ihn kostest, so sollen die Hunde meinen Witz fressen. Eher wachsen mir Haare in der flachen Hand ...“

Ein Gewirr von Stimmen schlug von dem Maidan an Sag= lobas Ohr.

„Aha, sie haben gewiß schon den Weg zum Keller ge= funden,“ brummte er. „O, trinkt Euch nur voll wie Schwämme, dann werbet Ihr gut schlafen, ich will schon für Euch alle wachen, wenn ich auch nicht weiß, ob Ihr Euch morgen darüber freuen werdet."

Er stand auf, um nachzusehen, ob die Kosaken wirklich schon mit dem Keller der Fürstin Bekanntschaft gemacht hätten, und ging voraus in den Flur. Hier sah es fürchterlich aus. Mitten im Flure lagen die bereits erstarrten Leichname Simeons und Mikolajs, und im Winkel die Leiche der Fürstin in sitzender, zusammengekauerter Gestalt, so wie sie die Kniee der Kosaken an die Wand gedrückt hatten. Ihre Augen standen offen, ihre Zähne starrten zwischen den Lippen hervor. Das Feuer, welches in den Gruben brannte, erfüllte den ganzen Flur mit einem nebelhaften Licht, welches in den Blutpfützen zitterte; im Hintergrunde des Flurs lagerte Dunkelheit. Sagloba näherte sich der Fürstin, um nachzusehen, ob sie nicht noch atme; er legte ihr die Hände aufs Gesicht, aber es war schon kalt; er ging also eilig auf den Maiban hinaus, denn der Schrecken jagte ihn von hinnen. Auf dem Maiban hatten die Kosaken das Gelage bereits begonnen. Die Feuer waren angezündet, und in ihrem Scheine erblickte Sagloba Tonnen von Met, Wein und Schnaps, denen die oberen Deckel ausgeschlagen waren. Die Kosaken schöpften aus den Tonnen wie aus einem Brunnen und tranken ohne Ende. Andere, denen der Trank bereits zu Kopf gestiegen war, jagten sich mit den Mädchen vom Gesinde, von denen die einen vom Schrecken ergriffen hin und her rannten oder blindlings durch die Feuer entflohen, die anderen unter wildem Lärm und Gelächter sich fangen und zu den Tonnen und Wachtfeuern hinschleppen ließen, wo man Kosak tanzte. Die Kosaken warfen sich wie wahnsinnig in Sprüngen hin und her, vor ihnen knixten die Mädchen; bald trippelten sie vorgebeugt zu ihnen heran, bald zogen sie sich vor den wilden Bewegungen der Tänzer zurück. Die Zuschauer schlugen an die blechernen Becher oder sangen. Die „Uha"-Rufe ertönten immer lauter, begleitet von dem Bellen der Hunde, dem Wiehern der Pferde oder dem Brüllen der Rinder, die man zum Mahle schlachtete. Rings um die Feuer im Hintergrunde sah man die Bauern von Roslogi stehen, welche bei dem Widerhall der Schüsse und dem Geschrei in hellen Haufen vom Dorfe hergekommen waren, um zu sehen, was vorgehe. Sie dachten nicht daran, die Prinzen zu beschützen, denn die Kurzewitsch's waren im Dorfe gehaßt, sie sahen nur dem zügellosen Treiben der Kosaken zu, stießen sich mit dem Ellenbogen an, flüsterten einander zu und kamen immer mehr an die Tonnen mit Schnaps und Met heran. Die Orgie wurde immer lärmender, die Trunkenheit wuchs, die Kosaken schöpften aus den Tonnen nicht mit den blechernen Bechern, sondern steckten ihre Köpfe bis an den Hals hinein und begossen die tanzenden Mädchen mit Schnaps und Met, die Gesichter glühten, die Köpfe dampften förmlich vor Hitze, die meisten hielten sich kaum auf den Beinen. Sagloba, der auf den Gang hinausgetreten war, ließ seine Blicke über die Trunkenen hinschweifen, dann blickte er aufmerksam gen Himmel.

„Das Wetter ist schön, aber dunkel," brummte er. „Wenn der Mond untergeht, sind sie wie tot."

Bei diesen Worten ging er langsam auf die Tonnen und die trinkenden Kosaken zu.

„Nur zu, Jungen," rief er, „nur zu, thut Euch gütlich. Heidi! Heidi! Die Zähne werden Euch nicht stumpf werden. Ein Narr, wer sich heute nicht betrinkt auf das Wohl des Attamans. Frisch zu den Tonnen, frisch zu den Mädchen! Uha!"

„Uha!" heulten die Kosaken freudig.

Sagloba sah sich nach allen Seiten um.

„O, solche Geizhammel, solche Neidharte seid Ihr," schrie er plötzlich, „daß Ihr selbst trinkt, wie abgetrabte Pferde, und denen, die dort Wache halten beim Hause, nichts gebt? He dort, man soll sie bald ablösen!"

Der Befehl wurde unverzüglich vollführt, und in einem Augenblicke stürzten etliche betrunkene Kosaken hin, um die Wächter zu ersetzen, die bisher an dem Gelage keinen Teil genommen hatten. Diese eilten schnell mit leicht begreiflicher Eile herbei.

„Heidi! Heidi!" schrie Sagloba und zeigte auf die Tonnen mit Getränk hin.

„Wir danken, Herr," antworteten sie, die Becher in den Trank versenkend.

„In einer Stunde soll man mir die anderen ablösen!"

„Zu Befehl!" antwortete der Esaul.

Den Mannschaften erschien es vollkommen natürlich, daß in Vertretung Bohuns Sagloba das Kommando übernommen hatte, das war schon öfter geschehen, und die Kosaken sahen es nicht ungern, denn der Edelmann gestattete ihnen alles.

Die Wächter tranken also mit den andern — Sagloba aber begann ein Gespräch mit den Bauern aus Roslogi.

„Bauer," fragte er einen alten Kolonisten, „ist's weit von hier nach Lubnie?"

„O, weit, Herr," antwortete der Bauer.

„Könnte man am Morgen dort sein?"

„O nein, Herr."

„Aber zu Mittag?"

„Zu Mittag wohl, Herr."

„Und wo geht der Weg nach Lubnie?"

„Gerade auf die Heerstraße zu."

„Ist das die Heerstraße?

„Fürst Jarema*) hat befohlen, daß dies die Straße sei, und so ist sie es auch."

Sagloba sprach absichtlich sehr laut, damit durch das Geschrei und den Lärm ein paar von seinen Leuten ihn hören konnten.

„Gebt auch ihnen Schnaps," sagte er zu den Kosaken, auf die Bauern hinweisend, „aber erst gebt mir Met, denn es ist kühl."

Einer von en Leuten schöpfte aus einer Tonne in einen Blechtopf Doppelten und reichte ihn auf der Mütze Herrn Sagloba.

Der Edelmann nahm ihn vorsichtig in beide Hände, damit der Trank nicht herauslaufe, setzte das Töpfchen an den Schnurrbart, neigte sich nach hinten und trank langsam, aber ohne abzusetzen.

Er trank und trank — die Kosaken staunten.

„Seht Ihr," flüsterte einer zum andern, „das ist ein Mordskerl."

Indessen sank Saglobas Kopf langsam nach hinten, endlich neigte er sich vollkommen zurück, bis er das Töpfchen von dem roten Gesichte nahm, die Lippe vorstreckte, die Augenbrauen hob und wie zu sich selber sprach:

„O, nicht übel, trefflich. Man sieht bald, er ist gut. Schade um solchen Met für Eure Kaffernhälse, für Euch wäre auch Fusel gut genug. Ein starker Met, sehr stark, ich fühle, daß er mir wohlgethan hat und daß er mich heiter stimmt."

In der That hatte der Met Sagloba wohlgethan, es wurde ihm klarer im Kopfe, er faßte Mut, und es war offenbar, daß sein Blut, mit Met vermischt, die treffliche Flüssigkeit gebildet hatte, wie er selbst zu sagen pflegte, welche den ganzen Körper mit Mut und Entschlossenheit durchdringt. Er winkte also mit der Hand, daß sie weiter trinken könnten, wandte sich um und ging mit langsamen Schritten durch den Hof, sah aufmerksam in alle Ecken, schritt über die Brücke am Graben und bog bei dem Räderwerk ein, um zu sehen, ob die Posten das Haus gut bewachten.

Der erste Wächter schlief, der zweite, dritte und vierte eben

*) Jarema = Jeremias Wischniowiezki.

falls. Sie waren ermattet vom Wege und waren betrunken an ihre Plätze gekommen und sofort eingeschlafen.

„Ich könnte hier noch einen stehlen, um einen Burschen zu meinen Diensten zu haben," murmelte Herr Sagloba.

Er kehrte auf dem kürzesten Wege in den Hof zurück, ging wieder in den unheilvollen Flur, sah sich nach Bohun um, und da er bemerkte, daß er kein Lebenszeichen von sich gab, zog er sich nach Helenes Thür zurück, öffnete sie leise und trat in das Zimmer, von welchem ein Summen herkam, wie beim Gebet.

Eigentlich war das Wassilis Zimmer; Helene befand sich aber bei dem Prinzen, in dessen Nähe sie sich sicher fühlte. Der blinde Wassili kniete vor dem Bilde der heiligen Jungfrau, vor dem ein Lämpchen brannte, Helene neben ihm; beide beteten laut. Als sie Sagloba erblickte, wandte sie ihre erschreckten Augen ihm zu. Sagloba legte den Finger an den Mund.

„Gnädiges Fräulein," sagte er, „ich bin ein Freund des Herrn Skrzetuski."

„Rettung!" flehte Helene.

„Dazu bin ich hergekommen, verlaßt Euch auf mich."

„Was soll ich thun?" frug das Mädchen.

„Entfliehen, ehe dieser Teufel zur Besinnung kommt."

„Was soll ich thun?"

„Legt Männerkleidung an, und wenn ich an die Thür klopfe, kommt heraus."

Helene schwankte. In ihren Zügen malte sich Mißtrauen.

„Darf ich Euch trauen?"

„Wißt Ihr besseren Rat?"

„Wahr, wohl wahr, aber schwört mir, daß Ihr mich nicht verratet."

„Fräulein, Ihr habt den Verstand verloren, aber wenn Ihr wollt, schwöre ich. So helfe mir Gott und das heilige Kreuz. Hier Euer Untergang, Rettung in der Flucht."

„Ja, so ist's."

„So legt so schnell als möglich Männerkleidung an und wartet."

„Und Wassili?"

„Welcher Wassili?"

„Mein umnachteter Bruder," sagte Helene.

„Dir droht Verderben, nicht ihm," antwortete Sagloba. „Wenn er umnachtet ist, so ist er den Kosaken heilig; habe ich doch gesehen, daß sie ihn für einen Propheten halten."

„Ja, so ist's, er hat an Bohun nichts verschuldet."

„Wir müssen ihn hier lassen, sonst gehen wir zu Grunde — und Herr Skrzetuski mit uns. Eilt, Fräulein."

Mit diesen Worten verließ Sagloba das Zimmer und begab sich zu Bohun.

Der Kosakenführer war blaß und entkräftet, aber er hielt die Augen offen.

„Ist Dir besser?" fragte Sagloba.

Bohun wollte sprechen, aber er konnte nicht.

„Kannst Du nicht sprechen?"

Bohun bewegte den Kopf, um anzudeuten, daß er nicht sprechen könne, aber in demselben Augenblick prägte sich Leiden in seinen Zügen aus, die Wunden schmerzten offenbar von der Bewegung.

„So könntest Du auch nicht schreien?"

Bohun deutete nur mit den Augen an, daß er es nicht könne.

„Auch Dich nicht bewegen?"

Wieder machte Bohun dasselbe Zeichen.

„Desto besser, so wirst Du weder sprechen noch schreien, noch Dich bewegen können, während ich mit der jungen Prinzessin nach Lubnie reise. Wenn ich sie Dir nicht vor der Nase weghole, so soll mich ein altes Weib in der Mühle zu Streusel zermahlen. Wie, Du Schuft, denkst Du, ich hätte Deine Gesellschaft nicht satt, ich würde mich noch länger mit dem Pöbel gemein machen? Nein, Schurke; Du hast geglaubt, um Deinen Wein, um Dein Leben und um Deine bäuerischen Liebeleien werde ich zum Morde und zur Empörung mich verleiten lassen? Nein, daraus wird nichts, mein schönes Jungchen."

Je eifriger Sagloba sprach, um so weiter öffneten sich die schwarzen Augen des Kosakenführers. Träumte er, wachte er, war es ein Scherz Saglobas? Sagloba aber sprach weiter:

„Was sperrst Du so die Glotzaugen auf wie der Kater im Dunkeln? Glaubst Du, ich würde das nicht thun? Vielleicht hast Du in Lubnie jemanden zu grüßen, vielleicht soll ich Dir einen Feldscher von dort schicken, vielleicht auch den Strick für Dich bei dem Fürsten bestellen?"

Bohuns blasses Gesicht nahm einen fürchterlichen Ausdruck an; er begriff, daß Sagloba die Wahrheit redete, aus seinen Augen sprühten Blitze der Verzweiflung und Wut, sein Gesicht übergoß feurige Röte. Eine übermenschliche Anstrengung — er erhob sich und seinen Lippen entfuhr ein Schrei:

„He, Leute . . . . ."

Er konnte nicht weiter rufen, denn Sagloba hatte ihm mit Blitzesschnelle seinen eigenen Rock über den Kopf geworfen und ihn in einem Augenblick ganz damit umwickelt — dann warf er ihn auf den Rücken.

„Schreie nicht, denn das wird Dir schaden," sagte er leise und keuchend. „Morgen könnte Dir der Kopf weh thun, und ich, als Dein guter Freund, bin um Dich besorgt. So, so wird Dir warm sein, Du wirst vortrefflich schlafen und Dich nicht überschreien. Damit Du aber die Binde nicht abreißest, will ich Dir die Hände verbinden, und alles per amicitiam, damit Du meiner dankbar gedenkst."

Bei diesen Worten umband er die Hand des Kosaken mit dem Gurt und zog den Knoten fest zu, mit einem anderen, seinem eigenen Gurt, band er ihm die Füße. Der Kosakenführer fühlte nichts mehr, er war ohnmächtig.

„Ein Kranker muß ruhig liegen," sprach er, „damit ihm das Blut nicht zu Kopfe steige und ein Delirium eintrete. Nun lebe wohl, ich könnte Dich mit einem Dolche niederstoßen, und das wäre wohl das Beste für Dich, aber ich schäme mich, wie ein Bauer zu morden. Anders, wenn Du bis zum Morgen verreckst, das ist schon manchem Schwein geschehen. Nun leb' wohl, vale et me amantem redama. Vielleicht treffen wir uns auch einmal, aber wenn ich darauf ausgehen sollte, so ziehe man mir das Fell ab und mache Pferderiemen daraus."

Nach diesen Worten ging Sagloba in den Flur, löschte das Feuer in den Gruben aus und klopfte an Wassilis Zimmer.

Eine schlanke Gestalt trat heraus.

„Seid Ihr es, Fräulein?" fragte Sagloba.

„Ich bin es."

„So kommt, daß wir nur zu den Pferden gelangen; dort ist alles betrunken, und die Nacht ist finster; ehe sie erwachen, werden wir weit sein. Vorsichtig, hier liegen die Prinzen!"

„Im Namen des Vaters, des Sohnes und des heiligen Geistes," flüsterte Helene.

3. Kapitel.

Zwei Reiter ritten ruhig und still durch die Waldschlucht, welche an das Herrenhaus von Roslogi stieß. Die Nacht war sehr finster, denn der Mond war längst untergegangen, und dichte Wolfen bedeckten den Horizont. In der Waldschlucht konnte man kaum drei Schritte über die Pferde hinaussehen, die auch häufig über die Wurzeln und Bäume, welche den Pfad bedeckten, strauchelten. Sie ritten lange Zeit mit größter Vorsicht, erst als sie ans Ende der Waldschlucht kamen und die offene Steppe vor sich hatten, die durch den grauen Widerschein der Wolken ein wenig heller war, flüsterte einer von den Reitern:

„Trab!"

Wie zwei Pfeile von tatarischen Bogen geschnellt, flogen sie dahin, und nur der Widerhall der Pferdehufe folgte ihnen. Die dunkle Steppe schien unter den Schritten der Pferde zurückzuweichen. Vereinzelte Eichen, die hier und da am Wege standen, schwirrten vorüber wie Gespenster, und sie jagten so lange, so lange ohne Ruhe und Erholung dahin, bis endlich die Pferde die Ohren sinken ließen und vor Mattigkeit zu pfauchen begannen, ihr Lauf wurde schwerfälliger und langsamer.

„Es hilft nichts, wir müssen langsamer reiten," sagte der dickere Reiter.

Gerade hatte auch die Dämmerung begonnen, die Nacht von der Steppe zu scheuchen. Immer größere Flächen tauchten aus dem Schatten, die Steppendisteln schimmerten blaß, die entfernten Bäume und Hügel wurden sichtbar; die Luft füllte sich immer mehr mit Licht. Die blaſſen Schimmer beleuchteten auch die Züge der Reiter.

Es waren Sagloba und Helene.

„Es hilft nichts, wir müſſen langſamer reiten," wiederholte Sagloba. „Geſtern ſind die Pferde von Tſchechrhyn nach Roslogi gelaufen ohne auszuruhen, das halten ſie nicht länger aus, ich fürchte, ſie ſtürzen. Wie fühlt Ihr Euch, Fräulein?"

Sagloba blickte ſeine Gefährtin an und rief, ohne eine Antwort abzuwarten:

„Erlaubt mir, Fräulein, Euch bei Tageslicht anzuſchauen. Hoho, iſt dieſe Kleidung von den Brüdern? Bei Gott, Fräulein, Ihr ſeid ein hübſcher Koſak, ſo lange ich lebe, habe ich ſolchen Reiterbuben nicht gehabt — aber ich denke auch ſo: Herr Skrzetuski wird ihn mir nehmen. Aber was ſoll das? Um Himmelswillen, ſteckt doch dieſe Haare auf, ſonſt täuſcht Ihr keinen über Euer Geſchlecht."

In der That war über Helenes Schultern eine Flut ſchwarzer Haare herabgefloſſen, die der eilige Ritt und die nächtliche Feuchtigkeit aufgelöſt hatten.

„Wohin reiten wir?" fragte ſie, indem ſie die Haare mit beiden Händen zuſammenwand und ſich bemühte, ſie unter den Helm zu rücken.

„Wohin die Augen führen."

„Nicht nach Lubnie?"

In Helenes Zügen prägte ſich Unruhe aus, unter dem ſcharfen Blick, den ſie Sagloba zuwarf, malte ſich das neuerwachte Mißtrauen.

„Seht, Fräulein, ich habe meinen eigenen Verſtand, und glaubt nur, ich habe alles vorher gut berechnet. Und meine Berechnung iſt auf folgender weiſer Maxime begründet: Fliehe nicht nach der Seite, nach der man Dich verfolgen wird. Seht, wenn man uns jetzt verfolgt, ſo verfolgt man uns in der Richtung nach Lubnie. Denn ich habe mich geſtern laut nach dem Wege erkundigt und Bohun zum Abſchied geſagt, daß wir dorthin fliehen werden. Ergo fliehen wir nach Tſcherkaſſy. Beginnen ſie uns dann zu verfolgen, ſo geſchieht dies erſt, wenn ſie ſich überzeugt haben, daß wir nicht auf dem Wege nach Lubnie ſind, und das nimmt ihnen zwei Tage Zeit fort. Inzwiſchen ſind wir in Tſcherkaſſy, wo jetzt die polniſchen Fähnlein Piwnizki und Rudomina ſtehen. Und in Korſun iſt die ganze Heeresmacht des Hetmans, begreift Ihr, Fräulein?"

„Ich begreife und will Euch dankbar ſein, ſo lange ich lebe!

Ich weiß nicht, wer Ihr seid, wie Ihr nach Roslogi gekommen, aber ich denke, Gott hat Euch zu meinem Schutz und zu meiner Rettung geschickt, denn eher hätte ich mir den Dolch durch die Brust gestoßen, als daß ich in die Macht dieses Banditen gekommen wäre."

„Das ist ein Drache, der auf Eure Unschuld gelauert hat."

„Was habe ich ihm gethan, ich Unglückselige, daß er mich verfolgt? Ich kenne und hasse ihn von alters her, er hat stets nur Furcht in mir geweckt. Bin ich denn die Einzige in der Welt, daß er mich liebt, daß er meinetwegen so viel Blut vergossen hat, daß er mir die Brüder hingemordet? . . . Gott, wenn ich daran denke, erstarrt mir mein Blut. Was werde ich beginnen, wo vor ihm Schutz suchen? Wundert Euch nicht über meine Klagen, denn ich bin unglücklich, ich schäme mich auch dieser Liebe und würde tausendmal lieber den Tod wollen."

Helenes Wangen färbten sich mit flammendem Rot, zwei Thränen, die Zorn, Verachtung und Schmerz eingegeben, flossen von ihrem Antlitz herab.

„Ich will nicht widersprechen," sagte Sagloba, „daß Euer Haus ein großes Unglück betroffen hat, aber laßt Euch sagen, Fräulein, daß Eure Verwandten zum größten Teil selbst Schuld daran sind. Man hätte dem Kosaken Eure Hand nicht versprechen dürfen und ihn dann verraten, denn als er das erfahren, geriet er so in Wut, daß alle meine Ueberredung nichts half. Auch mir thun Eure erschlagenen Vettern leid — besonders dieser jüngste; er war fast noch ein Kind, aber man sah ihm an, daß er sich zu einem tüchtigen Ritter entwickeln würde."

Helene begann zu weinen.

„Die Thränen stehen den Gewändern nicht an, die Ihr tragt, trocknet sie, Fräulein, und denkt, daß es Gottes Wille gewesen ist. Gott wird auch den Mörder strafen, der ja schon bestraft ist, da er umsonst das Blut vergossen und Euch, Fräulein, das einzige und hauptsächliche Ziel seiner Leidenschaft verloren hat."

Sagloba schwieg, aber nach einer Weile fuhr er fort:

„Ei, er würde mich in Stücke zerreißen — Du lieber Gott — wenn er mich in seine Hände bekäme. Ihr wißt nicht, Fräulein, daß ich schon in Galati von den Türken eine Palme erhalten habe, aber daran habe ich auch genug, eine andere mag ich nicht, und darum will ich nicht nach Lubnie, sondern nach Tscherkassy. Es wäre gut, in den Schutz des Fürsten zu gelangen, aber wenn sie uns einholten! Ich habe gehört, Fräulein, als ich die Pferde vom Pfahl losband, erwachte Bohuns Knappe. Wenn er Lärm geschlagen hat? Dann wären sie gleich zur Verfolgung bereit und würden uns in einer Stunde eingeholt haben — denn sie haben dort die ausgeruhten Pferde der Prinzen, und ich hatte keine Zeit, zu wählen. Dieser Bohun ist eine Bestie, sage ich Euch, ich habe ihn so satt, daß ich lieber dem Teufel begegnen möchte, als ihm."

„Gott schütze uns vor seinen Händen."

„Er hat sich selbst ins Verderben gebracht, Tschechryn hat er gegen den Willen des Hetmans verlassen, mit dem Woje-woden von Ruthenien hat er angebunden, ihm bleibt nichts übrig, als zu Chmielnizki zu fliehen. Aber sein Stolz wird sich legen, wenn Chmielnizki geschlagen wird, und das kann schon geschehen sein. Rzendzian hat hinter Krementschuk die Heere getroffen, welche unter Barabasch und Krschetschowski dem Chmielnizki entgegenziehen, und außerdem ist Stephan Potozki zu Lande mit den Husaren ausgerückt; aber Rzendzian hat in Krementschuk zehn Tage verbracht, um die Tschaiken auszubessern; ehe er also nach Tschechryn gekommen ist, kann die Schlacht schon geschlagen worden sein, jeden Augenblick waren wir der Nachricht gewärtig."

„So hat Rzendzian also aus Kudak Briefe gebracht?" fragte Helene.

„Ja, Briefe von Herrn Skrzetuski an die Fürstin und an Euch, aber Bohun hat sie ihm abgenommen, aus ihnen alles erfahren, dem Rzendzian auf der Stelle den Kopf gespalten und dann ist er gegen die Kurzewitsch' auf Rache ausgezogen!"

„O, armer Bursche! Meinetwegen hat er sein Blut vergossen!"

„Grämt Euch nicht, Fräulein, er wird am Leben geblieben sein."

„Wann ist das geschehen?"

„Gestern früh. Für Bohun ist der Mord eines Menschen gerade soviel, wie einem Andern das Trinken eines Bechers mit Wein, und gebrüllt hat er, als er die Briefe gelesen hatte, daß ganz Tschechryn zitterte."

Das Gespräch wurde eine Zeitlang unterbrochen. Es war schon ganz hell geworden. Der rosige Morgenschimmer, von hellem Golde, Opalen und Purpur verbrämt, erglomm an der Ostseite des Himmels. Die Luft war klar und frisch. Die Pferde begannen fröhlich zu wiehern.

„Nun reiten wir weiter, mit Gott frisch auf! Die Pferde haben geruht, wir haben keine Zeit zu verlieren," sagte Sagloba. Sie ritten wieder im Galopp dahin, eine halbe Meile, ohne auszuruhen — plötzlich erblickten sie einen dunklen Punkt, der sich mit ungeheurer Schnelligkeit näherte.

„Was kann das sein?" sagte Sagloba langsam. „Das ist ein Mann zu Pferde."

Wirklich näherte sich ein Reiter in vollem Laufe, auf den Sattel gebeugt, das Antlitz in der Mähne verborgen, und hieb mit der Peitsche auf das Roß ein, das kaum die Erde zu berühren schien.

„Was für ein Teufel kann das sein? Und warum fliegt er so? Ei, wie er fliegt," sagte Sagloba und nahm die Pistolen von dem Sattelknopfe, um auf jeden Fall bereit zu sein.

Inzwischen war der Reiter auf dreißig Schritt herangekommen.

„Halt!" donnerte Sagloba ihn an und zielte mit dem Pistol — „wer bist Du?"

Der Reiter brachte das Pferd schnell zum Stillstand, erhob sich auf dem Sattel, blickte aber kaum auf bei dem Ausruf:

„Herr Sagloba!"

„Pleßniewski, der Diener des Starosten von Tschechryn, was machst Du, wohin reitest Du?"

„O, gnädiger Herr, kehrt auch Ihr mit mir um. O, Unglück! Zorn Gottes! Gottes Gericht!"

„Was ist geschehen? Sprich!"

„Tschechryn ist von den Saporogen genommen, die Bauern morden den Adel hin — Gottes Gericht . . ."

„Im Namen des Vaters und des Sohnes, was sprichst Du? Chmielnizki?"

„Potozki ist geschlagen, Tscharniezki in Gefangenschaft, die Tataren machen mit den Kosaken gemeinsame Sache, Tuhaj-Bey!"

„Und Barabasch und Krschetschowski?"

„Barabasch ist hin, Krschetschowski hat sich mit Chmielnizki verbunden, Krschywonos ist noch gestern in der Nacht gegen die Hetmane ausgerückt, Chmielnizki heute mit Tagesanbruch. Eine ungeheure Heeresmacht. Das Land steht in Flammen, die Bauern erheben sich überall, Blut fließt! Entflieht, Herr!"

Sagloba riß die Augen auf, öffnete den Mund und konnte vor Erstaunen kein Wort sprechen.

„Entflieht, Herr!" wiederholte Pleßniewski.

„Jesus, Maria!" schrie Sagloba auf.

„Jesus, Maria!" wiederholte Helene und brach in Thränen aus.

„Entflieht, sonst wird es zu spät."

„Wohin?"

„Nach Lubnie."

„Reitest Du auch dorthin?"

„Ja, Herr, zum Fürst-Wojewoden."

„Das mag der Kuckuck holen!" rief Sagloba. „Und wo sind die Hetmane?"

„Bei Korsun, aber Krschywonos kämpft gewiß schon mit ihnen."

„Krschywonos oder Prostonos (Schiefnas oder Geradnas), hol' ihn die Pest, wozu sollten wir dorthin?"

„Ihr rennt dem Löwen in den Rachen, ins eigene Verderben."

„Und wer hat Dich nach Lubnie geschickt? Dein Herr?"

„Der Herr ist glücklich davon gekommen, und mir hat mein Gevatter, der sich unter den Saporogen befindet, das Leben gerettet und zur Flucht verholfen. Nach Lubnie reite ich aus eigenem Antriebe, denn ich weiß nicht, wohin ich mich flüchten soll."

„Aber vermeide Roslogi, denn dort ist Bohun; er will sich auch den Empörern anschließen."

„Um Gotteswillen, hilf! In Tschechryn sagt man, könnten sich jeden Augenblick auch die Bauern im Dnieprlande empören!"

„Kann sein' kann sein, doch mach', daß Du weiter kommst, wohin Du willst; ich muß meine eigene Haut in Sicherheit bringen."

„Ja, das will ich thun," sagte Pleßniewski, gab seinem Pferde die Sporen und ritt davon.

„Aber meide Roslogi!" rief ihm Sagloba auf den Weg nach, „wenn Du aber Bohun triffst, sag' ihm nicht, daß Du mich gesehen hast, hörst Du?"

„Ich höre!" erwiderte Pleßniewski. „Behüt' Euch Gott!" Und er jagte davon, als ob er schon verfolgt wäre.

„Da haben wir's," sagte Sagloba. „Ich habe mich schon aus so mancher Fährlichkeit gezogen, aber in solchen Nöten war ich noch nicht. Vor uns Chmielnizki, hinter uns Bohun, und wenn es so ist, gebe ich nicht einen roten Heller weder für mein Vorn noch für mein Hinten, noch für meine ganze Haut. Ich habe wohl gar eine Thorheit gemacht, daß ich mit Euch nicht nach Lubnie floh, aber darüber können wir jetzt nicht nachdenken. Pfui, pfui, mein ganzer Witz ist jetzt nicht so viel wert, daß man mit ihm die Stiefel schmieren könnte. Was thun? Wohin? In dieser ganzen Republik giebt's keinen Winkel mehr, wo Menschen auf eine anständige Weise sich aus der Welt drücken könnten."

„Werter Herr," sagte Helene, „ich weiß, daß meine Brüder

Georg und Fedor in Slotonosch sind, vielleicht giebt's bei ihnen Hilfe?'

„In Slotonosch? Geduld, Fräulein, auch ich habe in Tschechryn Herrn Unieschizki kennen gelernt, der bei Slotonosch einen Besitz hat, Kropiwna und Tschernoboj, aber das ist weit von hier, weiter als bis nach Tscherkessien. Was thun? Da wir wo anders nicht hin können, wollen wir dorthin fliehen. Aber wir müssen von der Heerstraße; durch die Steppen und Wälder ist's weniger gefährlich. Könnten wir eine Woche dort irgendwo unterkommen, sei es auch in den Wäldern, vielleicht, daß in der Zeit die Hetmane mit Chmielnizki fertig werden und es in der Ukraine freundlicher wird."

„Gott hat uns nicht darum aus Bohuns Händen gerettet, damit wir untergehen. Habt Vertrauen, Herr!"

„Geduld, Fräulein, ich fasse wieder Mut. Man war schon in mannigfachen Fährlichkeiten. Zu gelegener Zeit will ich Euch erzählen, Fräulein, was mir in Galati begegnet ist, — und Ihr werdet gleich erkennen, daß es auch damals schlimm mit mir stand, und doch bin ich durch meinen eigenen Witz glücklich und heil davongekommen, wenn auch mein Bart, wie Ihr seht, grau geworden ist. Aber wir müssen von der Heerstraße herunter, bieget ein, Fräulein; ja, so. Ihr regiert das Pferd, wie der geschickteste Kosak. Das Gras ist hoch, kein Auge sieht uns."

Das Gras wurde, je tiefer sie in die Steppe hineinkamen, immer höher, so daß sie endlich ganz darin versanken, aber die Pferde kamen nur mit Mühe in diesem Gewirr von schwächeren und stärkeren Halmen vorwärts, die bisweilen auch scharf waren und verwundeten. In kurzer Zeit waren sie so ermattet, daß sie versagten.

„Wenn wir wollen, daß uns die Pferde länger dienen," sagte Sagloba, „so müssen wir absteigen und abzäumen. Mögen sie ein wenig zu sich kommen und futtern, sonst geht's nicht weiter. Ich merke, wir kommen bald an den Kahamlik. Ich wäre schon gern da, aber es geht nichts über das hohe Schilf; wenn man sich da versteckt, so findet einen der Teufel selber nicht. Wenn wir uns nur nicht verirren!"

Mit diesen Worten stieg er vom Pferde und half Helene heruntersteigen, dann nahm er das Sattelholz herab und brachte den Mundvorrat zum Vorschein, mit dem er sich vorsichtigerweise in Roslogi versehen hatte.

„Wir müssen uns stärken," sagte er, „denn der Weg ist weit. Macht dem heiligen Raphael irgend ein Gelübbe, daß wir die Gefahr glücklich überstehen. In Slotonosch ist ja auch eine alte Befestigung, vielleicht liegt in ihr ein Präsidium. Pleßniewski hat gesagt, daß auch im Dnieprlande die Bauern aufstehen, hm, kann wohl sein, das Volk ist hier leicht geneigt zur Empörung, aber auf dem Dnieprlande selbst lastet die Hand des Fürst=Wojewoden, und das ist eine verteufelt schwere Hand. Bohun hat einen gesunden Nacken, aber wenn diese Hand auf ihn herniederfällt, so beugt er sich doch bis zur Erde, was Gott geben möge, Amen. Eßt, Fräulein!"

Sagloba zog aus seinem Stiefelschaft eine Schale und reichte sie Helene, dann breitete er vor ihr auf einer Schabracke Rinderbraten und Brot aus.

„Eßt doch, Fräulein," sagte er, „wenn der Magen leer, geht's im Kopfe kreuz und quer, und uns ging's schon einmal quer im Kopfe, denn wir hätten lieber nach Lubnie entfliehen sollen, nun ist's vorbei. Der Fürst rückt gewiß auch mit dem Heere auf den Dniepr zu, den Hetmanen zu Hilfe. Fürchter= liche Zeiten haben wir erlebt, denn ein Bürgerkrieg ist von allen Uebeln das Schlimmste. Es wird keinen Winkel für ruhige Leute mehr geben. Mir wäre besser, ich wäre Geistlicher ge= worden, wozu ich auch den Beruf hatte, denn ich bin ein ruhiger, enthaltsamer Mensch, aber das Schicksal hat es anders gewollt. Mein Gott, ich wäre heute Kanonikus zu Krakau und sänge die Horen, denn ich habe eine sehr schöne Stimme. Aber ja! in der Jugend haben mir die Mädchen gefallen, hoho, Ihr glaubt nicht, Fräulein, was ich für ein schönes Bürschchen war; wenn ich eine ansah, war's, als hätte sie der Blitz getroffen. Wenn ich so zwanzig Jahre jünger wäre, da sollte Herr Skrzetuski d'ran glauben. Ihr seid ein reizender Kosak, es wundert mich nicht, daß die Jugend um Euch wirbt und daß sie sich in den Haaren liegen um Euretwillen. Skrzetuski ist auch kein übler Raufer; ich war Zeuge, wie Tschaplinski mit ihm anband, und er, er hatte es allerdings ein wenig im Kopfe, aber wie er auf= sprang, ihn am Kragen und mit Verlaub an den Hosen packte, und wie er ihn gegen die Thür donnerte, ich sage Euch, Fräulein, alle Knochen gingen ihm aus den Angeln. Der alte Sazwilichowski hat mir auch von Eurem Verlobten erzählt, daß er ein großer Ritter sei, der Liebling des Fürst=Woje= woden, aber ich habe gleich selbst erkannt, daß er ein Soldat von großer Würde ist und Erfahrung über sein Alter hinaus besitzt. Es wird heiß. Eure Gesellschaft, Fräulein, ist mir sehr an= genehm, aber ich gäbe, ich weiß nicht was, darum, wenn wir schon in Slotonosch wären. Ich sehe, wir werden den Tag über im Grase sitzen müssen und die Nacht reiten, ich weiß nur nicht, ob Ihr solche Mühen ertragen werdet?"

„Ich bin gesund, ich ertrage alle Drangsale. Wir können reiten, müßte es auch gleich sein."

„Ihr habt wahrlich männlichen Mut. Die Pferde haben sich erholt, ich will sie aufzäumen, damit sie für alle Fälle bereit stehen. Ich werde mich nicht eher sicher fühlen, als ich das Röhricht und das Schilf des Kahamlik erblicke. Hätten wir nicht die Heerstraße verlassen, so wären wir in der Gegend von Tschechryn auf den Fluß gestoßen, aber von dieser Stelle aus wird es noch eine Meile Wegs sein. So wenigstens schätze ich's. Wir setzen bald auf die andere Seite des Flusses über. Ich muß Euch sagen, Fräulein, ich bin entsetzlich schläfrig. Die vorige Nacht hat man in Tschechryn verjubelt, den gestrigen Tag ließ mich der Teufel mit den Kosaken nach Roslogi reiten und heute Nacht geht's wieder von Roslogi fort. Ich bin so schläfrig, daß ich selbst die Lust zur Unterhaltung verloren habe, und obgleich ich die Gewohnheit nicht habe, zu schweigen, denn die Philosophen sagen, die Katze muß zum Fangen bereit und der Mensch zum Reden gescheit sein, so sehe ich doch, daß meine Zunge träge wird; ich bitte Euch um Verzeihung, Fräulein, wenn ich einnicken sollte."

„Keine Ursache," antwortete Helene.

Sagloba hatte zwar unnötigerweise seine Zunge der Trägheit geziehen; seit Tagesgrauen hatte er nicht aufgehört zu schwatzen, aber schläfrig war er in der That. So fing er, als sie wieder zu Pferde gestiegen waren, auch gleich an, einzunicken, taumelte mit dem Kopfe immer wieder hin und her, bis er endlich völlig einschlief. Die Ermüdung und das Geräusch des Grases, das die Pferde mit ihrer Brust hin- und herbewegten, hatte ihn eingeschläfert. Helene dagegen gab sich den Gedanken hin, welche in ihrem Kopfe wie eine Schar Vögel hin- und herflatterten. Die Ereignisse waren so schnell aufeinander gefolgt, daß das Mädchen sich gar nicht Rechenschaft geben konnte von allem, was ihr begegnet war. Der Ueberfall, die fürchterlichen Mordszenen, der Schrecken, die unerwartete Hilfe und die Flucht, alles das war über sie hereingebrochen, wie ein Sturm in der Nacht. Und überdies waren viele Dinge geschehen, die sie nicht begriff! Wer war der Mann, der sie rettete? Er hatte ihr zwar seinen Namen genannt, aber dieser Name erklärte ihr mit nichten die Beweggründe seiner That. Wie war er nach Roslogi gekommen? Er hatte gesagt, daß er mit Bohun gekommen sei, offenbar also war er sein Genosse, sein Bekannter und Freund. Wenn dem so war, warum rettete er sie und setzte sich der größten Gefahr und der fürchterlichen Rache des Kosaken aus? Um das zu verstehen, mußte man Sagloba mit seinem unruhigen Geiste und seinem guten Herzen genau kennen. Helene aber kannte ihn erst seit sechs Stunden, und dieser unbekannte Mensch mit dem Gesicht eines Landstreichers und Trunkenboldes war ihr Retter! Wäre sie ihm vor drei Tagen begegnet, er hätte nur ihren Abscheu und ihr Mißtrauen erregt, und jetzt betrachtete sie ihn wie ihren guten Engel und floh mit ihm — wohin? Nach Slotonosch oder wo anders hin — sie wußte es selbst noch nicht. Welche Veränderung des Schicksals! Gestern noch hatte sie sich unter dem stillen Dache der Heimat zur Ruhe gelegt, heute war sie in der Steppe, zu Roß, in Männerkleidung, ohne Dach, ohne Zuflucht, hinter ihr der fürchterliche Bandenführer, der ihrer Ehre, ihrer Liebe nachstellte; vor ihr die Brandfackel des Bauern= aufstandes, der Bürgerkrieg mit all seinem Schrecken und Ent= setzen. Und ihr ganzes Vertrauen hat sie auf diesen Menschen gesetzt? Nein, noch auf einen anderen, der mächtiger ist, als die Gewaltthäter, als Krieg, Mord und Brand.

Hier erhob das Mädchen die Augen gen Himmel:

„Rette Du mich, großer, erbarmungsvoller Gott, rette Du die Waise, rette Du die Unglückselige, rette die Verirrte! Dein Wille geschehe, aber schenke mir Deine Gnade." ·

Hatte sie diese Gnade nicht schon erfahren? War sie nicht den fürchterlichsten Händen entrissen worden, durch ein gött= liches, unbegreifliches Wunder gerettet? Die Gefahr war noch nicht vorüber, aber vielleicht war auch die Erlösung nicht weit, wer weiß, wo der ist, den ihr Herz erwählt hat? Aus der Sitsch muß er schon heimgekehrt sein, vielleicht ist er in der= selben Steppe? Er wird sie suchen und finden, und dann wird Freude einkehren statt der Thränen; die Trauer, der Schrecken und die Gefahren werden auf immer vorüber sein — Friede und Trost wird kommen. Das brave, einfältige Herz des Mädchens wurde von Gottvertrauen erfüllt und die Steppe rings um sie her rauschte süß, der Windhauch, der die Gräser wiegte, trug auch ihr freundliche Gedanken zu. Nicht so ganz verwaist ist sie doch in dieser Welt, neben ihr der eine, sonderbare, unbekannte Beschützer — und der andere Bekannte und Geliebte wird um sie besorgt sein, sie nicht verlassen, sich für ewig an sie schmiegen, und das ist ein Mann von Eisen, stärker und mächtiger als die, welche ihr in diesem Augenblick nachstellen.

Die Steppe rauschte süß, die Blumen dufteten kräftig und berauschend, die roten Köpfchen der Disteln, die weißen Perlen der Männertreue und die Büschel des Beifuß neigten sich zu ihr, als erkannten sie in diesem verkleideten Kosakenjüngling mit den langen Zöpfen, dem milchweißen Gesichtchen und den roten Lippen ihr weibliches Schwesterchen. Sie neigten sich zu ihr, als wollten sie sagen: Weine nicht, Rotwänglein, auch wir stehen im Schutze Gottes. Und so kam von der Steppe her immer innigerer Trost über sie, die Bilder des Mordens und der Verfolgung verwischten sich in ihrem Geiste, und eine süße Schlaffheit umfing sie, der Schlaf begann ihre Wimpern zu schließen, die Pferde gingen langsam — die Bewegung wiegte sie hin und her. Auch sie schlief ein.

4. Kapitel.

Hundegebell erweckte sie. Sie öffnete die Augen und sah in der Ferne eine große, schattige Eiche, einen Zaun und Brunnen vor sich. Sie weckte auch bald den Genossen.

„Wacht auf, werter Herr!"

Sagloba öffnete die Augen.

„Was ist das? Wo sind wir?"

„Ich weiß es nicht!"

„Wartet ein Weilchen, Fräulein, das ist ein kosakisches Winterlager."

„So scheint es auch mir."

„Hier wohnen gewiß Tschabanen (Hirten), nicht gerade angenehme Gesellschaft. Was kläffen diese Hunde, als ob sie Wölfe verfolgten. Hinter dem Zaun sind Pferde und Menschen sichtbar, da hilft nichts, wir müssen einkehren, damit sie uns nicht verfolgen, wenn wir vorüberreiten. Ihr habt auch geschlafen, Fräulein?"

„Ja."

„Eins, zwei, drei, vier gesattelte Pferde — vier Menschen sind hinter dem Zaun, nun, keine große Macht, ja, ja, es sind Tschabanen, sie unterhalten sich lebhaft. He dort, Leute, kommt doch her!"

Die vier Kosaken kamen sofort heran. Es waren Pferdetschabanen, welche im Sommer die Pferdeherden in der Steppe hüten. Sagloba bemerkte sogleich, daß nur einer von ihnen einen Säbel und ein Gewehr hatte, die anderen drei waren mit

Pferdekinnbacken bewaffnet, die an Stöcke gebunden waren, aber er wußte auch, daß die Pferdehirten wilde und den Reisenden gefährliche Menschen zu sein pflegten.

Alle vier sahen auch die Ankömmlinge scheel an, in ihren kupferfarbigen Gesichtern war nicht die geringste Spur von Wohlwollen zu entdecken.

„Was wollt Ihr?" fragten sie, ohne die Mützen herunterzunehmen.

„Gelobt sei Gott!" sagte Herr Sagloba.

„In Ewigkeit, Amen. Was wollt Ihr?"

„Ist's weit nach Sirowata?"

„Wir kennen kein Sirowata."

„Und wie heißt dieser Winterplatz?"

„Husla."

„Gebt den Pferden zu trinken."

„Das Wasser ist ausgetrocknet. Wo kommt Ihr her?"

„Aus Kriwa-Ruda."

„Und wohin wollt Ihr?"

„Nach Tschechryn."

Die Tschabanen sahen sich an. Einer von ihnen, schwarz wie ein Neger und schielend, begann Sagloba scharf zu betrachten und sagte endlich:

„Und warum seid Ihr nicht auf der Heerstraße geblieben?"

„Weil es zu heiß ist."

Der Schielende legte die Hand an die Zügel von Saglobas Pferd.

„Macht nur, daß Ihr vom Pferde kommt, Herr, nach Tschechryn braucht Ihr nicht zu reiten."

„Und warum?" fragte Sagloba ruhig.

„Seht Ihr diesen Kosaken?" sagte der Schielende und zeigte auf einen der Tschabanen.

„Nun, ich sehe ihn."

„Er ist von Tschechryn hergekommen, dort schlachtet man die Lechen."

„Und weißt Du, Bauer, wer hinter uns her nach Tschechryn zieht?" „Nun, wer?"

„Fürst Jarema."

Die frechen Gesichter der Tschabanen wurden in einem Augenblick demütig, wie auf Kommando entblößten sie alle ihre Häupter.

„Und wißt Ihr auch, Kerle," sprach Sagloba weiter, „was die Lechen mit denen machen, die sie niedermetzeln? Sie hängen sie! Und wißt Ihr, wieviel Soldaten Fürst Jarema mit sich bringt, und wißt Ihr, daß er kaum eine halbe Meile von hier entfernt ist? Was nun, Ihr Hundeseelen, wollt Ihr dieses Lied noch weiter singen? Wie habt Ihr uns hier empfangen? Der Brunnen ist Euch ausgetrocknet? Ihr habt kein Wasser für die Pferde? Ich will Euch zeigen, Ihr Tagediebe! Ihr Pferdebrut!"

„Seid nicht böse, Herr, der Brunnen ist uns ausgetrocknet, wir selbst müssen an dem Kahamlik die Pferde tränken und das Wasser für uns holen."

„Ah, Ihr Viehschinder!"

„Verzeiht, Herr, der Brunnen ist ausgetrocknet, wenn Ihr befehlt, so eilen wir nach Wasser."

„Es wird ohne Euch gehen, ich will selbst mit dem Knappen hinreiten. Wo ist hier der Kahamlik?" fragte er zornig.

„Da, zwei Ruten weit," sagte der Schielende und zeigte mit dem Finger auf das Schilf hin.

„Und nach der Heerstraße muß ich hier zurück, oder kommt man längs dem Ufer hin?"

„Ja, Herr, am Ufer entlang. Eine Meile von hier biegt der Fluß auf die Heerstraße ein."

„Knappe, reite voraus," sagte Sagloba, sich an Helene wendend.

Der vermeintliche Knappe wandte sein Pferd auf der Stelle und ritt fort.

„Hört," sagte Sagloba zu den Bauern, „wenn die Vorposten kommen, sagt, ich sei den Fluß entlang nach der Heerstraße geritten."

„Gut, Herr."

Eine Viertelstunde später ritt Sagloba wieder neben Helene.

„Zu rechter Zeit habe ich den Fürst-Wojewoden erfunden," sagte er, und blinzelte mit dem kranken Auge. „Nun werden sie dort sitzen und auf die Vorposten warten. Der Schrecken ist ihnen in die Glieder gefahren bei dem bloßen Namen des Fürsten."

„Ich sehe, Ihr habt einen so gesunden Witz, daß Ihr Euch aus jeder Gefahr retten könntet," sagte Helene, „und ich danke Gott, daß er mir einen solchen Beschützer gesandt hat."

Dem Edelmann gingen diese Worte zu Herzen, er lächelte, streichelte mit der Hand sein Kinn und sagte:

„Nicht wahr, Sagloba hat den Kopf auf der rechten Stelle? Schlau, wie Ulysses, und das muß ich Euch sagen, Fräulein, besäße ich nicht diese Schlauheit, hätten mich längst die Raben aufgefressen. Aber was thun? Man muß sich retten. Sie haben an das Herannahen des Fürsten leicht geglaubt, denn es ist wahr, heute oder morgen muß er in dieser Gegend erscheinen, wie der Erzengel mit dem feurigen Schwert. Und wenn er den Bohun unterwegs zermalmen wollte, so gelobte ich barfuß eine Pilgerfahrt nach Tschenstochau. Und hätten die Tschabanen es auch nicht geglaubt, die bloße Erinnerung an die Macht des Fürsten hätte genügt, um sie von einem Angriff auf unser Leben abzuhalten. Aber ich will Euch sagen, Fräulein, ihre Frechheit ist für uns kein gutes Zeichen, denn sie bedeutet, daß die Bauern schon von Chmielnizkis Siegen Witterung bekommen haben und immer frecher werden. Wir müssen uns jetzt an die öden Wege halten und an den Dörfern vorbeireiten, denn es ist gefährlich. Gebe Gott, daß der Fürst-Wojewode so schnell als möglich herankomme, denn wir sind in ein solches Netz geraten, wie ich mein Lebtag in keinem gefährlicheren war."

Wieder ergriff die Angst Helene, und da sie ein Wörtchen aus Saglobas Munde vernehmen wollte, sagte sie:

„Jetzt habe ich schon Vertrauen, daß Ihr Euch und mich retten werdet."

„Das versteht sich," antwortete der alte Schlaukopf, „der Kopf ist dazu da, daß er über die Haut wache, und Euch, Fräulein, habe ich schon so liebgewonnen, daß ich für Euch wie für die eigene Tochter sorgen will, das Schlimmste ist nur, daß wir selbst nicht wissen, wohin wir fliehen sollen, denn dieses Slotonosch ist auch kein allzusicheres Asyl."

„Das weiß ich gewiß, die Vettern sind in Slotonosch."

„Sie sind da oder auch nicht, denn sie können abgereist sein und würden nach Roslogi gewiß nicht auf dem Wege heimkehren, den wir reiten, ich baue mehr auf das dortige Präsidium. Wenn doch wenigstens so ein halbes Fähnlein oder ein halbes Regiment im Schlößchen läge! Aber da ist auch schon der Kahamlik, jetzt wenigstens haben wir das Röhricht zur Seite, wir setzen auf die andere Seite über, und anstatt das Ufer entlang nach der Heerstraße zu reiten, nehmen wir den Weg die Anhöhe hinauf, um unsere Spur zu verwischen. Wir kommen zwar näher zu Roslogi, aber nicht viel . . ."

„Wir nähern uns Browarki," sagte Helene, „durch welches man nach Slotonosch reist."

„Um so besser; haltet nur, Fräulein."

Sie tränkten die Pferde, dann ließ Sagloba Helene in einem guten Versteck im Schilf und ging aus, um eine Furt zu suchen; er fand sie auch mit Leichtigkeit, denn sie lag kaum etliche zehn Schritt von dem Orte entfernt, an dem sie Halt gemacht hatten. Gerade hier hatten jene Tschabanen ihre Pferde auf die andere

Seite des Flusses getrieben, der übrigens in seiner ganzen Breite ziemlich flach war, nur die Ufer waren wenig zugänglich, denn sie waren bewachsen und sumpfig. Sie setzten also auf das andere Ufer über und ritten eilig stromaufwärts, ohne auszuruhen bis zur Nacht. Der Weg war schwierig, denn in den Kahamlik ergossen sich viele Flüßchen, welche bei der Mündung breit austraten und hie und da Brüche und Sümpfe bildeten. Man mußte immer wieder Furten suchen oder durch Gestrüpp bringen, das für Reiter schwer zu passieren war. Die Pferde waren entsetzlich müde und schleppten kaum noch die Füße; von Zeit zu Zeit brachen sie so zusammen, daß Sagloba fürchtete, sie kämen gar nicht mehr heraus. Endlich gelangten sie an das hohe, trockene, mit Eichen bewachsene Ufer. Aber schon war auch tiefe, dunkle Nacht eingebrochen, die Fortsetzung der Reise war eine Unmöglichkeit, denn in der Finsternis hätte man auf gefährliche Sümpfe stoßen und umkommen können. Sagloba beschloß also, bis zum Morgen zu warten.

Er zäumte die Pferde ab, band sie zusammen und ließ sie auf der Weide tummeln, dann begann er Blätter zu sammeln, machte aus ihnen ein Lager, bedeckte es mit Schabracken und einem Filzmantel und sagte zu Helene:

„Legt Euch nieder, Fräulein, und schlaft, denn wir haben nichts besseres zu thun. Der Tau wird Euch die Aeuglein netzen, aber das thut nichts, auch ich will meinen Kopf auf das Sattelholz legen, denn ich spüre kaum noch meine Knochen. Feuer wollen wir nicht anzünden, denn das Licht könnte uns die Tschabanen auf den Hals locken. Die Nacht ist kurz, mit Tagesgrauen reiten wir weiter. Schlaft ruhig, Fräulein, wie die Hasen sind wir die Kreuz und Quer gesprungen, ohne freilich einen weiten Weg zurückzulegen, aber wir haben auch die Spuren hinter uns so verwischt, daß uns keiner selbst mit dem Teufel im Bunde auffinden kann. Gute Nacht, Fräulein."

„Gute Nacht."

Der schlanke Kosakenjüngling kniete nieder und betete lange, die Augen zu den Sternen erhoben, Sagloba aber nahm das Sattelholz auf die Schultern und trug es ein wenig abseits, wo er sich einen Ort zum Schlafen ausersehen hatte. Das Ufer war gut gewählt zum Nachtlager, es war hoch und trocken, also auch frei von Mücken. Das dichte Laub der Eichen konnte guten Schutz gegen den Regen gewähren.

Helene konnte lange nicht einschlafen, die Ereignisse der vergangenen Nacht standen lebhaft vor ihrem Gedächtnis, aus der Dunkelheit traten die Gesichter der Ermordeten: der Tante und der Vettern. Es schien ihr, als wäre sie mit den Leich= namen in jenem Flur eingeschlossen, und als sollte Bohun sogleich in diesen Flur treten, sie sah sein blasses Antlitz, seine schwarzen Zobelbrauen, vom Schmerz zusammengezogen, und seine Augen auf sich gerichtet. Eine unaussprechliche Angst ergriff sie, und plötzlich in dieser Finsternis, die sie umgab, erblickte sie in Wirklichkeit zwei leuchtende Augen ....

Der Mond sah flüchtig aus den Wolken hervor, beleuchtete mit wenigen Strahlen den Eichenhain und gab den Stämmen und Zweigen phantastische Gestalten. Die Rallen ließen sich auf den Wiesen vernehmen, Wachteln in den Steppen; von Zeit zu Zeit ertönten ferne sonderbare Stimmen der Vögel oder der Nachttiere. In der Nähe wieherten die Pferde, welche im Grase weideten und gefesselt umhersprangen, sich immer mehr von den Schlafenden entfernend. Aber alle diese Stimmen beruhigten Helene, denn sie zerstreuten ihre phantastischen Gesichter und brachten sie zur Wirklichkeit zurück; sie sagten ihr, daß dieser Flur, der beständig vor ihren Augen stand, und diese Leichen der Verwandten und dieser Bohun, der blasse, mit der Rache im Blick, nur eine Täuschung der Sinne, ein Gebilde der Angst war, nichts weiter. Vor wenigen Tagen hätte sie der Gedanke an eine solche Nacht unter bloßem Himmel in der Wüste tötlich erschreckt; heute mußte sie sich in Erinnerung rufen, daß sie wirklich am Kahamlik sei, fern von ihrem jungfräulichen Zimmer, um sich zu beruhigen.

So sangen die Rallen und Wachteln sie in den Schlaf, die Sterne funkelten, wenn ein Wind die Zweige bewegte, die Käfer summten in dem Eichenlaube — und sie schlief endlich ein. Aber die Nächte in der Wüste haben auch ihre Ueberraschungen. Es fing schon an zu dämmern, als aus der Ferne entsetzliche Stimmen an ihr Ohr schlugen, ein Pfauchen, Heulen, Schnarchen, dann ein Quieken, so schmerzlich und entsetzlich, daß das Blut in ihren Adern erstarrte. Sie sprang schnell auf die Füße, von kaltem Schweiß bedeckt, erschrocken und ohne zu wissen, was sie beginnen solle. Plötzlich erschien vor ihren Augen Sagloba, der ohne Mütze, Pistolen in den Händen, nach der Richtung lief, wo die Stim= men herankamen. Nach einer kurzen Pause erscholl seine Stimme:

„Uha! Uha! Siromacha!"

Ein Schuß ertönte, dann war alles still. Helene schien es, als währte es eine Ewigkeit, endlich hörte sie aber unten am Ufer wiederum Saglobas Stimme:

„Daß Euch die Hunde zerfleischen, daß man Euch das Fell abziehe, daß Euch die Juden am Kragen hätten!"

In Saglobas Stimme zitterte wahrhafte Verzweiflung.

„Was ist geschehen, Herr?" fragte das Mädchen.

„Die Wölfe haben unsere Pferde abgeschlachtet."

„Jesus, Maria! Beide?"

„Eins ist tot, das andere verwundet, so daß es kaum noch eine Waldstrecke wird gehen können. In der Nacht sind sie nicht dreihundert Schritt gegangen, und es ist schon vorbei mit ihnen."

„Was werden wir jetzt beginnen?"

„Was wir beginnen werden? Wir werden uns Stöcke schneiden und uns darauf setzen. Weiß ich, was wir beginnen? Wahre Verzweiflung faßt mich! Ich sage Euch, Fräulein, der Teufel hat es gerade auf uns abgesehen — und das ist auch gar kein Wunder, denn er muß ja Bohuns Freund oder sogar Verwandter sein. Was wir beginnen werden? Wenn ich das weiß, will ich mich in ein Pferd verwandeln, so werdet Ihr, Fräulein, wenigstens darauf reiten können. Ein Schelm will ich sein, wenn ich je in solcher Not war."

„Wir werden zu Fuß gehen . . ."

„Ihr habt gut reden, Fräulein, bei Euren zwanzig Jährchen, aber wie soll ich bei meinem Umfange nach Bauernmode reisen? Zwar, ich rede unvernünftig, denn hier hat ja jeder Bauernknecht sein Pferd und nur die Hunde laufen zu Fuß. So wahr ich lebe, die reine Verzweiflung. Gewiß werden wir hier nicht sitzen bleiben, wir werden weiter gehen, aber wann wir nach Slotonosch kommen, weiß ich nicht. Wenn es schon kein Vergnügen ist, zu Pferde zu entfliehen, zu Fuß gehen ist geradezu niederträchtig. Das ist schon das Schlimmste, was uns begegnen konnte, das Riemenzeug müssen wir hier lassen, und was wir für unseren Magen haben wollen, müssen wir auf dem eigenen Rücken fortschaffen."

„Ich werde nicht zugeben, daß Ihr es allein tragt, was nötig sein wird, werde ich mittragen."

Sagloba gab sich zufrieden, da er des Mädchens Entschlossenheit sah.

„Aber, mein gnädiges Fräulein," sagte er, „ich müßte ja ein Türke oder Heide sein, wenn ich das zugäbe. Nicht zum Tragen sind diese weißen Händchen da, nicht zum Tragen diese schlanken Schulterchen. Wenn Gott mir hilft, werde ich es schon allein fertig bringen, nur werde ich öfter ruhen müssen, denn ich war immer zu enthaltsam im Essen und Trinken, davon habe ich einen kurzen Atem. Wir nehmen die Schabracken mit uns zum Schlafen und etwas Nahrungsmittel, übrigens wird nicht viel davon bleiben, wenn ich bedenke, daß wir uns tüchtig werden erfrischen müssen."

Sie setzten sich auch bald nieder, um sich zu stärken, wobei Herr Sagloba seine vielgerühmte Enthaltsamkeit vergaß und einen recht langen Atem zeigte. Gegen Mittag kamen sie an eine Furt, über welche offenbar von Zeit zu Zeit Menschen und Wagen fuhren, denn an beiden Ufern waren Spuren von Rädern und Pferdehufen.

„Vielleicht ist das der Weg nach Slotonosch," sagte Helene.

„Bah, es ist niemand hier, den man fragen könnte."

Kaum hatte Sagloba das gesagt, als aus der Ferne Menschenstimmen an ihr Ohr schlugen.

„Haltet, Fräulein, verbergen wir uns," flüsterte Sagloba. Die Stimmen kamen näher.

„Seht Ihr etwas?" fragte Helene.

„Ja, Fräulein."

„Wer nähert sich?"

„Ein blinder Greis mit der Laute. Ein Bürschchen führt ihn. Jetzt ziehen sie die Stiefel aus. Sie kommen über den Fluß auf uns zu."

Bald kündigte das Plätschern des Wassers an, daß jene wirklich hindurch gingen.

Sagloba und Helene kamen aus ihrem Versteck.

„Gelobt sei Gott," sagte der Edelmann laut.

„In Ewigkeit, Amen," antwortete der Greis. „Wer ist da?"

„Christen; fürchte Dich nicht, Alter, gut Freund."

„Gebe Euch der heilige Nikolaus Gesundheit und Glück."

„Und woher kommt Ihr, Alter?"

„Aus Browarki."

„Und wohin führt dieser Weg?"

„Zu den Waldflecken, Herr, zum Dorfe . . ."

„Kommt man auf diesem Wege nach Slotonosch?"

„Ja, Herr."

„Seid Ihr schon lange von Browarki fort?"

„Seid gestern früh."

„Seid Ihr auch in Roslogi gewesen?"

„Ja, Herr, man sagt, die Ritter seien dort angekommen, und es habe eine Schlacht gegeben."

„Wer hat das gesagt?"

„In Browarki haben's die Leute gesagt, da ist einer von dem Gesinde des Fürsten gekommen, und was er erzählt hat, ist entsetzlich!"

„Habt Ihr ihn nicht gesehen?"

„Ich sah niemand, Herr, ich bin blind."

„Und der Bursche da?"

„Er sieht, aber er ist stumm, ich allein verstehe ihn."

„Ist's weit von hier nach Roslogi? Denn wir wollen gerade dorthin."

„O ja, es ist weit!"

„Ihr sagt also, Ihr waret in Roslogi?"

„Ja, Herr."

„So," sagte Sagloba und packte plötzlich den Burschen am Kragen. „Ha, Ihr Schurken, Diebe, Schufte, spionieren geht Ihr, die Bauern zur Empörung aufreizen, he, Fedor, Alex, Maxim, die da nehmen, nackt auskleiden und erhängen oder ersäufen! Haut zu, es sind Rebellen, Spione, haut, schlagt!"

Er begann den Burschen zu rütteln und tüchtig zu schütteln und immer lauter zu schreien. Der Greis warf sich auf die Kniee und bat um Gnade, der Bursche gab entsetzliche Töne von sich, wie sie den Stummen eigen sind, und Helene sah er= staunt dem Ueberfall zu.

„Was thut Ihr?" fragte sie, den eigenen Augen nicht trauend.

Aber Sagloba schrie, fluchte, setzte die ganze Hölle in Be= wegung, rief alle Krankheiten, allen Erdenjammer auf sie herab — drohte mit allen Arten von Foltern und Tod.

Die junge Prinzessin glaubte, er habe seinen Verstand verloren.

„Gehe fort!" rief er ihr zu. „Es ziemt Dir nicht, mit anzusehen, was hier geschehen wird. Fort, sage ich."

Plötzlich wandte er sich zu dem Alten um:

„Zieh' den Mantel ab, Hammel, wo nicht, schneide ich Dich in Stücke!"

Dann warf er den Burschen auf den Boden und begann mit eigenen Händen ihm die Kleider vom Leibe zu reißen; der Alte warf vor Schreck schnell seine Laute, seinen Sack und sein Wams ab.

„Alles herunter! daß die Pest" — kreischte Sagloba.

Der Greis begann sein Hemd herunterzuziehen.

Da die junge Prinzessin sah, was kommen sollte, entfernte sie sich eilig, um ihre Keuschheit nicht durch den Anblick der entblößten Glieder zu beleidigen, und Saglobas Flüche tönten ihr noch nach.

Als sie sich ein Stück entfernt hatte, machte sie Halt, sie wußte selbst nicht, was sie beginnen sollte. In der Nähe lag der Stamm eines vom Sturm gestürzten Baumes, sie setzte sich auf diesen und wartete. An ihr Ohr schlugen die Rufe des Stummen, die Seufzer des Alten und der wüste Lärm, den Sagloba machte.

Endlich wurde alles still, man hörte nur das Zwitschern der Vögel und das Rauschen der Blätter. Nach kurzer Zeit hörte sie lautes Keuchen und einen schweren Männertritt.

Es war Sagloba.

Auf dem Arme trug er die Mäntel, die er dem Greise und dem Buben abgenommen hatte, in der Hand zwei Paar Stiefel und die Laute. Da er näher kam, begann er mit seinem gesunden Auge zu blinzeln, zu lächeln und schwer zu atmen.

Er war offenbar in trefflicher Laune.

„Kein Gerichtsdiener im Tribunal schreit so, wie ich ge= schrieen habe," sagte er, „ich bin ganz heiser davon. Aber ich habe erreicht, was ich wollte, ich habe sie nackt laufen lassen, so wie sie die Mutter zur Welt gebracht hat. Wenn mich der Sultan nicht zum Pascha macht oder zum Hospodar der Walachei, so ist er undankbar, denn ich habe die Zahl der türkischen Heiligen um zwei vermehrt. O, die Schurken, sie haben gebeten, ihnen wenigstens das Hemd zu lassen! Aber ich habe ihnen gesagt, sie sollten dankbar dafür sein, daß ich ihnen das Leben lasse. Seht nur, Fräulein, alles neu, das Wams, die Stiefel, die Hemden, wie soll hier Ordnung in der Republik herrschen, wenn das Bauernvolk sich so luxuriös kleidet, aber sie waren zum Ablaß in Browarki, haben sich dort Batzen zusammengebettelt und auf dem Jahrmarkte alles neu gekauft. So mancher Edelmann in diesem Lande schafft nicht soviel aus seinem Boden, wie solch ein Alter zusammenbettelt. Von jetzt ab lasse ich das Ritterhandwerk und werde die Greise auf den Straßen plündern, denn ich sehe, daß man eo modo leichter zu Vermögen kommen kann."

„Aber zu welchem Zwecke habt Ihr das gethan?" fragte Helene.

„Zu welchem Zwecke? Begreift Ihr das nicht, Fräulein? Wartet nur ein wenig, der Zweck wird sich bald offenkundig zeigen."

Mit diesen Worten nahm er die Hälfte des zerrissenen Mantels und begab sich in das Strauchwerk am Ufer. Nach einiger Zeit ertönten in den Sträuchern die Saiten einer Laute,

und dann erschien . . . nicht mehr Sagloba, sondern ein leib=
haftiger ukrainischer Sänger mit dem Flecken an dem einen
Auge und mit dem grauen Barte. Der „Sänger" trat näher
zu Helene heran und sang mit heiserer Stimme:

„Du heller Falke,
Mein leiblicher Bruder,
Wie fliegst Du so hoch,
Wie schaust Du so weit"

Die Prinzessin klatschte in die Hände, und zum ersten=
male seit der Flucht aus Roslogi erheiterte ein Lächeln ihr
liebliches Gesicht.

„Wenn ich nicht wüßte, daß Ihr es seid, ich hätte Euch
kaum erkannt."

„Was?" sagte Sagloba, „Ihr habt gewiß auch zu Fast=
nacht keine hübschere Maskerade gesehen. Ich habe mich auch
im Kahamlik angesehen, und wenn ich je einen schöneren Sänger
erblickt habe, so mag man mich an meinem eigenen Mantelsack
aufhängen. An Liedern fehlt's mir auch nicht, was hört Ihr
lieber, Fräulein, von der Mariechen, von Bohuslaws Marusia,
von der Bondarowna oder von Serpiahahs Tode? O, ich kann
auch das singen, ein Schelm will ich sein, wenn ich nicht unter
den größten Schuften mein Stück Brot erwerben kann."

„O, jetzt verstehe ich schon, darum habt Ihr diesen armen
Menschen die Kleider ausgezogen, damit wir den Weg in der
Verkleidung sicherer machen."

„Versteht sich," sagte Sagloba, „was denkt Ihr denn? Hier,
im Dnieprland, ist das Volk schlimmer, als wo anders, und nur
die Hand des Fürsten hält den Pöbel von Freveln zurück, und
jetzt, wenn sie von dem Krieg mit den Saporogen und von
Chmielnizkis Siegen hören, kann sie keine Macht der Erde von
der Rebellion zurückhalten. Ihr habt die Tschabanen gesehen,
die uns schon das Fell über die Ohren ziehen wollten. Wenn
die Hetmane nicht bald den Chmielnizki aufreiben, so wird in
einem, in zwei Tagen das ganze Land in Flammen stehen, und
wie soll ich Euch dann durch die Haufen der Empörer durch=
bringen? Sollten wir in ihre Hände fallen, so wäre es besser
für Euch gewesen, in denjenigen Bohuns zu bleiben."

„Nein, das darf nicht sein, lieber den Tod," unterbrach
ihn die Prinzessin.

„Ich ziehe das Leben vor, denn der Tod ist ein Uebel,
von dem man sich durch den größten Witz nicht befreit, aber
ich denke so: Diesen Alten hat uns Gott geschickt, ich habe ihm

damit einen solchen Schrecken eingejagt, daß der Fürst mit dem ganzen Heere in der Nähe sei, wie den Tschabanen dort. Sie werden vor Schreck drei Tage lang nackt im Röhricht sitzen, und wir werden uns indessen verkleidet nach Slotonosch durch= schlagen, und finden wir dort Eure Vettern und Hilfe — gut. Wo nicht, so gehen wir weiter bis zu den Hetmanen, oder wir warten auf den Fürsten, und alles das in völliger Sicherheit, denn den herumziehenden Sängern droht weder von den Bauern, noch von den Kosaken Gefahr. Wir können unsere Häupter heil durch Chmielnizkis Lager tragen, nur die Tataren müssen wir vermeiden, denn sie würden Euch als jungen Burschen in die Gefangenschaft nehmen."

„So muß auch ich mich verkleiden?"

„Gewiß, werft also Euren Kosaken ab und steckt Euch in diesen Bauernburschen. Ihr seid für den Bauernburschen ein wenig zu hübsch, ich auch für den alten Sänger, aber das thut nichts, der Wind wird Eure Wänglein schon bräunen und mir wird vom Laufen das Bäuchlein dünner werden. Ich schwitze alle Fettigkeit heraus. Als mir die Walachen das Auge aus= brannten, dachte ich, das sei ein schreckliches Unglück, und nun sehe ich, daß mir das jetzt gerade nützt, denn ein Sänger, der nicht blind wäre, würde Verdacht erregen. Ihr, Fräulein, werdet mich an der Hand führen, nennt mich Onufry, das ist der Name meines Alten, nun aber kleidet Euch schnell um, denn wir müssen eiligst auf den Weg, der zu Fuß recht lang werden wird."

Sagloba entfernte sich, und Helene verwandelte sich schnell in den Sängerknaben.

Nachdem sie sich in dem Fluß gespiegelt hatte, warf sie den Kosakenrock ab, dann zog sie das Bauernwams an, setzte den Strohhut auf und hing sich den Quersack um. Zum Glück war jener Bursche, den Sagloba geplündert hatte, schlank, es paßte ihr also alles gut.

Sagloba kam zurück, betrachtete sie aufmerksam und sagte:

„Du lieber Gott, so mancher Ritter würde auf seine schöne Taille verzichten, wenn ihn ein solcher Bursche führte, und ich kenne einen Husaren, der würde das gewiß thun. Aber mit diesen Haaren hier müssen wir unbedingt etwas vornehmen. Ich habe in Stambul manchen schönen Burschen gesehen, aber einen solchen habe ich nirgends gefunden."

„Gebe Gott, daß mir meine Schönheit nicht Schaden bringe," sagte Helene.

Aber sie lächelte dennoch, denn ihrem weiblichen Ohr schmeichelte Saglobas Bewunderung.

„Schönheit bringt nie Schaden, ich bin der beste Beweis dafür, denn als mir die Türken in Galati das Auge ausbrannten und auch das andere ausbrennen wollten, da rettete mich die Frau des dortigen Paschas, und zwar wegen meiner außerordentlichen Schönheit, deren Rest Ihr noch sehen könnt, Fräulein.“

„Ihr habt aber doch gesagt, daß Euch die Walachen die Augen ausbrannten?“

„Ja, Walachen, aber türkisierte, und beim Pascha in Galati im Dienst.“

„Aber sie haben Euch doch auch das andere nicht ausgebrannt.“

„Es ist mir von der Glut des Eisens geblendet worden, das ist schon dasselbe. Was also denkt Ihr mit den Zöpfen zu thun, Fräulein?“

„Nun, wir müssen sie abschneiden.“

„Ja, das müssen wir, aber wie?“

„Mit Eurem Säbel.“

„Mit dem kann man recht wohl einen Kopf abschneiden, aber die Haare, da weiß ich nicht quo modo.“

„Wißt Ihr was, Herr, ich will mich an diesem Baumstamm niedersetzen, und lege die Haare über den Stumpf, und Ihr schneidet so lange, bis Ihr sie abschneidet, aber schneidet mir den Kopf nicht ab.“

„O, das befürchtet nicht, Fräulein! Oft genug habe ich die Lichter in trunkenem Zustande abgeputzt, und habe nie in das Licht hineingeschnitten. Ich werde auch Euch, Fräulein, keinen Schaden thun, obwohl es das erstemal in meinem Leben ist, daß ich so etwas thue.“

Helene ließ sich an dem Baumstamme nieder, warf ihre ungeheuren schwarzen Haare quer darüber hinweg und erhob die Augen zu Herrn Sagloba.

„Ich bin bereit,“ sagte sie, „schneidet nur, Herr!“

Und sie lächelte ihn ein wenig betrübt an, denn es war ihr leid um die Haare, die man oben am Kopfe kaum mit zwei Fäusten umfassen konnte. Aber auch Herrn Sagloba war nicht wohl zu Mute, er umfaßte den Stamm, um besser schneiden zu können, und murmelte:

„Pfui, pfui, ich wollte lieber ein Feldscher werden und den Kosaken die Bärte scheren. Mir ist, als wäre ich der Henkermeister und ginge an die Henkersarbeit, denn Ihr wißt doch,

Fräulein, daß man den Hexen die Haare um den Kopf herum beschneidet, damit sich der Teufel nicht darin verberge und durch seine Gewalt die Wirkung der Folter nicht zerstöre. Aber Ihr, Fräulein, seid keine Hexe, und darum scheint mir auch diese That häßlich, und wenn mir Herr Strzetuski dafür nicht die Ohren abschneidet, dann werfe ich ihm imparitatem vor. Wahrhaftig, eine Gänsehaut überläuft mich, schließt doch wenigstens die Augen, Fräulein!"

„Schon geschehen," sagte Helene.

Sagloba erhob sich gerade so, als ob er sich in dem Steig= bügel zum Streiche aufrichtete. Das flache Eisen schwirrte durch die Luft' und die langen, schwarzen Strähne glitten über die Rinde des Stammes auf die Erde nieder.

„Schon geschehen," sagte jetzt Sagloba.

Helene stand schnell auf, und die kurzgeschnittenen Haare fielen in einem schwarzen Kreise über ihr Gesicht, auf das die Schamröte trat, denn in jener Zeit sah man es als eine große Schmach an, einem Mädchen die Zöpfe abzuschneiden, es war also ihrerseits ein großes Opfer, das sie nur von der Not ge= zwungen gebracht.

Sogar Thränen traten ihr in die Augen, und Sagloba, der mit sich unzufrieden war, tröstete sie nicht einmal.

„Ich glaube, ich habe etwas Häßliches gethan," sagte er, „und ich wiederhole Euch, Fräulein, daß Strzetuski, wenn er ein echter Kavalier ist, mir dafür die Ohren abschneiden müßte, aber es kann nicht anders sein, denn man hätte sofort Euer Geschlecht erraten. Jetzt werden wir kühn weiter können. Ich habe den Alten auch nach dem Wege gefragt und ihm dabei das Messer an die Kehle gesetzt. Wie er mir gesagt hat, werden wir in der Steppe drei Eichen erblicken, in deren Nähe eine Wolfsschlucht sein wird, und in der Nähe der Schlucht soll der Weg über den Jarowka nach Slotonosch liegen. Er hat auch gesagt, daß die Tschumaken dieses Weges fahren, so werden wir auf einem Wagen Platz finden! O, es sind schwere Stunden, die wir zusammen verleben, ich werde sie in Ewigkeit nicht ver= gessen. Nun werden wir auch die Säbel hier lassen müssen, denn es steht dem fahrenden Sänger und seinem Buben nicht an, die Abzeichen des Edelmanns zu tragen. Ich will sie unter diesen Stamm stecken, vielleicht finde ich sie mit Gottes Hilfe einmal wieder. Dieser Säbel hat viele Schlachten gesehen, und viele Siege hat er erringen helfen, glaubt mir, Fräulein, ich wäre heute schon Oberbefehlshaber, wenn nicht die invidia und die Bosheit der Menschen mich der Vorliebe für die heißen Getränke geziehen hätte. So geht's in der Welt, nirgends giebt's Gerechtigkeit. Weil ich nicht wie ein Thor in den Tod rannte, und soviel Verstand habe, wie ein zweiter Kunktator, und Vorsicht mit Tapferkeit vereinige, so hat Sagwilichowski zuerst gesagt, daß ich feige sei. Er ist ein guter Kerl, aber er hat eine böse Zunge. Noch vor kurzem hat er mich gestichelt, weil ich mit den Kosaken Brüderschaft hielt, und ohne diese Brüderschaft wäret Ihr, Fräulein, gewiß Bohuns Macht nicht entgangen."

Während er so sprach, steckte Sagloba die Schwerter unter den Stamm, bedeckte sie mit Kräutern und Gras, dann warf er den Quersack und die Laute über die Schultern, nahm den mit Feuerstein ausgelegten Stock in die Hand, fuchtelte ein über das andere Mal durch die Luft und sagte:

„Nun, auch das ist nicht übel, so kann man manchem Hunde oder Wolfe ein Licht aufstecken und die Zähne einschlagen. Das Schlimmste bei alledem ist, daß wir zu Fuß gehen müssen, aber da hilft nichts! Gehen wir!"

Sie gingen, der schwarzköpfige Bubet voraus, der Alte hinterdrein. Der Alte brummte und flucht, denn es wurde ihm heiß vom Gehen, obwohl ein Wind über die Steppe fuhr. Dieser Wind gab den Wangen des hübschen Burschen eine dunkle Farbe. Bald stießen sie auf die Schlucht, auf deren Boden eine Quelle sprang, welche ihre kryftallklaren Wasser in den Kahamlik ergoß. In der Nähe dieser Schlucht, nicht weit vom Flusse, wuchsen auf einer Anhöhe drei mächtige Eichen; unsere Wanderer bogen bald auf sie ein. Bald trafen sie auch die Spuren des Weges, der sich in der Steppe gelb zeichnete von den Blüten, die aus dem Viehdünger hervorwuchsen. Der Weg war leer, kein Tschumake war zu sehen, kein Vieh, das langsam des Weges ging. Nur hier und da lagen Rinderknochen, welche die Wölfe umhergeschleppt hatten und die in der Sonne weißlich schimmerten. Die Wanderer gingen ununterbrochen weiter, nur in den schattigen Eichenhainen ruhten sie aus. Der schwarzköpfige Bursche legte sich im Grünen zum Schlafen nieder, und der Alte wachte. Sie schritten auch durch Bäche, und wo es keine Furt gab, suchten sie sie am Ufer entlanggehend. Manchmal trug auch der Alte den Burschen auf dem Arme hinüber mit einer Kraft, die bei einem Manne, der am Bettelstabe ging, verwundern mußte! Aber er war ein stämmiger

Greis. So zogen sie hin bis zum Abend, bis endlich der Bube sich am Wege im Eichenwalde niederließ und sagte:

„Ich habe keinen Atem mehr, die Kräfte verlassen mich. Ich gehe nicht weiter. Hier will ich mich hinlegen und sterben."

Den Alten erfaßte ein fürchterlicher Kummer.

„O diese vermaledeite Einöde," sagte er, „kein Flecken, keine Hütte am Wege, kein lebendes Wesen. Aber wir können hier nicht die Nacht durch bleiben. Schon sinkt der Abend nieder, in einer Stunde wird es dunkel sein — hört nur, Fräulein!"

Der Alte schwieg, und eine Zeitlang herrschte tiefe Stille.

Plötzlich wurde sie unterbrochen von einem langen, düsteren Laut, der aus dem Inneren der Erde zu kommen schien und in Wirklichkeit aus der Höhle drang, die unweit des Weges lag.

„Das sind Wölfe," sagte Sagloba, „vorige Nacht hatten wir Pferde, da haben sie die Pferde aufgefressen, jetzt möchten sie sich an uns selbst machen. Ich halte zwar ein Pistol unter dem Wams, aber ich weiß nicht, ob mein Pulver für zwei Schüsse reicht und ich möchte nicht gern als Marzipan bei dem Wolfs= mahle dienen. Hört Ihr, Fräulein — wieder!"

Das Geheul erschallte wirklich wieder und schien näher zu sein.

„Steht auf, Kind," sagte der Alte, „wenn Ihr nicht gehen könnt, will ich Euch tragen. Was thun? Ich sehe, ich habe Euch schon zu lieb gewonnen, Fräulein, und gewiß nur deshalb, weil ich selbst in ledigem Stande lebe undgkeine rechtmäßigen Nachkommen habe, und wenn ich unrechtmäßige habe, so sind's Heiden, denn ich habe lange in der Türkei gelebt. Mit mir stirbt das Geschlecht der Sagloba aus. Ihr, Fräulein, werdet Euch meines Alters annehmen, und jetzt steht auf oder hockt Euch auf meinen Rücken huckepack!"

„Die Füße sind mir so schwer, so daß ich mich kaum noch bewegen kann."

„Und da habt Ihr Euch mit Euren Kräften gerühmt, Fräulein. Aber still, nur still, bei Gott, ich höre Hundegebell. Ja, ja, das sind Hunde, nicht Wölfe. So muß Demianowka in der Nähe sein, wie der Alte gesagt hat. Gott sei gelobt und gedankt, ich dachte schon, ob wir nicht Feuer machen wollen, die Wölfe abzuwehren, aber wir wären gewiß ein= geschlafen, denn wir sind beide ermattet. Ja, ja, das sind Hunde, hört Ihr?"

„Gehen wir," sagte Helene, deren Kräfte plötzlich wiederkehrten.

Und kaum waren sie aus dem Walde getreten, so zeigten sich auf einige Ruten Entfernung die Feuer zahlreicher Hütten.

Sie bemerkten auch die drei kleinen Kuppeln der griechischen Kirche, die mit frischem Blech beschlagen waren, das in den letzten Strahlen der Abendröte durch die Dämmerung glänzte. Das Bellen der Hunde wurde immer deutlicher.

„Ja, das ist Demianowka, es kann nichts anderes sein,“ sagte Sagloba. „Man nimmt die herumziehenden Sänger überall gern auf, vielleicht bekommen wir ein Nachtlager und Abendbrot, und vielleicht bringen uns gute Menschen weiter. Wartet nur, Fräulein, das ist ein fürstliches Dorf, und es wohnt gewiß auch ein Unterstarost darin. So können wir ausruhen und Nachrichten einholen. Der Fürst muß unterwegs sein, vielleicht kommt die Rettung schneller, als Ihr hofft, aber! — vergeßt nicht, daß Ihr stumm seid. Ich fange selbst schon an, mich zu verheddern, denn ich habe Euch befohlen, mich Onufry zu nennen, und da Ihr doch stumm seid, dürft Ihr mich überhaupt nicht nennen. Ich will für Euch und für mich sprechen, und, Gottlob, ich spreche die Bauernsprache so gut wie Lateinisch. Nur weiter, weiter! Siehe da, da sind schon die ersten Hütten in der Nähe. Du lieber Gott! Wann wird unsere Wanderschaft ein Ende haben. Wenn wir wenigstens Warmbier bekommen könnten, würde ich Gott auch dafür danken.“

Sagloba verstummte, und sie gingen eine Zeitlang schweigend nebeneinander. Dann begann er wieder zu sprechen:

„Vergeßt nicht, Fräulein, daß Ihr stumm seid; wenn Euch jemand nach etwas fragt, so zeigt nur gleich auf mich und sagt: hum, hum, hum ... Ihr seid, wie ich gesehen habe, sehr vernünftig, denn es handelt sich hier um unser Leben. Es sei denn, wir träfen zufällig ein Fähnlein der Hetmane oder des Fürsten, dann wollen wir gleich ankündigen, wer wir sind, besonders, wenn sich ein artiger Offizier finden sollte, der ein Bekannter Skrzetuskis wäre. Zwar seid Ihr unter dem Schutz des Fürsten und habt die Soldaten nicht zu fürchten. O, was für Feuer brennen denn dort in der Tiefe? Aha, man schmiedet — eine Schmiede! Aber ich sehe da auch eine große Anzahl Menschen, gehen wir dorthin!“

In dem verfallenen Mauerwerk, welches eine Art Vorhalle zu der Höhle bildete, stand eine Schmiede, aus deren Schornstein die goldenen Funken wie Aehrenbündel und Rauchwolken stoben, und durch die offenen, zahlreichen Löcher, die durch die Wände gebohrt waren, drang ein grelles Licht, an dem von Zeit zu Zeit dunkle Gestalten im Innern vorbeihuschten. Draußen vor der Schmiede sah man ebenfalls im Dämmerschein der Nacht zahlreiche

Gestalten, die in Haufen herumstanden. Die Hämmer in der Schmiede schlugen im Takte, so daß ihr Echo rings erdröhnte, und dieser Widerhall vermischte sich mit den Gesängen vor der Schmiede, mit dem Lärm der Unterhaltung, mit dem Gebell der Hunde. Da Herr Sagloba dies alles sah, bog er bald in jene Schlucht ein, schlug die Laute und begann zu singen:

Ei, dort am Berge
Schneiden die Schnitter,
Auf Berges Wegen
Und grünen Stegen
Kommen die Ritter.

So singend, näherte er sich der Menschenschar, welche vor der Schmiede stand. Nun sah er sich um: es waren Bauern, die zum größten Teil betrunken waren; fast alle hielten Stangen in der Hand, an einigen von diesen Stangen glänzten Sensen, die an der Kante befestigt waren, und scharfe Spieße. Die Schmiede in der Höhle arbeiteten gerade an der Herstellung dieser Spieße und an der Biegung der Sensen.

„Ei, ein Sänger, ein Sänger," rief man in der Schar.

„Gelobt sei Gott," sagte Sagloba.

„In Ewigkeit, Amen."

„Sagt, lieben Leute, wo ist Demianowka?"

„Demianowka? Warum?"

„Man hat mir unterwegs gesagt," sprach der Alte weiter, „daß hier gute Menschen wohnen, die den blinden Sänger auf= nehmen, speisen und tränken werden, über Nacht beherbergen und ihm ein paar Pfennige geben. Ich Alter habe einen weiten Weg gemacht, und der Bursche hier kann nicht mehr weiter. Der Arme ist stumm und führt mich Alten, denn ich sehe nicht, ich bin ein unglücklicher Blinder. Gott wird Euch segnen, gute Leute, und der heilige Nikolaus, der Wunderthäter, wird Euch segnen, und der heilige Onufry wird Euch segnen. In dem einen Auge habe ich noch ein wenig Himmelslicht, das andere ist dunkel für ewige Zeiten; so wandere ich mit der Laute immer umher, singe mein Lied und lebe, wie die Vögel, von dem, was gute Leute mir geben."

„Und woher seid Ihr, Alter?"

„O, von weit her, von weit her, aber erlaubt, daß ich ruhe, ich sehe, bei der Schmiede steht eine Bank. Setz' Du Dich auch her," sprach er weiter und zeigte Helene die Bank. „Wir kommen weit von der Ladawa her, gute Leute, aber wir sind lange, lange schon von Hause weg, jetzt kommen wir vom Ab= laß aus Browarki."

„Und was habt Ihr dort Gutes gehört?" fragte ein alter Bauer, der eine Sense in der Hand hielt.

„Wir haben manches gehört, aber ob es gut ist, weiß ich nicht. Es sind viele Menschen dort zusammengekommen, sie haben von Chmielnizki gesprochen, daß er den Hetmanssohn und seine „Ritter" geschlagen habe, sie haben auch gehört, daß am ruthenischen Ufer die Bauern sich gegen die Herren erheben."

Bald umringte die ganze Schar Sagloba, der, neben der jungen Fürstin sitzend, von Zeit zu Zeit in die Saiten seiner Laute griff.

„Und Ihr, Väterchen, habt Ihr gehört, daß sie sich erheben?"

„O, gewiß, denn unser Bauernschicksal ist Elend!"

„Aber man sagt, das Elend wird ein Ende nehmen."

„In Kijew hat man eine Schrift von Christus, dem Herrn, auf dem Altar gefunden, daß ein fürchterlicher, entsetzlicher Krieg kommen und großes Blutvergießen in der ganzen Ukraine statt= finden wird."

Der Halbkreis, der die Bank umgab, auf welcher Sagloba saß, wurde immer enger.

„Was sagt Ihr, eine Schrift?"

„Ja, eine Schrift, wahrhaftig! Vom Krieg, vom Blut= vergießen . . . . aber, ich kann nicht mehr sprechen, mir armen Alten ist's trocken im Halse."

„Da nehmt, Väterchen, ein Maß Branntwein und sagt, was Ihr in der Welt gehört habt. Auch wir wissen, daß die Sänger weit in der Welt herumkommen und alles erfahren. Es waren auch schon einige hier, und die haben uns gesagt, daß den Herren die schwarze Stunde schlägt von Chmielnizki. Und so haben wir unsere Sensen und Spieße machen lassen, um nicht die Letzten zu sein, und nun wissen wir nicht, ob wir an= fangen oder ob wir einen Brief von Chmielnizki erwarten sollen."

Sagloba leerte das Glas, schnalzte mit der Zunge, dann dachte er eine Weile nach und sprach:

„Und wer sagt Euch, daß die Zeit gekommen ist, anzufangen?"

„Wir selbst wollen es."

„Los, los!" schrieen zahlreiche Stimmen, „wenn die Sapo= rogen die Herren geschlagen haben, dann fangen wir an."

Die Sensen und Spieße klirrten in ihren kräftigen Händen und gaben einen unheilverkündenden Ton von sich.

Dann trat Schweigen ein, nur die Hämmer in der Schmiede dröhnten. Die zukünftigen Rädelsführer warteten, was der Alte sagen würde. Der Alte sann nach und sann, endlich fragte er:

„Wessen Leute seid Ihr?"

„Des Fürsten Jarema."

„Und wen wollt Ihr hinmorden?"

Die Bauern blickten hinter sich.

„Ihn?" fragte der Alte.

„Unmöglich . . . ."

„O, unmöglich, Kinder, unmöglich, auch ich war in Lubnie und habe den Fürsten mit eigenen Augen gesehen — er ist schrecklich. Wenn er schreit, erzittern die Bäume im Walde, und wo er mit dem Fuße aufstampft, entsteht eine Schlucht. Ihn fürchtet auch der König, ihm gehorchen die Hetmane, und ihn fürchten alle. Seine Heeresmacht ist größer, als die des Chans und des Sultans. Das könnt Ihr nicht, Kinder, das könnt Ihr nicht. Nicht Ihr werdet ihn aufsuchen, er wird Euch suchen, und Ihr wißt noch nicht, was ich weiß, daß ihm alle Lechen zu Hilfe kommen werden, und merkt auch das: jeder Leche ist auch ein Schwert."

Düsteres Schweigen herrschte in der Schar, der Alte schlug wieder in die Saiten und sprach weiter, das Gesicht zur Mond= scheibe erhoben:

„Der Fürst kommt, er kommt, und mit ihm so viel rote Standarten und Fahnen wie Sterne am Himmel und Disteln in der Steppe, vor ihm geht der Wind und seufzt, und wißt Ihr, Kinder, warum er seufzt? Ueber Euer Elend seufzt er. Vor ihm schreitet der Gevatter Tod mit der Sense und läutet, und wißt Ihr, warum er läutet? Um Euren Kopf läutet er."

„Herr, erbarme Dich unser!" sagten erschrockene Stimmen leise.

Und wieder vernahm man nur das Dröhnen der Hämmer.

„Wer ist hier der Kommissar des Fürsten?" fragte der Alte.

„Herr Gdeschinski."

„Und wo ist er?"

„Er ist entflohen."

„Und warum ist er entflohen?"

„Weil er gehört hat, daß man für uns Spieße und Sensen schmiedet, ist er erschrocken und davongelaufen."

„Desto schlimmer, so wird er Euch bei dem Fürsten angeben."

„Was krächzest Du wie ein Rabe," sagte ein alter Bauer. „Nun ja, auch wir glauben, daß den Herren die schwarze Stunde geschlagen hat, und sie werden nicht mehr sein, nicht an dem ruthenischen und nicht an dem tatarischen Ufer, und dann wird es keine Herren, keine Prinzen mehr geben, sondern nur Kosaken, freie Männer — und keinen Zins wird es geben, keine Brannt=

weinsteuer und keine Mehlsteuer und kein Brückengeld, und es wird keine Juden mehr geben, denn so steht in der Schrift von Christus, von welcher Du selbst erzählt hast. Und Chmiel ist so mächtig, wie der Fürst, wir wollen sehen."

„Gott gebe es ihm," sagte der Alte, „das Los des Bauern ist schwer, und früher war es anders."

„Wem gehört das Land? Dem Fürsten; wem die Steppe? Dem Fürsten; wem der Wald, wem die Herden? Dem Fürsten, und vor Zeiten war der Wald Gottes, die Steppe Gottes; wer zuerst kam, der nahm's und war niemandem unterthan. Jetzt gehört alles den Herren und den Fürsten . . ."

„Ihr habt recht, Kinder," sagte der Alte, „aber ich will Euch Eins sagen: Ihr wißt selbst, daß Ihr hier dem Fürsten nicht standhaltet, so will ich Euch sagen: wer die Herren niedermetzeln will, der bleibe nicht hier, so lange Chmiel mit dem Fürsten sich nicht gemessen hat, sondern fliehe zu Chmiel — und das gleich morgen, denn der Fürst ist schon unterwegs. Wenn ihn Herr Gdeschinski überredet, nach Demianowka zu kommen, so wird Euch der Fürst nicht am Leben lassen, sondern bis auf den Letzten niederhauen — flieht lieber zu Chmiel. Je mehr Ihr dort sein werdet, desto leichter wird Chmiel mit ihnen fertig werden. O, und er hat eine schwere Arbeit vor sich, erst die Hetmane und die zahllosen Heere der Krone, dann den Fürsten, der mächtiger ist, als die Hetmane, so eilt dem Chmiel und den Saporogen zu Hilfe, denn die Armen werden nicht standhalten — und sie kämpfen doch mit den Herren für Eure Freiheit, für Euer Wohl. Eilt, so rettet Ihr Euch vor dem Fürsten und helft dem Chmiel."

„Er hat recht," ließen sich Stimmen in der Schar vernehmen.

„Er spricht wahr!"

„Ein kluger Greis!"

„So hast Du den Fürsten unterwegs gesehen?"

„Gesehen? Gesehen habe ich ihn nicht, aber in Browarki habe ich gehört, daß er schon von Lubnie ausgerückt ist; er sengt und schlägt alles nieder, wo er nur einen Spieß findet; nur Erde und Himmel läßt er zurück."

„Herr, erbarme Dich unser."

„Und wo sollen wir Chmiel suchen?"

„Dazu, Kinder, bin ich hergekommen, um Euch zu sagen, wo Ihr den Chmiel suchen sollt. Geht, Kinder, nach Slotonosch, und dann kommt Ihr nach Trechtymirow, und dort wird Chmiel schon auf Euch warten, dort versammeln sich auch von allen

Dörfern, von allen Flecken und Kolonien die Menschen, dort kommen auch die Tataren hin, denn sonst ließe Euch alle der Fürst nicht auf der Mutter Erde wandeln."

„Und Ihr, Alter, werdet Ihr mit uns gehen?"

„Mitgehen werde ich nicht, denn die alten Füße tragen mich nicht mehr, aber spannt mir einen Wagen an, so fahre ich mit Euch, und vor Slotonosch will ich vorausgehen, um zu sehen, ob dort nicht die Herrenheere sind. Wenn sie dort sind, so machen wir einen Umweg und ziehen stracks nach Trechty= mirow, dort ist schon Kosakenland. Und jetzt gebt mir zu essen und zu trinken, denn ich bin hungrig, und mein Bursche ebenfalls. Morgen früh brechen wir auf, und unterwegs will ich Euch von Herrn Potozki und vom Fürsten Jarema singen. O, das sind furchtbare Löwen! Ein großes Blutvergießen wird in der Ukraine stattfinden, der Himmel rötet sich furchtbar, und der Mond schwimmt wie im Blute. Bittet, Kinder, um Gottes Gnade, denn so mancher wird nicht mehr lange auf der Erde wandeln. Ich habe auch gehört, daß die Vampyre aus den Gräbern steigen und heul n."

Ein Schrecken ergriff die versammelten Bauern, unwill= kürlich begannen sie sich anzusehen, bekreuzigten sich und flüsterten einander zu. Endlich rief einer:

„Auf nach Slotonosch!"

„Nach Slotonosch!" wiederholten alle, als wäre dort Zu= flucht und Rettung.

„Nach Trechtymirow!" riefen andere.

„Tod den Lechen und Herren!"

Plötzlich trat ein junger Kosak aus der Menge hervor, schüttelte seinen Speer und rief:

„Brüder, wenn wir morgen nach Slotonosch gehen, so laßt uns heute in das Haus des Kommissars gehen!"

„In das Haus des Kommissars!" schrieen auf einmal zahl= reiche Stimmen.

„Brennet! Plündert!"

Aber der Alte, der bisher seinen Kopf auf die Brust gesenkt hielt, erhob ihn und sprach:

„Ei, Kinder, geht nicht zum Kommissar, verbrennt sein Haus nicht, es würde schlimm werden. Gebt mir lieber zu essen und zeigt mir mein Nachtlager. Besser, Ihr sitzt ruhig und streift nicht umher wie die Hummeln."

„Er spricht wahr," ließen sich einige Stimmen vernehmen.

„Er spricht wahr, und Du, Maxim, bist ein Thor."

„Kommt, Väterchen, zu mir, zu Brot und Salz und zu einem Maß Met, und wenn Ihr gegessen habt, so sollt Ihr in der Hütte auch Streu zum Schlafen haben," sagte der alte Bauer, sich an den Sänger wendend.

Sagloba stand auf und zog Helene am Aermel des Wamses mit sich. Die junge Fürstin war eingeschlafen.

„Der Bursche hat sich müde gelaufen und ist trotz den Hammerschlägen eingeschlafen," sagte Sagloba, und in der Seele dachte er:

„O süße Unschuld, die Du inmitten der Speere und der Messer schlafen kannst, die Engel des Himmels müssen Dich schützen, und mit Dir schützen sie auch mich."

Er weckte sie und sie gingen ins Dorf, das nicht weit davon lag. Die Nacht war schön und ruhig. Der Schall der dröhnenden Hämmer folgte ihnen. Der alte Bauer ging voraus, um ihnen in der Finsternis den Weg zu zeigen, und Sagloba that, als ob er ein Gebet spreche, und murmelte mit eintöniger Stimme:

„O Vater im Himmel, erbarme Dich der Sündigen ... seht Ihr, Fräulein! ... heilige Jungfrau ... was hätten wir gethan ohne die Bauernkleidung? ... Der Du bist im Himmel und auf Erden ... nun bekommen wir zu essen, und morgen fahren wir nach Slotonosch, anstatt zu Fuß zu gehen ... Amen, Amen, Amen ... es ist möglich, daß Bohun unsere Spur findet, denn unsere Schliche werden ihn nicht irre führen ... Amen, Amen! ... Aber es wird schon zu spät sein, denn in Prohorowka ... Der Teufel ist den Frommen nicht fürchterlich ... hier wird das Land in einigen Tagen in Flammen stehen, wenn nur erst der Fürst gegen den Dniepr rückt ... Amen ... daß sie die Pest ... daß sie der Henker hole ... hört nur, Fräulein, wie sie dort an der Schmiede heulen ... Amen ... es ist eine schwere Not, aber ich will ein Schelm sein, wenn ich Euch nicht daraus befreie, und wenn wir bis nach Warschau fliehen sollten."

„Was brummt Ihr da, Alter?" fragte der Bauer.

„Nichts, ich bete für Eure Gesundheit, Amen, Amen ..."

„Da ist auch schon meine Hütte ..."

„Gelobt sei Gott."

„In alle Ewigkeit. Ich bitte zu Brot und Salz."

„Lohn's Gott."

Wenige Augenblicke später stärkte sich der Greis am Hammelfleisch, trank reichlich Met, und am andern Tage früh fuhr er mit seinem Burschen auf einem bequemen Wagen nach Slotonosch,

von etlichen Bauern, die mit Spießen und Sensen bewaffnet
waren, zu Rosse begleitet.

Sie kamen über Kawrajetz, Tschernoboj und Kropiwna.
Unterwegs sahen sie, daß das ganze Land in Aufruhr war.
Ueberall bewaffneten sich die Bauern, die Schmiede in den
Schluchten arbeiteten vom Morgen bis zum Abend, und nur die
gefürchtete Macht, der gefürchtete Name des Fürsten Jeremias
hielt noch den blutigen Ausbruch des Aufstandes nieder.

Inzwischen war jenseits des Dniepr der Sturm mit voller
Wut losgebrochen. Das Gerücht von der Niederlage bei Korsun
war mit Blitzesschnelle über ganz Ruthenen geeilt, und alles,
was Leben hatte, griff zu den Waffen.

5. Kapitel.

Bohun wurde von seinen Leuten am anderen Morgen nach
Saglobas Flucht halb erstickt in dem Tuche, das ihm Sagloba
um den Kopf gewunden hatte, aufgefunden, da er aber keine schweren
Wunden hatte, kam er bald wieder zu sich. Er rief sich alles, was
vorangegangen war, wieder in Erinnerung und verfiel in Raserei,
brüllte wie ein wildes Tier, machte sich die Hände blutig an
der eigenen, blutigen Stirn und ging mit dem Dolchmesser auf
die Leute los, so daß seine Mannschaften nicht wagten, sich ihm
zu nähern. Endlich ließ er zwischen zwei Pferde einen jüdischen
Wagen spannen, setzte sich hinein, da er sich noch nicht im
Sattel halten konnte, und fuhr wie wahnsinnig in der Richtung nach Lubnie zu, weil er glaubte, daß die Flüchtlinge sich
dorthin begeben hätten. So lag er in den jüdischen Federbetten
in dem Flaum und in dem eigenen Blute und raste durch die
Steppe hin wie ein Vampyr, der vor dem hereinbrechenden
Morgen ins Grab entflieht, und hinter ihm her eilten seine getreuen Mannschaften in der festen Ueberzeugung, daß sie dem
Tode entgegenjagten. So kamen sie nach Wassilowka, wo
hundert Mann ungarischen Fußvolks als Besatzung lagen, die
dem Fürsten gehörten. Der wilde Kosakenführer griff sie unverzüglich an und stürzte sich, als wäre er des Lebens überdrüssig, als erster ins Feuer; nach mehrstündigem Kampfe
hatte er sie ganz niedergemetzelt mit Ausnahme einiger Soldaten, die er nur verschonte, um sie durch Foltern zu Geständ-
nissen zu zwingen. Nachdem er von ihnen erfahren hatte, daß

kein Edelmann in dieser Richtung mit einem Mädchen entflohen
sei, wußte er nicht, was er beginnen sollte, und riß sich vor
Schmerz über Helenens Verlust den Verband von seinen Wunden.
Es war unmöglich, weiter vorzubringen, denn überall auf Lubnie
zu standen die Regimenter des Fürsten, und diese mußten von den
Bewohnern, die während des Kampfes aus Wassilowka ent=
flohen waren, schon von dem Angriffe benachrichtigt sein.
Die treuen Mannschaften rissen daher den von der Wut ermatteten
Attaman mit sich und brachten ihn zurück nach Roslogi.
Aber sie fanden bei ihrer Rückkehr keine Spur mehr von dem
Herrenhofe, denn die Bauern des Ortes hatten gemeinsam mit
dem Prinzen Wassili alles geraubt und niedergebrannt und
hofften, wenn die Prinzen oder der Fürst Jeremias sich rächen
wollten, die ganze Schuld auf die Kosaken und auf Bohun zu
wälzen. Man hatte dabei alle Gebäude niedergebrannt, den
Kirschengarten ausgerottet, das ganze Gesinde niedergemetzelt,
denn die Bauernschaft rächte sich mitleidslos für die harte Be=
handlung und den Druck, die sie von den Kurzewitsch' erfahren
hatten. Unmittelbar hinter Roslogi fiel Pleßniewski in Bohuns
Hände, welcher mit der Nachricht von der Niederlage bei
den Gelben Wassern von Tschechryn her kam. Sie befragten ihn,
wohin er reite und welchen Auftrag er habe, und als er sich ver=
wirrte und keine klaren Antworten gab, wurde er ihnen verdächtig;
man briet ihn am Feuer, und nun sagte er alles her, was er
von der Niederlage und von Herrn Sagloba, dem er tags
zuvor begegnet war, wußte. Der Kosakenführer atmete erfreut
auf, er ließ Pleßniewski aufhängen und eilte weiter, jetzt in der
festen Ueberzeugung, daß ihm Sagloba nicht entgehen würde. Die
Tschabanen gaben ihm auch wirklich neue Fingerzeige, aber hinter
der Furt verlor sich jede Spur wie im Wasser. Dem alten
Sänger, den Sagloba ausgeplündert hatte, konnte der Attaman
nicht mehr begegnen, denn er war anderwärts gegangen, den
Kahamlik hinunter, und war überdies so eingeschüchtert, daß er
sich wie ein Fuchs im Röhricht verbarg.

Inzwischen waren wieder ein Tag und eine Nacht ver=
gangen, und da die Verfolgung in der Richtung nach Wassilowka
zu ebenfalls zwei Tage fortgenommen hatte, hatte Sagloba einen
ungeheuren Vorsprung. Was war also zu thun?

In dieser schwierigen Lage erhielt Bohun Rat und Hilfe
von dem Esaul, einem alten Steppenwolf, der von Jugend auf
gelernt hatte, den Spuren der Tataren in den Wilden Feldern
nachzuforschen.

„Brüderchen," sagte er, „sie sind nach Tschechryn geflohen, und das haben sie klug gemacht, denn sie haben Zeit gewonnen — als sie aber von Chmiel gehört und von Pleßniewski die Niederlage an den Gelben Wassern erfahren, haben sie einen anderen Weg genommen. Du hast ja selbst gesehen, Brüderchen, daß sie die Heerstraße verlassen und ihren Weg seitwärts genommen haben."

„In die Steppe?" frug Bohun.

„In der Steppe würde ich sie finden, aber sie sind zum Dniepr geflohen, um zu den Hetmanen zu gelangen — sie sind also entweder nach Tscherkassy oder nach Slotonosch und Prohorowka geflohen . . . und wenn sie auch nach Perejeslaw geflohen wären, obgleich ich das nicht glaube, so finden wir sie doch. Einer von uns muß nach Tscherkassy, der andere nach Slotonosch auf die Tschumakenstraße — und zwar schleunigst, denn gelingt es ihnen, über den Dniepr zu setzen, so gelangen sie zu den Hetmanen oder fallen Chmielnizkis Tataren in die Hände."

„So eile Du nach Slotonosch, ich will nach Tscherkassy."

„Gut, Brüderchen, und seid auf der Hut, denn Sagloba ist ein schlauer Fuchs."

„O, auch ich bin schlau, Brüderchen," sprach Bohun.

Nachdem sie so den Plan der Verfolgung geordnet hatten, trennten sie sich sofort, der eine ging in der Richtung nach Tscherkassy, der andere höher hinauf nach Slotonosch. Am Abende desselben Tages kam der alte Esaul in Demianowka an.

Das Dorf war leer, nur die Weiber waren zurückgeblieben, denn alle Männer waren an den Dniepr zu Chmielnizki gezogen. Als die Weiber Bewaffnete sahen und nicht wußten, wer sie waren, verbargen sie sich in den Hütten und Scheunen. Anton mußte lange suchen, bis er ein altes Weib fand, die nichts mehr fürchtete, selbst die Tataren nicht.

„Und wo sind die Bauern, Mütterchen?" fragte Anton.

„Weiß ich's?" versetzte sie und zeigte ihre gelben Zähne.

„Wir sind Kosaken, Mütterchen, fürchtet nichts, wir sind nicht von den Lechen."

„Lechen? Hol' sie der Teufel!"

„Ihr wollt uns wohl — nicht wahr?"

„Euch?" Die Alte überlegte eine Weile: „Auch Euch hole die Pest!"

Anton wußte nicht, was er beginnen sollte, als plötzlich die Thür einer Hütte knarrte und ein junges hübsches Weib in den Hof trat.

„Ei, ich habe gehört, daß Ihr nicht Lechen seid?" sagte sie.

„So ist's," antwortete der Esaul.

„So seid Ihr von Chmiel?"

„So ist's."

„Nicht von den Lechen?"

„Nein."

„Und was fragt Ihr nach den Bauern?"

„Nun, wir fragen nur, ob sie schon fortgezogen sind?"

„Sie sind fort, sie sind fort."

„Gott sei Dank. Und sagt nur, ist hier herum nicht ein lechischer Edelmann mit der Tochter vorübergeflohen?"

„Ein Edelmann, ein Leche? Ich habe nichts bemerkt."

„Ein blinder Sänger war hier, er hat die Bauern beredet, zu Chmiel nach Slotonosch zu gehen, und er sagte, der Fürst Jarema würde herkommen."

„Hierher?"

„Ja, hierher, dann soll er nach Slotonosch ziehen, so hat der Alte gesagt."

„Und der Alte hat die Bauern zum Aufstande beredet?"

„Ja, der Alte."

„War er allein?"

„Nein, mit einem Stummen."

„Und wie hat er ausgesehen?"

„Wer?"

„Der Alte."

„O, alt, sehr alt, er spielte die Laute und klagte über die Herren. Aber ich habe ihn nicht gesehen."

„Und er hat die Bauern zum Aufstand überredet?" fragte Anton noch einmal.

„Ja, er."

„Hm, behüt' Euch Gott, junges Blut."

„Zieht mit Gott."

Anton sann lange nach. Wenn dieser Alte der verkleidete Sagloba gewesen ist, warum, zum Teufel, hat er die Bauern überredet, zu Chmielnizki zu gehen? Und dann, wo hätte er die Verkleidung hergenommen? Wo hätte er die Pferde gelassen? Er ist doch zu Pferde entflohen. Aber vor allem, wozu hätte er die Bauern zum Aufstande gereizt und vor der Ankunft des Fürsten gewarnt, das hätte wohl der Edelmann gethan, nicht aber der Bettler. Und vor allem würde er doch selbst bei dem Fürsten Schutz suchen, denn wenn der Fürst nach Slotonosch kommt, was nicht unmöglich ist, so wird er den Aufständischen unbedingt für Wassilowka heimzahlen. Hier fuhr Anton zusammen, denn plötzlich schien ihm der neue Balken am Thore vollkommen die Gestalt eines Pfahles anzunehmen.

„Nein, dieser alte Sänger war nur ein alter Sänger, nichts weiter. Es verlohnt nicht, nach Slotonosch zu gehen, lieber wollte er nach der andern Seite nachsetzen. Was aber dann? Warten, — der Fürst konnte kommen, nach Prohorowka gehen und über den Dniepr setzen, das hieße, den Hetmanen in die Hände fallen."

Dem alten Steppenwolfe wurde es unbehaglich in der breiten Steppe, er fühlte auch, daß der Wolf in ihm auf den Fuchs in Sagloba gestoßen sei.

Auf einmal schlug er sich an die Stirn.

„Und warum hatte dieser Alte die Bauern nach Slotonosch gezogen, hinter welchem Prohorowka liegt, und hinter diesem wieder jenseits des Dniepr die Hetmane und das ganze Kronlager?"

Anton beschloß, in jedem Falle nach Prohorowka zu reiten.

Wenn er am Ufer erfuhr, daß auf der anderen Seite das Heer der Hetmane stehe, so würde er nicht übersetzen, sondern den Fluß abwärts gehen und bei Tscherkassy sich mit Bohun verbinden, übrigens würde er unterwegs Nachrichten über Chmielnizki erhalten. Dem Esaul war schon aus der Mitteilung Pleßniewskis bekannt, daß Chmielnizki Tschechryn eingenommen, daß er den Krschywonos gegen die Hetmane geschickt habe und daß er selbst mit Tuhaj-Bey ihm gleich folgen sollte. Als erfahrener und die Lage des Ortes genau kennender Soldat war Anton gewiß, daß die Schlacht schon geliefert sein mußte. In diesem Falle mußte man wissen, woran man sich zu halten habe. War Chmielnizki geschlagen, so würden sich die Heere der Hetmane verfolgend über die Dnieprufer ergießen, und in diesem Falle würde man Sagloba vergebens suchen. Aber wenn Chmielnizki gesiegt? ... Zwar, Anton glaubte nicht daran, es war leichter, den Sohn des Hetmans zu schlagen, als den Hetman selbst; leichter den Vortrab, als das ganze Heer.

„Ei," dachte der alte Kosak, „unser Hetman hätte besser gethan, an seine eigene Haut zu denken, als an das Mädchen. Bei Tschechryn kann man über den Dniepr setzen und von da, so lange es noch Zeit ist, nach der Sitsch entkommen, hier, zwischen dem Fürsten Jarema und den Hetmanen eingeengt, wird es schwer sein, ein verstecktes Plätzchen zu finden."

Unter solchen Erwägungen ritt er eilig samt seinen Mannschaften in der Richtung der Sula, die er gleich hinter Demianowka überschreiten mußte, wenn er nach Prohorowka kommen wollte. Sie gelangten nach Mogila, das unmittelbar am Flusse lag.

Hier war der Zufall Anton günstig, denn obgleich Mogila gleich Demianowka leer war, fand er doch Prahme und Fährleute, welche die Bauern übersetzten, die zum Dniepr flohen. Das Dnieprland selbst wagte nicht, sich unter der Hand des Fürsten zu empören, aber aus allen Dörfern, Flecken und Kolonien flohen die Bauern, um sich mit Chmielnizki zu verbinden und unter seinen Fahnen zu kämpfen. Die Nachricht von dem Siege der Saporogen bei den Gelben Wassern flog wie ein Vogel über das ganze Dnieprland, das wilde Volk hielt es nicht mehr aus, ruhig in seinen Häusern zu sitzen, obwohl es gerade hier keinen Druck erfuhr, denn, wie wir schon sagten, der Fürst, der die Empörer strafte, war für die ruhigen Ansiedler ein wahrer Vater, und seine Kommissare fürchteten sich, dem ihnen anvertrauten Volke ein Unrecht zuzufügen. Aber dieses Volk, das vor kurzem erst aus Räuberbanden in Acker= bürger umgewandelt worden, war des Gesetzes, der strengen Zucht und der Ordnung überdrüssig und floh dorthin, wo ihm die Hoff= nung einer zügellosen Freiheit leuchtete. In vielen Dörfchen flohen sogar die Weiber zu Chmielnizki. In Tschabanowka und Wyssoka war die ganze Bevölkerung fortgezogen und hatte die Hütten hinter sich niedergebrannt, um sich die Rückkehr un= möglich zu machen. In den Dörfern, in welchen noch Menschen zurückgeblieben waren, rüstete man mit aller Macht. Anton begann bald die Fährleute auszufragen, ob sie keine Nachrichten vom jenseitigen Dnieprland hätten. Nachrichten gab es genug, aber sie waren sich widersprechende, wirr und unklar. Es hieß, Chmiel= nizki kämpfe mit den Hetmanen, aber die einen sagten, er wäre geschlagen, die anderen, er sei Sieger. Ein Bauer, der nach Demianowka floh, habe erzählt, die Hetmane seien gefangen genommen. Die Fährleute vermuteten, er sei ein verkleideter Edelmann gewesen, aber sie hätten nicht den Mut gehabt, ihn an= zuhalten, weil sie gehört hätten, daß das fürstliche Heer in der Nähe sei. Der Schrecken war es auch, der in der Einbildung aller die fürstlichen Heere vergrößerte und aus ihnen allgegen= wärtige Heerscharen machte, denn es gab gewiß in diesem Augen= blick kein Dörfchen im Dnieprland, in dem man nicht sagte, der Fürst sei hier. Anton bemerkte, daß man überall seinen Trupp für einen Vorläufer der Armee des Fürsten Jarema halte.

Er beruhigte aber bald die Fährleute und fragte sie über die Bauern von Demianowka aus.

„Gewiß, sie sind hier gewesen, wir haben sie an das andere Ufer gebracht," sagte der Fährmann.

„Und war ein alter Sänger mit ihnen?"

„Ja."

„Und ein Stummer bei ihm, ein kleiner Bursche?"

„Ei gewiß."

„Wie hat der Sänger ausgesehen?"

„Nicht alt, dick; er hatte Augen wie ein Fisch, und in dem einen einen Fleck."

„Das ist er," brummte Anton und frug weiter:

„Und der Knabe?"

„Ach, Väterchen Attaman, ganz wie ein Cherub. So einen haben wir noch nie gesehen."

Inzwischen waren sie ans Ufer gelangt. Nun wußte Anton, woran er sich zu halten habe.

„Ei, wir werden das junge Ding dem Attaman zurück= bringen," murmelte er vor sich hin.

Dann wandte er sich zu den Mannschaften.

„Aufs Pferd!" befahl er.

Sie flogen hin, wie eine Schar aufgescheuchter Vögel, ob= wohl der Weg schwierig war, denn das Land war reich an Schluchten, aber sie kamen in eine große Schlucht, auf deren Boden an der Quelle ein Weg war, als hätte ihn die Natur selbst gemacht. Die Schlucht führte bis nach Kawrajez, sie ritten also etliche zehn Ruten, ohne auszuruhen, Anton auf dem besten Pferde voraus. Schon sah man den breiten Aus= gang der Schlucht, als Anton sein Pferd so plötzlich anhielt, daß die Hinterhufe gegen die Steine schlugen.

„Was war das?"

Der Ausgang wurde plötzlich von Menschen und Pferden verdunkelt. Reiterei kam in den Hohlweg und formierte sich in Reihen zu sechs Mann. Es waren etwa dreihundert Pferde, Anton sah es, und obgleich er ein alter, an jegliche Gefahr ge= wöhnter Krieger war, pochte ihm doch das Herz laut in der Brust, und über sein Gesicht zog Totenblässe.

Er hatte die Dragoner des Fürsten Jeremias erkannt. Zum Entfliehen war es zu spät, kaum zweihundert Schritte trennten Antons Schar noch von den Dragonern, und die ermatteten Pferde der Mannschaften hätten der Verfolgung nicht lange ent= gehen können. Auch hatten die anderen sie schon erblickt und kamen in schnellem Laufe heran. In wenigen Minuten waren die Mannschaften des Esauls von allen Seiten umringt.

„Wer seid Ihr?" frug der Leutnant.

„Wir sind Bohuns Leute," antwortete Anton, welcher einsah, daß man die Wahrheit sagen müsse, weil die Farbe der Kleidung sie

verriet. Als er aber den Leutnant erkannte, den er in Perejes=
law öfter gesehen hatte, rief er mit erheuchelter Freude:

„Herr Leutnant Kuschel, Gott sei Dank!"

„Ich sehe, Ihr seid es," sagte der Leutnant, den Esaul
betrachtend. „Was macht Ihr hier, wo ist Euer Attaman?"

„Da der Großhetman unseren Attaman zu dem Fürst=
Wojewoden geschickt hat, um Hilfe zu erbitten, so ist der Attaman
nach Lubnie geritten und hat uns befohlen, hier in den Dörfern
herumzuziehen, um die Ueberläufer einzufangen."

Anton log wie bezahlt, aber er baute darauf, daß das
Dragonerfähnlein, wenn es vom Dniepr her kam, doch von dem
Ueberfall in Roslogi noch nichts wissen könne, noch weniger von
der Schlacht bei Wassilowka oder von Bohuns anderen Thaten.

Der Leutnant aber erwiderte:

„Man könnte glauben, daß Ihr Euch zu den Rebellen
durchschlagen wollt."

„Ei, Herr Leutnant, wenn wir zu Chmiel wollten, so
wären wir nicht auf dieser Seite des Dniepr."

„Ihr habt recht," sagte Kuschel, „ganz recht, ich kann es
nicht bestreiten. Aber der Attaman wird den Fürst=Wojewoden
nicht in Lubnie treffen."

„O, und wo ist der Fürst?"

„Er war in Prschyluk, er ist vielleicht erst gestern nach
Lubnie gezogen."

„Das ist schade, der Attaman hat einen Brief von dem
Hetman an den Fürsten, und mit Verlaub, führt Euer Liebden
das Heer von Slotonosch?"

„Nein, wir standen in Kalenki, und jetzt haben wir den
Befehl bekommen, auch wie das ganze Heer nach Lubnie zu ziehen,
von wo aus der Fürst mit der ganzen Macht aufbricht. Aber
wohin geht Ihr?"

„Nach Prohorowka, dort setzt die Bauernschaft über den Fluß."

„Sind schon viele entflohen?"

„O, sehr viele, sehr viele."

„Nun so reist mit Gott."

„Wir danken Euer Liebden unterthänigst, behüt' Euch Gott."

Die Dragoner machten Platz, und Antons Gefolge ritt aus
ihrer Mitte gegen den Ausgang der Schlucht zu.

Nachdem sie ins Freie gekommen waren, machte Anton Halt
und horchte scharf auf. Als die Dragoner ihm aus dem Ge=
sichtskreise entschwanden und das letzte Echo ihrer Tritte ver=
hallt war, wandte er sich an seine Mannschaften und sagte:

„Wißt Ihr, Kerle, wenn ich nicht gewesen wäre, so wäret Ihr nach drei Tagen an den Pfählen in Lubnie verreckt; und nun zu Pferde, und sollte ihnen auch der Atem ausgehen."

Sie ritten schnell vorwärts.

„Wir haben gewonnen," dachte Anton, „zweimal gewonnen, erstens, daß wir mit heiler Haut davongekommen, und zweitens, daß diese Dragoner nicht aus Slotonosch gekommen sind und daß Sagloba an ihnen vorbeigegangen ist, denn hätte er sie getroffen, so wäre er jetzt vor jeder Verfolgung sicher."

In der That war es für Sagloba eine sehr ungünstige Fügung und durchaus kein Wohlwollen des Schicksals, daß er nicht auf Kuschel und sein Fähnlein gestoßen war, denn damit wäre er auf einmal gerettet und von jeder Gefahr befreit gewesen.

Indessen hatte ihn in Prohorowka die Nachricht von der Niederlage bei Korsun wie der Blitz getroffen. Schon auf dem Wege nach Slotonosch in allen Dörfern und Waldflecken liefen Gerüchte von einer großen Schlacht, ja von einem Siege Chmielnizkis um, aber Sagloba schenkte ihnen keinen Glauben, denn er wußte aus Erfahrung, daß bei dem Volke jede Nachricht ins Maßlose wachse, und daß dieses Volk besonders von den Siegen der Kosaken gern Wunder erzählte. Aber in Prohorowka konnte er nicht mehr länger zweifeln. Die fürchterliche, verhängnisvolle Wahrheit traf ihn wie ein Donnerschlag. Chmielnizki hatte triumphiert, das Kronenheer war aufgerieben, die Hetmane gefangen, die ganze Ukraine in Flammen.

Sagloba verlor im ersten Augenblick den Kopf, denn er war in entsetzlicher Lage. Das Glück war ihm auch unterwegs nicht günstig gewesen, denn er hatte in Slotonosch keine Besatzung gefunden. Die Stadt wütete gegen die Lechen, und die alte Befestigung war von Menschen verlassen. Er zweifelte keinen Augenblick daran, daß Bohun ihn suche und daß er früher oder später seine Spuren finden würde; zwar machte der Edelmann Quersprünge wie ein verfolgter Hase, aber er kannte auch den Jagdhund sehr genau, der ihn verfolgte, und wußte, daß dieser Spürhund sich nicht von der Fährte würde locken lassen. So hatte Sagloba im Rücken den verfolgenden Bohun und vor sich das wogende Meer des Bauernaufstandes, Metzelei und Brand, und die Heerscharen der Tataren, die aufständische Menge.

In solcher Lage zu entfliehen, besonders mit einem Mädchen zu entfliehen, war eine kaum zu erfüllende Aufgabe, die selbst in der Verkleidung eines Sängerknaben gefährlich war, da dieser überall durch seine ungewöhnliche Schönheit die allgemeine Aufmerksamkeit erregte. Man konnte wahrhaftig den Kopf verlieren.

Aber Sagloba verlor ihn nie auf längere Zeit. Mitten durch die größte Verwirrung seines Hirns sah er sehr wohl oder richtiger, fühlte er ganz deutlich, daß er Bohun tausendmal mehr fürchte als Feuer und Wasser, mehr als den Aufstand und die Metzelei, ja als Chmielnizki selber. Bei dem bloßen Gedanken, daß er dem furchtbaren Kosakenführer in die Hände fallen könnte, lief ein Schauer über seinen ganzen Körper.

„Er würde mir schön aufspielen," murmelte der Alte beständig vor sich hin. „Und hier vor mir ein Meer von Empörung."

Noch blieb ein Mittel zur Rettung: Helene aufgeben und sie dem Willen Gottes überlassen, aber das wollte er nicht thun.

„Es kann nicht anders sein," sagte er zu ihr, „Ihr müßt mich behext haben, und das wird dahin führen, daß man mir Euretwegen das Fell über die Ohren zieht."

Aber verlassen wollte er sie nicht, er gab diesem Gedanken nicht einen Augenblick Raum. Was aber sollte er also beginnen?

„Ha," dachte er, „den Fürsten aufzusuchen, ist keine Zeit mehr, vor mir ein Meer von Feinden, so tauche ich in dieses Meer unter, wenigstens kann ich mich darin verbergen und, so Gott will, ans andere Ufer gelangen."

Und er beschloß, nach dem rechten Ufer des Dniepr hinüberzusetzen.

Aber in Prohorowka war das nicht leicht, Nikolaus Potozki hatte noch für Krschywonos und die mit ihm fahrenden Regimenter alle Zollen, Prahme, Tschaiken, Meldeboote von Perejeslaw bis Tschechryn hin in Beschlag genommen. In Prohorowka war nur ein löcheriger Prahm zu finden, auf diesen Prahm warteten Tausende von Menschen, welche aus dem umliegenden Dnieprlande flüchtig waren. Im Dorfe waren alle Hütten, Schuppen, Scheunen und Ställe besetzt, und überall herrschte eine unerhörte Teuerung. Sagloba mußte wirklich mit seiner Laute und seinem Liede sein Brot verdienen. Einen ganzen Tag lang konnten sie nicht übersetzen, denn der Prahm war zweimal zerstört worden, man mußte ihn erst wieder zusammenschlagen. Die Nacht verbrachte er mit Helene, indem sie am Ufer des Flusses, mitten unter Scharen betrunkener Bauern um die Feuer herumsaßen. Und die Nacht war windig und kühl. Die Prinzessin sank vor Mattigkeit und Schmerz fast um, denn die Bauernstiefeln hatten ihre Füße wund gerieben. Sie fürchtete, schwer krank zu werden, ihr Gesicht wurde blaß und blau, ihre wundervollen Augen matt, sie fürchtete jeden Augenblick unter der Verkleidung erkannt zu werden oder plötzlich Bohuns Verfolgung in die Hände zu fallen. In dieser Nacht mußten ihre Augen ein schreckliches Schauspiel mit ansehen. Die Bauern brachten von der Mündung des Roschaflusses einige Edelleute, welche vor den hereinbrechenden Tataren in Wischniowiezkis Reiche Schutz suchen wollten, und schlachteten sie am Ufer mörderisch hin. Man bohrte ihnen mit Nägeln die Augen aus und zerquetschte ihre Köpfe zwischen Steinen. Dann waren in Prohorowka zwei Juden mit ihren Familien. Diese warf die wütende Menge in den Dniepr, und als sie nicht bald zu Boden sinken wollten, tauchte man sie, ihre Weiber und Kinder mit Hilfe langer Stangen unter. Diese Handlungen waren von dem Lärm der Trunkenen begleitet. Die angeheiterten Kosaken trieben ihre Liebeleien mit den angeheiterten Kosakenweibern. Fürchterliches Gelächter dröhnte unheilver= kündend an den dunklen Ufern des Dniepr entlang. Der Wind blies mächtig in die Feuer und trug rotglühende Kohlen und Funken fort, die in den Wogen erloschen. Von Zeit zu Zeit rief die heisere Stimme irgend eines Trunkenboldes durch die Finsternis: „Rettet Euch, Jarema kommt!", dann stürzte sich die Menge blindlings auf das Ufer zu, drängte und stieß sich ins Wasser. Einmal wurden Sagloba und die Prinzessin beinahe zertreten. Es war eine höllische Nacht, und sie schien kein Ende nehmen zu wollen. Sagloba hatte ein Quart Branntwein erbettelt, er trank selbst und zwang die Prinzessin, zu trinken, denn sonst wäre sie ohnmächtig geworden oder in Fieber verfallen. End= lich begannen die Wasser des Dniepr heller zu glänzen. Der Morgen dämmerte, es wurde Tag, ein wolkiger, düsterer, farbloser Tag. Sagloba wollte so schnell als möglich nach der anderen Seite übersetzen, zum Glück war auch der Prahm zurecht gemacht, aber ein entsetzliches Gedränge entstand um ihn herum.

„Platz für den alten Sänger! Platz für den alten Sänger!" schrie Sagloba, indem er mit ausgestreckter Hand Helene vor sich hielt, um sie vor dem Andrang zu schützen. „Platz für den alten Sänger! Ich ziehe zu Chmielnizki und Krschy= wonos, Platz für den alten Sänger, gute Leute, liebe Kosaken, liebe Brüder, daß Euch der schwarze Tod nicht ereile, Euch und Eure Kinder! Ich sehe nicht gut, ich falle ins Wasser und mein Knabe mit mir. Gebt Raum, Kinder, daß der Schlag all Euere Glieder treffe, daß Euch die Pest hole und Ihr an Pfählen zu Grunde ginget!"

So kreischend, fluchend, bittend, aber die Menge mit kräftigen Armen auseinanderstoßend, drängte er Helene zuerst auf
den Prahm, und dann, nachdem er selber mühsam hinaufgeklettert
war, begann er wieder zu schreien:

„Wir sind schon genug hier oben, was drängt Ihr so, Ihr
werdet den Prahm zum Sinken bringen, wenn sich zuviele heran-
drängen, genug, genug, auch Ihr kommt an die Reihe, und wenn
Ihr auch nicht an die Reihe kommt . . .“

„Genug! Genug!“ riefen die, welche auf dem Prahm Platz
gefunden hatten. „Stoßt ab, stoßt ab!“

Die Ruder setzten sich in Bewegung, und der Prahm begann
sich vom Ufer zu entfernen. Die schnellen Wogen trugen ihn
ein wenig stromabwärts in der Richtung nach Demianowka zu.

Sie hatten schon die halbe Breite des Flußbettes zurückgelegt,
als von Prohorowka her Stimmen und laute Rufe ertönten. Eine
entsetzliche Verwirrung entstand unter der Menge, die am Wasser
zurückgeblieben war, die einen entflohen wie wahnsinnig auf
Demianowka zu, andere sprangen ins Wasser, noch andere schrieen,
fuchtelten mit den Händen in der Luft oder warfen sich an
die Erde.

„Was ist das, was ist geschehen?“ fragte man auf dem
Prahm.

„Jarema!“ schrie eine Stimme.

„Jarema! Jarema! Fliehen wir!“ riefen andere.

Die Ruderer arbeiteten fieberhaft gegen das Wasser, der
Prahm schoß hin wie eine Kosakentschaike.

In diesem Augenblick erschienen am Ufer von Prohorowka
Berittene.

„Jaremas Heer!“ schrie man auf dem Prahme.

Die Reiter ritten am Ufer hin und her, bewegten sich lebhaft da- und dorthin, fragten die Menschen aus, und endlich
schrieen sie den Fahrenden zu:

„Halt! Halt!“

Sagloba sah hin, und kalter Schweiß überlief ihn von
Kopf zu Fuß; er erkannte Bohuns Kosaken.

Wirklich war es Anton mit seinen Mannschaften.

Aber (wie wir schon sagten) Sagloba verlor nie auf lange
den Kopf; er hielt die Hand vor die Augen, als müsse er wie
ein halbblinder Mensch eine Zeitlang zuschauen, endlich begann
er wie gespießt zu schreien:

„Kinder, das sind Wischniowiezkis Kosaken, um Gottes und
der heiligen Jungfrau willen, schneller ans Ufer, diejenigen, welche

drüben geblieben sind, müssen wir schon verschmerzen, und den Prahm zerschlagen, sonst droht uns allen das Verderben!"

„Schneller! Schneller! Den Prahm zerschlagen!" schrieen die anderen.

Es entstand ein Lärm, durch den man die Rufe von Prohorowka aus nicht vernehmen konnte. In diesem Augenblick stieß der Prahm auf den Ufersand, die Bauern begannen herauszuspringen, aber kaum waren die einen ausgestiegen, so rissen schon andere die Balken des Prahms los, um ihn mit den Aexten auf den Grund zu schlagen. Die Bretter und die abgerissenen Scheite flogen in der Luft umher. Wie rasend zerstörte man den Prahm und zerriß ihn in Stücke; die Angst vermehrte noch die Kraft der Zerstörer.

Und die ganze Zeit über schrie Sagloba:

„Schlagt, reißt, brecht, brennt! Rettet Euch, Jarema kommt!"

Während er so schrie, winkte er mit seinem gesunden Auge Helene zu und begann vielbedeutend damit zu blinzeln.

Inzwischen wurden bei dem Anblick der Zerstörung des Prahmes die Rufe am anderen Ufer stärker. Da die Entfernung aber groß war, konnte man nicht verstehen, was geschrieen wurde. Das Winken mit den Händen sah wie Drohen aus und vermehrte nur die Eile des Zerstörungswerkes.

In einem Augenblick war der Prahm verschwunden, aber plötzlich ertönte aus der Brust aller wieder ein Aufschrei des Schreckens und Entsetzens.

„Sie springen ins Wasser, sie kommen auf uns zugeschwommen!" kreischten die Bauern.

Einer der Reiter war wirklich ins Wasser gesprungen, ihm folgte eine große Zahl der andern; sie schwammen auf das andere Ufer zu. Es war eine That von fast wahnsinniger Tollkühnheit, da in der Frühlingszeit die angeschwollenen Wasser reißender als gewöhnlich waren und an vielen Stellen Stromschnellen und Strudel bildeten. Die Pferde wurden von der Strömung fortgerissen und konnten nicht geradeaus schwimmen, das Wasser trug sie mit reißender Schnelligkeit davon.

Sie kommen nicht herüber!" schrieen die Bauern.

„Sie ersaufen!"

„Gott sei Dank! O, o, ein Pferd ist schon untergegangen."

„Ins Verderben mit ihnen!"

Die Pferde hatten den dritten Teil der Breite des Flusses zurückgelegt, aber die Strömung trug sie immer mächtiger abwärts, sie verloren offenbar die Kräfte und sanken allmählich immer tiefer.

Nach einer Weile waren die Reiter schon bis zu den Hüften im
Wasser. Es verging einige Zeit. Die Bauern aus den am Flusse
liegenden Dörfern waren herbeigeeilt, um zu sehen, was vorgehe:
schon ragten nur noch die Pferdeköpfe über das Wasser empor,
und den Reitern umspülten die Wogen die Brust. Aber sie
hatten auch schon die halbe Breite des Flusses zurückgelegt.
Plötzlich war ein Pferdekopf und ein Reiter unter dem Wasser
verschwunden, dann ein zweiter, ein dritter, ein vierter, ein
fünfter folgten ... Die Zahl der Schwimmer wurde immer
kleiner. Zu beiden Seiten des Flusses herrschte in der Menge
ein dumpfes Schweigen, aber alle gingen stromabwärts, um zu
sehen, was geschehen würde. Schon waren zwei Drittel des
Flusses zurückgelegt, die Zahl der Schwimmer wurde noch kleiner,
aber man hörte schon das schwere Keuchen der Pferde und die
antreibenden Stimmen der Kosaken; es war klar, daß einige das
Ziel erreichen würden.

Plötzlich erklang Saglobas Stimme durch die Stille:

„He, Kinder, zu den Flinten, Tod den Fürstlichen!"

Schüsse krachten, Dampf stieg auf, vom Flusse her ertönten
verzweifelte Klagerufe, und in einem Augenblicke waren Pferde
und Reiter, alles verschwunden. Der Fluß war leer, nur hier
und da in weiter Ferne in dem Strudel der Wogen erschien
noch eine rote Kosakenmütze.

Sagloba blickte Helene an und blinzelte ...

6. Kapitel.

Der Fürst-Wojewode von Ruthenen hatte, noch ehe er Skrzetuski auf den Trümmern von Roslogi sitzend gefunden, die Niederlage von Korsun erfahren, denn Herr Polanowski, ein Kriegskamerad des Fürsten, hatte ihm von Sabotyn her die Nachricht gebracht. Vorher hatte sich der Fürst in Prschyluk aufgehalten und von dort aus Herrn Boguslaw Maskiewitsch mit einem Briefe an die Hetmane gesandt, in dem er anfragte, wo er mit seiner ganzen Heeresmacht Aufstellung nehmen solle. Als jedoch Maskiewitsch lange Zeit nicht mit der Antwort heimkehrte, rückte der Fürst gegen Perejeslaw vor und schickte nach allen Seiten Vorposten und Befehle aus, die Regimenter, welche noch hier und da im Dnieprlande zerstreut lagen, so schnell als möglich in Lubnie zusammenzuziehen.

Da trafen Nachrichten ein, daß etliche Kosaken-Fähnlein, die an den Grenzen in den Feldwarten gegen die Tataren lagen, sich zerstreut haben, oder zu den Empörern übergegangen sein sollten. So sah also der Fürst seine Streitkräfte plötzlich vermindert und er grämte sich darüber sehr, denn er hatte es nicht für möglich gehalten, daß dieselben Menschen, die er so oft schon zum Siege geführt, ihn je verlassen könnten. Doch verheimlichte er nach dem Zusammentreffen mit Herrn Polanowski und nachdem er die Nachricht von der unerhörten Niederlage erhalten hatte, diese Kunde vor dem Heere und zog vorwärts dem Dniepr zu in der Absicht, blindlings mitten in den Sturm und die Empörung hineinzutreten und entweder die Niederlage zu rächen, die Schmach der Heere wieder gut zu machen oder sein eigenes Blut zu vergießen. Er glaubte überdies, daß ein kleiner Teil und vielleicht auch eine beträchtliche Anzahl des Kronheeres der Niederlage entgangen sein müsse und wenn diese seine sechstausend Mann zählende Division verstärkten, konnte er sich mit der Hoffnung auf Sieg über Chmielnizki messen.

Sobald er daher in Perejeslaw angekommen war, trug der Fürst dem kleinen Wolodyjowski und Kuschel auf, ihre Dragoner nach allen Seiten hin auszuschicken, nach Tscherkassy, Moschna, Sokirna, Butschaz, Staiki, bis nach Trechtymirow, um alle Kähne und Prahme heranzubringen, die sich in der Gegend finden ließen. Dann sollte das Heer von dem linken Ufer nach Ryschtschow übersetzen.

Die ausgesandten Boten erfuhren von den hier und da angetroffenen Flüchtlingen die Niederlage, fanden aber in allen jenen Orten auch nicht einen Kahn, denn, wie schon erwähnt, hatte der Großkronshetman die eine Hälfte längst für Krschywonos und Barabasch genommen, den Rest hatte der empörte Pöbel vom rechten Ufer aus Furcht vor dem Fürsten vernichtet. Dennoch gelangte Wolodyjowski mit zehn Mann auf einem Floß ans rechte Ufer, das er in der Eile aus Baumstämmen hatte zusammenschlagen lassen. Dort griff er einige Kosaken auf, die er dem Fürsten einbrachte. Von ihnen erfuhr der Fürst von der ungeheuren Ausbreitung des Aufstandes und von den fürchterlichen Früchten, welche die Niederlage bei Korsun schon getragen hatte. Die ganze Ukraine bis auf den letzten Mann war aufgestanden, die Empörung ergoß sich wie eine Flut über das Land, die über die Ebene hinströmend immer größere Flächen überschwemmt. Der Adel verteidigte sich in seinen Schlössern und Schlößchen, aber viele von ihnen waren bereits in den Händen der Rebellen.

Chmielnizkis Macht wuchs mit jeder Stunde. Die aufgegriffenen Kosaken gaben die Zahl seines Heeres schon auf zweimalhunderttausend Mann an, und in wenigen Tagen konnte sich diese Macht leicht verdoppeln, darum blieb er nach der Schlacht noch in Korsun und nützte die Zeit der Ruhe aus, um das Volk in seine zahlreichen Heerscharen einzureihen. Er teilte die Masse in Regimenter, machte die Attamane und die kriegserfahreneren Esauls der Saporogen zu Hauptleuten — schickte Vorposten oder ganze Divisionen zur Erstürmung der näher gelegenen Schlösser aus. Fürst Jeremias erwog das alles und sah ein, daß man bei dem Mangel an Kähnen, deren Herstellung für sechstausend Mann einige Wochen Zeit brauchen würde, und bei der über alles Maß hinausgewachsenen Macht des Feindes in keiner Weise in der Gegend, in der er sich gegenwärtig befand, würde über den Dniepr setzen können. Im Kriegs= rate saßen: Polanowski, der Hauptmann Baranowski, der Wachtmann Alexander Baranowski, Wolodyjowski und Wurzel der Ansicht, man müsse nach Norden gen Tschernigow rücken, das hinter öden Wäldern lag, von dort über Lubetz gehen und hier erst nach Brahin übersetzen. Es war dies ein langer und gefahrvoller Weg, denn hinter den Wäldern von Tschernigow lagen auf Brahin zu unermeßliche Sümpfe, welche kaum von den Fußsoldaten überschritten werden konnten, geschweige denn von der schweren Reiterei, den Wagen und der Artillerie. Dem Fürsten aber gefiel der Rat, er wollte nur noch einmal vor dem Beginn dieses Marsches, der lang und, wie er vermutete, nicht wieder zurückzumachen war, sich von Zeit zu Zeit in seinem Dnieprlande zeigen, um den Ausbruch der Empörung noch niederzuhalten, den Adel unter seine Fittiche zu vereinigen, Schrecken zu verbreiten und die Erinnerung an den Schrecken im Volke zurückzulassen; er allein sollte in Abwesenheit des Herrn der Wächter des Landes und der Beschützer aller derjenigen sein, die nicht mit dem Heere ziehen konnten. Außerdem war die Fürstin Griseldis, die Fräuleins Sbaraski, die Hofdamen, der ganze Hof und besonders einige Regimenter Fußvolk, noch in Lubnie. Der Fürst beschloß also, zu einem letzten Abschied nach Lubnie zu gehen.

Noch an demselben Tage rückten die Heere, an der Spitze Wolodyjowski mit seinen Dragonern, die, obwohl ausnahms= los Ruthenen, doch in feste Disziplin genommen und in reguläre Truppen verwandelt, fast alle anderen Fähnlein an Treue übertrafen, aus. Das Land war noch ruhig, hie und da hatten sich Banden von Strolchen gebildet, welche Herrenhöfe und Bauern beraubten. Von ihnen wurde auf dem Marsche eine beträchtliche Anzahl aufgegriffen und an Pfähle geschlagen. Aber die Bauern hatten sich nirgends erhoben. Die Geister waren in Gährung, Augen und Sinne der Bauern glühten, man rüstete sich im stillen, man floh in hellen Haufen über den Dniepr, aber noch hielt die Furcht den Durst nach Blut und Mord nieder. Nur das eine konnte als ein böses Vorzeichen für die Zukunft betrachtet werden, daß die Bauern selbst in den Dörfern, in welchen sie noch nicht zu Chmiel gelaufen waren, bei dem Herannahen der fürstlichen Heere entflohen, als fürch= teten sie, daß ihnen der schreckliche Fürst von der Stirne ablesen

...die, was sie in ihrem Gewissen verbargen und sie ohne weiteres bestrafen würde. Er strafte aber dort, wo er das geringste Anzeichen einer bestehenden Empörung fand, und da er im Belohnen wie im Strafen von Natur aus keine Grenze kannte, strafte er ohne Maß und Nachsicht. Man konnte sagen, daß an den beiden Ufern des Dniepr zu jener Zeit zwei Vampyre hausten — der eine gegen den Adel — Chmielnizki, der andere gegen das empörte Volk — Fürst Jeremias. Man flüsterte sich im Volke zu, daß die Sonne sich verfinstern und das Wasser in allen Flüssen rot werden müsse, wenn die beiden zusammenträfen. Aber dieses Zusammentreffen war noch fern, denn jener Chmielnizki, der Sieger an den Gelben Wassern und von Korsun, jener Chmielnizki, welcher die Kronheere zu Staub zertreten, die Hetmane in Gefangenschaft genommen hatte und jetzt an der Spitze von Hunderttausenden von Kriegern stand, fürchtete sich vor diesem Herrn aus Lubnie, der ihn jenseits des Dniepr aufsuchen wollte. Das fürstliche Heer zog gerade durch Nieporent, der Fürst selbst aber hatte in Philippowka Halt gemacht, um auszuruhen, als man ihm ankündigte, es seien Boten Chmielnizkis mit einem Briefe da und bäten um Audienz. Der Fürst befahl, sie sofort vorzulassen. Es traten dann sechs Saporogen in das Haus des Vizestarosten, in welchem der Fürst wohnte. Sie traten ziemlich herausfordernd ein, besonders der älteste von ihnen, der Attaman Sucha=Rucka, der die Niederlage bei Korsun und seine frisch gebackene Hauptmannswürde zur Geltung bringen wollte. Als sie aber das Antlitz des Fürsten erblickten, ergriff sie bald ein so großer Schrecken, daß sie ihm zu Füßen fielen und kein Wort zu sprechen wagten.

Der Fürst, der von seinen vornehmsten Rittern umgeben dasaß, befahl ihnen, sich zu erheben, und fragte, was sie brächten.

„Einen Brief von dem Hetman," erwiderte Sucha=Rucka.

Der Fürst heftete seinen Blick auf die Kosaken und sagte ruhig, aber jedes Wort scharf betonend:

„Ihr kommt von einem Schurken, einem Vagabunden und Räuber, nicht von einem Hetman!"

Die Saporogen erblaßten, oder vielmehr, sie wurden gelb, ließen die Köpfe auf die Brust sinken und standen schweigend an der Thür.

Inzwischen hatte der Fürst dem Herrn Maskiewitsch befohlen, den Brief in Empfang zu nehmen und vorzulesen.

Der Brief war voll Unterwürfigkeit geschrieben. In Chmielnizki hatte trotz Korsun der Fuchs über den Löwen, die Schlange über den

Adler gesiegt, denn er vergaß nicht, daß er an Wischniowiezki schrieb. Er that freundlich, vielleicht nur, um den Gegner zu täuschen und dann desto leichter zu beißen, er heuchelte. Er schrieb: was geschehen, sei durch die Schuld Tschaplinskis geschehen, auch daß, wenn die Hetmane von der Veränderlichkeit des Geschickes betroffen, dies nicht seine, Chmielnizkis Schuld, sondern die Schuld des Mißgeschickes und der Bedrückungen sei, welche die Kosaken in der Ukraine erduldeten. Er bitte jedoch den Fürsten, darum nicht zu zürnen und ihm gütigst zu verzeihen, wofür er stets der gefügige Diener des Fürsten sein wolle; um aber die Gunst des Fürsten für seine Boten zu erlangen und sie vor der Grausamkeit des fürstlichen Zornes zu schützen, kündige er an, daß er den Ritter Skrzetuski, welcher in der Sitsch gefangen worden sei, lebendig herausgeben wolle.

Hier folgten lange Klagen über Skrzetuskis Stolz, der die Briefe von Chmielnizki an den Fürsten nicht habe mitnehmen wollen, wodurch er Chmielnizkis Hauptmannswürde und des ganzen saporogischen Heeres Stolz aufs Höchste verletzt habe. Diesem Stolz und der Mißachtung, welcher die Kosaken beständig bei den Lechen begegneten, schrieb Chmielnizki alles zu, was geschehen sei, von den Gelben Wassern angefangen bis nach Korsun. Uebrigens schloß der Brief mit den Versicherungen des Bedauerns und der Treue für die Republik und seiner Ergebenheit in den Willen des Fürsten.

Als dieser Brief verlesen wurde, waren die Boten selbst erstaunt, denn sie hatten vorher nicht gewußt, was in demselben stand, und erwarteten eher Beleidigungen und dreiste Herausforderungen, als Bitten zu hören. Klar war ihnen nur, daß Chmielnizki einem so berühmten Führer gegenüber nicht alles aufs Spiel setzen wolle und daß er selbst, um mit der ganzen Macht gegen ihn loszurücken, Aufschub gewinnen wollte und Demut heuchelte, offenbar in der Erwartung, daß sich die Streitkräfte des Fürsten in den Märschen und Kämpfen mit einzelnen Kosakenbanden aufreiben würden, mit einem Worte, er fürchtete den Fürsten. Die Boten wurden daher noch demütiger und lasen, während sie den Brief anhörten, aufmerksam in den Zügen des Fürsten, ob sie nicht etwa ihr Todesurteil darin fänden, und obwohl sie auf das Aeußerste vorbereitet waren, als sie hierher kamen, erfaßte sie doch ein Schrecken. Der Fürst aber hörte ruhig zu, senkte nur von Zeit zu Zeit die Lider, als wolle er ihnen den in seinen Augen sich widerspiegelnden Zorn verbergen, denn es war klar, daß er diesen Zorn nur gewaltsam zügelte. Als Maskiewitsch fertig war, richtete er kein Wort an die Boten, er befahl Wolodyjowski nur, sie fortzubringen und unter Bewachung zu halten, dann wandte er sich an die Hauptleute:

„Die Schlauheit dieses Feindes ist groß," sprach er. „Entweder will Chmielnizki mich mit diesem Briefe in Sicherheit wiegen, um mich plötzlich unvorbereitet zu überfallen, oder mich mitten in die Republik hineinlocken, mit den leichtgläubigen Ständen einen Vertrag schließen, die Verzeihung des Königs erlangen und sich so seine Stellung sichern. Denn — wollte ich ihn dann noch bekriegen, so würde nicht er, sondern ich gegen die Republik handeln und für einen Rebellen gelten."

Wurzel griff sich an die Stirn.

„O vulpes astutae!"

„Was also ratet Ihr, werte Herren?" fragte der Fürst. „Sprecht frei, dann will ich Euch meinen Willen ankündigen."

Der alte Sazwilichowski, der schon lange Tschechryn verlassen und sich mit dem Fürsten verbunden hatte, sagte:

„Es geschehe nach Eurem fürstlichen Willen, aber wenn ich raten darf, so sage ich: Eure Hoheit hat mit gewohntem Scharfsinn Chmielnizkis heimtückische Absichten erraten, denn das sind sie, nichts anderes; ich meine daher, daß wir seinen Brief nicht berücksichtigen, sondern die Fürstin zunächst in Sicherheit bringen, den Dniepr überschreiten und den Krieg beginnen, ehe Chmielnizki irgend welchen Vertrag abschließt; es wäre eine Schmach und eine Ehrlosigkeit für die Republik, wenn sie solche Resulten ungestraft wollte hingehen lassen. Im übrigen (hier wandte er sich an die Hauptleute) halte ich meine Ansicht nicht für unfehlbar und harre der Euren."

Der Lagerwachtmann Alexander Samojski schlug an sein Schwert und sprach:

„Herr Fähnrich, die senectus spricht aus Euch und die sapientia. Man muß dieser Hydra den Kopf zertreten, ehe sie groß wird und uns auffrißt."

„Amen!" sagte der Priester Muchowiezki.

Die anderen Hauptleute sprachen nicht, sie folgten dem Beispiel des Wachtmanns, schlugen an die Schwerter und knirschten mit den Zähnen — Wurzel aber nahm das Wort und sprach:

„Mein Fürst, es ist eine Mißachtung des Namens Eurer Fürstlichen Hoheit, daß dieser Schurke an Eure Fürstliche Hoheit zu schreiben gewagt hat, denn ein Lagerattaman trägt in sich eine von der Republik bestätigte und anerkannte Präminenz, ja selbst die Lagerführer können sich dessen rühmen. Aber er hat sich selbst zum Hetman gemacht und kann nicht anders betrachtet werden, denn als ein Räuber, und darum hat Skrzetuski löblich gehandelt, als er seine Briefe an Eure Fürstliche Hoheit nicht übernehmen wollte."

„So denke auch ich," sagte der Fürst, „und da ich ihn selbst nicht erreichen kann, so soll er in der Person seiner Boten bestraft werden."

Bei diesen Worten wandte er sich an den Hauptmann des tatarischen Leibfähnleins:

„Herr Wierschul, gebt Euren Tataren den Befehl, diese Kosaken zu töten, für den Führer aber einen Pfahl zuzuschneiden und ihn unverzüglich aufzupflanzen."

Wierschul verneigte seinen feuerroten Kopf und ging hinaus. Der Priester Muchowiezki aber, der oft des Fürsten Zorn zu zügeln pflegte, faltete die Hände wie zum Gebet, sah ihm flehend in die Augen, als wollte er in ihnen Gnade lesen.

„Ich weiß, was Du willst, Priester," sagte der Fürst-Wojewode, „aber es geht nicht anders. Es muß so sein um der Grausamkeiten willen, welche sie dort jenseits des Dniepr verüben, um unserer Würde und um des Wohles der Republik willen. Es muß exemplarisch bewiesen werden, daß es jemanden giebt, der sich vor diesem Bandenführer nicht fürchtet und ihn wie einen Straßenräuber behandelt, der zwar demütig schreibt, aber frech handelt, in der Ukraine wie ein souveräner Fürst befiehlt und über die Republik eine Gefahr bringt, wie sie solche lange Zeit nicht gekannt hat."

„Mein Fürst, er hat Herrn Skrzetuski, wie er schreibt, entlassen," sagte der Priester zaghaft.

„Ich danke Dir in seinem Namen, daß Du ihn dem Rebellenvolk gleich gestellt hast." — Hier zog der Fürst die Augenbrauen zusammen: „Im übrigen genug davon. Ich sehe," sprach er weiter, sich an die Hauptleute wendend, „daß Ihr alle Eure Stimme für den Krieg erhebt; dies ist auch mein Wille. Wir ziehen also nach Tschernigow, nehmen den Adel unterwegs mit, setzen bei Brahin über den Fluß und ziehen dann gegen Süden. Jetzt auf nach Lubnie!"

„So helfe uns Gott," sagten die Hauptleute.

In diesem Augenblicke öffnete sich die Thür, und Rostworowski, der Führer des walachischen Fähnleins, der vor zwei Tagen mit dreihundert Reitern auf Vorposten ausgeschickt worden war, erschien.

19*

„Mein Fürst," rief er, „die Empörung wächst! Roslogi ist verbrannt, in Wassilowka ist die Besatzung bis auf den letzten Mann niedergehauen!"

„Wie? Was? Wo?" frug man von allen Seiten.

Aber der Fürst winkte mit der Hand und frug selbst:

„Wer hat das gethan? Waren es Banditen oder Soldaten?"

„Man sagt, es war Bohun."

„Bohun?"

„So ist's."

„Wann ist das geschehen?"

„Vor drei Tagen."

„Habt Ihr seine Spuren verfolgt? Habt Ihr ihn eingeholt? Habt Ihr Nachrichten erlangt?"

„Ich habe seine Spur verfolgt, erreichen konnte ich ihn nicht, denn nach drei Tagen war es zu spät. Nachrichten habe ich unterwegs eingezogen: sie sind nach Tschechryn zurückgeflohen, und dort haben sie sich geteilt, die eine Hälfte ging auf Tscherkassy zu, die andere auf Slotonosch und Prohorowka."

Darauf sagte Kuschel:

„So habe ich diese Abteilung getroffen, die nach Prohorowka ging, wovon ich Eurer Fürstlichen Hoheit gemeldet. Sie sagten, sie seien von Bohun ausgesandt, um die Flucht der Bauern über den Dniepr zu verhindern, darum habe ich sie frei ausgehen lassen."

„Da habt Ihr eine Thorheit gemacht, aber Euch trifft keine Schuld. Es ist schwer, hier nicht irre zu gehen, wo auf Schritt und Tritt Verrat lauert und der Boden unter den Füßen glüht," sagte der Fürst.

Plötzlich griff er sich an den Kopf.

„Allmächtiger Gott!" rief er, „ich erinnere mich, was mir Strzetuski erzählt hat, daß Bohun der Unschuld, der jungen Kurzewitsch, nachstellt, jetzt begreife ich, warum Roslogi niedergebrannt ist, das Mädchen muß entführt sein; her, Wolodyjowski, kommt her, nehmt fünfhundert Reiter und zieht noch einmal nach Tscherkassy; Bychowiez soll mit fünfhundert Walachen über Slotonosch nach Prohorowka gehen. Schont mir die Pferde nicht, wer mir das Mädchen befreit, soll Jeremiowka als Leibgedinge haben. Nun eilt, eilt!!"

Dann sagte er zu den Hauptleuten:

„Und wir, Herren, gehen über Roslogi nach Lubnie!"

Die Hauptleute verließen eilig das Haus des Vizestarosten und stürzten zu ihren Fähnlein. Die Freiwilligen stiegen schleunigſt zu Roſſe — man führte dem Fürſten ſeinen braunen Hengſt vor, den er gewöhnlich auf Märſchen ritt. Nach wenigen Minuten rückten die Fähnlein ab und zogen ſich wie eine.lange, bunte, glänzende Schlange über die Heerſtraße von Philippowka.

An der Mühle bot ſich den Soldaten ein blutiger Anblick dar. Auf dem Zaune in den Sträuchern ſah man fünf ab= geſchnittene Koſakenköpfe, welche das vorüberziehende Heer mit offenen Augenhöhlen anblickten, und nicht weit davon, hinter der Mühle auf einem grünen Hügel, wand ſich noch der Attaman Sucha=Rucka am Pfahle. Der Nagel war durch den halben Körper gegangen, aber lange Stunden des Hinſcheidens ſtanden dem unglückſeligen Attaman noch bevor, denn ſo konnte er noch bis zum Abend leiden, ehe der Tod ihn erlöſte. Jetzt aber war er nicht nur lebendig, ſondern er ließ die entſetzten Blicke den Fähnlein folgen, die gerade vorüberritten; Blicke, welche ſagten: „Daß Gott Euch ſtrafe, Euch, Eure Kinder und Eure Enkel bis ins zehnte Glied für das Blut, für die Wunden, für die Qualen, die wir leiden; daß Ihr hingerafft werdet, Ihr und Euer Geſchlecht; daß Euch alles Unheil treffe; daß Ihr ohne Ende hinſcheiden möget und nicht ſterben und nicht leben könnt.“ Und obgleich er ein einfacher Koſak war, obgleich er nicht im Purpur ſtarb, noch im goldgeſtickten Mantel, ſondern in einem ſchlechten Wams, und nicht in der Schloßkemenate, ſondern unter freiem Himmel am Pfahle, ſo umgab doch die Qual, der Tod, der ſein Haupt umſchwebte, ihn mit einer Glorie, und legte ſolche Kraft in ſeinen Blick, ein ſolches Meer von Haß in ſeine Augen, daß alle wohl begriffen, was er ſagen wollte; die Fähn= lein ritten ſchweigend an ihm vorüber, und er thronte in den goldenen Strahlen der Mittagsſonne über ihnen und leuchtete auf dem friſch gehauenen Pfahle wie eine Fackel . . .

Der Fürſt ritt vorüber, ohne einen Blick auf ihn zu richten, der Prieſter Muchowiezki machte ein Kreuz über den Unglück= ſeligen, und ſchon waren alle vorüber, als ein Burſche vom Huſarenfähnlein, ohne irgend jemand um Erlaubnis zu fragen, ſein Rößlein den Hügel hinauf lenkte, ſeine Piſtole an das Ohr des Opfers legte und mit einem Schuſſe dieſen Qualen ein Ende machte. Bei dieſer kühnen, aller kriegeriſchen Diſziplin hohnſprechenden That erbebten alle, und da ſie die Strenge des Fürſten kannten, hielten ſie den Burſchen für unzweifelhaft verloren; der Fürſt aber ſagte nichts: er that, als ob er nichts höre, und ſo in Gedanken verſunken ſei; — er ritt ruhig weiter und ließ erſt am Abend den Burſchen zu ſich rufen.

Der Knabe trat halbtot vor Angst vor das Antlitz seines Herrn und dachte nicht anders, als daß die Erde ihn verschlingen werde, der Fürst aber fragte:

„Wie heißt Du?"

„Tschalenski," antwortete der Bursche.

„Du hast den Kosaken erschossen?"

„Ja," stotterte der Knabe, der bleich wie Kreide war.

„Warum hast Du das gethan?"

„Ich konnte die Qualen des Mannes nicht mit ansehen."

Statt zu zürnen antwortete aber der Fürst:

„O, Du wirst noch Thaten von ihnen sehen, bei deren Anblick der Engel des Mitleids von Dir fliehen wird, aber weil Du um des Mitleids willen Dein Leben aufs Spiel gesetzt hast, soll Dir der Schatzmeister in Lubnie zehn Goldgulden auszahlen, und ich nehme Dich in meinen persönlichen Dienst."

Während alle verwundert waren, daß diese Sache ein solches Ende genommen, kam die Mitteilung, daß der Vortrab von dem nahen Slotonosch herankomme, und das Interesse der Menschen wandte sich einer anderen Seite zu.

7. Kapitel.

Am späten Abend bei Mondschein kamen die Heere nach Roslogi. Dort hatten sie Skrzetuski auf seinem Kalvarienberge sitzend angetroffen. Der Ritter war, wie bekannt, vor Schmerz und Qual von Sinnen gekommen, und als ihn der Priester Muchowiezki wieder zur Besinnung zurückbrachte, nahmen ihn die Offiziere in ihre Mitte, begannen ihn zu begrüßen und zu trösten, besonders Herr Longinus, der seit einem Quartal in Skrzetuskis Fähnlein als überzähliger Kamerad diente. Er wollte auch sein Kamerad im Seufzen und Weinen sein und legte sofort ein neues Gelübde ab, jeden Dienstag bis an seinen Tod fasten zu wollen, wenn Gott dem Statthalter in irgend einer Weise Tröstung sendete. Indessen hatte man Skrzetuski zum Fürsten gebracht, der in einer Bauernhütte Station gemacht hatte. Als dieser seinen Liebling sah, sprach er kein Wort, sondern ging ihm mit offenen Armen entgegen. Skrzetuski warf sich sofort laut weinend in die Arme des Fürsten, und der Fürst drückte ihn an seine Brust, küßte seinen Kopf — wobei die anwesenden Offiziere Thränen in seinen erlauchten Augen sahen. Nach einiger Zeit erst begann er zu sprechen:

„Gleich einem Sohne begrüße ich Dich, denn ich habe schon gedacht, daß ich Dich nicht mehr wiedersehen werde. Trage Deine Bürde männlich und bedenke, daß Du tausend Genossen im Unglück haben wirst, die Weiber, Kinder, Eltern, Verwandte und Freunde verlieren werden, und wie ein Tropfen im Ozean mag Dein Schmerz in dem Meere des allgemeinen Schmerzes untergehen. Jetzt, wo über das teure Vaterland so schwere Zeiten gekommen sind, giebt sich, wer ein Mann ist und ein Schwert führt, dem Schmerze über seinen eigenen Verlust nicht hin, sondern eilt der gemeinsamen Mutter zu Hilfe und gewinnt Ruhe in seinem Gewissen oder findet einen rühmlichen Tod und den himmlischen Lohn und mit ihm die ewige Glückseligkeit."

„Amen," sagte der Kaplan Muchowiezki.

„O, mein Fürst, ich würde sie lieber tot sehen," seufzte der Ritter.

„Weine, weine, denn Dein Verlust ist groß, und wir wollen mit Dir weinen, denn Du bist nicht zu Heiden, nicht zu den wilden Skythen, nicht zu Tataren gekommen, sondern zu Brüdern und Genossen, die Dir wohlwollen, aber eines sage ich Dir: Heute weinst Du über Dein Unglück und morgen über ein fremdes, denn wisse, morgen ziehen wir zur Schlacht."

„Ich gehe mit Eurer Fürstlichen Durchlaucht bis ans Ende der Welt, aber Trost kann ich nicht finden, mir ist so weh ohne sie, daß ich nicht . . ."

Und der arme Soldat griff sich bald an den Kopf, bald biß er die Zähne zusammen, um die Seufzer zu ersticken, denn ein Sturm der Verzweiflung schüttelte ihn.

„Du hast gesagt: Dein Wille geschehe," sagte der Priester streng.

„Amen, Amen, seinem Willen beuge ich mich, aber . . . meinen Schmerz . . . kann ich nicht bannen," antwortete der Ritter mit abgerissenen Worten.

Man sah deutlich, wie er mit sich rang und kämpfte, so daß seine Qual allen Anwesenden Thränen erpreßte, und die Weicheren, wie Wolodhjowski und Longinus, vergossen wahre Thränenströme. Dieser letztere faltete die Hände und wiederholte jammernd:

„Brüderchen, Brüderchen, fasse Dich!"

„Höre," sagte der Fürst plötzlich, „ich habe Kunde, daß Bohun von hier nach Lubnie gezogen ist, denn er hat mir in Wassilowka die Leute niedergehauen. Verzweifle also noch nicht, vielleicht hat er sie nicht erreicht, wozu wäre er sonst nach Lubnie gegangen."

„Bei Gott, so wird es sein," riefen die Offiziere, „Gott wird Dir Trost bringen."

Skrzetuski schlug die Augen auf, als verstehe er nicht, was sie sagten, plötzlich dämmerte auch in seinem Geiste die Hoffnung auf, und er warf sich in seiner ganzen Länge zu den Füßen des Fürsten nieder.

„O, mein Fürst! Sein Leben, Blut!" schrie er.

Mehr konnte er nicht sagen, er war so kraftlos geworden, daß Longinus ihn vom Boden aufheben und auf die Bank setzen mußte. Aber schon sah man ihm an, daß er das Fünkchen von Hoffnung ergriffen hatte, wie der Ertrinkende den Strohhalm, und daß der Schmerz sich zu legen begann. Die anderen aber schürten den Funken und redeten auf ihn ein, daß er vielleicht seine Prinzessin in Lubnie finden würde. Dann brachte man ihn in eine niedere Hütte und reichte ihm Met und Wein. Der Statthalter wollte trinken, aber er konnte nicht, denn die Kehle war ihm wie zugeschnürt. Dafür tranken seine treuen Genossen, und vom Met erheitert, begannen sie, ihn zu umarmen, zu küssen, seine Magerkeit und die Spuren der Krankheit anzustaunen, die sich in seinem Gesicht zeigten.

„Du siehst aus, wie aus dem Grabe erstanden," sagte der dicke Dschick.

„Die in der Sitsch haben Dir gut aufgespielt, sie haben Dir nichts zu essen und zu trinken gegeben."

„Sprich, was ist Dir geschehen?"

„Ein andermal erzähle ich's Euch," sagte Strzetuski mit schwacher Stimme. „Sie haben mich verwundet und ich lag krank."

„Sie haben ihn verwundet," schrie Dschick.

„Verwundet? Einen Gesandten?" antwortete Herr Sloschinski.

Und beide sahen einander an, erstaunt über die Kühnheit der Kosaken, dann begannen sie sich aus herzlicher Zuneigung für Strzetuski zu umarmen.

„Und hast Du Chmielnizki gesehen?"

„Ja."

„Laßt ihn nur zu uns, Herr!" schrie Migurski, „wir werden ihm schon den Kopf zurechtsetzen."

Unter solchen Gesprächen ging die Nacht hin; am Morgen kam die Kunde, daß auch der zweite Vortrab, der nach Tscherkassy geschickt worden war, zurückkäme. Sie hatten jedenfalls Bohun nicht eingeholt und nicht ergriffen, aber dafür seltsame Nachrichten gebracht. Sie brachten auch viele Menschen mit, denen sie auf dem Wege begegnet waren und die zwei Tage vorher Bohun gesehen hatten. Diese erzählten, der Kosakenführer verfolge offenbar jemand, denn er habe überall Umfrage gehalten, ob man nicht einen dicken Edelmann mit einem Kosakenbuben auf der Flucht gesehen hätte, er habe ungeheure Eile gehabt und sei Hals über Kopf weiter geritten. Jene Leute versicherten auch, sie hätten nicht gesehen, daß Bohun ein Fräulein mitgeführt hätte, wäre aber eines bei ihm gewesen, so hätten sie das unzweifelhaft bemerkt, da Bohun nur wenig Mannschaft bei sich hatte. Neuer Mut, aber auch neue Sorge erfüllte Strzetuskis Herz, denn diese Mitteilungen waren für ihn geradezu unverständlich. Er begriff nicht, warum Bohun anfänglich die Richtung nach Lubnie verfolgt, warum er das Präsidium in Wassilowka angegriffen und sich dann plötzlich nach Tscherkassy gewendet hatte. Daß er Helene nicht entführt habe, schien sicher, denn Kuschel hatte Antons Abteilung getroffen, bei welcher sie nicht war, und die Leute, die man jetzt von Tscherkassy eingebracht, hatten sie auch bei Bohun nicht gesehen, wo mochte sie also sein, wo eine Zuflucht gefunden haben? War sie entflohen? und wenn, nach welcher Seite? Warum sollte sie nicht nach Lubnie, sondern nach Tscher=kassy oder Slotonosch geflohen sein? Und doch verfolgten Bo=huns Abteilungen jemanden in der Gegend von Prohorowka und Tscherkassy? Und warum hätten sie nach einem Edelmann und einem Kosakenbuben gefragt? Auf alle diese Fragen fand der Statthalter keine Antwort.

„Ratet mir, sprecht, erklärt mir, was das bedeutet,“ sagte er zu den Offizieren, „denn mein Kopf kann sich hier nicht zurecht finden.“

„Ich denke doch, sie muß in Lubnie sein,“ sagte Migurski.

„Das ist nicht möglich,“ versetzte der Fähnrich Sazwili=chowski, „wenn sie in Lubnie wäre, würde Bohun sie so schnell als möglich nach Tschechryn in Sicherheit bringen, aber nicht den Hetmanen entgegengehen, von deren Niederlage er noch nichts wissen konnte; wenn er aber seine Mannschaften geteilt und seine Verfolgung nach zwei Richtungen fortgesetzt hat, so sage ich Euch, sie gilt niemandem als ihr.“

„Er hat doch aber nach einem alten Edelmann und einem Kosakenbuben gefragt.“

„Es bedarf doch keiner großen sagacitatis, um zu er=raten, daß sie auf ihrer Flucht nicht in Weibstracht, sondern in einer Verkleidung steckt, um die Spuren hinter sich zu verwischen, und so meine ich, dieser Kosakenbube, das ist sie.“

„Ja, bei Gott, bei Gott,“ wiederholten die anderen.

„Bah, aber wer ist der Edelmann?“

„Das weiß ich nicht,“ sagte der alte Fähnrich, „aber das werden wir durch Fragen erfahren. Die Bauern müßten doch wissen, wer hier war und was geschehen ist, bringt nur den Wirt dieser Hütte her.“

Die Offiziere stürzten hinaus und führten bald den Kolonisten aus dem Schoppen am Kragen herbei.

„Bauer," sagte Sazwilichowski, „warst Du hier, als Bohun mit den Kosaken das Herrenhaus überfiel?"

Der Bauer begann wie gewöhnlich zu schwören, daß er nicht hier war, daß er nichts gesehen habe und von nichts wisse, aber Sazwilichowski wußte, mit wem er es zu thun hatte — er sagte also:

„Ich denke wohl, Heidensohn, daß Du unter der Bank gesteckt hast, als sie den Hof plünderten, sage das einem anderen — sieh her, hier liegt ein Goldgulden, und dort steht der Knecht mit dem Schwert — wähle! Schließlich brennen wir das Dorf nieder, und den armen Leuten geschieht um Deinetwillen Unrecht."

Da begann das Bäuerlein zu erzählen, was er gesehen hatte. Als die Kosaken auf dem Maidan vor dem Herrenhofe zu zechen begannen, war er mit den anderen herausgekommen, um zu sehen, was vorgehe. Sie hätten gehört, daß die Fürstin und die Prinzen erschlagen seien, daß aber Nikolaus den Attaman verbunden hätte, der leblos daliege.

Was mit dem Fräulein geschehen sei, konnten sie nicht erfahren, aber am anderen Tage am frühen Morgen hätten sie gehört, daß sie mit einem Edelmann entflohen sei, der mit Bohun gekommen war.

„Nun seht, da habt Ihr's, seht, da habt Ihr's," sagte Sazwilichowski. „Hier, Bauer, nimm den Goldgulden, Du siehst, es geschieht Dir kein Unrecht. Hast Du den Edelmann gesehen, ist er aus der Gegend?"

„Gesehen habe ich ihn, Herr, aber er ist nicht von hier."

„Und wie hat er ausgesehen?"

„Dick, Herr, wie ein Ofen, mit grauem Barte, er fluchte wie ein Alter. Er ist blind auf einem Auge."

„Beim Himmel!" rief Longinus, „das ist ja Sagloba, wer sonst? Ah!"

„Sagloba? Wartet nur, Sagloba! Das kann sein, er hat mit Bohun in Tschechryn Freundschaft geschlossen, sie haben zusammen getrunken und gewürfelt. Das kann sein, das ist sein Konterfei!"

Hier wandte sich Sazwilichowski an den Bauern:

„Ist dieser Edelmann mit dem Fräulein entflohen?"

„Ja, Herr, so haben wir es gehört."

„Und kennt Ihr Bohun gut?"

„O, sehr gut, Herr, er hat ja den ganzen Monat lang hier gesessen!"

„Und vielleicht hat sie der Edelmann mit seinem Willen entführt?"

„Nicht doch, Herr, er hat Bohun gebunden und mit dem Wams umwunden, und das Fräulein, sagen die Leute, hat er heimlich fortgeführt, daß kein menschliches Auge sie gesehen hat. Der Attaman hat geheult wie ein Siromacha. An demselben Tage noch ließ er sich zwischen zwei Pferde binden und stürmte nach Lubnie, aber er hat sie nicht eingeholt, dann jagte er nach einer anderen Richtung."

„Gelobt sei Gott," sagte Migurski, „so kann sie in Lubnie sein, denn daß sie das Fräulein auch auf Tscherkassy zu verfolgten, will nichts bedeuten; da sie dort von ihnen nicht gefunden wurde, versuchten sie es hier."

Skrzetuski war niedergekniet und betete inbrünstig.

„Na, na," brummte der alte Fähnrich. „Ich hätte dem Sagloba soviel Mut nicht zugetraut, mit einem Manne wie Bohun anzubinden. Zwar war er Skrzetuski sehr zugethan wegen des Doppelten von Lubnie, den wir zusammen in Tschechrzyn getrunken haben, er hat mir oft davon erzählt und ihn einen braven Ritter genannt. Na, na, es will gar nicht in meinen Kopf hinein, denn auch auf Bohuns Kosten hat er manchen Becher getrunken. Aber daß er Bohun hätte binden sollen und das Mädchen entführen, eine so kühne That hätte ich von ihm nicht erwartet, denn ich hielt ihn für einen Schlemmer und Feigling. Gewandt ist er, aber auch ein großer Schönfärber, und bei solchen Leuten steckt der ganze Mut gewöhnlich im Munde."

„Mag er sein, wie er will, genug, er hat die junge Prinzessin aus Räuberhänden befreit," sagte Wolodyjowski, „und da er offenbar schlau genug ist, wird er auch gewiß mit ihr so entkommen, um vor dem Feinde sicher zu sein."

„Sein eigenes Leben hängt ja daran," antwortete Migurski. Dann wandten sie sich zu Skrzetuski:

„Tröste Dich doch, lieber Kamerad."

„Wir werden noch alle Deine Brautführer sein."

„Und uns auf Deiner Hochzeit betrinken."

Sazwilichowski fügte hinzu:

„Wenn er über den Dniepr geflohen ist und von der Niederlage bei Korsun gehört ha, so muß er nach Tschernigow zurück, und in diesem Falle holen wir ihn unterwegs ein."

„Auf ein glückliches Ende der Sorgen und Kränkungen unseres Freundes!" rief Sleschynski.

Man brachte Vivats aus auf Skrzetuski, auf die junge Prinzessin, ihre zukünftige Nachkommenschaft und Herrn Sagloba. So ging die Nacht hin. Am frühen Morgen wurde zum Aufsitzen geblasen — das Heer zog weiter nach Lubnie.

Der Marsch ging schnell von statten, denn die fürstlichen Scharen zogen ohne Wagenpark. Skrzetuski wollte mit dem tatarischen Fähnlein ziehen, aber er war zu geschwächt, übrigens hielt ihn der Fürst in seiner Nähe, denn er wollte von ihm einen Bericht über seine Sendung nach der Sitsch. Der Ritter mußte also Rechenschaft geben, wie er gereist sei, wie man ihn auf Chortyza überfallen und nach der Sitsch geschleppt hatte, nur von seinen Reibereien mit Chmielnizki schwieg er, damit es nicht den Anschein habe, als wolle er sich selbst rühmen. Am meisten beunruhigte den Fürsten die Nachricht, daß der alte Grodschizki kein Pulver habe und sich auf längere Zeit nicht verteidigen konnte.

„Das kann ein unersetzlicher Verlust für uns werden," sagte er, „denn diese Festung könnte den Rebellen große Schwierigkeiten machen, und Grodschizki ist ein bedeutender Mann, ein wahrer decus et praesidium der Republik. Warum hat er nicht zu mir nach Pulver geschickt, ich hätte ihm aus dem Lager von Lubnie welches gegeben."

„Er war offenbar der Ansicht, daß der Großhetman ex officio daran denken müsse, ihm Pulver zu liefern," sagte Skrzetuski.

„Das glaube ich wohl," sagte der Fürst, und verstummte. Nach einer Weile aber sprach er weiter:

„Der Großhetman ist ein alter und erfahrener Krieger, aber er hat sich zuviel zugetraut und ist dadurch ins Verderben gegangen. Hat er doch diese ganze Empörung unterschätzt, und als ich ihm mit Hilfstruppen entgegeneilte, hat er mich durchaus nicht ungeduldig erwartet. Er wollte mit niemandem den Ruhm teilen, er fürchtete, daß man mir den Sieg zuschreiben würde ..."

„Das ist auch meine Meinung," sagte Skrzetuski ernst.

„Mit Knüppeln glaubte er Saporogien stumm zu machen, und nun ist's so gekommen, Gott hat den Stolz bestraft; durch den Stolz, der Gott selber unerträglich ist, geht diese Republik zu Grunde, und niemand von uns ist ohne Schuld ..."

Der Fürst hatte recht, denn auch er selbst war nicht ohne Schuld. Noch vor gar nicht langer Zeit war er in einem Handel mit Herrn Alexander Koniezpolski um Habslatsch mit viertausend Mann nach Warschau gezogen und hatte diesen befohlen, wenn

er im Senat zum Eide würde genötigt werden, in das Senatoren=
zimmer zu stürzen und alles niederzumetzeln. Und er hatte das
auch nur aus Stolz gethan, denn sein Stolz ließ nicht zu, daß man
ihm den Eid abfordere und nicht seinem bloßen Wort glaube.

Das mochte ihm in diesem Au enblick in die Erinnerung
gekommen sein, denn er versank in gedanken, ritt schweigsam
weiter und ließ die Augen über die weite Steppe schweifen,
welche die Heerstraße einschloß, vielleicht dachte er auch an das
Geschick der Republik, die er mit aller Kraft seiner glühenden
Seele liebte und über welche dies irae et calamitatis herein=
zubrechen schienen.

Nachmittags tauchten von dem erhöhten Ufer der Sula die
gewölbten Kuppeln der Kirch n von Lubnie, das glänzende Dach
und die spitzen Türme der Michaels=Kathedrale auf. Das Heer
zog langsam ein, und so verging die Zeit bis zum Abend. Der
Fürst selbst begab sich sofort auf das Schloß, auf welchem nach
vorausgesandtem Befehl alles marschbereit gehalten war. Die
Fähnlein aber verteilten sich für die Nacht in der Stadt; es
war das nicht leicht, denn die Menschenmenge in Lubnie war
groß. Infolge der Gerüchte über den Fortschritt des Bürger=
krieges auf dem rechten Ufer und infolge der Gährung unter
den Bauern hatte sich der ganze Adel des Dnieprlandes nach
Lubnie gedrängt. Selbst aus den fernsten Gegenden kamen sie
mit Frauen, Kindern, Gesinde, Pferden, Kamelen und ganzen
Herden Rindvieh. Auch die Kommissare des Fürsten waren
hereingekommen, die Vizestarosten, die verschiedensten Beamten,
adeligen Stände, Pächter, die Juden, mit einem Wort alle,
gegen die die Empörung ihr Schwert richten konnte. Man
hätte glauben können, in Lubnie werde eine große Messe ab=
gehalten, denn auch die moskowitischen Kaufleute und die astracha=
nischen Tataren fehlten nicht, die nach der Ukraine mit Waren
gezogen waren und hier vor dem Krieg Schutz suchten. Auf
dem Markte standen Tausende von Wagen verschiedenster Gestalt,
mit geflochtenen Weidenrädern, mit Rädern ohne Speichen, aus
einem Holzstück geschnitzt; kosakische Telegen, adelige Karossen.
Die vornehmeren Gäste wurden im Schlosse und in den Her=
bergen untergebracht, die übrigen und das Gesinde in Zelten
in der Nähe der Kirche. In den Straßen brannte man Feuer
und bereitete Essen zu. Ueberall Lärmen, Summen, wie in
einem Bienenkorbe: die verschiedensten Trachten, die mannig=
faltigsten Farben, die fürstliche Soldateska von den verschiedensten
Fähnlein, Heiduken, Pajuken, Juden in schwarzen Mänteln,

Bauern, Armenier in ihren violetten Mützchen, Tataren. Ueberall
erfüllten Rufe, Flüche, Kindergeschrei, Hundegebell und Rinder=
gebrüll die Luft. Diese Menschenmenge begrüßte das heran=
ziehende Heer mit Freude, denn es sah in ihm die Sicherheit
des Schutzes und der Befreiung. Andere eilten zum Schlosse
und schrieen aus Leibeskräften zu Ehren des Fürsten und der
Fürstin. Die seltsamsten Gerüchte waren in der Menge ver=
breitet, bald hieß es, der Fürst bleibe in Lubnie, bald, er ziehe
weit weg nach Litauen, wohin man ihm würde folgen müssen,
bald sogar, er habe Chmielnizki schon geschlagen. Der Fürst
aber blickte, nachdem er seine Gattin begrüßt und ihr mitgeteilt,
daß er morgen fortziehe, betrübt auf jene Schar von Menschen
und Wagen, welche dem Heere nachziehen und ihm wie ein Blei=
gewicht an den Füßen hängen sollten, die Schnelligkeit des
Marsches hemmend. Er tröstete sich nur bei dem Gedanken,
daß hinter Brahin in dem ruhigeren Lande sich alles zerstreuen,
in den verschiedensten Winkeln Schutz suchen und seinen Zug
nicht mehr hemmen würde. Die Fürstin selbst mit ihren Hof=
damen und dem ganzen Hof sollte nach Wischniowze geschickt
werden, damit der Fürst mit seiner ganzen Heeresmacht sicher und
ohne Hindernisse in den Kampf ziehen könnte. Die Vorbereitungen
im Schlosse waren schon getroffen, die Wagen waren mit
den Sachen und Kostbarkeiten bepackt, die Vorräte gesammelt,
der Hof jeden Augenblick bereit, die Wagen und Pferde zu
besteigen. Alles das hatte die Fürstin Griseldis vorbereitet,
die im Unglück ein ebenso großes Herz hatte wie der Fürst,
und ihm an Energie und Unbeugsamkeit des Charakters gleich
kam. Dieser Anblick gab dem Fürsten großen Trost, obgleich
sein Herz bei dem Gedanken zerrissen wurde, daß er sein freund=
liches Nest in Lubnie, in dem er soviel Glück genossen und soviel
Ruhm gewonnen, würde verlassen müssen. Diesen Schmerz
teilten alle, das Heer, die Dienerschaft, der ganze Hof; denn
alle waren dessen sicher, daß, während der Fürst in fernen
Landen kämpft, der Feind Lubnie nicht ungeschoren lassen, sondern
an diesen geliebten Mauern Rache für alle Streiche nehmen
werde, welche er von der Hand des Fürsten empfing, und so
fehlte es nicht an Thränen und Klagen, besonders unter den
Weibern und denen, welche schon hier geboren waren und die
Gräber der Eltern weinend zurückließen.

8. Kapitel.

Strzetuski, der dem Heere vorausgeeilt war und zuerst in das Schloß stürzte, um nach der Prinzessin und Sagloba zu fragen, hatte sie hier nicht gefunden. Man hatte sie weder gesehen, noch von ihnen gehört, obwohl man schon Nachricht von dem Ueberfall auf Roslogi und der Niedermetzelung des Präsidiums von Wassilowka hatte. Der Ritter schloß sich daher in seinem Quartier im Zeughause ein, allein mit seiner getäuschten Hoffnung — und seinem Leid, Furcht und Sorge kamen von neuem über ihn. Aber er scheuchte sie von sich, wie ein verwundeter Soldat auf dem Schlachtfelde die Raben und Dohlen von sich scheucht, die auf ihn herniederflattern, um das warme Blut zu trinken und das frische Fleisch zu zerreißen. Er richtete sich auf an dem Gedanken, daß Sagloba, der Schlaue und an Ränken Reiche, vielleicht doch sich durchschlagen und, wenn er die Nachricht von der Niederlage der Hetmane erhielt, in Tschernigow Zuflucht suchen würde. Er erinnerte sich auch im rechten Augenblick des alten Sängers, dem er auf dem Wege nach Roslogi begegnet war und der, wie er selbst sagte, von irgend einem Teufel mit seinem Burschen bis auf das nackte Leben ausgeplündert worden war und drei Tage unbekleidet im Schilfe des Kahamlik saß. Plötzlich kam Strzetuski der Gedanke, daß Sagloba den Alten ausgeplündert habe, um für sich und Helene die Verkleidung zu schaffen. Es kann nicht anders sein, wiederholte sich der Statthalter, und fand großen Trost in diesem Gedanken, denn eine solche Verkleidung erleichterte die Flucht bedeutend. Er hoffte auch, daß Gott, der über die Unschuld

wacht, Helene nicht verlassen werde, und um seine Gnäde für
sie um so eher zu erbitten, beschloß er, sich selbst von Sünden
zu reinigen. Er verließ also das Zeughaus und suchte den Priester
Muchowiezki auf. Er fand ihn, wie er den Weibern Trost zu-
sprach, und bat ihn um die Beichte. Der Priester führte ihn
in die Kapelle, setzte sich in den Beichtstuhl und hörte ihm zu.
Nachdem er zu Ende war, gab er ihm eine Lehre, erbaute ihn,
kräftigte ihn im Glauben, tröstete und rügte ihn. Und er rügte
ihn etwa mit den Worten, daß es weder einem Christen zieme,
an Gottes Macht zu zweifeln, noch einem Bürger, mehr
über sein eigenes als über des Vaterlandes Unglück zu weinen:
denn es sei ein Unrecht eigener Art, mehr Thränen für sich zu
haben, als für das Gemeinwesen, und sein Geliebtes mehr zu
beklagen, als das allgemeine Unglück. Dann schilderte er das
Unglück, den Fall und die Schmach des Vaterlandes in so er-
habenen und innigen Worten, daß er eine große Liebe in dem
Herzen des Ritters für dasselbe entfachte, der gegenüber sein
eigenes Unglück so klein erschien, daß er es kaum noch wahrnehmen
konnte. Er reinigte ihn auch von der Wut und dem Haß, welche
er gegen die Kosaken im Herzen Skrzetuskis fand. „Du wirst
sie züchtigen,“ sagte er, „als Feinde des Glaubens, des Vaterlandes, als Verbündete der Heiden, aber als Deinen Schuldigern
wirst Du ihnen vergeben, aus tiefstem Herzen verzeihen und
Dich nicht rächen. Und wenn Du so thun wirst, wird Gott Dich
trösten und Dir Dein Lieb zurückbringen und seinen Frieden
senden . . .“

Dann schlug er das Kreuz über ihn, segnete ihn, ging
hinaus und befahl ihm noch, zur Sühne bis zum Morgen vor
dem Gekreuzigten auf den Knieen zu liegen.

Die Kapelle war leer und dunkel, nur zwei Lichter schimmerten vor dem Altar und warfen rosige und goldene Strahlen auf
das Antlitz Christi, das aus Alabaster geformt war und voll
Innigkeit und Schmerz herniederschaute. Ganze Stunden vergingen, und der Statthalter lag bewegungslos, wie tot, da —
aber er empfand auch immer deutlicher, daß die Bitterkeit, die
Verzweiflung, der Haß, der Schmerz, die Sorge, das Leid aus
seinem Herzen wich, aus seiner Brust entschwand und fort-
schlich wie Schlangen, um irgendwo Unterschlupf in der Dunkelheit zu suchen. Er empfand, daß er leichter atme, daß gleichsam neues Leben, neue Kräfte in ihm erwachten, daß es in
seinem Geiste heller wurde, daß Glückseligkeit ihn umfange —
mit einem Wort, vor diesem Altar und vor dem Gekreuzigten

fand er alles, was ein Mann in jenen Zeiten finden konnte, ein Mann von unerschütterlichem Glauben, ohne Spur und Schatten eines Zweifels.

Am anderen Morgen war der Statthalter wie neugeboren, es gab viel Schaffen und Bewegnng, denn es war der Tag der Abreise von Lubnie. Die Offiziere mußten vom frühen Morgen an mustern, ob Mannschaften und Pferde in gehöriger Ordnung waren, dann führten sie sie hinaus auf die Felder und stellten sie marschbereit auf. Der Fürst wohnte der heiligen Messe in der St. Michaelskirche bei, dann ging er auf sein Schloß zurück und empfing die Deputationen der griechischen Geistlichkeit und der Bürgerschaft von Lubnie und Chorol. Er ließ sich auf seinen Thron in dem von Helm gemalten Saale in der Umgebung seiner vornehmsten Ritter nieder, und hier nahm der Aelteste der Bürger von Lubnie, Hruby, in kleinrussischer Sprache Abschied von ihm im Namen aller Städte, die zu dem Dnieprreiche gehörten. Erst bat er ihn, nicht davon zu gehen und sie wie eine Herde ohne Hirten zurückzulassen, und die anderen Deputierten falteten die Hände und sprachen ihm nach: „Gehe nicht davon, gehe nicht" — und als der Fürst antwortete, es könne nicht sein, fielen sie ihm zu Füßen und beklagten den guten Herrn oder heuchelten Klagen, denn man sagte, daß viele trotz der Leutseligkeit des Fürsten mehr zu den Kosaken und zu Chmielnizki hielten als zu ihm. Aber die Wohlhabenderen fürchteten den Pöbel, von dem zu besorgen war, daß er gleich nach der Abreise des Fürsten und des Heeres sich erheben würde. Der Fürst antwortete, er habe sich stets bemüht, ihnen ein Vater, nicht ein Herr zu sein, und beschwor sie, in der Treue für die Majestät und die Republik, ihrer aller gemeinsamen Mutter, unter deren Fittichen sie vor Unbill bewahrt seien, in Frieden gelebt und zu Wohlstand erblüht, auszuharren, kein fremdes Joch, welches die Nachbarn ihnen so gern auferlegen möchten, auf sich zu nehmen. Mit ähnlichen Worten nahm er auch Abschied von der griechischen Geistlichkeit, dann kam die Stunde der Abreise. Nun erst ertönte im ganzen Schlosse Klagen und Weinen. Die Fräuleins aus dem Hofstaat wurden ohnmächtig, Fräulein Anna Borschobohata brachte man mit Mühe zu sich, nur die Fürstin stieg mit trockenen Augen und mit hocherhobenem Haupte in die Karosse, denn die stolze Herrin schämte sich, vor den Leuten ihren Schmerz zu zeigen. Um das Schloß herum standen große Mengen Volks, alle Glocken von Lubnie läuteten, die Popen schlugen Kreuze über die Fortziehenden, der lange Zug der Wagen, Karossen und Lastwagen konnte nur mit Mühe aus dem Schloßthor heraus.

Endlich bestieg auch der Fürst sein Pferd. Die Regiments= fahnen senkten sich vor ihm, auf den Wällen wurden Schüsse gelöst; die Klagen, der Lärm des Volkes und die lauten Rufe mischten sich mit dem Läuten der Glocken, mit den Schüssen, mit den Tönen der Kriegstrompeten, mit dem Gedröhn der Kessel= pauken. Der Marsch begann.

An der Spitze zogen zwei tatarische Fähnlein unter Rost= worowski und Wierschul, dann die Artillerie Wurzels, die Infanterie des Obersten Machnizki, dann folgte die Fürstin mit allen Hofdamen und der ganze Hof zu Wagen, die Gepäckwagen, dann das walachische Fähnlein des Bychowiez und endlich der Kern des Heeres, die Regimenter der schweren Kavallerie, die gepanzerten Fähnlein, die Husaren; den Zug schlossen die Dra= goner und die Feldmannschaften.

Hinter dem Heere zog sich wie eine Schlange eine endlose und bunte Reihe von Wagen hin, welche die Familien aller derjenigen Edelleute trugen, die nach der Abreise des Fürsten nicht im Dnieprlande bleiben wollten.

Die Posaunen wurden geblasen, aber die Herzen waren bedrückt. Alle dachten bei dem Anblick dieser Mauern in der Seele: Geliebte Heimat, werde ich Dich im Leben noch wieder= sehen? Fortziehen ist ein Leichtes, aber Heimkehren ist schwer. Und ließ nicht ein jeder ein kleines Teilchen seiner Seele an diesem Orte zurück und eine süße Erinnerung? Darum richteten sich auch aller Augen zum letztenmale auf das Schloß, auf die Stadt, auf die Türme der Kirchen, auf die Kapellen der griechi= schen Bethäuser, auf die Dächer der Hütten. Jeder wußte, was er zurückließ, und wußte nicht, was dort seiner harrte in der blauen Ferne, nach welcher der Zug hinströmte . . .

Aller Herzen erfüllte Trübsinn. Die Stadt rief den Fortziehenden mit den Stimmen der Glocken nach, als beschwöre sie sie ihrerseits, sie nicht zu verlassen, sie nicht der Unsicherheit oder einem unglückseligen Schicksal in der Zukunft preiszugeben, sie rief ihnen nach, als wollte sie durch den kläglichen Ton der Glocken ihnen Abschied zurufen und sich ihrem Gedächtnis einprägen . . .

So waren, obwohl der Zug sich immer mehr entfernte, die Geister doch der Stadt zugekehrt, und in allen Gesichtern las man die Frage:

„Ist's das letzte Mal?"

So war es auch! Von diesem ganzen Heere, von diesen Tausenden, die in diesem Augenblicke mit dem Fürsten Wisch= niowiezki auszogen, sollte keiner, auch er selbst nicht mehr, diese Stadt, noch dieses Land wiedersehen.

Die Trompeten erklangen. Das Heer zog langsam, aber stetig vorwärts, und nach einiger Zeit begann die Stadt sich in bläulichen Nebel zu hüllen, die Häuser und Dächer verschwammen zu einer Masse, die lebhaft in der Sonne glänzte. Da gab der Fürst seinem Pferde die Sporen und ritt voraus auf einen hohen Hügel hinauf, blieb dort unbeweglich stehen und sah lange hinaus. War doch diese Stadt, die jetzt in der Sonne schimmerte, und dieses ganze Land, das er von der Anhöhe überblickte, die Heimat seiner Vorfahren und seine eigene. Die Wischniowiezkis waren es, welche die einst öden, wüsten Strecken in ansässiges Land umgestaltet hatten, die sie dem menschlichen Leben eröffnet und, man kann sagen, das Dnieprland aus dem Nichts in fruchttragende Auen ver= wandelt hatten. Und den größten Teil dieses Werkes hatte der Fürst selbst gethan. Er hatte diese Kirchen erbaut, deren Türme über der Stadt bläulich glänzten, er hatte diese Stadt aufgerichtet, er hatte sie durch fahrbare Wege mit der Ukraine verbunden, er hatte Wälder ausgerodet, Sümpfe ausgetrocknet, Schlösser erbaut, Dörfer und Ansiedelungen angelegt, Bewohner herangezogen, die Räuberbanden ausgerottet, das Land gegen tatarische Einfälle geschützt, er hielt die für den Ackersmann und den Kaufmann so erwünschte Ruhe aufrecht, er hatte die Herrschaft des Gesetzes und der Gerechtigkeit eingeführt, durch ihn lebte dieses Land, durch ihn entwickelte es sich und blühte es auf. Es war sein Herz und seine Seele. Jetzt sollte er alles dies zurücklassen.

Und nicht etwa um diesen Riesenbesitz, der allen deutschen Fürstentümern gleichkam, war es dem Fürsten leid, nein, er liebte dieses Werk der eigenen Hände, er wußte, wenn er fehlte, würde es an allem fehlen, würde die Arbeit ganzer Jahre mit einem Schlage vernichtet sein und alle Mühe war vergebens; die wilden Horden zerbrachen die Fesseln, Feuer wird Dörfer und Städte in Asche legen, der Tatar wird seine Pferde wieder in diesen Flüssen tränken, der Urwald aus den Ruinen emporwachsen, und wenn Gott ihm die Heimkehr beschiede, so würde alles, alles wieder von neuem zu beginnen sein — aber wer weiß, ob die Kraft noch reichen, die Zeit noch genügen, und ob das Selbstvertrauen der früheren Zeit ihm dann noch inne= wohnen würde. Hier waren die Jahre hingegangen, welche für ihn ein Ruhm vor den Menschen, ein Verdienst vor Gott bedeuteten, jetzt sollte das Verdienst und der Ruhm wie Rauch verweht sein . . .

Zwei schwere Thränen rollten über seine Wangen.

Es waren die letzten Thränen, von nun an blieben in diesen Augen nur noch Blitze.

Das Pferd des Fürsten reckte seinen Hals und wieherte, und seinem Wiehern antworteten bald die anderen von dem Fähnlein. Diese Stimmen erweckten den Fürsten aus seinem Brüten und erfüllten ihn mit neuem Mut. Blieben ihm doch sechstausend treue Kriegskameraden, sechstausend Schwerter, mit welchen die Welt ihm offen stand und welchen die niedergedrückte Republik wie ihrer einzigen Erlösung entgegenharrte. Die Idylle des Dnieprlandes war vorbei, aber dort, wo die Kanonen donnern, wo Dörfer und Städte in Flammen stehen, wo die Seufzer von Männern, Frauen und Kindern ertönen — dort ist ein Feld der Thätigkeit offen und der Ruhm des Befreiers und des Vaters des Vaterlandes zu erringen . . .

Wer sollte die Hände nach diesem Kranze ausstrecken, wer wird das geschmähte, von den Füßen der Bauern zertretene, gedemütigte, hinsterbende Vaterland retten, wenn nicht er — der Fürst —, wenn nicht diese Heere, deren Waffen dort unten in der Sonne glänzen und leuchten? . . .

Der Zug ging gerade am Fuße der Anhöhe vorüber, und bei dem Anblick des Fürsten, der mit dem Szepter in der Hand auf dem Gipfel unter dem Kreuze stand, entrang sich der Brust der Soldaten auf einmal der Ruf:

„Es lebe der Fürst! Es lebe unser Führer und Hetman, Jeremias Wischniowiezki!"

Und hunderte von Fahnen senkten sich zu seinen Füßen, die Husaren gaben mit ihren Karabinern eine donnernde Salve ab, die Kesselpauken erdröhnten zu den Rufen.

Da zog der Fürst sein Schwert und erhob es zum Himmel, zu dem er auch die Augen erhob, und sprach so:

„Ich, Jeremias Wischniowiezki, Wojewode von Ruthenen, Fürst von Lubnie und Wischniowze, schwöre bei dem dreieinigen Gott und der heiligen Mutter Gottes, daß Ich dieses Schwert, das Ich gegen die Schurken erhebe, die das Vaterland geschändet, so lange Kraft und Leben in Mir sind, nicht ruhen lasse, bis Ich die Schmach getilgt, den Feind zu den Füßen der Republik niedergeworfen, der Ukraine den Frieden gebracht und die Empörungen der Bauern im Blute erstickt habe, und wie Ich dieses Gelübde aus reinem Herzen thue, so helfe Mir Gott. Amen!"

So sprach er und stand noch einen Augenblick, die Augen gen Himmel erhoben, dann ritt er langsam von der Anhöhe zu den Fähnlein herab. Die Heere kamen zur Nacht nach Bascha, dem Dorfe der Frau Krimizka, welche den Fürsten knieend an der Thür empfing, denn die Bauern hatten sie schon in ihrem Herrenhause belagert, und sie hatte sich mit Hilfe der Getreuen unter ihrem Gesinde verteidigt, als die plötzliche Ankunft der Heere sie und ihre neunzehn Kinder, unter ihnen vierzehn junge Mädchen, rettete. Der Fürst ließ die Angreifer fangen, sandte Poniatowski, den Rottenführer des Kosakenfähnleins, nach Kaniew, welcher noch in derselben Nacht fünf Saporogen aus dem Zeltlager von Waschiutyn einbrachte. Sie alle hatten an der Schlacht bei Korsun teilgenommen und gaben jetzt, von der Folter bedroht, dem Fürsten genauen Bericht über dieselbe. Sie versicherten auch, daß Chmielnizki noch in Korsun sei, Tuhaj=Bey aber mit den Gefangenen, mit der Beute und den beiden Hetmanen sich nach Tschechryn begeben habe, von wo aus er nach der Krim gehen wollte. Sie hätten auch gehört, daß Chmielnizki ihn sehr ge= beten habe, das Saporogenheer nicht zu verlassen und gegen den Fürsten zu ziehen, der Mirza aber habe sich dazu nicht verstehen wollen und habe gesagt, daß nach der Aufreibung der Kosakenheere und der Hetmane die Kosaken sich selbst helfen könnten, er aber wolle nicht länger warten, denn die Gefangenen würden hinsterben. Ueber die Streitkräfte Chmielnizkis befragt, gaben sie dieselben auf zweimalhunderttausend an, der größere Teil wenig zuverlässig, tüchtigere Truppen, das heißt Saporogen und Herrenkosaken oder städtische, nur fünfzigtausend, die sich der Empörung angeschlossen hätten.

Bei dem Empfang dieser Nachrichten wuchs des Fürsten Mut, denn er hoffte auch jenseits des Dniepr durch den Adel, die Flüchtlinge des Kronheeres und die Mannschaften der Herren seine Macht bedeutend zu vermehren. Dann setzte er am folgen= den Morgen seinen Weg fort.

Hinter Perejeslaw kamen die Heere in riesige, öde Wälder, welche sich längs des Flusses, Trubiez, nach Koselsk und noch weiter bis zu Tschernigow hinzogen. Es war gegen Ende Mai — die Hitze war fürchterlich. In den Wäldern, wo man Küh= lung erwarten mochte, war es so schwül, daß Menschen und Pferde kaum stehen konnten. Das Vieh, das im Wagenpark mit= ging, fiel oder rannte, wo es Wasser witterte, wie rasend darauf zu, warf die Wagen um und brachte so Verwirrung hervor. Auch Pferde begannen zu fallen, besonders in der schweren Reiterei.

Die Nächte waren wegen der ungeheuren Menge von Ungeziefer und des übermäßig starken Geruchs des Harzes, welches wegen der Hitze reichlicher als gewöhnlich an den Bäumen herabfloß, unerträglich.

So brachte man vier Tage hin, endlich am fünften wurde die Hitze übermenschlich groß. Als die Nacht kam, begannen die Pferde zu schnaufen, und das Rindvieh begann kläglich zu brüllen, als sehe es eine Gefahr voraus, welche die Menschen noch nicht ahnen konnten.

„Sie wittern Blut," hieß es im Wagenpark unter der Schär der fliehenden Adelsfamilien.

„Die Kosaken verfolgen uns, es giebt eine Schlacht."

Bei diesen Worten erhoben die Weiber ein Jammergeschrei — das Gerücht gelangte zu dem Gesinde, es entstand Schrecken und Verwirrung — die Wagen suchten einander zuvorzukommen oder verließen die Straße und fuhren blindlings in den Wald hinein, wo sie zwischen den Bäumen hängen blieben.

Aber der Fürst schickte Leute hin und ließ die Ordnung schnell herstellen. Nach allen Seiten wurden Vorposten ausgesandt, um sich zu überzeugen, ob wirklich eine Gefahr drohe.

Skrzetuski, der als Freiwilliger mit den Walachen mitgegangen war, kehrte als Erster am Morgen zurück und begab sich sofort nach seiner Rückkehr zu dem Fürsten.

„Nun, wie steht's?" fragte Jeremias.

„Mein Fürst, die Wälder stehen in Flammen."

„Ist das Feuer angelegt?"

„Ja, ich habe einige Menschen abgefaßt, welche bekunden, daß Chmielnizki Freiwillige abgeschickt habe, die Eurer Fürstlichen Durchlaucht folgen sollten, bei günstigem Winde das Feuer anzulegen."

„Lebendig verbrennen wollte er uns also, ohne Schlacht! Bringt mir die Leute!"

Gleich führte man drei Tschabanen, wilde, dumme, schreckhafte Menschen vor, welche ohne Verzug bekannten, daß man ihnen wirklich befohlen hatte, Feuer an die Wälder zu legen.

Sie bekannten auch, daß bereits ein Heer dem Fürsten folge und auf einem anderen Wege nach Tschernigow in der Nähe des Dniepr ginge.

Inzwischen kamen auch die andern Vorposten an, und alle brachten dieselbe Nachricht:

„Die Wälder stehen in Flammen."

Aber der Fürst schien sich keineswegs zu beunruhigen.

312

„Das ist die Art der Heiden," sagte er, „aber das thut nichts! Das Feuer wird die Flüsse nicht überschreiten, die in die Trubiez fallen."

In der That ergossen sich in die Trubiez, längs welcher der Zug gen Norden hin zog, so viele Flüßchen, welche hier und da breite Sümpfe bildeten, daß nicht zu befürchten war, das Feuer könnte sie überschreiten, man hätte denn müssen hinter jedem von ihnen von neuem die Wälder anzünden.

Die Vorposten bestätigten bald, daß dies geschehen war, tagtäglich brachte man Brandstifter ein, mit denen die Fichten am Wege geschmückt wurden.

Das Feuer breitete sich mit Macht aus, aber längs der Flüßchen nach Osten und Westen, nicht nach Norden. In der Nacht bedeckte den Himmel ein roter Schein, soweit das Auge reichte. Die Frauen sangen vom Abend bis zur Morgendämmerung fromme Lieder. Das erschreckte Wild floh aus den brennenden Wäldern auf die Straßen und schloß sich dem Zuge an, indem es sich unter die Herden des Hausviehes mischte. Der Wind trieb den Rauch zusammen, der den ganzen Horizont bedeckte, die Heere und Wagen zogen wie im dichten Nebel weiter, den kein Auge durchbringen konnte. Die Brust konnte kaum atmen, der Rauch peinigte die Augen — und der Wind trieb ihn immer stärker heran. Das Sonnenlicht konnte durch diese Rauchwolken kaum durchbringen, und in der Nacht war es heller als am Tage, weil der Feuerschein leuchtete. Der Wald schien kein Ende zu nehmen.

Durch diese brennenden Wälder und Rauchwolken führte Jeremias sein Heer, und dabei kamen Nachrichten, daß der Feind auf der anderen Seite der Trubiez marschiere, aber man wußte nicht, wie groß seine Macht war — die Tataren Wierschuls stellten fest, daß er noch sehr weit entfernt sei.

Indessen traf in einer Nacht Herr Suchodolski aus Bodenki von dem anderen Ufer der Dessna im Lager ein. Er war ehemals am Hofe des Fürsten gewesen und war vor einigen Jahren aufs Land gezogen. Auch er war vor den Bauern entflohen, aber er brachte eine Nachricht mit, die man im Heere noch nicht kannte. Es rief eine große Bestürzung hervor, als er, von dem Fürsten um Neuigkeiten ausgefragt, antwortete:

„Es steht schlimm, mein Fürst, von der Niederlage der Hetm n habt Ihr schon gehört, wohl auch von dem Tode des Königs?"

Der Fürst, der auf einem kleinen Reisetaburett vor dem Lager saß, sprang erschrocken auf:

„Der König ist tot?"

„Der gnädige Herr hat seinen Geist in Meretsch aufgegeben eine Woche vor der Korsuner Niederlage," sagte Suchodolski.

„Gott in seiner Gnade hat ihn diesen Tag nicht erleben laffen," antwortete der Fürst.

Dann griff er mit den Händen nach dem Kopfe und sprach weiter:

„Fürchterliche Zeiten sind über diese Republik gekommen. Wahlversammlungen und Königswahl-Interregnum, Zwietracht und Machinationen der Ausländer, jetzt, wo das ganze Volk sich wandeln sollte in ein Schwert, von einer Hand geführt. Gott hat sein Antlitz von uns gewendet und will uns in seinem Zorn für unsere Sünden züchtigen. Die Brandfackel dieses Krieges konnte nur der König Wladislaus löschen, denn ihn liebten die Kosaken mit wunderbarer Liebe, und überdies war er ein tüchtiger Kriegsmann."

In diesem Augenblicke traten zahlreiche Offiziere an den Fürsten heran, unter ihnen Sazwilichowski, Skrzetuski, Baranowski, Wurzel, Machnizki und Polanowski, und der Fürst sagte:

„Meine Herren, der König ist tot!"

Wie auf Kommando entblößten alle die Häupter, alle Gesichter wurden ernst, diese unerwartete Nachricht hatte alle sprachlos gemacht. Nach einiger Zeit erst fand der allgemeine Schmerz Ausdruck.

„Gieb ihm, Herr, die ewige Ruhe," sagte der Fürst.

„Und das ewige Licht möge ihm leuchten!"

Bald darauf stimmte Priester Muchowiezki das Dies irae an, und inmitten dieser Wälder der aufsteigenden Rauchwolken ergriff eine unsagbare Niedergeschlagenheit alle Herzen. Allen war zu Mute, als wären sie jetzt im Angesicht des drohenden Feindes allein auf der Welt . . . und hätten niemanden mehr, als ihren Fürsten.

Und alle Augen wandten sich ihm zu, und ein neues Band zwischen ihm und seinem Heere wurde geschmiedet.

An demselben Abende sagte der Fürst zu Sazwilichowski, so daß es alle hören konnten:

„Wir brauchen einen kriegstüchtigen König, darum, wenn uns Gott gestattet, unsere Stimmen in der Wahl abzugeben, so geben wir sie dem Prinzen Karl, der mehr kriegerischen Geist hat, als Kasimir."

„Vivat! Carolus Rex!" riefen die Offiziere.

„Vivat!" wiederholten die Husaren und mit ihnen das ganze Heer.

Und der Fürst-Wojewode ahnte gewiß nicht, daß diese Rufe, die im Dnieprlande erklangen, durch die öden Wälder von Tschernigow bis nach Warschau dringen und seinen Händen das Szepter des Großkronenhetmans entwinden würden.

9. Kapitel.

Nach einem neuntägigen Marsche, dessen Xenophon Maskiewitsch wurde, und einer dreitägigen Ueberfahrt über die Dessna
gelangte das Heer endlich nach Tschernigow. Allen voraus zog
Skrzetuski mit den Walachen, der Fürst hatte ihn absichtlich zur
Besetzung der Stadt kommandiert, damit er sich um so früher
nach der Prinzessin und Sagloba erkundigen könne. Aber auch
hier, wie in Lubnie, hatte weder in der Stadt noch im Schlosse,
irgend jemand etwas von ihnen gehört, sie waren spurlos verschwunden, und der Ritter wußte nun selbst nicht mehr, was
er davon denken sollte. Wo können sie eine Zuflucht gesucht
haben? Doch nicht in Moskowien, noch in der Krim oder in
der Sitsch! Es blieb nur die eine Vermutung, daß sie über
den Dniepr gesetzt waren, und in diesem Falle hätten sie sich
plötzlich mitten im Aufruhr befunden. Dort herrschte Brand und
Metzelei, dort wogte es von trunkenem Pöbel, Saporogen und
Tataren, gegen welche auch die Verkleidung Helenes keinen Schutz
bot, denn der heidnische Pöbel nahm gern Knaben in die Gefangenschaft wegen des hohen Preises, den sie auf den Märkten
von Stambul hatten. Skrzetuski ging sogar der entsetzliche
Verdacht durch den Sinn, daß Sagloba vielleicht sie absichtlich
nach jener Seite entführt hätte, um sie dem Tuhaj-Bey
zu verkaufen, der ihm reichlicher lohnte, als Bohun — und
dieser Gedanke versetzte ihn fast in Raserei; aber Longinus
beruhigte ihn wirksam in dieser Hinsicht, er kannte Sagloba
länger, als Skrzetuski.

„Brüderchen Statthalter," sagte er, „schlag' Dir das aus dem Sinn, das hat der Edelmann sicherlich nicht gethan. Auch bei den Kurzewitsch' gab's Schätze genug, die ihm Bohun gern abgetreten hätte; wenn er das Mädchen ins Unglück stürzen wollte, so brauchte er nicht seinen Kopf aufs Spiel zu setzen, er konnte trotzdem Reichtum erwerben."

„Schon wahr," sagte der Statthalter, „aber warum ist er mit ihr über den Dniepr entflohen, und nicht nach Lubnie oder Tschernigow?"

„Beruhige Dich doch, mein Lieber, ich kenne diesen Sagloba, er hat mit mir gezecht und ist mein Schuldner geblieben, Geld spielt bei ihm keine Rolle, weder eigenes, noch fremdes. Hat er eigenes, bringt er's durch — fremdes giebt er nicht wieder, aber daß er eine solche That begehen könnte, nehme ich von ihm nicht an."

„Er ist ein leichtsinniger Mensch," sagte Skrzetuski.

„Ja, leichtsinnig mag er sein, aber ein Schalk, der jeden gern aufs Glatteis führt und sich aus allen Verlegenheiten herauswindet. Aber wie der Priester mit prophetischem Geiste vorausgesagt hat, daß Gott sie Dir zurückbringt — so wird es auch sein, denn es ist recht, daß jede aufrichtige Liebe belohnt werde, und mit dieser Zuversicht tröste Dich, wie ich mich tröste."

Hier begann Longinus schwer zu seufzen und fügte nach einer Weile hinzu:

„Fragen wir doch im Schlosse nach, vielleicht sind sie hier vorübergekommen."

Und sie fragten überall, aber vergeblich — nirgends eine Spur auch nur von dem Vorüberkommen der Flüchtlinge. Im Schlosse war alles voll von Edelleuten, deren Frauen und Kindern, die sich hier vor den Kosaken eingeschlossen hatten. Der Fürst hatte ihnen geraten, mit ihm zu gehen, und hatte sie gewarnt, daß die Kosaken ihm auf der Spur folgten. Sie hatten nicht gewagt, das Heer anzugreifen, aber es war wahrscheinlich, daß sie nach dem Abzuge des Fürsten sich auf das Schloß und die Stadt stürzen würden. Der Adel in dem Schlößchen war jedoch seltsam verblendet.

„Hier hinter den Wäldern sind wir sicher," antworteten sie dem Fürsten, „hier wird niemand zu uns kommen."

„Bin ich doch durch diesen Wald gekommen," sagte der Fürst.

„Eure Fürstliche Durchlaucht sind durchgekommen, aber der Pöbel kommt nicht durch, hoho, das sind Wälder!"

Und sie wollten nicht mit und blieben in ihrer Verblendung, die sie später teuer bezahlten, denn gleich nach dem Abzuge des Fürsten kamen die Kosaken heran. Das Schloß verteidigte sich tapfer drei Wochen hindurch, dann wurde es erobert und alle, die darin waren, bis auf den letzten Mann niedergemetzelt. Die Kosaken begingen die fürchterlichsten Grausamkeiten, zerrissen die Kinder, brieten die Frauen am langsamen Feuer — und niemand nahm an ihnen Rache dafür.

Der Fürst war indessen nach Lubetz am Dniepr gekommen und ließ dort das Heer Rast halten, er selbst aber fuhr mit dem fürstlichen Hof und den Lastwagen nach Brahin, das mitten in Wäldern und undurchdringlichen Sümpfen lag. Eine Woche später setzte auch das Heer über den Fluß. Dann zog man nach Babitza bei Mozyr, und hier am Fronleichnamsfeste schlug die Stunde der Trennung, denn die Fürstin sollte mit dem Hofe nach Turowize zu ihrer Tante, der Frau Wojewodin von Wilna reisen, der Fürst mit dem Heere nach der Ukraine ins Feuer.

Bei dem letzten Mahle, dem Abschiedsmahle, waren der Fürst und die Fürstin, die Hofdamen und die vornehmste Gesellschaft versammelt, aber in den Scharen der Fräuleins und der Kavaliere herrschte nicht die gewohnte Heiterkeit' denn so manches Soldatenherz blutete bei dem Gedanken, daß man noch in dieser Stunde die Auserwählte würde verlassen müssen, für die man gern leben, kämpfen und sterben wollte, so manche helle und dunkle Mädchenaugen wurden durch Thränen des Leides getrübt, weil der Geliebte jetzt in den Krieg mitten unter Kugelregen und Schwerter, unter Kosaken und wilde Tataren ziehen mußte und vielleicht nicht wiederkehrt . . .

Daher weinten auch, als der Fürst das Wort ergriff, um von seiner Gattin und dem Hofe Abschied zu nehmen, die jungen Fräulein kläglich, eine um die andere, die Ritter aber, kräftigen Mutes, erhoben sich von ihren Plätzen, griffen an ihre Schwerter und riefen:

„Wir werden siegen und heimkehren!"

„Helfe Euch Gott," antwortete die Fürstin.

Darauf ertönte ein Ruf, daß Fenster und Wände erbebten:

„Es lebe die Fürstin! Es lebe unsere Mutter und Wohlthäterin!"

„Sie lebe! Sie lebe!"

Die Soldaten liebten auch sie wegen ihrer Freundlichkeit gegen die Ritterschaft, wegen ihres Großmuts, ihrer Freigebigkeit und ihrer Milde und wegen der Sorge um ihre Familien.

Fürst Jeremias liebte sie über alles, denn sie waren zwei
Naturen, wie für einander geschaffen, einander ähnlich wie zwei
Tropfen Wasser, beide aus Gold und Erz gegossen.

So trat ein jeder auf die Fürstin zu, kniete mit dem Becher vor
ihrem Stuhle nieder, und sie nahm eines jeden Kopf in ihre
Hand und sprach jedem freundliche Worte zu. Zu Strzetuski
sagte sie:

„So mancher Ritter wird jetzt ein Skapulier oder ein
Band zum Abschied bekommen, und da diejenige nicht hier ist, von
welcher Ihr am sehnlichsten ein Andenken wünscht, so empfangt
es von mir, wie von einer Mutter."

Bei diesen Worten nahm sie ein goldenes, mit Türkisen
besetztes Kreuz, und hing es um den Hals des Ritters, der
ihre Hände ehrerbietig küßte.

Auch der Fürst war, wie man ihm ansehen konnte, befriedigt
von dem, was Strzetuski begegnet war, denn in letzter Zeit hatte er
ihn noch mehr liebgewonnen, weil er die Würde des Fürsten
auf seiner Gesandtschaft nach der Sitsch hochgehalten und die
Briefe von Chmielnizki nicht hatte annehmen wollen.

Inzwischen war man vom Tische aufgestanden, die Fräuleins,
die flugs die Worte, welche die Fürstin zu Strzetuski gesprochen
hatte, auffingen und sie als Zustimmung und Erlaubnis ansahen,
begannen denn sogleich auch die eine ein Skapulier, die andere
eine Schärpe, jene ein Kreuzchen hervorzuziehen — und als die
Ritter dieses sahen, traten sie bald ein jeder auf seine, wenn
auch nicht Auserwählte, so doch wenigstens Liebste, zu, Poniatowski zu Fräulein Schytyaski, Bichowiez zu Fräulein Bengo-
wityn, die er in letzter Zeit liebgewonnen hatte, Rostworowski
zu Fräulein Suckow, der rote Wierschul zu Fräulein Skoropazka,
der Oberst Machnizki, der nicht mehr jung war, zu Fräulein
Sawiejska, nur Aennchen Borschobohata Krasienska, obwohl sie die
Schönste von allen war, stand allein und verlassen am Fenster.
Ihr Antlitz übergoß sich mit Röte, ihre Aeuglein blickten unter
den herabgelassenen Wimpern hervor, halb zornig, halb bittend,
daß man ihr diese Beschämung nicht anthue, dann näherte sich
ihr der Verräter Wolodyjowski und sagte:

„Auch ich, Fräulein Anna, wollte um ein Andenken bitten,
aber ich habe auf diesen Wunsch verzichtet, weil ich glaubte,
daß es mir bei dem großen Andrange nicht gelingen würde,
heranzukommen."

Aennchens Wangen erglühten noch feuriger, sie antwortete
jedoch, ohne einen Augenblick nachzudenken:

„Aus anderen Händen, nicht aus meinen, wolltet Ihr ein Andenken, aber Ihr bekommt es nicht, denn wenn es dort für Euch auch nicht zu eng ist, so ist's doch zu hoch."

Der Streich war gut gezielt und doppelt empfindlich, denn erstens enthielt er eine Anspielung auf die kleine Figur des Ritters und zweitens auf seine Liebe zu der jungen Fürstin Barbara Sbaraski. Wolodhjowski hatte erst die ältere, Anna, geliebt, und als diese verlobt war, hatte er seinen Schmerz niedergekämpft, im stillen sein Herz Barbara dargebracht und geglaubt, daß dies niemand merke, daher war er auch, als er das von Aennchen hörte, obwohl sonst mit Schwert und Wort ein Kämpe ohne Furcht und Tadel, so verwirrt, daß ihm der Mund den Dienst versagte und er nur stottern konnte:

„Auch Ihr, Fräulein, wollt hoch hinaus, gerade so hoch wie der Kopf des Herrn . . . Longinus . . ."

„In der That überragt er Euch im Krieg wie in der Höflichkeit," erwiderte das Mädchen gefaßt, „ich danke Euch, daß Ihr mich an ihn erinnert habt. Recht so!"

Bei diesen Worten wandte sie sich an den Litauer:

„Kommt nur näher, mein Herr, auch ich will meinen Ritter haben, und ich weiß nicht, ob ich eine tapferere Brust mit dieser Schärpe schmücken könnte."

Longinus sperrte die Augen auf, als traute er sich selber nicht, ob er gut gehört habe, dann stürzte er sich in die Kniee, daß der Fußboden knarrte:

„Meine Wohlthäterin! Meine Wohlthäterin!"

Aennchen warf ihm die Schärpe um, und dann verschwand ihr kleines Händchen ganz unter dem blonden Schnurrbart des Herrn Longinus, nur ein Schnalzen und Murmeln wurde hörbar, und als Wolodhjowski es vernahm, sagte er zu dem Leutnant Migurski:

„Man möchte schwören, daß ein Bär die Bienen verscheucht und den Honig ausißt."

Dann ging er wütend davon, denn er fühlte den Stachel in seiner Brust und er hatte doch Aennchen seiner Zeit geliebt.

Aber schon hatte der Fürst von der Fürstin Abschied genommen, — und eine Stunde darauf zog der Hof nach Turowize, das Heer nach dem Pripet zu.

In der Nacht bei der Ueberfahrt, als man die Flöße für die Kanonen baute und die Husaren die Arbeiten beaufsichtigten, sagte Longinus zu Strzetuski:

„Das heißt Unglück haben, Brüderchen!"

„Was ist geschehen?" frug der Statthalter.

„Es sind Nachrichten aus der Ukraine gekommen."

„Nun?"

„Saporogen haben mir erzählt, Tuhaj-Bey sei mit der Horde nach der Krim gezogen."

„Nun, was thut das, darüber werdet Ihr doch nicht weinen?"

„Gewiß, Brüderchen, Du hattest mir doch gesagt — und Du hattest Recht — nicht wahr? — daß ich auf Kosakenköpfe nicht zählen kann, und wenn die Tataren nun fortgezogen sind, woher nehme ich meine drei heidnischen Köpfe, wo soll ich sie suchen? Ach, und ich brauche sie so nötig."

Strzetuski, obwohl selbst bekümmert, lächelte und antwortete:

„Ich errate schon, worum es Dir zu thun ist, denn ich habe geh n, daß man Dich heute zum Ritter geschlagen hat."

Darauf faltete Longinus die Hände.

„Ja, was soll ich es länger verbergen, ich liebe, Brüderchen, ich liebe — ach, ist das ein Unglück."

„Gräme Dich nicht, ich glaube nicht daran, daß Tuhaj-Bey davongegangen ist, und im Uebrigen wirst Du bald mehr Heiden hier haben, als Mücken über unseren Häuptern."

Ueber den Pferden und Menschen summten ganze Wolken von Mücken, denn das Heer war in das Land der undurchbring-lichen Moräste, der sumpfigen Wälder, der feuchten Wiesen, der Flüsse, Flüßchen und Bäche gekommen, in jenes öde, menschen-leere, eine undurchbringliche Wüste bildende Land, von dessen Bewohnern man in jenen Zeiten sang:

Der Herr von Habenichts
Gab für das Töchterlein
Zwei Tonnen Teer,
Und einen Pilzenkranz,
Und einen Schmerlentopf —
Und ein Stück Sumpf dazu,
Was will man mehr?

An diesem Sumpfe wuchsen zwar nicht nur Pilze, sondern auch, diesem Liedchen zum Trotze, große Adelsvermögen, indessen wollten die Leute des Fürsten, die zum größten Teil in den trockenen, hohen Steppen jenseits des Dniepr geboren und auf-gewachsen waren, den eigenen Augen nicht trauen, waren ja auch dort stellenweise Sümpfe und Wälder zu finden, aber hier schien das Land ein einziger Sumpf zu sein. Die Nacht war heiter und hell, und der Schein des Mondes beleuchtete, soweit das Auge reichte, auch nicht eine Klafter trockenen Bodens. Kleine Inseln nur ragten aus dem Waffer empor, die Wälder schienen aus den Fluten hervorzuwachsen. Waffer bespülte die Füße der Pferde und drückte die Räder der Wagen und Kanonen aus dem Boden. Wurzel geriet in Verzweiflung.

„Ein merkwürdiger Marsch," sagte er, „bei Tschernigow drohte uns das Feuer, hier ertrinken wir im Waffer."

In der That bot die Erde unnatürlicherweise dem Fuße hier keine feste Stütze, sie bog sich und wankte, als wollte sie sich öffnen und diejenigen, die sich auf ihr bewegten, verschlingen.

Vier Tage lang setzte das Heer über den Pripet, und von da ab mußte man fast täglich Flüsse und Bäche überschreiten, die den aufgeweichten Boden durchströmten. Und nirgends eine Brücke, das ganze Volk auf Kähnen und Schaluppen. Nach einigen Tagen begannen die Nebel und Regengüsse. Die Mannschaften nahmen die letzte Kraft zusammen, um endlich aus dieser gott= verfluchten Gegend zu kommen. Und der Fürst eilte und jagte vorwärts. Er ließ ganze Wälder umhauen, Stege aus runden Baumstämmen machen und ging allen voran. Da die Mannschaft sah, wie er selbst seine Kräfte nicht schonte, wie er vom Morgen bis zur späten Nacht zu Rosse saß, das Heer leitete, den Marsch führte und alles persönlich dirigierte — wagte sie nicht zu murren, obgleich die Mühen fast über ihre Kräfte gingen. Vom Morgen bis zur späten Nacht in Sumpf und Feuchtigkeit liegen, das war das gemeinsame Schicksal aller. Den Pferden begann die Hornhaut von den Hufen abzufallen, — viele sanken vor ihren Kanonen nieder, so daß die Fußsoldaten und die Dragoner Wolodyjowskis selbst die Kanonen ziehen mußten. Die vor= nehmsten Regimenter, sowohl die Husaren Skrzetuskis, Sazwili= chowskis als auch die gepanzerte Reiterei, griffen zu den Aexten, um die Wege zu überbrücken. Es war dies der berühmte Zug in Kälte, Wasser und Entbehrungen, bei welchem der Wille des Führers und der Eifer der Soldaten alle Hindernisse überwand. Noch niemand hatte bisher gewagt, im Frühling, wenn die Waffer die Ufer überfluteten, diesen Weg mit einem Heere zu machen. Zum Glück wurde der Marsch auch nicht ein einziges Mal durch einen Ueberfall unterbrochen. Das Volk in diesen Länderstrichen, still und ruhig, dachte nicht an Em= pörung und wollte auch später noch, als es von den Kosaten aufgereizt und durch ihr Beispiel angeregt wurde, sich nicht zu ihren Fahnen schlagen. So blickte es auch jetzt mit träumerischen Augen auf die vorüberziehenden Scharen der Ritter, die aus den Wäldern und Sümpfen wie zauberhaft hervortauchten und wie

ein Schatten vorüberhuschten; es stellte Führer und that still
und gehorsam alles, was man von ihm verlangte.

Da der Fürst das sah, hielt er streng jede Ausschreitung
der Soldaten im Zügel, so daß dem Heere keine Seufzer, Flüche
und Klagen nachfolgten, und wenn nach dem Durchzug der
Heere in einem ruhigen Dörfchen das Gerücht Raum gewann,
daß Fürst Jarema vorübergezogen sei, schüttelten die Leute die
Köpfe, und sagten leise zu einander: „er ist gut!“

Endlich, nach zwanzigtägigen übermenschlichen Mühen und
Anstrengungen gelangten die fürstlichen Heere in das rebellische
Land. „Jarema kommt! Jarema kommt!“ erscholl es durch die
ganze Ukraine bis weithin über die Wilden Felder nach Tschechryn
und Jehorlik. „Jarema kommt!“ erscholl es durch Städte,
Dörfer, Waldflecken und Wiesen, und bei dieser Nachricht ent-
fielen die Sensen, Heugabeln und Messer den Händen der
Bauern, ihre Gesichter wurden bleich, die zügellosen Banden
schlichen sich in der Nacht fort nach dem Süden wie die Herden
der Wölfe bei dem Widerhall des Jagdhorns; der Tatar, der
raubend am Wege lag, sprang vom Pferde und legte sein Ohr
horchend an den Boden; in den Schlössern und Schlößchen,
die noch nicht überwunden waren, wurden die Glocken geläutet
und das Tedeum gesungen.

Und der drohende Löwe legte sich an der Schwelle des
empörten Landes nieder und ruhte aus.

Er sammelte Kräfte.

10. Kapitel.

Chmielnizki hatte indessen eine Zeitlang in Korsun gelegen, dann zog er sich nach Biala-Zerkiew zurück und gründete hier seine Residenz. Die Horde schlug ihr Lager auf der anderen Seite des Flusses auf und breitete ihre Scharen über die Wojewodschaft Kijew aus. Longinus hatte sich unnötig darüber Sorge gemacht, daß es ihm an Tatarenköpfen mangeln werde, und Strzetuski hatte richtig vorausgesehen, daß die Saporogen, welche Poniatowski bei Kaniew ergriffen hatte, eine falsche Nachricht verbreitet hatten: Tuhaj-Bey war nicht nur nicht davongegangen, er hatte sich nicht einmal nach Tschechryn zu gerührt. Ja, es kamen sogar von allen Seiten immer neue Tschambuls heran: die zukünftigen kleinen Zaren von Asow und Astrachan, die nie vorher den Boden Polens betreten hatten, waren mit viertausend Kriegern gekommen, zwölftausend von der Nogajischen Horde, zwölftausend von Bialogrod und Budschiak, alle vor Zeiten geschworene Feinde Saporogiens und des Kosakentums, heute ihre Brüder und Bundesgenossen im Kampfe gegen das Christentum. Endlich war auch der Chan Islan Girai selbst mit zwölftausend Perkopen gekommen. Unter diesen Feinden litt die ganze Ukraine, litt nicht nur der Adelstand, sondern auch das Volk von Ruthenen, dessen Dörfer man verbrannte und dessen Hab und Gut man raubte. Ja, die Bauern selbst, Weiber und Kinder, wurden in die Gefangenschaft geführt. In diesen Zeiten der Gewaltthaten, der Brandstiftung und des Blutvergießens gab es nur eine Rettung für die Bauern: in das Lager Chmiel-

21*

324

nizkis zu fliehen. Dort ward er aus dem Opfer zum Schlächter und vernichtete das eigene Land, aber des eigenen Lebens wenigstens ward er sicher. Unglückseliges Land! Als die Empörung ausgebrochen war, strafte und verwüstete es zuerst Nikolaus Potozki, dann die Saporogen und die Tataren, die, wie es hieß, zu seiner Befreiung gekommen waren, und jetzt schwebte die Hand Jeremias Wischniowiezkis drohend über ihm.

Darum floh auch, wer konnte, in das Lager Chmielnizkis, selbst der Adel floh dahin, da ihm ein anderes Mittel zur Rettung nicht geblieben war. Dank diesem Umstande wuchsen Chmielnizkis Kräfte, und wenn er nicht in das Herz der Republik eindrang, wenn er lange in Biala-Zerkiew lag, so geschah das hauptsächlich deshalb, um Ordnung in diese zügellosen, wilden Elemente zu bringen.

Und in seinen eisernen Händen verwandelten sie sich auch schnell in eine kriegerische Macht. Ganze Abteilungen von geübten Saporogen waren bereit, das Volk wurde in Regimenter geteilt, Hauptleute aus der Zahl der früheren Attamane ernannt, einzelne Abteilungen zur Eroberung der Schlösser ausgesandt, um sie im Kampfe zu üben, denn es war von Natur ein kriegerisches Volk, wie kein anderes zum Kampfe befähigt, an die Waffe gewöhnt, und durch Einfälle der Tataren mit dem Feuer und dem blutigen Antlitz des Krieges bekannt.

So zogen zwei Hauptleute, Handscha und Oslap, gegen Nataschka. Sie nahmen es ein und hieben die Einwohnerschaft, Juden und Adel, bis auf den letzten Mann nieder. Dem Fürsten Tschetwertynski schlug sein eigener Müller an der Schwelle des Schloßthores den Kopf ab — die Fürstin machte Oslap zu seiner Sklavin. Viele zogen nach anderen Seiten aus, und der Erfolg geleitete ihre Waffen, denn der Schreck hatte den Lechen den Mut benommen — der Schreck, „diesem Volke ungewohnt", nahm ihm die Waffe aus der Hand und lähmte seine Kräfte.

Oft genug redeten die Hauptleute dem Chmielnizki zu: Warum rückst Du nicht gegen Warschau los und liegst hier, treibst Zauber mit den Hexen, begießest Dich mit Branntwein und läßt den Lechen Zeit, sich zu erholen und Heere zu sammeln? Oft genug heulte die betrunkene Menge durch die Nacht, belagerte Chmielnizkis Quartier und forderte, daß er sie gegen die Lechen führe. Chmielnizki hatte die Empörung angefacht, hatte ihr ungeheure Kraft verliehen, aber nun fing er an, zu erkennen, daß jene Kraft ihn selbst in eine unbekannte Zukunft dränge;

darum blickte er oft mit umwölktem Auge in jene Zukunft und suchte sie zu durchdringen, — sein Herz erstarrte.

Wie wir schon sagten, wußte von allen Hauptleuten und Attamanen er allein, welche ungeheure Kraft in der scheinbaren Ohnmacht der Republik verborgen sei. Er hatte die Empörung ins Leben gerufen, er hatte bei den Gelben Wassern und bei Korsun gesiegt, er hatte die Kronheere aufgerieben — aber was nun?

Er berief also die Hauptleute zum Rat, ließ seine blut=unterlaufenen Augen, vor denen alle zitterten, in der Runde umherschweifen und legte ihnen düster eben diese Frage vor: „Was nun? was wollt Ihr?"

Nach Warschau ziehen? Dann wird Fürst Wischniowiezki hierher kommen, wie der Donner Eure Frauen und Kinder niederschlagen, nichts zurücklassen als Erde und Wasser, dann wird er uns nach Warschau folgen mit der ganzen Macht des Adels, der sich ihm anschließen wird — und von zwei Feuern umringt, werden wir den Tod finden, wenn nicht in Schlachten, so an Pfählen . . .

Auf die Freundschaft der Tataren ist nicht zu bauen. Heut sind sie mit uns, morgen kehren sie sich gegen uns und eilen nach der Krim zurück oder verkaufen unser Leben an die Herren.

Also, was nun? Sprecht! Gegen Wischniowiezki ziehen? Er wird unsere und der Tataren ganze Kraft aufhalten, und während dieser Zeit werden die Heere zurückkommen und ihm aus dem Herzen der Republik zu Hilfe eilen. Wählt . . ."

Die erschrockenen Hauptleute schwiegen und Chmielnizki sprach:

„Was seid Ihr so mutlos geworden? Warum drängt Ihr nicht mehr in mich, nach Warschau zu ziehen? Wenn Ihr also nicht wißt, was zu thun ist, überlaßt das mir, und ich will mit Gottes Hilfe mein und Euer Leben retten und Befriedigung für das Heer der Saporogen und für alle Kosaken bringen."

Es war ihm nur ein Mittel geblieben: Unterhandlungen. Chmielnizki wußte sehr wohl, wie viel man auf diesem Wege in der Republik erreichen könne; er rechnete darauf, daß der Reichs=tag eher einer bedeutenden Kompensation zustimmen würde, als einer Steuer=Einziehung und einem Kriege, welcher lang und schwierig werden mußte. Er wußte endlich, daß es in Warschau eine mächtige Partei gab, an deren Spitze der König selbst stand, — die Nachricht von dessen Tode war noch nicht zu ihm gelangt — daß der Kanzler und viele Herren, welche gern dem Wachstum der riesigen Magnatenbesitztümer in der Ukraine entgegentraten, aus den Kosaken für den König eine Macht bildeten, einen ewigen Frieden mit ihnen schlossen und die gesammelten Tausende zu einem Kriege gegen die Fremden verwandten.

Unter solchen Verhältnissen konnte Chmielnizki auch für sich eine hervorragende Stellung erwarten, den Hetmansstab aus den Händen des Königs empfangen und für die Kosaken unschätzbare Konzessionen erlangen.

Darum lag er lange in Biala-Zerkiew. Er rüstete sich, sandte nach allen Himmelsrichtungen Universalien aus, zog Volk zusammen, schuf ganze Armeen, brachte die Schlösser in seine Macht, denn er wußte, daß man nur mit einem Mächtigen verhandeln würde; aber in das Herz der Republik drang er nicht.

O, wenn er doch auf dem Wege der Verhandlung einen Frieden schließen könnte! — Dann wäre Wischniowiezkis Hand die Waffe entrungen — oder, wenn der Fürst sie nicht niederlegen wollte, so wäre nicht er, Chmielnizki, sondern der Fürst ein Rebell, der gegen den Willen des Königs und des Reichstags Krieg führte.

Dann würde er gegen Wischniowiezki ziehen — aber dann als Mandatar des Köni s und der Republik, und dann hätte die letzte Stunde nicht nur dem Fürsten, sondern allen ukrainischen Kleinkönigen geschlagen, ihnen, ihren Besitzungen und Latifundien.

Das waren die Gedanken des saporogischen Attamans; einen solchen Zukunftsbau hatte er aufgeführt. Aber auf den Gerüsten, die den Bau trugen, ließ sich oft die schwarze Vogelschar der Sorgen, der Verzweiflung, der Furcht nieder — und krächzte unheilverkündend.

Wird die Friedenspartei in Warschau stark genug sein? Werden sie die Unterhandlungen mit ihm beginnen? Was wird der Reichstag und der Senat sagen? Werden sie dort die Ohren dem Stöhnen und dem Hilferuf der Ukraine verstopfen? Werden sie ihre Augen dem Feuerschein der brennenden Dörfer verschließen?

Wird nicht der Einfluß jener Herren gr ß sein, welche die ungeheuren Latifundien besitzen, um deren Erhaltung es ihnen zu thun sein wird? Und ist diese Republik schon so sehr in Schrecken gejagt, daß sie ihm das Bündnis mit den Tataren verzeihen wird?

Anderseits peinigte Chmielnizkis Seele die Verzweiflung, ob die Empörung selbst nicht schon zu mächtig entwickelt war. Werden sich die verwilderten Massen in die Zügel einer geordneten Regierung fügen wollen? Wohl — er, Chmielnizki wird den Frieden schließen, aber der Pöbel wird in seinem Namen Mord und Totschlag weiter vollführen oder auch an seinem eigenen Haupt Rache

nehmen für die enttäuschten Hoffnungen. Glich er doch einem angeschwollenen Strom, einem Meer, einem Orkan! Entsetzliche Lage!
Wäre die Zahl der Empörer geringer, so würde man mit ihm, wie
mit einem Schwachen, nicht verhandeln — da sie aber so groß ist,
können die Verhandlungen an der Kraft der Umstände zerschellen.

Was also wird werden?

Wenn solche Gedanken das schwere Haupt des Hetmans
bedrückten, dann schloß er sich in seine Kammer ein und trank
ganze Tage und Nächte. Dann ging unter den Hauptleuten und
der Menge das Gerücht: Der Hetman trinkt! Und seinem Beispiel
folgend, tranken alle; die Mannszucht lockerte sich, die Gefangenen
wurden gemordet, man schlug sich gegenseitig, plünderte die
Leute, der jüngste Tag schien gekommen, die Herrschaft des Entsetzens und der Ungeheuerlichkeiten — Biala-Zerkiew verwandelte
sich in die leibhaftige Hölle.

Da trat plötzlich eines Tages der Edelmann Wyhowski, der
bei Korsun in Gefangenschaft genommen und zum Sekretär
des Hetmans aufgestiegen war, zu dem betrunkenen Hetman.
Er trat ein und begann ohne Umschweife den Trunkenen zu
rütteln, faßte ihn endlich bei den Armen, setzte ihn auf die
Pritsche und schüttelte ihn wach.

„Was giebt's, zum Teufel?" fragte Chmielnizki.

„Steht auf, Hetman, kommt zu Euch!" antwortete Wyhowski, — „eine Gesandtschaft ist gekommen!"

Chmielnizki sprang schnell auf und wurde in einem Augenblick nüchtern.

„Hej!" rief er dem Kosakenbuben zu, der auf der Schwelle
saß, „Waffenrock, Kolpack und Stab!"

Dann sagte er zu Wyhowski:

„Wer ist angekommen? Von wem?"

„Priester Patronius Sasko und Huschtscha vom Herrn
Wojewoden von Brazlaw."

„Von Herrn Kisiel?"

„So ist es!"

„Gelobt sei Vater und Sohn, gelobt sei der heilige Geist
und die heilige Jungfrau!" sagte Chmielnizki und bekreuzigte sich.

Und sein Gesicht wurde heiterer, heller — man begann
mit ihm zu verhandeln.

Aber an demselben Tage kamen auch Gerüchte, die der
friedlichen Sendung des Herrn Kisiel schnurstracks widersprachen.

Es wurde gemeldet, daß der Fürst, der mit dem Heere,
welches durch die Märsche durch Wald und Sümpfe müde geworden

war, jetzt ausgeruht hatte und in das rebellische Land eingedrungen
sei, daß er morde und brenne und alles niederhaue; daß ein Vor=
trab, der mit Skrzetuski ausgezogen war, eine Kosakenbande von
zweitausend Mann geschlagen und bis auf den letzten Mann auf=
gerieben habe; daß der Fürst selbst mit Sturm Pogrebischtsche,
das Besitztum der Fürsten Sbaraski, genommen und nichts
zurückgelassen habe, als Wasser und Land.   Man erzählte ent=
setzliche Dinge von diesem Sturm und der Einnahme von Po=
grebischtsche, denn dies war das Nest der hartnäckigsten Rebellen
gewesen.   Der Fürst, so erzählte man, habe zu den Soldaten
gesagt: Mordet sie so, daß sie ihren Tod fühlen, und die Sol=
daten hatten die fürchterlichsten Grausamkeiten begangen.   Von
der ganzen Stadt sei nicht eine lebende Seele davongekommen.
Siebenhundert Gefangene seien erhängt, zweihundert an Pfähle
geschlagen worden.   Man sprach auch davon, daß vielen die
Augen mit Bohrern ausgestochen, andere an langsamem Feuer
verbrannt worden seien; mit einemmale sei in der ganzen Um=
gegend der Aufruhr zum Stillschweigen gekommen.   Die Ein=
wohner flüchteten entweder zu Chmielnizki oder empfingen den
Herrn von Lubnie auf Knieen mit Brot und Salz und winselten
um Mitleid.   Die kleineren Banden waren alle aufgerieben —
und in den Wäldern gab es, wie die Flüchtlinge aus Sam=
gorodak, Sbytschin, Pleßkan und Machnowka behaupteten, keinen
Baum, an dem nicht ein Kosak hing.

Und alles das war in unmittelbarer Nähe von Biala=Zerkiew
und der Hunderttausende von Chmielnizkis Armee geschehen.
Darum brüllte auch Chmielnizki wie ein verwunderter Ur, als
er es erfuhr.   Auf der einen Seite Verhandlungen, auf der
andern das Schwert.   Wenn er gegen den Fürsten vorrückt, so
ist dies ein Zeichen, daß er die Verhandlungen, welche ihm der
Herr von Brusilow vorschlägt, nicht will.

Seine ganze Hoffnung stützte sich auf die Tataren.   Chmiel=
nizki sprang auf und eilte in das Quartier Tuhaj=Bejs.

„Tuhaj=Bej, mein Freund,“ sagte er, nachdem er ihm das
übliche Salem geboten, „rette mich auch jetzt, wie Du mich bei
den Gelben Wassern und bei Korsun gerettet hast.   Es ist ein
Gesandter von dem Wojewoden von Brazlaw mit einem Briefe
gekommen, in welchem mir der Wojewode Kontentation verspricht
und dem Saporogenheere die Rückgabe der alten Freiheiten unter
der Bedingung, daß ich dem Kriege ein Ende mache.   Und ich
muß es thun, wenn ich meinen aufrichtigen, guten Willen zeigen
will.   Indessen sind hier Gerüchte von meinem Feinde, dem

Fürsten Wischniowiezki eingelaufen, daß er Pogrebifchtfche mit Stumpf und Stiel ausrottet — daß er meine guten Kofafen niederhaut und an Pfähle schlägt — daß er ihnen die Augen aus= bohrt. Und da ich gegen ihn nicht ziehen will, so bin ich zu Dir gekommen mit der Bitte, daß Du mit Deinen Tataren gegen meinen und Deinen Feind ausrückst. Thust Du es nicht, so wird er in kurzer Zeit unsere Lager angreifen."

Der Mirza, der auf einem Haufen von Teppichen lag, die bei Korsun erbeutet oder von den Abelshöfen mitgeschleppt waren, schaukelte sich eine Zeitlang vorwärts und rückwärts, senkte seine Augenlider, als wollte er besser nachdenken, und antwortete endlich:

„Allah, das kann ich nicht thun."

„Warum?" frug Chmielnizki.

„Weil ich ohnehin schon Beys und Tschaußen genug für Dich bei den Gelben Waffern und bei Korsun verloren habe. Warum soll ich noch mehr hinopfern? Jarema ist ein großer Krieger! Ich will gegen ihn ziehen, wenn auch Du mitziehst, aber nicht ich allein. Ich bin kein Thor, um in einer Schlacht alles, was ich bisher gewonnen habe, zu verlieren — ich schicke lieber die Tschambuls nach Beute und Gefangenen aus. Ich habe schon genug für Euch ungläubigen Hunde gethan. Ich werde selbst nicht hingehen und werde dem Chan abraten zu gehen; ich hab's gesagt."

„Du hast mir Hilfe geschworen!"

„So ist's, aber ich habe geschworen, mit Dir, nicht für Dich zu kämpfen. Hebe Dich hinweg!"

„Ich habe Dir erlaubt, in meinem eigenen Volke Ge= fangene zu machen, ich habe Dir die Beute und die Hetmane abgetreten."

„Wenn Du sie nicht abgetreten hättest, so hätte ich Dich ihnen abgetreten."

„Ich werde zum Chan gehen."

„Hebe Dich hinweg, Tölpel, sage ich Dir."

Und die spitzigen Zähne des Mirza blitzten zwischen den Lippen hervor.

Chmielnizki sah, daß es gefährlich sei, länger zu drängen; er erhob sich also und begab sich wirklich zum Chan. Aber von dem Chan bekam er dieselbe Antwort. Die Tataren hatten ihren eigenen Kopf und suchten den eigenen Vorteil. Anstatt eine Hauptschlacht mit einem Führer zu wagen, der für unbesiegbar galt, zogen sie vor, ihre Scharen ins Land loszulaffen und sich ohne Blutvergießen zu bereichern.

Rasend vor Wut kehrte Chmielnizki in seine Wohnung zurück und griff in der Verzweiflung schon nach der Flasche, aber Wyhowski entriß sie seiner Hand.

„Ihr werdet nicht trinken, Hetman, der Gesandte wartet, er muß abgefertigt werden."

Chmielnizki verfiel in einen entsetzlichen Zorn.

„Ich laffe Dich und den Gesandten an den Pfahl schlagen!"

„Und ich gebe Euch den Branntwein nicht. Ist's nicht eine Schmach, da Euch das Schicksal so hoch emporgehoben, wie ein gemeiner Kosak Euch mit Branntwein vollzugießen? Pfui, pfui, Herr Hetman! Das darf nicht sein. Das Gerücht von der Ankunft des Gesandten ist schon bekannt geworden, das Heer und die Hauptleute wollen eine Beratung. Dir ziemt es jetzt nicht, zu trinken, sondern das Eisen zu schmieden, so lange es heiß ist — denn jetzt kannst Du Frieden schließen und alles, was Du willst, verlangen, später wird es zu spät sein, und mein und Dein Haupt steht auf dem Spiele . . . . Du sollst gleich eine Gesandtschaft nach Warschau schicken und den König um Gnade bitten . . . . . ."

„Du bist ein kluger Kopf!" sagte Chmielnizki. „Laß die Glocke zum Rat läuten und sage den Hauptleuten auf dem Maidan, daß ich gleich komme."

Wyhowski ging, und gleich darauf ertönte die Ratsglocke, bei deren Klang sich die Saporogenherren bald zu versammeln begannen. Die Führer und Hauptleute nahmen Platz, der fürchter- liche Krschywonos, Chmielnizkis rechte Hand, Krschetschowski, das Schwert der Kosaken, der alte und erfahrene Dsiedschalla, der Hauptmann von Kropiwna, Fedor Loboda von Perejeslaw, der furchtbare Fedorenko, der wilde Puschgarenko von Pultawa, der nur Tschabanen führte, Schumeko von Nish, der feurige Tscharnota von Hadsiatsch, Jakubowitsch von Tschechrhyn, ferner Nosatsch, Chwedko, Adamowitsch, Gluzk, Pulian, Panitsch — nicht alle, denn einige waren unterwegs und manche in jener Welt, wohin sie Fürst Jeremias schon entsandt hatte.

Die Tataren wurden diesmal nicht zur Beratung gezogen. Die Gemeine versammelte sich nebenan auf dem Maidan; die andrängende Menge wurde mit Stöcken, ja mit Ochsenziemern fortgejagt, und es fehlte auch nicht an Totschlag.

Endlich erschien Chmielnizki selbst, in Rot gekleidet, den Kolpack auf dem Haupt, den Feldherrnstab in der Hand. Neben ihm schritt der ehrwürdige Priester Patronius Sasko, weiß wie eine Taube, und auf der anderen Seite Wyhowski, das Papier in der Hand.

Chmielnizki nahm unter den Hauptleuten Platz und saß eine Weile schweigsam da. — Dann nahm er den Kolpack ab, zum Zeichen, daß die Beratung beginne, erhob sich und begann also zu sprechen:

„Meine Herren Hauptleute und Attamane! Es ist Euch wohl bekannt, daß wir wegen der großen und unschuldig erlittenen Unbilden die Waffen haben ergreifen müssen, um mit der Hilfe des erlauchten Zaren der Krim von den Herren die alten Freiheiten und Privilegien, die man uns ohne Willen Seiner Majestät des Königs genommen hatte, zurückzufordern, und Gott hat unser Unternehmen gesegnet, über unsere unehrlichen Tyrannen einen Schrecken gesandt, den sie nie gewohnt waren, und hat so ihre Unredlichkeit und Bedrückungen bestraft. Uns aber hat er mit großen Siegen gelohnt, wofür wir ihm mit dankerfülltem Herzen zu preisen verpflichtet sind. Da nun ihr Hochmut bestraft wird, ziemt es uns, daran zu denken, daß fernerhin nicht mehr christliches Blut fließe, was uns Gott in seiner Barmherzigkeit und unser altehrwürdiger Glaube befiehlt, das Schwert aber nicht eher aus der Hand zu legen, als uns mit Willen des großmächtigen Königs unsere alten Freiheiten und Privilegien zurückgegeben sind. Der Herr Wojewode von Brazlaw schreibt mir nun, daß das geschehen könne, und auch ich denke so, denn nicht wir, sondern die Herren, die Potozkis, die Kalinowskis, Wischniowiezkis und Koniezpolskis sind es, die sich dem Gehorsam gegen die Majestät und die Republik entzogen haben. Da wir sie bestraft, ziemt uns die gerechte Kontentation und Belohnung von Seiner Majestät und den Ständen. Darum bitte ich Euch, meine wertesten Herren und Gönner, lest den Brief des Wojewoden von Brazlaw, den er mir durch Pater Patronius Sasko, einen Edelmann unseres altehrwürdigen Glaubens, gesandt hat, und beschließt weise, daß dem Blutvergießen in der Christenheit ein Ende gesetzt und uns Kontentation und Belohnung werde für den Gehorsam und die Treue, die wir der Republik erwiesen haben."

Chmielnizki fragte nicht, ob dem Kriege ein Ende gesetzt werden solle, er forderte den Beschluß, daß es so sei. Darum erhoben gleich Mißvergnügte ein Murren, das bald in drohende Rufe ausartete, welche besonders von Tscharnota von Hadsiatsch ausgingen.

Chmielnizki sprach kein Wort. Er schaute nur aufmerksam dorthin, wo die Proteste herkamen, und schrieb sich die Widerstrebenden in sein Gedächtnis ein.

Inzwischen erhob sich Wyhowski, den Brief von Kisiel in der Hand. Eine Kopie des Briefes hielt Zorko in die Höhe, um sie der Gemeine vorzulesen. Es herrschte also hier und dort tiefes Schweigen.

Der Wojewode begann seinen Brief mit diesen Worten:

„Werter Herr Aeltester des saporogischen Heeres der Republik, mein alter Freund und Gönner! Während es viele giebt, die Euch für einen Feind der Republik halten, verbleibe ich nicht bloß von Euer Wohlgeboren treuen Anhänglichkeit an die Republik versichert, sondern ich bemühe mich auch, die Herren Senatoren, meine Kollegen, davon zu überzeugen. Drei Dinge sind es, die mich dessen versichern: Erstens, daß das Dnieprheer, obwohl es von alters her um seinen Ruhm und seine Freiheit besorgt ist, stets den Königen, den Herren und der Republik die Treue hält. Zweitens, daß unser ruthenisches Volk in seiner Rechtgläubigkeit so fest steht, daß ein jeder von uns lieber sein Leben hingäbe, als daß er den Glauben im Geringsten antastete. Drittens, wenn auch (wie, Gott sei's geklagt, auch jetzt geschehen) Blutvergießen unter den Bürgern des Landes vorkommt, so haben wir doch alle ein gemeinsames Vaterland, in dem wir zur Welt gekommen, in dem wir unsere Freiheiten genießen, und es giebt in der ganzen Welt kein zweites Reich und kein zweites unserem Vaterlande ähnliches in Gesetzen und Freiheiten. Darum sind wir alle bestrebt, dieser, unserer Mutter die Krone zu erhalten; denn wenn es auch in der Welt Uebles giebt (wie es anders nicht sein kann), so lehrt doch die Vernunft, daß es leichter ist, in einem freien Staate zu besprechen, woran ein jeder von uns leidet, als nach Verlust dieser Mutter keine zweite mehr zu finden weder in der Christenheit, noch im Heidentum.“

Loboda von Perejeslaw unterbrach den Lesenden.

„Er spricht die Wahrheit,“ sagte er laut.

„Er spricht die Wahrheit,“ wiederholten andere Hauptleute.

„Unwahrheit, er lügt, der Hundesohn!“ rief Tscharnota kreischend.

„Schweig! Du bist selbst ein Hundesohn.“

„Ihr Verräter, in den Tod mit Euch!“

„Dir den Tod!“

„Still! Weiter lesen! lesen! Er ist unser Mann! Hören! Zuhören!"

Der Sturm wollte ernstlich losbrechen, aber Wyhowski begann weiter zu lesen und es wurde wieder stille.

Der Wojewode schrieb weiter: Das Saporogenheer müsse Vertrauen haben zu ihm, denn es wisse gut, daß er, desselben Glaubens, ihm wohlgesinnt sein müsse; er erinnerte daran, daß er an dem unglückseligen Blutvergießen bei Kumeki und Starze keinen Anteil gehabt habe. Dann forderte er Chmielnizki auf, dem Krieg ein Ende zu machen, die Tataren fortzuschicken oder die Waffen gegen sie zu kehren — und sich in der Treue gegen die Republik zu stärken. Endlich schloß er den Brief mit folgenden Worten:

„Ich verspreche Euer Wohlgeboren, so wahr ich ein Sohn der Kirche Gottes bin, und so wahr mein Haus aus dem alten Blut des ruthenischen Volkes stammt, daß ich zu allem Guten behilflich sein werde. Ihr wißt sehr wohl, daß in dieser Republik auch mein Wort (mit Gottes Gnade) etwas gilt, und daß ohne mich kein Krieg beschlossen und kein Friede unterzeichnet werden kann. Ich bin der Erste, der den Bürgerkrieg nicht wünscht" 2c. . . .

Bald erhob sich Lärmen für und wider, aber im allgemeinen gefiel der Brief den Hauptleuten, ja sogar der Gemeine. Nichtsdestoweniger konnte man im ersten Augenblick nichts verstehen, kaum ein Wort hören, wegen des Tobens, mit dem man über den Brief disputierte. Die Gemeine war aus der Ferne gesehen einem großen Strudel ähnlich, in dem ein Ameisenhaufen von Menschen auf und ab wogte, gährte und brodelte. Die Hauptleute schüttelten die Federbüsche und sprangen aufeinander mit den Fäusten drohend zu. Mit glühenden Gesichtern, zornsprühenden Augen, Schaum auf den Lippen, so fuhren sie gegeneinander los, und die Parteigänger des Krieges führte Erasmus Tscharnota, der in eine wahre Raserei geraten war. Auch Chmielnizki war bei seinem Anblick einem Wutausbruch nahe, und vor solchen Ausbrüchen pflegte alles zu verstummen, wie vor dem Brüllen eines Löwen. Aber vorher noch war Krschetschowski auf eine Bank gesprungen, wedelte mit dem Federbusche und schrie mit Donnerstimme:

„Euch ziemt Vieh zu hüten, nicht Rat zu halten, Heidenknechte!"

„Still, Krschetschowski will sprechen," schrie zuerst Tscharnota, welcher hoffte, daß der berühmte Hauptmann zu Gunsten des Krieges sprechen würde.

„Still, still!" tobten die anderen.

Krschetschowski genoß außerordentliche Verehrung unter den Kosaken wegen der großen Verdienste, die er sich erworben hatte, wegen seiner Kriegstüchtigkeit und — seltsam genug — weil er von Adel war. Es wurde also bald still, und alle erwarteten begierig, was er sagen würde. Chmielnizki selbst heftete seinen unruhigen Blick auf ihn.

Aber Tscharnota hatte sich geirrt, als er annahm, der Hauptmann würde für den Krieg eintreten. Krschetschowski hatte in seinem Scharfsinn schnell begriffen, daß er jetzt oder nie von der Republik die Starosteien und Würden erringen könnte, von denen er träumte. Er verstand, daß man bei einem Friedensschluß mit den Kosaken vor allem anderen ihn für sich gewinnen und beruhigen würde, und der Herr von Krakau würde dem nicht widerstreben können, da er in Gefangenschaft war — er sprach also wie folgt:

„Meine Sache ist das Schwert, nicht der Rat; da es nun aber einmal zum Raten gekommen ist, will auch ich meine Ansicht aussprechen, da ich Eure Gunst so gut wie andere, wenn nicht besser als sie verdient habe. Wir haben darum den Krieg angefacht, um unsere Freiheiten und Privilegien zurückzuerhalten, und der Wojewode von Brazlaw schreibt, daß das geschehen solle. Also entweder geschieht es, oder es geschieht nicht. Geschieht es nicht, so sei Krieg, geschieht es — so sei Friede! Wozu unnützes Blutvergießen? Wenn sie uns befriedigen und wir die Menge befriedigen, hört der Krieg auf. Unser Freund Chmielnizki hat alles das weise angeordnet und bedacht, daß wir auf seiten Seiner Majestät unseres erlauchten Königs stehen, der uns dafür belohnen wird, und wenn die Herren dem widersprechen werden, so wird er uns gestatten, ein Wörtchen mit ihnen zu reden — und wir wollen mit ihnen reden. Aber ich würde nicht raten, die Tataren fortzuschicken; mögen sie ihr Lager auf den Wilden Feldern aufschlagen und liegen, bis wir . . .‟

Chmielnizkis Gesicht erheiterte sich bei diesen Worten, und die Hauptleute begannen schon in großer Mehrheit zu rufen, daß man den Krieg aufgebe und den Gesandten nach Warschau schicke, und daß man den Herrn von Brusilow bäte, persönlich zu der Verhandlung zu kommen. Tscharnota schrie noch immer und protestierte, aber der Hauptmann heftete seine drohenden Blicke auf ihn und sagte:

„Du, Tscharnota, Hauptmann von Habsiatsch, Du schreist

nach Krieg und Blutvergießen, und als bei Korsun Dmochowskis Leute auf Dich loskamen, da quiektest Du wie ein Ferkel: „Brüder, schützt mich!" und entflohst vor Deinem ganzen Regiment."

„Das lügst Du," kreischte Tscharnota, „ich fürchte weder die Lechen, noch Dich."

Krschetschowski sprang auf Tscharnota los — auch die anderen begannen den Hauptmann von Habsiatsch mit den Fäusten zu traktieren; der Tumult wuchs wieder, auf dem Maidan brüllte die Gemeine wie eine Herde wilder Buckelochsen.

Da erhob sich Chmielnizki noch einmal.

„Werte Herren Hauptleute!" sagte er, „ich habe also beschlossen, Gesandte nach Warschau zu schicken, die unsere Dienste unserem erlauchten König zu Füßen legen und um eine Belohnung bitten sollen. Aber, wer den Krieg will, kann ihn auch haben — nicht mit dem König, nicht mit der Republik, denn mit diesen haben wir nie Krieg geführt, sondern mit unserem größten Feinde, der schon ganz in Kosakenblut watet und auch jetzt noch fortfährt, sich mit Kosakenblut zu färben, in seiner Feindschaft gegen die Saporogenheere beharrend. Ich habe Briefe und Gesandte an ihn geschickt und gebeten, diese Feindschaft aufzugeben, und er hat sie grausam hingemordet, mich, Euren Aeltesten, durch keine Antwort geehrt, und dadurch dem ganzen Saporogenheere seine Verachtung bewiesen. Jetzt kommt er vom Dnieprlande her, die Bewohner von Pogrebischtsche hat er bis auf den letzten Mann hingemordet, unschuldige Menschen bestraft, worüber ich blutige Thränen geweint habe. Dann ist er, wie mir heute früh gemeldet wurde, nach Niemirow gegangen und hat auch dort niemandem das Leben gelassen. Und da die Tataren aus Furcht und Schrecken nicht gegen ihn ziehen wollen, so wird es nicht lange dauern, daß er herkommt, um auch uns Unschuldige hinzumorden gegen den Willen unseres erlauchten Königs, der uns und der ganzen Republik gnädig ist, denn er fragt in seinem Stolze nach niemand, und wie er sich jetzt empört, so ist er stets bereit zur Empörung gegen den Willen Seiner Königlichen Majestät."

In der Versammlung wurde es still. Chmielnizki schöpfte Atem und sprach weiter: „Gott hat uns mit einem Sieg über die Hetmane belohnt, aber er ist schlimmer als die Hetmane, schlimmer als alle kleinen Könige, ein Sohn des Teufels, der von der Lüge lebt. Wenn ich selbst gegen ihn zöge, so würde er in Warschau durch seine Freunde ausschreien lassen, daß wir den

Frieden nicht wünschten, er würde uns vor Seiner Königlichen Majestät anklagen. Damit dies nicht geschehe, muß
der König und die Republik sehen, daß ich den Krieg nicht
wünsche, daß ich ruhig sitze und daß er uns den Krieg bringt,
darum kann ich nicht von hier fortziehen, denn ich muß zur
Verhandlung mit dem Herrn Wojewoden von Brazlaw hier
bleiben. Aber damit er, dieser Teufelssohn, unsere Kraft nicht
bricht, müssen wir uns ihm entgegenstellen und seine Heere so
aufs Haupt schlagen, wie wir bei den Gelben Wassern und bei
Korsun unsere Feinde, die Hetmane, geschlagen haben. Darum
bitte ich, daß Ihr als Freiwillige gegen ihn zieht, und ich will
an den König schreiben, daß das ohne mein Zuthun geschehen ist
und aus notgedrungener Abwehr gegen Wischniowiezkis Feindschaft
und Ueberfälle."

Tiefes Schweigen herrschte in der Versammlung.

Chmielnizki sprach weiter:

"Wer also von Euch diesen Kriegszug unternehmen will,
dem gebe ich Heeresmacht genug, tüchtige Kosaken, eine Kanone
und schießende Mannschaft, damit er mit Gottes Hilfe unseren
Feind niederschmettern und den Sieg über ihn erringe ....."

Keiner der Hauptleute trat vor.

"Sechzigtausend Mann auserwählte Truppen gebe ich ihm,"
sagte Chmielnizki.

Tiefes Schweigen war die Antwort auf diese Aufforderung.

Und das waren die unerschrockenen Krieger, deren Kriegs-
geschrei so oft vor den Mauern Konstantinopels erscholl. Ja,
vielleicht fürchtete gerade deshalb ein jeder, den gewonnenen
Ruhm in dem Zusammentreffen mit dem gefürchteten Jeremias
zu verlieren.

Chmielnizki ließ seine Augen über die Hauptleute hinschweifen, und diese senkten unter dem Einfluß seines Blickes
die Augen zu Boden.

Wyhowskis Gesicht nahm den Ausdruck satanischer Bosheit an.

"Ich kenne einen Kosaken," sagte Chmielnizki düster, "der
in diesem Augenblicke aufgetreten wäre und das Unternehmen
gewagt hätte, aber er ist nicht unter uns ......"

"Bohun," sagte eine Stimme.

"So ist's! Er hat schon ein Regiment Jeremias' in Wassilowka zerschmettert, aber er ward verwundet in dieser Schlacht
und liegt jetzt in Tscherkassy, mit dem Tode kämpfend, und
wenn er nicht da ist, so ist niemand da, wie ich sehe! Wo ist

der Ruhm der Kosaken, wo sind die Pawluks, die Nalewajkos, die Lobodas und Ostranizas?"

Da erhob sich ein kleiner, wohlbeleibter Mann mit düsterem Gesicht, einem feuerroten Schnurrbart über den schiefen Lippen, mit grünen Augen, von der Bank, trat vor Chmielnizki hin und sagte:

„Ich will gehen!"

Es war Maxim Krschywonos.

Es ertönten Rufe: „Heil ihm!" Er aber stemmte den Arm in die Seite und sprach mit heiserer, stockender Stimme:

„Denke nicht, Hetman, daß ich Furcht habe. Ich hätte es bald gewagt, aber ich habe gedacht, es giebt Bessere als ich. Wenn es aber nicht so ist, so will ich gehen. Was habt Ihr? Ihr habt Häupter und Hände. Ich habe keinen Kopf, ich habe nur Hand und Schwert. Einmal nur hat die Mutter uns geboren! Denn der Krieg ist meine Mutter und Schwester. Wischniowiezki schlachtet — das will auch ich, — er henkt — das will auch ich — und Du, Hetman, gieb mir tüchtige Kosaken, denn das Bauernvolk taugt nichts gegen Wischniowiezki. Und so will ich hingehen — Schlösser bauen, niederhauen, schlachten, henken! Tod ihnen, den Weißhändigen!"

Ein anderer Hetman trat vor.

„Ich gehe mit Dir, Maxim!"

Es war Pulian.

„Auch Tscharnota von Habsiatsch und Hladko von Mirgorod und Nosatsch werden mit Dir gehen!" sagte Chmielnizki.

„Ja, wir gehen!" riefen sie einstimmig, das Beispiel Krschywonos' hatte ihnen neuen Mut gegeben.

„Gegen Jarema! Gegen Jarema!" donnerten Rufe in der Versammlung. „Los! Los!" wiederholte die Gemeine, und nach kurzer Zeit verwandelte sich die Ratsversammlung in ein Trinkgelage. Die Regimenter, die für Krschywonos bestimmt waren, tranken sich den Tod — gingen sie doch in den Tod. Die Kosaken wußten das recht wohl, aber ihre Herzen waren frei von Angst. „Einmal nur hat die Mutter uns geboren!" — sprachen sie mit ihrem Führer, und darum thaten sie sich auch gütlich, als stünde der Tod schon vor ihnen. Chmielnizki feuerte sie noch an, und die Menge folgte ihrem Beispiel. Sie begann zu singen, hunderttausendstimmig. Man trieb die Vorspannpferde auseinander, sie rasten im Lager umher, trieben Staubwolken auf und brachten eine unbeschreibliche Unordnung hervor. Man jagte sich mit Geschrei, mit wüstem Lärm und Gelächter. Ganze

Banden schossen den Fluß entlang und drängten sich selbst in
das Quartier des Hetmans, der endlich Jakubowitsch den Befehl
gab, sie auseinander zu treiben. Es kam zu Schlägereien, bis
endlich ein heftiger Platzregen alle in die Hütten und Wagen trieb.

Gegen Abend tobte ein Orkan am Himmel. Donner rollten
von Wolke zu Wolke, Blitze erhellten die ganze Gegend bald
mit weißem, bald mit rötlichem Lichte. Bei ihrem Leuchten
rückte Krschywonos aus dem Lager an der Spitze von sechzig=
tausend Mann auserwählter Krieger und Bauernvolk.

11. Kapitel.

Krschywonos zog nun aus Biala-Zerkiew über Skwira und Pogrebischtsche auf Machnowka zu, und wo er durchzog, schwanden auch die letzten Spuren menschlichen Lebens. Wer sich ihm nicht anschloß, fand seinen Tod durch das Schwert, sogar das Getreide im Halm, Wälder und Gärten wurden niedergebrannt. Und der Fürst arbeitete indessen auch seinerseits an der Vernichtung alles Lebens. Nach der Vernichtung von Pogrebischtsche und der blutigen Taufe, welche Herr Baranowski Niemirow hatte zu teil werden lassen, rieben die Heere noch etliche bedeutende Kosakenbanden auf und schlugen ihr Lager bei Raigorod auf, denn ein Monat war bereits vergangen, daß sie nicht aus dem Sattel gekommen waren. Die Mühsale hatten sie schlaff gemacht, der Tod ihre Reihen bedeutend gelichtet. Es mußte Ruhe gehalten werden, denn die Hände dieser Schnitter waren von der blutigen Ernte ermattet. Der Fürst schwankte sogar und überlegte, ob es nicht besser wäre, auf einige Zeit in ein ruhigeres Land zu gehen, um zu ruhen und die Heereskräfte zu vermehren, besonders aber die Pferde zu kräftigen, die mehr Tierskeletten glichen, als lebenden Geschöpfen, da sie seit einem Monat kein Körnchen genossen und nur von dem zertretenen Grase gelebt hatten. Da, nach einwöchentlichem Stillstand, wurde gemeldet, daß Hilfstruppen herankamen. Der Fürst ritt ihnen entgegen — und stieß wirklich auf Herrn Janusch Tyschkiewitsch, den Wojewoden von Kijew, der mit fünfzehnhundert tüchtigen Reitern herankam, mit ihm Christoph

Tyschkiewitsch, Unterrichter von Brazlaw, der junge Herr Aksak, fast noch ein Knabe, mit einem gut ausgerüsteten Fähnlein eigener Husaren, auch eine Anzahl Edelleute, wie die Herren Sieniutow, Polubinski, Zytniski, Tulowizki, Kerdaj, Boguslawski, die einen mit, die andern ohne Gefolge, im ganzen etwa zwei= tausend Pferde, die Knechte nicht mitgerechnet. Der Fürst war freudig erregt und lud den Herrn Wojewoden voll Dankbarkeit in seine Wohnung, deren Einfachheit und Dürftigkeit diesen in Erstaunen setzte; denn der Fürst, der in Lubnie wie ein König zu leben gewohnt war, gestattete sich im Kriege keinerlei Be= quemlichkeiten, um den Soldaten ein Muster zu sein. Er wohnte also in einem Zimmer, durch dessen enge Thür der Herr Wojewode von Kijew wegen seiner ungeheuren Leibesfülle kaum hinein konnte, bis er sich durch einen Diener hin= durch zwängen ließ. Im Zimmer befand sich außer einem Tisch, hölzernen Bänken und einer Pritsche, die mit einem Pferdefell bedeckt war, nur noch ein Strohbund an der Thür, auf welchem der Knecht schlief, der jederzeit bereit sein mußte. Diese Ein= fachheit setzte den Wojewoden, der die Bequemlichkeit liebte und mit vielen Decken und Kissen reiste, ungemein in Erstaunen. Er trat ein und sah mit Verwunderung den Fürsten an. Er war erstaunt, wie ein so großer Geist in solcher Einfachheit und solcher Dürftigkeit hausen könne. Er hatte den Fürsten auf Reichstagen in Warschau gesehen, er war sogar weitläufig mit ihm verwandt, aber er kannte ihn nicht mehr. Erst als er mit ihm zu sprechen begann, erkannte er sogleich, daß er es mit einem ungewöhnlichen Menschen zu thun habe. Und er, der alte Senator, der alte Soldat und Kriegskamerad, der die Kollegen Senatoren auf die Schultern klopfte und den Fürsten Dominik „Mein Freund" nannte und mit dem König selbst vertraulich sprach, konnte Wischniowiezki gegenüber diese Vertraulichkeit nicht gewinnen, obwohl der Fürst ihn höflich empfangen hatte, da er ihm dankbar für die Hilfstruppen war.

„Herr Wojewode," sagte er, „Gott sei's gedankt, daß Ihr mit frischem Volk gekommen seid, denn ich gehe schon mit dem letzten Atem umher."

„Ich habe es den Soldaten Eurer fürstlichen Durchlaucht angesehen, daß die Armen sich abgerackert haben, was auch mich nicht wenig bekümmert, denn ich bin zu Euer Durchlaucht mit der Bitte gekommen, mir zu Hilfe zu eilen."

„Ist es eilig?"

„Periculum in mora! Periculum in mora! Etliche zehn=

tauſend Landſtreicher kommen gegen uns heran; Krſchywonos
führt ſie, der, wie ich gehört hab , gegen Eure Durchlaucht kommandiert war, da ihm aber das Gerücht zu Ohren gekommen,
daß Eure Durchlaucht nach Konſtantinopel gezogen, ſo hat er
ſich dorthin auf den Weg gemacht, und jetzt unterwegs hat er
mir Machnowka belagert und ſolche Verwüſtung angerichtet,
daß man ſie mit Worten gar nicht ſchildern kann.“

„Ich habe von dem Zuge des Krſchywonos gehört und habe
ihn hier erwartet; da er mich aber umgangen hat, muß ich ihn
ſelbſt aufſuchen. In der That, die Sache duldet keinen Aufſchub. Wie ſtark iſt die Beſatzung von Machnowka?“

„Zweihundert Deutſche, ſehr tüchtige Mannſchaften, ſind im
Schloß, die es noch einige Zeit aushalten werden. Aber was das
Schlimmſte iſt, der Adel iſt in der Stadt reichlich mit Familien
zuſammengeſtrömt, die Stadt aber, die nur von Wällen und
Paliſſaden geſchützt wird, kann nicht lange Widerſtand leiſten.“

„In der That, die Sache duldet keinen Aufſchub,“ wiederholte der Fürſt.

„Dann wandte er ſich an den Burſchen.

„Selenski,“ ſagte er, „hole ſchleunigſt die Hauptleute.“

Der Wojewode von Kijew nahm inzwiſchen auf einer
Bank Platz und verſchnaufte ſich — er ſah ſich auch ein
wenig nach der Abendmahlzeit um, denn er war hungrig und
aß gern gut.

Da ließen ſich Tritte Bewaffneter hören und die fürſt-
lichen Offiziere traten ein — ſchwarz, abgemagert, bärtig, mit
eingefallenen Augen, mit den Spuren unſäglicher Mühſale in
den Zügen. Sie verneigten ſich ſchweigend vor dem Fürſten und
den Gäſten und harrten deſſen, was er ſagen würde.

„Meine Herren,“ frug der Fürſt, „ſind die Pferde geſattelt?“

„Sie ſind es!“

„Marſchbereit?“

„Wie immer!“

„Gut. In einer Stunde rücken wir gegen Krſchywonos.“

„He?“ ſagte der Wojewode von Kijew und blickte erſtaunt
Herrn Chriſtoph, den Unterrichter von Brazlaw, an.

Der Fürſt aber ſprach weiter.

„Herr Poniatowski und Herr Wierſchul rücken zuerſt aus,
mit ihnen ziehen Baranowski und die Dragoner, und in einer
Stunde ſollen mir auch Wurzels Kanonen fort.“

Die Hauptleute verneigten ſich und verließen das Zimmer —
Bald darauf ertönten die Trompeten, welche zum Aufſitzen blieſen.

Der Wojewode von Kijew hatte solche Eile nicht erwartet, ja er hatte sie gar nicht gewünscht, denn er war müde und erregt. Er hatte darauf gerechnet, an vierundzwanzig Stündchen bei dem Fürsten auszuruhen, und dachte auch dann noch zurecht zu kommen — und nun sollte er ohne Schlaf, ohne Essen zu Pferde steigen.

„Mein Fürst," sagte er, „werden Eure Soldaten nach Machnowka gehen können? Denn ich habe gesehen, daß sie fürchterlich fatigati sind, und der Weg dorthin ist weit."

„Laßt Euch Euren Kopf darum nicht schmerzen. Wie zum Gesang werden sie zur Schlacht gehen."

„Ich sehe es wohl, ich sehe; schneidige Soldaten. Aber auch meine Mannschaft ist müde vom Wege."

„Ihr habt doch gesagt, periculum in mora?"

„So ist's, aber die Nacht durch könnte man doch ruhen. Wir kommen aus der Nähe von Chmielnik her."

„Herr Wojewode, und wir aus Lubnie, aus dem Dnieprlande."

„Wir waren den ganzen Tag auf dem Marsche."

„Wir einen ganzen Monat."

Mit diesen Worten ging der Fürst hinaus, um persönlich die Marschordnung herzustellen, der Wojewode aber glotzte Herrn Christoph an, schlug mit den Händen auf die Kniee und sagte:

„Da habe ich nun, was ich wollte. Bei Gott, sie lassen mich hier Hungers sterben. Das sind Heißsporne! Ich komme um Hilfe her, denke, nach den großen Mühsalen werden sie in zwei, drei Tagen ausrücken, und sie lassen Einen gar nicht zu Atem kommen. Hole sie der Kuckuck! Der Riemen, den mir der Schuft von Knecht schlecht angesteckt hat, hat mir den Fuß gerieben, der Magen knurrt mir .... daß sie der Kuckuck hole! Machnowka braucht Hilfe, aber mein Magen auch! Ich bin doch auch ein alter Soldat und habe wohl mehr Kriege gesehen als sie — aber nicht so Hals über Kopf! Das sind Teufel, nicht Menschen, sie schlafen nicht, essen nicht, sie dürsten nur nach Kampf! Sowahr ich Gott liebe, die essen gar nicht. Habt Ihr, Herr Christoph, diese Hauptleute gesehen? Sehen sie nicht aus wie spectra? Was?"

„Aber sie haben Löwenmut," antwortete Christoph, der ein eifriger Soldat war. — „Du lieber Gott, wie viel Verwirrung und Unordnung herrscht in andern Lagern, wenn es zum Ausrücken kommt, wie viel Hin- und Herrennen, Hin- und Herschleppen von Wagen, Suchen nach Pferden — und hier, hört Ihr's? — Schon rücken die leichten Fähnlein aus."

„Ja, ja! es ist so! Zum Verzweifeln!" sagte der Wojewode.

Und der junge Herr Aksak faltete seine knabenhaft zarten Hände:

„O, ein großer Feldherr ist er, o, ein großer Feldherr!" sagte er mit Begeisterung.

„Milchbart!" fuhr ihn der Wojewode an, „der Kunktator war auch ein großer Feldherr, versteht Ihr mich?"

Da trat der Fürst ein.

„Aufs Pferd, meine Herren! Wir rücken aus!"

Der Wojewode hielt's nicht mehr aus.

„Laßt mir doch, fürstliche Durchlaucht, etwas zu essen geben, denn ich bin hungrig," schrie er in einem Ausbruch schlechter Laune.

„O, mein lieber Wojewode," sagte der Fürst lachend und ihn in die Arme schließend, „verzeiht, verzeiht es mir; von ganzem Herzen, aber im Kriege vergißt der Mensch solche Dinge."

„Was, Herr Christoph, sagte ich's nicht? Die essen nicht!" seufzte der Wojewode, indem er sich an den Unterrichter von Brazlaw wandte.

Die Abendmahlzeit währte nicht lange, und ein paar Stunden später war sogar das Fußvolk schon aus Raigorod ausgerückt. Die Heere nahmen ihren Weg über Winniza und Lytin auf Chmielnik zu. Unterwegs stieß Wierschul auf eine Schar Tataren in Saborowka, die er und Wolodyjowski bis auf den letzten Mann aufrieb und dabei einige hundert Seelen, fast lauter Mädchen, aus der Gefangenschaft befreite. Hier fing schon das verwüstete Land an, das überall Spuren von Krschywonos' Hand zeigte. Strschysawka war niedergebrannt, seine Bevölkerung auf die fürchterlichste Weise hingemordet. Die Unglückseligen hatten offenbar Krschywonos Widerstand geleistet, wofür sie der wilde Kriegsmann dem Schwert und den Flammen preisgegeben hatte. Am Eingang des Dorfes hing an einer Eiche der Herr von Strschysawka selbst, den die Leute Tyschkiewitsch' sofort erkannten. Er hing vollkommen nackt und trug auf der Brust ein ungeheures Halsband aus Köpfen, die auf einen Strick gefädelt waren; es waren die Köpfe seiner sechs Kinder und seiner Gattin. Im Dorfe selbst, das übrigens bis auf die letzte Spur niedergebrannt war, sahen die Fähnlein zu beiden Seiten des Weges eine lange Reihe „Kosakenfackeln", d. h. Menschen mit über den Köpfen erhobenen Armen, die an Pfähle gebunden waren, welche man mit Stroh umwunden, mit Pech begossen und in

Brand gesteckt hatte. Der größte Teil von ihnen war nur
an den Händen verbrannt; der Regen hatte offenbar das Weiter=
züngeln der Flammen verhindert. Entsetzlich waren diese Leichen
mit den verzerrten Gesichtern anzusehen, wie sie die schwarzen Hand=
stümpfe zum Himmel emporreckten. Ringsum herrschte ein scharfer
Modergeruch. Ueber den Pfählen führten Krähen und Dohlen,
die beim Herannahen des Heeres mit lautem Lärm aufflogen, um
sich auf die entfernteren Pfähle zu setzen, ihren Reigen. Einige
Wölfe flüchteten vor dem herannahenden Heere in das Schilf.
Das Heer zog schweigsam durch die schreckliche Allee und zählte
die „Fackeln". Es waren dreihundert und etliche zehn. Endlich
kamen sie an dem unglückseligen Dorfe vorbei und atmeten
wieder die frische Luft der Felder. Aber die Spuren der Ver=
heerung zogen sich noch weiter hin. Es war die erste Hälfte
des Juli. Das Getreide war fast reif, man erwartete eine früh=
zeitige Ernte. Aber ganze Aecker waren teils verbrannt, teils
zerstampft, auseinandergeworfen, in die Erde getreten. Es sah
aus, als wäre ein Orkan über die Fluren gegangen. Ja, es
war ein Orkan darüber hingegangen, der furchtbarste von allen,
— der Orkan des Bürgerkrieges. Die Soldaten des Fürsten
hatten schon manchmal üppige Gegenden nach Tatareneinfällen
verwüstet gesehen, aber solche Schauder, solche Raserei der Ver=
heerung hatten sie in ihrem Leben noch nicht gesehen. Die
Wälder waren ebenso niedergebrannt wie das Getreide. Wo
das Feuer die Bäume nicht verzehrt hatte, da hatte es mit
feuriger Zunge Laub und Rinde abgefressen, mit seiner Glut ver=
zehrt, mit Rauch geschwärzt, so daß auch die Bäume in die
Luft ragten wie Skelette. Der Wojewode von Kijew sah das
Schauspiel und traute seinen Augen kaum. Miedsiakow, Sgar,
Fulori, Sloboda — ein Aschenhaufen. Hie und da waren die
Bauern zu Krschywonos geflüchtet, die Weiber und Kinder aber
waren in die Gefangenschaft jener Horde gekommen, die Wier=
schul und Wolodyjowski aufgerieben hatten. Auf der Erde Ver=
wüstung, am Himmel Scharen von Krähen, Raben, Dohlen,
Habichten, die Gott weiß woher zusammengeflogen kamen zu
der Kosakenernte . . . . Die Spuren der Kosakenheere wurden
immer frischer. Man begegnete hie und da zerbrochenen Wagen,
Vieh= und Menschenleichen, die noch nicht von der Fäulnis an=
gefressen waren, fand zerbrochene Töpfe, messingene Kessel, Säcke
mit nassem Mehl, rauchende Trümmer und auseinandergeworfene
Heuschober. Der Fürst drängte seine Fähnlein vorwärts auf
Chmielnik zu und ließ sie nicht zu Atem kommen. Der alte

Wojewode griff sich an den Kopf und wiederholte jammernd: „Mein Machnowka, mein Machnowka! Ich sehe schon, wir kommen nicht hin."

„Inzwischen war in Chmielnik die Nachricht eingetroffen, daß nicht der alte Krschywonos selbst, sondern sein Sohn Machnowka mit etlichen vierzigtausend Mann belagere und daß er diese unmenschlichen Verwüstungen angerichtet habe. Die Stadt war, wie die Gerüchte meldeten, bereits erobert. Die Kosaken hatten bei ihrer Einnahme den Adel wie die Juden niedergemetzelt, die adeligen Frauen in ihr Lager abgeführt, wo sie ein Schicksal erwartete, schlimmer als der Tod. Aber das Schlößchen unter der Führung des Herrn Lew verteidigte sich noch. Die Kosaken bestürmten es vom Bernhardinerkloster aus, in welchem sie die Mönche niedergemacht hatten. Lew, der mit dem letzten Rest seiner Streitkräfte und des Pulvers wirtschaftete, konnte sich kaum noch länger als eine Nacht halten.

Der Fürst ließ also das Fußvolk, die Kanonen und den Kern des Heeres zurück, befahl ihnen, nach Bystrschyk zu gehen, er selbst aber mit dem Wojewoden, dem Herrn Christoph, Herrn Aksak und zweitausend Mann leichter Reiterei eilte Machnowka zu Hilfe. Der alte Wojewode wollte ihn zurückhalten, denn er hatte schon den Kopf verloren. „Machnowka ist verloren, wir kommen schon zu spät! Geben wir es lieber auf und verteidigen wir die anderen Orte und versehen sie mit Bewachung," wiederholte er. Aber der Fürst wollte nicht auf ihn hören. Der Herr Unterrichter von Brazlaw drängte ebenfalls, und die Heere waren kampfbegierig. „Sind wir einmal hierher gekommen, so kehren wir nicht ohne Blutvergießen zurück," sagten die Hauptleute. Und vorwärts ging es.

Da, eine halbe Meile vor Machnowka, vertraten eine Anzahl Reiter im schnellsten Laufe dem Heere den Weg. Es war Herr Lew mit seinen Genossen. Da der Wojewode von Kijew ihn erblickte, erriet er bald, was geschehen war.

„Das Schloß ist genommen?" schrie er.

„So ist's," antwortete Lew und fiel in demselben Augenblick ohnmächtig nieder, denn er war zerhauen und zerschossen und hatte viel Blut verloren. Aber auch die anderen begannen zu erzählen, was vorgegangen war. Die Deutschen waren bis auf den letzten Mann niedergehauen worden, denn sie wollten lieber sterben, als sich ergeben. Lew hatte sich durch die Menge und die erbrochenen Thore durchgeschlagen, aber in den Zimmern im Turm verteidigte sich noch eine Anzahl Adeliger — diesen muß man eilig zu Hilfe kommen.

So gab man also den Pferden die Sporen. Bald zeigte sich auf dem Berg Stadt und Schloß und über ihnen eine dichte Rauchwolke von dem eben beginnenden Brande. Der Tag ging schon zur Neige. Am Himmel leuchtete ein riesengroßes, purpurn und golbig schimmerndes Abendrot, welches das Heer anfänglich für einen Feuerschein hielt. Bei diesem hellen Schein sah man die Regimenter der Saporogen und die dichtgeschlossenen Massen des Volks, welche dem Heere umso kühner durch die Thore entgegen- strömten, als niemand in der Stadt von der Ankunft des Fürsten etwas wußte. Man glaubte vielmehr, daß nur der Wojewode von Kijew zum Entsatze heranziehe. Der Branntwein hatte sie offenbar vollkommen blind gemacht oder die eben erfolgte Einnahme des Schlosses sie mit ungeheurem Uebermut erfüllt, denn sie kamen kühn vom Berge herab und begannen erst in der Ebene unter großer Freu igkeit sich in Schlachtordnung aufzustellen und ließen die Kesselpauken und Klingelfahnen ertönen. Bei diesem Anblick entrang sich ein Freudenruf der Brust der Polen, und der Wojewode von Kijew hatte Gelegenheit, zum zweiten- male die Mannszucht der fürstlichen Truppen zu bewundern. Sie machten beim Anblick der Kosaken Halt und standen sofort in Schlachtordnung da, die schwere Reiterei in der Mitte, die leichte auf beiden Flügeln, so daß nichts zu verbessern war und man auf der Stelle beginnen konnte.

„Herr Christoph, was ist das für ein Volk!" sagte der Woje- wode, „mit einem Schlage stehen sie in Schlachtordnung. Sie könnten ohne Führer eine Schlacht schlagen."

Der Fürst aber, als vorsichtiger Führer, flog, den Feld- herrnstab in der Hand, zwischen den Fähnlein hindurch, von einem Flügel zum andern, überschaute alles, gab die letzten Be- fehle. Das Abendrot spiegelte sich in seinem silbernen Panzer, und er glich einer hellen Flamme, die zwischen den Reihen ein- herfliegt, denn er allein leuchtete mitten unter den dunklen Rüstungen. Es standen da: mitten in der vordersten Linie drei Fähnlein, das eine, welches der Wojewode von Kijew selbst ins Feld gestellt hatte, dann das des jungen Aksak und drittens das des Herrn Christoph Tyschkiewitsch. Hinter ihnen in der zweiten Linie die Dragoner unter Baranowskis Führung, end- lich die Riesenhusaren des Fürsten — bei ihnen Herr Skrzetuski als Führer. Die Flügel bildeten Wierschul, Kuschel und Ponia-

towski. Kanonen waren nicht da, denn Wurzel war in Bystrschyk geblieben.

Der Fürst ritt eilig zum Wojewoden hin und winkte mit
dem Feldherrnstab.

„Beginnt Ihr zuerst um die Euch angethane Schmach!"

Der Wojewode seinerseits fuhr mit dem Streitkolben durch
die Luft, die Mannschaft neigte sich in den Sätteln und rückte
vor. Und sogleich konnte man an der Art, wie er das Fähnlein
führte, erkennen, daß der Wojewode, obwohl ein Zauberer und
ein schwerfälliger, vom Alter gebeugter Mann, doch ein erfahrener
und tapferer Soldat war. Er ließ das Fähnlein nicht vom
Fleck im heftigsten Anprall vorwärts rücken, sondern führte sie
langsam, um die Kräfte zu schonen, seinen Ansturm in dem
Maße verstärkend, in dem er sich dem Feinde näherte. Er selbst
ritt in der ersten Reihe, den Streitkolben in der Hand. Ein
Knappe hielt ihm nur unter dem Arm einen langen schweren
Speer, der jedoch für seinen Arm nicht zu schwer war. Das
Kosakenvolk strömte dem Fähnlein zu Fuß entgegen, mit Sensen
und Dreschflegeln, um den ersten Anprall aufzuhalten und den
Saporogen den Angriff zu erleichtern. Als sie kaum hundert
Schritte voneinander trennten, erkannten die Leute aus Mach-
nowka den Wojewoden an seinem riesigen Wuchs und Leibes-
umfang und begannen zu rufen:

„Ei, gnädiger Herr Wojewode, die Ernte ist vor der Thür;
warum befiehlst Du nicht Deinen Leuten, aufs Feld zu gehen?
Euer Diener, gnädiger Herr! Wir wollen Euch schon das
Bäuchlein durchbohren!"

Und ein Kugelregen traf das Fähnlein, aber er that keinen
Schaden, denn es rückte vorwärts wie der Sturmwind. Sie
trafen mächtig aufeinander. Das Klirren der Sensen und das
Gepolter der Dreschflegel, die auf die Panzer niederfielen, wurde
vernehmbar, Geschrei und Stöhnen scholl ringsumher. Die Lanzen
öffneten eine Gasse in der dichtgedrängten Masse des Kosaken-
volkes, durch welche die Pferde rasend, wie ein Orkan, hindurch
drangen, alles umstürzend, niedertretend, zermalmend. Und wie
auf der Wiese, wenn eine Reihe von Schnittern zur Arbeit
antritt, das üppige Gras vor ihnen hinschwindet und sie vorwärts schreiten, die Sensenstangen durch die Luft schwingend,
so wurde die breite Masse schmäler, unter den dichten Streichen,
sie schmolz, sie schwand, und von der Brust der Pferde gedrängt,
konnte sie nicht Stand halten und begann zu wanken. Endlich
ertönte der Ruf: „Rettet Euch, rettet Euch!" Die ganze Masse

348

warf Senfen, Dreschflegel, Heugabeln, Büchsen von sich und
stürzte in wilder Flucht auf die hinter ihnen stehenden Regimenter der Saporogen. Aber die Saporogen fürchteten, die
fliehende Menge könnte ihre Reihen in Unordnung bringen,
und streckte die Speere vor, so daß die Menge beim Anblick
dieses Hindernisses sich mit verzweifeltem Geheul nach rechts
und links warf. Bald aber verjagten Kuschel und Poniatowski,
die sich von den beiden Flügeln des fürstlichen Heeres losgelöst
hatten, sie wieder.

Der Wojewode aber, über die Leichen der Menge hinschreitend,
stand von Angesicht zu Angesicht den Saporogen gegenüber, stürmte
gegen sie los, wie sie gegen ihn, denn sie wollten Anprall mit
Anprall erwidern. Und sie stießen so aufeinander, wie zwei
Wellen, die von entgegengesetzten Seiten kommen und die
bei ihrem Anprall einen hohen Schaumkamm bilden. So
bäumte sich Pferd gegen Pferd, die Reiter bildeten den Wall,
und die Schwerter über den Wällen sahen aus wie der Schaum.
Der Wojewode erkannte bald, daß man es hier nicht mit dem
Bauernvolke zu thun hatte, sondern mit dem gewiegten, geschulten
Heere der Saporogen. Die beiden Linien drängten eine gegen die
andere und bogen sich, keine konnte die andere durchbrechen. Die
Leichen fielen in dichten Reihen nieder, denn Mann traf auf
Mann, Schwert auf Schwert. Der Wojewode selbst hing seinen
Streitkolben an die Seite, ergriff den Speer, den sein Bursche
führte, und arbeitete im Schweiße seines Angesichts, wie ein Balg
an der Esse keuchend. Neben ihm wogten die Herren Sieniutow,
Kerdaj, Boguslawski, Illowizki und Polubinski hin und her.
Von seiten der Kosaken wütete am heftigsten Iwan Burdabut,
Oberstleutnant vom Kalnizkischen Regiment, ein Kosak von riesen-
hafter Kraft und Natur, der um so schrecklicher war, als sein
Pferd an Größe mit ihm wetteiferte. So mancher Kampfgenosse
riß sein Roß zurück, um diesem Centauren nicht zu begegnen,
der Tod und Verderben rings um sich verbreitete. Die Brüder
Sieniutow stürmten ihm entgegen, aber Burdabuts Pferd erfaßte
den jüngeren, Andreas, mit den Zähnen beim Kopf und zer-
schmetterte ihn in einem Augenblick; als der ältere, Raphael,
dies sah, fuhr er dem Tier mit dem Schwerte über die Augen.
Er verwundete es, aber tötete es nicht, denn sein Schwert traf
auf den Messingknopf des Stirnbandes. Ihm aber versetzte
Burdabut in diesem Augenblick einen Stich in den Hals und
tötete ihn auf der Stelle. So waren beide Brüder Sieniutow
gefallen und lagen in ihren vergoldeten Panzern im Staube

unter den Hufen der Pferde. Burbabut aber stürzte wie eine Flamme in die weiteren Reihen und ergriff sofort den Prinzen Polubinski, einen sechzehnjährigen Knaben, dem er den rechten Arm abhieb. Urbanski sah dies und wollte den Mord des Verwandten rächen; er schoß Burbabut mit dem Pistol gerade ins Gesicht, aber er fehlte, nur das Ohr schoß er ihm ab und übergoß ihn mit Blut. Da wurde Burbabut und sein Pferd fürchterlich. Beide schwarz wie die Nacht, von Blut überströmt, beide mit wilden Augen und aufgeblähten Nüstern, beide wie ein Sturm dahinrasend. Auch Urbanski entging dem Tod von seiner Hand nicht. Wie ein Henker hieb er ihm den Kopf mit einem Schlag vom Rumpfe. Auch der alte achtzigjährige Sylinski und die beiden Niktschemnys fielen von seiner Hand.— die andern begannen sich entsetzt zurückzuziehen, umsomehr, als hinter Burbabut hundert andere saporogische Schwerter und hundert blutüberströmte Speere blitzten.

Da endlich erblickte der wilde Bandenführer den Wojewoden und mit einem ungeheuren Freudenschrei warf er sich ihm entgegen, Pferde und Reiter auf seinem Wege niederstürzend — der Wojewode aber wich nicht zurück. Auf seine ungewöhnliche Kraft vertrauend, atmete er schwer; wie ein verwundeter Eber, erhob er seinen Speer über sein Haupt, gab dem Pferde die Sporen und sprang dem Burbabut entgegen, und gewiß wäre seine letzte Stunde gekommen, gewiß hätte die Parze den Faden seines Lebens schon hier zerschnitten, den sie später in Okrscha durchschnitt, wenn nicht Silnizki, ein adliger Bursche, sich wie der Blitz auf den Bandenführer gestürzt und ihn um den Gurt gefaßt hätte, ehe er mit dem Schwerte zuhauen konnte. Denn während Burbabut mit ihm beschäftigt war, schrieen die Herren Kerdaj um Hilfe für den Wojewoden. Bald stürzten etliche zehn Mann hinzu, die ihn von dem Bandenführer trennten, noch ehe der ernste Kampf begonnen hatte. Aber das müde Regiment des Wojewoden begann schon unter der Uebermacht der Saporogen zu wanken, sich zurückzuziehen und in Verwirrung zu geraten, als Herr Christoph und Herr Aksak mit frischen Fähnlein herankamen. Zwar rückten auch in demselben Augenblick neun saporogische Regimenter in den Kampf, aber unterhalb stand doch noch der Fürst mit Baranowskis Dragonern und Skrzetuskis Husaren, die bisher an der Schlacht noch keinen Anteil genommen hatten.

Von neuem begann die blutige Metzelei, während die Dämmerung angebrochen war. Aber die Flamme hatte die

äußersten Häuser der Stadt ergriffen. Ein Feuerschein beleuchtete das Schlachtfeld und man sah ganz deutlich beide
Linien, die polnische und die kosakische, wie sie sich am Fuße des
Berges bestürmten, man sah die Farben der Standarten, ja sogar
die Gesichter. Schon standen auch Wierschul, Poniatowski und
Kuschel im lebhaftesten Feuer, denn nachdem sie die Menge
aufgerieben hatten, schlugen sie sich gegen die Flügel der Kosaken,
die unter ihrem Andrang sich gegen den Berg zurückzuziehen
begannen. Die lange Linie der Kämpfenden bog sich mit beiden
Enden der Stadt zu, und diese Biegung wurde immer größer,
denn während die polnischen Flügel vorwärts rückten, wich die
Mitte, durch die Uebermacht der Kosaken gedrängt, zu dem
Fürsten zurück. Drei neue Kosakenregimenter gingen vorwärts,
um sie zu durchbrechen, aber in diesem Augenblick schickte der
Fürst Baronowskis Dragoner vor, und diese richteten die Kräfte
der Wankenden wieder auf.

Beim Fürsten blieben nur die Husaren. Aus der Ferne
mochte man meinen, es sei ein dichter Wald unmittelbar aus dem
Boden hervorgewachsen, diese schwankende Woge eiserner Männer,
Pferde und Lanzen. Der Abendwind spielte mit den Fahnen
über ihnen, und sie standen geduldig stille, — denn als geübte
und in Schlachten erfahrene Krieger wußten sie wohl, daß auch
ihnen ihr blutiger Anteil beschieden sein würde. Unter ihnen
stand der Fürst in silberner Rüstung; den goldenen Feldherrnstab in der Hand, richtete er die angestrengten Blicke auf die
Schlacht; links Strzetuski, ein wenig seitwärts, dem Ende zu.
Er hatte den Aermel seines Schnürenrockes auf den Arm
zurückgeschlagen und harrte, in der mächtigen, bis zum Ellbogen
entblößten Hand den Speer statt des Streitkolbens haltend, ruhig
des Kommandos.

Und der Fürst schützte sein Auge mit der linken Hand gegen
den Feuerschein und blickte auf die Schlacht hin. Die Mitte
des polnischen Halbkreises rückte, von der Uebermacht überwältigt,
langsam auf ihn zu, denn nicht länger vermochte Baranowski
sie zu stützen, derselbe Baranowski, der Niemirow dem Boden
gleich gemacht hatte. Der Fürst sah die unzweifelhaft schwere
Aufgabe der Soldaten. Der langgezogene Blitz der Säbel erhob sich bald über die schwarze Linie der Häupter, bald schwand
er in Streichen. Herrenlose Pferde stürzten aus der Masse der
Kämpfenden wiehernd hervor und rannten mit flatternder Mähne
über die Ebene, auf dem Hintergrund des Feuerscheins den
Höllentieren ähnlich. Von Zeit zu Zeit sah man eine rote

Fahne über der Menge wehen und plötzlich niedersinken, um sich nicht wieder zu erheben. Aber der Blick des Fürsten flog über die Linien der Kämpfenden hinaus, bis hoch hinauf zur Stadt, wo an der Spitze zweier auserwählter Regimenter der junge Krschywonos selbst stand, des Augenblicks wartend, um sich in die Mitte der Kämpfenden zu stürzen und die wankenden Reihen der Polen völlig zu brechen.

Endlich brach er los und stürmte mit fürchterlichem Geschrei gerade Baranowskis Dragonern entgegen, aber auf diesen Augenblick hatte auch der Fürst nur gewartet.

„Führe sie!" rief er Strzetuski zu.

Strzetuski hob seinen Speer in die Höhe und der eiserne Wall rückte vorwärts. Sie ritten nicht lange, denn die Schlacht= linie hatte sich ihnen bedeutend genähert. Baranowskis Dragoner traten mit Blitzeseile nach rechts und links auseinander, um den Husaren den Zutritt zu den Kosaken zu eröffnen, und sie stürzten durch die offene Gasse mit der ganzen Wucht auf die siegreichen Scharen des Krschywonos.

„Jeremias! Jeremias!" riefen die Husaren.

„Jeremias!" wiederholte das ganze Heer.

Der gefürchtete Name erfüllte die Herzen der Saporogen mit einem Schauder der Furcht. In diesem Augenblick erst er= kannten sie, daß nicht der Wojewode von Kijew, sondern der Fürst selbst befehle. Sie konnten übrigens den Husaren, die sie schon durch ihre eigene Wucht erdrückten, wie eine stürzende Mauer die unter ihr Stehenden zermalmt, keinen Widerstand leisten. Die einzige Rettung für sie war, nach beiden Seiten auseinanderzugehen, die Husaren mitten hindurchzulassen und sie von den Flanken anzugreifen; aber die Flanken waren schon gedeckt von den Dragonern und von den leichteren Fähnlein Wierschuls, Kuschels und Poniatowskis, die sie, nachdem sie die Flügel der Kosaken zusammengetrieben hatten, nach der Mitte zu drängten. Jetzt veränderte sich die Gestaltung der Schlacht, denn die leichten Fähnlein bildeten gleichsam eine Straße, durch welche in rasendem Ritt die Husaren hindurchflogen, Menschen und Pferde drängend, durchbrechend, stoßend, stürzend. Mit Gebrüll und Geheul flohen die Kosaken dem Berge und der Stadt zu. Wäre es Wierschuls Flügel gelungen, sich mit Po= niatowskis Flügel zu vereinigen, so wären sie umringt und bis auf den letzten Mann niedergemetzelt worden. Aber weder Wierschul noch Poniatowski vermochten das durchzuführen, da der Andrang der Fliehenden zu groß war, darum hieben sie nur von den Flanken ein, bis ihnen die Hand von den Streichen erschlaffte.

Der junge Krschywonos, obwohl tapfer und tollkühn, verlor doch, als er sah, daß seine geringe Erfahrung einem solchen Führer gegenüber, wie der Fürst, machtlos war, ganz den Kopf und floh an der Spitze der anderen der Stadt zu. Den Fliehenden erblickte Wierschul, der auf der Seite nicht fern von ihm stand. Er sprang also hinzu und versetzte dem jungen Bandenführer eins mit dem Schwerte ins Gesicht. Er tötete ihn nicht, denn die Halsberge fing das Schwert auf, aber das Blut ergoß sich über ihn und benahm ihm den so schon verlorenen Mut vollends. Indessen hätte er beinahe selbst die That mit dem Leben bezahlt, denn in diesem Augenblick stürzte Burdabut an der Spitze des Ueberrestes des Kalnizkischen Regiments auf ihn los.

Zweimal hatte er den Husaren Trotz geboten, aber zweimal mußte er, wie von einer übernatürlichen Macht zurückgeworfen, mit den anderen weichen.

Endlich brachte er den Rest seiner Leute in Ordnung und beschloß, Kuschel von der Flanke anzugreifen und durch seine Dragoner hindurch auf das freie Feld zu gelangen. Eh er jedoch vermochte, sie zu durchbrechen, war der Weg, der zum Berge und zur Stadt führte, so dicht verbaut, daß eine schnelle Flucht unmöglich war. Die Husaren kamen diesem Menschenandrang gegenüber nur langsam vorwärts, zerbrachen ihre Speere und begannen mit den Schwertern in die Menge einzuhauen. Eine wirre, ordnungslose, wilde Schlacht entbrannte, ohne Pardon, und wogte in der Menge, in der Glut und dem Lärmen mitten unter den Ausdünstungen von Menschen und Pferden. Leiche fiel auf Leiche, Pferdehufe versanken in zuckende Körper, hier und da ballten sich die Massen so zu Haufen, daß kein Raum mehr für Schwertstreiche vorhanden war; dort schlug man sich mit Keulen, Messern und Fäusten, die Pferde begannen zu quieken, hier und da wurden Stimmen laut: „Gnad, Lechen!"

Diese Stimmen wurden immer stärker, mehrten sich und übertönten das Geklirr der Schwerter, den Anprall des Eisens gegen die Knochen, das Röcheln und das entsetzliche Schlucken der Sterbenden — Gnade, ihr Herren! klang es immer kläglicher — aber das Mitleid leuchtete nicht über der Phalanx der Kämpfer; wie die Sonne dem Sturm, so leuchtete ihnen die Brandfackel. Nur Burdabut an der Spitze seiner Kalnizkischen Mannschaft bat nicht um Gnade; es fehlte ihm der Raum zum Kampf, und er bahnte sich mit dem Messer eine Gasse. Erst maß er sich mit dem wohlbeleibten Dschick und stieß ihm das Messer in den Leib, daß jener vom Pferde stürzte. „O Jesus!" Er schrie und erhob sich nicht mehr unter den Hufen, welche ihm die Eingeweide zertraten; hierdurch entstand auch bald Raum und Burdabut hieb nun mit dem Schwerte dem Sokolski den Kopf samt dem Helm herunter, dann stieß er Priam und Zertowite nieder — der Raum erweiterte sich immer mehr. Der junge Zenobius Skalski versetzte ihm einen Hieb über den Kopf, aber das Schwert entglitt seiner Hand und fuhr in die Luft, der Bandenführer aber versetzte ihm einen Schlag ins Gesicht und tötete ihn auf der Stelle. Die Kalmückischen Mannschaften folgten ihm, hauend und mit den Dolchmessern stechend: „Er ist gefeit, er ist gefeit!" riefen die Husaren. „Das Schwert thut ihm, dem Rasenden, nichts." Und er hatte wirklich Schaum vor dem Munde und Wut in den Augen. Endlich bemerkte er Skrzetuski, und da er den Offizier an dem zurückgeschlagenen Aermel erkannte, stürzte er auf ihn los.

Alle hielten den Atem zurück und unterbrachen den Kampf, dem Ringen der beiden Gefürchteten zuschauend. Denn Skrzetuski hatte sich durch den Ruf, „er ist gefeit," nicht schrecken lassen, aber der Zorn tobte in seiner Brust bei dem Anblick so vieler Verwüstungen — er knirschte mit den Zähnen und drängte wutschnaubend auf den Bandenführer ein. Sie stürzten mit solcher Gewalt gegeneinander, daß die Pferde sich bäumten. Das Eisen schwirrte durch die Luft und plötzlich zerbrach das Schwert des Bandenführers unter dem Hiebe des polnischen Speers in Stücke. Schon schien es, als könne keine Macht Burdabut mehr retten, als er plötzlich aufsprang und Skrzetuski so eng umfaßte, daß beide einen Körper zu bilden schienen — dann blitzte sein Messer auf an der Kehle des Husaren. Skrzetuski stand der Tod vor Augen, denn mit dem Schwerte konnte er keinen Streich mehr führen. Aber schnell wie der Blitz ließ er das Schwert, das an seinem Gurtriemen hing, fallen, und ergriff mit seiner Hand diejenige des Bandenführers. Einen Augenblick zitterten diese beiden Hände krampfhaft in der Luft, aber Skrzetuskis Umklammerung mußte wie von Eisen sein, denn der Bandenführer heulte auf wie ein Wolf und das Messer entfiel seinen erstarrten Fingern vor aller Augen, wie das enthülste Korn der Aehre. Da ließ Skrzetuski die zerquetschte Hand los und faßte ihn im Nacken, drückte ihn mit dem Kopfe bis auf den Sattelknopf nieder, ergriff mit der linken Hand die Keule an seiner Seite, schlug ein und das andere Mal mit ihr darauf los, bis der Bandenführer röchelte und vom Pferde fiel.

Die Kalmückischen Mannschaften schrieen bei diesem Anblick auf und eilten zur Rache herbei. — In diesem Augenblick fielen die Husaren über sie her und schlugen sie bis auf den letzten Mann nieder.

Am anderen Ende der Husarenlinie hatte die Schlacht ununterbrochen fortgetobt, das Gedränge war dort nicht so groß. Geschmückt mit Aennchens Schärpe, wütete Longinus mit seinem „Hutabschläger" dort, wie ein Riese.

Am Tage nach der Schlacht besichtigten die Ritter mit Erstaunen das Schlachtfeld, und indem sie sich gegenseitig die abgeschlagenen Arme und Hände, die gespalteten Köpfe, die entsetzlich in zwei Hälften gespaltenen Körper, ganze Berge von Menschen- und Pferdeleichen zeigten, flüsterten sie einander zu: Seht, hier hat Longinus gekämpft. Der Fürst selbst betrachtete die Leichen, und obwohl er am folgenden Tage durch verschiedene Nachrichten schwer bekümmert wurde, erstaunte er doch, denn solche Hiebe hatte er in seinem Leben noch nicht gesehen.

Inzwischen schien die Schlacht dem Ende nahe zu sein. Die schwere Reiterei rückte zuerst vor und trieb die Saporogischen Regimenter, die auf dem Berge, in der Richtung der Stadt, Schutz suchten, vor sich her. Den ersten der Fliehenden schnitten Kuschels und Poniatowskis Fähnlein den Rückweg ab. Sie wurden umringt und wehrten sich verzweifelt, bis der letzte Mann gefallen war, aber durch ihren Tod retteten sie die anderen, denn als zwei Stunden später vor allen anderen Wierschul mit den Leibtataren in die Stadt kam, fand er daselbst auch nicht mehr einen Kosaken vor. Der Feind hatte, die Dunkelheit benutzend — denn die Regengüsse hatten den Brand gelöscht —, flugs die leeren Wagen in der Stadt genommen, sie mit der Schnelligkeit, die nur den Kosaken eigen ist, lagerfähig gemacht und war über den Fluß jenseits der Stadt gegangen, nachdem er alle Brücken hinter sich zerstört hatte.

Nun befreite man die Schar der Edelleute, die sich im Schlosse verteidigten. Außerdem befahl der Fürst dem Wierschul, die Bürger, welche sich mit den Kosaken verbunden hatten, zu bestrafen, und stellte sich dann selbst an die Spitze der Verfolgung. Aber den Wagenpark konnte er ohne Kanonen und Fußvolk nicht erobern. Der Feind, der durch die Verbrennung der Brücken Zeit gewonnen hatte (denn man mußte den Fluß in weitem Bogen umgehen), entfloh so schnell, daß die müden Pferde der fürstlichen Reiterei ihn kaum erreichen konnten. Die Kosaken aber, obwohl berühmt durch ihre Verteidigung im Wagenpark, wehrten sich nicht so tapfer wie gewöhnlich. Die entsetzliche Gewißheit, daß der Fürst selber sie verfolge, hatte ihnen den Mut genommen, so daß sie ganz an ihrer Rettung verzweifelten.

Und sicher hätte ihr letztes Stündlein geschlagen (denn Baranowski hatte schon, nachdem die ganze Nacht hindurch geschossen wurde, vierzig Wagen und zwei Kanonen genommen), wenn nicht der Wojewode von Kijew sich der weiteren Verfolgung widersetzt und seine Leute zurückgezogen hätte. Es kam deshalb zwischen ihm und dem Fürsten zu scharfem Wortwechsel, den viele Hauptleute mit anhörten.

„Warum," fragte der Fürst, „wollt Ihr den Feind schonen, da Ihr in der Schlacht mit solcher Entschiedenheit gegen ihn gekämpft habt? Den Ruhm, den Ihr am Abend errungen, wollt Ihr am Morgen durch Lässigkeit wieder verscherzen?"

„Fürstliche Durchlaucht," erwiderte der Wojewode, „ich weiß nicht, welcher Geist in Euch wohnt, aber ich bin ein Mensch von Fleisch und Blut und brauche Ruhe nach der Arbeit — und meine Leute auch. Stets werde ich gegen den Feind losziehen, wie ich heute losgezogen bin, wenn er mir gegenübersteht, aber den Geschlagenen und Fliehenden werde ich nicht verfolgen."

„Man muß ihn bis auf den letzten Mann niederhauen," schrie der Fürst.

„Und was dann?" fragte der Wojewode, „dieses Hauen wird enden, dann kommt Krschywonos und brennt und sengt und schlachtet Menschen ab, wie er's Dir in Strschysawka gethan hat, und für unsere Hartnäckigkeit müssen die Unglückseligen büßen."

„O, ich sehe wohl," rief der Fürst schon zornig, „Ihr gehört samt dem Kanzler und den Generalregimentariern zur Friedenspartei, die mit Verhandlungen die Rebellion erdrücken möchte; aber beim lebendigen Gott, daraus wird nichts, so lange ich das Schwert führe!"

Aber Tyschkiewitsch antwortete darauf:

„Nicht einer Partei gehöre ich an, sondern Gott, denn ich bin alt und werde bald vor ihm stehen; und da ich nicht will, daß mich eine zu große Last von Blut drücke, das im Bürgerkrieg geflossen ist, so darf Eure Fürstliche Durchlaucht sich nicht wundern ..... wenn aber Eure Fürstliche Durchlaucht darüber gekränkt sind, daß Euch die Führung nicht anvertraut wurde, so sage ich Euch: Um des Mutes willen würde sie Euch geziemen, und doch ist es vielleicht besser, daß Ihr sie nicht bekommt, denn Ihr würdet die Rebellion, aber mit ihr auch dieses unglückselige Land in Blut ertränken."

Die Jovisbrauen des Fürsten zogen sich zusammen, der Nacken schwoll ihm, die Augen schossen Blitze, so daß alle Anwesenden um den Wojewoden besorgt waren — da kam plötzlich Strzetuski in Eile herein und sagte:

„Fürstliche Durchlaucht, Nachrichten vom alten Krschywonos."

Die Gedanken des Fürsten wandten sich nach einer anderen Richtung, und der Zorn des Wojewoden schwand. Man brachte inzwischen vier Menschen heran, die mit den Nachrichten gekommen waren, unter ihnen zwei alte, ehrwürdige Geistliche, die beim Anblick des Fürsten in die Kniee sanken. „Rette, Herr, rette," wiederholten sie und streckten ihm die Hände flehentlich entgegen.

„Woher seid Ihr?" frug der Fürst.

„Wir sind aus Polomna. Krschywonos, der Alte, hat das Schloß und die Stadt belagert, und wenn Dein Schwert nicht sein Haupt bedroht, sind wir alle des Todes."

Und der Fürst sagte:

„Von Polomna ist mir bekannt, daß dort eine Menge Volkes Schutz gesucht hat, aber, wie man mir mitgeteilt, sind es größtenteils Ruthenen. Ihr habt das Verdienst vor Gott, daß Ihr Euch der Rebellion nicht anschlosset, ihr Widerstand geleistet habt, indem Ihr bei Eurer Mutter ausharrtet, und doch fürchte ich von Euch Verrat, wie ich ihn an Niemirow erfahren habe."

Da begannen die Boten bei allen Heiligen des Himmels zu schwören, daß sie dem Fürsten wie dem Erlöser entgegenharrten, und daß der Gedanke an Verrat ihnen gänzlich fern sei. Und sie sprachen die Wahrheit. Denn Krschywonos hatte sie mit einer Macht von fünfzigtausend Mann belagert und ihnen allen den Tod zugeschworen, eben darum, weil sie als Ruthenen sich nicht dem Aufstand anschließen wollten.

Der Fürst versprach ihnen Hilfe, aber da seine Hauptkraft in Bystrschyk war, mußte er auf sie warten. Die Boten gingen getrösteten Herzens davon — er aber wandte sich an den Wojewoden von Kijew und sagte: „Verzeiht mir! Ich sehe selbst ein, daß man den kleineren Krschywonos laufen lassen muß, um den großen Krschywonos zu erreichen. Der Junge kann länger auf den Strick warten. Ich meine auch, daß Ihr mich bei diesem neuen Unternehmen nicht verlassen werdet."

„Wahrhaftig nicht!" sagte der Wojewode.

Sogleich erklangen die Trompeten und kündigten den

Fähnlein, die bis in den Wagenpark vorgedrungen waren, den Rückzug an. Man mußte auch ruhen und ben Pferden das „Aufatmen" gönnen. Gegen Abend kam die ganze Division aus Byſtrſchyk angezogen, mit ihnen Sakowitſch, der Gesandte vom Wojewoden von Brazlaw. Kiſiel ſchrieb an den Fürſten einen Brief, voller Bewunderung; er bitte den zweiten Marius, das Vaterland aus der äußerſten Gefahr zu retten, er ſchilderte ihm die Freude, welche die Ankunft des Fürſten aus dem Dnieprlande in allen Herzen erregt habe und beglückwünſchte ihn zu ſeinen Siegen. — Aber am Schluſſe des Briefes kam die Urſache zum Vorſchein, aus welcher er geſchrieben. Der Herr von Brazlaw teilte nämlich mit, daß die Verhandlungen bereits begonnen hätten, daß er ſelbſt mit anderen Kameraden ſich nach Biala-Zerkiew begebe und daß er die Hoffnung habe, Chmielnizki zu beſänftigen und zu befriedigen. Zum Schluß bat er den Fürſten, bis zum Abſchluß der Verhandlungen nicht allzufeindlich gegen die Koſaken aufzutreten und ſoweit als möglich kriegeriſche Unternehmungen zu unterlaſſen.

Hätte man dem Fürſten gemeldet, daß ſein ganzes Dnieprland verwüſtet, daß alle Städte dem Erdboden gleichgemacht ſeien, es hätte ihn nicht ſo fürchterlich geſchmerzt, wie dieſer Brief.

Skrzetuski, Baranowski, die beiden Tyſchkiewitſch und Nerbe waren Zeugen deſſen. Der Fürſt bedeckte die Augen mit den Händen und ließ den Kopf nach hinten ſinken, als hätte ihn ein Pfeil ins Herz getroffen.

„O Schmach, Schmach, Gott im Himmel, laß mich ſterben," rief er, „damit ich dieſe Dinge nicht mehr ſchaue!" Eine tiefe Stille herrſchte unter den Anweſenden und der Fürſt ſprach weiter: „Ich mag in dieſer Republik nicht leben, denn man muß ſich ſchämen. Der Koſakenpöbel, das Bauernvolk hat das Vaterland mit Blut überſtrömt und ſich mit den Heiden gegen die eigene Mutter verbunden, die Hetmane ſind geſchlagen, die Heere aufgerieben, der Ruhm der Nation zertreten, die Majeſtät vergewaltigt, die Kirchen niedergebrannt, die Prieſter, der Adel hingeſchlachtet, die Frauen geſchändet, und auf dieſe Niederlagen, dieſe Schmach, bei deren Erwähnung unſere Ahnen geſtorben wären? — Was antwortet die Republik darauf? Mit dem Verräter, mit ihren Schändern, mit den Bundesgenoſſen der Heiden tritt ſie in Verhandlungen und verſpricht ihm Befriedigung — o Gott, laß mich ſterben, denn wir können in der Welt nicht mehr leben, da wir die Schmach des Vaterlandes empfinden und ihm unſer Leben zum Opfer bringen."

Der Wojewode von Kijew schwieg. Christoph, der Unterrichter von Brazlaw, aber sprach nach kurzer Pause: „Kisiel ist
nicht die Republik."

Der Fürst aber antwortete:

„Sprecht mir nicht von Kisiel allein; ich weiß sehr wohl, daß
er eine große Partei hinter sich hat: Was er thut, ist ganz
im Sinne des Primas, des Kanzlers, des Fürsten Dominik und
vieler Herren, die heute in der Zeit des Interregnums das Steuer-
ruder der Republik führen und Seine Majestät repräsentieren oder
vielmehr durch ihre Schwachheit, die einer großen Nation unwürdig ist, schänden, denn nicht mit Verträgen, mit Blut muß
dieses Feuer gelöscht werden; — es ist rühmlicher für eine ritterliche Nation, unterzugehen, als sich zu erniedrigen und die Verachtung der ganzen Welt auf sich zu ziehen."

Und wieder bedeckte der Fürst die Augen mit den Händen
— der Anblick dieses Schmerzes und Leides war so überwältigend,
daß die Hauptleute gar nicht wußten, wie sie die Thränen verbergen sollten, die ihnen in die Augen traten.

„Mein Fürst," wagte Sazwilichowski zu sagen — „mögen
jene mit der Zunge fechten, wir werden mit dem Schwerte
weiter kämpfen."

„So soll es sein," antwortete der Fürst — „das Herz
bricht mir bei dem Gedanken, was uns jetzt zu thun geziemt?
Sind wir nicht, da wir von dem Unglück des Vaterlandes
hörten, durch die Wilden Felder, durch die unüberschreitbaren
Sümpfe hierher gekommen, haben wir uns nicht Schlaf, Speise
und Trank versagt, haben wir nicht die letzten Kräfte aufgeboten,
um diese unsere Mutter vom Untergange, vor der Schande zu
retten? Die Hände sinken uns vor Mühsal nieder, der Hunger
peinigt uns, die Wunden schmerzen — wir aber achten der
Mühsal nicht, nur um den Feind niederzuhalten. Man sagt
mir, ich sei gekränkt, weil ich den Oberbefehl nicht erhalten.
Die Welt mag richten, ob diejenigen, die ihn erhalten haben,
würdig sind, und ich rufe Gott und Euch zu Zeugen auf, daß ich
so wie Ihr nicht um des Lohnes und der Würde willen mein
Blut zum Opfer bringe, sondern aus reiner Liebe zum Vaterland; und da wir den letzten Atemzug aushauchen — was teilen
sie uns mit? Daß diese Herren in Warschau und dieser Herr
Kisiel in Huschtscha daran denken, den Feind zu befriedigen.
Schmach und Schande."

„Kisiel ist ein Verräter!" schrie Baranowski.

Darauf erhob sich Sakowitsch, ein ernster und ruhiger Mann, und sagte, zu Baranowski gewendet:

„Als Freund des Wojewoden von Braclaw und als sein Gesandter kann ich nicht dulden, daß man ihn hier einen Verräter nennt, auch ihm ist der Bart vor Kummer ergraut — auch er dient dem Vaterland, wie er es für gut hält, vielleicht irrig, aber ehrlich!"

Der Fürst hatte diese Antwort nicht gehört, denn er war in Gedanken und Schmerz versunken.

Baranowski wagte auch nicht in seiner Gegenwart weiter zu sprechen, er heftete nur seinen kalten Blick auf Sakowitsch, als wollte er ihm sagen: „Ich finde Dich!" und legte die Hand auf den Griff des Schwertes. — Inzwischen war Jeremias aus seinem Brüten emporgefahren und sagte düster:

„Hier giebt es keine andere Wahl, als entweder den Gehorsam zu verweigern (denn in der Zeit des Interregnums führten sie das Regiment) oder die Ehre des Vaterlandes, für die wir so viele Mühsale ertragen haben, hinzuopfern . . ."

„Aus dem Ungehorsam entspringen alle Uebel in dieser Republik," sagte voll Ernst der Wojewode von Kijew.

„So sollen wir die Schändung des Vaterlandes dulden? Wenn sie uns also morgen befehlen, mit dem Strick um den Hals zu Tuhaj-Bey und Chmielnizki zu gehen, sollen wir ihnen auch da gehorchen?"

„Veto," sagte Christoph, der Unterrichter von Braclaw, „veto," wiederholte Kerdaj.

Der Fürst wandte sich an die Hauptleute.

„Sprecht, alte Kameraden," sagte er.

Sazwilichowski ergriff das Wort.

„Mein Fürst, ich zähle 70 Jahre, ich bin ein ehrenhafter Ruthene, ich war kosakischer Kämmerer. Chmielnizki selbst nannte mich einst einen Vater. Ich müßte hier zu Verhandlungen raten, aber wenn ich entscheiden soll, Schmach oder Krieg, so werde ich noch auf dem Wege zum Grabe sagen: Krieg!"

„Krieg!" wiederholte Skrzetuski.

„Krieg, Krieg!" wiederholten zahlreiche Stimmen, unter ihnen Christophs, die Kerdajs, Baranowskis und fast aller Anwesenden.

„Krieg! Krieg!"

„Es geschehe nach Euren Worten" — sagte der Fürst würdevoll — und schlug mit dem Szepter nach dem geöffneten Briefe Kisiels.

12. Kapitel.

Einen Tag später, als die Heere in Kilzow Halt machten, rief der Fürst Skrzetuski zu sich und sagte zu ihm:

„Unsere Streitkräfte sind schwach und ermattet, Krschywonos aber hat sechzigtausend Mann und wächst von Tag zu Tag an Macht, denn das Bauernvolk strömt ihm zu. Auf den Wojewoden von Kijew kann ich nicht zählen, denn im Grunde seiner Seele gehört auch er der Friedenspartei an, und wenn er auch mit mir geht, geht er doch nur ungern. Wir müssen von irgend einer Seite Verstärkungen zu erhalten suchen. Und nun erfahre ich, daß unweit Konstantinow zwei Hauptleute stehen: Oschinski mit der Königlichen Garde und Koschyzki. Nimm zur Sicherheit hundert von meinen Leibmannschaften, gehe zu ihnen, bringe ihnen meinen Befehl, sie möchten eilen und unverzüglich zu mir kommen, denn in wenigen Tagen will ich Krschywonos angreifen. Niemand besorgt meine Aufträge besser, als Du, darum sende ich Dich — denn die Sache ist von größter Wichtigkeit.“

Skrzetuski verneigte sich und brach noch an demselben Abend bei Einbruch der Dunkelheit nach Konstantinow auf, um unbemerkt hindurch zu kommen; denn hie und da streiften Krschywonos Vorposten oder Scharen Bauernvolks umher, welche räuberische Ueberfälle in Wäldern und auf Straßen wagten, der Fürst hatte befohlen, jeden Kampf zu vermeiden, damit keine Zeit verloren gehe. Er marschierte also so geräuschlos als möglich und erreichte in der Morgendämmerung Wisowati-Staw, wo er auf beide Hauptleute stieß und bei ihrem Anblick eine rechte

Herzensfreude empfand. Oschinski hatte vortreffliche Garde=
dragoner, die nach fremdländischem Muster geschult waren, und
Deutsche. Koschyzki hatte nur deutsches Fußvolk, das fast aus=
schließlich aus Veteranen des dreißigjährigen Krieges bestand.
Es war das ein so gefürchtetes und bewundertes Heer, daß es
in der Hand des Hauptmanns wie ein Schwert funktionierte.
Beide Regimenter waren überdies reichlich ausgerüstet und mit
Schußwaffen versehen. Da sie hörten, daß sie zum Fürsten stoßen
sollten, stießen sie gleich Freudenrufe aus, denn sie sehnten sich nach
Kämpfen und wußten, daß sie unter keinem anderen Kommando
so viele mitmachen würden, wie unter dem Fürsten.

Zum Unglück gaben beide Hauptleute eine abschlägige Ant=
wort, denn beide gehörten zum Kommando des Fürsten Dominik
Saslawski und hatten ausdrücklichen Befehl, sich nicht mit
Wischniowiezki zu verbinden.

Vergeblich setzte ihnen Skrzetuski auseinander, welchen
Ruhm sie unter der Führung eines solchen Feldherrn erringen
und welche Verdienste sie sich um das Vaterland erwerben
könnten — sie ließen sich nicht überreden und meinten, Sub=
ordination sei für Soldatenvolk das erste Gesetz und die erste
Pflicht. Sie sagten indessen, daß sie sich nur dann mit dem
Fürsten verbinden würden, wenn die Rettung ihrer Regimenter
dies verlangte. Skrzetuski reiste also schwer bekümmert ab,
denn er wußte, wie schmerzlich dem Fürsten diese Enttäuschung
sein würde, und wie sehr seine Regimenter ermattet und er=
schöpft waren, durch die Märsche, durch die mit dem Feinde
bestandenen Kämpfe, durch die Aufreibung der einzelnen Banden
und endlich durch das ununterbrochene Wachen, den Hunger
und die Strapazen. Sich unter solchen Verhältnissen mit dem
zehnfach stärkeren Feinde zu messen, war fast eine Unmöglichkeit.
Skrzetuski sah also ganz deutlich, daß in den Kriegsoperationen
gegen Krschywonos ein Verzug eintreten müsse, denn es war
notwendig, dem Heere Lagerruhe zu gönnen und auf den
Zustrom frischen Adels im Lager zu warten.

Mit solchen Gedanken beschäftigt, kehrte Skrzetuski an der
Spitze seiner Leute zu dem Fürsten zurück. Er mußte still,
vorsichtig, und nur in der Nacht gehen, um Krschywonos Vor=
posten zu vermeiden, sowie die zahlreichen losen Banden, die
aus Kosaken und Bauernvolk bestanden und bisweilen sehr stark
waren. Sie hausten in der ganzen Gegend, steckten die Dörfer
in Brand, metzelten den Adel nieder oder fingen die Fliehenden
auf den Landstraßen ein. So durchzog er Baklai und kam in

die dichten Uschynskischen Wälder, die voll gefährlicher Schluchten und Klüfte waren; zum Glück war ihm nach den jüngsten Regenschauern das schöne Wetter auf der Reise günstig. Die Julinacht war herrlich, ohne Mond, aber von Sternen erleuchtet. Seine Leute gingen auf dem schmalen Waldpfad von den Forstleuten, sicheren Leuten, die ihre Wälder vorzüglich kannten, geführt. Im Walde herrschte tiefe Stille, nur unterbrochen von dem Knistern der trockenen Zweige unter den Hufen der Pferde. Da drang an Skrzetuskis und seiner Leute Ohr ein entferntes Geräusch, das wie Gesang klang, der durch Rufe unterbrochen wird.

„Halt!" sagte Skrzetuski leise und hielt seine Leute an. — „Was ist das?"

Der alte Förster trat nahe zu ihm heran:

„Es sind Wahnsinnige, die im Walde umherlaufen und schreien; von den Ungeheuerlichkeiten, die sie erlebt, ist ihnen der Verstand wirr geworden. Wir sind gestern einer Edeldame begegnet, die umhergeht, nach den Fichten ausschaut und immer ruft: „Kinder, Kinder!" Es ist klar, die Bauern haben ihr die Kinder abgeschlachtet. Sie glotzte uns mit ihren Augen an und begann zu schreien, daß uns die Füße zitterten. Die Leute sagen, es gebe in allen Wäldern viele solcher unglücklichen Geschöpfe."

Obgleich Skrzetuski ein Ritter ohne Furcht war, überlief ihn doch ein Schauer von Kopf bis zu Fuß. „Vielleicht sind es Wölfe, die so heulen, aus der Ferne kann man das nicht so unterscheiden," sagte er.

„Nicht doch, Herr, Wölfe giebt's jetzt im Walde nicht, sie sind alle in die Dörfer gelaufen, wo sie Ueberfluß an Leichen haben."

„Entsetzliche Zeiten," rief der Ritter, „wo die Wölfe in den Dörfern wohnen und in den Wäldern wahnsinnige Menschen heulen. Gott, o Gott!"

Eine Zeitlang herrschte wieder Stille. Man hörte nur das Rauschen in den Wipfeln der Fichten, aber gleich darauf wurden jene fernen Stimmen wieder stärker und deutlicher.

„Heh," sagte der Förster, „es sieht bald so aus, als wäre dort eine Schar von Menschen."

„Bleibt hier stehen oder geht langsam vorwärts, und ich will mit meinen Genossen hingehen und nachschauen."

„Gut," sagte Skrzetuski, „wir werden hier warten."

Die Forstleute verschwanden, eine ganze Stunde blieben sie aus, schon begann Skrzetuski ungeduldig zu werden, ja, er hegte den Verdacht, daß sie ihm irgend einen Verrat spinnen würden, als plötzlich der eine von ihnen aus der Dunkelheit hervortauchte.

„Sie sind's, Herr," sagte er, sich Skrzetuski nähernd. „Die Bauern, Rebellen."

„Wie viel sind ihrer?"

„Es können an 200 sein, ich weiß nicht, Herr, was wir beginnen, denn sie liegen im Engpaß, durch den wir gehen müssen. Sie haben Feuer angezündet, man sieht den Schein nicht, weil es im Thal ist, Wachen haben sie nicht: man kann bis auf einen Bogenschuß zu ihnen herangehen."

„Gut," sagte Skrzetuski, wandte sich an seine Leute und begann den zwei Aeltesten Befehle zu geben.

Bald rückte das Gefolge munter vor, aber so still, daß nur das Knistern der Zweige den Marsch hätte verraten können, kein Steigbügel schlug an den anderen, kein Schwert klirrte, die Pferde, die an schleichende Ueberfälle gewöhnt waren, gingen nach Wolfsart ohne Schnaufen und Wiehern. Da die Mann= schaft an den Ort kam, wo der Weg sich krümmte, bemerkten sie gleich in der Ferne die Feuer und die undeutlichen Menschen= gestalten. Nun verteilte Skrzetuski seine Mannschaft in drei Abteilungen: die eine blieb an dem Platze, die andere ging über den Rand längs des Engpasses, um den gegenüberliegenden Aus= gang zu verschließen, und die dritte stieg von den Pferden ab, kroch auf dem Bauche vorwärts und legte sich am äußersten Rande nieder, unmittelbar über den Häuptern der Bauern.

Skrzetuski, der sich in dieser Abteilung befand, blickte hin= unter und sah ganz deutlich in einer Entfernung von 2—300 Schritt das ganze Lager. Zehn Feuer brannten, aber sie flackerten nicht lichterloh, denn es hingen Kessel mit Speisen über ihnen. Der Geruch des Dampfes und des kochenden Fleisches drang ganz deutlich bis zu Skrzetuski und seinen Mannschaften. Um die Kessel standen oder lagen die Bauern, trinkend und schwatzend. Die einen hatten eine Schnapsflasche in der Hand, die anderen stützten sich auf die Spieße, an deren Spitzen gleich Trophäen Köpfe von Männern, Frauen und Kindern aufgepflanzt waren. Der Widerschein des Feuers spiegelte sich in den toten Augensternen und den hervortretenden Zähnen derselben, der rötliche Schimmer beleuchtete die wilden, furchtbaren Bauerngesichter. Unmittelbar unter der Felsmauer schliefen etliche, laut schnarchend — andere schwatzten, noch andere schürten das Feuer, so daß es in einer Säule goldener Funken in die Höhe schoß; bei dem größten Feuer saß, den

Rücken der Wand des Engpasses und Skrzetuski zugekehrt, ein stämmiger Greis — und klimperte auf einer Laute, um ihn hatten sich im Halbkreis etwa dreißig der Bauern geschart.

Skrzetuski vernahm deutlich folgende Worte: „He, Alter, vom Kosaken Holota!"

„Nein," riefen andere — „von Mariechen Boguslawska."

„Zum Teufel das Mariechen! Von Herrn von Potozki" — riefen die meisten Stimmen.

Der Alte schlug kräftiger in die Laute, hüstelte und begann zu singen:

> Steh' und schau' um Dich, der reich Du an allem,
> Bald wirst Du gleich sein dem Bettelmann.
> Denn Gott, der Erbarmer, der alles regieret,
> Wägt unsere Thaten und richtet Gericht.
> Steh' und schau' um Dich, der Du so hoch fliegst
> Mit Deinem Geiste, hoch über die Wolken . . .

Hier unterbrach sich der Greis einen Augenblick und seufzte, und mit ihm seufzten auch die Bauern.

Immer größer wurde die Schar seiner Zuhörer — Skrzetuski aber, obwohl er wohl wußte, daß alle seine Leute bereit waren, gab noch nicht das Zeichen zum Angriff. Die stille Nacht, die flackernden Feuer, die wilden Gestalten und das unterbrochene Lied von Herrn Nikolaus Potozki weckten in dem Ritter seltsame Gedanken und Empfindungen und eine Sehnsucht, über die er sich selbst nicht Rechenschaft geben konnte. Die noch nicht vernarbten Wunden seines Herzens öffneten sich, ein tiefer Schmerz um die jüngste Vergangenheit, um das verlorene Glück, um jenen Augenblick der Stille und des Friedens erfaßte ihn. Er versank in Gedanken und Trübsinn — der Alte aber sang weiter:

> Steh' und schau' um Dich, der Du den Krieg führst
> Mit Pfeil und Bogen, mit Pulver und Büchse,
> Denn auch vor Zeiten gab's Ritter und Krieger,
> Die Schwerter führten und starben vom Schwert!
> Steh' und schau' um Dich, und lasse vom Hochmut,
> Der Du aus Potol stolz schreitend gehst nach Harnta.
> Unschuld'ge Seelen strafest Du mordend,
> Denkst nicht des Königs, denkst nicht des Rats.
> Bist selbst Dir Reichstag im Polenlande,
> Und führest das Szepter, wie's kühn Dir gefällt.

Wieder hielt der Alte inne — da löste sich ein Steinchen unter dem Ellenbogen eines der Leute und fing an, mit Geräusch hinabzustürzen. Einige von den Bauern bedeckten die Augen mit ben Händen und blickten scharf nach oben in den Wald hinein; da erkannte Skrzetuski, daß die Zeit gekommen sei, und schoß mitten in die Menge mit seinem Pistol.

„Schlagt, mordet," schrie er, und dreißig Mann gaben Feuer, wohlgezielt, den Bauern ins Gesicht, und unmittelbar nach dem Schusse glitten sie, den Säbel in der Hand, wie der Blitz die steilen Wände des Engpasses herunter, mitten unter die erschrockenen und verwirrten Bauern.

„Schlagt, mordet," erscholl's an dem einen Ausgange des Engpasses.

„Schlagt," wiederholten wilde Stimmen an dem anderen Ausgange.

„Jeremias! Jeremias!"

Der Ueberfall war so unerwartet, der Schrecken so entsetzlich, daß die Bauern, obgleich sie bewaffnet waren, fast gar keinen Widerstand leisteten. Man hatte ohnehin schon in den Lagern des empörten Bauernvolks erzählt, daß Jeremias mit Hilfe des bösen Geistes an vielen Orten zugleich sein und kämpfen könne; jetzt wand ihnen dieser Name, der so unerwartet auf die sich sicher Wähnenden niederfiel, — ganz wie der Name des bösen Geistes — die Waffen aus der Hand. Uebrigens ließen sich die Spieße und Sensen in dem engen Raume gar nicht gebrauchen, und so wurden sie wie eine Herde Schafe, an die gegenüberliegende Wand der Schlucht mit den Schwertern über Kopf und Gesicht geschlagen, mit Füßen getreten, und streckten in wahnsinniger Angst die Hände dem unerbittlichen Eisen entgegen und fanden so den Tod. Der stille Wald füllte sich mit dem unheilverkündenden Lärm der Schlacht. Einige versuchten über die senkrechte Wand der Schlucht zu entkommen, sie kletterten hinauf, rieben sich die Hände wund und fielen auf die Spitzen der Schwerter zurück. Die einen starben ruhig, andere brüllten um Mitleid, noch andere bedeckten die Gesichter mit den Händen, um den Augenblick des Todes nicht zu sehen, wieder andere warfen sich auf die Erde mit dem Gesicht nach unten, und das Gerassel der Säbel und das Geheul der Sterbenden übertönte den Ruf der Angreifer: „Jeremias, Jeremias!" — ein Ruf, von dem den Bauern die Haare zu Berge standen, durch den der Tod ihnen um so schrecklicher erschien.

Der Alte aber schlug mit seiner Laute einem von der Mannschaft so ins Gesicht, daß er hinstürzte, den anderen erfaßte er bei der Hand, um ihn vom Schwertstreiche abzuhalten und brüllte in seiner Angst wie ein Stier.

Als das die anderen bemerkten, eilten sie herbei, um ihn niederzuhauen; da stürzte Strzetuski heran: „Nehmt ihn lebendig, nehmt ihn lebendig!" schrie er.

„Halt!" brüllte der Alte, „ich bin ein Edelmann loquor latine! Ich bin kein Sänger, halt, sage ich Euch. Räuber, Schurken, Hundesöhne!"

Aber der Alte hatte seine Litanei noch nicht beendet, als Strzetuski ihm ins Gesicht schaute und aufschrie, daß die Wand der Schlucht im Echo widerhallte:

„Sagloba!"

Und plötzlich stürzte er über ihn her, wie ein wildes Tier, schlug ihm die Finger in die Arme, drückte sein Gesicht an das des Alten, schüttelte ihn wie einen Birnbaum und schrie:

„Wo ist die Prinzessin, wo ist die Prinzessin?"

„Sie lebt, sie ist gesund, sie ist in Sicherheit," erwiderte der Greis schreiend, „so laßt mich doch zum Teufel los, Ihr schüttelt mir ja die Seele aus dem Leibe."

Da überwältigte den Ritter die glückliche Nachricht, ihn, den weder die Gefangenschaft noch die Wunden, weder der Schmerz noch der entsetzliche Burdabut hatten bewältigen können.

Die Hände sanken ihm herab, auf seine Stirn trat reichlich Schweiß, er sank in die Kniee, bedeckte das Gesicht mit den Händen, lehnte sein Haupt gegen die Felswand und verharrte so schweigend — man sah, er dankte Gott.

Inzwischen wurde der Rest der unglückseligen Bauern niedergehauen, etliche brachte man gebunden — um sie im Lager dem Henker zu übergeben und Geständnisse von ihnen zu erpressen, die andern lagen hingestreckt tot da.

Die Schlacht hatte ein Ende — der Lärm hörte auf. Die Mannschaft sammelte sich um ihren Führer, und da sie ihn am Felsen knieend sahen, blickten sie ihn unruhig an, sie wußten nicht, ob er nicht etwa verwundet war, er aber erhob sich und sein Antlitz war so hell, als schien ihm das Morgenrot in die Seele.

„Wo ist sie?" fragte er Sagloba.

„In Bar. Das Schloß ist stark und fürchtet keinen Ueberfall. Sie ist im Schutz der Frau Slawoschewska und der Nonnen."

„Gelobt sei Gott in der Höhe!" sagte der Ritter, und in seiner Stimme zitterte tiefste Rührung. — „Gebt mir Eure Hand. Ich danke Euch aus tiefster Seele, aus tiefster Seele."

Plötzlich wandte er sich an seine Leute:

„Wieviel Gefangene habt Ihr?"

„Siebzehn," antworteten die Soldaten.

Skrzetuski aber sagte:

„Eine große Freude ist mir begegnet und Mitleid wohnt in meiner Seele, laßt sie frei."

Die Mannschaft wollte den eigenen Ohren nicht trauen. Das war nicht Brauch in Wischniowiezkis Heere.

Skrzetuski zog leicht die Augenbrauen zusammen.

„Laßt sie frei," wiederholte er.

Die Leute gingen, aber nach kurzer Zeit kam der älteste Esaul zurück und sagte:

„Herr Leutnant, sie glauben's nicht, sie wagen nicht zu gehen."

„Sind ihre Fesseln gelöst?"

„Ja!"

„So laßt sie hier, Ihr selbst besteigt die Pferde!"

Eine halbe Stunde später ritt die Mannschaft durch die lautlose Stille den schmalen Waldpfad entlang. Der Mond war emporgestiegen und drang mit seinen silbernen Strahlen mitten durch den Wald und erleuchtete die dunkle Tiefe. Sagloba und Skrzetuski ritten an der Spitze und sprachen miteinander.

„Sagt mir alles von ihr, was Ihr wißt," sagte der Ritter. „Ihr habt sie also aus Bohuns Händen entrissen?"

„Ja, ich habe ihm noch den Schädel zum Abschied umbunden, damit er nicht schreien konnte."

„Das habt Ihr vortrefflich gemacht, so wahr ich lebe! Aber, wie seid Ihr nach Bar gekommen?"

„Ei, davon ließe sich viel sagen, und das geschieht auch ein andermal. Ich bin entsetzlich fatigatus, die Kehle ist mir trocken von dem Singsang für den Pöbel. Habt Ihr nicht etwas zu trinken?"

„Ich habe ein Töpfchen mit Branntwein — hier ist's."

Sagloba ergriff das Gefäß und setzte es an die Lippen; dann hörte man ein langes Glucksen. Skrzetuski aber mochte in seiner Ungeduld nicht warten und frug weiter:

„Ist sie gesund?"

„Ei was," erwiderte Sagloba, „einer trockenen Kehle ist alles gesund."

„Aber ich frage nach der Prinzessin."

„Die Prinzessin? Wie eine Hindin."

„Gott sei gelobt und gedankt. Fühlt sie sich wohl in Bar?"

„Im Himmel könnte sie's nicht besser haben. Wegen ihrer Schönheit fliegen ihr alle Herzen zu. Frau Slawoschewska liebt sie wie ihr eigenes Kind. Und wieviel Jünglinge in sie verliebt sind, das könntet Ihr am Rosenkranz nicht abzählen. Aber sie macht sich aus ihnen so viel, wie ich jetzt aus Eurem leeren Töpfchen, sie lebt nur für Euch in steter Liebe."

„Geb' ihr Gott Gesundheit, der Liebsten," sagte Skrzetuski freudig.

„So gedenkt sie meiner in Liebe?"

„Ob sie Eurer gedenkt! Ich sage Euch, ich habe es gar nicht verstehen können, wo sie die Lust hernimmt zu so viel Seufzern. Die Leute haben alle Mitleid mit ihr, am meisten die Nonnen, denn sie hat sie durch ihre Milde ganz gewonnen. Hat sie doch auch mich zu tollen Streichen veranlaßt, die ich beinahe mit dem Leben bezahlt habe, ich sollte durchaus zu Euch gehen, um in Erfahrung zu bringen, ob Ihr lebt und wohl seid. Sie wollte auch oft genug Boten hinschicken, aber niemand wollte es wagen, so erbarmte ich mich schließlich und machte mich nach dem Lager auf. Hätte ich die Verkleidung nicht gehabt, ich hätte es sicher mit dem Kopfe bezahlt. Aber die Bauern hielten mich überall für einen Sänger, denn ich singe auch sehr schön."

Skrzetuski war sprachlos vor Freude. Tausend Gedanken und Erinnerungen drängten sich in seinem Kopfe. Helene stand leibhaftig vor seinen Augen, ganz so, wie er sie das letzte Mal in Roslogi unmittelbar vor der Abreise nach der Sitsch gesehen hatte; hübsch, gerötet, schlank, mit ihren sammetschwarzen Augen von unsagbarem Reize. Jetzt schien es ihm, als sehe er sie, als fühlte er die Wärme, die von ihren Wangen strahlte, als hörte er ihre süße Stimme. Er gedachte jenes Spazierganges im Kirschengarten und des Kuckucks und der Fragen, die er ihm vorgelegt, und der Schamhaftigkeit Helenes, als er ihm zwölf Bübchen prophezeite, so daß seine Seele überströmte, sein Herz berauscht war von Liebe und Wonne und alle vergangenen Leiden hinschwanden, wie ein Tropfen im Meer. Er wußte selbst nicht, was mit ihm vorging. Er wollte schreien, in die Kniee sinken und wieder Gott danken, bald wieder zurückschauen in die Vergangenheit, bald fragen und fragen ohne Ende! Endlich begann er zu wiederholen:

„Sie lebt, sie ist gesund?"

„Sie lebt, sie ist gesund!" antwortete Sagloba wie das Echo.

„Und sie hat Euch hergeschickt?"

„Ja, sie."

„Und habt Ihr einen Brief?"

„Ja, einen Brief."

„So, gebt her."

„Er ist eingenäht, und jetzt ist's Nacht, gebt Euch zufrieden."

„Ich kann es nicht, Ihr seht es ja selbst."

„Ich sehe es."

Saglobas Antworten wurden immer einsilbiger. Endlich nickte er ein über das andere Mal — und schlummerte ein.

Skrzetuski sah, daß mit ihm nichts anzufangen war, und gab sich wieder seinen Gedanken hin. Sie wurden erst durch das Pferdegetrappel einer bedeutenden Reiterabteilung unterbrochen, die sich schnell näherte. Es war Poniatowski mit den Hofkosaken, die der Fürst ihm entgegengesandt hatte, in der Besorgnis, es könnte Skrzetuski etwas Uebles begegnet sein.

13. Kapitel.

Man kann leicht begreifen, wie der Fürst die Mitteilung von Oschinskis und Koschyzkis Weigerung aufnahm, die Strzetuski ihm beim Morgengrauen brachte. Es bedurfte einer so großen Seele, wie die des eisernen Fürsten, um bei dieser Gestaltung der Dinge nicht zusammenzubrechen, zu verzweifeln, und die Hände sinken zu lassen. Sollte er vergebens ein Riesenvermögen zur Erhaltung der Heere ruinieren, vergebens wie ein gefangener Löwe am Netz zerren, das man ihm gestellt? Sollte er vergebens den Rebellen bisher die Köpfe abgeschlagen, vergebens Wunder der Tapferkeit vollbracht haben? War denn jetzt der Augenblick gekommen, wo er im Gefühl seiner Machtlosigkeit sich irgend wohin in einen stillen Winkel des Vaterlandes zurückziehen und ein thatenloser Zeuge dessen werden sollte, was in der Ukraine geschah? Und wer war es, der sich bestrebte, ihn zu dieser Ohnmacht zu verdammen? Nicht die Schwerter der feindlichen Kosaken, sondern die Mißgunst der eigenen Parteigenossen waren es, die das thaten. Hatte er nicht mit Recht hoffen dürfen, die ganze Republik mit seiner Hilfe herbeieilen zu sehen, als er im Mai sein Dnieprland verließ, um wie ein Adler aus der Höhe auf die Rebellen herniederzustoßen? Mußte er nicht der Unterstützung der zu König und Reich stehenden Treugesinnten gewärtig sein, als er das strafende Schwert gegen die Rebellion zog? Er hatte mit Recht erwarten dürfen, daß man den Oberbefehl in seine Hände legen würde. Und nun? Der König war gestorben, und nach seinem Tode war das Regiment in andere Hände übergegangen — ihn, den Fürsten, hatte man ostentativ übergangen. Das war die erste Konzession, die man Chmielnizki gemacht hatte — aber nicht wegen des Verlustes dieser Würde litt die Seele des Fürsten, sie litt bei dem Gedanken, daß die zertretene Republik schon so tief gesunken war, daß sie sich vor dem Kosaken zurückzog und durch Verhandlungen seine kühne Hand aufhalten wollte. Seit dem Siege bei Machnowka kamen immer schlechtere Nachrichten ins Lager: erst die Mitteilungen über die Verhandlungen, die Herr Kisiel führte, dann die Nachricht von der Ueberschwemmung des wolhynischen Polens durch die Wogen der Rebellion — endlich die Weigerung der Hauptleute, welche deutlich zeigte, wie feindlich der oberste Generalregimentarius Fürst Dominik Saslawski Ostrorog gegen Wischniowiezki gesinnt war. Gerade während der Abwesenheit Strzetuskis kam Herr Roch von Stenkowitsch mit der Meldung in das Lager, daß ganz Owrutsch in Flammen stehe. Das Volk dort sei ruhig und habe sich von der Rebellion ferngehalten; da aber seien die Kosaken gekommen und Krschetschowski habe mit Gewalt die Bauern genötigt, sich ihren Reihen anzuschließen, und so wurden die Höfe und die Stadt in Flammen gesetzt, der Adel, der nicht geflohen war, niedergemetzelt, unter ihnen auch der greise Herr Selez — ein alter Diener und Freund des Hauses Wischniowiezki. Der Fürst hatte deshalb den Plan gemacht, nach seiner Vereinigung mit Ostschinski und Koschyzki, den Krschywonos aufzureiben und dann nach Norden, auf Owrutsch zu loszurücken, um sich mit dem Hetman von Litauen zu verständigen und die Aufrührer zwischen zwei Feuer zu nehmen. Aber alle diese Pläne wurden nun nichtig durch das Verbot, das Fürst Dominik beiden Hauptleuten gegeben hatte. Denn Fürst Jeremias war nach allen Märschen, Schlachten und Strapazen der letzten Wochen allein nicht stark genug, um sich mit Krschywonos zu messen, besonders, da er auch des Wojewoden von Kijew nicht sicher war. Herr Janusch gehörte wirklich mit Leib und Seele zur Friedenspartei. Er hatte sich der Autorität und der Macht des Fürsten Jeremias gebeugt und mußte mit ihm gehen. Aber je mehr er jene Autorität wanken sah, desto mehr war er geneigt, den Kriegsgelüsten des Fürsten Widerstand zu leisten, was sich auch bald zeigte.

Strzetuski gab also Rechenschaft von seinem Zuge, und der Fürst hörte ihm schweigend zu. Alle Aeltesten waren bei der Audienz zugegen; alle Gesichter verfinsterten sich bei der Mitteilung von der Weigerung der Hauptleute — und die Augen aller waren auf den Fürsten gerichtet, als er sagte:

„Also, Fürst Dominik hat ihnen das Verbot gesandt?"

24*

„So ist es, sie haben es mir schriftlich gezeigt."

Jeremias stützte sich mit den Ellenbogen auf den Tisch und verbarg das Gesicht in seinen Händen. Nach einer Pause aber sprach er:

„Das ist in Wahrheit mehr, als ein Mensch ertragen kann. Soll ich allein arbeiten und statt der erwarteten Hilfe nur Hindernisse erfahren? Hätte ich nicht hinaus bis nach Sandomir auf meine Besitzungen gehen und dort ruhig sitzen können? Wenn ich das nicht gethan habe, geschah es dann nicht aus Liebe zum Vaterlande? Und das soll nun mein Lohn für alle Mühsal und für die Verluste am eigenen Vermögen sein? . . ."

Der Fürst sprach ruhig, aber in seiner Stimme zitterte eine solche Bitterkeit, ein solcher Schmerz, daß alle Herzen von Leid ergriffen wurden. Die alten Hauptleute, Veterane von Putywlo, Starze, Kumotoff und die jungen Sieger aus dem letzten Kriege blickten ihn mit unsagbarer Besorgnis an, denn sie wußten wohl, welch einen schweren Kampf dieser eiserne Mann mit sich führe, wie entsetzlich sein Stolz von den Demütigungen leiden mußte, die auf ihn gehäuft wurden. Er, der Fürst „von Gottes Gnaden" — er, der Wojewode von Ruthenen, der Senator der Republik muß vor einem Chmielnizki, vor einem Krschywonos zurückweichen; er, beinahe ein Monarch in seinem Reiche, der noch vor ganz kurzem die Gesandten der benachbarten Herrscher empfangen hatte, mußte sich von dem Felde der Ehre zurückziehen, um sich in irgend einem Schlößchen einzuschließen und auf das Resultat eines Krieges, den andere führen würden, oder auf entwürdigende Verhandlungen zu warten. Er, ausersehen zu den höchsten Missionen, und von dem Bewußtsein der Kraft erfüllt, sie auszuführen — mußte seine Ohnmacht erkennen . . . .

Die Leiden und die Mühsal der letzten Zeit spiegelten sich in seiner Gestalt wieder. Er war bedeutend abgemagert, die Augen waren ihm eingefallen, das rabenschwarze Haar fing an grau zu werden und über sein Antlitz hatte sich eine tragische Ruhe ergossen, denn sein Stolz duldete nicht, daß er seine Leiden verriete.

„Ha! Sei es denn!" sagte er, — „wir wollen diesem undankbaren Vaterland zeigen, daß wir nicht nur Krieg führen, sondern auch für dasselbe sterben können. Beim Himmel, ich wollte lieber einen rühmlichen Tod in jedem anderen Kriege sterben, als in einem Bürgerkrieg gegen dieses Bauernvolk — aber, es kann nicht anders sein!"

„Mein Fürst," unterbrach ihn der Wojewode von Kijew, „sprecht nicht vom Tode, denn wenn es auch verborgen ist, was Gott über uns verhängt hat, so ist es doch vielleicht noch weithin zum Sterben. Ich verehre Euer kriegerisches Genie und Euren ritterlichen Geist, aber ich kann es doch weder dem Vizerex, noch dem Kanzler, noch den Regimentariern übelnehmen, daß sie diesem Bürgerkrieg durch Verträge ein Ende zu machen bemüht sind, denn es fließt doch nur Bruderblut in ihm, und wer anders wird aus der beiderseitigen Hartnäckigkeit den Nutzen ziehen, als der fremde Feind?"

Der Fürst sah dem Wojewoden lange in die Augen und sagte nachdrücklich: „Erweist den Besiegten Gnade, so werden sie sie mit Dankbarkeit aufnehmen und sie nicht vergessen; bei den Siegern aber werdet Ihr nur Verachtung ernten. O, hätte man diesem Volke niemals ein Unrecht zugefügt! Da aber die Rebellion einmal entbrannt ist, so muß sie nicht durch Verhandlungen, sondern mit Blut ertränkt werden. Sonst wartet unserer Schmach und Untergang!" . . .

„Der Untergang ist uns gewisser, wenn wir auf eigene Faust Krieg führen," antwortete der Wojewode.

„Soll das etwa heißen, daß Ihr fernerhin nicht mit uns gehen wollt?"

„Mein Fürst, ich rufe Gott zum Zeugen an, daß das nicht aus bösem Willen gegen Euch geschehen wird, aber mein Gewissen sagt mir, daß ich meine Leute nicht dem sicheren Verderben preisgeben darf, denn ihr Leben ist kostbar und kann der Republik noch nützlich sein."

Der Fürst verstummte — nach einer Weile wandte er sich an seine Hauptleute:

„Ihr alten Kriegskameraden, Ihr werdet mich doch nicht verlassen, nicht wahr?"

Da stürzten die Hauptleute wie von einer Macht und einem Willen getrieben, auf den Fürsten zu. Die einen küßten seine Gewänder, die andern umfaßten seine Kniee, noch andere hoben die Hände in die Höhe und riefen:

„Wir stehen zu Dir bis zu dem letzten Atemzuge, bis zum letzten Tropfen Blut. Führe uns, führe uns, wir dienen Dir ohne Sold."

„Mein Fürst, auch mir vergönne, an Deiner Seite zu sterben," rief schamrot, wie ein jungfräuliches Weib, der junge Aksak.

Bei diesem Anblick war selbst der Wojewode von Kijew gerührt, der Fürst aber ging von einem zum anderen, drückte eines jeden Haupt und dankte ihnen. Eine ungeheuere Begeisterung hatte die alten und jungen Krieger erfaßt. Ihre Blicke sprühten Funken, ihre Hände griffen immer wieder beteuernd an das Schwert.

„Mit Euch will ich leben, mit Euch will ich sterben," rief der Fürst.

„Wir werden siegen," riefen die Offiziere — „auf gegen Krschywonos, nach Polomna, wer uns verlassen will, mag es thun. Wir werden ohne Hilfe fertig werden. Wir wollen mit niemandem den Ruhm, auch nicht den Tod teilen."

„Werte Herren," sagte der Fürst, „es ist mein Wille, daß wir eine kurze Ruhe genießen, die unsere Kräfte wieder herstellt, ehe wir gegen Krschywonos ziehen. Drei Monate sind vergangen, daß wir nicht aus dem Sattel gekommen sind. Von den Mühsalen, Strapazen und den Unbilden des Wetters haben unsere Körper gelitten. Wir haben keine Pferde, unser Fußvolk geht barfuß, wir wollen also nach Sbarasch ziehen, dort unsere Kräfte auffrischen und ausruhen — vielleicht werden sich auch neue Soldatenscharen zu uns gesellen, und wir gehen dann mit neuen Kräften ins Feuer."

„Wann befiehlt Eure Fürstliche Durchlaucht aufzubrechen?" fragte der alte Saxwilichowski.

„Unverzüglich, alter Kriegskamerad, unverzüglich!"

Nun wandte sich der Fürst an den Wojewoden:

„Und wohin wollen Euer Liebden sich begeben?"

„Vorläufig nach Glinjani, denn ich höre, daß sich dort die Heere zusammenziehen."

„So wollen wir Euch bis in eine ruhige Gegend begleiten, damit Euch kein Unfall zustoße," sprach Wischniowiezki.

Der Wojewode erwiderte nichts, denn es war ihm ein wenig unbehaglich. Er verließ den Fürsten, und der Fürst bezeugte ihm noch seine Fürsorge und wollte ihn begleiten. Ob aus den Worten des Fürsten Ironie herauszuhören war? Der Wojewode wußte es nicht recht. Immerhin blieb er bei seiner Absicht, denn die Hauptleute des Fürsten betrachteten ihn mit immer größerem Mißmut, in jedem anderen, weniger disziplinierten Heere wäre eine Empörung gegen ihn ausgebrochen.

Er verneigte sich also und ging hinaus. — Alsbald zerstreuten sich die Hauptleute, ein jeder ging zu seinem Fähnlein, um es zum Marsche vorzubereiten. Bei dem Fürsten blieb nur Strzetuski zurück.

„Was für Soldaten sind bei jenem Fähnlein?" fragte der Fürst.

„Man kann nirgends vortrefflichere finden. Die Dragoner sind nach deutscher Manier eingeübt, in der Garde zu Fuß lauter Veteranen aus dem dreißigjährigen Kriege. Als ich sie sah, glaubte ich römische Triarier vor mir zu sehen."

„Wieviele sind ihrer?"

„Zwei Regimenter, samt den Dragonern im ganzen dreitausend Mann."

„Schade, schade, mit solcher Hilfe könnte man große Dinge leisten."

Der Schmerz lag offen in den Zügen des Fürsten. Nach einer Weile sagte er wie zu sich selber:

„Die Wahl solcher Regimentarier in diesen Zeiten der Not ist unheilvoll! Ostrorog wäre gut, wenn man den Krieg durch Beredsamkeit und mit Latein beschwören könnte; Koniezpolski, mein Schwager, ist aus dem Blute tapferer Krieger entsprossen, aber ein junger Mensch ohne Erfahrung — und Saslawski ist der Schlimmste von allen. Ich kenne ihn lange. Er ist ein Mensch von kleinmütigem Herzen und flachem Geiste. Seine Arbeit ist, beim Kriege einzuschlummern, nicht, ein Heer zu führen. Nein, ich sage das nicht, damit man nicht meine, daß mich die invidia stachelt, aber ich sage, daß fürchterliche Zeiten kommen, und jetzt, gerade jetzt mußten solche Menschen das Steuer in die Hand nehmen! Gott, o Gott, erspare uns diesen Leidenskelch ... Was soll aus dem Vaterlande werden? Wenn ich daran denke, sehne ich mich nach dem Tode, denn ich bin sehr müde, und ich sage Dir, ich werde nicht lange mehr auf Erden wandeln. Die Seele sehnt sich nach Krieg, aber dem Körper mangeln die Kräfte."

„Eure Fürstliche Durchlaucht sollten Eure Gesundheit mehr schonen, denn dem ganzen Vaterlande liegt viel an Ew. Durchlaucht Leben; man sieht wohl, daß die Mühsale Eure Fürstliche Durchlaucht sehr heruntergebracht haben."

„Das Vaterland denkt anders, wie man sieht, sonst hätte es mich nicht übergangen; jetzt winden sie mir zu alledem noch das Schwert aus der Hand."

„So Gott will, wird Prinz Karl den Bischofstab zur Krone verwandeln, er wird wissen, wen er erheben, wen er strafen soll. Euer Durchlaucht sind aber jetzt mächtig genug, um nach niemand zu fragen."

„Ich werde auch meinen eigenen Weg gehen."

Der Fürst wußte wohl selbst nicht, daß er ganz wie die andern Kleinkönige auf eigene Faust Politik trieb. Aber, selbst wenn er es wußte, so hätte er nicht anders gehandelt, denn er fühlte nur das eine, daß er die Ehre der Republik retten müßte.

Und wieder entstand ein langes Schweigen, das endlich von dem Wiehern der Pferde und dem Ton der Lagertrompeten unterbrochen wurde. Die Fahnen machten sich marschbereit. Das weckte den Fürsten aus seinem Nachsinnen, er schüttelte den Kopf, als wollte er das Leiden und die bösen Gedanken von sich weisen, dann sagte er:

„Und hattest Du einen ruhigen Weg?“

„Ich begegnete in den Wäldern von Mschynsk einer zahlreichen Bande von Bauern, zweihundert Mann etwa, die ich aufrieb.“

„Gut, und a Du Gefangene eingebracht, denn das ist jetzt sehr wichtig?“ st

„Ich hatte wohl Gefangene . . .“

„Aber Du machtest ein Ende mit ihnen? Wie?“

„Nein, Fürstliche Durchlaucht, ich habe sie freigelassen.“

Jeremias blickte Strzetuski erstaunt an, dann zogen sich seine Brauen plötzlich zusammen:

„Was ist das? Gehörst Du auch schon zur Friedenspartei? Was soll das bedeuten?“

„Fürstliche Durchlaucht! Ich habe Nachrichten mitgebracht, denn unter dem Bauernvolk befand sich ein verkleideter Edelmann, der am Leben geblieben ist. Die anderen habe ich freigelassen, weil mir Gott Gnade und Trost gesandt hat. Gern erdulde ich die Strafe, die ich verdient, denn der Edelmann ist Sagloba, der mir Nachrichten von der jungen Prinzessin gebracht hat.“

Der Fürst näherte sich Strzetuski lebhaft.

„Sie lebt, sie ist gesund?“

„Gott sei Dank, es ist so.“

„Und wo hat sie Schutz gefunden?“

„Sie ist in Bar.“

„Das ist eine starke Festung,“ sprach der Fürst. „Mein Freund!“ (Hier hob der Fürst die Hand in die Höhe, ergriff Strzetuskis Kopf und küßte ihn wiederholt auf die Stirne.) „Ich freue mich mit Dir, denn ich liebe Dich wie einen Sohn.“

Strzetuski küßte voll Herzlichkeit die Hand des Fürsten, und obwohl er schon lange gern sein Blut für ihn vergossen hätte, empfand er doch jetzt von neuem, daß er auf Befehl seines Wohlthäters in die flammende Hölle zu springen bereit wäre. So verstand der drohende, furchtbare Jeremias sich die Herzen seiner Ritterschaft zu erwerben.

„Nun, ich wundere mich nicht, daß Du diese Bauern haft laufen laffen. Es foll Dir ungeftraft hingehen. Aber dieser Edelmann ift ein Schlaukopf! So hat er fie alfo aus dem Dnieprlande bis nach Bar gebracht? Gott fei Dank, in diefen fchweren Zeiten ift das auch für mich ein wahrer Troft. Er muß ein Schlaukopf, ein großer Schlaukopf fein! Bringe mir doch diefen Sagloba!"

Strzetuski flog eiligft zur Thür, aber in diefem Augenblick öffnete fie fich plötzlich und das glühende Antlitz Wierfchuls wurde fichtbar, der mit den Leibtataren auf Vorpoften ausgefchickt worden war.

„Mein Fürft," rief er fchweratmend, „Krfchywonos hat Polomna genommen und zehntaufend Menfchen, Weiber und Kinder, niedergemetzelt."

Die Hauptleute begannen wieder zufammenzulaufen und brängten fich um Wierfchul. Auch der Wojewode von Kijew kam herbei, der Fürft ftand wie verfteinert da, denn eine folche Nachricht hatte er nicht erwartet.

„Aber es hatten fich dort nur Ruthenen eingefchloffen, das ift nicht möglich."

„Nicht eine Seele ift aus der Stadt entkommen."

„Hört Ihr?" fagte der Fürft zu dem Wojewoden gewendet. „Führt nur Verhandlungen mit einem folchen Feinde, der felbft fein eigen Fleifch und Blut nicht fchont."

Der Wojewode fchöpfte tief Atem und fagte: „O Hundefeele, wenn es fo ift, fo hole fie alle der Teufel! Ich ziehe mit Euch, Fürft."

„So bift Du mein Bruder," fagte der Fürft.

„Es lebe der Wojewode von Kijew," fchrie der alte Sazwilichowski.

„Es lebe die Einigkeit."

Und der Fürft wandte fich wieder zu Wierfchul.

„Wohin ziehen fie von Polomna? Ift nichts bekannt?"

„Es heißt, nach Konftantinow."

„Gott im Himmel, fo find Dfchinskis und Kofchyzkis Regimenter verloren, denn mit dem Fußvolk können fie nicht rechtzeitig entkommen. Wir müffen die Beleidigungen vergeffen und ihnen zu Hilfe eilen, aufs Pferd, aufs Pferd!"

Das Geficht des Fürften leuchtete auf vor Freude und ein lebhaftes Rot übergoß von neuem feine abgemagerten Wangen, denn der Weg des Ruhmes lag wieder offen vor ihm.

14. Kapitel.

Die Heere zogen an Konstantinow vorüber und machten in Rosolowki Halt.

Der Fürst hatte nämlich berechnet, daß Koschyzki und Oschinski, wenn sie die Nachricht von der Einnahme von Polomna erhielten, sich auf Rosolowki zurückziehen müßten, und wenn der Feind sie verfolgen sollte, so müsse derselbe unversehens unter die ganze Heeresmacht des Fürsten, wie in eine Falle, geraten und desto sicherer eine Niederlage erleiden. Diese Voraussicht ging auch größtenteils in Erfüllung.

Die Heere nahmen ihre Positionen ein und standen in Kampfbereitschaft still. Größere und kleinere Vorpostengruppen wurden nach allen Seiten hin vom Lager ausgesandt. Der Fürst hielt mit einigen Regimentern im Dorfe und wartete ....

Da machten gegen Abend die Tataren Wierschuls die Mitteilung, daß von Konstantinow her Fußvolk nahe.

Der Fürst trat in der Begleitung seiner Offiziere vor die Thür seines Quartiers und mit ihm etliche hervorragende Genossen, um die Herannahenden zu sehen.

Indessen hatten die Regimenter, nachdem sie durch Trompetenstöße sich angemeldet hatten, vor dem Dorfe Halt gemacht, und zwei Hauptleute eilten im schnellsten Laufe atemlos dem Fürsten zu, um ihm ihre Dienste anzubieten. Es waren Oschinski und Koschyzki. Als sie Wischniowiezki und das stattliche Gefolge seiner Ritterschaft erblickten, wurden sie verwirrt, da sie nicht sicher waren, wie sie empfangen werden würden; sie verneigten sich tief und warteten schweigend seine Anrede ab.

„Das Schicksal umkreist .die Menschen und bemütigt die Stolzen," sagte der Fürst. „Ihr habt auf unsere Einladung nicht kommen wollen, jetzt kommt Ihr ungerufen."

„Fürstliche Durchlaucht," sagte Oschinski kühn, „von ganzer Seele wünschten wir unter Ew. Durchlaucht zu dienen, aber der Befehl war gemessen, und wer ihn gegeben hat, mag dafür verantwortlich sein. Wir bitten um Verzeihung, obwohl wir unschuldig sind, denn als Soldaten mußten wir gehorchen und schweigen."

„So hat Fürst Dominik den Befehl widerrufen?" fragte der Fürst Jeremias.

„Der Befehl ist nicht widerrufen worden," sagte Oschinski. „Aber er bindet uns nicht mehr, da die einzige Rettung und Hilfe für unser Heer in Euer Durchlaucht Gnade liegt, unter dessen Kommando wir fortan leben, dienen und sterben wollen."

Diese männlichen Worte und die Gestalt Oschinskis machten auf den Fürsten und seine Kriegskameraden den besten Eindruck. Er war ein berühmter Soldat, und obwohl noch jung, (denn er zählte nicht mehr als 40 Jahre), schon reich an Kriegserfahrung, die er in ausländischen Heeren erworben hatte.

Jedes Soldatenauge ruhte mit Wohlgefallen auf ihm.

Hochgewachsen, gerade wie eine Tanne, mit gelblichem, nach oben starrendem Schnurrbart und schwedischem Kinnbart, erinnerte er in Tracht und Gestalt sehr an die Hauptleute aus dem dreißigjährigen Kriege.

Koschyzki, seiner Abstammung nach ein Tatar, war ihm in nichts ähnlich. Niedrigen Wuchses und untersetzt, hatte er einen düsteren Blick und sah seltsam in der fremdländischen Tracht aus, die wenig zu seinen orientalischen Zügen paßte. Er führte ein Regiment ausgewählten deutschen Fußvolks und war ebensosehr wegen seines Mutes, wie wegen seines mürrischen Wesens und der strengen Disziplin berüchtigt, in der er seine Soldaten hielt.

„Wir harren der Befehle Eurer Fürstlichen Durchlaucht," sagte Oschinski.

„Ich weiß, daß der Soldat gehorchen muß, und wenn ich nach Euch gesandt, so geschah es, weil ich von dem Befehl keine Kunde hatte. Wir werden so manche böse und gute Stunde fortan miteinander verleben, und ich hoffe, daß Ihr Freude an dem neuen Dienst haben werdet."

„Wenn nur Eure Fürstliche Durchlaucht an uns und unseren Hauptleuten Freude haben werden," antwortete der Hauptmann.

„Gut," sagte der Fürst. „Ist der Feind weit hinter Euch?"

„Die Vorposten sind nahe, aber der Kern der Truppen kann erst morgen früh hierher kommen."

„Gut. So haben wir Zeit. Gebt Euren Regimentern den Befehl, über den Maidan zu marschieren, damit ich sie sehe und erkenne, was für Soldaten Ihr mir zugeführt habt, und ob man viel mit ihnen wird ausrichten können."

Die Hauptleute kehrten zu ihren Regimentern zurück und kamen kurz darauf an ihrer Spitze ins Lager. Die vornehmeren Fähnlein des Fürsten kamen in hellen Haufen heran, um die neuen Kameraden zu sehen. Voraus gingen die Königlichen Dragoner unter dem Kapitän Gisa, in schweren schwedischen Helmen mit hohen Kämmen. Sie hatten podolische, gut gewählte und gut gefütterte Pferde. Die Mannschaft war frisch ausgeruht, in greller, glänzender Kleidung, und hob sich für das Auge trefflich ab von den müden Regimentern des Fürsten, in zerrissener und vom Regen und Sonnenschein verschossener Kleidung. Ihnen folgte mit seinem Regiment Dschinski, den Beschluß machte Koschyzki. Ein lobendes Gemurmel ging durch die fürstliche Ritterschaft beim Anblick der Reihen der Deutschen. Ihre Koller waren gleichmäßig rot, die Musketen blitzten auf ihren Schultern. Sie gingen zu dreißig in der Reihe, wie ein Mann in gleichmäßigem, kräftigem, donnerndem Schritt.

Alles stämmige, breitschulterige Burschen — erfahrene Mannschaften, die in manchem Lande und in mancher Gefahr gewesen waren, größtenteils Veteranen aus dem dreißigjährigen Kriege; kriegstüchtig, diszipliniert und kampferfahren.

Als sie in die Nähe des Fürsten kamen, rief Dschinski: „Halt!"

Das Regiment stand wie angewurzelt da. Die Offiziere hoben die Stäbe in die Höhe, der Fähnrich ließ die Fahne dreimal wehen, dann neigte er sie vor dem Fürsten. „Vorwärts!" rief Dschinski, „vorwärts!" wiederholten die Offiziere, und das Regiment rückte vorwärts.

Ebenso, ja fast noch strammer, führte Koschyzki die Seinigen vor, und ihr Anblick erfreute alle Soldatenherzen; Fürst Jeremias, ein Kenner aller Kenner, stemmte vor Befriedigung die Arme in die Seiten und sah lächelnd zu; denn gerade an Fußvolk fehlte es ihm, und er war sicher, daß er besseres in der ganzen Welt nicht finden könnte.

Er fühlte sich auch an Kraft gewachsen und hoffte mit diesen hier große Kriegsthaten zu vollbringen. Die Soldaten aber sprachen von verschiedenen Kriegsangelegenheiten und den verschiedenen Mannschaften, die man in der Welt sehen könne.

„Das saporogische Fußvolk ist gut, besonders zur Verteidigung von Wällen," sagte Sleschinski, „aber diese hier nehmen es mit allen auf, sie sind tüchtiger."

„Bah, viel besser," erwiderte Migurski.

„Aber, es ist schwerfälliges Volk," sagte Wierschul. „Wenn es auf mich ankäme, würde ich es unternehmen, mit meinen Tataren sie in zwei Tagen so mürbe zu machen, daß ich sie am dritten wie die Hammel hinschlachten könnte."

„Was schwatzt Ihr, die Deutschen sind tüchtige Soldaten."

Da ließ sich Herr Longinus in seiner singenden litauischen Redeweise vernehmen:

„Wie doch Gott der Herr in seiner Gnade die verschiedenen Nationen mit verschiedenen Tugenden bedacht hat. Wie ich gehört habe, geht in der ganzen Welt nichts über unsere Reiterei und wiederum kann weder unser noch das ungarische Fußvolk sich mit den Deutschen messen."

„Weil Gott gerecht ist," entgegnete Sagloba darauf. „Euch zum Beispiel hat er ein großes Vermögen gegeben, ein großes Schwert und eine schwere Hand, aber dafür wenig Witz."

„Er hat sich schon an ihn festgesaugt, wie ein Pferdeegel," sagte Strzetuski lachend.

Longinus blinzelte mit den Augen und sprach mit der ihm gewohnten Süßigkeit:

„Häßlich anzuhören! Euch gab Gott, meine ich, eine zu lange Zunge."

„Wenn Ihr behaupten wollt, daß er übel daran gethan, mir eine solche zu geben, wie ich sie habe, so kommt Ihr in die Hölle samt Eurer Keuschheit, denn Ihr wollt Euch seinem Willen widersetzen."

„Ach was, wer könnte Euch überschwatzen. Ihr schwatzt und schwatzt . . ."

„Und wißt Ihr auch, wodurch sich der Mensch vom Tier unterscheidet?"

„Nun, wodurch? Durch Verstand und Sprache."

„Ei, das hat er ihm gut gegeben," sagte Hauptmann Migurski.

„Wenn Ihr also nicht begreift, warum in Polen die beste Reiterei und bei den Deutschen das beste Fußvolk ist, so will ich es Euch erklären."

„Nun, weshalb?" — frugen einige Stimmen.

382

„Seht, als Gott das Pferd erschaffen hatte, führte er es
den Menschen vor, damit sie sein Werk lobten. Ihm zur Seite
stand ein Deutscher, die sich ja überall eindrängen. Gott zeigte
also das Pferd und fragte den Deutschen: „Was ist das?" und
der Deutsche antwortete: „Ein Pferd!" „Was?" sagte der
Schöpfer, der Pfui gehört hatte, „willst Du mein Werk schelten;
dafür sollst Du auch auf diesem Geschöpf nicht reiten dürfen,
oder wenn schon, dann schlecht." Mit diesen Worten schenkte er
das Pferd den Polen. Darum ist die polnische Reiterei die
beste. Die Deutschen fingen dann an, hinter dem lieben Herrgott zu Fuß einherzutrippeln und abzubitten, und so haben sie
sich zu tüchtigem Fußvolk entwickelt."

„Das habt Ihr sehr fein ausgeklügelt," sagte Longinus.

Hier wurde das Gespräch von einem Gaste unterbrochen,
der mit der Meldung herankam, daß noch ein Heer sich dem
Lager nähere, das indessen kein kosakisches sein könne, denn es
komme nicht von Konstantinow, sondern von einer ganz anderen
Seite, von dem Flusse Slutsch.

Zwei Stunden später kamen auch wirklich diese Fähnlein
mit solchem Trompetengeschmetter und Trommelgewirbel, daß
sich der Fürst selber ärgerte und den Befehl zu ihnen schickte,
still zu sein, da der Feind in der Nähe liege.

Es zeigte sich, daß dies der Herr Kronwachtmeister
Samuel Laschtsch gewesen war, ein berüchtigter, abenteuerlicher
Tatar, Friedensstörer, Zechgenosse und Raufbold, aber ein
tüchtiger Soldat.

Er führte achthundert Mann von ähnlichem Schlage, wie
er selber, zum Teil Adlige, zum Teil Kosaken, die alle, wenn
es mit rechten Dingen zuging, hätten hängen müssen. Aber Fürst
Jeremias ließ sich nicht von der Ausgelassenheit der Soldaten
abschrecken, da er hoffte, daß sie in seiner Hand sich in demütige
Schäflein wandeln und durch Mut und Tapferkeit die anderen
Mängel ausgleichen würden. Es war also ein glücklicher Tag.
Noch gestern hatte der Fürst durch den Abzug des Wojewoden
von Kijew beschlossen, den Krieg einzustellen, bis ihm Hilfstruppen
kommen würden, und sich für einige Zeit in ruhigere Gegenden
zurückzuziehen — heute stand er wieder an der Spitze einer fast
zwölftausend Köpfe zählenden Armee, und obgleich Krschywonos
fünfmal mehr Mannschaft zählte, so konnte man doch, weil der
größte Teil der aufständischen Armee aus Bauernvolk bestand,
die Streitkräfte als gleich stark betrachten.

Nun dachte der Fürst auch nicht mehr an Ruhe. Er schloß

sich mit Laschtsch, dem Wojewoden von Kijew, Sazwilichowski, Machnizki und Oschinski ein und sie hielten Rat über die Fortsetzung des Krieges. Es wurde beschlossen, am anderen Morgen dem Krschywonos eine Schlacht zu liefern, und wenn er nicht herankommen sollte, ihm einen Besuch abzustatten.

Es war schon tiefe Nacht geworden, aber seit dem letzten Regengüssen, welche bei Machnowka das Heer so fürchterlich gequält hatten, war andauernd schönes Wetter eingetreten. An dem dunklen Himmelsgewölbe leuchteten die goldenen Sterne. Der Mond glänzte in der Höhe und beleuchtete die Dächer von Rosolowki. Im Lager dachte niemand an Schlaf. Alle ahnten die bevorstehende Schlacht und bereiteten sich auf dieselbe vor, indem sie nach alter Weise miteinander Soldatenlieder sangen und sich herrliche Freuden versprachen. Die Offiziere und die vornehmeren Kameraden waren in der rosigsten Laune, sie hatten sich um ein großes Lagerfeuer versammelt und zechten nach Herzenslust.

„Sprecht nur weiter," sie Sagloba zu. „Was habt Ihr gethan, als Ihr über den Dniepr waret, und auf welche Weise kamet Ihr nach Bar?"

Sagloba goß einen Becher Met herunter und sagte:

„. . . Sed jam nox humida coelo praecipitat.
Suadentque sidera cadentia somnos,
Sed si tantus amor casus cognoscere nostros,
Incipiam" . . . . .

„Meine werten Herren, wollte ich alles von Anfang an und bis ins Kleinste erzählen, so würden auch zehn Nächte nicht hinreichen und sicherlich auch der Met nicht, denn eine alte Kehle muß, wie ein alter Wagen, geschmiert werden, genug, wenn ich Euch sage, daß ich mit der Prinzessin nach Korsun in das Lager von Chmielnizki selber kam und sie aus dieser Hölle glücklich herausgeführt habe."

„Jesus, Maria! so habt Ihr wohl gehext?" schrie Wolodyjowski.

„Nun ja, ich habe gehext," antwortete Sagloba, „denn ich habe die Höllenkünste noch in meinen jungen Jahren von einer Hexe in Asien gelernt, die sich in mich verliebt hatte und mir alle arcana der Hexenkunst mitteilte. Aber viel konnte ich nicht hexen, denn ich fand meine Meister. Es wimmelte bei Chmielnizki von Zauberern und Hexen. Die haben so viel Teufel in seine Dienste gestellt, daß er mit ihnen wie mit den Bauern umgeht. Geht er schlafen, so muß ihm ein Teufel die Stiefel abziehen, sind seine Kleider bestaubt, so klopfen sie die

Teufel mit ihren Schwänzen, und wenn er betrunken ist, schlägt er noch dem einen oder dem anderen die Zähne ein, weil Du," so sagt er, „mich schlecht bedient hast!"

Der fromme Longinus schlug ein Kreuz und sagte: „Ihm stehen die höllischen Mächte bei, uns die himmlischen."

„Auch mich hätten die Schwarzen an Chmielnizki verraten, wer ich sei und wen ich bei mir habe, aber ich habe sie auf eine Weise beschworen, daß sie den Mund hielten. Ich fürchtete auch, daß mich Chmielnizki erkennen könnte, denn ich war mit ihm vor einem Jahre in Tschechryn wohl zweimal bei Dopula zusammengetroffen; es waren auch einige andere bekannte Hauptleute da. Aber: ich war mager geworden, mein Bart war bis in den Gürtel gewachsen, die Haare fielen über die Schultern, die Verkleidung veränderte mich auch — so erkannte mich niemand."

„Ihr habt also Chmielnizki selbst gesehen und mit ihm gesprochen?"

„Ob ich Chmielnizki gesehen habe? Gerade so, wie ich Euch sehe. Hat er mich doch als Spion nach Podolien geschickt, daß ich seine Manifeste unterwegs unter die Bauern verteile. Einen Geleitsbrief gab er mir auch zur Sicherheit gegen die Horden, so daß ich von Korsun aus überall hin gefahrlos ziehen konnte."

„Wenn mir Bauern oder Nischowzer begegneten, so hielt ich ihnen den Geleitsbrief unter die Nase und sagte: Riecht nur daran, Kinder, und geht zum Teufel. Ich ließ mir auch überall gut zu essen und zu trinken geben, und sie gaben's auch — auch Vorspann, und ich war froh darüber, und hatte immer mein Auge auf die arme Prinzessin, die nach so vielen großen Mühsalen und Schrecken ruhen mußte. Ich sage Euch also, meine Herren, sie war, ehe ich nach Bar kam, schon wieder so frisch, daß das Volk in Bar sich die Augen nach ihr ausschaute. Es giebt viele hübsche Fräuleins dort, denn der Adel aus allen Gegenden ist in Bar zusammengekommen, aber mit ihr verglichen, sind sie wie die Eule und Mandelkrähe. Die Menschen haben sie auch gerne, — und auch Ihr, meine Herren, würdet sie liebgewinnen, wenn Ihr sie kennen würdet."

„Gewiß wäre es nicht anders," sagte der kluge Wolodyjowski.

„Aber warum seid Ihr bis nach Bar ausgewandert?" fragte Migurski.

„Weil ich mir gesagt habe, ich mache nicht eher Halt, bis daß ich an einen sicheren Platz gelange, und so habe ich auch dem kleinsten Schlößchen nicht getraut, weil ich dachte, die Empörung könne auch bis zu ihm gelangt sein. Nach Bar aber, selbst wenn sie auch dorthin gelangte, müßte sie sich den Kopf einrennen, hier hat Andreas Poniatowski die Mauern stark besetzt und frägt nach Chmiel so viel wie ich nach einem leeren Glase. Was glaubt Ihr, meine Herren, habe ich's schlecht gemacht, daß ich mich so weit vom Feuer entfernte? Und dann hat mich gewiß auch Bohun verfolgt, und wenn er mich erreicht hätte, sage ich Euch, meine Herren, er hätte aus mir Marzipan für die Hunde gemacht. Ihr kennt ihn nicht, aber ich kenne ihn, der Teufel mag ihn holen! Ich werde nicht eher Ruhe haben, als bis er baumelt. Geb' ihm Gott ein so glückliches Ende. Amen! Er hat gewiß auch niemanden so tief in sein Kerbholz geschrieben, wie mich, brr. Wenn ich daran denke, überläuft's mich kalt. Darum spreche ich auch jetzt mehr dem Glase zu, obgleich ich von Natur nicht gern trinke."

„Was sprecht Ihr da?" ließ sich Longinus vernehmen. „Ihr trinkt ja, Brüderchen, wie aus einem Brunneneimer."

„Schaut Ihr nur nicht in den Brunnen, denn Ihr würdet am Boden einen Dummkopf sehen. Doch lassen wir das.

Da ich also mit dem Geleitsbrief und dem Manifest Chmielnizkis hinzog, erfuhr ich nirgends große Schwierigkeiten. Als ich nach Winniza kam, traf ich dort das Fähnlein des hier im Lager befindlichen Herrn Akfak, aber ich legte noch immer nicht mein Bettelkleid ab, weil ich die Bauern fürchtete, aber nur die Manifeste warf ich von mir.

Im Lager befand sich ein Sattler Namens Suhak, der für die Saporogen Spionendienste machte und dem Chmielnizki Nachrichten schickte. Durch diesen habe ich die Manifeste zurückgeschickt, vorher aber schrieb ich solche Sentenzen darauf, daß ihm Chmielnizki gewiß das Fell über die Ohren zieht, wenn er sie liest. Aber bei Bar begegnete mir ein Unfall, so daß ich beinahe am Ufer ertrunken wäre."

„Was war das? — sprecht!"

„Ich begegnete betrunkenen Soldaten, ausgelassenem Volk, die hörten, wie ich zur Prinzessin sagte: Fräulein! Denn ich nahm mich jetzt nicht mehr so in acht, weil wir in der Nähe der Freunde waren. Was, sagten sie, was ist das für ein Bettler, was für ein sonderbarer Bursche, zu dem man Fräulein sagt? Sie sehen die Prinzessin an: Schön, wie gemalt. Nun geht's gegen uns los. Ich stecke das arme Mädchen in den Winkel, stelle mich vor sie hin und fasse mein Schwert . . . ."

„Das ist merkwürdig," unterbrach Wolodyjowski, „daß Ihr als Bettler verkleidet ein Schwert an der Seite hattet."

„Ei," sagte Sagloba, „daß ich ein Schwert hatte? Wer sagt Euch denn, daß ich eins hatte. Ich hatte keins. Ich ergriff eins von den Soldaten, das auf dem Tische lag, denn der Streit war in der Schenke in Schypinze. Im Augenblick streckte ich zwei der Angreifer hin. Sie griffen an die Degenkoppel. Halt! schrie ich, Hunde, ich bin ein Edelmann. Sie aber riefen: Halt! Halt! Vorposten kommen. Aber es zeigte sich bald, daß es keine Vorposten waren, sondern Frau Slawoschewska mit Gefolge, die ihr Sohn mit fünfzig Reitern begleitete — ein junger Bursche. Sie stellten sich den Soldaten in den Weg und ich redete die Dame an. Ich habe sie mit meiner Erzählung so gerührt, daß sich bald die Schleusen ihrer Augen öffneten. Sie nahm die Prinzessin in ihren Wagen und wir gelangten nach Bar. Aber, glaubt Ihr, meine Herren, daß es damit ein Ende hatte? Ei wo . . ."

Plötzlich unterbrach Sleschynski die Erzählung:

„Schaut nur hin, meine Herren," sagte er, „ist das die Morgendämmerung oder was?"

„Es kann nicht sein," erwiderte Skrzetuski, „es ist noch zu früh am Tag. Das kommt von Konstantinow her."

„So seht nur hin, es wird immer greller. Wahrhaftig, das ist ein Feuerschein."

Alle Gesichter wurden ernst, man vergaß die Erzählung, alle sprangen auf die Füße.

„Ein Feuerschein! Ein Feuerschein!" wiederholten mehrere Stimmen.

„Krschywonos kommt von Polomna heran. Krschywonos mit seiner ganzen Macht."

„Der Vortrab hat gewiß die Stadt angezündet oder die umliegenden Dörfer."

Da ertönten leise die Alarmtrompeten, gleichzeitig erschien der alte Sazwilichowski plötzlich unter der Ritterschaft.

„Meine Herren," sagte er, „die Vorposten haben Nachricht gebracht, der Feind ist in Sicht, auf, zu den Fahnen! zu den Fahnen!"

Die Offiziere eilten so schnell sie konnten zu ihren Regimentern. Die Knechte löschten die Wachtfeuer aus und bald herrschte tiefe Finsternis im ganzen Lager. Nur in der Ferne von Konstantinow her rötete sich der Himmel immer weiter, immer stärker, und bei diesem Glanze erblaßten und erloschen allmählich die Sterne. Und wieder ertönten leise Trompetenstöße. Es wurde zum Aufsitzen geblasen. Die undeutlichen Massen der Menschen und Pferde setzten sich in Bewegung. Durch die Stille hörte man das Getrampel der Pferde, den gemessenen Schritt des Fußvolks und endlich das dumpfe Rollen der Wurzelschen Kanonen; von Zeit zu Zeit klirrten die Musketen oder ertönten Kommandorufe. Es war etwas Drohendes, Unheilverkündendes in diesem nächtlichen, in Dunkel gehüllten Marsche, in diesem Stimmengeräusch, Eisengerassel, Waffenglanz und Schwerterklang. Die Fähnlein zogen den Weg auf Konstantinow zu und breiteten sich nach der Richtung, wo der Brand herkam, einem Riesendrachen oder einer Riesenschlange ähnlich, die in der Finsternis einherschleicht, aus. Aber die herrliche Julinacht ging schon zu Ende. In Rosolowki begannen die Hähne zu krähen und gaben sich Frage und Antwort über die ganze Stadt hin. Eine Meile Wegs trennt Rosolowki von Konstantinow, und ehe das Heer in langsamem Marsche die Hälfte des Weges zurückgelegt hatte, trat aus dem Feuerschein ein blasses Morgenrot schüchtern hervor und sättigte die Luft immer mehr mit Licht, die Wälder, Haine, den weißen Streifen der Heerstraße und das marschierende Heer aus dem Schatten lösend. Jetzt konnte man schon deutlich Menschen, Pferde und die dichten Scharen des Fußvolks unterscheiden. Da erhob sich ein kühler Morgenwind und spielte rauschend mit den Fahnen über den Häuptern der Ritter.

Voran gingen Wierschuls Tataren, dann kamen Poniatowskis Kosaken, dann die Dragoner, Wurzels Kanonen, das Fußvolk und zum Schluß die Husaren.

Sagloba ritt neben Skrzetuski einher, aber er krümmte sich im Sattel, man sah ihm an, daß ihn angesichts der nahen Schlacht die Unruhe befallen hatte.

„Herr Skrzetuski," sagte er ganz leise, als fürchte er belauscht zu werden.

„Was wünscht Ihr?"

„Werden die Husaren angreifen?"

„Ihr sagt, Ihr seid ein alter Soldat, und wißt nicht, daß die Husaren bis zur Entscheidung der Schlacht geschont werden, bis zu dem Augenblick, wo der Feind seine äußersten Kräfte anstrengt."

„Ich weiß wohl, ich weiß, aber ich wollte mich dessen versichern."

Sie schwiegen eine Weile. Dann dämpfte Sagloba die Stimme noch mehr und fragte weiter:

„Ist das Krschywonos mit der ganzen Macht?"

„Ja, er ist's."

„Und wie viel Mannschaften führt er mit sich?"

„Das Bauernvolk mitgerechnet: sechzigtausend Mann."

„O, zum Teufel," dachte Sagloba.

Skrzetuski lachte in seinen Bart hinein.

„Glaubt nicht, Herr, daß ich mich fürchte," flüsterte Sagloba weiter, „aber ich habe einen kurzen Atem und habe das Gedränge nicht gern, denn es macht heiß, und wenn es heiß ist, bin ich ein verlorener Mann. Ja, im Einzelkampf! Da kann der Mensch wenigstens zur List greifen, aber hier, was nützt hier die List. Nicht die Köpfe, sondern die Hände müssen hier siegen. Hier bin ich ein Thor gegen Herrn Longinus. Ich habe hier um den Leib die zwölf Goldfüchse, die mir der Fürst geschenkt hat. Aber glaubt mir, ich wollte lieber den Leib wo anders haben . . . pfui, ich liebe diese großen Schlachten nicht, hole sie die Pest!"

„Es wird Euch nichts geschehen, faßt nur Mut!"

„Mut? Das fürchte ich ja eben, daß der Mut die Besonnenheit in mir besiegen wird. — Ich bin zu hitzig. Und ich hatte schon ein böses Omen: Als wir am Wachtfeuer saßen, sind zwei Sterne vom Himmel gefallen; wer kann wissen, vielleicht ist einer davon der meinige?"

„Für Eure guten Thaten wird Gott Euch lohnen und gesund erhalten."

„Wenn er mir nur nicht zu früh den Lohn zugedacht hat."

„Warum seid Ihr nicht bei den Packwagen geblieben?"

„Ich dachte bei dem Heere sicherer zu sein."

„So ist es auch. Ihr werdet sehen, es ist nichts Großes dabei, wir sind das gewohnt und consuetudo altera natura."

„Seht, hier ist schon der Slutsch und der Wischowteich."

„In der That."

Das Wasser des Wischowteiches, vom Slutsch durch einen langen Graben getrennt, erglänzte in der Ferne.

Die Heere machten auf der ganzen Linie Halt.

„Schon?" fragte Sagloba.

„Der Fürst wird die Reihen ordnen," erwiderte Skrzetuski.

„Ich habe das Gedränge nicht gern, wiederhole ich Euch, ich habe das Gedränge nicht gern."

„Die Husaren auf den rechten Flügel," ertönte die Stimme des Diensthabenden, der vom Fürsten zu Skrzetuski geschickt war.

Es war heller Tag geworden, der Feuerschein war bei dem

Glanze der aufgehenden Sonne erblaßt. Die goldigen Strahlen spiegelten sich in den Spitzen der Husarenspeere und es sah aus, als leuchteten über den Rittern Tausende von Flämmchen.

Als die Reihen geordnet waren, intonierte das Heer, das sich nicht länger verbarg, einstimmig: „Seid gegrüßt, ihr Pforten der Erlösung."

Der mächtige Gesang zog über die taufrischen Felder, schlug an den Fichtenwald, kam im Echo zurück und stieg zum Himmel empor.

Endlich sah man am gegenüberliegenden Ufer des Grabens das schwarze Gewimmel der Kosaken, soweit das Auge reichte. Regiment auf Regiment, die Saporogen zu Roß, mit langen Speeren bewaffnet; das Fußvolk mit Büchsen und die Wogen des Bauernvolks mit Sensen, Dreschflegeln und Heugabeln bewaffnet. Hinten lag wie im Nebel der riesige Wagenpark, gleichsam eine bewegliche Stadt. Das Knarren Tausender von Wagen und das Wiehern der Pferde schlug bis an das Ohr der fürstlichen Soldaten. Die Kosaken aber gin n ohne den gewohnten Lärm und ohne Geheul am anderen Ufer des Grabens. Die beiden feindlichen Mächte sahen einander eine Zeitlang schweigend an.

Sagloba, der sich immer zu Skrzetuski hielt, betrachtete diesen Menschenozean und murmelte:

„Jesus Christus! Wozu hast Du so viel von diesem Lumpenpack geschaffen!"

„Das ist wohl gar Chmielnizki selbst mit dem Bauernvolk und allen seinen Läusen. — Ist das nicht purer Wahnsinn, ich bitte Euch. Mit ihren Mützen werden sie uns zudecken. Und vormals war es so schön in der Ukraine. Wie das hin- und herwogt. Daß Euch der Teufel in der Hölle . . ." Und alles das gegen uns! Daß sie die Roßkrankheit hinraffte . . ."

„Fluchet nicht, heut ist Sonntag."

„Wahrhaftig, heut ist Sonntag. Man sollte lieber an Gott denken. Pater noster qui es in coelis . . . von diesem Pack kann man keinen Respekt erwarten . . . sanctificetur nomen Tuum . . . was wird's in diesem Graben geben? adveniat regnum Tuum . . . mir schwindet der Atem fiat voluntas Tua . . . daß ihr verreckt, ihr mörderischen Hamans . . . schaut nur her, was ist das?"

Eine Abteilung von einigen hundert Mann hatte sich von der schwarzen Masse losgelöst und rückte in Unordnung auf den Graben zu.

„Das sind die Tirailleure," sagte Skrzetuski. „Bald werden auch die unsrigen ihnen entgegenziehen."

„Muß da die Schlacht beginnen?"

„So gewiß, wie Gott im Himmel ist."

„Daß sie der Teufel hole!" (Hier kannte Saglobas Unmut keine Grenzen mehr.) „Und Ihr schaut dem so zu — wie dem Theater in der Fastenzeit," schrie er mißmutig Skrzetuski zu, „als handelte es sich gar nicht um Euer Leben."

„Wie ich Euch sagte, wir sind es gewöhnt."

„Und rückt Ihr auch zum Scharmützel aus?"

„Es ist nicht sehr geziemend für die Ritter der vornehmen Zeichen, mit einem solchen Feinde handgemein zu werden, und niemand thut es, der seine Würde wahrt. Aber in solchen Zeiten achtet niemand auf seine Würde."

„Auch die übrigen gehen schon los," schrie Sagloba, da er sah, wie die rote Linie von Wolodyjowskis Dragonern im Trab gegen den Graben vorrückte.

Ihnen folgten etliche Freiwillige von jedem Fähnlein. Unter anderen: Der rote Wierschul, Kuschel, Poniatowski, die beiden Karwitsch und von den Husaren: Longinus.

Die Entfernung zwischen den beiden Abteilungen wurde bedeutend geringer.

„Ihr werdet Zeuge schöner Dinge werden," sagte Skrzetuski zu Sagloba, „beobachtet nur besonders Wolodyjowski und Longinus, — das sind Ritter. Werdet Ihr sie sehen können?"

„Gewiß werde ich sie sehen können."

„Dann werdet auch Ihr Lust bekommen, dreinzuschlagen."

15. Kapitel.

Aber als die Kämpfer nahe aneinander gekommen waren, brachten sie die Pferde zum Stehen und begannen sich gegenseitig zu beschimpfen.

„Kommt nur, kommt nur, wir wollen gleich die Hunde mit Eurem Aase füttern," riefen die Soldaten des Fürsten.

„Eures ist auch für die Hunde zu schlecht."

„Verfaulen werdet Ihr in diesem Weiher, niederträchtige Schurken!"

„Wem es bestimmt ist, der wird faulen. Euch werden die Fische fressen."

„In den Mist mit Euren Heugabeln, Pöbel! Sie ziemen Euch besser als das Schwert."

„Sind wir auch Pöbel, unsere Söhne werden adlige Söhne sein, denn sie werden von Euren Fräuleins zur Welt gebracht werden."

Ein Kosak, offenbar aus den Dnieprlanden, trat weiter hervor, hielt die Hände vor den Mund und rief mit mächtiger Stimme:

„Bei dem Fürsten sind zwei Nichten, sagt ihm, er solle sie dem Krschywonos schicken . . ."

Wolodyjowski wurde es vor Wut dunkel vor den Augen, als er diese Lästerung hörte, und er stürmte mit seinem Roß auf den Saporogen ein.

Skrzetuski erkannte ihn aus der Ferne von seinem Platze aus auf dem rechten Flügel der Husaren und rief Sagloba zu:

„Seht, seht, Wolodyjowski stürmt — dort — dort —"

„Ich sehe," schrie Sagloba, „schon hat er ihn erreicht, schon sind sie handgemein, eins, zwei, vorbei ist's mit ihm, ich seh's genau, oho! das ist ein Spieler, hol' mich der Teufel!"

Wirklich war bei dem zweiten Streiche der Lästerer wie vom Blitz getroffen zu Boden gesunken. Den Kopf den Seinigen zu gerichtet, wie zum bösen Omen.

Da sprang ein zweiter hervor, in einen roten Kontusch gekleidet, der einem Edelmanne entrissen war. Er griff Wolodyjowski von der Seite an, aber das Pferd strauchelte ihm gerade in dem Augenblick, wo er zum Streich ausholte. Wolodyjowski aber wandte sich um, und jetzt konnte man den Meister in ihm erkennen. Er bewegte nur die Hand mit einer leichten, kaum sichtbaren Wendung, und doch fuhr das Schwert des Saporogen in die Höhe. Wolodyjowski ergriff ihn im Nacken und riß ihn samt dem Pferde zu den Seinigen.

„Brüder, rettet Euch!" rief der Reiter. Er leistete keinen Widerstand, denn er wußte, daß er bei dem Versuch schon von dem Schwerte durchbohrt würde, — er gab dem Pferde die Sporen, um nachzukommen — und so schleppte ihn Wolodyjowski fort, wie ein Wolf die Ziege.

Bei diesem Anblick stürmten von beiden Seiten an hundert Krieger hervor. Mehr hatten an dem breiten Graben keinen Raum. Sie griffen einander einzeln an. Mann rang mit Mann, Pferd mit Pferd, Schwert mit Schwert, und es war ein wundervoller Anblick, diese Reihe von Einzelkämpfern, auf welche beide Heere mit angestrengter Neugier hinblickten und aus ihnen so über den weiteren Erfolg wahrsagten.

Die Morgensonne beschien die Kämpfenden, und die Luft war so durchsichtig, daß man auf beiden Seiten fast die Gesichter unterscheiden konnte. Aus der Ferne konnte man glauben, es sei ein Turnier aus Kurzweil.

Indessen floh von Zeit zu Zeit ein Pferd reiterlos aus dem Gedränge; von Zeit zu Zeit fiel eine Leiche den Wall herab in die schimmernde Wasserfläche, die in goldenen Funken auseinanderstob und dann in kreisförmiger Woge vom Ufer fortzog, immer weiter, immer weiter.

Beiden Heeren wuchs der Mut und die Kampfeslust, da sie die Tapferkeit ihrer Ritter sahen. Sie sandten den Ihrigen Glückwünsche zu; plötzlich klatschte Skrzetuski in die Hände, daß die Armschienen klirrten, und rief: „Wierschul ist verloren! Er und sein Pferd sind gefallen — schaut hin, auf dem Weißen hat er gesessen!"

Aber Wierſchul war nicht verloren, obwohl er mit ſeinem Pferde gefallen war, da beide, der rieſige Pulian, der früher bei den Koſaken des Fürſten Jeremias diente und heute zweiter Führer neben Krſchywonos, geſtürzt waren.

Er war ein berühmter Tirailleur und nahm ſtets am Schar= mützel teil. Er war ſo ſtark, daß er mit Leichtigkeit zwei Huf= eiſen auf einmal zerbrach, und galt als unbeſiegbar im Einzelkampf. Nachdem er den Wierſchul über den Haufen gerannt hatte, ſtürmte er auf den tüchtigen Offizier Koroſchlachtiz ein und hieb ihn mitten durch, faſt bis auf den Sattel des Pferdes, die anderen zogen ſich erſchrocken zurück.

Als Longinus das ſah, wandte er ſeine livländiſche Stute gegen ihn.

„Du findeſt Dein Ende,“ ſchrie Pulian, den kühnen Mann ſehend.

„Was thun,“ ſagte Longinus, und hob ſein Schwert zum Streiche.

Er hatte aber nicht ſeinen Hutabſchläger bei ſich, denn dieſen hatte er zu höheren Zwecken beſtimmt, als zum Einzel= kampfe. Er hatte ihn in den Händen eines Knechtes in der Reihe zurückgelaſſen; er hatte nur einen leichten Degen mit bläulicher, goldbemalter Klinge mit ſich. Pulian hielt den erſten Streich aus, obgleich er gleich bemerkte, daß er es mit einem ungewöhnlichen Gegner zu thun habe, denn das Schwert zitterte in ſeiner Hand — er hielt aber auch den zweiten und dritten Streich aus. Dann aber, ſei es, daß er des Gegners größere Geſchicklichkeit im Schlagen erkannte, ſei es, daß er ſich vor Freund und Feind mit ſeiner ungeheuren Kraft brüſten wollte, ſei es, daß er, an den Rand des Grabens gedrängt, fürchtete, von Longinus' ungeheurem Tier ins Waſſer geſtoßen zu werden — genug, er drängte, nachdem er den letzten Streich abgeſchlagen hatte, Pferd an Pferd an den Gegner heran und umfaßte den Litauer mit ſeinen mächtigen Armen.

Und ſie umſchlangen ſich wie zwei Bären, die in der Brunſt= zeit um eine Bärin ringen. Sie umfingen ſich wie zwei Fichten, die, aus einem Stamme emporgewachſen, Zweig in Zweig ver= ſchlingen und gleichſam einen Baum bilden.

Alle hielten den Atem an und ſchauten ſchweigend auf den Kampf dieſer Gegner, von denen ein jeder bei den Seinigen für den kräftigeren Ringer galt. Sie aber ſchienen wie zu einem Körper verwachſen — denn ſie blieben lange Zeit unbeweglich. Nur ihre Geſichter wurden rot, und aus den Adern, welche ihnen auf der Stirn hervortraten, und aus den gekrümmten Rücken konnte man unter dieser entsetzlichen Ruhe die über= menschliche Anstrengung der Arme erkennen, die sich gegenseitig in der Umarmung zu erdrücken bemühten.

Endlich begannen beide zu keuchen. Aber allmählich wurde Longinus' Gesicht immer röter und das Gesicht des Banden= führers immer blauer. Noch eine kurze Weile. Die Unruhe der Zuschauer wuchs. Endlich unterbrach ein dumpfer, unterdrückter Ton das Schweigen:

„Laß los . . . .“

„Nein, Brüderchen,“ antwortete die andere Stimme.

Noch einen Augenblick.

Da röchelte es entsetzlich, ein Seufzer stieg in die Luft, als käme er aus der Unterwelt, ein Strom dunklen Blutes quoll aus Pulians Munde, und sein Haupt sank auf die Schulter herab.

Da hob ihn Longinus aus dem Sattel, und ehe die Zu= schauer Zeit fanden, über das Geschehene nachzudenken, warf er ihn auf sein Roß und flog im Galopp den Seinigen zu.

„Vivat!“ riefen Wischniowiezkis Leute.

„Tod ihm,“ antworteten die Saporogen.

Die Niederlage ihres Führers brachte sie nicht in Verwirrung, sie stürmten vielmehr noch heftiger auf die Feinde ein.

Der Massenkampf begann, ein Kampf, der durch die Enge des Ortes um so wütender wurde, und die Kosaken wären trotz ihres Mutes der größeren Kampfgewandtheit der Gegner unter= legen, wenn nicht plötzlich aus dem Lager Krschywonos die Trompeten ertönten, die zum Rückzug riefen.

Sofort zogen sie sich zurück. Die Gegner hielten einen Augenblick auf dem Platze, um zu zeigen, daß sie die Sieger wären, und kehrten ebenfalls zu den Ihrigen zurück. Der Graben wurde leer. Nur Leichen von Menschen und Pferden blieben zurück, wie eine Prophezeihung dessen, was geschehen werde, — dieser Weg des Todes lag dunkel zwischen den beiden Heeren — nur ein sanfter Windstoß kräuselte die glatte Fläche des Sees und rauschte klagend in dem Laub der Weiden, die hier und da an den Ufern des Teiches wuchsen.

Inzwischen rückten Krschywonos' Regimenter vor, wie un= absehbare Scharen von Krähen und Dohlen. Erst kamen das Bauernvolk, dann das disziplinierte Saporoger Fußvolk, die Reiterei, die freiwilligen Tataren, die kosakische Artillerie, aber alle ohne besondere Ordnung. Die einen drängten die

anderen, Hals über Kopf ging es vorwärts, denn sie wollten
durch die ungeheure Zahl den Graben stürmen, um ihn dann
unter Wasser zu setzen und das Heer des Fürsten zu ertränken. Der wilde Krschywonos glaubte an die Faust und
das Schwert, nicht an eine Kriegskunst; darum drängte er mit
aller Macht zur Attacke, und gab den Regimentern, die hinten
gingen, den Befehl, die vorderen zu drängen, damit sie selbst gegen
den eigenen Willen vorschritten. Die Kanonenkugeln plätscherten
ins Wasser, wie wilde Schwäne und Taucher, ohne jedoch bei
der großen Entfernung in den Reihen der fürstlichen Heere,
die jenseits des Teiches in Form eines Schachbrettes aufgestellt
waren, Schaden anzurichten. Die Menschenflut strömte über
den Graben und ging unaufhaltsam vorwärts; ein Teil jener
Woge hatte den Fluß erreicht und suchte einen Uebergang über
denselben. Da sie ihn aber nicht fanden, wandten sie sich
dem Wall zu und gingen so dicht, daß man, wie sich später
Dschinski ausdrückte, über die Köpfe hinweg hätte reiten können,
sie bedeckten den ganzen Graben so, daß nicht eine Faust
breit Raum war.

Jeremias sah von dem erhöhten Ufer auf das Schauspiel
herab, zog die Brauen zusammen und schoß Blitze aus seinen
Augen auf die Menge herab. Da er aber die Unordnung und
das wilde Drängen von Krschywonos' Regimentern sah, sagte er
zum Obersten Machnizki:

„Die Feinde gehen wie die Bauern auf uns los, die Kriegskunst ganz außer acht lassend. Wie zur Treibjagd gehen sie,
aber sie werden uns nicht fangen."

Indessen waren sie, wie seinen Worten zum Trotz, bereits
bis zur Hälfte des Grabens gelangt und machten Halt, von
dem Schweigen des fürstlichen Heeres erstaunt und beunruhigt.
Aber gerade in diesem Augenblick entstand eine Bewegung in
dem Heere, sie zogen sich zurück und ließen zwischen sich und
dem Graben einen breiten, leeren Halbkreis, der das Schlachtfeld bilden sollte.

Dann trat das Fußvolk Koschyzkis zu beiden Seiten auseinander und entblößte die dem Graben zugekehrten Oeffnungen
der Kanonen Wurzels, und in dem Winkel, welchen der Slutsch
und der Graben bildete, erglänzten in dem Uferschilf die Musketen der Deutschen, die Dschinski führte.

Sofort war es für Kriegsmänner offenbar, auf wessen
Seite der Sieg sich neigen mußte. Nur ein so rasender
Bandenführer, wie Krschywonos, konnte unter solchen Be-

bingungen eine Schlacht wagen; er hätte mit der ganzen Macht einen Uebergang nicht erzwingen können, wenn Wischniowiezki ihn daran hätte hindern wollen.

Aber der Fürst hatte absichtlich beschlossen, einen Teil seiner Streitkräfte über den Graben hinüber zu lassen, um sie zu umringen und aufzureiben. Der große Führer benutzte die Verblendung des Gegners, der selbst darauf nicht achtete, daß er den Seinigen, wenn sie am anderen Ufer kämpfen würden, nur auf einem ganz schmalen Uebergange würde zu Hilfe eilen können, über den man bedeutendere Truppenabteilungen unmöglich führen konnte. Daher sahen die Kriegspraktiker mit Staunen auf die That des Krschywonos, den nichts zu einem so wahnsinnigen Schritte nötigte.

Doch der Ehrgeiz und der Blutdurst verblendeten ihn. Der Bandenführer hatte erfahren, daß Chmielnizki trotz der Uebermacht der Streitkräfte, die unter Krschywonos Befehl standen, um das Resultat der Schlacht mit Jeremias besorgt war und mit der ganzen Macht den Seinigen zu Hilfe kam. An Krschywonos war Befehl gelangt, keine Schlacht zu liefern. Aber gerade darum beschloß Krschywonos, sie zu liefern, und betrieb das um so eiliger.

Nachdem er Polonna genommen, hatte er Geschmack am Blutvergießen gefunden und wollte allein sein Werk fortführen, darum eilte er so. Wenn er auch die Hälfte der Mannschaften einbüßte — was that's? Mit dem Rest konnte er die winzigen Streitkräfte des Fürsten überfluten und bis auf den letzten Mann hinmorden. Jeremias' Kopf würde er Chmielnizki als Geschenk darbringen.

Inzwischen waren die Massen des Bauernvolks an das Ende des Grabens angelangt, endlich hatten sie ihn hinter sich und überfluteten den Halbkreis, den das Heer des Fürsten Jeremias offen gelassen hatte. Aber in diesem Augenblick gab das verborgene Fußvolk Oschinskis von der Seite Feuer, aus Wurzels Kanonen schossen lange Streifen Rauch, die Erde erbebte vom Donner der Geschütze und die Schlacht begann auf der ganzen Linie.

Dampfwolken hüllten die Ufer des Slutsch, den Teich, die Gräben und das Feld selbst ein, so daß man nichts sehen konnte; nur manchmal schimmerten die roten Farben der Dragoner hindurch, manchmal erglänzten die Kämme an den Helmen, und dann wogte es in der Wolke entsetzlich. In der Stadt wurden alle Glocken geläutet, und ihr Klageton mischte sich in das dumpfe

Gebrüll der Kanonen. Aus dem Lager strömten immer neue Regimenter dem Graben zu.

Die aber, welche ihn durchschritten hatten und auf die andere Seite des Teiches gelangt waren, dehnten sich im Augenblick zu einer langen Linie aus und griffen mit rasender Wut die fürstlichen Fähnlein an. Die Schlacht zog sich von einem Ende des Teiches bis zur Biegung des Flusses und den sumpfigen Wiesen, die in jenem feuchten Sommer unter Wasser standen.

Das Bauernvolk und die Nischowzer mußten siegen oder untergehen. Denn sie hatten im Rücken das Wasser, in welches sie die Attacken des Fußvolks und die Reiterei des Fürsten zurückdrängte.

Als die Husaren vorwärts rückten, ritt Sagloba trotz seines kurzen Atems und seiner Abneigung gegen das Gedränge doch mit den anderen, denn er konnte gar nicht anders handeln, wenn er sich nicht der Gefahr aussetzen wollte, zertreten zu werden.

Er stürmte also mit geschlossenen Augen vorwärts, und durch seinen Kopf flogen mit Blitzesschnelle die Gedanken: „List nützt nichts, nützt nichts! Der Dummkopf gewinnt, der Kluge verliert!" Dann ergriff ihn eine Wut gegen den Krieg, gegen die Kosaken, gegen die Husaren, gegen alles in der Welt. Er begann zu fluchen — und zu beten. Die Luft pfiff ihm um die Ohren, preßte den Atem in seiner Brust zusammen — plötzlich stieß er mit dem Pferde auf etwas, er spürte den Widerstand, er öffnete die Augen, und was er sah, waren Sensen, Säbel, Dreschflegel, eine Menge glühender Gesichter, Augen, Bärte ...

Alles war undeutlich, er wußte nicht, wem es angehörte, alles zitterte, hüpfte, wütete. Da ergriff ihn eine ungeheure Leidenschaft gegen die Feinde, daß sie nicht zum Teufel gegangen waren, daß sie ihm gerade unter die Augen kamen, und daß sie ihn zur Schlacht genötigt hatten. Wollt ihr, so sollt ihr's haben, dachte er, und begann blindlings nach allen Seiten loszuhauen. Bald durchschnitt er die Luft, bald wieder fühlte er, daß seine Schneide in etwas Weichem hafte.

Gleichzeitig empfand er, daß er noch lebe, und das gab ihm ungewöhnlichen Mut. Schlagt, tötet, — brüllte er wie ein Ur — endlich schwanden die wütenden Gesichter vor seinen Augen, und er sah darauf eine Menge Rücken, Mützendeckel, und der Lärm sprengte ihm beinahe die Ohren.

„Sie reißen aus?" ging es ihm plötzlich durch den Kopf — ja, so ist's, — da wuchs ihm der Mut ins Unendliche.

„Diebe," schrie er, „so haltet ihr dem Abel Stand?"

Und er warf sich unter die Fliehenden, ritt an Vielen vorüber, mischte sich unter die dichte Menge und begann schon mit größerer Geistesgegenwart zu arbeiten. Inzwischen hatten seine Kameraden die Nischowzer an die Ufer des Slutsch gedrängt, der dicht mit Bäumen bewachsen war — und sie längs des Ufers in den Graben gejagt, ohne einen von ihnen gefangen zu nehmen, denn dazu war keine Zeit.

Plötzlich bemerkte Sagloba, daß sein Pferd unter ihm zu straucheln begann, gleichzeitig fiel etwas Schweres auf ihn nieder und umhüllte ihm den ganzen Kopf, so daß ihn völlige Finsternis umgab.

„Rettung!" schrie er, und schlug das Pferd mit den Fersen.

Das Roß aber keuchte nur unter der Last des Reiters und stand auf seinem Platze.

Sagloba hörte Lärm, die Rufe der an ihm vorbeieilenden Reiter, dann sauste dieser ganze Sturm vorüber und rings herum herrschte Stille. Und wieder flogen die Gedanken durch sein Haupt, schnell, wie Tatarenpfeile.

„Was ist das, was ist geschehen? Jesus, Maria! ich bin in Gefangenschaft geraten."

Und auf seine Stirn traten Tropfen des glühenden Schweißes. Offenbar hatte man ihm den Kopf so umwunden, wie er einst dem Bohun. Die Last, die er auf dem Arme fühlte, war die Hand eines Heidamaken. Aber warum führt man ihn nicht fort? Warum tötet man ihn nicht? Warum steht er still auf seinem Platze?

„Laß los! Schurke!" schrie er endlich mit unterdrückter Stimme.

Alles schwieg.

„Laß los, Schurke, ich schenke Dir das Leben!"

Keine Antwort. Noch einmal stieß Sagloba seinem Pferde die Sporen in die Seiten, aber wiederum erfolglos.

Das strauchelnde Tier sperrte nur die Beine auseinander und stand fest auf seinem Platze.

Da erfaßte den unglücklichen Reiter die äußerste Wut. Er zog den Dolch aus der Scheide, die ihm über den Bauch herabhing, und stieß fürchterlich hinter sich.

Aber der Dolch fuhr nur durch die Luft.

Da zerrte Sagloba mit beiden Händen an dem Tuch, das um seinen Kopf hing, und riß es in einem Augenblick herunter.

„Was ist das?"

Die Heidamaken sind nicht da. Rings umher ist alles leer. Nur in der Ferne sieht man durch den Dampf die roten Dragoner Wolodyjowskis dahinstürmen, hundert Schritte weiter glänzen die Rüstungen der Husaren, die den Rest der übrig Gebliebenen verfolgen und sie vom Feld in das Wasser drängen.

Aber zu Füßen Saglobas liegt eine Regimentsfahne der Saporogen. Offenbar hatten die entfliehenden Kosaken sie von sich geworfen; sie war mit dem Schaft auf Saglobas Arm gefallen und hatte mit dem Stoff ihm den Kopf eingehüllt.

Da er alles dies sah und genau begriffen hatte, kam er ganz wieder zu sich.

„Aha," sagte er, „ich habe eine Fahne erobert; wie, habe ich sie vielleicht nicht erobert? Wenn nicht auch die justitia in dieser Schlacht unterliegt, dann bin ich der Belohnung sicher. O, Ihr Dummköpfe, Euer Glück, daß mein Pferd strauchelte. Ich habe mich vor Wut nicht gekannt, da ich glaubte, daß man der List mehr vertrauen kann, als dem Mut. Ich kann im Heer zu etwas Besserem benutzt werden, als zum Verzehren von Zwieback; o bei Gott, da kommt eine Bande heran. Nicht diesen Weg, Hundeseelen, nicht diesen! Daß die Wölfe die Pferde auffräßen — schlagt — tötet!"

In der That kam eine neue Schar von Kosaken auf Sagloba zugeeilt und brüllte mit unmenschlicher Stimme; ihr auf dem Nacken saßen die Schwergewappneten Poniatowskis. Sagloba hätte gewiß den Tod gefunden unter ihren Hufen, wenn nicht Strzetuskis Husaren gerade jetzt, nachdem sie die Verfolgten ins Wasser gedrängt und ertränkt hatten, zurückgekehrt wären, um die heraneilenden Abteilungen von beiden Seiten ins Feuer zu nehmen. Als die Saporogen dies sahen, stürzten sie sich ins Wasser, nur um dem Schwerte zu entgehen und den Tod in den Sümpfen und tiefen Lachen zu finden. Andere, die in die Kniee gesunken waren und um Mitleid baten, starben unter den Schwerthieben.

Es entstand ein gräßliches Gemetzel, am gräßlichsten im Graben. Alle Abteilungen, welche über ihn an die andere Seite gelangt waren, wurden in dem Halbkreis aufgerieben, den das fürstliche Heer gebildet hatte.

Die, welche noch nicht herüber waren, sanken hin unter dem beständigen Feuer der Wurzelschen Kanonen und den Salven des deutschen Fußvolkes, sie konnten nicht vorwärts, noch zurück. Denn Krschywonos trieb immer neue Regimenter heran, die vorwärts drängten und die vorderen Reihen vor sich herschiebend, den einzigen Weg zur Flucht versperrten.

Man hätte glauben können, Krschywonos habe sich verschworen, die eigenen Leute ins Verderben zu jagen; sie drängten sich, benahmen sich gegenseitig den Atem, wurden untereinander handgemein, fielen, sprangen von beiden Seiten ins Wasser und ertranken. An dem einen Ende dunkelte es von der Masse der Entfliehenden, an dem anderen von der Menge der Vorwärtsschreitenden. In der Mitte der Berge und Wälle von Leichen, Stöhnen, Geschrei, unmenschliche Laute, Schrecken, Wahnsinn, das Chaos.

Der ganze Graben füllte sich mit Menschen- und Pferdeleichen. Das Wasser trat aus den Ufern.

Von Zeit zu Zeit verstummten die Kanonen. Dann warf der Graben, wie die Oeffnung einer Kanone, Haufen von Saporogen und Bauernvolk aus, die in dem Halbkreis nach allen Seiten rannten und dem Schwerte der ihrer harrenden Reiterei entgegenliefen. Wurzel begann von neuem sein Spiel, mit einem Hagel von Eisen und Blei, er schloß den Graben ab und hielt den Zustrom von Hilfstruppen auf.

In diesem blutigen Ringen verflossen ganze Stunden.

Krschywonos wütete und schäumte, gab die Schlacht noch nicht verloren und trieb Tausende seiner Leute in den Rachen des Todes.

Am anderen Ufer stand Jeremias, in seine silberne Rüstung gekleidet, hoch zu Roß, auf dem hohen Hügel, der in jener Zeit der Krugeshügel hieß — und schaute hinab. Sein Antlitz war ruhig, sein Blick umfaßte den ganzen Graben, den Teich, die Ufer des Slutsch und schweifte bis zu der Stelle, wo in bläulichen Nebel der Ferne gehüllt, das riesige Wagenlager des Krschywonos war. Die Augen des Fürsten wichen nicht von der Masse der Wagen. Endlich wandte er sich an den dicken Wojewoden von Kijew und sagte:

„Heute werden wir das Wagenlager nicht mehr nehmen!"

„Wie, Eure Fürstliche Durchlaucht wollten . . .?"

„Die Zeit geht rasch vorüber. Es ist zu spät, denn seht, der Abend bricht herein."

Die Schlacht hatte wirklich seit dem Augenblick, wo die Tirailleure sie eröffnet hatten, durch Krschywonos' Hartnäckigkeit genährt, schon so lange gedauert, daß die Sonne Zeit hatte, den ganzen Tagesbogen zu durchlaufen und sich zum Untergange neigte. Leichte, hohe Wölkchen, die einen heiteren Tag verkündeten, und wie weißwollige Schäflein am Himmel zerstreut waren, begannen sich rötlich zu färben und scharenweise vom Firmament zu verschwinden. Der Zustrom der Kosaken in den Graben hörte allmählich auf, und die Regimenter, welche ihn schon betreten hatten, zogen sich in wilder Flucht zurück.

Die Schlacht hatte ein Ende genommen. Sie hatte deshalb ein Ende genommen, weil die wütenden Scharen endlich über Krschywonos herfielen und verzweifelt und rasend ihm zuschrieen: „Verräter, Du richtest uns zu Grunde, Bluthund, wir selbst wollen Dich binden und dem Jeremias ausliefern, um so unser Leben zu verkaufen. Dir den Tod, nicht uns!"

„Morgen liefere ich Euch, den Fürsten, und das ganze Heer aus, oder ich gehe selbst zu Grunde," antwortete Krschywonos.

Aber dieses erhoffte Morgen sollte erst noch kommen und das gegenwärtige Heute war ein Tag der Niederlage. Viele Tausende der tüchtigsten Nischowzer Kosaken, das Bauernvolk nicht mitgerechnet, waren auf dem Schlachtfelde geblieben, im Teiche oder im Flusse ertrunken. Beinahe zweitausend waren in Gefangenschaft geraten. Vierzehn Hauptleute waren gefallen, die hundert Führer, Esauls und andere Aelteste nicht mitgerechnet. Der zweite Führer nach Krschywonos, Pulian, war lebend, wenn auch mit zerbrochenen Rippen, in die Hände des Feindes gefallen.

„Morgen schlachten wir sie alle hin," wiederholte Krschywonos. „Ich will weder Branntwein noch Speise eher in meinen Mund nehmen."

Unterdessen legte man im Lager gegenüber die eroberten Fahnen zu den Füßen des furchtbaren Fürsten nieder. Jeder, der eine Fahne erbeutet hatte, warf sie hin, so daß ein ganzer Haufen zusammenlag, denn es waren ihrer vierzig. Und als der Reihe nach auch Sagloba vorüberzog, warf er die seinige mit solcher Kraft und solchem Getöse hin, daß der Schaft zerbrach. Als der Fürst das sah, hielt er ihn an und fragte: „Habt Ihr dieses Feldzeichen mit eigenen Händen erobert?"

„Zu Befehl, Euer Durchlaucht."

„Ich sehe also, Ihr seid nicht bloß Ulysses, sondern auch Achilles."

„Ich bin ein schlichter Kriegsmann, aber ich diene unter Alexander von Makedonien."

„Da Ihr keinen Sold nehmt, so soll Euch der Schatzmeister noch 200 Goldgulden für Euer tugendreiches Thun auszahlen."

Sagloba umfaßte des Fürsten Kniee und sagte: „Fürstliche Durchlaucht, diese Gnade ist größer als mein Mut, der sich am liebsten in der eigenen Bescheidenheit verbirgt."

Ein kaum merkliches Lächeln huschte über Skrzetuskis dunkles Gesicht. Aber der Ritter schwieg und erzählte später weder dem Fürsten noch irgend einem anderen von Saglobas Unruhe vor der Schlacht — Sagloba aber entfernte sich mit so selbstbewußter Miene, daß die Soldaten von den anderen Fähnlein, die ihn sahen, mit Fingern auf ihn zeigten und sagten: „Das ist der, der heute das Größte geleistet hat."

Die Nacht brach an. Von beiden Seiten des Flusses und des Teiches flammten tausend Wachtfeuer auf und die Rauch= wolken stiegen wie Säulen zum Firmament empor. Die er= müdeten Soldaten stärkten sich mit Speise und Branntwein oder machten sich durch die Erzählung der Thaten des heutigen Tages Mut zu der nächsten Schlacht. Am meisten aber redete Sagloba und rühmte sich mit dem, was er vollbracht hatte, und dem, was er hätte vollbringen können, wenn nicht sein Pferd gestrauchelt wäre.

„Ich sage Euch, meine Herren," — mit diesen Worten wandte er sich an die fürstlichen Offiziere und an den Adel von Tyschkiewitsch's Fähnlein — „große Schlachten sind mir nichts neues. Ich habe viel mitgemacht in der Moldauniederung und der Türkei. Wenn ich auch oft träge war, denn ich fürchtete — nicht die Feinde, wer wird den Pöbel fürchten! — sondern meine Heißblütigkeit, ich dachte immer, daß sie mich zu weit fortreißen könnte."

„Und sie hat Euch auch fortgerissen."

„Ja, das hat sie! fragt nur Herrn Skrzetuski. Sobald ich sah, wie Wierschul vom Pferde fiel, wollte ich ihm gleich zu Hilfe eilen. Die Kameraden haben mich nur mit Mühe abgehalten."

„So ist es," sagte Skrzetuski, „wir mußten Euch in den Arm fallen."

„Aber," unterbrach Karwitsch, „wo ist Wierschul?"

„Er ist schon mit dem Vortrab fortgeritten, er kennt keine Ruhe."

„Hört nur zu, meine Herren," — sagte Sagloba — miß= mutig darüber, daß man seine Erzählung unterbrochen hatte, „wie ich diese Fahne erobert habe ..."

„So ist Wierschul nicht verwundet?" fragte Karwitsch wieder.

„Es ist nicht die erste, die ich in meinem Leben erobert habe, aber keine hat mir so viel Arbeit gekostet ..."

„Er ist nicht verwundet, aber sehr gequetscht," antwortete

Azulewitsch, ein Tatar, — „er hat Wasser geschluckt, denn er ist mit dem Kopfe in den Teich gestürzt."

„So wundere ich mich nur, daß die Fische nicht davon krepiert sind," sagte Sagloba zornig. „Denn von einem solchen Feuerkopf hätte das Wasser kochen müssen."

„Aber er ist doch ein großer Ritter!"

„Pfui, mit den Herren kann man gar nicht in Ruhe reden! Ihr hättet doch von mir lernen können, wie man feindliche Fahnen erobert..."

Der junge Akſak, der in diesem Augenblick sich dem Wacht= feuer näherte, unterbrach seine Rede.

„Ich bringe Neuigkeiten," sagte er mit wohlklingender, knabenhafter Stimme.

„Die Amme hat seine Windeln nicht gewaschen. Die Katze seine Milch ausgetrunken und das Schüsselchen zerbrochen," brummte Sagloba.

Aber Akſak kümmerte sich nicht um diese Anspielungen auf sein jugendliches Alter und sagte:

„Man brät den Pulian am Feuer..."

„So werden die Hunde einen Braten haben," unterbrach ihn Sagloba.

„Und er macht Geständnisse. Die Verhandlungen sind abgebrochen. Der Herr von Brusilow ist außer sich. Chmiel kommt dem Krschywonos mit der ganzen Macht zu Hilfe."

„Chmiel? Was heißt Chmiel. Wer macht sich hier was aus Chmiel. Wir pfeifen auf Chmiel!" schwatzte Sagloba, indem er drohend und stolz seine Augen über die Anwesenden schweifen ließ.

„Chmielnizki kommt also, aber Krschywonos hat auf ihn nicht gewärtet und darum die Schlacht verloren."

„Der hat gespielt, gespielt, bis er verspielt hat."

„Sechstausend Kosaken sind schon in Machnowka, Bohun führt sie."

„Wo, wer?" fragte mit plötzlich veränderter Stimme Sagloba.

„Bohun!"

„Unmöglich."

„So hat Pulian ausgesagt."

„Da habt Ihr die Bescheerung," rief Sagloba jammernd. „Können sie bald hier sein?"

„In drei Tagen. Da sie aber zur Schlacht kommen, werden sie nicht so eilen, um die Pferde nicht abzuhetzen."

„Aber ich werde eilen," brummte der Edelmann. — „O,

Engel Gottes, rettet mich vor diesem Schurken! Gern gebe ich meine erbeutete Fahne hin, wenn nur dieser Bäumeausreißer den Hals bräche, ehe er herkommt. Spero, wir werden nicht lange hier warten. Dem Krschywonos haben wir gezeigt, was wir können, jetzt wäre es Zeit, zu ruhen. Ich hasse diesen Bohun, so, daß ich seinen teuflischen Namen nicht ohne Entsetzen hören kann. Das habe ich schön gemacht! Hätte ich nicht in Bar sitzen bleiben können? Der Teufel hat mich hierher gebracht . . ."

„Fürchtet Euch nicht," flüsterte Skrzetuski ihm zu, „es ist eine Schande! Bei uns droht Euch keine Gefahr."

„Keine Gefahr? Ihr kennt ihn nicht! Er schleicht vielleicht bereits mitten durch die Wachtfeuer auf uns zu. (Hier sah Sagloba sich unruhig um.) Und auf Euch ist er ebenso versessen, wie auf mich."

„Vergönne mir Gott, mit ihm zusammenzutreffen," sagte Skrzetuski.

„Wenn das eine Gnade sein soll, so will ich sie lieber nicht erfahren. Ich will ihm gern als Christ alle Beleidigungen verzeihen, aber unter der Bedingung, daß man ihn zwei Tage vorher aufhängt. Ich fürchte mich nicht, aber Ihr glaubt nicht, was für ein ungeheurer Ekel mich erfaßt! Ich weiß wohl, mit wem ich es zu thun habe. Ist er ein Abliger, gut, so ist er Abliger; ist es mit einem Bauern, gut, dann mit einem Bauern. Aber jener ist der leibhaftige Teufel, bei dem man nicht weiß, woran man sich zu halten hat. Ich habe große Dinge mit ihm gewagt, aber was er für Augen gemacht hat, als ich ihm den Kopf umband, das kann ich Euch gar nicht sagen. Noch auf dem Totenbett werde ich daran denken. Ich mag den Teufel nicht wecken, wenn er schläft. Euch will ich nur sagen, daß Ihr undankbar seid und Euch um die Arme nicht kümmert . . ."

„Und das quo modo?"

„Weil Ihr," sagte Sagloba und zog den Ritter vom Wachtfeuer fort, „Euren Kriegslaunen und Phantasieen nachgebt, kämpft und kämpft, während sie sich dort in lacrimis verzehrt und vergeblich auf Eure Antwort wartet. Ein anderer hätte das nicht gethan. Er hätte mich längst zu ihr geschickt, wenn er treue Liebe im Herzen und Mitleid mit ihrer Sehnsucht hätte."

„So denkt Ihr also nach Bar zurückzukehren?"

„Am liebsten heute, denn sie thut mir leid."

Skrzetuski hob sehnsüchtig die Augen zu den Sternen empor und sagte zu Sagloba:

„Klagt mich nicht der Unaufrichtigkeit an, Gott ist mein
Zeuge, daß ich kein Stückchen Brot in den Mund nehme, dem
müden Körper keinen Schlaf gönne, ohne vorher ihrer zu denken,
und niemand kann mehr in meinem Herzen herrschen, als sie.
Daß ich Euch nicht mit der Antwort hinsandte, geschah nur,
weil ich selbst reisen wollte, um meiner Sehnsucht nachzugeben
und unverzüglich mich mit ihr auf ewig zu verbinden. In
der ganzen Welt giebt es keine Flügel, wie ich sie gern haben
möchte, um zu ihr zu eilen ...“

„Warum fliegt Ihr nicht?“

„Weil es mir nicht ziemt, das vor der Schlacht zu
thun. Ich bin Soldat und Abliger und muß auf meine Ehre
halten ...“

„Aber heut sind wir nach der Schlacht, ergo ... können
wir fort, sei es auch sogleich ...“ Skrzetuski seufzte.

„Morgen werden wir Krschywonos angreifen.“

„Seht Ihr, das verstehe ich nicht. Ihr habt den jungen
Krschywonos geschlagen, da kam der alte Krschywonos; nun werdet
Ihr den alten Krschywonos schlagen, da kommt der junge, der ...
der ... (ich will den Mund nicht zum Bösen öffnen), Bohun,
jetzt werdet Ihr den schlagen, dann kommt Chmielnizki. Was zum
Teufel, wenn das so weiter geht, so thut Euch lieber bald mit
Herrn Longinus zusammen; das giebt einen Narren mit Keuschheit,
plus Herrn Skrzetuski in summa zwei Narren mit Keuschheit.
Laßt uns doch gehen, sonst bei Gott, bin ich der erste, der dem
Fräulein zureden wird, Euch Hörner aufzusetzen, und wenn
Herr Andreas Potozki sie erblickt, so wird er die Nüstern auf-
sperren und wiehern wie ein Pferd. Pfui, zum Teufel, wenn
mir das ein junger Bursche sagte, der noch keine Schlacht mitgemacht hat und sich erst einen Ruf erwerben will, das würde
ich verstehen; aber Ihr, der Ihr Blut getrunken habt, wie
ein Wolf, und bei Machnowka, wie man mir erzählt hat, einen
teuflischen Drachen oder Menschenfresser erschlagen habt. Juro
bei diesem himmlischen Monde, Ihr meint's nicht gut oder Ihr
seid schon so blutdürstig geworden, daß Ihr das Blut dem
Ehebette vorzieht.“

Skrzetuski blickte unwillkürlich zum Monde empor, der an
dem hohen, funkelnden Himmelsgewölbe wie ein silbernes Schiff
über das Lager hinzog.

„Ihr irrt Euch,“ sagte er nach einer Weile. „Nicht am
Blute habe ich Gefallen, auch nicht nach Ruhm geize ich, aber
es ziemt mir nicht, die Kameraden in der Not zu verlassen,

wenn das Fähnlein nemine excepto zur Schlacht gehen soll.
Das fordert die Ritterehre, das ist eine heilige Sache. Was
aber den Krieg betrifft, so wird er sicherlich fortdauern, denn
der rebellische Pöbel ist mächtig angewachsen; indessen, wenn
Chmielnizki dem Krschywonos zu Hilfe kommt, giebt es eine
Unterbrechung. Entweder besiegen wir morgen den Krschywonos
oder nicht. Besiegen wir ihn, so wird er mit Gottes Hilfe
Züchtigung erhalten, und dann müssen wir in ein ruhiges Land
ziehen, um endlich der Brust ein wenig Atem zu gönnen. Zwei
Monde sind hingegangen, seit wir nicht mehr ordentlich schlafen, noch
essen konnten, nur kämpfen und kämpfen, Tag und Nacht kein Dach
über unserem Haupte, allen Unbilden der Elemente preisgegeben.
Der Fürst ist ein großer Feldherr, aber er ist auch einsichtig.
Er wird auf Chmielnizki nicht losschlagen, mit wenigen tausend
Mann gegen Hunderttausende. Ich weiß auch, daß er nach
Sbarasch ziehen wird. Dort wird er neue Kräfte sammeln,
neue Soldaten heranziehen, der Adel aus der ganzen Republik
wird ihm zuströmen, und dann erst werden wir zu einer Hauptschlacht ziehen. Morgen also wäre der letzte Tag der Arbeit
und übermorgen werde ich mit Euch schon reinen Herzens nach
Bar gehen können, und ich will noch zu Eurer Beruhigung
hinzufügen, daß Bohun morgen nicht hier sein kann, um an
der Schlacht teilzunehmen; sollte er aber doch daran teilnehmen,
so habe ich die Hoffnung, daß sein Bauernstern nicht nur neben dem
des Fürsten, sondern auch neben meinem ritterlichen erbleichen wird."

„Er ist der leibhafte Beelzebub. Ich habe Euch gesagt,
daß ich das Gedränge nicht liebe, er aber ist schlimmer als das
Gedränge, obgleich ich repeto, daß ich nicht so sehr die Furcht,
wie den Ekel vor ihm überwinden kann. Aber gut, mag es
denn sein! Morgen gerben wir den Bauern die Felle und
dann, auf, nach Bar. O, wie werden diese hübschen Augen
bei Eurem Anblick lachen, o, wie werden diese Wangen glühen.
Ich muß Euch auch sagen, Herr, daß ich mich nach ihr sehne,
denn ich liebe sie wie ein Vater. Und ist das ein Wunder?
Söhne legitime natos habe ich nicht, mein Besitz ist in der
Ferne, in der Türkei, wo mir die heidnischen Kommissare alles
stahlen, ich lebe wie eine Waise auf dieser Welt, und auf meine
alten Tage werde ich wohl noch als Verwalter zu Herrn Longinus
auf seinen Mäusedarm gehen."

„Das wird nicht geschehen, macht Euch darum keine Kopf-
schmerzen. Für das, was Ihr uns gethan habt, kann ich Euch
nicht Dankbarkeit genug erweisen."

Hier wurde die Unterhaltung von einem Offizier unterbrochen, der im Vorübergehen fragte: „Wer steht dort?"

„Wierschul!" rief Strzetuski, ihn an der Stimme erkennend. — „Vom Vortrab."

„So ist es. Und jetzt vom Fürsten."

„Was giebt es neues?"

„Morgen ist eine Schlacht. Der Feind wartet an dem Graben, baut Brücken über Stir und Slutsch und will durchaus zu uns herüber."

„Und was hat der Fürst dazu gesagt?"

„Gut, hat der Fürst gesagt."

„Weiter nichts?"

„Nichts. Er befahl, sie nicht zu hindern; also dort dröhnen die Aexte! Bis zum Morgen werden sie arbeiten."

„Hast Du etwas erfahren?"

„Ich habe sieben gefangen genommen. Sie alle sagen aus, sie hörten von Chmielnizki, daß er heranziehe, daß er aber wohl noch weit sei. Welch eine Nacht!"

„Hell wie der Tag. Wie geht Dir's nach dem Fall?"

„Die Knochen thun mir weh! Ich will noch unserem Herrgott danken und dann schlafen gehen, ich bin müde. Wenn man nur wenigstens zwei Stunden ruhen könnte."

„Gute Nacht."

„Geht auch Ihr," sagte Strzetuski zu Sagloba, „denn es ist spät und morgen giebt's Arbeit." „Und übermorgen reisen wir," erinnerte ihn Sagloba. Sie gingen, sprachen das Vaterunser und legten sich bei den Wachtfeuern nieder. Bald begannen die Feuer eines nach dem andern zu erlöschen. Das Lager hüllte sich in Dunkelheit — nur der Mond warf seinen silbernen Glanz auf dasselbe und beleuchtete immer neue Gruppen von Schlafenden. Die Stille wurde nur von dem allgemeinen mächtigen Schnarchen und von den Rufen der Posten, die das Lager bewachten, unterbrochen.

Aber der Schlaf schloß nicht auf lange Zeit die schweren Lider der Soldaten. Kaum erhellte der erste Morgenschein die Schatten der Nacht, als von allen Seiten des Lagers die Trompeten zum Erwachen bliesen.

Eine Stunde später zog sich der Fürst zum großen Erstaunen der Ritterschaft auf der ganzen Linie zurück.

16. Kapitel.

Aber es war der Rückzug eines Löwen, welcher Raum zum
Sprunge braucht.

Der Fürst ließ den Krschywonos absichtlich herüberkommen,
um ihm eine desto größere Niederlage zu bereiten. Beim Beginn
der Schlacht schlug er sein Pferd und that, als ob er entfliehen
wollte, und als die Nischowzer und das Bauernvolk das sahen,
lösten sich ihre Reihen, um ihm nachzusetzen und ihn zu um=
ringen. Da plötzlich wandte sich der Fürst um und stürmte mit
der ganzen Reiterei auf sie ein, so fürchterlich, daß sie auch
nicht einen Augenblick Widerstand leisten konnten. Sie wurden
eine Meile weit von dem Uebergang fort über die Brücken und
Gräben, zu dem Wagenlager hin verfolgt. Mitleidslos wurde
auf sie eingehauen, und der Held dieses Tages war der sechzehn=
jährige Akfat, der zuerst angegriffen und zuerst Schrecken unter
dem Feinde verbreitet hatte. Nur mit einem so alten und
geübten Heere konnte der Fürst eine solche List wagen und die
Flucht simulieren. Mit jedem anderen Heer hätte sie sich leicht
in eine wirkliche Flucht verwandeln können. Dafür aber endete
dieser zweite Tag mit einer noch weit schwereren Niederlage
für Krschywonos.

Alle Feldgeschütze wurden ihm genommen, eine ungeheure Zahl
von Fahnen, unter ihnen etliche Kronfahnen, welche die Sapo=
rogen bei Korsun erbeutet hatten. Hätte das Fußvolk Koschyzkis,
Dschinskis und die Kanonen Wurzels mit der Reiterei Schritt
halten können, so wäre mit einem Streiche auch der Wagenpark

genommen worden. Aber ehe sie anlangten, war es Nacht, und die Feinde hatten sich schon bedeutend entfernt, so daß es unmöglich war, sie einzuholen. Sazwilichowski nahm indessen die Hälfte des Wagenlagers und mit ihm ungeheure Vorräte an Waffen und Lebensmitteln. Das Bauernvolk hatte schon zweimal den Krschywonos ergriffen, um ihn an den Fürsten auszuliefern, und es gelang ihm kaum, durch das Versprechen unverzüglicher Rückkehr zu Chmielnizki ihren Händen zu entkommen. Er floh auch mit der übrig gebliebenen Hälfte des Lagers, dezimiert, geschlagen, verzweifelt, und machte nicht eher Halt, als in Machnowka. Als er dort ankam, befahl Chmielnizki in dem Augenblick des ersten Zorns, ihn mittelst einer Kette an eine Kanone zu fesseln. Und erst, als der erste Zorn vorüber war, erinnerte sich der Saporogen Hetman dessen, daß ja der unglückselige Krschywonos ganz Wolhynien mit Blut überströmt, daß er Polomna genommen, tausend adlige Seelen in jene Welt geschickt, die Leichen ohne Begräbnis gelassen hatte und überall siegreich gewesen war, ehe er mit Jeremias zusammengetroffen. Um dieser Verdienste willen erbarmte sich der Hetman seiner und befahl, ihn nicht nur sofort von der Kanone loszumachen, sondern er setzte ihn auch wieder in seine Führerschaft ein und sandte ihn nach Podolien zu neuen Beutezügen und Metzeleien aus.

Unterdessen kündigte der Fürst seinem Heere die langersehnte Ruhe an. In der letzten Nacht hatte auch dieses bedeutende Verluste erlitten, besonders bei dem Sturm der Reiterei auf den Wagenpark, hinter dem die Kosaken sich ebenso hartnäckig wie geschickt verteidigten. 500 Mann waren hier gefallen. Der Hauptmann Mokrschyzki war sehr schwer verwundet worden und gab kurz darauf seinen Geist auf; auch Herr Kuschel hatte eine Schußwunde erhalten, wenn sie auch nicht gefährlich war. Auch Polanowski und der junge Aksak waren verwundet, und Sagloba, der sich bald an das Gedränge gewöhnt hatte und tapfer mit den anderen Stand hielt, war zweimal von einem Dreschflegel getroffen worden — er litt schwer an Kreuzschmerzen, so daß er sich nicht rühren konnte und auf einem Wagen Skrzetuskis wie tot dalag.

So hatte das Schicksal den Plan, nach Bar zu reisen, durchkreuzt. Denn sie konnten nicht sogleich aufbrechen, da der Fürst Skrzetuski an der Spitze einiger Fähnlein nach Saslaw sandte, um die dort angesammelten Haufen des Bauernvolks zu erdrücken. Der Ritter zog hin, ohne dem Fürsten ein Wort über Bar zu sagen, und fünf Tage hindurch brannte und mordete er, bis die ganze Gegend gereinigt war.

Endlich waren auch die Leute sehr ermüdet durch den ununterbrochenen Kampf, durch die langen Märsche, die Ueberfälle, die Nachtwachen, und er beschloß also, zu dem Fürsten zurückzukehren, von dem er erfahren hatte, daß er sich nach Tarnopol begebe. Am Vorabend der Rückkehr machte Skrzetuski in Suchorschynze an dem Chomor Halt, legte seine Fähnlein ins Dorf und nahm selbst Nachtquartier in einer Bauernhütte, und da er sehr übernächtig und von den Mühen erschöpft war, sank er bald in Schlummer und schlief die ganze Nacht fest wie ein Stein.

Am Morgen im Halbschlummer begann er zu phantasieren und zu träumen. Seltsame Bilder zogen an seinem geistigen Auge vorüber. Erst schien es ihm, als wäre er in Lubnie, als hätte er es nie verlassen, als schlummere er in seinem Zimmer im Zeughause und als sei Rzendzian wie immer am Morgen mit seiner Kleidung beschäftigt, als bereite er sie vor, bis daß sein Herr aufstehen würde.

Allmählich jedoch begann das Tageslicht seine Träume zu zerstreuen; es kam dem Ritter zum Bewußtsein, daß er in Suchorschynze, nicht in Lubnie sei — nur die Gestalt des Burschen löste sich nicht in Nebel auf, und Skrzetuski sah ihn beständig, wie er am Fenster auf dem Holzstuhl saß, wie er mit dem Schmieren seiner Panzerriemen beschäftigt war, die sich von der Hitze stark zusammengezogen hatten.

Immer noch dachte er, daß ein Traumgesicht ihn necke, darum schloß er die Augen wieder. Doch bald öffnete er sie und immer wieder saß Rzendzian am Fenster.

„Rzendzian," schrie Skrzetuski, „bist Du es oder Dein Geist?"

Und der Knabe erschrak bei dem plötzlichen Ruf; er ließ den Panzer mit Geklirr auf den Boden fallen, breitete die Hände aus und sagte:

„Um Gotteswillen, warum schreit Ihr so, Herr? Was denkt Ihr, ein Geist? Ich bin es selbst, lebendig und heil."

„Und Du bist zurückgekommen?"

„Habt Ihr mich denn fortgejagt?"

„Komm' her zu mir, daß ich Dich umarme."

Der junge Bursche eilte auf seinen Herrn zu und umfaßte seine Kniee. Skrzetuski aber küßte ihm die Stirn mit großer Freude und wiederholte:

„Du bist am Leben!"

„O, mein Herr."

„Ich kann vor Freude nicht sprechen, da ich auch Euch noch in voller Gesundheit sehe .... um Gotteswillen .... aber Ihr habt so geschrieen, Herr, daß ich den Panzer habe fallen lassen .... die Riemen haben sich zusammengezogen .... man sagt, Ihr habt keine leichte Arbeit gehabt. Gelobt seist Du, Gott, gelobt seist Du .... o, mein geliebter Herr!"

„Wann bist Du gekommen?"

„Heute Nacht."

„Und warum hast Du mich nicht geweckt?"

„O, warum sollte ich Euch wecken? Morgens kam ich her, um die Sachen zu holen ..."

„Woher kamst Du?"

„Von Huschtscha."

„Was hast Du dort gemacht? Wie ist es Dir ergangen? Sprich! erzähle!"

„Seht, Herr, die Kosaken sind nach Huschtscha ekommen, den Wojewoden von Brazlaw zu plündern und seing Haus in Flammen zu stecken, und ich war schon vorher dort gewesen, denn ich war mit dem Pater Patronius Sasko hingekommen, der mich zu Chmielnizki nach Huschtscha mitnahm, denn der Wojewode hatte ihn mit einem Briefe an Chmielnizki abgesendet. Ich ging also mit ihm zurück, und nun hatten die Kosaken Huschtscha niedergebrannt und den Pater Patronius, weil er ein Herz für uns hatte, ermordet, und das wäre auch dem Wojewoden geschehen, wenn er dort gewesen wäre, obgleich auch er ihnen ein großer, segenbringender Wohlthäter ist ..."

„So sprich doch klar und vermische die Dinge nicht, ich kann Dich nicht verstehen. Du warst also bei den Kosaken, bei Chmiel, wie kam das?"

„Gewiß war ich bei den Kosaken; denn wie sie mich in Tschechryn packten, hielten sie mich für einen der Ihrigen und ließen mich nicht los. Kleidet Euch doch an, Herr. Du lieber Gott, und das alles ist so zerstört, daß man es kaum in der Hand halten kann. Daß doch der liebe Gott ... ärgert Euch auch nicht mehr, mein Herr, daß ich den Brief, den Ihr von Kudak aus geschrieben habt, in Roslogi nicht abgegeben habe, der Schurke Bohun hat ihn mir entrissen. Wäre nicht der dicke Edelmann dabei gewesen, so war es um mein Leben geschehen."

„Ich weiß wohl, ich weiß. Es ist nicht Deine Schuld. Dieser dicke Edelmann ist im Lager, er hat mir alles erzählt,

ganz so, wie es gewesen war. Er hat auch das Fräulein dem
Bohun entführt und sie in Bar wohl behalten abgeliefert."

„O, Gott sei Dank! Das wußte ich, daß sie Bohun nicht
bekommen hat. So giebt's wohl auch bald Hochzeit?"

„Gewiß, gewiß! Von hier rücken wir bald auf Befehl
nach Tarnopol und von dort nach Bar."

„Gott dem Gerechten sei Dank. Der Bohun — der hängt
sich noch — ihm hat auch eine Hexe prophezeit, daß er die,
an welche er denkt, nie bekommen wird, und daß sie ein Leche
bekommt, und dieser Leche, das seid Ihr, Herr."

„Woher weißt Du das?"

„Ich habe es gehört. Ich muß Euch alles der Wahrheit
gemäß erzählen. Aber kleidet Euch inzwischen an, Herr, denn
man bereitet schon das Frühstück für uns. Hört. Als ich mit
der Tschaike aus Kudak fuhr, fuhren wir fürchterlich langsam
gegen den Strom und überdies ging die Tschaike noch zu
Schanden und wir mußten sie ausbessern. Wir fuhren also,
fuhren, fuhren . . ."

„Ihr fahrt, fahrt! . . ." unterbrach ihn Skrzetuski ungeduldig.

„Und gelangten nach Tschechryn. Was dort geschehen ist,
das wißt Ihr schon."

„Das weiß ich schon."

„Ich liege also im Stall und sehe Gottes schöne Welt nicht.
Da kam Chmielnizki gleich nach Bohuns Abreise mit einer
ungeheuren Saporogenmacht, und weil vorher der Großhetman
die Tschechryner für ihre Anhänglichkeit an die Saporogen
bestraft hatte und viele noch in der Stadt erschlagen und verwundet wurden, so dachten sie, daß ich auch zu ihnen gehöre,
und darum schlugen sie mich nicht tot, sondern gaben mir noch
alle Bequemlichkeit und Verpflegung und ließen nicht zu, daß
die Tataren mich mitnahmen, obgleich sie ihnen alles erlaubten.
Als ich zu mir kam, dachte ich daran, was nun zu thun sei?
Und dieser Schurke war inzwischen nach Korsun gegangen und
hatte dort die Hetmane geschlagen. O, mein Herr. Was meine
Augen da gesehen haben, das läßt sich in Worten nicht sagen.
Sie verbargen nichts und kannten keine Scham, da sie mich
für einen der Ihrigen hielten, und ich überlegte: entfliehen oder
nicht entfliehen? Aber ich sah ein, daß es sicherer war, eine
bessere Gelegenheit abzuwarten. Als sie anfingen, von Korsun
Silber, Truhen, Kleinobien heranzuschleppen . . . ach, ach, mein
Herr, da wollte mir das Herz zerspringen und die Augen
übergehen. Und dieses Diebsgesindel: sechs silberne Löffel ver-

kauften sie für einen Thaler, ja, sogar schon für ein Quart Branntwein, und einen goldenen Knopf oder eine Spange oder einen Mützenriemen konnte man für ein halbes Quart bekommen. Da dachte ich mir: Was soll ich hier umsonst sitzen, ich will die Gelegenheit benützen. Komme ich mit Gottes Hilfe einmal heim nach Rzendzianh in Poblachien, wo die Eltern wohnen, so gebe ich's ihnen, denn die haben dort einen Prozeß mit den Jaworskis, der schon fünfzig Jahre dauert, und es fehlt ihnen an Mitteln, ihn weiter zu führen, und so habe ich, werter Herr, allerlei Gut angekauft und zwei Pferde damit beladen, das war mein Trost in der Traurigkeit, denn mir war um Euch, mein Herr, entsetzlich bange."

„Du bleibst immer derselbe, aus allen Dingen weißt Du Vorteil zu ziehen."

„Daß mich Gott segnet, ist doch nichts Böses, ich stehle ja nicht, und wenn Ihr mir ein Beutelchen auf den Weg nach Roslogi mitgegeben habt, hier ist es! Mir scheint es recht, es zurückzugeben, denn ich bin ja nicht nach Roslogi gekommen."

Bei diesen Worten löste der Bursche den Gurt, zog das Beutelchen hervor und legte es vor den Ritter nieder.

Strzetuski aber lächelte und sagte: „Wenn es Dir so gut gegangen ist, bist Du gewiß reicher als ich. Aber behalte auch noch dieses Beutelchen."

„Ich danke Euch unterthänigst, Herr. Ich habe schon etwas gesammelt, Gott sei Dank. Die Eltern werden sich freuen und der Großvater, der neunzig Jahre alt ist, auch. Und die Jaworskis, die werden ihre letzten Groschen im Prozeß verlieren und mit dem Bettelsack umhergehen. Und auch Ihr, Herr, sollt Euren Vorteil haben, denn ich werde den bunten Gürtel, den Ihr mir in Kubak versprochen habt, nicht mehr fordern, obwohl er mir sehr zu statten kommen würde."

„Weil Du ihn schon gefordert hast! — O, solch ein Schalk bist Du! Du bist wahrhaftig ein lupus insatiabilis. Ich weiß nicht, wo der Gurt ist, — aber was ich versprochen habe, gebe ich auch, ist's nicht der, so ist's ein anderer."

„Ich danke Euch unterthänigst." sagte der Bursche und umfaßte die Kniee des Herrn.

„Nun genug davon, erzähle mir weiter, was Du erlebt hast."

„Gott also half mir zu meinem Nutzen unter den Räubern. Nur das machte mir Sorge, daß ich nicht wußte, was mit Euch geschehen ist, und daß der Bohun das Fräulein bekommen hatte.

Da hörte ich, daß er in Tscherkaffy liege, kaum atme, weil ihn die Prinzen schwer verwundet hatten. Ich eilte also nach Tscher= kaffy. Wie Ihr wißt, Herr, verstehe ich mich auf Pflasterauf= legen und Wunden verbinden. Man wußte das schon. Darum schickte mich auch der Hauptmann Doniez dorthin, und er kam selbst mit, damit ich den Schurken verbinde. Nun erst fiel mir eine Last vom Herzen, denn ich erfuhr, daß unser Fräulein mit jenem Edelmann entkommen war. Ich ging also zu Bohun. Er lag im Fieber und erkannte mich zu Anfang nicht. Später= hin erkannte er mich und sagte zu mir: „Bist Du nicht mit dem Briefe näch Roslogi geritten?" Ich sagte ja — und er: „So habe ich Dich in Tschechryn mit dem Beil getroffen?" „Es ist so! Herr." — „Du dienst also," sagte er, „dem Skrze= tuski?" Und ich, weil ich Euch nicht belügen will, ant= wortete: „Niemandem diene ich, ich habe mehr Uebles als Gutes in diesem Dienst empfangen, darum zog ich es vor, in die Frei= heit zu den Kosaken zu gehen und Euch, Herr, pflege ich schon seit zehn Tagen und will Euch gesund machen." Er fing an, mir Glauben zu schenken, und wir gelangten zu großer Vertraulichkeit. Ich erfuhr auch von ihm, daß Roslogi nieder= gebrannt sei, daß er zwei Prinzen erschlagen hatte und daß die anderen, als sie das hörten, erst zu unserem Fürsten gehen wollten, aber weil sie das nicht konnten, zum litauischen Heere geflohen seien. Aber das Schlimmste war, wenn ich jenen dicken Edelmann erwähnte — da knirschte er, sage ich Euch, mit den Zähnen, als ob er Nüsse knacke."

„War er lange krank?"

„Lange, sehr lange, denn erst heilten die Wunden zu, dann brachen sie wieder auf, weil er sich anfangs nicht schonte. Viele Nächte habe ich bei ihm gesessen, — daß ihn der Teufel hole — wie bei einem guten Menschen. Ihr müßt wissen, Herr, daß ich mich bei meinem Seelenheil verschworen habe, ihm die Kränkung heimzuzahlen, und ich will es halten, Herr, sollte ich auch mein ganzes Leben lang nach ihm suchen — denn er hat mich, da ich unschuldig war, wie einen Hund behandelt und geschunden, und ich bin doch kein hergelaufener Kerl. Er muß von meiner Hand fallen, wenn ihn nicht jemand vorher erschlägt. Ich sage Euch, Herr, hundertmal hatte ich Gelegenheit dazu, denn oft genug war ich allein mit ihm. Da dachte ich: Soll ich ihn niederstoßen — oder nicht — aber ich schämte mich, ihn so im Bette abzuschlachten."

„Es ist löblich von Dir, daß Du ihn aegrotum et

inermem nicht gemordet haft. Das wäre ein Bauernstück, eines Edelmannes unwürdig gewesen."

„Seht Ihr, Herr, so habe auch ich gedacht. Es fiel mir auch noch ein: als mich die Eltern von Hause fortschickten, da hat mir der Großvater zum Abschied gesagt: Denke daran, mein Junge, daß Du ein Edelmann bist, und habe Ehre im Leibe, diene treu, aber laß Dir nichts bieten. Er sagte auch, wenn ein Edelmann wie ein Bauer handelt, so weint der Herr Jesus. Und ich habe die Lehre behalten und hüte mich dessen. So mußte ich die Gelegenheit vorübergehen lassen. Und unsere Vertraulichkeit wurde immer größer! Einmal fragte er mich: „Womit werde ich Dir lohnen?" und ich antwortete: womit Ihr wollt. Und ich kann nicht klagen, er hat mich reichlich versehen, und ich nahm's auch. Denn, dachte ich: wozu soll es in Räuberhänden bleiben; um seinetwillen gaben mir auch die anderen, denn ich sage Euch, Herr, niemand ist von den Nischowzern und vom Bauernvolk so geliebt, wie er, obwohl es in der ganzen Republik keinen Adeligen giebt, der das Volk so verachtet wie er . . ." Hier schüttelte Rzendzian den Kopf, als riefe er sich etwas in Erinnerung, oder als sei er verwundert, und nach einer Weile begann er also weiterzusprechen:

„Er ist ein seltsamer Mensch, und man muß gestehen, daß er durchaus abligen Mut hat, und das Fräulein — wie er sie liebt! wie er sie liebt, allmächtiger Gott! Als er zu genesen anfing, kam die Schwester von Doniez zu ihm, um ihm zu prophezeien, und sie hat ihm wahrgesagt, aber nichts gutes. Eine niederträchtige Riesin, die mit dem Teufel im Verkehr steht . . . aber ein herziges Mädchen. Wenn sie lacht, könnte man schwören, eine Stute wiehere auf der Wiese. Sie zeigt die weißen Zähne, und ist so stark, daß sie einen Panzer zerreißen könnte, und wenn sie geht, so zittert der Boden unter ihren Füßen. Nach Gottes Bestimmung offenbar hatte sie mich lieb gewonnen, so daß ich ihr gefiel. Sie ging an mir nicht vorüber, ohne mich am Kopf oder am Aermel zu fassen oder anzustoßen — manchmal sagte sie auch: Komm' mit! Ich aber fürchtete mich, daß mir der Schwarze nicht irgendwo in der Einsamkeit den Hals umdrehe, dann wäre alles verloren, was ich gesammelt habe. Ich antwortete ihr also: Giebt's nicht genug andere? Und sie sprach: Du gefällst mir, wenn Du auch noch ein Knabe bist, Du gefällst mir. „Trolle Dich, Geselle!" Du gefällst mir, Du gefällst mir."

„Und haft Du sie wahrsagen sehen?"

„Geſehen und gehört. Dampfwolken, Ziſchen, Pfeifen, Schatten, daß ich vor Schreck ſtrauchelte! Sie aber ſtand in der Mitte, die ſchwarzen Augenbrauen verdrehend, und wiederholte:

„Der Leche iſt bei ihr, der Leche iſt bei ihr! Scha ha! ... Der Leche iſt bei ihr!" Dann ſchüttete ſie Weizen auf ein Sieb und blickte hinein, und die Körner krochen hin und her wie Würmer, und ſie ſchrie: „Scha ha, der Leche iſt bei ihr" — ach, mein Herr, wäre er nicht ein ſolcher Räuber, ſo hätte Einem das Herz bluten können bei dem Anblick ſeiner Verzweiflung nach jeder Prophezeiung. Blaß wurde er, wie Linnen, fiel auf den Rücken, rang verzweifelt die Hände über dem Kopfe und jammerte und winſelte und bat das Fräulein um Verzeihung, daß er gewaltthätig nach Roslogi gekommen ſei, daß er ihre Vettern getötet habe: „Wo biſt Du, wo biſt Du, Einzige," ſagte er, „auf Händen will ich Dich tragen — ich kann nicht ohne Dich leben .... nicht berühren will ich Dich, ſagt er, Dein Knecht will ich ſein, wenn nur meine Augen Dich ſehen dürften." Dann wieder gedenkt er Saglobas und knirſcht mit den Zähnen und beißt ſeine Lagerſtatt, bis ihn der Schlummer umfängt; aber ſelbſt im Schlaf noch ſeufzt er und ſtöhnt."

„Aber, hat ſie ihm denn nie Gutes wahrgeſagt?"

„Was dann geſchah, weiß ich nicht mehr, denn er wurde geſund, und ich machte mich los von ihm. Pater Sasko kam an, da ſetzte es Bohun durch, daß ich mit ihm nach Huſchtſcha reiſen konnte. Das Diebsgeſindel dort wußte, daß ich allerhand Gut mit mir führe. Ich machte auch kein Geheimnis daraus, daß ich heimreiſe, um den Eltern aufzuhelfen."

„Und ſie haben Dich nicht beraubt?"

„Vielleicht hätten ſie's gethan, aber zum Glück waren damals keine Tataren da, und die Koſaken wagten es nicht aus Furcht vor Bohun. Uebrigens hielten ſie mich wirklich für einen der Ihrigen. Hieß mich doch Chmielnizki ſelbſt horchen und ihm mitteilen, was man bei dem Wojewoden von Brazlaw ſprechen würde, wenn die Herren zuſammenkamen ..... Daß ihm der Henker heimleuchte! Ich kam alſo nach Huſchtſcha, und da kamen eines Tages die Vorpoſten von Krſchywonos und töteten den Pater Sasko — und ich vergrub die Hälfte meines durch Handel erworbenen Gutes, während ich mit der anderen Hälfte hierherfloh, da ich vernahm, daß mein Herr hier um Saslaw dem Feinde zuſetzt. Gott dem Allmächtigen ſei Dank, daß ich Euch, mein Herr, bei guter Geſundheit und in guter

Stimmung angetroffen habe und daß Ihr Hochzeit macht....
so wird alles Böse ein Ende haben. Ich habe den Schurken,
die gegen den Fürsten, unseren Herrn, zogen, gesagt, daß sie
nicht mehr wiederkehren. Nun haben sie's! Vielleicht wird auch
der Krieg bald ein Ende haben."

„Wo denkst Du hin? Jetzt beginnt er erst mit Chmielnizki."

„Und werdet Ihr nach der Hochzeit in den Krieg ziehen?"

„Glaubst Du, daß mich die Hochzeit zu einem Feigling
machen soll?"

„Nein, das glaube ich nicht. Ich weiß wohl, wenn's Einen
giebt, der es nicht wird, so werdet Ihr's nicht, ich frage nur so;
denn wenn ich den Eltern heimgebracht habe, was ich gesammelt,
möchte ich gern mit Euch gehen. Vielleicht hilft mir Gott, auch
meine Kränkung dem Bohun heimzuzahlen, denn da es doch durch
Verrat nicht angeht, wo sollte ich ihn finden, wenn nicht im
Felde. Er wird sich dort nicht verstecken."

„So hast Du es auch auf ihn abgesehen?"

„Ein jeder führe aus, was er sich vorgenommen. Ich habe
mir gelobt, ihm bis nach der Türkei zu folgen. Es kann nicht
anders sein. Jetzt will ich mit Euch nach Tarnopol — und
dann zur Hochzeit. Aber warum wollt Ihr nach Bar über Tarnopol? Das liegt doch nicht am Wege."

„Ich muß die Fähnlein hinführen."

„Ich verstehe, mein Herr."

„Und nun bring' etwas zu essen," sagte Skrzetuski.

„Ich habe schon daran gedacht, der Magen ist die Hauptsache."

„Gleich nach dem Frühstück rücken wir aus."

„Nun, Gott sei Dank, obgleich meine Pferde entsetzlich herunter sind."

„Ich lasse Dir ein Handpferd geben, auf dem wirst Du von
nun an reiten."

„Ich danke Euch unterthänigst," sagte Rzendzian, und lachte
befriedigt bei dem Gedanken, daß, den Beutel und den Gurt
mit eingerechnet, ihm bereits das dritte Geschenk anheimfiel.

17. Kapitel.

Strzetuski ritt an der Spitze der fürstlichen Fähnlein nach Sbarasch, nicht nach Tarnopol, denn es war ein neuer Befehl gekommen, dorthin zu gehen, und unterwegs erzählte er seinem treuen Diener seine eigenen Erlebnisse, wie er in der Sitsch in Gefangenschaft geraten, wie lange er dort geblieben war, was er erlitten hatte, ehe ihn Chmielnizki freiließ. Sie zogen langsam vorwärts, obwohl sie weder Wagen noch Gepäck mit sich führten; aber der Weg führte durch so ausgeplündertes Land, daß man für Menschen und Pferde Nahrungsmittel nur mit größter Mühe erlangen konnte. Hier und da begegneten sie Scharen heruntergekommener Menschen, besonders Frauen mit Kindern, welche Gott um den Tod, ja selbst um die tatarische Gefangenschaft baten, da man ihnen doch wenigstens zu essen geben würde. Und dabei war es die Zeit der Ernte, in diesem üppigen, von Milch und Honig überfließenden Lande, aber Krschywonos' Vortrab hatte alles vernichtet, was sich nur zerstören ließ, und der Rest der Einwohner lebte von Baumrinde. Erst in der Nähe von Jampol gelangten die Ritter in ein Land, das noch nicht so arg vom Kriege mitgenommen war; jetzt, wo sie bessere Lager und reichlich Lebensmittel hatten, gingen sie in Eilmärschen auf Sbarasch zu und gelangten fünf Tage nach ihrem Ausmarsch aus Suchorschynce dahin.

In Sbarasch hatte sich eine ungeheure Menschenmenge zusammengefunden. Fürst Jeremias hielt hier mit dem ganzen

Heer, und außerdem waren Soldaten und Edelleute in großer Zahl hierher gekommen. Der Krieg hing sozusagen in der Luft, man sprach nur von ihm; die Stadt und die Umgegend wimmelte von bewaffnetem Volk. Die Friedenspartei in Warschau, deren Hoffnungen durch Herrn Kisiel immer von neuem aufrecht erhalten wurden, hatte zwar immer noch nicht die Verhandlungen aufgegeben und glaubte noch immer, daß man den Sturm friedlich würde beilegen können, aber sie begriff doch eins, daß die Verhandlungen nur dann einen Erfolg haben könnten, wenn zu ihrer Förderung ein mächtiges Heer bereit stände. So fanden auch die Beratungen unter Kriegsdrohungen und Unwettern statt, wie sie gewöhnlich dem Sturm vorherzugehen pflegen. Der allgemeine Landsturm wurde aufgeboten, man zog die regelmäßigen Truppen zusammen, und obgleich der Kanzler und die Regimentarier noch immer an den Frieden glaubten, so herrschte doch bei den Edelleuten die Kriegslust vor. Die Siege, welche Wischniowiezki erfochten hatte, regten die Phantasie der Krieger an. Die Geister brannten vor Durst nach Rache an den Bauern und nach Vergeltung für die Niederlagen bei den Gelben Wassern und bei Korsun, für das Blut so vieler Tausender, die den Märtyrertod gestorben waren und die Schmach und die Demütigungen ... der Name des furchtbaren Fürsten leuchtete im Sonnenglanze des Ruhms — er war in aller Munde, in aller Herzen, und mit diesem Namen zugleich scholl vom Ufer der Ostsee bis zu den Wilden Feldern der unheilverkündende Ruf: Krieg!

Krieg! Krieg! Die Zeichen am Himmel, die glühenden Gesichter der Menschen, das Blitzen der Schwerter, das nächtliche Geheul der Hunde vor den Hütten und das Wiehern der Pferde, welche Blut witterten, sagten ihn voraus: Krieg! Alle Waffenführenden in allen Landen, Kreisen, Höfen und Edelsitzen suchten die alten Rüstungen und Schwerter hervor, die Jugend sang Lieder von Jeremias, und die Frauen beteten an den Altären. Bewaffnetes Volk wogte hin und her, in Preußen wie in Finnland, in Großpolen wie in dem dichtbevölkerten Masowien bis hin zu den himmelanstürmenden Gipfeln der Tatra und den dunklen Beskidenwäldern.

Und der Krieg lag in der Macht der Verhältnisse. Die räuberische Bewegung der Saporogen und der Volksaufstand der ukrainischen Bauern bedurften höherer Losungsworte, als Raub und Totschlag, als den Kampf gegen den Frohndienst und die Latifundien der Magnaten. Das hatte Chmielnizki wohl begriffen, und er hatte die Erbitterung, die gegenseitigen

Mißbräuche und Bedrückungen benutzt, an denen es in jenen schweren Zeiten nicht fehlte, um den sozialen Kampf in einen religiösen zu verwandeln; er hatte den Volksfanatismus angefacht und gleich von Anfang an zwischen beiden Lagern jene Kluft gegraben, — eine Kluft, die weder Pergamente noch Verhandlungen, die nur Blut ausgleichen konnte.

Wenn er die Verhandlungen aufrichtig wünschte, so wollte er nur sich und seine eigene Macht sichern und dann? ... was dann kommen sollte, daran dachte der Hetman der Saporogen nicht. In die Zukunft blickte er nicht, sie kümmerte ihn wenig. Er wußte aber nicht, daß die von ihm geschaffene Kluft so groß war, daß keine Verhandlungen sie überbrücken konnte, nicht einmal für die Zeit, die er selbst, Chmielnizki, brauchen konnte. Der scharfsichtige Politiker begriff nicht, daß er die blutigen Früchte seines Lebens nicht im Frieden würde genießen können.

Und es war doch leicht vorauszusehen, daß dort, wo bewaffnete Hunderttausende sich gegenüberstehen würden, das Pergament zur Niederschrift der Akten das Schlachtfeld, und die Federn Schwerter und Spieße sein würden.

So drängten die Ereignisse durch die Macht der Umstände zum Kriege — und selbst schlichte Leute, die nur der Instinkt leitete, errieten, daß es nicht anders sein könne, und in der gesamten Republik richteten sich immer mehr Augen auf Jeremias, der von Anfang an Krieg auf Leben und Tod verkündet hatte. Im Schatten dieser Riesengestalt schwanden immer mehr der Kanzler, der Wojewode von Brazlaw und die Regimentarier, unter ihnen der mächtige Fürst Dominik, der zum obersten Führer ernannt worden war. Ihre Autorität, ihre Bedeutung schwand, und der Respekt vor der Obrigkeit, die sie vertraten, wurde geringer. Man befahl dem Heer und dem Adel zuerst, sich bei Lemberg zu sammeln, dann bei Glinjani, und es strömten auch immer größere Heerscharen herbei.

Die regelmäßigen Truppen kamen heran, ihnen folgten die Landleute der benachbarten Wojewodschaften. Aber bald begannen neue Ereignisse die Autorität der Republik zu bedrohen. Nicht nur die minder disziplinierten Fähnlein des Landsturms, nicht nur die Privatheere, sondern auch die regelmäßigen Truppen versagten den Regimentariern den Gehorsam, als sie an den Versammlungsort gekommen waren, und zogen gegen den Befehl nach Sbarasch, um sich unter das Kommando des Fürsten Jeremias zu stellen. So thaten zunächst die Wojewodschaften

Kijew und Brazlaw, deren Adel schon vorher in bedeutender Zahl unter Jeremias gedient hatte.

Dann kamen die Ruthenischen, die Lublinschen, ihnen folgte das Kronheer — und es war nicht mehr schwer vorherzusagen, daß alle anderen ihrem Beispiele folgen würden.

Der absichtlich umgangene und vergessene Jeremias ward durch die Macht der Verhältnisse zum Hetman und obersten Führer aller Streitkräfte der Republik. Der Adel und das Heer war ihm mit Leib und Seele ergeben und wartete nur seines Winkes. Die Macht, der Krieg, der Friede, die Zukunft der Republik ruhten in seiner Hand.

Und er wuchs noch mit jedem Tage, denn täglich strömten ihm neue Fahnen zu.

Er wuchs so ins Riesenhafte, daß sein Schatten anfing, nicht nur auf den Kanzler und die Regimentarier zu fallen, sondern auch auf den Senat, auf Warschau und die ganze Republik.

In den ihm mißgünstigen Kreisen in Warschau, im Lager der Regimentarier, in der Umgebung des Fürsten Dominik und bei dem Wojewoden von Brazlaw begann man über seinen unermeßlichen Ehrgeiz und seine Kühnheit zu reden, man erinnerte an die alte Sache von Habsiatsch, wie der kühne Fürst mit 4000 Mann nach Warschau gekommen und in den Senat getreten sei, wie er bereit gewesen sei, alles niederzumachen, den König nicht ausgenommen.

Was hat man von einem solchen Mann zu erwarten und wie muß er jetzt sein — fragt man, nach jenem kühnen, xenophonischen Zuge aus dem Dnieprlande, nach allen Kriegszügen und Siegen, die ihm so unermeßlichen Ruhm gebracht haben? Welch' unermeßlicher Stolz muß ihm aus der Liebe der Soldaten und des Adels erwachsen sein? Wer wollte ihm heute Widerstand leisten? Was sollte aus der Republik werden, wenn ein Bürger zu solcher Macht gelangte, daß er den Willen des Senats mit Füßen treten, den von der Republik ernannten Führern die Macht nehmen könne? Denkt er vielleicht daran, den Prinzen Karl mit der Krone zu schmücken? Ein zweiter Marius ist er — das ist wahr, aber gebe Gott, daß in ihm nicht ein Marcus Coriolanus oder Catilina erstehe, denn an Stolz und Ehrgeiz kommt er Beiden gleich.

So sprach man in Warschau und in den Kreisen der Offiziere, und besonders bei dem Fürsten Dominik, dessen Rivalität mit Jeremias der Republik schon früher nicht geringen

Schaden gebracht hatte — jener Marius aber saß inzwischen in Sbarasch, düster und in Grübeln versunken, denn die jüngst errungenen Siege konnten sein Antlitz nicht erhellen. Wenn irgend ein neues Fähnlein von den regulären Truppen oder irgend ein Bezirksheer vom allgemeinen Aufgebot in Sbarasch zu ihm stieß, so ritt er ihm entgegen, überschaute mit einem Blick ihren Wert und fiel wieder in sein Brüten zurück. Die Soldaten drängten sich mit Hochrufen an ihn heran, fielen vor ihm auf die Kniee und riefen: „Sei egrüßt, Du unbesiegbarer Feldherr! Slavischer Herkules! Unser Leben geben wir für Dich hin!" — Er aber antwortete: „Ich danke Euch! Wir alle stehen unter Christi Befehl, und mein Rang ist zu niedrig, als daß ich Euer Blutsverwalter sein sollte."

Und dann zog er sich zurück, floh die Menschen und rang in der Einsamkeit mit seinen eigenen Gedanken. So flossen die Tage dahin. Unterdessen wogte die Stadt von immer neuen Soldatenscharen. Diejenigen vom Landsturm tranken vom Morgen bis zur Nacht, schlenderten in den Straßen umher, machten Lärm und zankten sich mit den Offizieren fremder Herkunft. Die regulären Truppen, welche ebenfalls die Zügel der Disziplin gelockert fühlten, ergaben sich dem Weine, dem Genusse und dem Würfelspiel. Täglich kamen neue Fremdlinge, täglich also gab es neue Feste und Vergnügungen mit den Bürgerstöchtern. Die Soldaten nahmen alle Straßen ein, lagen in den Dörfern der Umgegend — und welche Mannigfaltigkeit an Pferden, Rüstungen, Trachten, Federn, Riemenzeug, Gehänge und Farben der verschiedenen Wojewodschaften! Man hätte glauben können, es sei ein allgemeines Ablaßfest, zu dem die Republik zusammengeströmt war. Bald kam eine adlige, vergoldete oder purpurrote Karosse, mit sechs oder acht Pferden bespannt, die mit Federbüschen geschmückt waren, dann ungarisch oder deutsch gekleidete Pajuken, Janitscharen, Kosaken, Tataren, bald wieder drängten etliche Kameraden, die in Seide und Sammet glänzten, ohne Panzer, die Menge auf anatolischen oder persischen Pferden auseinander. Die Knöpfe an der Brust glänzten, die Brillanten und Rubinen strahlten ihr Feuer aus, und alle wichen vor ihnen zurück, aus Achtung vor dem Wappen. Dort wieder in dem Hofflur brüstete sich ein Offizier vor dem Fußvolk in frischem, glänzendem Koller, den langen Rohrstock in der Hand und Hochmut im Gesicht und dem bürgerlichen Herzen in der Brust; dort schimmerten die kammgeschmückten Helme der Dragoner, die Hüte des deutschen Fußvolks, die Holzspeere des

Landsturms, Kapuzen und Luchshelme. Das Gesinde in den verschiedensten Farben eilte dienstfertig hin und her. Hier und da war die Straße von Wagen gesperrt; dort kamen die Wagen erst heran, unbarmherzig knarrend, überall hörte man schreien und rufen: „aus dem Wege!" Ueberall hörte man das Gesinde fluchen, zanken, raufen, Pferde wiehern. Die kleinen Gäßchen waren mit Heu und Stroh so angefüllt, daß man kaum durchkommen konnte.

Und mitten in diesen glänzenden Trachten, die in allen Farben des Regenbogens schimmerten, mitten in Sammet und Seide, in Spitzen und Spangen, in dem Glanze der Brillanten, wie seltsam nahmen sich die Regimenter Wischniowiezkis aus, die heruntergekommenen, zerlumpten und abgemagerten Soldaten in ihren verrosteten Rüstungen, verblaßten Farben und zerrissenen Uniformen! Die Kameraden der geachtetsten Fähnlein sahen aus wie Greise, schlimmer als die Kriegsknechte von anderen Regimentern, und alle beugten sich vor diesen Lumpen, vor diesem Rest eines glänzenden Heeres und diesem Elend, denn sie trugen die Abzeichen der Helden. Der Krieg ist eine böse Mutter, er verzehrt die eigenen Kinder, wie Saturn, und die er nicht verzehrt, benagt er, wie der Hund die Knochen. Diese verblaßten Farben, die Regenschauer der Nacht, die Märsche in dem Sturm der Elemente oder der Sonnenglut, dieser Rost auf dem Eisen, dieses unverlöschliche Blut der Eigenen, oder der Feinde, oder beides zusammen! Und doch führten Wischniowiezkis Mannen überall das Wort. Sie erzählten in den Schenken und Quartieren ihre Heldenthaten, die anderen hörten ihnen zu, und oft genug packte es einen der Zuhörer wie ein Krampf, dann schlug er mit den Händen an die Lenden und rief: „Daß Euch die Motten kriegten! Teufel seid Ihr, nicht Menschen!" Und Wischniowiezkis Leute antworteten: „Nicht unser Verdienst ist es, sondern das Verdienst eines Führers, desgleichen die Welt noch nicht hervorgebracht hat." Und so schließen alle Feste mit dem Ausruf: „Vivat Jeremias! Vivat, der Wojewode! Der Feldherr aller Feldherren! Der Hetman aller Hetmanen! . . . ."

Und die Edelleute tranken und stürzten auf die Straße und schossen aus Büchsen und Musketen, und da sie Wischniowiezkis Leute ermahnten, daß diese Freiheit nur kurze Zeit währen würde, da der Fürst sie in seine Zucht einführen werde, wie sie selbst sie noch nie gesehen hätten, genossen sie nur umsomehr die Zeit.

„Gaudeamus," so lange es noch Zeit ist — riefen sie.

Kommt die Zeit, zu gehorchen, so werden wir gehorchen,

denn einem solchen Manne gehorcht man gern! — Und der unglückliche Fürst Dominik kam dabei immer am schlimmsten weg, denn die Zungen der Soldaten zerrieben ihn zu Kleie. Sie erzählten einander, wie er ganze Tag lang bete, daß er abends am Henkel des Kruges hänge, und wenn ihm einer auf den Bauch speie, so öffne er nur ein Auge und frage: „Was ist das?“ Sie erzählten einander auch, daß er in der Nacht „Jalapa“*) zu sich nehme, und daß er nur so viel Schlachten gesehen, wie er auf seinen Teppichen von holländischem Gewebe habe. Es gab niemanden, der ihn verteidigte oder Mitleid mit ihm empfand, und am meisten stichelten ihn die, welche in offenkundiger Zwietracht mit der militärischen Zucht waren.

Aber selbst diese übertraf in Sticheleien und Spott Sagloba noch. Seine Kreuzschmerzen waren schon geheilt, und er war jetzt ganz in seinem Element. Was er aß und trank, läßt sich gar nicht beschreiben und übersteigt menschliche Vorstellung. Stets folgten und umgaben ihn große Scharen von Soldaten und Edelleuten und er sprach und erzählte, und verspottete diejenigen, welche ihn fetierten. Als alter Soldat sah er auch vornehm auf die herab, welche in den Krieg zogen, und pflegte mit der ganzen Ueberlegenheit der Erfahrung zu sagen: „Ihr habt von Kriegsnöten so viel erfahren, wie die Nonnen von einem Manne; Ihr habt frische Kleider, die nach Lavendel riechen, und wenn das auch ein schöner Geruch ist, so werde ich mich doch bemühen, in der ersten Schlacht mich abseits von Euch gegen den Wind zu halten. O, wer den Kriegsknoblauch nicht gerochen hat, der weiß nicht, was für Thränen er erpreßt. Dann bringt „Sie“ Euch auch nicht mehr das Warmbier am Morgen oder die Bohnensuppe! Die Bäuchlein werden Euch mager werden, austrocknen werdet Ihr wie Quark an der Sonne. Ihr könnt mir glauben, Erfahrung ist die Hauptsache! Ich war in so mancher Fährlichkeit, ja — man hat so manches Fähnlein erobert, aber das muß ich Euch sagen, keine ist mir so schwer geworden, wie die bei Konstantinow. Hole der Teufel diese Saporogen! Der Schweiß rannte mir so herunter, sage ich Euch, ehe ich den Fahnenstock fassen konnte. Fragt Herrn Skrzetuski, den, der den Burdabut getötet hat, er hat es mit eigenen Augen gesehen und angestaunt. Aber jetzt sage ich Euch, schreit nur dem Kosaken ins Ohr: „Sagloba“, und Ihr sollt sehen, was er Euch antwortet. Aber, was erzähle ich's Euch,

---

*) „Jalapa“ mutmaßlich ein betäubendes Getränk.

die Ihr nur die Fliegen an den Wänden mit der Klappe geschlagen habt, sonst nichts!"

„Wie war das, wie?" fragten die jüngeren.

„Was, wollt Ihr, daß mir die Zunge vom beständigen
Wirbeln anbrenne, wie die Achsen am Wagen?"

„Ihr müßt sie begießen, Wein her!" riefen die Edelleute.

„Das ist etwas anderes," antwortete Sagloba, und froh,
dankbare Zuhörer gefunden zu haben, erzählte er ihnen alles
— ab ovo — von der Reise nach Galati und von der Flucht
aus Roslogi, bis zur Eroberung der Fahne bei Konstantinow.
Sie aber horchten mit offenem Munde auf und murrten manchmal, wenn er, seinen eigenen Mut rühmend, gar zu sehr ihre
Unerfahrenheit bespöttelte, aber sie luden ihn doch täglich in ein
anderes Quartier und gaben ihm u trinken.

So lebte man fröhlich und froh in Sbarasch, bis der alte
Sazwilichowski und andere ernste Männer sich wunderten, daß der
Fürst so lange diesen Schmausereien zusah; er aber saß beständig
in seinem Quartier — ließ offenbar absichtlich die Soldaten
ihrem Vergnügen nachgehen, damit sie vor neuen Schlachten das
Leben reichlich genössen. Unterdessen war Skrzetuski zurückgekehrt und fiel plötzlich wie in einen Strudel hinein. Auch er
hätte gern die Ruhe im Kreise der Kameraden genossen, aber
noch lieber wäre er nach Bar zur Geliebten geritten, um alle
alten Schmerzen, alle Angst und Sorge in ihrer süßen Umarmung zu vergessen. Er ging also unverzüglich zum Fürsten,
ihm Rechenschaft von seinem Zuge nach Saslaw zu geben und
die Erlaubnis zur Reise zu erlangen.

Er fand den Fürsten bis zur Unkenntlichkeit verändert, so
daß er bei seinem Anblick zusammenschrak — und sich im Geiste
fragte: Ist dies der Feldherr, den ich bei Machnowka und Konstantinow gesehen habe? — Denn vor ihm stand ein Mann,
von der Last der Sorgen gebeugt, mit hohlen Augen und ver-
dorrten Lippen, als wüte eine schwere Krankheit in ihm. Auf
die Frage nach seinem Wohlsein antwortete er kurz und trocken,
daß er gesund sei, und der Ritter wagte nicht, weiter zu fragen
— er gab also Rechenschaft von seinem Ausflug und bat bald
um die Erlaubnis, die Fahnen auf zwei Monate verlassen zu
dürfen, um sich zu verheiraten und die Gattin nach Skrzetuschewo
zu bringen.

Da war es, als erwachte der Fürst aus einem Traum.
Die gewohnte Güte übergoß sein umdüstertes Antlitz, er zog
Skrzetuski an sich und sagte:

„So hat Deine Qual ein Ende. Gehe hin, gehe hin und segne Dich der Himmel. Gern wäre ich selbst bei Deiner Hochzeit, denn das bin ich der jungen Kurzewitsch, der Tochter Wassilis, und Dir, dem Freunde, schuldig, aber in dieser Zeit ist es nicht möglich. Wann willst Du reisen?"

„Fürstliche Durchlaucht — am liebsten heute!"

„So reise morgen. Du kannst nicht allein reisen. Ich gebe Dir dreißig Tataren von Wierschul mit, damit Du Helene sicher heimbringst. Mit diesen wirst Du am schnellsten ans Ziel kommen, und Du brauchst sie, denn es wimmelt dort von Gesindel. Ich gebe Dir auch einen Brief an Herrn Andreas Potozki, aber ehe ich ihn schreibe, ehe die Tataren kommen, ehe Du Dich endlich reisefertig machst, wird es morgen Abend werden."

„Wie Eure Fürstliche Durchlaucht befehlen. Aber ich wage noch zu bitten, daß Wolodyjowski und Longinus mit mir ziehen dürfen."

„Gut. Komme doch morgen noch zu mir, damit ich Abschied von Dir nehme und Dir meinen Segen gebe. Ich möchte auch Deiner jungen Fürstin ein Angebinde senden. Ein braves Blut, seid glücklich, denn Ihr verdient es."

Schon war der Ritter niedergesunken und hatte die Kniee des geliebten Feldherrn umfaßt, dieser aber wiederholte noch etliche Mal: „Gebe Dir Gott seinen Segen! Gebe Dir Gott seinen Segen! Nun komme morgen noch einmal."

Aber der Ritter erhob sich nicht und ging nicht fort, als wollte er noch um etwas bitten; endlich brachte er hervor:

„Fürstliche Durchlaucht."

„Was hast Du mir noch zu sagen?" fragte der Fürst mild.

„Fürstliche Durchlaucht, verzeiht meiner Kühnheit, aber ... mir bricht das Herz, mein großer Schmerz giebt mir den Mut: Was fehlt Eurer Fürstlichen Durchlaucht? Drückt Euch Sorge oder Krankheit?"

Der Fürst legte die Hand auf sein Haupt:

„Du darfst das nicht wissen!" sagte er mit weichster Stimme — „komm' morgen noch einmal."

Strzetuski erhob sich und ging mit blutendem Herzen.

Gegen Abend kam der alte Sazwilichowski in sein Quartier, mit ihm der kleine Wolodyjowski, Longinus und Sagloba. Sie nahmen am Tische Platz, und Rzendzian trug Becher und ein Tönnchen herbei.

„Im Namen des Vaters und des Sohnes," schrie Sagloba. „Ich sehe, Euer Bursche ist auferstanden."

Rzendzian trat näher und umfaßte seine Kniee.

„Ich bin nicht auferstanden, ich, ich war gar nicht gestorben, da Ihr mich gerettet habt."

Und Skrzetuski fügte hinzu:

„Und dann hat er dem Bohun gedient."

„So wird er in der Hölle einen Vorsprung haben," sagte
Sagloba. Dann wandte er sich an Rzendzian: „Viele Freuden
wirst Du dort im Dienste nicht gehabt haben, da, nimm den
Thaler zum Trost."

„Ich danke Euch unterthänigst," sagte Rzendzian.

Da rief Skrzetuski: „Er ist ein Schelm, mit allen Hunden
gehetzt. Bei den Kosaken hat er die Beute aufgekauft, und was
der hat, das könnten wir beide zusammen nicht kaufen, selbst
wenn Ihr alle Eure Besitzungen in der Türkei zu Gelde
machen wolltet."

„So also steht das?" sagte Sagloba. „Nun, behalte Dir
meinen Thaler, blühe, liebes Bäumchen, bist Du nicht zu Christi
Kreuz, so bist Du doch zum Galgen nutz. Dem Burschen schaut
Vertrauen aus den Augen (hier faßte Sagloba Rzendzian beim
Ohre, zupfte ihn leicht und sprach weiter): ich liebe die Schalke,
und ich weissage Dir, Du wirst noch ein Mensch, wenn Du
nicht ein Vieh wirst. Und wie spricht Dein Herr Bohun von
mir — was?"

Rzendzian lächelte. Die Worte und die Liebkosung hatten
ihm geschmeichelt und er erwiderte:

„O, mein Herr, wie er von Euch spricht? die Funken flogen
ihm aus den Zähnen, wenn er Eurer Erwähnung that."

„Geh' zum Teufel," rief Sagloba in plötzlichem Zorn. —
„Was schwatzest Du da?"

Rzendzian entfernte sich. — Sie aber begannen über die
morgen bevorstehende Reise zu sprechen und über die unaussprechliche Glückseligkeit, die Skrzetuski's harre. Der Met brachte
Sagloba bald wieder in die heiterste Laune und er begann bald
den Skrzetuski zu sticheln, von Taufe zu reden, bald wieder von
Andreas Potozkis Neigung zu der jungen Prinzessin. Longinus
seufzte. Sie tranken und freuten sich in der Stille, bis endlich
das Gespräch auf den Stand des Krieges und auf den Fürsten
kam. Skrzetuski, der lange Zeit nicht im Lager gewesen war,
fragte: „Sagt mir doch, meine Herren, was mit unserm Fürsten
vorgegangen ist? Er ist ja ein anderer Mensch geworden. Ich

begreife das nicht mehr. Gott hat ihm Sieg auf Sieg gegeben. Daß sie ihn dort bei der Feldherrnwahl übergangen haben, was will das sagen? Dafür drängt sich jetzt das ganze Heer zu ihm, so daß er ohne Jemandes Zuthun durch den Willen des Volkes Hetman wird und den Chmielnizki vernichtet ... und doch nagt an ihm ein Kummer! ..."

„Vielleicht plagt ihn das Podagra," sagte Sagloba. „Wenn es mich einmal in der großen Zehe sticht, so habe ich drei Tage lang Melancholie."

„Und ich sage Euch, Brüderchen," begann Longinus mit dem Kopf wackelnd, „ich habe es nicht selbst vom Priester Muchowiezki gehört, aber ich habe gehört, wie er es jemandem gesagt hat, warum der Fürst bekümmert sei ... ich will ja nichts sagen, er ist ein gütiger Herr, ein guter und großer Kriegsmann, ich urteile nicht über ihn, aber wie der Priester ihm — übrigens, was weiß ich?"

„Nun, seht mir nur diesen Litauer an," rief Sagloba, „wie sollen wir ihn nicht zum besten haben, wenn er keine Menschensprache spricht. Was wollt Ihr eigentlich sagen? Geht im Kreise umher, wie die Katze um den Brei, und könnt nicht ins Schwarze treffen."

„Was habt Ihr nun wirklich gehört?" fragte Skrzetuski.

„Nun, wenn es sein muß ... man sagt, er hat zu viel Blut vergossen. Er ist ein großer Feldherr, aber er kennt kein Maß im Strafen, und jetzt sagt man, er sehe alles rot — am Tage rot und in der Nacht rot, als wenn ihn eine rote Wolke einhüllte ..."

„Sprecht keine Thorheiten," fuhr der alte Sazwilichowski im Zorn auf — „das ist Altweibergeschwätz. Es giebt für das Gesindel keinen besseren Herrn in Friedenszeiten, wenn er gegen die Rebellen kein Mitleid kennt, was will das sagen? Das ist ein Verdienst, keine Sünde. Welche Qual, welche Strafen wären zu groß für diejenigen, welche das Vaterland im Blute ertränken, die den Tataren ihr eigenes Volk in die Gefangenschaft ausliefern, die Gott nicht kennen wollen, keine Majestät, kein Vaterland, keine Obrigkeit? Wo könnt Ihr mir ähnliche monstra zeigen, wo ähnliche Grausamkeiten, wie die, welche diese begangen haben, mit Weibern und Kindern, wo so ungeheuerliche Verbrechen? Und dafür sollen Pfahl und Galgen zu viel sein? Pfui, pfui, Ihr habt eine eiserne Hand aber ein weibisches Herz. Ich habe gehört, wie Ihr gestöhnt habt, als man den Krschywonos briet, und Ihr sagtet, Ihr würdet ihn lieber auf der Stelle töten. Aber der Fürst ist kein Weib — er weiß zu belohnen und zu bestrafen. Was wollt Ihr uns blauen Dunst vormachen?"

„Ich sagte ja, daß ich nichts weiß" entschuldigte Longinus. Aber der Alte wütete noch lange, fuhr sich mit der Hand über den milchweißen Scheitel und brummte ... „rot! hm, rot! hm! Das ist etwas Neues. Wer das erfunden hat, der hat's grün im Kopfe, nicht rot!"

Es entstand Stille ringsum. Nur durch die Fenster drang der Lärm der zechenden Edelleute.

Der kleine Wolodyjowski unterbrach endlich das im Zimmer herrschende Schweigen.

„Hm," sagte der Alte, „ich bin nicht sein Vertrauter, ich weiß es also nicht. Er denkt über etwas nach, ringt mit sich selbst. Seelenkämpfe sind es, es kann nicht anders sein. Und je größer die Seele, desto schwerer die Qual ..."

Und der alte Ritter hatte sich nicht geirrt, denn in demselben Augenblick lag der Fürst, der Sieger, in seinem Quartier, im Staube vor dem Kruzifix, und kämpfte einen der schwersten Kämpfe seines Lebens.

„Was denkt Ihr, Vater? Was kann unserm Herrn sein?"

Die Wachen auf dem Schlosse von Sbarasch riefen Mitternacht aus, Jeremias hielt noch immer Zwiesprache mit Gott und mit seiner eigenen reinen Seele. Der Verstand, das Gewissen, die Vaterlandsliebe, der Stolz, das Bewußtsein der eigenen Kraft und seiner großen Mission hatten sich in seiner Seele in Ringkämpfer verwandelt und führten miteinander einen hartnäckigen Kampf, der die Brust fast zersprengte, den Kopf spaltete, so daß der Schmerz alle seine Glieder schüttelte. Gegen den Willen des Primas, des Kanzlers, des Senats, der Generalregimentarier, wider den Willen der Regierung kamen zu diesem Sieger die regulären Truppen, der Adel, fremde Privatfähnlein — mit einem Worte, die ganze Republik gab sich in seine Hand, flüchtete sich unter seine Fittiche, vertraute dem Schicksal seines Genius und rief durch seine besten Söhne: „Rette, denn Du allein kannst retten!" Noch einen Monat, noch zwei, und es werden sich vor Sbarasch Hunderttausende von Kriegern sammeln, bereit zum Kampf auf Leben und Tod mit dem Drachen des Bürgerkrieges. Hier begannen Zukunftsbilder, übergossen von dem ungeheuren Glanze des Ruhms und der Macht, vor den Augen des Fürsten vorbeizuziehen. Erzittern werden die, welche ihn übergehen und demütigen wollten — und er wird diese eisernen Scharen der

Ritterschaft mit sich fortreißen, sie in die ukrainischen Steppen
führen zu solchen Siegen, solchen Triumphen, wie sie die Ge=
schichte noch nicht gehört hat. Und der Fürst fühlte noch die
Kraft dazu — es wuchsen ihm Flügel, wie die Flügel des
heiligen Erzengels Michael. In diesem Augenblick wandelt er
sich in einen Riesen, für den das ganze Schloß, ganz Sba=
rasch, ganz Ruthenen nicht Raum hatte. Bei Gott! Er wird
Chmielnizki zermalmen. Er wird die Revolution niedertreten
— er wird dem Vaterlande den Frieden bringen. Er schaut
die unendlichen Auen, die Myriadenheere, er hört den Donner
der Kanonen! Kampf! Kampf! eine unerhörte, beispiellose
Niederlage! Hunderttausende von Leichen, Hunderttausende von
Fahnen bedecken die blutige Steppe, und er schreitet über den
Leichnam Chmielnizkis hinweg, und die Trompeten verkünden
den Sieg, und der Ruf erschallt von Meer zu Meer. Der Fürst
springt auf und erhebt seine Hände zu Christo, und rings um
sein Haupt leuchtet ein rotes Licht: „Jesus Christ," ruft er,
„Du siehst, daß ich das thun kann, sage mir, daß es meine
Pflicht ist."

Aber der Erlöser senkt sein Haupt auf die Brust und
schweigt so schmerzlich, als hätte man ihn eben erst ans Kreuz
geschlagen. „Dir zum Ruhm," ruft der Fürst — „non mihi!
non mihi! sed nomini Tuo da gloriam! zum Ruhme des
Glaubens und der Kirche, der ganzen Christenheit, o Jesu Christ!
und ein neues Bild huscht an den Augen des Helden vorüber.
Nicht mit dem Siege über Chmielnizki endet dieser Weg. Wenn
der Fürst den Aufstand niedergetreten hat, wird er sich noch
über dessen Unterdrückung erheben, seine Kräfte stärken, My=
riaden von Kosaken, Myriaden von Edelleuten zusammen=
scharen und weiterziehen, die Krim angreifen, den furchtbaren
Drachen in seiner eigenen Höhle erreichen und das Kreuz dort
aufrichten, wo bisher noch niemals Kirchenglocken die Gläubigen
zum Gebet gerufen haben.

Oder er wird auch in jene Lande ziehen, die schon einmal
die Fürsten Wischniowiezki mit den Hufen ihrer Pferde zermalmen
wollten und die Grenzen der Republik und mit ihnen die der
Kirche bis an das äußerste Ende der Erde erweiterten ...

Wo war das Ende dieses Fluges? Wo das Ende dieses
Ruhms, der Kraft, der Macht? — Es giebt kein Ende ...

In das Schloßzimmer fällt das Licht des Mondes, aber
die Uhren schlagen eine späte Stunde und die Hähne krähen.
Bald wird der Tag herabsinken, aber es wird ein Tag sein,

an welchem neben der Sonne am Himmel eine neue Sonne
auf Erden aufgeht.

———

Ja — der Fürst wäre ein Kind, kein Mann, wenn er
das nicht thäte, wenn er aus irgendwelchen Gründen vor der
Stimme der Schicksalsmächte zurückwiche. Und siehe, schon
empfand er eine gewisse Ruhe, die Christus offenbar in seiner
Barmherzigkeit über ihn ausgegossen hatte — gelobt sei er
dafür! — Schon denkt er nüchterner und umfaßt mit den Augen
der Seele heller die Lage des Vaterlandes und alle seine Angelegenheiten. Die Politik des Kanzlers und der Herren dort
in Warschau, wie die des Wojewoden von Brazlaw ist schlecht
— für das Vaterland verderblich. Er mußte erst die Saporogen
niedertreten, ein Meer von Blut hervorrufen, vernichten, nieder-
drücken, siegen und dann, wenn alles vollbracht, — alle Mißbräuche, alle Bedrückungen abschaffen, Ordnung und Frieden
einführen, die Rebellion mit Macht töten — ein geregeltes Leben
wieder herstellen — das war der einzige Weg, würdig seiner großen,
herrlichen Republik. Früher vielleicht, früher hätte man einen
anderen wählen können, als ihn, heute — nimmermehr!

Denn wohin könnten die Verhandlungen führen, wenn unzählige Tausende von Bewaffneten sich gegenüberstehen? Und wenn
man auch Bedingungen abschlösse, welche Kraft würden sie haben?
Nein, nein, das sind Traumbilder, Phantasieen, das ist ein Krieg
in alle Ewigkeit, ein Meer von Thränen und Blut für die
Zukunft! ... Den einen Weg, den großen, edlen, kraftvollen,
mochten sie gehen — er würde nichts weiter wollen, nichts
anderes verlangen. Er würde wieder in sein Lubnie zurückkehren und ruhig harren, bis ihn die Trompetenstöße von Gra-
bywo von neuem zur That aufriefen ... Mochten sie ihn gehen!
Aber wer? Der Senat? Die stürmischen Reichstage? Der
Kanzler? Der Primas? Oder die Generalregimentarier? Wer,
außer ihm, begriff diesen großen Gedanken? Und wer konnte
ihn ausführen? Fand sich einer — gut! Aber, wo war er?
Wer hatte die Kraft? Er allein — sonst niemand! — Zu ihm
eilte der Adel, zu ihm drängte das Heer, in seiner Hand ruhte
das Schwert der Republik. Regiert die Republik doch, selbst
wenn ein Herr auf dem Throne sitzt, der Wille dieser Nation,
um wie viel mehr, wenn der Thron leer ist. Er ist suprema
lex! Und das wird ausgesprochen nicht nur auf den Reichstagen, nicht nur durch die Landesboten, durch den Senat und
den Kanzler, nicht blos durch die geschriebenen Gesetze und

Manifeste, sondern noch mächtiger, noch nachdrücklicher, noch deutlicher durch die That. Wer herrscht hier? Der Ritterstand — und dieser Ritterstand war nach Sbarasch geströmt und sagte zu ihm: Du bist unser Feldherr! Die ganze Republik gab ihm ohne Abstimmung die Macht durch die Kraft der Thatsachen und wiederholte: Du bist unser Feldherr. Und er sollte zögern? Welcher Ernennung bedurfte es noch? Von wem sollte er sie erwarten? Etwa von denen, welche die Republik vernichten und ihn demütigen möchten? — Und warum, warum? Etwa darum, weil er, als die Panik alle ergriffen hatte und die Hetmane in die Gefangenschaft zogen, die Heere vernichtet waren, die Herren auf ihren Schlössern Zuflucht suchten und der Kosak seinen Fuß auf den Nacken der Republik setzte, er allein diesen Fuß hinuntergestoßen, das ohnmächtige Reich allen aus dem Staube erhoben und alles, Leben, Besitz für dieses geopfert, es von Schmach, vom Tode errettet hatte — er, der Sieger!?

Wer die größten Verdienste hat, der ergreife die Herrschaft! Wem sie gerechter Weise zusteht, in dessen Hand liege sie. Er würde gern dieser Bürde entsagen, gern zu Gott und der Republik sprechen: „Laßt Euren Diener in Frieden ziehen — denn seht, er ist sehr müde und kraftlos und weiß doch gewiß, daß sein Gedächtnis und sein Grab nicht vergessen werden." Aber wenn niemand da war, so mußte er zweifach und dreifach ein Kind sein, kein Mann, wenn er dieser Herrschaft entsagen sollte, dieser Sonnenbahn, dieser glänzenden, herrlichen Zukunft, in welcher die Rettung der Republik, ihr Ruhm, ihre Macht und ihr Glanz ruhte.

Weshalb zögerte er noch?

Der Fürst erhob wieder stolz sein Haupt, und sein glühender Blick fiel wieder auf den Gekreuzigten, aber Christus senkte sein Haupt auf die Brust und schwieg so schmerzlich, als hätte man ihn eben erst an das Kreuz geschlagen ....

Weshalb? Der Held drückte seine Hände an die glühenden Schläfen — vielleicht giebt es doch eine Antwort. Was bedeuteten diese Stimmen, die mitten durch die goldenen, buntschimmernden Träume von Ruhm, mitten durch den Lärm zukünftiger Siege, mitten durch die Ahnungen von Größe und Macht so unbarmherzig in seine Seele riefen: „Ach, stehe still, Unglückseliger!" Was bedeutete die Unruhe, die seine erschrockene Brust mit einem Schauer der Angst durchrieselte? Was bedeutete es, daß, während er klar und deutlich einsah, daß er die Herrschaft ergreifen müsse, etwas in den Falten seines Gewissens flüsterte:

„Du täuscheſt Dich, der Hochmut verleitet Dich, der Satan des Stolzes verſpricht Dir Königreiche!" Und wieder tobte ein ernſtlicher Kampf in der Seele des Fürſten, wieder erfaßte ihn ein Sturm der Angſt, der Unſicherheit, der Verzweiflung.

Was thut der Abel, der ihm zuſtrömt, ſtatt zu den Regimentariern? Er tritt das Geſetz mit Füßen! Was thut das Heer? Es bricht die Disziplin. Und er, der Sohn dieſes Staates, der Soldat, ſoll ſich an die Spitze der Unbotmäßigkeit ſtellen, er ſollte ſie mit ſeiner Autorität decken, er ſollte das erſte Beiſpiel der Zuchtloſigkeit, der Willkür, der Mißachtung der Geſetze geben, und alles dies nur, um die Gewalt zwei Monate früher an ſich zu reißen? Denn, wenn Prinz Karl wirklich auf den Thron erhoben wird, ſo würde ja die höchſte Gewalt ihm unbenommen ſein. Er ſollte ein ſo entſetzliches Beiſpiel dem kommenden Jahrhundert geben? Denn was würde geſchehen? Was heute ein Wiſchniowiezki gethan, das thut morgen ein Koniezpolski, Potozki, Firlej, Samojski oder Lubomirski, und wenn ein jeder ohne Rückſicht auf Geſetz und Zucht nur dem eigenen Ehrgeiz folgend handeln, wenn die Kinder dem Beiſpiel der Väter und Großväter folgen wollten, welcher Zukunft ging dies Land entgegen? Der Wurm der Willkür, Unordnung und Gewalthaten nagte ſo ſchon an dem Stamme dieſer Republik, und unter der Axt des Bürgerkrieges zerbröckelte ſie, die trockenen Zweige fielen vom Baum — was würde geſchehen, wenn die, welche ihn ſchützen und behüten ſollen, wie den Augapfel — ſelbſt Feuer daranlegten? Was würde geſchehen, Jeſu Chriſte?

Aber Jeſus ſenkte ſein Haupt auf die Bruſt und ſchwieg ſo ſchmerzlich, als hätte man ihn eben erſt ans Kreuz geſchlagen . . . .

Von neuem nagte der Schmerz am Herzen des Fürſten. Wenn er die Macht an ſich riß und der Kanzler, der Senat und die Generalregimentarier ihn als Verräter und Rebellen ausriefen — was würde folgen, ein zweiter Bürgerkrieg? Und ferner, iſt Chmielnizki der größte und drohendſte Feind dieſer Republik? Haben doch ſchon oft größere Mächte ſie angegriffen; ſind doch zweimalhunderttauſend eiſenbepanzerte Deutſche bei Grunwald gegen Jagiellos Regimenter gezogen! Als bei Chorim halb Aſien ſchlachtbereit daſtand, die Gefahr noch näher, noch drohender erſchien — was war aus dieſen feindlichen Mächten geworden? Nichts! Die Republik fürchtete Kriege nicht, nicht Kriege ſind es, die ſie zu Grunde richten! Aber warum iſt ſie angeſichts ſolcher Siege, ſolcher verborgenen Kräfte, ſolchen Ruhmes — ſie, welche die Kreuzritter und Türken besiegt hat — so schwach und ohnmächtig, daß sie vor einem Kosaken in den Staub sinkt, daß die Nachbarn um ihre Grenzen streiten, daß die Nation ihrer spottet, daß niemand ihrer Stimme gehorcht, ihren Zorn fürchtet, und daß alle ihren Untergang voraussehen?

Ach, der Hochmut und der Stolz der Magnaten, ihre selbst= süchtigen Handlungen, ihre Willkür sind die Ursache davon. Der ärgste Feind ist nicht Chmielnizki, sondern die Unordnung im Innern, die Zuchtlosigkeit des Adels, die Untüchtigkeit und Zügel= losigkeit des Heeres, die stürmischen Reichstage, die Zwistigkeiten und die Streitsucht, die Verwirrung, die innere Lässigkeit, der Eigennutz und besonders der Mangel an Disziplin. Der Baum faulte und bröckelte vom Mark aus. Bald stürzt ihn wohl der erste Sturm — aber der parricida, der zuerst die Hand anlegt, ist verflucht, er und seine Kinder bis ins zehnte Ge= schlecht!

„So gehe denn hin, Du Sieger von Niemirow, Pogrebischtsche, Machnowka und Konstantinow. Gehe hin, Fürst=Wojewode, gehe hin, nimm den Regimentariern die Macht, tritt das Gesetz und die Obrigkeit mit Füßen, gieb den kommenden Geschlechtern das Beispiel, wie man in den Eingeweiden der eigenen Mutter wühlt."

Schrecken, Verzweiflung, Wahnsinn malte sich in den Zügen des Fürsten . . . er schrie entsetzt auf, griff mit der Hand an sein Herz und fiel im Staube vor dem Heiland nieder.

Und er wand sich am Boden und schlug das erlauchte Haupt gegen das Steingetäfel, und aus seiner Brust rang sich ein dumpfer Laut: „Gott sei mir Sünder gnädig!

Schon erschien das Morgenrot am Himmel, dann kam die goldene Sonne und beleuchtete den Saal. In den Dachgesimsen begann das Zwitschern der Sperlinge und Schwalben. Der Fürst erhob sich und weckte seinen Knaben Tschalenski, der hinter der Thür schlief.

„Eile," sagte er zu ihm, „zu den Ordonnanzen und befiehl ihnen, die Hauptleute, welche im Schlosse und in der Stadt stehen, die vom regulären Heer, wie vom Landsturm, zu mir ins Zimmer zu rufen."

Zwei Stunden später begann der Saal sich mit den bärtigen Gestalten der Krieger zu füllen. Von den Leuten des Fürsten waren gekommen: der alte Sazwilichowski, Polanowski, Skrze= tuski mit Herrn Sagloba, Wurzel, der Oberst Machnizki, Wolodyjowski, Wierschul, Poniatowski, fast alle Offiziere, bis auf den Fähnrich herab, außer Kuschel, der auf Kundschaft nach Podolien ausgeschickt war. Vom regulären Heer waren anwesend: Oschinski und Koschyzki. Viele von dem vornehmeren Adel des Landes konnte man nicht aus den Betten bringen. Aber auch von diesem war eine nicht geringe Zahl erschienen — unter ihnen Persönlichkeiten aus den verschiedenen Landen, von den Burgvögten an bis zu den Unterkämmerern... es wurden laute Gespräche geführt, es summte im Saale wie in einem Bienenkorbe, und aller Augen waren auf die Thür gerichtet, in welcher der Fürst erscheinen sollte.

Plötzlich wurde alles still. Der Fürst war eingetreten. Sein Antlitz war ruhig und heiter — und nur die von der Schlaflosigkeit geröteten Augen und die gefurchten Züge zeugten von dem überstandenen Kampfe. Aber durch diese Heiterkeit, ja Milde, leuchtete Ernst und ein unbeugsamer Wille.

„Meine Herren," sagte er, „heute Nacht habe ich mit Gott und meinem Gewissen beraten, was mir zu thun ziemt: Ich kündige den Herren daher an, und Ihr kündigt es der ganzen Ritterschaft an, daß ich mich um des Wohles des Vaterlandes und um der Eintracht willen, die in Zeiten der Not so notwendig ist, dem Kommando der Generalregimentarier unterwerfe."

Tiefes Schweigen herrschte in der Versammlung.

Am Mittag desselben Tages standen auf dem Schloßhofe dreißig von Wierschuls Tataren, die mit Skrzetuski auszuziehen bereit waren, und auf dem Schlosse gab der Fürst den Aeltesten des Heeres ein Mahl, welches zugleich ein Abschiedsmahl für unseren Ritter sein sollte. Man hatte ihm, als dem Bräutigam, den Platz neben dem Fürsten angewiesen, und unmittelbar neben ihm saß Sagloba, denn man wußte, daß seine Gewandtheit und sein Mut die Braut aus der äußersten Not gerettet hatte. Der Fürst war fröhlich; er hatte eine Bürde von seinem Herzen gewälzt, und brachte Trinksprüche auf das Glück des jungen Paares aus. Wände und Fenster erzitterten von dem Ruf der Ritter. In den Vorzimmern lärmte die Dienerschaft, unter welchen Rzendzian das Wort führte.

„Meine Herren," sagte der Fürst, „diesen dritten Becher leere ich auf das Wohl des kommenden Geschlechts der Skrzetuskis. Es ist ein gesegneter Stamm, gebe Gott, daß die Aepfel nicht weit vom Stamme fallen! Möge der Habicht, den unser Ritter im Wappen führt, seiner würdige Habichtlein zeugen!"

„Vivat! Vivat!"·

„Ich danke Euch," rief Skrzetuski, und leerte einen mäch=
tigen Becher Malvasiers.

„Vivat! Vivat!"

„Crescite et multiplicamini!"

„Ihr müßt schon ein halbes Fähnlein stellen!" sagte lachend
der greise Sazwilichowski.

Der Adel brach in lautes Lachen aus. Der Wein verwirrte
die Köpfe, überall sah man rote Gesichter, bewegliche Schnurr=
bärte; die Laune wurde mit jedem Augenblick besser.

„Nun," rief Skrzetuski in größter Heiterkeit, „so will ich
es Euch schon gestehen, daß mir der Kuckuck zwölf Knaben ge=
weissagt hat."

„Beim Himmel, die Störche werden vor Arbeit sterben!"
schrie Sagloba. Der Adel antwortete mit einem neuen Ausbruch
lauten Lachens; alles lachte, und der Saal erdröhnte von lautem
Widerhall.

Da plötzlich erschien auf der Schwelle eine düstere Gestalt,
mit Staub bedeckt. Beim Anblick der Tafel, des Mahles und
der freudestrahlenden Gesichter blieb sie in der Thür stehen, als
zögerte sie, einzutreten.

Der Fürst hatte die Gestalt zuerst bemerkt; er zog die
Brauen zusammen, beschattete seine Augen und sagte: „Wer ist
dort? Ah, Kuschel vom Vortrab, was giebt's, was für
Neuigkeiten?"

„Sehr schlechte, mein Fürst," sagte der Offizier mit ge=
drückter Stimme.

Wie mit einem Schlage verstummte die ganze Versammlung,
als hätte sie jemand behext, die Becher, schon zum Munde er=
hoben, senkten sich auf halbem Wege, aller Augen richteten sich
auf Kuschel, in dessen müden Zügen sich tiefer Schmerz malte.

„Besser wäre es, Du hättest sie nicht gemeldet, da ich beim
Becher froh bin," sagte der Fürst, „aber wenn Du einmal be=
gonnen hast, so sprich zu Ende."

„Mein Fürst, auch ich wünschte, ich wäre nicht der Unglücks=
bote, denn diese Nachricht will mir nicht über die Lippen."

„Was ist geschehen? Sprecht!"

„Bar ... — ist gefallen."

(Ende des ersten Bandes.)

Druck von R. Stöhr, Leipzig-R.

Lightning Source UK Ltd.
Milton Keynes UK
UKHW032249141118
332327UK00005B/318/P